U0786632

国家出版基金项目
NATIONAL PUBLICATION FOUNDATION

"十三五"国家重点出版物出版规划项目

中国城市地理丛书

2

中国城镇化

顾朝林／著

科学出版社
北京

内 容 简 介

中国进入城镇化快速发展期，中国城镇化研究专著出版也越来越多。本书作为“中国城市地理丛书”的一册，力图从城市地理学和国际城市化理论研究视角出发，扎根中国城镇化实际，进行大场景、全过程、多要素、系统化研究。全书共八章，主要包括城镇化及其本质、中国城镇化研究理论框架、中国城镇化的世界性、中国城镇化空间、中国城镇化过程、中国城镇化模式、中国城镇化影响要素和中国城镇化展望。

本书可供从事中国城镇化政策、城市研究、城市与区域规划、经济学、社会科学、地球科学等相关学科的学者、政府决策者参考，也可作为高等院校相关专业师生阅读或研究生参考教材使用。

审图号：GS（2020）6910 号

图书在版编目（CIP）数据

中国城镇化 / 顾朝林著 . —北京 : 科学出版社 , 2021.1

（中国城市地理丛书）

“十三五”国家重点出版物出版规划项目　国家出版基金项目

ISBN 978-7-03-066428-0

Ⅰ . ①中… Ⅱ . ①顾… Ⅲ . ①城市化－研究－中国 Ⅳ . ① F299.21

中国版本图书馆 CIP 数据核字 (2020) 第 200574 号

责任编辑：文　杨 / 责任校对：杨　赛

责任印制：肖　兴 / 封面设计：黄华斌

科学出版社 出版

北京东黄城根北街16号

邮政编码：100717

http：//www.sciencep.com

北京九天鸿程印刷有限责任公司 印刷

科学出版社发行　各地新华书店经销

*

2021年1月第　一　版　开本：787 × 1092　1/16

2021年1月第一次印刷　印张：28 1/4

字数：650 000

定价：280.00元

（如有印装质量问题，我社负责调换）

“中国城市地理丛书”
编辑委员会

主　　编　顾朝林

副 主 编　柴彦威　周春山　方创琳

委　　员（以姓氏汉语拼音为序）

柴彦威　方创琳　冯　健　高晓路

顾朝林　何深静　李王鸣　李志刚

刘云刚　宁越敏　孙斌栋　王　德

于涛方　张小雷　张小林　甄　峰

周春山　周尚意

学术秘书　于涛方

丛书序一

中国进入城市化时代，城市已成为社会经济发展的策源地和主战场。改革开放40多年来，城市地理学作为中国地理学的新兴分支学科，从无到有、从弱到强，学术影响力从国内到国际，相关的城市研究成果记录了这几十年来中国城市发展、城市化进程、社会发展和经济增长的点点滴滴，城市地理学科的成长壮大也见证了中国改革开放以来科学技术迅速发展的概貌。欣闻科学出版社获得2018年度国家出版基金全额资助出版“中国城市地理丛书”，这是继“中国自然地理丛书”“中国人文地理丛书”“中国自然地理系列专著”之后，科学出版社推出的又一套地理学大型丛书，反映了改革开放以来中国人文地理学和城市地理学的重要进展和方向，是中国地理学事业发展的重要事件。

城市地理学，主要研究城市形成、发展、空间演化的基本规律。20世纪60年代，随着系统科学和数量地理的引入，西方发达国家城市地理学进入兴盛时期，著名的中心地理论、城市化、城市社会极化等理论推动了人文地理学的社会转型和文化转型研究。中国城市历史悠久，但因长期处在农耕社会，发展缓慢，直到1978年以后的改革开放带动的经济持续高速发展才使其进入快速发展时期。经过40多年的发展，中国的城镇化水平从16%提升到60.6%，城市数量也从220个左右增长到672个，小城镇更是从3000多个增加到12000个左右，经济特区、经济技术开发区、高新技术开发区和新城新区这些新生事物，都为中国城市地理工作者提供了广阔的研究空间和研究素材，社会主义城市化、城镇体系、城市群、都市圈、城市社会区等研究，既为国家经济社会发展提供了研究成果和科技支撑，也在国际地理学界标贴了中国城市地理研究的特色和印记。可以说，中国城市地理学，应国家改革开放而生，随国家繁荣富强而壮，成为中国地理学最重要的研究领域之一。

科学出版社本期出版的“中国城市地理丛书”第一辑共9册，分别是：《中国城市地理基础》（张小雷等）、《中国城镇化》（顾朝林）、《中国新城》（周春山）、《中国村镇》（张小林等）、《中国城市空间结构》（柴彦威等）、《中国城市经济空间》（孙斌栋等）、《中国城市社会空间》（李志刚等）、《中国城市生活空间》（冯健等）和《中国城市问题》（高晓路等）。从编写队伍可以看出，“中国城市地理丛书”各分册作者都是中国改革开放以来培养的城市地理学家，在相关的研究领域均做出了国内外城市地理学界公认的成绩，是中国城市地理学研究队伍的中坚力量；从“中国城市地理丛书”选题看，既包括了国家层面的城市地理研究，也涵盖了城市分部门的专业研究，可以说反映了城市地理学者最近相关研究的最好成果；从“中国城市地理丛书”组织和出版看，也是科学性、系统性、可读性、创新性的有机融合。

值此新中国成立70周年之际，出版“中国城市地理丛书”可喜可贺！是为序。

傅伯杰
中国科学院院士
原中国地理学会理事长
国际地理联合会（IGU）副主席
2019年8月

丛书序二

城市是人类文明发展的高度结晶和传承的载体，是经济社会发展的中心。城市是一种人地关系地域综合体，是人流、物流、能量流高度交融和相互作用的场所。城市是地理科学研究的永恒主题和重要方向。城镇化的发展一如既往，将是中国未来20年经济社会发展的重要引擎。

改革开放以来，中国城市地理学者积极参与国家经济和社会发展的研究工作，开展了城镇化、城镇体系、城市空间结构、开发区和城市经济区的研究，在国际和国内发表了一系列高水平学术论文，城市地理学科也从无到有到强，迅速发展壮大起来。然而，进入21世纪以来，尤其自2008年世界金融危机以来，中国经济发展进入新常态，但资源、环境、生态、社会的压力却与日俱增，迫切需要中国城市地理学者加快总结城市地理研究的成果，响应新时代背景下的国家战略需求，特别是国家推进新型城镇化进程的巨大科学需求。因此，出版“中国城市地理丛书”对当下城镇化进程具有重要科学价值，对推动国家经济社会持续健康发展，具有重大的理论意义和现实应用价值。

丛书主编顾朝林教授是中国人文地理学的第一位国家杰出青年基金获得者、首届中国科学院青年科学家奖获得者，是世界知名的地理学家和中国城市地理研究的学术带头人。顾朝林教授曾经主持翻译的《城市化》被评为优秀引进版图书，并被指定为干部读物，销售30000多册。参与该丛书的柴彦威、方创琳、周春山等教授也都是中国知名的城市地理研究学者。因此，该丛书作者阵容强大，可保障该丛书将是一套高质量、高水平的著作。

该丛书均基于各分册作者团队有代表性的科研成果凝练而成，此次推出的 9 个分册自成体系，覆盖了城市地理研究的关键科学问题，并与中国的实际需要相契合，具有很高的科学性、原创性、可读性。

相信该丛书的出版必将会对中国城市地理研究，乃至世界城市地理研究产生重大影响。

中国科学院院士

2019 年 10 月

丛书前言

中国是世界上城市形成和发展历史最久、数量最多、发育水平最高的国家之一。中国城市作为国家政治、经济、社会、环境的空间载体，也成为东方人类社会制度、世界观、价值观彰显的璀璨文化明珠，尤其是 1978 年以来的改革开放给中国城市发展注入了无尽的活力，中国城市也作为中国经济发展的“发动机”引导和推动着经济、社会、科技、文化等不断向前发展，特别是 2015 年以来党中央、国务院推进“一带一路（国家级顶层合作倡议）”、“京津冀协调发展”、“长江经济带和长江三角洲区域一体化”和“京津冀城市群”、“粤港澳大湾区”等建设，中国城市发展的影响力开始走向世界，也衍生为成就“中国梦”的华丽篇章。

城市地理学长期以来是中国城市研究的主体学科，城市地理学者尽管人数不多，但一直都在中国城市研究的学科前沿，尤其是改革开放以来，在宋家泰、严重敏、杨吾扬、许学强等城市地理学家的带领下，不断向中国城市研究的深度和广度进军，为国家经济发展和城市建设贡献了巨大的力量，得到了国际同行专家的羡慕和赞誉，成为名副其实“将研究成果写在中国大地”蓬勃发展、欣欣向荣的基础应用学科。

2012 年党的十八大提出全面建成小康社会的奋斗目标，将城镇化作为国家发展的新战略，中国已经开始进入从农业大国向城市化、工业化、现代化国家转型发展的新阶段。2019 年中国城镇化水平达到了 60.6%，这也就是说中国已经有超过一半的人口到城市居住。本丛书本着总结过去、面向未来的学科发展指导思想，以“科学性、系统性、可读性、创新性”为宗旨，面对需要解决的中国城市发展需求和城市发展问题，荟萃全国最优秀的城市地理学者结集出版“中国城市地理丛书”，第一期推出《中国城市地理基础》、《中国城镇化》、《中国新城》、《中国村镇》、《中国城市空间结构》、《中国城市经济空间》、《中国城市社会空间》、《中国城市生活空间》和《中国城市问题》共 9 册。

“中国城市地理丛书”是中国地理学会和科学出版社联合推出继“中国自然地理丛书”（共 13 册）、“中国人文地理丛书”（共 13 册）、“中国自然地理系列专著”（共 10 册）之后中国地理学研究的第四套大型丛书，得到傅伯杰院士、周成虎院士的鼎力支持，科学出版社李锋总编辑、彭斌总经理也对丛书组织和出版工作给予大力支持，朱海燕分社长为丛书组织、编写和编辑倾注了大量心血，赵峰分社长协调丛书编辑组落实具体出版工作，特此鸣谢。

“中国城市地理丛书”编辑委员会

2020 年 8 月于北京

前　　言

本书所讨论的城镇化与西方文献中的城市化（Urbanization）同义，只是经历的历史背景不同，习惯用词差异而已。在西方发达国家，城市化进程较为缓慢，有的国家甚至经历了一两百年的过程。它们在城市化的初期和中期，都是与工业革命关联在一起的，与城市病，如交通拥堵、环境污染、生态退化、住房短缺和社会不公等缠绕在一处，城市化的研究也没有与社会经济发展的需求相适应，有点像中国改革开放初期的“摸着石头过河”的感觉。后来的城市化研究，大部分都是“权宜之计”的应景之作，如偏向城市贫困的社会学的城市化社会问题研究，或是“隔岸观火”的对发展中国家城市化观察研究。而大多数后城市化国家学者，虽然“身临其境”，却都或多或少在上述西方学者相关城市化研究理论的指引下开展相应的工作，或有些“慌不择路”，或有些“笃信前行”，缺乏大场景、全过程、多要素、系统化的思考和经验累积，研究成果的实用性难免大打折扣。

《中国城镇化》这本书力图排除上述的研究缺陷，从城镇化的本质开始思考。我们为什么要城镇化？中国是不是可以不进行城镇化？理性的回答是：城镇化是现代化的标志，城镇化是一种生活方式，城镇化是一个社会过程，城镇化是一把双刃剑。也就是说，中国要迈向现代化国家，城镇化是不可逾越的障碍；城镇化只是人类社会的一种生活方式，不是全部，有一部分人是可以选择非城镇化生活方式的，更进一步说中国不需要建设100% 城镇化水平的国家；城镇化是一个社会过程，是一个漫长的经济－社会发展、社会-文化转型的内生过程，“心急难吃热豆腐”，需要“细嚼慢咽”慢慢品，一蹴而就难成行；城镇化也是一把双刃剑，既有利，也有害，身处一个人口-社会-经济-资源-环境-生态-发展全链条的闭环系统之中，相互关联，互相依赖，一个要素的不协调，会触发全系统的瘫痪甚至“系统崩解”，对人类社会乃至人类赖以生存的自然-生态系统造成持续的伤害，而且城镇化过程一旦开始就无法暂停和终止，“开弓难有回头箭”，城镇化过程具有“不可逆性”。

基于这样的城镇化本质，本书系统梳理了城镇化研究的理论框架，从经典的理论到当代的前沿进展，以及经济学、社会学、政治学三个研究转向，从单要素的全球化到多要素的多维视角，从静态分析到动力学机理，从定性到定量，从人口-社会-经济系统到生态-环境胁迫，进行了全方位的展示。

正如诺贝尔经济学奖获得者斯蒂格利茨所说：中国的城镇化是影响当今世界的两件大事之一，中国城镇化具有世界性。这主要在于：首先，中国城镇化是世界城镇化的最重要组成部分，规模巨大，影响深远；其次，21世纪的世界实际是中美主导下的城市化竞技场，资源和市场、技术与文化、东西方人类价值观和生活方式的博弈与竞争，在所难免。中国城镇化，要在这样的场景下取胜，而且只能胜不能败，必须要有世界的眼光和全球的视角去观察和研究相关的城镇化过程和转型发展问题。

中国城镇化研究，尽管起步较晚，但因为政府主导，多学科齐头并进，研究成果可以说浩如烟海，林林总总，不一而足。本书采用“学贯中西”的穿透手法，坚守原真的学术源流，分别展开中国城镇化空间、中国城镇化过程、中国城镇化模式这些城镇化经典内容的研究，力求给读者一个完整的、全新的场所感觉呈现。

可以说，中国城镇化没有完结，还在路上。什么样的重要因素会影响中国城镇化？首先需要仔细甄别中国城镇化发展的机理，存在外生发展和内生增长两个方面。中国的城镇化具有中国特色，灿烂悠久的历史积淀，传统文化和现代化探索，三次不成功的工业化经历都深深地铭刻了中国的印记，第一人口大国、第二大经济体、全产品的生产体系、转型中的消费市场和巨大的流通环节，都会给中国城镇化不一般的认知和挑战。对中国城镇化来说，经济发展是基础，人口变化是现象，土地利用是关键，基础设施是支撑，面对越来越紧迫的资源–环境–生态约束，制度的改革和创新才是唯一打开这些要素互锁的钥匙。

毫无疑问，再有 10 ～ 20 年，中国将步入高收入国家行列。中国城镇化会从弗里德曼的城镇化Ⅰ型走向城镇化Ⅱ型，经济高质量发展，绿色生态城镇化，服务和消费时代的城市生活方式以及人类命运共同体的价值理念彰显，都会一一向我们走来。无论你是谁，你是否愿意，中国城镇化都会拉你入场，汲取你的智慧，构建新的空间和场景，逼迫你接受她的洗礼，推动你拥抱你的未来。因为，你就处在这样的时代，一个从农业国家向城镇化国家转型的时代，无人可以幸免，也无人可以身临其境而无动于衷，这就是中国城镇化的新时代。

顾朝林

2020 年 5 月 21 日于汤山下

目　　录

第二章 中国城镇化研究理论框架

第三章 中国城镇化的世界性

第四章 中国城镇化空间

第五章　中国城镇化过程

第六章　中国城镇化模式

第七章　中国城镇化影响要素

第八章 中国城镇化展望

参考文献

索引

第一章　城镇化及其本质

城市以不足全球 1% 的土地，创造了世界 2/3 的经济产出。城市既充满机遇，又充满不平等。有的城市采取了实现可持续发展的创新行动，更多的城市则远远落后。新的城市形态不断涌现，深刻影响着数十亿城市居民的生活。城市化是人类生产与生活方式由农村型向城市型转化的历史过程，主要表现为农村人口转化为城市人口及城市不断发展完善的过程。城市化及其本质究竟是什么？

第一节　城市及其本质

自新石器革命以来，农业技术的不断进步和剩余产品的持续增加，促进了城市形成，也推动了作为全球经济发展不可逆转的大趋势的城市化。城市，是城市化的主体。没有城市，也就没有城市化。那么，怎样定义城市？城市的本质又是什么呢？

一、城市的定义

城市（city）是规模大于乡村和集镇、以非农业活动和非农业人口为主的人类聚落。在西方，城市具有三层含义：①比较大且重要的镇；②由行政当局赋予特别权利的镇，通常有一个教堂并以此为中心；③由国家政府设置且具有特别权利的城镇。不同的国家，设立城市具有不同的标准。中国古代的“城”和“市”曾是两个不同的概念。“城”是指四面围以城墙、扼守交通要冲、具有防卫意义的军事据点，《墨子·七患》记有：“城者，所以自守也”；“城，郭也，都邑之地”；《管子·度地》也说：“内为之城、城外为之郭。”“市”主要是指交易的市场，《周易·系辞下》中说：“日中为市，致天下之民，聚天下之货，交易而退，各得其所。”后来，随着社会的发展，城与市逐渐融为一体，成为一个有机统一的城市聚合体。当代中国的城市“是指国家按行政建制设立的直辖市、市和镇”。

二、城市的本质

城市作为人类社会的聚集地，与其他人类栖息地有什么本质的差异呢？

首先，城市具有四大基本特征：①以非农业的（第二、三产业）职能为主；②高度密集的生活居住空间；③较为确定的城市空间边界；④城市中既有公共的人工环境，也有许多人工景观。

其次，城市的生产和生活双重地位赋予城市本质普遍属性：①作为生产和人类生活的集聚地；②在区位、土地利用变化和制度安排之下生产和生活的空间相互作用场所。相比农村，城市常常具有更高水平的教育和医疗设施、更多的社会服务、多元的文化，提供公众更多的参与机会和更加丰富迷人的城市生活，城市作为集中更多的经济活动、政府行为、商务和运输量的中心地，与周围农村地区、区域的城市之间乃至跨越国际边界有着千丝万缕的经济、文化、政治、交通、信息等联系，自然而然成为区域发展的枢纽和发动机。

最后，形成和发展的条件和环境差异赋予城市本质特殊属性。在不否定上述的城市本质普遍属性的前提下，实际上至少还有 5 个变量对各自城市塑造具有重要影响，它们是：①经济发展水平时空差异。在不同经济和社会发展背景下，城市在自然资源禀赋利用、产业和经济部门发展、基础设施和社会服务设施水平，以及人口结构等方面都会呈现截然不同的特点。②建立在不同价值观下的资源分配制度。这对城市发展有举足轻重的影响，采用市场机制、非市场机制或两者混合的机制资源分配制度，城市的内生发展机理完全不同，展现的城市发展活力也互不相同。③社会变迁及其途径。城市，对于进入此地的人类来说，既是竞技场，也是过滤网，城市通过政治－经济系统运行，经过社会运行和变迁，不断重塑科层制为主的城市社区空间结构，而且这种在地的社区空间往往是独一无二的。④文化规范和传统。由于移入者的来源不同，种族和族群的差异，通过时间洗礼并逐步形成语言文字、饮食偏好、民间习俗、建筑风格等文化规范和传统，将城市或社区打磨成地方性和多样性非常丰富的人类聚集地。⑤政治权威与权力。由于城市人口众多，组织管理复杂，发展和变化非常迅速，政治组织和地方政府治理也越来越发挥更大的作用，政治决策过程对城市发展策略也越来越起关键作用。

综上所述，城市的本质究竟是什么？可以这样理解：首先，城市是非农产业中心、人类住区的高级形态和主要聚集地、具有规定的地域空间；其次，城市是人类社会创造的生产和生活复合城市文明结晶所在地；最后，城市和我们人类个体一样，都是独一无二的。

三、国家城市设置标准

在世界各国，对于城市来说，相同的是城市都是政府设置的结果，不同的是设置城市的标准是不同的，有些国家按城市人口和财政规模门槛设置城市，有些国家则以管理需求和行政地位重要性设置城市。

在中国，城镇设置标准分为设市标准和设镇标准。设市标准又分设立县级市的标准和设立地级市的标准。1986 年 4 月，“国务院批转民政部关于调整设市标准和市领导县条件报告的通知”规定：非农业人口 6 万以上，年国内生产总值 2 亿元以上，已经成为该地经济中心的镇，可以设置市的建制，同时对撤县设市条件也作了相应的规定。1993 年，国务院颁发了“国务院批转民政部关于调整设市标准报告的通知”，根据县的人口密度不同，分为人口密度大于 400 人 /km^2、100 ～ 400 人 /km^2 以及小于 100 人 /km^2 三种情况，建立了包括关于县政府驻地和全县 14 个社会经济发展方面的设市指标体系（表 1.1），达到这些指标则可以设立县级市。

表 1.1　中国设市标准

<table>
<tr><th colspan="2">级别</th><th colspan="2">指标</th><th>一类</th><th>二类</th><th>三类</th></tr>
<tr><td rowspan="15">县级市</td><td rowspan="6">县政府驻地</td><td colspan="2">人口密度 /（人 /km^2）</td><td>＞ 400</td><td>100 ～ 400</td><td>＜ 100</td></tr>
<tr><td colspan="2">非农业人口 / 万人</td><td>12</td><td>10</td><td>8</td></tr>
<tr><td colspan="2">其中具有非农业户人口 / 万人</td><td>8</td><td>7</td><td>6</td></tr>
<tr><td colspan="2">自来水普及率 /%</td><td>65</td><td>60</td><td>55</td></tr>
<tr><td colspan="2">道路铺装率 /%</td><td>60</td><td>55</td><td>50</td></tr>
<tr><td colspan="2">城区基础设施较完善，排水系统较好</td><td>√</td><td>√</td><td>√</td></tr>
<tr><td rowspan="9">全县</td><td colspan="2">非农业人口 / 万人</td><td>15</td><td>12</td><td>8</td></tr>
<tr><td colspan="2">非农业人口占总人口比重 /%</td><td>30</td><td>25</td><td>20</td></tr>
<tr><td colspan="2">乡镇以上工业产值 / 亿元</td><td>15</td><td>12</td><td>8</td></tr>
<tr><td colspan="2">乡镇以上工业产值占工农业产值比重 /%</td><td>80</td><td>70</td><td>60</td></tr>
<tr><td colspan="2">国内生产总值 / 亿元</td><td>10</td><td>8</td><td>6</td></tr>
<tr><td colspan="2">第三产业产值占国内生产总值比重 /%</td><td>20</td><td>20</td><td>20</td></tr>
<tr><td rowspan="3">地方本级预算内财政收入</td><td>总值 / 万元</td><td>6000</td><td>5000</td><td>4000</td></tr>
<tr><td>人均 / 元</td><td>120</td><td>104</td><td>100</td></tr>
<tr><td colspan="4">承担一定的上解支出任务</td></tr>
<tr><td colspan="2" rowspan="7">地级市</td><td colspan="2">市区非农业人口 / 万人</td><td colspan="3">25</td></tr>
<tr><td colspan="2">市政府驻地具有非农业户人口 / 万人</td><td colspan="3">20</td></tr>
<tr><td colspan="2">工农业产值 / 亿元</td><td colspan="3">30</td></tr>
<tr><td colspan="2">工业产值占工农业产值比重 /%</td><td colspan="3">80</td></tr>
<tr><td colspan="2">国内生产总值 / 亿元</td><td colspan="3">25</td></tr>
<tr><td colspan="2">第三产业产值占国内生产总值比重 /%</td><td colspan="3">35% 以上并大于第一产业产值</td></tr>
<tr><td colspan="2">地方本级预算内财政收入 / 亿元</td><td colspan="3">2</td></tr>
</table>

1949 年以后，中国城市人口以非农业人口作为统计口径，城区人口规模为 10 万～20

万的称为小城市，20万～50万非农业人口的城市为中等城市，50万～100万非农业人口的是大城市，100万以上城区非农业人口的城市称为特大城市。2014年，由于非农业人口界定的困难，中国又进一步进行了城市规模划分标准设置，以城区常住人口为统计口径，将城市划分为五类七档：城区常住人口50万以下的城市为小城市，其中20万～50万的城市为Ⅰ型小城市，20万以下的城市为Ⅱ型小城市；城区常住人口50万～100万的城市为中等城市；城区常住人口100万～500万的城市为大城市，其中300万～500万的城市为Ⅰ型大城市，100万～300万的城市为Ⅱ型大城市；城区常住人口500万～1000万的城市为特大城市；城区常住人口1000万以上的城市为超大城市。

第二节　城市化及其本质

城市化与城镇化在一定意义上并无差别，都包含着从农村社会向城市化程度更高的社会转化的过程。从统计上来看，城市化反映了居住在被界定为“城市”的住区的人口比例不断增加，主要通过农村向城市的净迁徙。城市化水平是生活在城镇和城市人口占总人口的百分比。城市化增长率是指年城市化水平的增长速率（%）。在中国，城市化一般称城镇化，强调了除10万非农业人口的城市增长外，还包括面广量大的县城和农村地区乡镇驻地的发展。

一、城市化定义

有关城市化的研究与一系列学科相关，例如政治学、城乡规划、地理学、社会学、经济学和公共卫生学等。艾德里奇（Eidridge）较早提出城市化概念：人口集中的过程就是城市化的全部含义。城市化可以定义为特定区域内的城市地区（城镇和城市）的相对人口集中度（诺克斯和迈克卡西，2009）。城市化主要是指农村人口经历的向城市生活方式的转变过程，表现为随着城市人口的增加，城市建成区的扩大，随着社会和生活方式的改变而创造的景观和城市环境。人口不断向城市集中，城市就不断发展；人口停止向城市集中，城市化亦随之停止（于洪俊和宁越敏，1983）。帕乔内（Pacione，2003）从三个层面定义城市化：①伴随着城市人口比例增加的城市化；②城市增长，即城市人口的增长；③城市主义（urbanism），指的是城市生活方式，社会和行为特征延伸到整个社会。兰帕德（Lampard，1955）、麦基（McGee，1971）、弗里德曼和沃尔夫（Friedmann and Wolf，1982）提出综合分析方法，认为城市化是社会的缩影，是物质的、空间的、体制的、经济的、人口的以及社会特征的一种多维现象的反映（阎小培，1990）。

在全球范围内，城市化的定义差异很大。日本、英国和前苏联也都对城市化进行过定义（表1.2）。中国学者也从不同的学科对城市化概念进行了相关定义（表1.3）。

但是，这些定义反过来又取决于城市区域的确切定义。各国之间的定义差异很大，通常包括多层分类或分类法，根据人口规模，有时还根据人口密度，通勤服务区和就业结构来区分城市地区。例如，在美国，人口普查局定义了城市化区域、城市群、小城市统计区域、大都市统计区域和基于核心的统计区域（诺克斯和迈克卡西，2009）。在中国，城市指定标准是超过10万非农业人口，国内生产总值超过40亿元。贝利（Berry，1973）发现20世纪快速的城市化虽然具有许多共同特征，但由于文化背景和发展阶段的不同，不同的国家采取了不同的路径，导致了不同的社会空间结果。综合来看，可以认为，城市化是一个由工业化增长引发的历史性的城乡两极分化过程，伴随着现代化带来的人口、社会、经济、文化、政治和空间社区意识形态的变化（Gu，2020）。

表 1.2　外国城市化定义（何念如和吴煜，2007）

序号	内涵	资料来源
1	城市化是一个社会城市人口与农村人口相比数量绝对增大的过程	《日本百科全书》
2	城市化（Urbanization），是指人口向城镇或城市地带集中的过程。这个集中化的过程表现为两种形式，一是城镇数目的增多，二是各个城市内人口规模不断扩充	《大英百科全书》
3	城市化是指城市在社会发展中作用日益增大的历史过程。城市化影响人口的社会结构、就业结构、统计结构、人们的文化和生活方式、生产力的分配及居住模式	《苏联百科全书》
4	城市化作为国家或区域空间系统中的一种复杂社会过程，它包括人口和非农业活动在规模不同的城市环境中的地域集中过程，非城市型景观逐步转化为城市景观的地域推进过程，还包括城市文化、城市生活方式和价值观念的农村的地域扩张过程，前者被称为城市化过程Ⅰ，后者被称为城市化过程Ⅱ	弗里德曼，1966

表 1.3　国内城市化概念的不同观点比较

序号	内涵	资料来源
1	城市化是社会生产力变革所引起的人类生产方式、生活方式和居住方式改变的过程	谢文蕙等，1996
2	城市化是指居住在城镇地区的人口占总人口比例增长的过程，即农业人口向非农业人口转变并在城市集中的过程	吴楚材，1996
3	城市化是一个综合的、系统的社会变迁过程，它包括城乡人口之间的流动和变迁、生活方式的改变、经济布局和生产经营方式的变化，还包括整个社会结构、组织、文化的变迁	王春光等，1997
4	城市化是指人口向城市或城市地带集中的现象或过程，它既表现为非农产业和人口向原城市集聚，城市规模扩大，又表现为在非农产业和人口集聚的基础上形成新的城市，城市数量增加	陈颐，1998
5	城市化是指农村人口向城市人口转移和聚集的现象，包括城市人口和城市数量的增加及城市经济社会化、现代化和集约化程度的提高	胡欣等，1999
6	城市化是由工业化发展引起的，伴随着现代化过程而产生的在空间社区上人口、社会、经济、文化、政治、思想等领域变迁演化的一段承前启后的历史分化过程	王振亮，2000

续表

序号	内涵	资料来源
7	城市化是一种产业结构，由以第一产业为主逐步转变为以第二产业和第三产业为主的过程；是一个以农业为主的就业人口逐步转向非农业人口为主的过程；是由一种自然、原始、封闭、落后的农业文明，转变为一种以现代工业和服务经济为主的并以先进的现代化的城市基础设施和公共服务设施为标志的现代城市文明过程；是对居民从思维方式、生活方式、行为方式、价值观念、文化素养全面改善和提高的过程	秦润新，2000
8	城市化是人类生产与生活方式由农村型向城市型转化的历史过程，主要表现为农村人口转化为城市人口及城市不断发展完善的过程。城市化从本质上讲，是资源在产业和地域上的重新配置，农村剩余劳动力从农业转移到非农产业以及从农村转移到城市的过程	《中华人民共和国国家标准——城市规划基本术语标准》

如今，城市化现象已与现代化、工业化的社会过程紧密相关。城市化带来了巨大的社会、经济和环境变化，这提供了“有潜力更有效地利用资源，创造更多的可持续土地利用和保护自然生态系统的生物多样性”（UNFPA，2016）的机会。

二、城市化水平

城市化水平（the level of urbanization），也称城市化率（the urbanization rate），是衡量城市化程度的最重要指标。通常用城市人口相对于总人口的比例来表示；或作为城市人口比例随时间增长的速率表示（诺克斯和迈克卡西，2009）。联合国报告，到 2008 年年底世界人口的一半已经生活在城市地区。在全球范围内，目前估计城市化的总体水平约为 55%（图 1.1）（UNFPA，2016）。到 2030 年，世界城市化水平将达到 61%。据联合国数据预测，到 2050 年，发展中国家和发达世界将分别达到 64.1% 和 85.9% 的城市化水平，并且最近还预测，2017 ～ 2030 年几乎全球所有人口增长都将被城市吸收，未来 13 年内约 11 亿人成为新都市人（Cohen，2015）。中国是一个人口众多的国家。近年来，城市化已成为国民经济增长和社会发展的驱动力，城市化水平持续稳定增长（图 1.2）。

三、城市化的本质

进入工业社会时代以来，人类社会的经济发展出现了农业活动比重逐渐下降，非农业活动比重逐步上升的过程。与这种经济结构的变动相对应，出现了乡村人口比重逐渐降低，城镇人口比重稳步上升，居民点形态和人们的生活方式逐渐向城镇型转化的过程。城市化不仅包括城市人口和城市数量的增加，也包括既有城市建设的现代化。据此，不难看出，城市化（也可以说城镇化）的本质是人的非农化、向城镇迁移的过程，是人口和经济在空间的集聚并获得产业聚集和人口聚集所带来的规模效益的正面效应。城市化的本质如下所述。

1. 城市化是现代化的标志

在社会学中，所谓现代化是指由传统农业社会向现代工业社会的变迁过程，是在

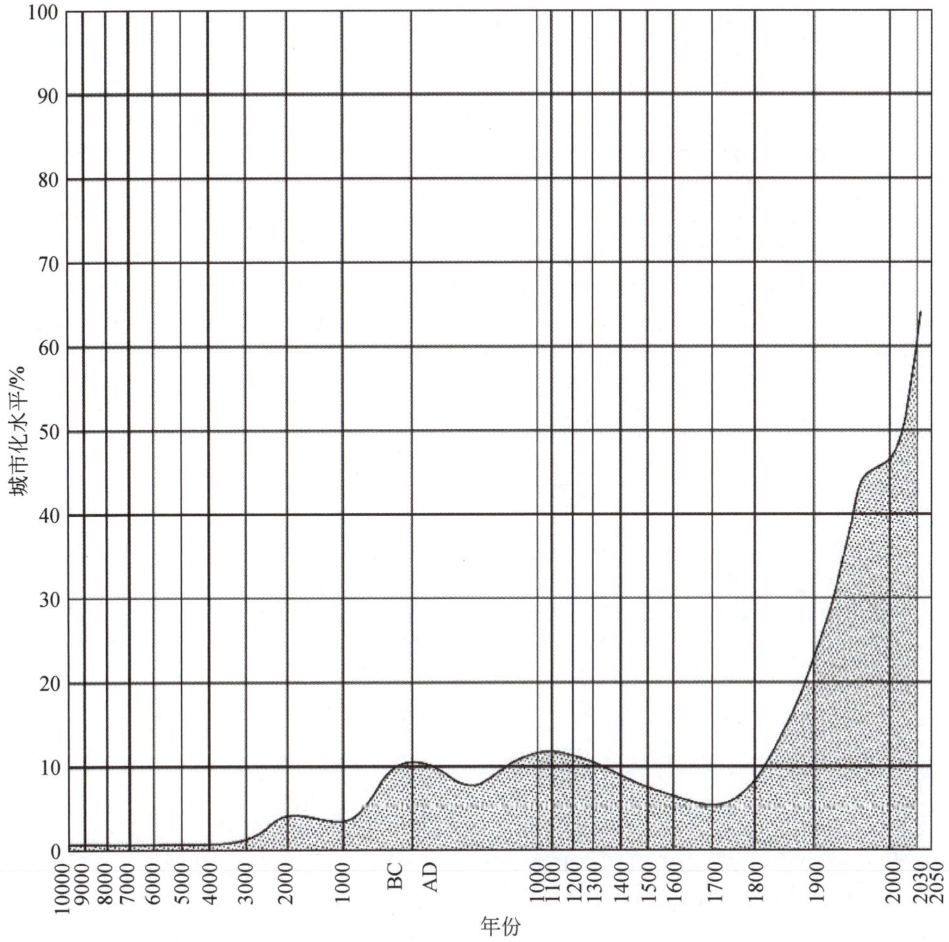

图 1.1　世界城市化水平（公元前 10000 ～公元 2050 年）

社会分化的基础上，以科学技术进步为先导，以工业化、城市化为主要内容，经济与社会协调发展的社会变迁过程。社会现代化（social modernization）是指人们利用近、现代的科学技术，全面改造自己生存的物质条件和精神条件的过程。狭义的社会现代化指的是工业化和民主化。工业化是指从人力能源到非人力能源的转变，也就是由以农业、手工业为主转变到以工业为主；工业生产成为国民经济发展的主要依靠力量。民主化是弱化中央政府的权利，把权力分散到地方，地方政府相对独立、财政自治，主要是确立城市作为自治体的地位。社会现代化过程，一般认为开始于 17 ～ 18 世纪的英国资产阶级革命、工业革命和法国大革命，19 世纪扩展到欧洲大部分地区和北美地区，至 20 世纪 60 年代成为一股世界性的潮流。中国追求社会现代化经历了漫长而曲折的过程，19 世纪中叶以后，社会现代化经历了洋务运动、戊戌变法、辛亥革命和五四运动。在 1954 年，第一届全国人民代表大会明确提出要实现工业、农业、交通运输业和国防的四个现代化的任务。1978 年改革开放以后，邓小平提出 “走出一条中国式的现代化道路”，并确立“三步走”战略：1981 ～ 1990 年国民生产总值要比 1980

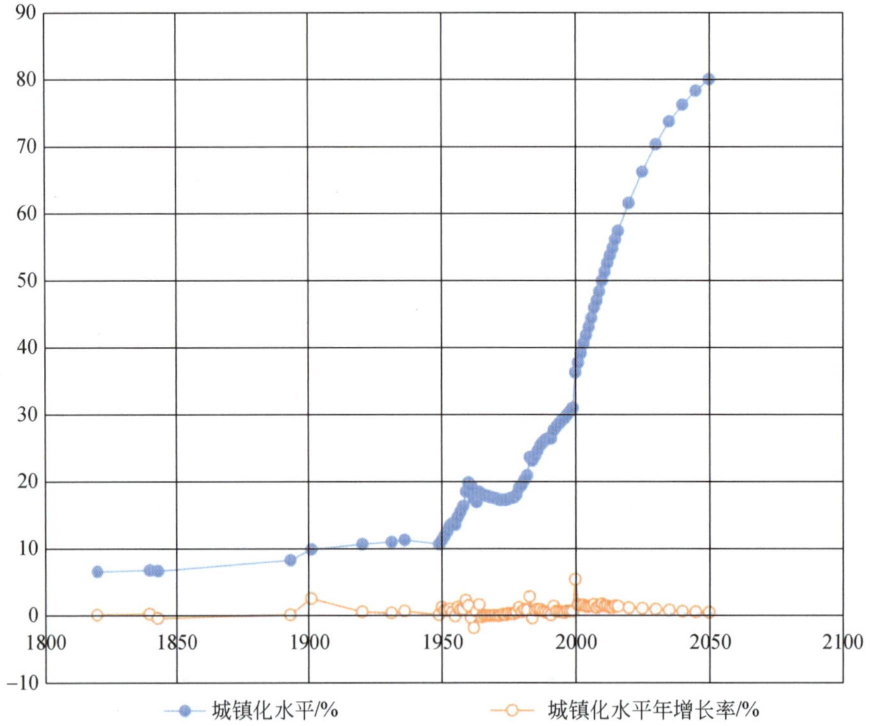

图 1.2　中国城镇化水平（1820 ～ 2050 年）

年翻一番，解决人民的温饱问题；1991 ～ 2000 年国民生产总值再增长一倍，人民生活达到小康水平；到 21 世纪中叶，国民生产总值再翻两番，达到中等发达国家水平。2012 年，党的十八大报告提出，坚持走中国特色新型工业化、信息化、城镇化、农业现代化道路，推动信息化和工业化深度融合、工业化和城镇化良性互动、城镇化和农业现代化相互协调，促进工业化、信息化、城镇化、农业现代化同步发展，将中国特色社会主义总体布局从经济、政治、文化、社会建设“四位一体”升华为包括生态文明建设的“五位一体”，开启向物质文明、政治文明、精神文明、社会文明和生态文明全面发展进程，实现中华民族的伟大复兴。据此可见，推动城镇化是国家实现现代化的基本条件之一。

2. 城市化是一种生活方式

人类社会的劳动分工和集聚效益，使得城市化成为人类社会发展过程逐渐形成的一种生活方式。城镇化是一个涉及全社会的转型过程，它影响一个国家或地区的社会结构、就业结构、人们的文化和生活方式、生产力的分配及居住模式。城镇化过程，本身就包括城市文明、城市意识在内的城市生活方式的扩散和传播过程，通过这种生活方式达到走向现代化的目的。城市作为创新的中心，在经济发展过程中起到发动机的作用，同时经济发展为新型的生活方式提供可能。日本学者森川洋认为：城市化主要是指农村居民向城市生活方式的转化过程，反映在城市人口增加、城市建成区扩展、景观和社会以及生活方式的城市环境形成。

3. 城市化是一个社会过程

城市化是一个全社会的转型过程。它不仅涉及城市人口和城市数量的增加，也牵涉经济、政治、文化、科技、环境、社会和地方性等方面的变化，在城市化地区互相联系、相互作用，表现为城市土地利用、建成环境、城市景观、城镇体系在空间上的变化。由于城镇化的社会性，不断地社会化、现代化和集约化，同时也受地理条件和自然资源等本地因素的影响和制约，衍生出诸如住房短缺、城市社会极化、城市贫困、生态环境问题等，甚至产生社会问题和政治冲突，最终通过城市化的公共政策进行社会调控（图 1.3）。

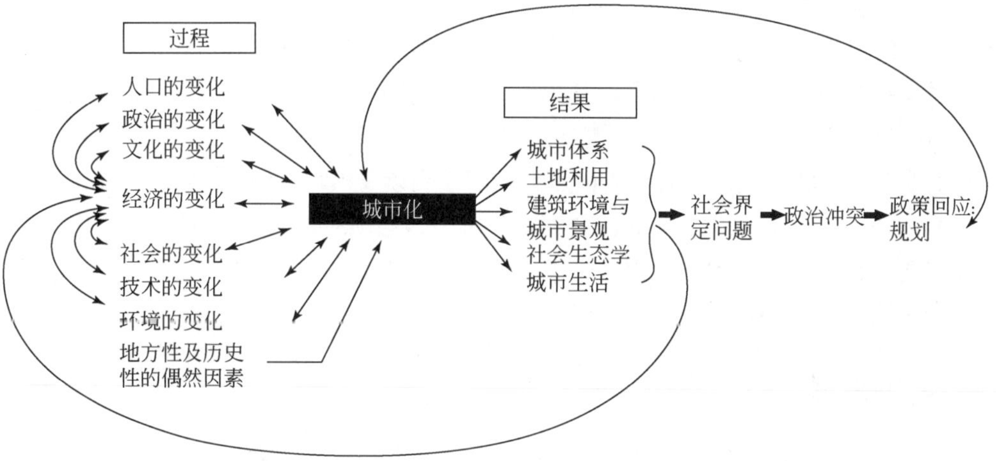

图 1.3　城市化经济社会过程（诺克斯和迈克卡西，2009）

4. 城市化是一把双刃剑

城市化是一项人口从农村向城市的空间移动运动，移动的规模和速度需要与非农就业岗位创设和农副产品足量资源相一致。如果这个过程一致，就一定会促进人类社会发展和进步；如果这一过程不一致，也可能给人类社会发展制造灾难。与此同时，城市化，一方面是促进国家现代化、提高生产效率和生活质量的重要利剑，对居住、生活、教育、就业都会创造巨大的经济需求，为扩大消费和投资提供强大持久的动力，城镇化还有利于推动教育、医疗、社保等公共服务业，商贸、餐饮、旅游等消费性服务业和金融、保险、物流等生产性服务业的发展；另一方面，城市化也需要消耗巨大的物质资源和能源，集聚的城镇人口产生人口－资源－生态－环境不协调发展问题，尤其脱离经济发展的过快城市化，必然导致超前城市化、假性城市化和半城市化，加剧人类社会发展中的社会和发展问题。

综上所述，城市化过程是各类资源在产业和地域上的重新配置，农村剩余劳动力从农业部门转移到非农产业部门以及从农村转移到城市（镇）地区的过程。当然，城市化本质是以城市发展为前提，城市化过程是创造“城市人”的过程。通过壮大“城市人”发展城市、促进城市化、规范城市成长。

第三节　城市化过程

城市化是一个过程。在此过程中，产业结构开始侧重于第二产业和第三产业发展，而不再是第一产业，这也是大多数劳动人口从农业人口变为非农业人口的过程。在这个过程中，现代社会视为自然、原始、封闭和落后的农业文明向以现代工业和服务业转变，并发展先进和现代的城市基础设施和公共服务设施为标志的现代城市文明。当然，这也是新城市居民改变和改善其思维定式、生活方式、行为模式、价值观和文化素质的过程。因此，城市化是一个复杂而多元的过程，涉及人口从农村向城市的迁移，农村土地转变为城市土地，城乡居民点的空间重构以及治理和管理的改变（Gu et al., 2012）。这是一个全面而系统的社会变革过程，包括城乡之间人口流动的变化、生活方式的变化、经济结构和生产模式的变化以及社会结构、组织和文化的变化。通常，城市化的过程可以概括为以下四个方面。

一、经济发展

经济发展推动城市化进程，改变城市形态，并影响生产技术、居民生活方式和社会价值。由于规模经济以及所有权集中和集权化的好处，城市是这种生产方式的核心，是生产、分配和交换过程的焦点，因此，城市化被视为工业化与发展的必要组成部分（诺克斯和迈克卡西，2009）。由于地形和自然资源等条件，这些相互依存的经济变化过程成为城市化的最重要因素。一般而言，经济发展水平与城市化水平之间存在很强的相关性（图 1.4）。一方面，经济合作与发展组织（Organization for Economic Cooperation and Development，OECD）的大多数国家（地区）的城市化水平都达到70% 或更高，比利时、德国、冰岛和英国的城市化水平达到 89% 以上，人均 GDP 超过 4 万美元； 2017 年，冰岛的人均 GDP 甚至达到 7 万美元；另一方面，世界上大多数经济较不发达国家的城市化水平较低。非洲（布隆迪、厄立特里亚、埃塞俄比亚、马拉维、卢旺达和乌干达）以及南亚和东南亚部分地区（不丹、柬埔寨、尼泊尔和斯里兰卡）的城市化水平还不到 25%，这些地区的年人均 GDP 不足 1000 美元。与此同时，经济发展水平越低的国家，城市化推动力越强。世界上大多数较不发达国家的城市化水平较低，目前正经历着前所未有的城市化发展速度。在非洲部分地区，2000 ～ 2005 年，最高的城市化水平年均增长率超过 5%。相反，一些高度城市化的国家，例如意大利、瑞典和瑞士，同期的城市化水平年平均增长率小于 0.2%（诺克斯和迈克卡西，2009）。

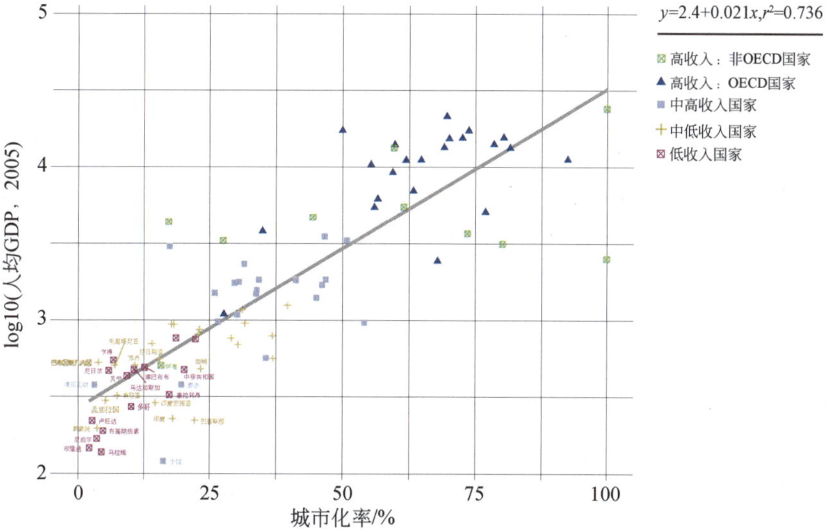

图 1.4　城市化水平与经济发展水平关系

二、人口变化

城市化也是人口继续向城市中流动、非农产业（制造业和服务业）集中和发展、人类社会结构逐步转变的过程。城市化是指人口集中在城市或市区的现象或过程，以及特定区域内城市居住区人口密度的增加。首先，生活在所有城市地区的人口比例不断增加；其次，这些人越来越集中在较大的城市。人口变化包括两个重要方面：①人口再生产。城市的经济福利，通常会自动调节人口与城市化之间的关系。例如，出生率主要依靠人们的感知和对经济机会的期望。②人口迁移。具有良好生活福利设施的城市可以吸引大量的移居者；具有国际化港口和机场的大城市和城镇可以吸引大量的移民。因此，人口变化与城市化具有非常密切的相互依存关系。

第二次世界大战后，在大多数国家中，城市化经历了一个长期的人口连续变化过程。随着人口从农村迁移到城市地区以及从较小的城市迁移到较大的城市，城市人口稳步增长。这个过程结束就会是一个几乎完全城市化的社会形成，即一个国家的绝大多数人口仅生活在少数几个大城市中。例如，比利时的城市化水平达到 98%，以色列、日本和荷兰达到 91% ～ 92%。2018 年，丹麦、瑞典、新西兰、澳大利亚、美国和韩国的城市化水平达到 83% ～ 88%。然而，在这些发达国家和地区，人口总和生育率却持续下降，总人口出现负增长，进入了老龄化的城市社会。根据联合国统计，在 1950 ～ 2015 年间，美国的总和生育率从 3.3 降至 1.9。日本也从 3.0 下降到 1.4，这意味着日本总人口将从 2008 年的峰值 1.28 亿下降到 1 亿以下。与此同时，广大发展中国家，由于城市地区良好的基础设施和教育、医疗等社会服务设施，吸引了大量的农村人口流入城市地区，开启了发展中国家的城镇化进程。由于工作岗位不足，房价太高，贫民窟与城镇化过程相伴生。

比较发达国家和发展中国家的城镇化，可以发现，前者（如意大利、瑞典和瑞士）年均增长率不到 0.2%，但一些非洲国家城市化年均增长率可能会超过 5%。自 21 世纪初以来，世界城市化主要发生在发展中国家。到 2025 年，发展中国家的城市人口将占总人口的 54%（UN，2014）。然而，由于发展中国家的经济发展和增长动力不足，约 36% 的城市人口居住在贫民窟中。例如，拉丁美洲和加勒比地区的城市化水平已达到 77%，但大多数居民居住在贫民窟。即使在中国的明星城市深圳，1500 万流动人口的 71% 居住在城市边缘的城市村（Yeh et al.，2015）。在人口密集、破旧拥挤的贫民窟生活也引发高死亡率和其他城市问题。

中国是人口最多的发展中国家，在 1949 ～ 2018 年，总和生育率从 6.0 下降至 1.6，即使在 2016 年实施二孩政策后，2017 年生育率也仅为 1.62，近几年总和生育率则是不升反降，不仅远低于全球平均总和生育率 2.45，而且低于高收入国家的 1.67，以及新加坡和韩国的 1.24。目前，法国和德国都已成为超级老龄化社会。1982 年的中国，年龄在 65 岁及 65 岁以上的老龄人口占总人口的 5%，但到 2001 年这一比例已超过 7%，这意味着中国也步入了老龄化社会。到 2017 年，中国 65 岁及以上老年人占总人口的比例迅速上升到 11%。2019 年，中国总人口超过 14.0 亿，城镇化水平为 60.6%。按照 6.5% 的 GDP 年增长率和每个家庭的二孩政策，预计到 2023 年中国将进入深度老龄化社会（14%），2030 年中国的城镇化水平将达到 67%，到 2033 年左右中国将成为超级老龄化社会（20% 或更多），2035 年中国的城镇化水平达到 70%。预计到 2050 年，中国的城镇化水平会达到 75%（Gu et al.，2015），但 80 岁及以上人口占总人口的比例将达到 8%。

三、社会转型

与上述人口统计过程相关的是社会的结构变化，这也是经济发展和城市人口增长的结果。城市化本身就是一个社会转型过程，可以将农业国家转变为工业化和城市化国家。第一，快速的城市化进程使世界经济拥有大量的非熟练劳动力，从而为农村剩余劳动力提供广泛的就业机会，尤其轻工制造业部门吸收了大量的劳动力从事加工制造。第二，城市可以提供正式的就业岗位（formal employment），也能创造大量的非正式就业机会（informal employment）。这是城市在某些新部门中占有可观份额所产生的现象。第三，通常来说，一些较大的城市地区可以成为社会转型的中心：城市环境中的原始价值观、态度和行为模式被修整。但是，随着城市的向外扩张，如郊区化（suburbanization），新郊区促进了工业、住宅、娱乐和商业区的繁荣。同时，城市化也是创造和建设新城市社会的过程。第二次世界大战以后，西方发达国家的城市化经历了如下过程：城市蔓延和郊区化，老城市中心经济衰退，税收下降并缺乏投资，道路和市政设施逐步老化，富裕的白领阶层逐步迁往郊区，贫困阶层则逐渐沉淀并有大量新移民进入，失业率居高不下，城市犯罪率升高（Gu，2019）。例如，此类城市问题使克利夫兰的欧几里得（Euclid）地区和加菲尔德（Garfield）地区以及底特律的南地（South Field）地区和橡树公园（Oak Park）地区陷入困境。

自 20 世纪 80 年代以来，由于信息技术的发展，越来越多的制造业和装配线搬迁到发展中国家。发达国家的中心城市地区重新启动了生产性服务业，例如公司总部、研发、金融、保险、设计、包装和广告、法律和咨询等。2006 ～ 2012 年，全球最大的 750 个城市，生产性服务业创造了 8770 万个新工作岗位，占 129 个国家所有新创造就业岗位的 58%。相应地，在城市中心地区也开始更新和重建，出现了一种与郊区化相反的新趋势，即：绅士化（gentrification）过程。在这个过程中，许多高收入者进入了城市中心地区，原本低收入者无法负担因城市中心更新改造导致的土地升值和房价房租上涨，被迫迁出原来的生活空间。在北美地区，70% 的大城市经历了绅士化过程。例如，在 1980 ～ 1996 年，美国有 359 个城市的市中心地区（占总数的 2/3）都进行了更新改造。英国、法国、德国的城市以及南美洲、以色列、南非和土耳其的一些大城市也经历了相同的绅士化过程。在城市中心地区的中产阶级化、市政和社会设施高档化和绅士化过程的同时，城市中心地区的人口结构也发生了变化。起初，贫穷的家庭和少数族裔迁出，然后较富裕、年轻的、单身或新婚家庭逐渐迁入。

城市化的这些社会转型过程，除了上述的正效应外，也引发了一些社会负面影响。例如，居住隔离（residential segregation）、社会分化（social differentiation）和社会排斥（social exclusion）。然而，由于高档化和绅士化促进了市中心的更新和繁荣，因此得到城市政府和开发商越来越多的支持和鼓励，相应的社会问题也变得视而不见，导致西方发达国家城市郊区化之后，一些城市重新集聚发展，郊区也逐步荒废起来。与郊区长期的人口迁出和减少不同，城市中心和城市边缘地区人口显著增加，新型的城市社会蓬勃发展起来。

四、城市空间的延伸和重塑

正如霍布斯鲍姆（Hobsbawm）所言：“我们这个时期的城市发展是一个巨大的阶级隔离过程，它将新劳动人口推向政府和商业中心以及新的专门居住区之外的最悲惨境地。在此期间，欧洲几乎所有的大城市都普遍地进行了‘好’西区和‘差’东区的划分”。这可能是由于盛行的西南风将煤烟和其他污染物带到下风向，使城镇的西区要好于东区的缘故。

第二次世界大战后，发达国家城市的经济发展进入了黄金时期，现代城市交通、公路系统和郊区化，推动了城市的快速扩张。到 20 世纪 60 年代初期，美国城市的郊区人口已超过城市总人口的一半以上，并且在 1970 ～ 1990 年，城市土地面积扩大了 4 倍。随着大都市区的兴起，总人口的一半集中在美国大都市区。到 20 世纪 80 年代，美国大都市区人口已经占总人口的 2/3。到 90 年代，美国大都市区占了总就业岗位的 55%。自 70 年代以来，已逐渐在世界经济中占主导地位的跨国公司，通过新的国际劳动分工，将组装业务转移到低成本、欠发达的发展中国家，成功地摆脱了它们发展遇到的困境。

与此相对应，上述经济和空间发展路径的强化，也改变了发达国家和发展中国家的城市化模式和过程。城市地区被拉伸和改造，以适应日益复杂和广泛的相互依存模式。特别是为了响应社会经济调整和文化转变，都会进一步释放出政治和经济作用。到2014年年底，英国伦敦市区的人口超越了1939年的862万峰值，加上通勤区的人口，总人口超过了1000万。1995年，东京人口只有797万，但到2017年，东京市区人口超过1319万，都会区人口更是达到4350万。2010年，巴西的圣保罗和里约热内卢等大都市区的人口已经占巴西全国总人口的19%。印度的大都市区，如德里、孟买、加尔各答、艾哈迈达巴德、班加罗尔、金奈和海得拉巴的人口也达到了500万～1000万（Chaplin，2011）。

随着互联网和快速运输系统的发展，人口、商品和信息流动的成本越来越低。大都市地区通过区域高速公路、干线公路、环城公路和高速公路捆绑在一起，形成功能上合一的多中心区域（polycentric region）或巨型区域（mega-region）。在欧洲和北美地区，多达50个城市或城镇的多中心网络区域（the polycentric network region），在一个或多个较大的中心城市周围聚集，这些区域在自然上是分开的，但在功能上却相互连接。这些巨型区从新的职能分工中汲取了巨大的经济实力（Friedmann，1997）。现实中，多中心网络区域结构的关键是分散就业的各类集群。最引人注目的是边缘城市发展，通常情况下，零售和办公场所集中在主要高速公路交叉路口附近，许多办公室工作岗位都被布置在大都市区的外郊区（outer suburban areas）或远郊区（ex-urban areas）。全世界现在大约有40个巨型区域（Marull et al.，2013），其中12个在美国（表1.4）。美国巨型区的外郊区和远郊区城市化越来越明显。

表1.4　全球40个巨型区

序号	巨型区	国家及地区	人口/万
1	德里–拉合尔	印度–巴基斯坦	12160
2	长江三角洲	中国	6640
3	阿姆斯特丹–布鲁塞尔–安特卫普	荷兰–比利时	5930
4	大东京	日本	5510
5	波士顿–华盛顿	美国	5430
6	伦敦–利兹–切斯特	英国	5010
7	罗马–米兰–都灵	意大利	4830
8	首尔–釜山	韩国	4610
9	芝加哥–匹兹堡	美国	4600
10	墨西哥城	墨西哥	4550

续表

序号	巨型区	国家及地区	人口 / 万
11	香港－深圳－广州－澳门	中国	4490
12	里约热内卢	巴西	4340
13	北京－天津－河北	中国	4310
14	大阪－名古屋	日本	3600
15	特拉维夫－安曼－贝鲁特	地中海东部海岸	3090
16	巴塞罗那－里昂	西班牙－法国	2500
17	法兰克福－斯图加特	德国	2310
18	查尔斯顿－亚特兰大	美国	2240
19	多伦多－布法罗－罗切斯特	加拿大－美国	2210
20	维也纳－布达佩斯	奥地利－匈牙利	2180
21	台北	中国	2180
22	南加州	美国	2140
23	曼谷	泰国	1920
24	福冈－九州	日本	1850
25	南佛罗里达	美国	1510
26	巴黎	法国	1470
27	布宜诺斯艾利斯	阿根廷	1400
28	北卡罗来纳	美国	1280
29	达拉斯－奥斯丁	美国	1040
30	布拉格	捷克	1040
31	里斯本	葡萄牙	990
32	休斯敦－奥尔良	美国	970
33	卡斯卡迪亚	美国	890
34	新加坡	新加坡	610
35	马德里	西班牙	590
36	凤凰城－图森	美国	470
37	札幌	日本	430
38	柏林	德国	410
39	格拉斯哥－爱丁堡	英国	380
40	丹佛－博尔德	美国	370

资料来源：Marull et al.，2013。

五、紧缩城市

由于发达国家的全球化和去工业化（deindustrialization），大城市地区的郊区化和绅士化以及人口的老龄化，一些城市的就业人数急剧减少，结果导致城市人口外流，人口密度迅速下降（Pacione，2014）。如此一来，会在很短的时间内，土地被废弃，建筑物空置，公共交通量下降，住房、商业服务、学校、医院、公用事业等基础设施和社会设施的需求也大幅下降，城市税收也会减少，以至于不能满足维持现有城市基础设施和社会设施运行所需的财政预算，从而使城市的活力逐渐丧失，这就是城市紧缩的现象。目前，全球总共约有350个紧缩的城市，其中80%位于美国、英国、德国、意大利、法国和日本等西方发达国家（Pacione，2014）（表1.5）。在美国，1990～1996年，30个主要城市中的14个城市的人口迅速减少。例如，底特律的人口1970～1990年下降了30%，圣路易斯1950～2009年城市和城市边缘地区的人口下降了35%（Pacione，2014）。欧洲也有一些紧缩的城市。例如，英国的利物浦、德国的哈雷和莱比锡，以及意大利的热那亚，东欧国家和前苏联的城市紧缩也特别明显，如波兰的比托姆、索斯诺维茨，乌克兰的马基瓦和顿涅茨克，罗马尼亚的蒂米什瓦拉和捷克的俄斯特拉发。在日本，一些远离大都市的港口城市（如长崎、新潟和函馆）人口已经下降，尽管它们下降的幅度远低于美国和欧洲城市，还有北九州和尼崎等一些制造业城市人口也明显下降。在中国，根据2000年和2010年的人口普查数据，龙瀛等（2016）发现有180个城市在紧缩，其中地级市有乌鲁木齐、吕梁、定西、庆阳、呼伦贝尔、临昌、鸡西、乌兰察布和黄冈。

表 1.5　全球紧缩城市（Pacione，2014）

国家	城市	人口最大规模 / 人（年份）	现状人口 / 人（年份）	变化 /%
美国	圣路易斯	856796（1950）	311404（2016）	-63.65
	底特律	1849568（1950）	681090（2013）	-63.17
	扬斯敦	170002（1930）	66982（2010）	-60.6
	水牛城	580132（1950）	256902（2016）	-55.72
	加里	178320（1960）	80294（2010）	-55.0
	匹兹堡	676805（1950）	305704（2017）	-54.83
	辛辛那提	503998（1950）	301301（2017）	-40.22
	巴尔的摩	949708（1950）	620961（2010）	-34.6
	托莱多	383818（1970）	287208（2010）	-25.2
	费城	2071605（1950）	1580863（2017）	-23.69

续表

国家	城市	人口最大规模 / 人（年份）	现状人口 / 人（年份）	变化 /%
英国	利物浦	855000（1931）	491500（2017）	−42.51
德国	哈雷	329625（1986）	230900（2010）	−30.00
	莱比锡	713470（1933）	581980（2017）	−18.43
意大利	热那亚	842114（1970）	594733（2015）	−29.38
波兰	比托姆	239800（1987）	183200（2010）	−23.60
	索斯诺维茨	259600（1987）	204013（2017）	−21.41
乌克兰	马基瓦	455000（1987）	363677（2010）	−20.10
	顿涅茨克	1121480（1992）	929063（2016）	−13.59
罗马尼亚	蒂米什瓦拉	351293（1990）	319279（2011）	−9.11
捷克	俄斯特拉发	331219（1990）	306006（2010）	−7.6
日本	青森	311386（2005）	285000（2016）	−8.47
	下关	290693（2005）	269000（2016）	−7.46
	长崎	455206（2005）	422272（2015）	−7.23
	函馆	294264（2005）	279110（2010）	−5.15
	北九州	993525（2005）	951336（2017）	−4.25
	尼崎	462647（2005）	446000（2017）	−3.60
	静冈	723323（2005）	699450（2017）	−3.30
	奈良	370102（2005）	362，964（2016）	−1.93
	新潟	813847（2005）	804594（2017）	−1.14
	滨松	804032（2005）	795920（2017）	−1.01

第四节　城市化驱动力

除了人口和资源（如各自区域的水、土地和矿产等）这些自然因素外，可以认为，城市化是由经济、社会和政治层面之间的相互作用驱动的。

一、工业化

刘易斯（Lewis，1954）认为，经济发展依赖于现代工业部门的扩张，而现代工业部门的扩张又需要从农业部门转移过来的大量廉价劳动力。按照这种逻辑，刘易斯提出了基于无限劳动力供给条件的双重经济发展模型。这种经济学理论解释了城市化扩张和扩散的空间过程。城市化的累积因果关系被“剩余产品”理论解释（Davis，1965）。美国经济学家库兹涅茨（Kuznets，1966，1989）在《现代经济增长：发现与思考》中把现代经济增长概括为工业化和城市化过程：“各国经济增长……常伴随着人口增长和结构的巨大变化。一个国家的经济发展水平同城市化呈正相关关系。因此，只有一个国家总体经济发展提高了，其城市化水平才能提高”。斯托珀（Storper，2013）将“工业化拉动城市化”称为“有增长的城市化”。简单地说，就是工业化提高了劳动生产率，导致以城市经济为主的经济结构转换，或者由于工业化带来的城市集聚效应提高了劳动生产率，引致城市部门的继续扩张。

（1）农业革命。农业技术革命带来的农业生产率提高，使得劳动力从农业部门转移到城市和现代部门，这一方面使农业部门就业比重减少，另一方面农民收入的提高也会增加对城市部门产品的需求。

（2）工业革命。工业部门生产率的提高会吸收农业剩余劳动力，从而促进城市部门的发展，比较经典的是刘易斯劳动力流动模型。

（3）资源革命。从资源开采（如石油、黄金、钻石等）获得巨额财富，从而推动城市发展，例如沙特阿拉伯。这些资源和财富一般集中在城市精英手中，主要花费在城市商品和服务业。资源革命不像农业革命和工业革命那样有长期的增长效应，这种革命通常带来的都是消费型城市的成长。

新经济地理学认为，不论是在发达国家还是发展中国家，城市发展的集聚效应带来的生产率提高才是城市发展的巨大动力，包括集聚经济的本地市场效应、劳动力池效应、产业的关联效应、知识溢出效应等。工业化是城市化的基础，中国早期城市化就是一个很好的例子。农村改革在20世纪80年代成功地鼓励农业生产和外国投资。释放粮食生产压力后，大量农村劳动力可以加入非农业产业和新的城市化进程。结果，城镇的集体企业雇用了1亿多农村劳动力。大量农民移民到城镇、城市、工业和采矿区寻找工作。城乡、工农业、城市增长和经济增长之间并行发展。这种类型的城市化称为“同步城市化（synchro urbanization）”（Gu et al.，2015）。

二、现代化

城市化是现代化的标志，发达国家和发展中国家都非常重视这一问题。第二次世界大战后，许多发展中国家纷纷独立，将国家的现代化作为发展目标。一个社会的现代化，不仅是经济、社会、文化、科学技术的发展，而且最重要的是在社会变迁中人的现代化。也就是说，只有在现代科学技术、经济和各种组织中工作的人都获得了与整个社会现代化发展相一致的现代性，这样的社会才可以说是一个真正的现代社会。与此同时，一个共同的认识是：由于城镇化是现代化的标志，几乎所有国家和地区，都是通过加快城市化进程推动国家和地方现代化的。自20世纪五六十年代以来，绝大多数发展中国家都在积极推动国家现代化，以满足改善生活条件的需要，在空间和社会转型层面加速推进城镇化。国际经验显示，人均 GDP 接近 1 万美元，具备迈向高收入国家的现实条件，但也有落入“中等收入陷阱”的潜在风险，且鲜见跨越“中等收入陷阱”的具体路径。从城市的视角来看，“中等收入陷阱”风险实质是“城市化陷阱”风险。

纵观中国的现代化过程，可以分为两个阶段。

（1）第一次现代化。将经济、社会和知识作为衡量现代化的指标，具体指标将城镇化数量作为衡量的标准，例如：①服务业增加值比例（服务业增加值占 GDP 比例）达到 45% 以上；②城镇化水平（城市人口占总人口比例）达到 50% 以上；③婴儿死亡率 3‰ 以下；④平均预期寿命（出生时平均预期寿命）70 岁以上；⑤医生比例（每千人口医生人数）1‰ 以上；⑥成人识字率 80% 以上；⑦大学普及率（在校大学生占 20 ～ 24 岁人口比例）15% 以上。

（2）第二次现代化。评价的指标主要面向知识创新、知识传播、生活质量、经济质量，具体指标将城镇化质量作为衡量的标准，例如：①物质产业增加值比例（农业和工业增加值占 GDP 的比例）；②物质产业劳动力比例（农业和工业劳动力占总就业劳动力比例）；③互联网普及率（每百人互联网用户）；④大学普及率（在校大学生人数占 20 ～ 24 岁人口比例）；⑤平均预期寿命（新生儿平均预期寿命）；⑥婴儿死亡率（每千例活产婴儿在 1 岁内的死亡率）；等等。党的十九大报告指出：“从 2020 年到 2035 年，在全面建成小康社会的基础上，再奋斗十五年，基本实现社会主义现代化。”

三、全球化

20 世纪 80 年代，随着信息技术的发展，全球化成为世界最主要的发展趋势和最重要的现代性特征。现代化有被全球化取代之势。一方面，在意大利，工业区曾经作为小规模灵活资本主义成功的标志，通过生产力要素的集聚和更精细的分工来提高企业效率。但到 80 年代以后，这些工业区受到来自信息、资本、技术和劳动力的全球流动的挑战，激烈的竞争导致企业外迁和跨国公司的形成，吸收移民或搬迁工厂成为这一时期公司发展的重要选项（Dunford，2006）；另一方面，作为最早的世界城市和金融中心，英国伦敦在信息技术的帮助下，进一步巩固了国际贸易、全球投资和技术流动在全球城市系统中处于中心、在全球经济循环中的关键节点和全球化经济中的新增长中心的位置。在中国，东部沿海地区的港口城市，通过经济技术开发区的建设，优越的地理位置、廉价的土地和劳动力、巨大的消费市场，成为发达国家跨国公司转移生产装配线的重要地区。这样的全球－本地联结，给全球生产体系和城市体系的发展带来深刻的影响，促进了世界城市（world city）、全球城市（global city）、巨型城市区（mega-city region）、巨型区（mega-region）的出现，而且这些城市和地区按照集聚形式形成超级城市集聚区或全球城市地区（global city region），它们成为相互联系的经济活动密集地带（图 1.5），也逐渐成为一个国家或全球经济的引擎地区（Scott and Storper，2003）。

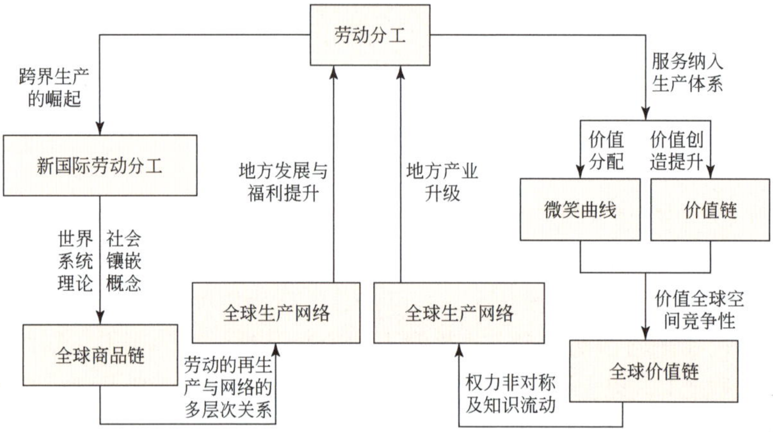

图 1.5　经济全球化与全球产业链

联合国人类住区规划署《 2010 ～ 2011 年世界城市状况》描述了这种新的空间组织：主要由人才、生产、创新和市场流动驱动经济全球化。这个新的空间可以横跨国家甚至数百公里，人口超过 1 亿。这些巨大、相关的环境、文化、基础设施和功能区网络系统将都市圈连接在一起成为全球的巨大经济区。美国区域规划协会分析了美国的情况，认为美国已经形成 11 个巨型区，它们的人口和 GDP 占全国的 70% 以上，而且每个巨型区都具有独特的环境和地形、基础设施、经济联系、城市体系、土地使用以及文化和历史特色（RPA，2014）。日本东京巨型区，以东京都为中心，覆盖周边的茨城、栃木、群马、埼玉、千叶、神奈川和山梨七县，通勤区范围 50 ～ 70km，国土面积仅占日本国土面积的 3.5%，2015 年该地区却集中全日本 34% 的人口和 39% 的 GDP。目前，正在规划建设连接东京湾 - 鹿岛 - 千叶新磁悬浮高速铁路，未来还计划建设东京 - 横滨和静冈 - 名古屋 - 大冢 - 神户 - 长崎超级巨型区，囊括日本 10 大都市区的 9 个，国土面积约 10 万 km^2（占日本总面积的 26.5%），人口 7300 万（约占全日本总人口的 61%）。中国于 2019 年也启动了粤港澳大湾区规划，重点是建设世界领先的制造业中心、重要的全球创新中心以及国际金融、航运和贸易中心。目前，这个大湾区占全国 GDP 的 12.5%，但仅占全国国土面积的 1% 和全国人口的 5%。在世界的其他地方，全球城市区和巨型区也处在形成和发育之中，例如，巴西的里约热内卢 - 圣保罗地区，印度的孟买和德里的工业走廊以及西非的伊巴丹 - 拉各斯 - 阿克拉城市走廊。

四、市场化

随着外国直接投资（foreign direct investment，FDI）流入，新的全球制造体系应运而生。与加工制造系统相关的贸易也开始活跃增长。这是一个建立了全球制造网络的新制造系统，该网络具有超级制造和服务能力，包括研究、设计、加工、制造、组

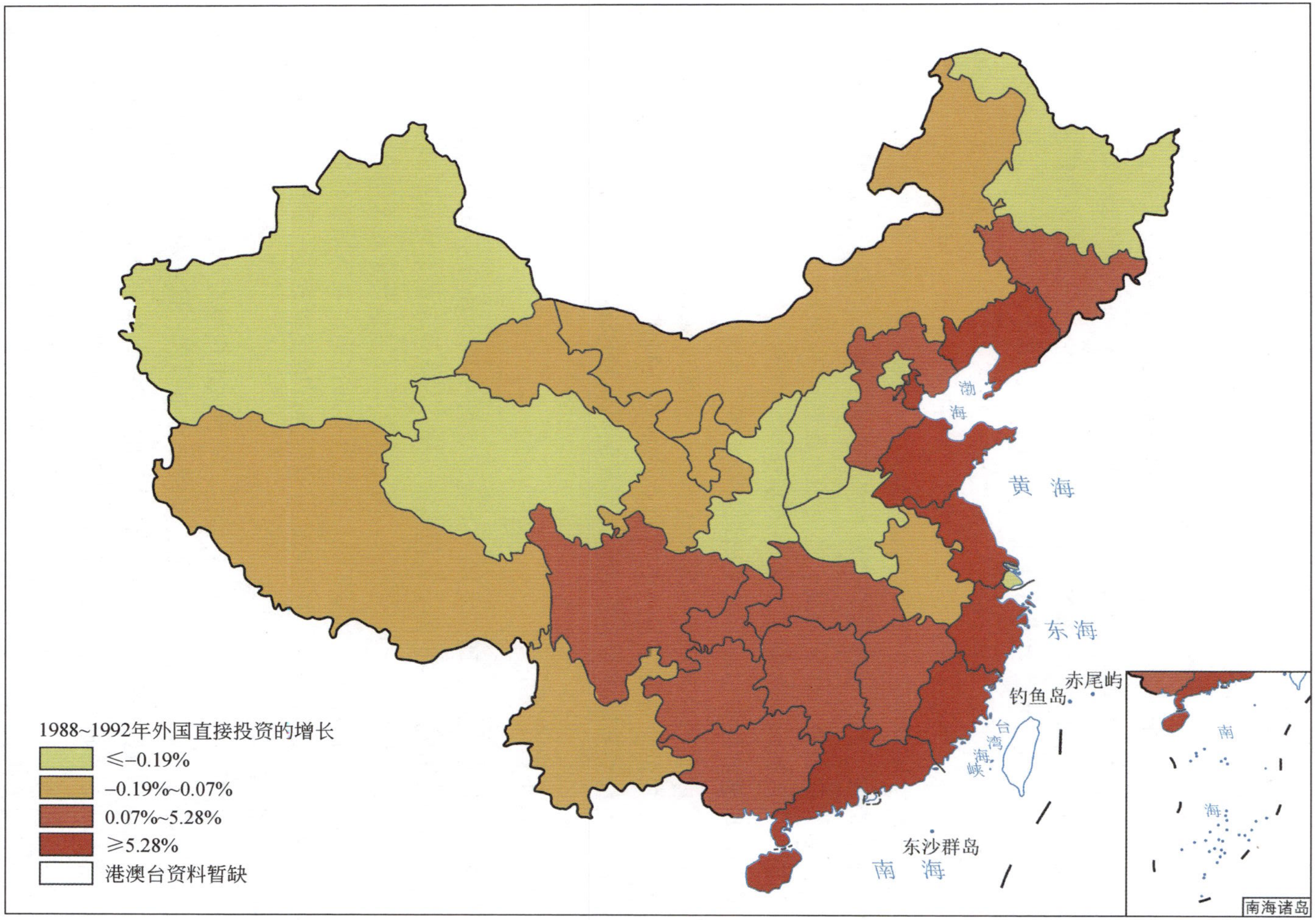

图 1.6 中国引进外国直接投资的空间分布状况（1988 ～ 1992 年）

装和营销，并与全球经济联系在一起。这种利用外国直接投资和农村廉价劳动力的生产过程几乎完全是外国市场导向的，因此被称为出口导向的经济体系。由于这个产业体系建设主要面向国外市场，因此几乎与国内生产体系完全脱节。在中国，这被称为以资本为主导的城市化（Sit and Yang，1997）。图 1.6 显示了 1988 ～ 1992 年外国直接投资在中国的空间分布状况。

在城市化过程中，中国东部沿海地区出现了消费品、工业产品和辅助农产品的批发市场。自 2001 年中国加入世界贸易组织和 2008 年北京奥运会以来，这种以出口为导向的生产体系和快速增长的市场，已经成为本国和外国产品的重要节点。由于市场化、工业化和全球化的结合，经济的快速增长反映在沿海发达地区的快速城市化进程中，上千万农村剩余劳动力流入城市（Gu et al.，2008）。在广东省，外来劳动力从 100 万增加到 1200 万，进出口额从 20 世纪 90 年代初的 500 亿美元增加到 2018 年的 70000 亿美元，增长了 130 倍。在长江三角洲，许多日常用品、小商品市场随着地方制造业的发展纷纷建立起来，例如张家港的庙桥毛衫商城、绍兴的柯桥纺织商城、常熟的服装商城、吴江盛泽丝绸商城和海宁皮革商城等。各种批发市场集中了制造业需要的各类原材料、中间产品，还有地方土特产和农贸产品市场。通过这些不同类型的市场，用原材料和制成品源源不断地将生产和消费联结起来。浙江的义乌小商品市场，甚至将各类小商品批发出售到全世界。由于市场和制造工厂的不断发展，也带来了丰厚的利润，反过来又促进了长江三角洲小城镇的发展，尤其是苏州已成为以外资为主导的全球制造业（计算机和信息技术制造、生物化学制药业等）生产城市，昆山也从小县城转变为全球蓬勃发展的高科技中心。

五、制度改革和创新

国家的作用已通过治理、发展、企业家、增长机器和分层式政治范式进行分析（Kuang et al.，2017）。与世界上其他国家一样，东亚国家的市场也受到政府的监管，监管的手段一般采取间接方式。例如，制定政策以及与私营企业密切合作。从印度班加罗尔、马来西亚吉隆坡到中国苏州，地方政府都在为将亚洲城市转变为全球化的高科技中心做出了巨大的努力。中央和地方政府推行的优惠政策、制度改革和创新，都直接推动了相关的快速城市化进程。

西方国家的城市，一开始就是自治体，不管城市规模大小，都有独立财税权利。20 世纪 70 年代以来，为了争夺投资，城市间竞争激烈，城市公共管理也从福利国家模式转向促进城市经济发展、提高城市竞争力的模式。越来越多的人认识到，如果说充满生机和活力的城市是经济增长和国家繁荣的发动机，那么城市治理不仅为促进政府、公司、社团、个人行为对生产要素控制、分配、流通的影响起关键作用，而且也为城市增长机器提供灵活性和有效性。据此，发起城市治理模式改革，尤其是对地方城市政府进行大刀阔斧改革。

在中国，地方政府的事权被分为区域性、城市性、共同管辖三种类型。现有的政府间事权的协调手段主要有统一管理、功能转移、税收转移、增设专门目的的政府部门和设施等。城市内部管理大多强调行政区的作用和行政力量，没有城市地方经济自治的概念。自 1980 年以来，中国采取了一系列新政策，从行政上对农村城市化进行改革，例如，县改市，城镇升级为城市，通过改变非农业人口的定义来放宽对城市发展的约束，还有将管理农业为主的地区改为以非农业管理为主的城市，还有将郊区县改为城区实施管理的区。从 1978 ～ 1984 年，城市数量从 193 个增加到 300 个，至 1993 年达到 570 个。城镇人口也从 1978 年的 1.72 亿上升至 1984 年 2.4 亿，1993 年上升至 3.317 亿。城市化水平自 1978 年的 18% 增长到 1984 年的 23% 和 1993 年的 28%（Gu et al.，2008）。此外，中国政府的开放政策启动了新的经济技术开发区和高科技园区。这种以出口为导向的工业化进程加快了中国东部沿海地区的城市化进程。1997 年的亚洲金融危机对中国造成了严重影响；对外贸易和出口因此减少。随后，中国政府制定了支持自主市场的全国城镇化政策。这意味着大部分国内生产的商品将由国内消费者消费。这就是所谓的中国新型城镇化之路。

第五节　城市化的正负效应

在保持城市进步和改善人类住区的同时，充分利用城市化的正面影响；城市化，也可能对社会公平、公共卫生和自然环境产生负面影响。然而，由于城市化过程具有综合性，有时也存在整合效应。简单地说，整合效应就是在某种状态下具有对社会和经济发展正效应，如果处理不当则会对社会和经济发展产生负效应。

一、城市化的正效应

1. 城市群集聚经济效应

城市地区经济活动的聚集促进了集聚经济效应。马歇尔（Marshall，1890）指出，城市区域的空间接近性带来了集聚经济的三个好处：①城市化允许进入大量的劳动力资源，企业可以轻松地找到具有适当技能和专门知识的劳动力。同样，这些来自农业部门的剩余劳动力，也被吸引到可提供大量匹配工作的城市地区。②城市化允许信息交流。即使在信息技术时代，面对面交流仍然是最有效的沟通方式，特别是对于一些涉及具体和细微的交易信息。城市地区为信息和知识提供了正式和非正式的交流机会。③城市化允许投入共享。随着经济活动变得越来越专业化和复杂化，许多公司需要接触上游和下游供应商和客户，它们有时“不需要真正拥有，而只需要曾经拥有”，城市为共享经济提供了非常适合的环境。城市地区的生产力源自集聚经济，这是企业和企业通过靠近客户和供应商以降低运输和通信成本而获得的收益。

因此，大城市往往代表着多元化的集约经济。研究发现，大城市刺激了新的、高增长公司的创建。

2. 城市与区域空间结构塑造

国家或区域发展的动力来自经济增长，最终反映到人口分布的空间变化，进一步表现为城镇体系的空间形态演化，即：从居民点聚集开始，集聚不经济导致空间滞涨，进入边缘新城或交通沿线的点状或线状突破，再到网状结构发展，最后形成核心－半边缘－边缘地域空间结构。

这种城市化过程对城市与区域空间结构影响的变化可以从两个空间层面来描述。一个是大都市区 / 城市的空间结构和功能结构，另一个是巨型区的结构。空间结构由两种力量决定：一是上述集聚经济力；二是负面的城市经济外部性或集聚不经济的代价。后者的例子包括交通拥堵、空气污染、自然环境恶化以及劳动力和土地价格上升。这两方面力量的持续相互作用最终塑造城市或大都市地区的空间形态。

在城市或大都市地区，当集聚不经济现象占主导地位时，人口和经济活动会从中心城市向外转移，这通常称为郊区化，洛杉矶就是这类城市化的典型例子。当然，在人口和经济活动扩散到一定的程度后，空间蔓延的不经济又可能会再次促进人口和经济聚集，集聚经济优势重新发挥作用，这就是“再城市化（re-urbanization）”和城市中心区绅士化现象，从而部分扭转郊区化的趋势。在城市和大都市地区，大城市和小城市都可以随着不断的郊区化而扩展，有时它们还会合并形成城市走廊（urban corridor）和巨型区。当集聚经济优势占主导地位时，这些在空间和功能上新配置是相互联系的；当集聚经济的负外部性占主导地位时，原有的空间和功能结构就会崩溃，这种变化在许多紧缩的城市地区（shrinking city region）很明显，例如美国的大湖区。

3. 房地产增值和城市富裕化

人们生活在城市，主要在于城市可以提供与邻近性和可及性相关的空间优势。结果，随着城市化进程的继续，土地价值不断上升，进而推高了城市设施及其运营成本，例如房价、工资、医疗和教育费用、通勤费用等。在中国，城市建成区面积从 1990 年的 12856km^2 增加到 2015 年的 52102km^2，年均增长 6.8%；城市土地出让价格从 1995 年 9676 元 /m^2 到 2001 年 14398.78 元 /m^2，上涨了 48.80%；再到 2005 年 35528.80 元 /m^2，比 1995 年上涨了 2.67 倍；2015 年达到 144200 元，是 1995 年的 14.9 倍，2005 年的 4.06 倍。当然，土地价格的上涨创造了开发商和消费者住房价格持续飙升的期望。在 20 世纪 90 年代后期，上海浦东新区的优质房价为 1000～2000 元 /m^2，2007 年升至 1.3 万元 /m^2，平均上涨了 7.7 倍；在 2016 年更是高达 33023 元 /m^2，较 90 年代上涨了 21 倍。苏州（上海附近的城市）的平均房价在 2001 年仅为 500 元 /m^2，但到 2016 年已上升到超过 15300 元 /m^2，上涨了 29.6 倍。与此同时，房屋的租金也有上涨。2016 年第一季度，住房平均租金价格上涨至每月 6000 元，比 2008 年高出 100% 以上（Gu et al., 2017）。

二、城市化的负效应

1. 自然和地理形态改变

城镇化，可能会过度开发自然资源，特别是土地，对自然环境产生了重大影响。城市化通过多种方式改变自然地理环境：地形和地貌的变化使建成区的景观变平坦。特殊的地形和地貌条件改变了当地的城市气候区，形成了热岛（heat islands）和混浊岛（turbid islands）。城市空间的扩张，也经常破坏原有的河湖系统。在某些情况下，自然水文系统的破坏导致了城市洪涝灾害。而且，城市建筑垃圾还会降低城市土地质量，从而影响生物多样性。这些城市化的自然和地理影响，如果不能得到有效缓解，将影响人类的生存和发展。

2. 社会－文化结构和生境变化

城市化也是文化转型的过程，乡村主导文化被城市主导文化所取代。所谓乡村文化是指通常的血缘、亲密关系和公共行为，而城市文化则具有疏离血统、建构陌生关系和竞争行为的特征。当今世界正面临如雨后春笋般的城市蓬勃发展，在快速发展的城市中，许多问题应运而生，例如农村地区凋敝、城市交通拥堵、房价急升、供水不足、能源短缺、环境污染、社会动荡、物质和能源流的投入与产出不平衡，还有生产和生活的供需失衡。在城市地区，这些不平衡发展，导致资源的巨大浪费，生活质量下降和生活成本上升，并最终阻碍了城市的可持续发展。此外，也有一些社会问题，如收入不平等、失业、无家可归和犯罪率上升，甚至细菌、动物和生物界都会因为城市化而改变它们栖息地和对生物环境的适应性（Yu et al.，2017）。

3. 环境与公共卫生问题

尽管快速的城市化显著改善了人们的生活水平、生活方式和社会行为，可以通过改善公共卫生和环境卫生来改善公共健康问题，但城市化也可能对公共健康产生负面影响。首先，城市居民比农村居民摄入更多的脂肪、糖和盐，导致肥胖、糖尿病和其他慢性疾病的风险增加。其次，由于城市化推进，城市生活节奏快于农村地区，城市生活精神压力加大，还有城市居民不健康的生活方式，体力活动被忽视，这些公共卫生问题共同作用，导致患有精神疾病、心血管病、高血压病、糖尿病的人数增加，城市地区的死亡率上升，也降低预期寿命。宫鹏等（2012）发现，工业化，特别是在重工业主导的经济体中，可能导致环境污染和更坏的公共卫生结果，例如癌症风险上升。海恩斯（Haynes，1986）对中国省级癌症发病率和城市化程度的研究表明，各种类型的癌症与城市化水平密切相关。另外，由于城市居民暴露在高度空气污染物时间长于乡村地区，如二氧化氮（NO_2）、一氧化碳（CO）和直径小于 2.5μm（$PM_{2.5}$）的颗粒物，会导致免疫细胞中 CpG 位点的 DNA 甲基化，增加咳嗽、哮喘和肺癌的风险。刘敏等的研究也表明，在中国的城市化进程中，非传染性疾病的影响持续增长（Liu et al.，2017）。不仅如此，城市化与突发公共卫生事件的关系也越来越密切。在全球人口急剧城市化的时期，医疗技术和公共卫生在高速发展的同时，迅速聚集在城市的人群也将烈性传染病的风险放大，尤其在特大城市、全球城市乃至世界城市将面临巨大的公共卫生安全风险。世界卫生组织 2005 年设立了“国际突发公共卫生事件（public health emergency of international concern，PHEIC）”机制，15 年间宣布了 6 次，其中 5 次是在最近 6 年宣布的。也就是说，平均一年多就发生了一次肆虐全球的大规模公共卫生事件。根据 2007 年发布的《构建安全未来：21 世纪全球公共卫生安全》报告，自 1967 年以来，至少有 39 种新的病原体被发现，“新传染病史无前例地以每年新增一种或多种的速度被发现”。近几十年来，超大型城市区不断涌现，城市功能高度密集和混合，人口流动性不断加强，使得一些枢纽型城市成为国际突发公共卫生事件的主要触发源或传播节点。2020 年，纽约、伦敦、米兰、马德里等世界大城市成为新冠病毒肺炎的重灾区（图 1.7）。

4. 气候变化与城市热岛效应

快速的城市化过程，通过改变碳循环和其他生物地球化学进程，为地球变暖做出了贡献（Lankao，2007）。大量的城市人口和企业通过运输、家庭和工业活动产生大量的碳排放。城市地区被认为是全球最终能源使用中 80% 的二氧化碳排放量的来源（Dhakal，2009； Seto et al.，2014）。例如，在 1999 ～ 2008 年，中国的城镇化水平从 30.9% 上升到 47.0%，同时中国也成为世界上最大的二氧化碳排放国（IEA，2009）。由于城市化和土地利用变化，也会产生城市热岛（urban heat island，UHI）效应。在中国东南沿海地区，由于城镇化，最近每 10 年平均地表温度上升 0.05℃（Zhou et al.，2004），这一增幅远大于同期其他地区的增加量（Li et al.，2018）。OECD 环境工作报告曾经预测 21 世纪 70 年代气候变化导致 20 个沿海巨型城市沉陷海底的全球社会经济情景（图 1.8）。

5. 城市地质灾害与生态退化

快速的城市化过程，也会导致地下水长期过度开采和地下水位持续下降。地面沉降直接增加城市防洪的难度。地面沉降还可能引起其他问题，如海水入侵、建筑物损坏、地下管道破裂、降低桥梁通航净空高度和城市道路开裂。据资料统计，在最近 40 年间，上海由于地面沉降在防潮、防洪和城市安全防灾方面，增加支出 2900 亿元（Gu et al.，2011）。此外，地下水的过度开采还会导致土壤退化、生物多样性减少和严重的生态危机，从而可能威胁人类的生存和可持续发展（Fang and Ren，2017）。

很明显，城市化过程改变了自然和地理以及人类社会的状态，产生了正面和负面的影响。正面的影响主要来自经济效益，例如城市集聚效应和城市土地增值效应。负面的影响基本上是环境和生态效益，例如环境和公共卫生问题、气候变化和城市热岛以及城市地质灾害和生态破坏。对于社会利益，既有积极的影响也有消极的影响，例如不断塑造城市空间结构，使城市和空间适应城市人口增长的需要，但带来了交通拥堵、

图 1.7　新冠病毒（COVID-19）世界分布状况

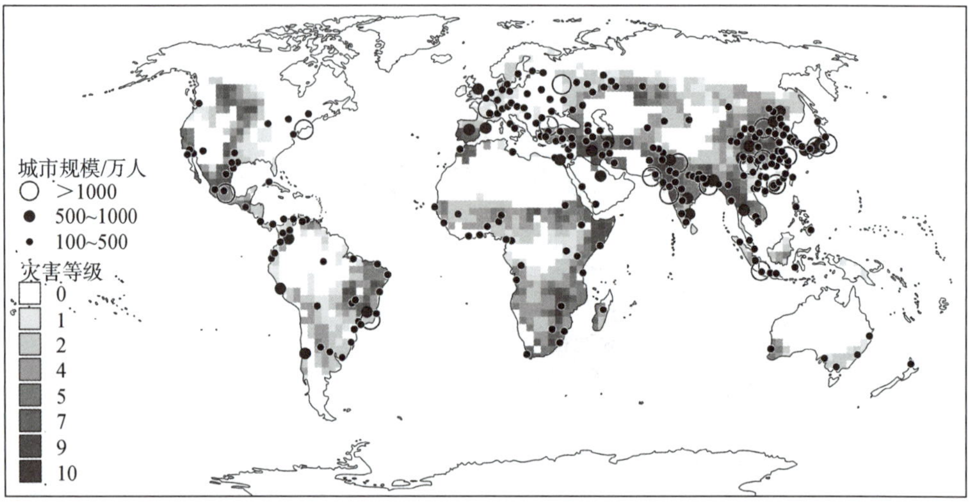

图 1.8　全球气候变化严重影响的沿海巨型城市化地区（21 世纪 70 年代）

资料来源：Nicholls R. et al.，2008. Ranking port cities with high exposure and vulnerability to climate extremes，OECD Environment Working Paper No.1.

房价暴涨、城市病和城市居民公共卫生疾病等问题。由于这些原因，政府在启动城市化政策时，需要平衡城市化带来的经济、社会和环境效益，有时候不是城市化水平越高越好，而是需要找到适合的、健康的城市化道路。

第二章　中国城镇化研究理论框架

自从商业革命（始于15世纪晚期的探索时代）以来，城市化一直呈迅速兴起的态势。一开始的商人时代，位于丝绸之路两端威尼斯和长安这样的城市首先得到发展。18世纪的工业革命使城市化进一步加快，曼彻斯特这样的工业城市成为人口和经济集聚的中心。18世纪和19世纪，工业化产生了北欧工业带和城市密集区，随后北美“旧西北部”，水牛城、克利夫兰、亚特兰大和休斯敦得到快速发展。20世纪上半叶，两次世界大战和大工业、大制造的发展，促进了加利福尼亚和西太平洋沿岸地区城市区域的发展。到20世纪60年代末，整个欧洲和北美洲，经过第二次世界大战后的“黄金增长期”，许多城市区域出现衰退，例如里尔（法国北部城市）、曼彻斯特和托里诺（意大利北部城市），但美国的阳光地带城市，不仅比老牌制造业城市规模更大，而且更富有。20世纪80年代末至90年代，信息技术使西方国家的一些城市区域出现新的转机，一些被视为衰落的制造业中心城市，如纽约和伦敦，再次具有吸引力并发展成为全球城市。香港、东京、新加坡、圣保罗、悉尼、多伦多、苏黎世和其他许多城市发展新经济产业，成为全球经济的重要节点乃至全球城市。进一步的全球贸易和一体化发展，发展中国家，尤其是中国沿海的上海、广州、天津、大连、宁波、青岛和厦门等老工业城市得到快速发展，甚至新建城市深圳也一跃成为全球高科技产业发展最耀眼的城市。巴西的贝洛奥里藏特、印度的班加罗尔、南非的约翰内斯堡、马来西亚的吉隆坡等由于制造业转移得到快速发展。除了世界城市化的这一大场景外，源于美国的大都市区，在西方发达国家也出现人口和空间规模的持续扩张，汽车、高速公路和住房私有化运动带来的郊区化大潮汹涌澎湃。进入21世纪，许多大都市区，例如洛杉矶、伦敦、巴黎、圣保罗、墨西哥城和旧金山，不仅通过加大其核心区域的就业密度，也通过复制多中心格局模式进行扩张，逐步形成多中心格局巨型城市区。而且，城市化集聚发展的趋势势不可挡，相应的巨型区横空出世，不断形成和发展。美国约有40%的工作岗位位于1.5%的面积之内，约60%的工作岗位位于12.5%的面积之内。近年来，发展中国家城市化成为世界城市化的主流，尼日利亚的拉各斯成为非洲增长最快、全球城市规模最大的城市之一。描述这样的城市化过程，解释城市化的动力，存在缤纷多彩的城市化理论，城市化学术研究也呈现出多样的研究框架。

第一节 城市研究学派

城市是一个复杂综合体，城市化过程也综合复杂，有许多学科将城市和城市化作为研究对象进行持之以恒的研究。城市理论在过去百年来经历了多阶段发展，产生了不同理论流派。从学科发展的历史看，研究城市主要有城市地理学派、城市社会学派和城市经济学派。

一、城市地理学派

城市地理学（urban geography）是研究城市（镇）的形成、发展、空间结构和分布规律的学科。从地理学发展看，把城市当作一种地理现象记载已有悠久的历史，但对城市进行地理学研究始于19世纪。20世纪城市地理成为一门独立学科。1907年德国哈塞尔特发表了《城市地理观察》，1911年英国生物学家和社会学家格迪斯（Geddes）和法国地理学家布朗夏尔（Blanchard）分别对单个城市进行了研究。19世纪末和20世纪初也有一些地理学家对美国个别城市开展了研究。初期的城市地理学思想，往往受环境决定论的支配，把地理位置和自然环境看作城市形成的决定因素。

第二次世界大战之前，还没有一个大学将城市地理学作为一门专业课开设。第二次世界大战以后，许多国家的城市需要重建，世界范围内的城市化进程开始加速，这些都要求对城市进行全面的研究和规划，促使大批地理学家投入城市研究或城市规划工作中。城市地理学也进入课程建设时期，特别值得一提的是，美国华盛顿大学地理系翻译介绍了克里斯塔勒（Christaller）的中心地理论（the central place theory），并且在此研究基础上开展的数量研究又推动了后来的计量地理革命。20世纪80年代以后，英国城市地理学家霍尔（Hall）爵士、哈维（Harvey）的杰出城市地理研究工作，推动了城市研究和城市规划学科的快速发展，并对人文社会科学研究的社会和文化转向做出了巨大的学术贡献。此外，城市地理学家还引进了心理学和行为学的理论和方法，对城市意象、空间感应和行为过程等进行研究。

城市地理学研究，主要是从区域的空间组织和城市内部的空间组织两种地域系统进行城镇空间研究，内容包括城市形成和发展条件、城市化过程、大都市区、城市内部结构、城市体系、城市间相互作用、城市形态和城市群、城市产业布局和经济区、城市内部土地利用、城市社会与经济空间、邻里、迁移与迁居、贫困、种族和城市问题、城市与区域规划等。

中国城市地理学研究起源于20世纪30年代。1937年沈汝生在《地理学报》发表了“中国都市之分布”，这是中国第一篇关于城市地理学的研究论文。这篇论文搜集了中国城市的大量人口数据，对中国城市的人口规模进行分类，研究了影响城市分布的自然条件、水路交通条件，城市分布与地理区域的关系，绘制了中国首幅城市分布图。

随着现代学科间的交叉和渗透，新科学方法论的出现以及数学方法和计算机等技术手段的普遍使用，城市地理研究方法也在不断丰富，除了定性研究、数量方法、行为科学方法、系统分析方法、城市信息系统方法、空间抽样调查方法等，最近大数据挖掘和复合模型系统研究也越来越精彩纷呈。此外，遥感技术应用、航空像片和卫星像片使用，不仅为城市调查研究提供了手段，同时也为城市地理的时空结构研究提供了先进技术手段。

二、城市社会学派

城市社会学（urban sociology）是以城市的区位、社会结构、社会组织、生活方式、社会心理、社会问题和社会发展规律等为主要研究对象的学科。

20 世纪 20 年代开始，美国社会学家帕克（Park）创建了人类生态学理论。1915 年他在《美国社会学学报》发表“城市：城市环境下人类行为的探讨”一文提出：城市是各种特殊文化现象聚合而成的文化地区。城市布局、职业分类和文化是人类生态学的基础。帕克的学生牟健时获得芝加哥大学社会学博士学位，后来提出了生态过程论（ecological processes），他认为：人类社会群体和建筑群按生态学原理分布于城市的不同区位，这些区位并非一成不变。相反，地理、经济、文化、技术、政治及行政措施等因素会促使人类社会群体和建筑群的区位移动。这种社会群体及建筑群在城市位置的转变称为空间移动（spatial movement）。在这些学术思想的指导下，芝加哥大学倡导从人类生态学角度考察经济和社会因素对城市土地利用的影响，在城市内部用地功能结构模式上先后出现了美国社会学家伯吉斯（Burgess）的同心圆假设（hypothesis of concentric circle）、霍伊特（Hoyt）的扇形假设（sector hypothesis）以及哈里斯（Harris）和厄尔曼（Ullman）的多核心理论（multiple nuclei theory）。

近代社会的根本问题是城市社会问题，城市社区的结构和功能、组织和崩溃、过程和变迁是社会学的研究对象。这一时期，占据城市研究正统地位的芝加哥社会学派把城市作为不同社区竞争和演替的场所。1938 年，美国社会学家沃思（Wirth）发表《作为一种生活方式的城市性》，首次系统地建构起“城市性”（urbanism）理论的概念、指标和体系，并在相当长一段时间内引领了以城市生活方式为核心的城市性研究工作。沃思认为，“城市性”是城市特有的生活方式，是城市化进程中城乡分离的产物，反映了城市环境下所形成的不同于农村社会的新的人际关系、社会心理、价值观念和生活模式。沃思提出人口数量多、人口密度高和人口异质性强三大城市核心特征有助于城市性的构建（Wirth，1938）。芝加哥大学的社会学家还以芝加哥为社会实验室进行了全面、系统和持久的调查研究，并全面总结了该研究成果，从而形成芝加哥社会学派。

进入 20 世纪 60 年代后，芝加哥社会学派遭到猛烈批判，尤以卡斯特尔（Castells，1968）抨击芝加哥社会学派研究的问题根本“是没有城市，而是关于整个社会的问题”。英国、法国、意大利等国的社会学家突破了城市社会学原来狭隘的研究范围，研究分配和权力对城市社会生活的影响，国家干预、政治和经济权力的分配及城市社会斗争。简·雅各布斯（Jane Jacobs）于1961年出版的《美国大城市的死与生》（*The Death and Life of Great American City*）震撼了当时的美国规划界。《美国大城市的死与生》对现代主义进行了反思。雅各布斯认为柯布西耶推崇的现代城市规划模式是对城市传统文化多样性的彻底破坏，她甚至把城市中大面积绿地与犯罪率的升高联系到一起，提倡传统街道空间的温情感。雅各布斯认为专业的设计夺走了城市的生命和活力，刺穿了城市的心脏，取而代之的是柯布西耶式高楼带来的迟钝与衰落。雅各布斯重视社会的多元性，她认为“多样性是大城市的天性”，城市是复杂而多样的，城市必须尽可能错综复杂并且相互支持，以满足多种需求。很多人认为正是这样的思想终结了20世纪50年代美国政府以铲除贫民窟和兴建高速路为特征的大规模城市更新运动。她对社会公正、人性化等全方位价值判断的深刻思考引发了规划师转向现代城市设计思想的探索。

到20世纪70年代初，芝加哥社会学派被以卡斯特尔（Castells）、列斐伏尔（Lefebvre）、哈维等为代表的新马克思主义城市学派取代。赖特·米尔斯（Wright Mills）撰写了《白领：美国中产阶级》（1951年）、《性格与社会结构》（与格特合著，1953年）、《权力精英》（1956年）和《社会学的想象力》（1959年）四本著作，分别论述下层移民、劳工领袖、中产阶级和上层权力精英，构成了这位特立独行的新左派的主要思想遗产。他认为城市是阶级斗争的舞台，其中心议题是土地市场作为财富分配的机器和争取获得城市空间和资源的公民权的政治诉求。

20世纪80年代以后，涌现出几个新的城市理论，例如，以梅西（Massey）和麦道威尔（McDowell）为代表的女权主义学者，关注城市的性别维度，并带动族群、种族和阶级研究的复兴；以弗里德曼（Friedmann）和萨森（Sassen）为代表，研究全球城市体系和全球化对城市内部结构的影响；以布伦纳（Brenner）、科克兰（Cochrane）、哈维、杰索普（Jessop）等为代表研究城市政治和城市管治。这三个理论分支城市研究延续至今。

三、城市经济学派

城市经济学（urban economics）是用经济分析方法分析、描述和预测城市现象与城市问题，其研究重点为探讨城市重要经济活动的状况，彼此间的互动关系以及城市与其他地区和国家的经济关系等。

在1937年，罗纳德·科斯（Ronald Coase）在《企业的性质》一文中，以独特的观点阐述“交易成本”是企业产生的原因。科斯认为，没有产权的社会是一个效率绝对低下、资源配置绝对无效的社会。能够保证经济高效率的产权应该具有以下的特征：①明确性，即：它是一个包括财产所有者的各种权利及对限制和破坏这些权利时的处罚的完整体系；②专有性，即：它使因一种行为而产生的所有报酬和损失都可以直接与有权采取这一行动的人相联系；③可转让性，这些权利可以被引到最有价值的用途上去；④可操作性。1960年，科斯发表了《社会成本问题》，文章提出：只要交易成本为零，那么无论产权归谁，都可以通过市场自由交易达到资源的最佳配置。科斯产权思想的一个显著特点是将交易成本概念进一步拓展为社会成本范畴，而社会成本范畴研究的核心又在于外在性问题。恰恰在外在性问题上，产权界区含糊不清所造成的混乱和对资源配置有效性的损害表现得最为充分。诺贝尔经济学奖得主斯蒂格勒将科斯这一理论归纳为“在完全竞争条件下，私人成本等于社会成本”，并最终形成“科斯定理”。

然而，真正的城市经济学诞生较晚，其主要标志是1965年美国汤姆逊的《城市经济学导言》出版。此后，城市经济学作为一门新兴学科在欧美各国、日本、前苏联得到较快发展。

20世纪80年代，城市经济学在我国兴起和传播，经过20多年的发展，已经取得长足的进步。中国城市经济学研究主要内容包括：①城市经济结构与城市成长，包括城市产生、城市化、郊区化、城市衰退、城市发展结构、城市特性、城市规模、城市更新、新城建设等；②城市内部结构，包括土地利用、住宅、交通等；③城市公共服务及福利设施，包括城市财政、公共服务设施（如水、电，公园等）的供需状况；④城市人力资源经济，包括就业、消费、迁移、贫民、人力资源、投资等。

今天，城市经济学也成为研究城市的主要学科，研究内容包括城市在产生、成长、城乡融合的整个发展过程中的经济关系及其规律，以城市的产生、成长，最后达到城乡融合的整个历史过程及其规律，以及体现在城市内外经济活动中的各种生产关系为研究对象。

第二节　经典的城市化理论

兰帕德（Lampard，1955）提出了一种分析城市化的综合方法，并认为城市化实际上是对物质、空间、制度、经济、人口和社会特征的多维反映。人类住区模式的第一个主要变化是数千年前狩猎采集者聚集到村庄；第二个重大变化，也是最重要的变化，即工业化带来的人口与经济的两极分化过渡过程。随之而来的是现代化。现代化是由政治、意识形态、社会以及经济和文化引发的。有一系列城市化理论试图描述这种复杂的城市化过程：①工业化前的城市化理论。该理论认为：城市的形成和发展的理论基础是规模经济和集聚经济学原理。②发达国家以工业化为主导的城市化理论。该理论认为：城镇化是一个由农业社会的工业化驱动成为城市化社会的过程。③在发展中国家促进以现代化为主导的城市化的理论。④全球化带动的城市化是全球化的主要驱动力（Sassen，1991；Gu et al.，2015）。

一、工业化前的城市化理论

城市化和城市的形成和发展利用了城市群和集聚经济。

1. 城市群

人类社会是一个通过分工和社会组织参与生产和消费的集群社会。城市是人类住区的一种形式，也具有集群的特征。集群（clustering）导致集聚（agglomeration）。集聚可以指城市集聚、经济集聚，按照有关产业地理集中度的经济原理运行。城市群（urban agglomeration）是具有高人口密度和建筑环境基础设施的人类住区。城市群是通过城市化创建的，并且按城市形态分类为城市、镇、市郊或郊区以及日常城市体系（daily urban system）。

2. 集聚经济

城市通常是现代经济活动核心的生产、分配和交换过程的中心。这种中心性（centrality）来自城市可能产生的规模经济以及所有权集中和集中化的好处。集聚的一方面是公司或城市通常彼此靠近。集聚经济解释了涉及规模经济（economies of scale）和网络效应的城市集聚现象。集聚经济的基本概念是当经济活动聚集时就会促进生产。随着相关业务领域中越来越多的公司聚集在一起，它们的生产成本可能会显著下降（企业具有多个供应商竞争导致专业化和分工水平提高）。即使在同一行业集群中的竞争性公司中，也可能会有优势，因为该集群吸引的供应商和客户比单个公司单独实现的要多。集聚经济体的存在是解释城市规模和人口增长方式的核心，这使这一现象在更大范围内得以体现。但是，集聚的另一面是集聚不经济性（diseconomics of agglomeration）。额外的竞争会降低定价能力，例如汽车产业在一个空间的过渡集中增长，可能会造成汽车制造零部件生产能力的过剩，也可能由于汽车便宜导致车辆数快速上升形成城市交通拥堵的问题。城市在集聚的经济与集聚的不经济之间的紧张关系中得以发展，但规模经济又限制城市规模盲目扩张。

3. 工业化前的城市化过程

文艺复兴之后，资本主义开始在欧洲萌芽。商业资本主义（merchant capitalism）不仅促进了欧洲内部城镇作为生产、分配和交换点的复兴，而且还改变了欧洲人通过殖民地方式形成的门户港口－企业－集镇的城镇体系形态。万斯（Vance，1990）提出了这一时期五阶段城市化理论：资源勘探，自然资源的获取，以农场为基础的大宗商品的出现，内部仓库中心的建立，最后是经济成熟区与经济中心地带的空间充填。随后，工业革命引起了对食品和原材料的巨大需求，加剧了欠发达地区的殖民和新殖民主义发展。这些地区的交通运输网络的发展对于城市化和经济发展至关重要，首先始于殖民主义时代建立的港口城市发展，其次是与内部中心城市交通沿线的发展，然后就是出现城镇间次级增长轴，这些次级增长轴上的次中心城市发展，最终成为全国的城市体系。殖民化和全球贸易的扩展最终使欧洲人能够塑造世界经济和城市社会。此后，工业革命产生了新的城市，并导致城市化的速度和水平急剧上升。

二、发达国家的工业城市化理论

自工业革命以来，由于国家之间经济发展水平、社会制度和文化历史的差异，出现了两种截然不同的城市化过程。这就是发达国家的工业化拉动城镇化过程和发展中国家城镇化作为现代化的过程。

1. 累积因果理论

在工业革命期间，欧洲核心地区的城市化进程是什么样呢？缪尔达尔（Myrdal）将这一过程概括为累积因果理论（cumulative causation theory）（图 2.1）。该理论认为，一个地区的经济发展可以刺激强劲的需求，包括对食品、消费品和其他当地生产者不足以提供的产品的需求。这种需求为边际地区的投资者（企业家）创造了建设本地能力以满足需求的机会。投资者（企业家）则在边缘地区使用廉价的土地和劳动力资源。如果需求足够强劲，这些扩散效应将使边缘地区能够发展自己的累积因果关系良性循环。该理论解释了城市化扩张和扩散的空间过程。

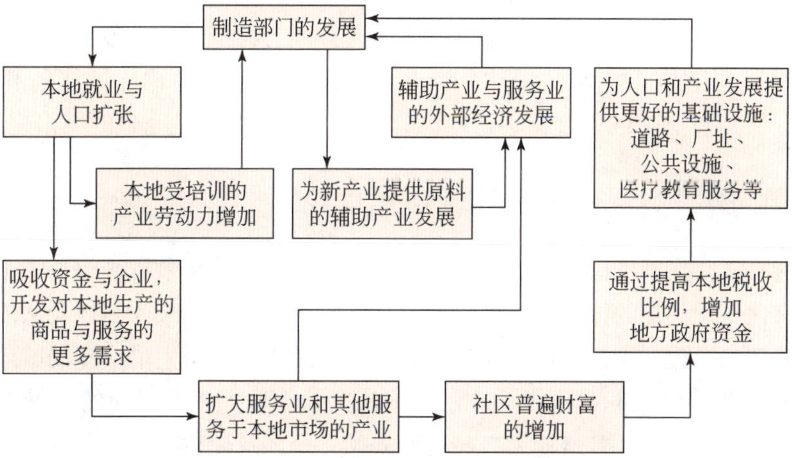

图 2.1　城市化累积因果理论模型

2. 剩余产品理论

城市化的累积因果关系体现在“剩余产品”理论中（surplus product theory）。诸如英国和美国等发达国家的城市化进程一直与城市化、逐渐的工业化和经济变化交织在一起。在此期间，随着城市地区劳动力需求的稳定增长，产生稳定地从农村地区到城市的人口流动。同时，由于农业技术的不断进步和制造业的发展，这个过程也充分吸收了从农业部门释放出来的剩余劳动力到制造业部门，使农村剩余劳动力逐渐转变为城市劳动力和城市居民。英国工业革命和法国革命是近代城市化的主要来源。在 1801 ～ 1911 年的 110 年中，英国的城市地区增长了 94% 的人口，其中 1/3 的增长是来自农村地区的移民。在20世纪，世界经济增长的重心从西欧转移到了北美，美国进入了快速的经济和社会发展时期，到1923年，美国人均GDP跃升到6000多美元。美国也正是在20世纪20年代以后生产要素逐渐转移到城市并开始快速城市化进程的。发达国家的城市化是人口逐步转移并适应经济结构变化的过程，可以用“戴维斯曲线（Davis curve）”来描述。该曲线将城市化表示为涉及农业劳动力转移的空间均衡过程，经济结构的转变以及由此产生的城市等级制度的演变（Davis，1965）。

3. 同步城市化理论

大量农民移民到城镇、城市以及工矿区寻找工作，城乡、工农业、城市增长和经济增长之间并行发展，这种类型的城市化被称为“同步城市化”（synchro-urbanization）。这是一种城市化模型，其中城市化的过程与工业化和经济发展水平相一致。这意味着城市化与经济发展之间存在显著的正相关关系。工业化和城市化水平曲线几乎是两条平行的上升曲线。由于农村人口只能在移居城市后才能在城市就业，因此在大多数发达国家城市化过程中，农村劳动力的地理迁移是先于职业转变，例如英国的圈地运动（enclosure movement），美国的自由迁徙和德国的容克强买（the German Junker purchase）都具有职业过渡之前的人口地理迁徙特征。经济合作与发展组织（OECD）的大多数成员国的城市化水平都达到或超过70%，比利时、德国、冰岛和英国甚至89%以上，新加坡、中国香港特别行政区和摩纳哥甚至实现了完全的城市化。

三、发展中国家的现代化主导城市化理论

第二种模式是发展中国家城市化，可以通过推挽式现代化过程来解释，也就是经常说的：城市化是现代化的标志。所谓现代化，是指工业革命以来人类社会从传统社会向现代社会的转变过程。第二次世界大战后，许多发展中国家发生了快速的城市化进程。但是，20世纪50年代和60年代的政治（国家）独立使大多数以前的殖民地遭遇到经济不发达进程的影响，并且恰逢人口转变的开始，这涉及死亡率的下降，然后是生育率的下降。这种城市化进程与发达国家完全不同。自20世纪五六十年代以来，广大发展中国家积极推动了国家的现代化，并形成了一系列由现代化带动城市化的理论。

1. 现代化理论

三种现代化理论（modernization theories）影响着发展中国家的城市化进程。具体内容如下所述。

1）罗斯托起飞模型

自工业革命以来，发达国家发生的深刻变化是从传统的农业社会到现代的城市化和工业化社会的持续社会转型。发展中国家正在不断追赶发达国家的先进水平。罗斯托起飞模型（Rostovian take-off model）可以解释社会转型和城市化的长期趋势。该模型将社会发展的现代化分为五个阶段：①传统社会阶段：农业经济，等级社会；②过

渡社会阶段：起飞，投资增长，社会行为改变的准备阶段；③起飞阶段：投资率大于10%，生产进步；④成熟社会阶段：投资率大于20%，资源优化配置；⑤消费社会阶段：福利制度状态，大规模消费 。罗斯托认为，所有发达国家都已进入起飞阶段，发展中国家仍处于传统社会或转型社会，必须首先通过起飞阶段，才能进入经济持续增长的成熟社会阶段。

2）后现代化理论

社会发展分为三个阶段：前工业社会、工业社会和后工业社会（post industrialization）。第一次现代化是从农业经济向工业经济的转变，以及从农业社会到工业社会的转变。第二次现代化是从工业经济向知识经济的转变，以及从工业社会到知识社会的转变。从传统社会向现代社会的过渡是现代化，从现代社会向后现代社会的过渡是后现代化。尚未完成第一次现代化建设的国家可以通过工业化、城市化、民主化、知识化、信息化和绿色发展来促进两个现代化的协调发展，并在第二次现代化建设中赶上发达国家的先进水平。

3）多元现代性理论

艾森施塔特（Eisenstadt）在“结构文化”框架内提出了“多元现代性理论（pluralistic modernity theory）”的思想。他认为，现代社会的多样性和差异远远超出了人们先前所认识的范围。现代性具有多元文化的方法和制度模型，多样性和差异被视为决定不同现代社会独特面貌的主要因素。

2. 二元经济模式

城市化是一个由工业化驱动的过程，其特征是农业社会变成了城市化社会。刘易斯（Lewis）认为，经济发展依赖于现代工业部门的扩张，这意味着要有一支廉价的劳动力，这种劳动力在农业部门中是丰富的，并且可以从农业部门转移出来。遵循这种逻辑，刘易斯提出了在劳动力供应无限的条件下的双重经济发展模型。这种模式指的是发展中国家在农业落后的情况下实现了先进的工业化，这使得农村剩余劳动力无法长期有效地转移。刘易斯认为，由于工农业部门之间巨大的劳动生产率差异，彻底消除二元经济结构（model of dual economy）的关键是城市经济发展水平。古斯塔夫·拉尼斯（Gustav Ranis）建立了刘易斯－拉尼斯－费模型（the Lewis-Ranis-Fei model），该模型认为加速农业发展和提高农业效率是促进工业进步和转移农村剩余劳动力的关键。后来，约根森（Jorgensen）强调农业发展的重要性和市场机制的作用。随后，托达罗（Todaro）建立了人口迁移模型（the population mobility model），认为发展农村经济是解决严重的城市失业问题的根本途径。托达罗认为，只有农村经济发展，农民生活改善，城乡差距才会逐渐缩小，二元经济结构才能被削弱，城乡经济协调发展才会实现。

3. 推拉理论

唐纳德·波格（Donald Bogue）认为，人口流动的目的是改善生活条件，而那些有助于改善流入地区生活条件的因素成为拉力，而流出地区不利的生活条件成为推力。这就是推拉理论（push and pull theory）的内核。发展中国家的城市人口流动性由推动和拉动这两种力量决定。“推”是指非正规经济（the informal sector economy）在促进城市经济发展中的作用，而“拉”是指城市由于其更好的市场、基础设施和便利性而对农村人口的吸引力。在这些成对力量的驱动下，城市化的特点是人口的快速城市化，但工业化严重滞后。在 20 世纪 60 年代，发展中国家的工业占 GDP 的比重约为 15.6%，但城市化水平高达 32.8%；到 80 年代，工业占 GDP 的比重仅增长到 17.5%，而拉丁美洲的城市化水平达到了 64%，非洲和亚洲也分别达到了 23.5% 和 25.3%。即使到 2000 年，发展中国家的工业占 GDP 的比重也才接近 36%，但城市化水平已经达到 69%。

4. 过度城市化或超城市化

发展中国家的城市化主要表现为人口过度城市化，工业化落后的“城市通货膨胀（urban inflation）”或“超城市化（hyper-urbanization）”状态。移民为发展中国家快速增长的农村人口提供了一个潜在的安全阀。但是，自第二次世界大战以来，大多数较发达的国家都为移民设置了障碍。因此，越来越多的农村贫困人口的唯一选择就是搬到附近更大的城镇，那里至少有就业的希望，并有机会上学，有医院看病，有自来水和各种农村地区通常没有的公共设施和服务。此外，自然灾害、环境恶化和内战也影响并加快了发展中国家人口稠密的农村地区向城市移民。发展中国家农村移民的蜂拥而至，在附近的大都市区不得不建造棚户区，尽管如此，这些棚户区还是比他们居住在农村具备更好的经济和社会条件，因为相对于农村地区和小城市，这些大都市区（尤其是较大的中心城市）拥有更多的就业和生存机会。由于这些移民流中大部分是青少年，因此某些城市随之而来的自然人口增长率异常高。这种城市人口增长的后果被描述为“过度城市化（hyper-urbanization or over-urbanization）”，即城市增长超过其所能维持的工作和住房的速度（Johnston，1994）。在这种情况下，城市的增长很快就会造成贫民窟和棚户区，这些棚户区是由迫切需要住房的家庭非法建造的。这种城市化进程也产生了特大城市和高度的中心化。

四、发展中国家的传统城市化理论

20 世纪 60 ～ 90 年代，发展中国家的城市化理论框架是基于核心 – 外围模型、依附理论和世界体系理论展开的。

1. 核心 – 外围模型

约翰·弗里德曼于 1966 年首次提出了核心 – 外围模型（the core - peripheral model）。该模型认为，任何国家都可以分为核心区域和外围区域（图 2.2）。核心区域由城市或城市群及其周围区域组成，这些区域包括先进产业、更高的技术水平、更多的资本、高密度的人口和快速的经济增长，例如大都市区、城市的中心城市区域、次区域的中心以及本地服务中心。由于核心区与外围区之间的贸易不平等，经济、权力、先进技术、有效的生产活动和生产创新都集中在核心地区。核心区依靠这些优势从外围获取剩余价值，促进了资本、移民和劳动力从外围地区向核心地区的流动，形成了不平等的大都市区空间发展格局。相对于核心区域而言，外围地区在经济上是落后的区域，并且也可以分为过渡区域（the transitional area）和资源前沿区域（the resource frontier area）。过渡区域包括上过渡区域（the upper transitional area）和下过渡区域（the lower transitional area）。上过渡区域是连接两个或更多核心区域的发展走廊（图 2.3）。尽管它位于核心区域的外围，但它与核心区域建立了一定程度的经济联系。由于核心区的影响，该地区的经济发展呈上升趋势，就业机会和移民增加，具有资源密集利用和经济持续增长的特点。有可能在该地区新建一些新城市或次中心。下过渡区，在社会经济特征方面，则具有停滞或下降的下行状态。该地区尽管可能具有中小城市的发展水平，但其下降的原因可能是主要资源枯竭、工业部门

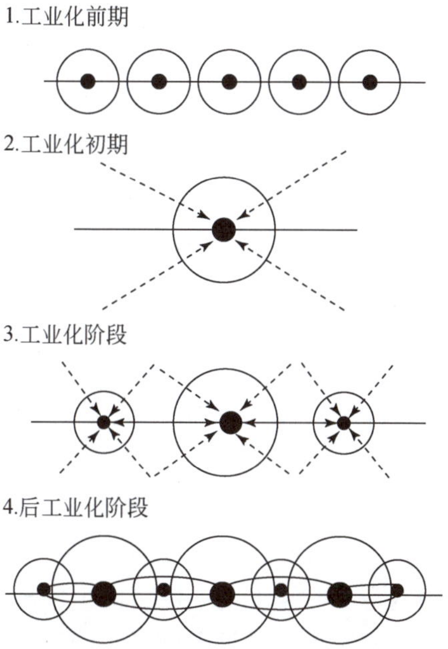

图 2.2 弗里德曼核心－外围模型

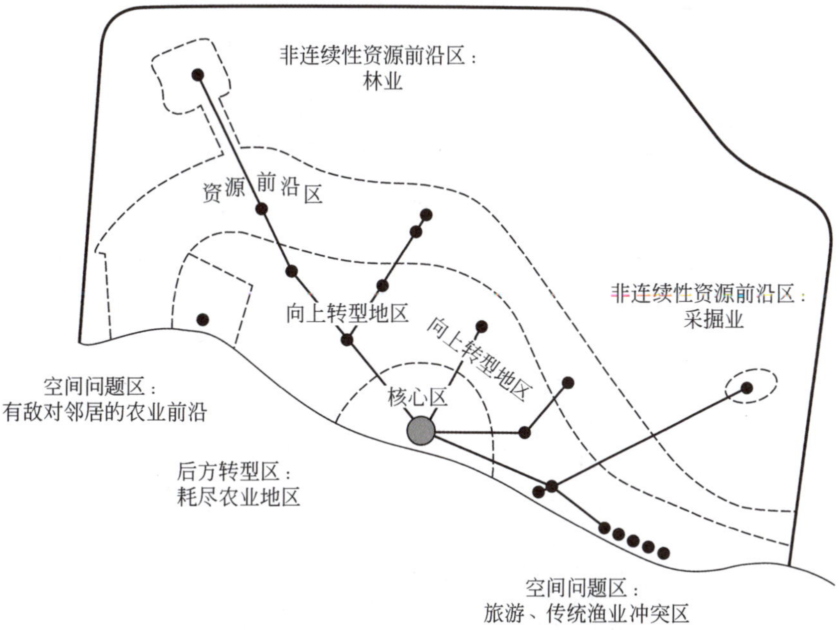

图 2.3 沿海城市核心－外围空间扩展模型

过时、缺乏某些增长机制的传导或放弃了原始工业部门，以及与核心地区失去经济联系等。资源前沿地区（the resource frontier area），也称为资源前沿地带，地理区位偏远，但资源丰富，具有发展经济的潜力，并有可能建立新城镇。它可能会有新的增长并发展成为下一个层次的核心城市地区。1991 年，保罗 • 克鲁格曼（Paul Krugman）根据迪克西特 - 斯蒂格利茨垄断竞争模型（the Dixit-Stiglitz monopolistic competition model，D-S 模型）修订了核心 - 外围模型，解释了具有对称结构的经济体系，以及如何将过渡区转变为工业核心区和农业区、周边地区通过制造和迁移的。

2. 依附理论

在 20 世纪 60 年代，联合国拉丁美洲和加勒比经济委员会（United Nation Economic Commission for Latin America，UNECLA）的经济学家将劳尔 • 普雷维什（Raul Prebisch）的结构主义思想（the Raul Prebisch’s thoughts on structuralism）扩展为依附理论（the dependency theory）。该理论是对现代化理论的回应。现代化理论认为，所有社会都在相似的发展阶段中进步，而依附理论不接受这个前提。普雷维什认为，发展中国家处于世界市场经济的弱势地位，由此导出对世界经济的空间划分，即：由美国等工业化国家组成“核心”，由主要生产者组成“外围”。依附理论核心思想是资源从贫穷的发展中国家的“外围”流向发达国家的“核心”，使发达国家更加富裕，而发展中国家变得更贫穷（图 2.4）。发展中国家与发达国家之间的关系是依附关系，

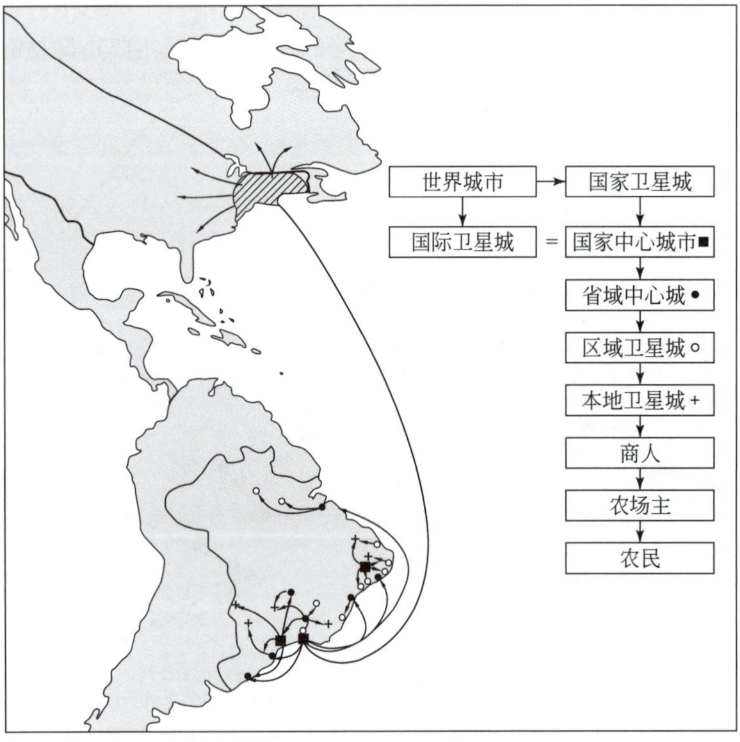

图 2.4　依附理论模型

被剥削与剥削的关系，被利用与利用的关系，穷国陷入贫困陷阱，富国则通过穷国融入“世界体系”的方式变得更加富裕。依附理论虽然批评了现代化理论的“传统社会”与“现代社会”二分法，但它却陷入了简单的“发达”与“不发达”，“核心”与“外围”二分法。它批判了现代化理论中价值的内因决定论，但却陷入了世界营销体系下政治经济学的外因决定论。依附理论还认为，发展与依存是不相容的，即使他们必须摆脱发达国家的依附，发展中国家也要发展。后来，彼得·埃文斯（Peter Evans）启动了“依附发展（dependency development）”的概念。埃文斯认为，“依附发展”是依附与发展的结合，包括资本积累和周边地区的工业化。它的特点是国际资本和国内地方资本的结合以及国家的积极参与，从而促进了“出口导向型增长（export-oriented growth）”。20 世纪 70 年代以来，发展中国家的大城市增长迅速，贫民窟城市化现象明显，弗里德曼、富克斯及佩尼亚（Fuchs and Pernia，1987）认为，发展中国家的城市化和空间结构，越来越依赖于它们在工业国家资本主义积累过程中的角色，新的全球秩序下，发展中国家很难从依附城市化中挣脱出来。

3. 世界体系理论

世界体系理论（the world-system theory），也称世界系统分析（the world-systems analysis）或世界系统视角（the world-systems perspective），是对世界历史和社会变革的多学科宏观分析方法，强调世界体系（而非民族国家）为主要系统但不排除社会分析单位。“世界体系”是指区域间和跨国的劳动分工，它将世界划分为核心国家、半外围国家和外围国家（图 2.5）。核心国家侧重于高技能、资本密集型生产，世界其他地区侧重于低技能、劳动密集型生产和提供原材料。它的前提条件植根于资本主义经济的世界经济体系。但是，该系统具有动态特性，部分原因是运输和信息技术的革命。在过去的几个世纪中，随着世界体系在地理上的扩展和经济上的强化，这种核心国家地位已经从荷兰、英国转移到美国。世界体系理论认为，核心国家利用在世界经济中占主导地位的外围和半外围国家，而半外围国家也利用外围国家，但它们也被核心国家利用。其结果是少数半外围国家有可能成功实现核心国家的依附发展。然而，从长远来看，对核心国家的出口导向型生产和经济体系将依赖于技术、资本和其他生产要素的投入，从而将导致国内经济的结构性扭曲。“依附发展”的受益者是跨国公司（或外国经济实体）、地方政府以及地方企业和工业精英，它们将直接促进欠发达地区的工业化和城市化。

五、全球化主导的城市化理论

20 世纪 80 年代信息技术的突破推动了信息产业，尤其是金融信息产业的快速发展，为经济全球化拉开了序幕。信息化和全球化成为世界经济发展和增长的新驱动力。在发达国家，与此相关的生产性服务业成为城市发展的主要因素，世界城市和全球城市成为新型城市转型类型；在发展中国家，廉价的土地和劳动力以及巨大的产品市场和

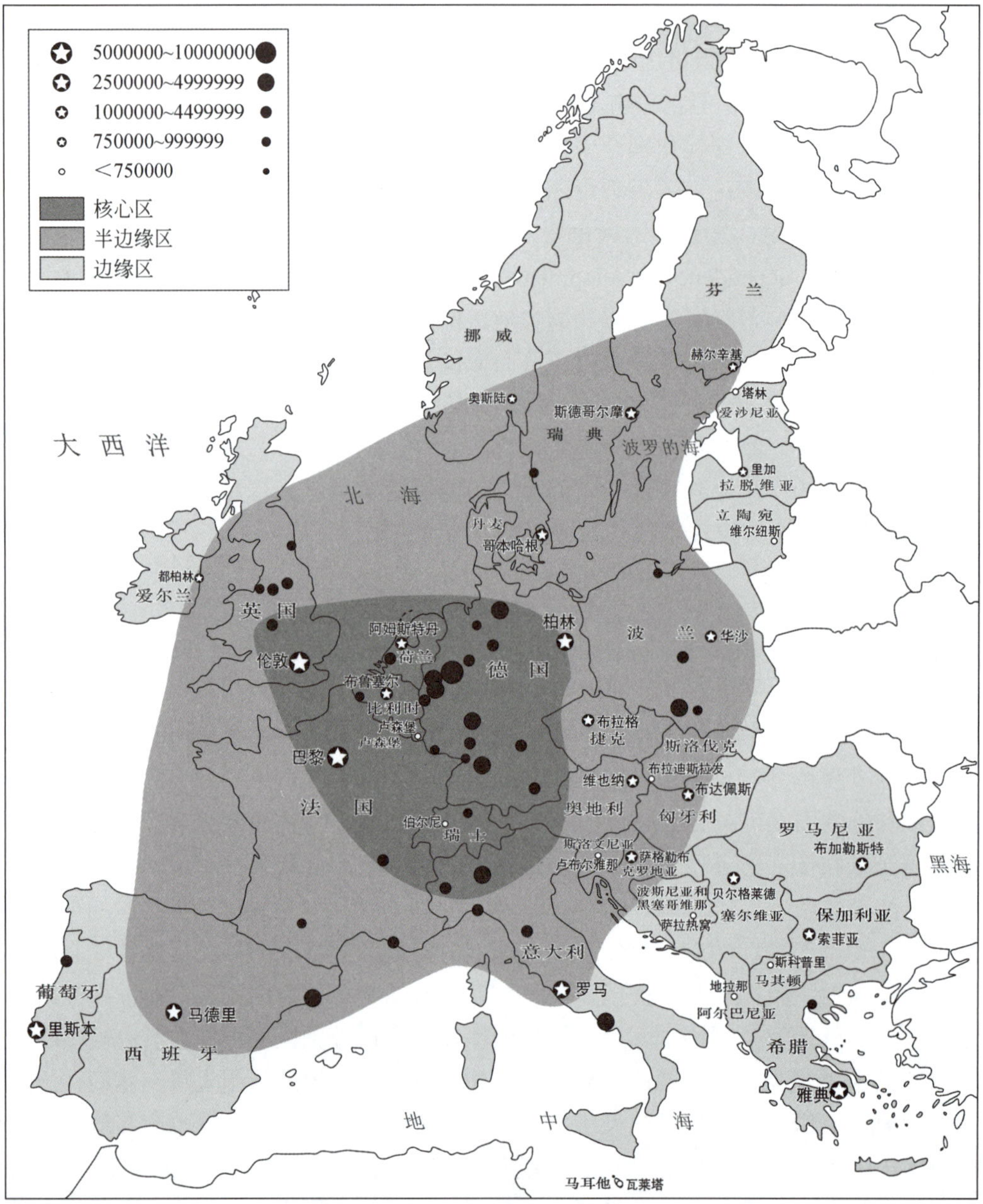

图 2.5 世界体系理论下的欧洲

低门槛环境保护标准，成为发达国家竞相转移制造和装配的新空间。发达国家的后工业化和后福特主义，发展中国家的工业化和福特主义生产模式，共同形成了蔚为壮观的新一波全球化浪潮。在此背景下，城市加速向网络结构与等级体系发展。这就是第三种城市化模式，即全球化主导的城市化，全球化是城市化的主要动力。这一过程是由国际贸易和投资驱动的，信息技术也起到辅助作用。

1. 全球城市理论

随着20世纪90年代信息技术的发展，福特主义工业生产方式逐渐被后工业生产方式所取代，生产者服务（the producer service）成为经济增长的重要因素。萨森（Sassen，1991）强调了生产者服务业的作用，并通过庞大的跨国服务公司网络数据分析研究全球城市（global city）。第三产业（例如金融服务、教育和零售业）在经济增长和城市化进程中的作用已超过或领先于制造业（Gaubatz，1995）。萨森（2001）发现，全球城市非常复杂，并且专业服务公司已将其服务特权方式组合在一起，例如会计、法律、公共关系、项目策划和沟通。霍尔（2004）从不同的角度来看世界城市，他基于掌握熟练技术的国际移民、专家和行政人员水平的指标，提出了作为重要生产者服务企业和附属机构地理分布的评估世界城市分析方法。随着全球城市研究领域的扩大和多样化，其重点已经从城市经济功能转向经济和服务功能综合研究（Sassen，2001；Saito and Thornley，2003），于是世界金融管理中心（world financial management centre）作为“全球城市”的四个重要功能之一得到认可。

2. 全球城市区理论

全球化不仅是全球联系和经济活动相互依存的扩展，而且对全球城市体系和地方经济发展以及全球城市和全球城市区（global city region）都产生影响。在发达国家，例如意大利，全球化和不断变化的国家环境、竞争加剧、企业离岸公司（delocalized firms）和跨国公司的组建以及移民替代本地工人，使小规模工业区面临挑战。埃瑞伊丁（Eraydin）确定了这些变化的三个轨迹：竞争力丧失、与全球生产网络（global production network）合并和整合、创新（innovation）。学者们认为，“全球化（globalizing）”或“规模扩张（scaling up）”的区域发展和城市化，对于应对全球化的挑战是必要的。再如英国伦敦，赢得竞争力的地区被概念化为“新马歇尔区（neo-Marshallian districts）”，通过本地和全球力量的协同作用形成了三个区域特性：全球经济体系中的中心地带、全球经济回路中的关键节点和全球化经济中的增长中心。在发展中国家，例如中国，可以看到生产者服务对城市化的影响（Gu et al.，2014），出口导向的制造体系，包括了生产、分销和销售。由于该过程的一部分依赖于国外的金融和保险系统，自1999年以来这些外国公司的交易成本已大大降低，因此在过去的几十年中建立的经济开发区开始从投资和生产中获得利润，并且经济开发区成为比城市的其他生产区都要有竞争力的城市化地区。中国的城市化水平从1990年的26.4%上升到2010年的49.95%，而第三产业占GDP的比重却从31.5%上升到43.2%，贸易、餐饮服务、运输、邮电、银行和保险、房地产交易以及个人和社会服务等行业都得到发展（Gu et al.，2013）。

3. 城市增长机器理论

勒布（Leubg）和金斯堡（Ginsburg）认为，国家/地区发展计划对城市化具有深远的影响。从理论上讲，国家的作用已通过治理和发展、企业家、城市增长机器（urban growth machine）和层阶政治（hierarchical politics）的范式进行了分析。国家的作用和影响受全球和国内环境的变化而变化，也随时间和空间的变化而变化。例如，在研究中国的城市化进程时，中央政府实施的优惠政策直接推动了沿海地区，尤其是东南沿海地区的快速城市化。在整个亚洲范围内，尽管市场受到管制，国家通过政策与私营企业建立联系，从班加罗尔、吉隆坡到苏州都可以看到它们巨大的影响力，并将一些亚洲城市转变为全球化的高科技中心。

4. 新殖民主义理论

新殖民主义（neocolonialism），是在旧殖民体系解体后，发达国家对第二次世界大战后获得政治独立的发展中国家重建的一种新的经济控制和资源掠夺形式。对外贸易、跨国公司、技术垄断和金融垄断是新殖民主义的四大支柱。发达国家利用其经济优势（必要时采用军事手段）对发展中国家进行政治、经济和文化控制，使这些国家继续充当其商品市场、原材料市场和投资地；通过新的国际劳动分工，发达国家的跨国公司将劳动密集型生产过程转移到发展中国家的城市。显然，新殖民主义也是全球化的组成部分,新殖民主义进程也将促进发展中国家的城市化进程。中国近年提出了“一带一路”倡议，由于坚持政治平等互信，对非洲国家增加了援助和投资，本着公平原则开展了能源合作，帮助非洲国家对资源进行深加工。在资源方面，遵循国际贸易的互惠原则，建设大型基础设施和海外工业园区，这将为东道国创造就业机会，并加快东道国工业化和城市化进程。这是典型的“授之以鱼不如授之以渔”的全球化拉动城市化模式，因此，它不是新殖民主义。

第三节　当代城市化理论研究

一、政治经济学新思潮

20 世纪 70 年代以来，在政治经济学领域产生了许多新思潮，这些思潮对城市化理论的转向具有重要的影响。

1. 城市研究和规划新思潮

1）新自由主义

新自由主义（neoliberalism），又称新古典自由主义，是一种政治经济哲学，反对国家干预经济，主张个人自由，调解社会矛盾，维护自由竞争的资本主义制度，是英国现代政治思想的主要派别。

自从 20 世纪 70 年代以来，新自由主义在国际经济政策上扮演重要的角色。一方面，新自由主义鼓励解除国家经济政策管制，推动国有企业的私有化（privatization）和城市治理的企业家化（civic entrepreneurialism）；另一方面，新自由主义也认为，先前国家通过对资源的再分配来帮助不发达地区或个人的政策，导致了投资的减少和生产力的下降。因此，如果确有需要，可以牺牲国家社会发展目标以确保开发商有获取最大利益的自由。在某些特定地区，如果经济不能发展到可以解决自身问题时，居民可以自己决定迁移到较为繁荣的城市或地区。

新自由主义思想（neoliberal ideology）严重损害了城市政策与规划职业传统。也就是说，城市发展和规划，抛弃了通过综合规划来达到改善城市生活的使命感，取而代之的是问题导向性规划；规划变得破碎不堪，变得独断专横，变得与政治家追求的经济目标一致；规划实践脱离了理论研究，规划逐渐同生产者所需、消费者所想相结合，考虑公众利益的理性思想越来越少；规划的主要目标是提供更多的就业岗位和更繁荣的经济，而不再是使城市变得更具实效性、更美丽、更像一个完整的城市。这样，规划机构从公共政策制定部门也逐渐转变成为追求盈利的公司企业；规划师也脱离了规则制定者的身份，转而成为各自独立的交易商人。由于城市管治变成了企业模式，城市政策与规划制定者逐渐转入了公共部门与私人企业合作（public-private partnership，PPP）模式。

新自由主义的规划实践，主要有：①企业区（enterprise zones）。由霍尔首次提出，该思想希望在城市内建立特区，配套相关的优惠政策，企业家尽可能多地享有各种特权，并不受政府的控制与约束。②混合的土地利用（mixed land use）。为适应开发商对灵活性的需要，许多规划师与规划委员会将混合功能区划视为达到各种目标的一种有效方法。如在城市中心地带，混合土地利用允许开发商适度提高建筑密度和高度，从而获得具有独特特征的建筑。③规划单元开发（planned unit development，PUD）。将一系列的控制规则应用到整个地块，开发商可以在整个地块范围内估算密度与利润，从大局上考虑，合理布局一些开敞空间（如高尔夫球场），保留一些具有该地特点的构筑物（如池塘与老厂房）。

2）后现代主义

后现代主义规划思潮的兴起及其相关政策，意味着一种混乱的开发方式正随着多中心碎化城市化（splintering urbanism）而产生。这种混乱开发方式导致了高度分异的城市空间与环境拼贴现象。破碎的城市要素被当作独立的发展要素来规划或发展城市。在规划中，直接考虑的是与之接近的要素，而不是整个城市的发展要素。在编制规划时，规划师与开发商的交流，大多是关注那些单一、片面的城市发展要素，而不是对整个城市发展起关键作用的全部要素。

这一时期的后现代主义（postmodernism）规划实践，主要有：①场所营造（place making）。全球化使世界许多地方变得日渐注重旅游者、商务人员、媒体公司、消费者等对它们的感觉。结果，这些地方被不断诠释，被重新塑造形象，被设计、被包装、被宣传和营销。通过宣传营销，地方特色变成有价值的发展要素。②关注未来城市。21 世纪进入了一个城市发展的独特时代——信息化城市、多中心大都市区、分裂的城市。这些城市纷纷建造摩天大楼，让城市成为梦想家的工作平台。③大都市区治理

（metropolitan governance）。两个或更多的独立城市，在治理框架下被整合到一个共同的双层次政府体系内，建立政府理事会等机构，如大都市政府或非政府的城市联盟等，通过地方政府间协议和协商，解决城市发展中的资源与环境、共同发展和利益共享等问题。

2. 绿色发展理念

1）可持续发展战略

1980 年，世界自然保护联盟受联合国环境规划署的委托，在世界自然基金会的支持和协作下制定《世界自然保护大纲》，对自然保护和经济发展关系进行了重新定义："为使发展得以持续，必须考虑社会和生态因素以及经济因素，考虑生物及非生物资源基础"。为使人们对世界自然保护大纲提出的理念落实到行动上，1981 年世界自然保护联盟出版《保护地球》，提出与"持续增长"和"持续利用"不同的新概念——"可持续发展（sustainable development）"，即："改进人类的生活质量，同时不要超过支持发展的生态系统的负荷能力"。1987 年世界环境与发展大会向联合国提交了一份题为《我们共同的未来》报告，全面系统地分析了当前人类在发展和环境保护方面存在的问题，提出了既要"满足当代人的需要，又不损害后代人满足其需要能力的发展"这一为世人普遍接受的可持续发展概念，并指出过去关心的是经济发展对环境带来的影响，现在迫切地感到要关注土壤、水、大气、森林等退化造成的生态压力对经济发展带来的影响。1992 年联合国在巴西的里约热内卢召开"环境与发展"全球首脑会议，并通过《里约宣言》和《21 世纪议程》等重要文件，与会各国一致承诺把走可持续发展的道路作为未来的长期的共同发展战略。

可持续发展作为一种新的发展思想和发展战略，其目标是保证社会具有长时间持续发展的能力。所谓发展，既包括经济发展，也包括社会发展和良好的生态环境。同时，自然资源的永续利用是保障社会经济可持续发展的物质基础，可持续发展应以保护自然资源和环境为基础，同资源与环境的承载力相协调。此外，人类发展受自然资源所制约，自然生态环境是人类生存和社会经济发展的物质基础。人类社会需要放弃传统的高消耗、高增长、高污染的粗放型生产方式和高消费、高浪费的生活方式，走经济增长和环境保护相结合，社会稳定和公平相结合，短期利益与长期利益相结合的发展道路。

2）低碳发展理念

近年来，全球变暖正在对地球的自然系统和人类社会系统产生一系列巨大而深远的影响，海平面上升，沿海城市和港口受淹，食物短缺和淡水资源枯竭，自然灾害频发，瘟疫和公共健康风险增加，这种累积影响甚至可能导致全球生态系统乃至经济系统崩溃，甚至社会动乱和局部战争。应对全球气候变化，应减少因为人类活动和城市化向大气排放碳的总量。通过在城市发展低碳经济，应用低碳技术，改变生活方式，最大限度减少城市温室气体的排放，最大限度地减少城市对自然环境的破坏，彻底摆脱以往以高能耗、高污染、高消费为特征的社会经济运行模式，致力于形成能源输入低碳化、能源利用高效化的循环经济体系，倡导健康、节约、适度消费的生活方式和消费模式，最终实现经济发展以低碳为方向、市民生活以低碳为理念、政府管理以低碳为蓝图的复合发展目标。

3）包容性增长理念

包容性增长（inclusive growth），由亚洲开发银行在 2007 年首次提出。包容性增长理念的核心就是要让国家的经济发展成果惠及全体人民，同时让人民共同承担起发展的责任，拥有发展的机会，分享发展的红利。包容性增长，最重要的一条就是要实现权利的公平、机会的公平以及规则的公平，是经济增长和社会进步相结合，在利益协调中满足多数人利益，公平合理地分享经济增长机会。因此，包容性增长的基本出发点就是要转变以 GDP 总量为目标的经济发展模式。实现包容性增长，是强调共荣、共存、合作、共享的发展，而不是由于发展形成更多的分异、分化、差异。联合国《新城市议程》第 11 条明确提出“人人共享的城市”，强调对于每个人平等的权利和机会，强调共享城市，强调每一个人能够平等地使用和享受城市和人类住区，也强调了每个人对城市和住区有同样重要的责任，也就是要通过城镇化过程来寻求包容性的发展，来提高全球民众的生活质量，来促进经济繁荣。

4）绿色城市主义

能源、交通和产业三方面的技术创新，塑造了全球经济体系特征。技术创新不仅为国民经济的发展，同时也为城市化过程提供基础。城市化的周期缩短或延长随经济增长率变化而变化。随着技术创新的变化形成完整的经济发展波动周期，被称为康德拉季耶夫周期（Kondratiev cycle）。如图 2.6 所示，工业革命以来，人类社会已经经历了五个完整的康德拉季耶夫周期，现在进入第六波，绿色发展已经成为世界科技创新主题。

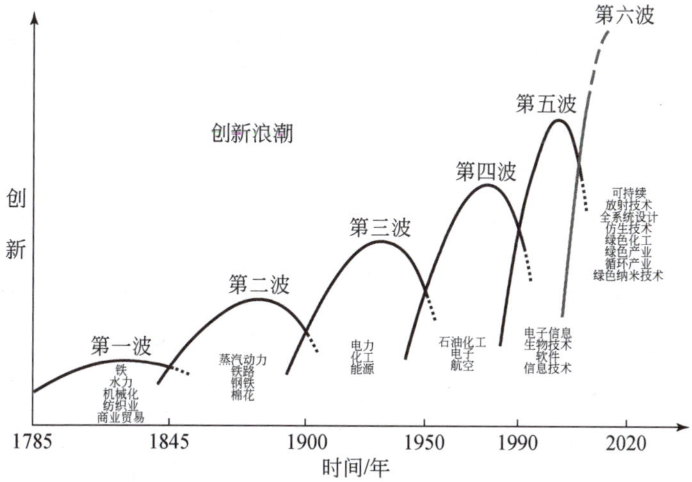

图 2.6　康德拉季耶夫周期

资料来源：Natural advantage of Nations，2005

2010 年习近平指出："绿色发展和可持续发展是当今世界的时代潮流"。这一个大趋势现在表现得越来越明显：美国奥巴马政府提出了"绿色新政"，欧盟制定了"欧盟 2020"发展战略，日本推出了"绿色发展战略"，韩国提出了"国家绿色增长战略（至 2050 年）"。以印度、巴西等为代表的新兴市场国家也迅速加入了"绿色大军"行列，制定国家行动计划并着手大力推进。

在绿色发展理念的影响下，出现绿色城市主义，主要表现在：建设城市中心步行街区；对汽车通道的限制，通过改变街道形式以减缓车速；为城市集约发展编制土地利用规划；建设城市绿色走廊与森林城市；规划建设便于到达学校和购物场所的自行车道或专用道；提供绿色空间、生态村庄、合作住房（cohousing）等；构建完整的轻轨、有轨电车、地铁、公共汽车系统。在意大利，还出现了慢城运动（cittaslow），旨在提高城市的宜居性。

5）生态文明理念

1969 年，美国景观设计大师麦克哈格（McHarg）出版《设计结合自然》（*Design with Nature*），提出了城市与区域土地利用生态规划方法。在 20 世纪 70 年代，联合国教科文组织发起对人类聚居地进行生态综合研究的倡议，旨在世界范围内推动生态学理论广泛应用于生态城市（ecopolis、ecocity）、生态社区（ecological community）、生态村（ecoville）的规划建设与研究。1984 年联合国教科文组织编写的"人与生物圈（MAB）"计划报告提出生态城规划的五项原则：生态保护策略（包括自然保护，动、植物区系及资源保护和污染防治）；生态基础设施（自然景观和腹地对城市的持久支持能力）；居民的生活标准；文化历史的保护；将自然融入城市。1987 年，苏联生态学家杨尼斯基（Yanitsky）第一次提出了生态城市的思想，认为生态城市是一种物质、能量、信息高效利用，生态良性循环的一种理想栖境。1996 年，美国学者理查德·雷吉斯特（Richard Registor）也认为：生态城市即生态健康城市（ecologically healthy city），是紧凑、充满活力、节能，并与自然和谐共存的聚居地，是和谐、高效、可持续发展的人类理想栖境。2005 年，英国学者安德鲁·多布森（Andrew Dobson）出版《绿色政治思想》指出："工业社会追求的几何级数增长，造成危机长期积累，其结果可能给地球带来突发性的毁灭"。因此，人们需要从工业文明转向生态文明。所谓生态文明，即：摈弃无论是资本主义还是社会主义制度下的不断进行扩大再生产思路，不赞成高增长、高科技和高消费，强调更多劳动、更少物品和服务需求的生活方式。《绿色政治思想》通过对生态主义与其他政治意识形态的关系、激进与改革主义的绿色传统之间的差异和如何实现绿色社会变革等的系统分析，认为保护绝大多数人的真正的幸福和自由，这才是公平和正义的社会。同时警惕生态殖民主义威胁生态安全。2013 年以来，习近平一直强调："我们不能把加强生态文明建设、加强生态环境保护、提倡绿色低碳生活方式等仅仅作为经济问题。这里面有很大的政治"。"建设生态文明，关系人民福祉，关乎民族未来"。"走向生态文明新时代，建设美丽中国，是实现中华民族伟大复兴的中国梦的重要内容"。

3. 人类命运共同体理念

1）全球治理理念

20世纪90年代，联合国支持成立了由28位国际知名人士组成的“全球治理委员会”，该委员会于联合国成立50周年之际发表《我们天涯成比邻——全球治理委员会的报告》（*Our Global Neighborhood: The Report of The Commission On Global Governance*），对全球治理（global governance）概念进行定义，并被国际社会广泛接受。关于全球治理理念，其核心观点是：由于全球化导致国际行为主体多元化，全球性问题的解决成为一个由政府、政府间组织、非政府组织、跨国公司等共同参与和互动的过程，这一过程的重要途径是强化国际规范和国际机制，以形成一个具有机制约束力和道德规范力、能够解决全球问题的“全球机制”。

2）人类命运共同体理念

当今世界面临着百年未有之大变局。一方面，随着经济全球化深入发展，资本、技术、信息、人员跨国流动，国家之间处于一种相互依存的状态，一国经济目标能否实现与别国的经济波动有重大关联，各国在相互依存中形成了一种利益纽带，要实现自身利益就必须维护这种纽带，即现有的国际秩序；另一方面，政治多极化、经济全球化、文化多样化和社会信息化潮流不可逆转，各国间的联系和依存日益加深，但也面临诸多共同挑战，粮食安全、资源短缺、气候变化、冰川融化、降水失调、海平面上升、网络攻击、人口爆炸、环境污染、疾病流行、跨国犯罪、局部战争等全球非传统安全问题层出不穷，对国际秩序和人类生存都构成了严峻挑战。不论人们身处何国、信仰如何、是否愿意，实际上都已经是“一条船上的人”、一个“地球村”的村民，有时候会“一荣俱荣，一损俱损”。所谓人类命运共同体（The Community of Shared Future for Mankind）理念，旨在追求本国利益时兼顾他国合理关切，在谋求本国发展中促进各国共同发展。2012年习近平就开始倡导“人类命运共同体”，明确提出：“坚持和平发展道路，推动构建人类命运共同体”思想，在这一理念基础上发展国际关系，推动“一带一路”倡议，促进世界和平与发展。

二、城市化理论研究转向

进入21世纪以来，城市化研究的理论框架发生了经济学、社会学和政治学转向，尤其城市经济学派成为十分重要的方向。

1. 城市化研究的经济学转向

1）克鲁格曼的国际贸易－城市化理论

保罗·克鲁格曼在分析国际贸易模式和经济活动的地域等方面所做的贡献获得2008年诺贝尔经济奖。克鲁格曼整合了此前经济学界在国际贸易和地理经济学方面的研究，在自由贸易、全球化以及推动世界范围内城市化进程的动因方面形成了一套理论。

传统国际贸易理论以李嘉图的“比较优势理论”为支撑，但当代国际贸易并不完全支持这一论断。克鲁格曼在 D-S 模型的启发下，将“规模递增、垄断竞争和分工机制”运用到贸易领域，从而解释了李嘉图比较优势理论和俄林资源禀赋理论无法解释的新现象：为何欧美之间相互间国际投资和国际贸易如此之大，远远超过了发达国家和发展中国家？克鲁格曼认为，现实的国际贸易存在很多摩擦或者说“外部性”，理想的自由贸易模型不具备精确地描述偏离理想市场情况的能力。真正的世界经济既不是完全竞争的情况，也不是完全的寡头垄断，而是不完全的竞争或是垄断竞争的情况。不同部门在贸易中的地位并不平等，那些依靠外部性而获得“租金”的部门具有更强大的竞争力。更重要的是，相当一部分国际贸易，特别是那些经济特征相似国家之间的贸易，贸易产生的根本原因是报酬递增形成的国际分工，而不是国与国之间在资源禀赋上存在的差别。

在经济地理学领域，克鲁格曼运用 D-S 模型将消费者对商品的多样性偏好、地区之间运输成本以及厂商内部规模经济结合，发展了“集聚理论”。克鲁格曼的集聚理论认为：集聚在一个区域的厂商越多，当地生产的产品种类越多，在消费者多样性偏好和正的运输成本假设条件下，其结果就是，该地区工业品价格指数更低，更多的工人被吸引到这个区域；由于工人数量的增加，形成了对差异产品的更大需求，则进一步吸引更多的厂商搬迁到该地区。这样，经济活动的核心 - 边缘格局就慢慢形成，表现为空间经济活动的非均衡分布。

克鲁格曼还基于一个区域的商品生产和服务与商品销售量和接受服务范围的服务需求量相关，发展了规模经济学（economies of scale）。规模经济效益与运输成本的降低，可以帮助解释为什么全球越来越多的人口居住在城市中，以及为什么类似的经济活动都集中在同一个地方，这就是克鲁格曼的城市化理论。低运输成本可以引发一种自我强化进程，同时城市化人口的增长也促使了大规模生产的增加、更高的实际收入，以及更为多样化的商品来源。这样的结果反过来进一步刺激向城市的移民行为。克鲁格曼的城市化理论显示，这些进程能够很好地帮助将全球划分为高技术城市化核心地区和不太发达的边缘地区。城市规模越大，工业基础越健全；工厂越扩张，城市增长越快，劳动生产率也越高，收益也越高。这是实现报酬递增规律的城市化进程，也是城市巨型化和全球化的重要原因。

2）斯科特城市土地关系理论

1980 年，阿兰 • 斯科特（Alan Scott）出版《城市土地关系与国家》（*The Urban Land Nexus and the State*），对城市的生产空间、社会空间和流通空间以及与城市土地关系进行论述。所谓城市土地关系（the urban land nexus），是一系列互动的土地利用组合，反映了城市社会与经济活动的分异、极化和空间状态。对应城市内部空间结构的城市土地关系，主要由寻找生产区位的企业和寻找生活空间的家庭各种行为共同塑造。斯科特认为，按照城市土地关系可以将城市划分为三类空间：①工作和就业构成的生产空间；②居住社区构成的社会空间；③基础设施与道路干线构成的流通空间。这三类空间有无限多的组合可能，它们通过集聚 / 极化过程实现城市空间的功能整合，从而建构各自独特的城市。斯科特认为，从区域视角看，城市化过程就是经济发展、劳动分工、集聚经济、专业化、商业贸易等相互作用的产物。城市通过集聚产生效率。集聚经济效益可以理解为分享、匹配和学习的机制。所谓共享，是指由于地方的密集联系与生产过程的不可分割性，一些城市服务需要作为公共物品来提供。所谓匹配，是指人与工作配对的过程，这在有大量公司与员工的地方更为突出。所谓学习，是指由集聚而产生密集的正式与非正式的信息流，有利于激发创新。随着城市外部贸易的发展，城市周边叠置着通勤流、商品流和信息流的流动，城市与腹地就形成城市区域间的空间相互作用（interaction），而唯一不变的是城市中心。这种向心流动的通勤流、商品流和信息流形成了对城市自身发展的不确定性和独特性。由于城市内部的相互作用往往比城市区域的相互作用强度大、成本高，因此集聚效益也高，中心地区吸引力和发展动力也最强劲。即使是在全球化程度增强的背景下，城市内部不断的互动依然可以保持城市中心充满活力，甚至更加兴盛。这一理论解释了中心城市充满发展吸引力的现象。

3）格莱泽城市化的经济价格理论

2011 年，爱德华・格莱泽（Edward Glaeser）出版《城市的胜利》（*Triumph of the City*），从更有效率的生活和生产、更好的环保生态、城市创新、气候变化和二氧化碳排放的角度论述城市发展问题，是经济学家论述城市发展和城市化最完整的教科书。

格莱泽认为：城市是每个国家的优秀人才最能一展才华的地方。信息在稠密的城市空间口耳相传，在交换的过程中创造奇迹。高密度有利于这种交流。因此，大城市、高密度城市具有很强的优势。全球化使得城市在世界联结变得越来越紧密，越能为观念创新的企业家带来巨额报酬。……居住在人口 100 万以上大城市的美国人，生产力要比居住在人口规模较小城市的美国人多 50%。高密度的城市生活，不仅有利于保护自然生态，而且更激励创新。如果你热爱自然，就搬到城里住。……住在钢筋混凝土的结构中比住在森林中更环保。离开公寓住宅搬进独门独户郊区住所，这意味着家庭用电量增加 88%。即使美国最环保的大城市地区，开车和家庭能源的碳排放量仍然是中国大城市地区平均碳排放量的 10 倍以上。然而，美国的郊区化，中产阶级搬迁到郊区形成社会隔离，同时也造成了城市中心的贫困和犯罪等诸多社会问题。

关于城市外来移民，格莱泽认为：穷人没有快速致富的方法，但他们可以选择城市或农村。最终许多人选择了城市。……即使城市的贫民窟生活，对于来自农村的穷人来说，也远胜于单调乏味的农村贫困生活。……人们自然会看见大城市地区的贫困问题，而且认为这些穷人应该回到他们原先居住的农村。然而，事实上，只有城市才能拯救发展中国家的他们，而不是农村。城市为移民带来好处，……城市最终战胜了犯罪和疾病；移民也为城市做出贡献，使城市得以繁荣成为一个愉悦而具有生产力的地方。

关于城市规划建设，格莱泽认为：历史遗产保存不错，城市的确有许多值得保存的东西，但保存有其成本。对城市历史地区的保护，限制建筑物的高度，必然减少了城市房屋供应数量，导致住房和办公用房屋价格或租金增长。限制历史地区周边的开发，则会进一步阻碍城市的发展。……当城市住房需求增加时，除非兴建更多住房，否则房价将水涨船高。当城市限制新建项目时，也就意味着房价只会越来越贵。……唯有当城市居民负担得起房价时，才能让城市充满创意。当然，持续的城市开发建设往往也得不偿失。收缩城市（shrink city）就是开发了过多的住宅和基础设施。许多官员面对城市衰退和收缩，总是不切实际地幻想利用大规模城市建设计划来重振昔日繁华。……然而，采用公共政策抵挡城市变迁的例子实在少之又少。城市公共政策应该帮助穷人，但不是帮助穷地方。……城市起死回生的方法是给衰退地区的企业减税。……国家政策应该致力于每个人更富裕、更有活力，而不是催促人们往某个特定地点迁移。城市规划师应该从实际出发，寻求小而实用的项目，而不是华而不实、追求轰动效应的形象工程。美国城市在20世纪初变得较为卫生，因为这些城市花在饮用水上的经费，不亚于联邦政府在所有事务上（除军事和邮政）的支出。城市政府的职责，不是为那些根本无法弥补其成本的工程项目买单，而是竭尽全力为居民提供致富创业的平台。

关于城市发展，格莱泽认为，对城市而言，失败的城市都很类似，成功的城市一定很独特。过去30年来，伦敦、旧金山、巴黎变得极为繁荣，部分是因为人们逐渐发现这些城市不乏消遣娱乐场所，因而吸引人们来此居住。……城市创新不只意味着新型企业和金融工具，也意味着新的菜肴和戏剧。……大餐厅是比大剧院更重要的娱乐性项目。

关于城市化，格莱泽认为，过去罗马帝国的城市在世界上产生了丰富的文化和科技，但却被停滞的乡村所淹没。……今日不工业化，明日就会被毁灭。……在推动大型建设计划时，也强调教育，才能让计划推动得更加有效率。基础设施终究有毁坏的一天，但教育却能传之久远。……人力资本要比有形的基础设施更能解释城市的成功。城市发展成功与否，与教育相辅相成。打造优秀城市的最好方法是建立能够吸引与培养人才的学校。教育培养了人才，促进了经济发展；人才数量增加，也有助于建设更加公平的社会。

到2035年前后，中国的城市化水平将接近75%，还有3亿左右的农民要进入城市。在未来的20年间，城市化将是中国经济社会发展的主要趋势。格莱泽的《城市的胜利》中富有建设性的观点将给中国城市化公共政策制定带来启示。

4）罗默的城市化－人均收入系数理论

新增长理论的奠基人之一、经济学家保罗•罗默（Paul Romer）构建了“城市化－人均收入系数（urbanization-income coefficient，UIC）”模型。

$$\text{城市化－人均收入系数（UIC）}=\text{城市化水平增幅（\%）}\times 100/\text{人均收入增幅（\%）}$$

罗默收集世界各国的数据发现：当人均收入从1600美元翻两番达到6400美元时，

城市化水平平均上升24%，城市化－人均收入系数为12（图2.7）。

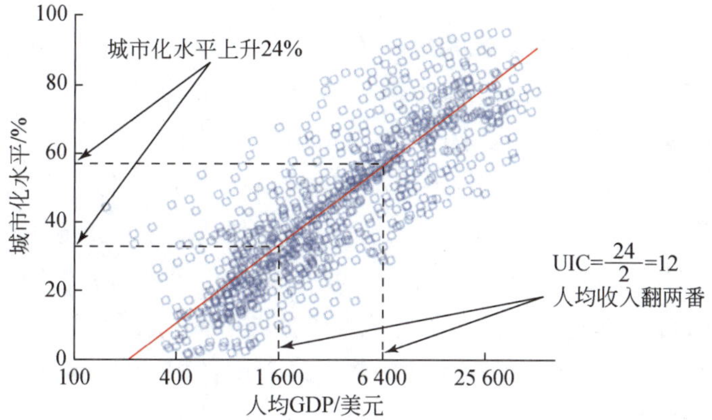

图2.7 城市化－人均收入系数模拟图（多国多年样本）

对中国城市化来说，1985年之前，城市化－人均收入系数为6；到1985年之后上升到12（图2.8）。

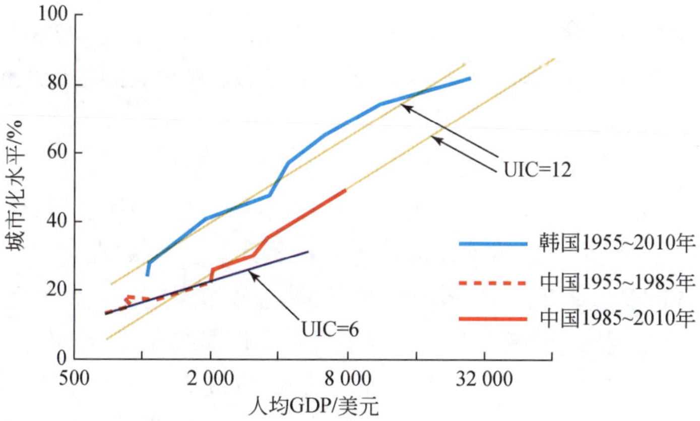

图2.8 城市化－人均收入系数模拟图（1955～2010年，中国与韩国）

2. 城市化研究的社会学转向

1）列斐伏尔“内爆”城市化理论

列斐伏尔长期研究农村生活，清楚地认识到城市化将根本转变传统的农村社会形态，不仅包括物质结构、建成环境和城市形态发生改变，也包括日常生活的改变（列斐伏尔，2018；Lefebvre，2000；2009）。列斐伏尔借用核物理术语内爆（implosion）和外爆（explosion）对城市化过程进行比喻。城市化过程，首先是所谓“内爆”，一方面，人口、活动、财富、货物、物体、工具、手段和思想在城市的集聚；另一方面，工业生产和消费网络侵入农民生活，剥夺了农村的传统特征，农村被兼并或被消灭。与此同时，随着金融、商业和工业网络的扩张，城市的传统社会和形态结构也遭遇解体，即所谓“外爆”，是城市化过程形成的许多分散碎片，如大型居住区、郊区、工业综合体、旅游度假区和遥远的城市边缘区等。

列斐伏尔是法国新马克思主义哲学家和社会学家，先后出版了《城市权利》(1968)、《城市革命》(1970)和《空间的生产》(1974)等城市化名著。他在马克思《资本论》出版一百年纪念(1967年)之际写下《城市权利》，并于1968年出版。这一时期，多数西方国家正处于从工业经济向后工业经济的痛苦转型中，工业生产仍然具有至高无上的重要性。在后工业经济中，金融服务业与基于投机和债务的房地产经济结盟，城市空间成为房地产经济空间，反对私有地产支持城市权利变得非常重要。《城市权利》首次提出要求承认市民对集体城市生活的权利，对市民积极参与建设却迄今被剥夺的城市社会的权利，这彻底改变了人们对城市生活、建设和重建城市的权利以及改造人类自身的权利的看法。列斐伏尔1970年出版《城市革命》，提出了“全面城市化”理论，即：城市化的社会转型会从根本上改变了城市和农村的生活状况。该理论认为，城市化是一个无所不包的过程，横跨时间和空间，全面改变人类社会结构，甚至具有全球尺度(列斐伏尔，2018)。列斐伏尔基于1940年至1980年对战后法国城市化过程的研究，于1974年出版《空间的生产》，从日常生活、国家、城市作为中间和调解等实证研究层面，理论性研究城市化与城市的关系、空间的角色、空间三元论(spatial triad)，国家、自然的生产等城市空间运行机理，系统地建构了城市空间生产理论(Lefebvre，2000)。

列斐伏尔从城市权利、城市化过程和城市空间生产三个方面建构了“全面城市化”理论。首先，列斐伏尔将城市化理论研究的焦点从城市形态转向城市化过程。从过程理解城市，原来关于城市形态的研究就只是一个浮动的、短暂的现象，处于不断变动中，是城市转型过程的暂时结果，受到城市化发展轨迹和节奏的影响，不断呈现出新的城市形态。其次，列斐伏尔把城市作为全体来理解，用多维角度分析城市化，认为城市化作为一个过程，不仅改变了物理和社会经济结构，也包括日常生活和生活经历的改变。第三，城市空间作为越界和可能的社会运动的场所，城市化过程是资本主义关系的再生产手段，城市化的这种投射能量，可以用中心性、差异、对城市的权利和具象乌托邦(concrete utopia)等描述。

由于列斐伏尔的著作以法文出版，1991年《空间的生产》才被翻译成英语，相关的学术研究到21世纪才形成世界范围的影响，列斐伏尔城市化理论在地理学、社会学、文化人类学、城市研究、建筑和城市设计、规划、人文学科、文学研究、艺术、教育学、历史甚至立法获得广泛的应用研究。

2)斯托珀无增长城市化理论

2013年，迈克尔·斯托珀(Michael Storper)出版《城市发展的钥匙：经济学、制度、社会互动和政治》(*Keys to the City*：*How Economics*，*Institutions*，*Social Interaction*， *and Politics Shape Development*），将城市发展置于城市－区域框架下，借助经济学、政治学、社会学等不同学科的分析工具，用经济、制度、社会互动与政治解释城市增长的不均衡。斯托珀认为，城市和地区的发展是一个混乱而复杂的现象，无法仅用单一学科或理论工具说明其最重要的成因，更无法用列斐伏尔单一“大爆炸”模型解释。因此，需要从经济学、经济地理学和经济社会学等学科出发，综合分析城市和地区发展的四个背景：经济、制度、创新和社会互动以及政治。

斯托珀论述了有增长的城市化和无增长的城市化现象，解释在不同时间不同收入组城市的城市化进程。所谓无增长的城市化，主要关注无劳动生产率提高的城市化。一方面，城市自身的吸引力。当代发展中国家的城市规模普遍偏大，一个重要的原因是过去 100 年中城市技术进步，尤其是交通和建筑技术进步，例如铁路（火车、电车和地铁）及其他交通工具（汽车、公共汽车、摩托车和自行车）等都大大增加了城市平面的扩展范围，低成本钢铁等材料和电梯技术发展也极大提高了城市向高空或地下空间的立体发展能力。城市本身具有更高的生活品质（多样性选择）和服务水平（高质量的医院、教育等设施），人们愿意为此支付更多的生活成本或租金。城市政府还会在城市公共交通、农副产品价格等方面实施补贴，越来越大的城郊和城乡差距，必然带动人口向城市流动，由于不是工业化的带动，涌向城市的人口多数在城市低生产率部门或非正规部门就业。另一方面，城市内部增长。在许多发展中国家，由于大多数城市保持着较高的生育率，而死亡率却大幅下降，这意味着城市的发展除了城市拉动和农村推动两种力量之外，还有一种是城市推动。这种条件下城市发展与经济无关，而是一种人口结构现象。

3. 城市化研究的政治学转向

1）后殖民主义的城市化理论

20 世纪 70 年代，西方学术界兴起后殖民主义（postcolonialism）思潮，具有强烈的政治性和文化批判色彩的学术思潮。殖民主义主要对经济、政治、军事和国家主权进行侵略、控制和干涉，后殖民主义则是对文化、知识、话语和文化霸权方面实行控制。后殖民主义理论（postcolonial theory），主要着眼于宗主国和前殖民地之间关系，认为殖民主义在时间上已经完结，殖民地－宗主国的世界体系已经解体。后殖民主义研究涉及众多的问题，如文化和帝国主义、殖民话语与西方对东方的文化再现、第三世界的文化抵抗、全球化与民族文化身份，以及种族、阶级、性别的关系等。因此，可以认为，后殖民主义理论是一种涉及多领域、多文化的政治理论，带有鲜明的政治性和文化批判色彩；是对社会性的文化反思，是一种由西方人文社会科学而起的文化研究转向；是一种第三世界与第一世界的文化“对话”策略，促进边缘文化群体重新认识自我以及民族文化价值。

后殖民主义的城市化理论主要认为，欧洲—北美城市化理论，已经不再具有普适性，其研究框架不能作为全球南方（Global South）的城市化研究所采用。现代主义及其发展观，把全球南方的城市化归为发展不足或落后状态，认为这些国家和地区增长与改变，需要经过从落后走向现代、从不发达走向发达的线性演化过程。后殖民主义的城市化理论认为，呼吁全球南方也有自己的城市化经验，是世界城市化理论的重要组成部分，因为每个城市都是独一无二的，差异性和复杂性是每个城市发展都要关注的内容。后殖民主义城市化理论，一方面要求进行全球视野的城市分析，另一方面有不断强化北方 / 南方的二元差异分类，甚至在某些情况下还强调城市化理论的“地区化（provincialization）”。例如，贫困是全球北方城市与全球南方城市都具有的问题，但产生的原因和演化机理存在明显的差异。

2）城市可装配理论

可装配理论源自德勒兹（Deleuze）和加塔利（Guattari）1987 年的著作，并由德兰达（De Landa）进一步发展，提供了一种将世界视为一系列相互联系的、情感的、参与者捆绑的形式，其中可以是人、物质、物体或想法（De Landa，2006，2015）。一旦将城镇视为具有流动性的可装配载体，解构城镇、城市或城市地区的类别显得非常重要（Jervis，2018）。城市可装配理论（assemblage urbanism theory），即：将世界视为一个大型的块茎状网络，城市是这个网络中的组成部分（不再仅仅是节点）。在城市化研究中，把城市看作一个整体的部件，全球城市体系是在具体的政治、经济背景下，不断组装这些不同类型的城市到系统中。过去几十年，城市可装配理论成为城市化研究的主要研究流派之一。然而，由于装配理论过于夸大装配行为本身，而看不到装配的动机和动力，以及导致这种装配的可能性或不可能性问题无人讨论。结果，城市被描述成为复杂的、不同的、多面向的、开放的、流动的、独特的、混合的、不合规矩的、非线性的等各种不相干特性的组合体，形成复杂的因果关系网络。斯托珀和斯科特不认同物体化城市具有与人一样的能动性的观点，认为假如缺乏人类行为研究，城市可装配理论将无法找到城市发展和城市化的动力、流动、变迁和因果关系。

3）星球城市化理论

2012 年，尼尔·布伦纳（Neil Brenner）和克瑞斯汀·施密德（Christian Schmid）通过概念和理论创新，构建了一个超越以城市（city）为中心的星球城市化理论（planetary urbanization）研究框架。星球城市化理论，提倡将非城市空间纳入城市化的研究范围。星球城市化理论认为，20 世纪的城市地区研究（urban studies）实质上都是城市的研究（city studies）。21 世纪的城市，已经与其周边的界限变得模糊不清，无论从理论上还是实证上，城市化地区已经无法单独把它从其他地理空间截然分开。也就是说，城市已经被整合到全球社会经济系统之中，传统的城市之间存在纯粹“农村”地域的观念也已经过时（Brenner，2014）。在未来的世界，城市主要通过一系列的空间梯度来区分，存在于永不消失的星球城市化之中（邱婴芝和李志刚，2018）。《城市星球》（*Planet of Cities*）首次采用全球 3000 多个城市人口历史资料和城市土地覆盖的卫星影像数据，从全球和历史的角度揭示并描述了城市用地扩张现象；选取在 2000 年城市人口不低于 10 万的全球 120 个样本城市进行分析研究，建立多种指标衡量城市化区域的范围、未开发土地的比重、空间形状和破碎化程度等城市的共同特征，系统研究城市土地扩张的形式和规律（安杰尔·什洛莫，2015）。

第四节　中国城镇化研究概念框架

经典城市化研究框架，主要包括：发达国家城市化理论以社会剩余产品理论（social surplus product theory）为基础，工业化拉动城市化，城市制造业发展与农业剩余劳动力释出的同步城市化过程；发展中国家城市化理论则是建立在依附理论（dependent theory）基础上，依附于发达国家追求现代化过程，制造业发展不足，人口大量涌入城镇的超前城镇化、过分城镇化或依附型城市化（dependent urbanization）。

1978年中国实施改革开放以后，中国的社会、经济、文化和市场得到了很大发展，城市化进入快速发展阶段。与此同时，中国持续、高速的经济增长和大量、广泛的人口流动，正在日益加剧中国城市化问题。概括起来，主要面临如下问题：①中国城市化基本概念研究。快速的中国城市化模糊了经典的城市化概念，需要结合中国当前的实际进行相关概念的界定。例如，城市和乡村的定义，市镇建制与行政区划调整，城镇地域的划分，城镇人口和城镇用地的概念等。②中国城市化模式研究。人口高增长量已经成为制约中国城市化发展的主要因素，尤其在社会剩余农产品的数量、社会可用于扩大再生产的能力和资源、城市就业岗位的数量等方面，如何认识农村剩余劳动力转移、流动人口基本规律、人口迁移规律等已经显得非常紧迫，怎样在资源与环境胁迫条件下发展资源节约、环境友好、生态文明的中国城市化模式也非常重要。③中国城市化自身规律研究。如中国城市化动力机制、城市化与产业发展关系、中国城市化发展阶段的研究等。④中国城市化的空间结构研究。中国城市经济区的快速发育，使过去普遍重视城市体系的规模结构转向重视城市体系的空间、职能结构研究，城市群、城市密集区、巨型城市区成为中国城市化研究的新焦点。与此同时，由于城市密集区的蔓延加剧了城市化的社会负面影响，诸如城市空间布局混乱、中心区人口和建筑密度过大、交通拥堵、住房短缺、环境污染、生态退化等，相关城市化对策研究也变得越来越重要。此外，有不均衡的城市化空间增长导致的中国区域差异拉大也成为重要的研究课题。⑤中国城市化公共政策研究。中国城市化的发展还面临制度障碍，如户籍管理制度、社会保障制度、就业制度、土地流转制度的改革等。⑥中国城市化空间不平衡问题。中国持续、高速的经济增长和大量、广泛的人口流动，正在加剧中国城市化空间不平衡问题，主要表现在：快速发展的城市群、城镇密集区、大都市圈正在推动国家巨型城市（mega-city）和巨型城市区（mega-city region）的发展，使过去普遍重视的城市体系的规模结构研究转向重视城市体系的空间、职能结构研究，巨型城市区成为中国城市化研究的新焦点。

近年来，关于中国城市化研究成果层出不穷，采用何种理论框架描述、研究和预测中国城镇化进程，国内外很多学者进行了卓有成效的探索。这里主要介绍下述六种理论框架。

一、动力学分析研究框架

20 世纪 80 年代以后，福特主义和后福特主义的发展（Albertsen，1988； Gertler，1988，1992），新的国际劳动分工出现，导致新的全球经济体系的重建和世界城市体系的发展（Sassen，1991，1994）。首先，资本流动和相应的劳动力流动构成了发展经济模型的主要内容。新古典主义模型认为，资本和投资与劳动力一样，往往从低收益地区流入高收益地区，当供应通过市场来满足需求时，最终将达到平衡点。其次，城市社会群体（Friedmann and Wolff，1982； Lash and Urry，1994）、城市社会隔离、城市贫困（Pahl，1975； Castells，1976a，1976b）、城市社会极化、城市社会空间结构都发生很快的变化（Russwurm，1975； Bourne，1982； Carter，1981； Cooke，1988）。根据 Pacione（2005）的研究，“移民发展范式的历史结构凸显了这样一个事实，移民不是一个单一的过程，而是人类对全球经济体系中不断变化的当地情况的反应”。农村的“推动”和城市的“拉动”概括了移民的结构决定因素。从社会学和经济学的角度来看，城市是由于“越来越多的移民因为其辉煌、现代性和复杂性而被吸引到城市”（Clinard and Abbott，1973）。

改革开放初期，中国的经济发展和社会转型模式在某种程度上反映了上述发展模式，但也有其独特性。首先，自从实行开放政策和随之而来的改革措施以后，全球资本在塑造中国经济转型中发挥了重要作用。其次，发展中国家城市还必须应对成千上万来自农村的移民潮。社会极化、种族隔离以及城市飞地的出现，使得中国大城市面临不曾遇到的城市社会问题。最后，中国特有的户籍制度也与其他国家截然不同，它影响了城乡之间的流动和城市内部的迁移。农村剩余劳动力进入城市，最初是作为农产品的销售者，后来是建筑工地和相关劳动密集型企业的体力劳动者，他们在城市有工作岗位，但没有城市身份落脚，无法购买住房，不能享受子女教育、医疗保健、失业和养老保险等城市生活的权利，从而形成中国特色的半城市化现象：人在城市，根在农村。

20 世纪 90 年代，经济特区、沿海开放城市和沿海经济开放区为国际资本投资提供了前所未有的机会。同时，农村地区积累了大量的剩余劳动力。土地改革政策使一些农民和农场工人变得多余，后来还有军队的预备役和转业人员。他们全都进入城市寻找就业岗位，发财致富。中国的经济改革和发展出现了两个重大变化，一是户籍制度放松导致全国农村劳动力向东部沿海地区流动；二是外国直接投资加快流入东南沿海地区，使其短期内成为世界制造工厂。随着国民经济发展速度的提高，农村推力和城市拉力的作用越来越显著，中国城镇化空前高涨。这些推拉因素又进一步促进了农村和城市部门之间的相互作用，一方面城市蓬勃发展、欣欣向荣，另一方面农村劳动力流失出现农业衰退。

20世纪的国际经验表明，发展中国家的经济现代化通常伴随着快速的城市化进程，城市社会空间结构也出现了新的转变（Kloosterman and Musterd，2001）。人们也普遍认为，社会主义城市内部的社会空间差距比社会主义前的时期要低，并且与市场经济中的城市相比也要低（French and Hamilton，1979）。自1978年实施改革开放以来，中国开始从计划经济体制向市场经济体制转变，同时伴随着生产要素（例如资本、劳动力、技术和信息）流动性的增加，农村剩余劳动力大量涌入大城市，东部沿海地区大城市通过兴办经济技术开发区大量吸收外国直接投资，许多跨国公司也将产品装配线搬迁到这些城市，中国城市在全球经济中发挥越来越重要的作用，中国城镇化进程也开始启动。

然而，快速的城镇化进程，也加剧了城市之间的竞争，越来越多的环境和生态问题也在城镇化地区显露，特别是在高密度人口的大城市出现的城市社会极化、新城市贫困等社会问题越来越严重。这一时期的中国城镇化，一方面，城市的生产和外向型经济体系，与发达国家的市场紧密相连，全球生产链构建之中，发达国家工业化拉动城镇化、制造业部门吸收农村剩余劳动力的“同步城市化”基本规律发挥作用；另一方面，由于资本短缺，基础设施和社会设施水平不高，住房短缺，交通拥堵，城市社会空间分化，发展中国家人口城镇化或“过度城镇化”的特征也很明显。此外，中国人口数量巨大，传统农业产业发达，还有特有的户籍制度、城乡不平等福利等中国特色的国情。

据此，西方发达国家的城市化研究理论和方法，无法解决中国城镇化的实际问题；发展中国家的“超前城镇化”，由于希望进城的人口数量太大，也不能进行照搬和简单借鉴。薛凤旋（Sit，1995）和Gaubatz（1995）的研究试图揭示中国特色社会主义以及在经济改革的推动下向新型城市化动力的转变。从中国国情出发，以经济发展和现代化为目标，按照新古典主义经济学原理，利用社会主义市场经济制度改革和对外开放政策，采用动力学的方法，构建中国城镇化研究框架（Gu et al.，2006）（图2.9）。

二、经济全球化视角研究框架

20世纪80年代以来，世界经济最大的变化是经济全球化。城市作为经济发展的载体必然会受全球化的影响，无论发达国家，还是发展中国家的城镇化过程也或多或少受到经济全球化的驱动力牵引。中国正是在这一时期确立改革开放政策，经济、贸易和沿海大城市都不由自主地拥抱全球化。因此，从经济全球化视角研究中国城市化具有重要的学术价值。

1. 经济全球化和信息社会构建

在工业化社会，世界经济由贸易组成，港口、种植园、工厂和矿山是经济活动的主体，城市只是充当工厂寄驻和商业贸易的服务中心。直到20世纪70年代中期，

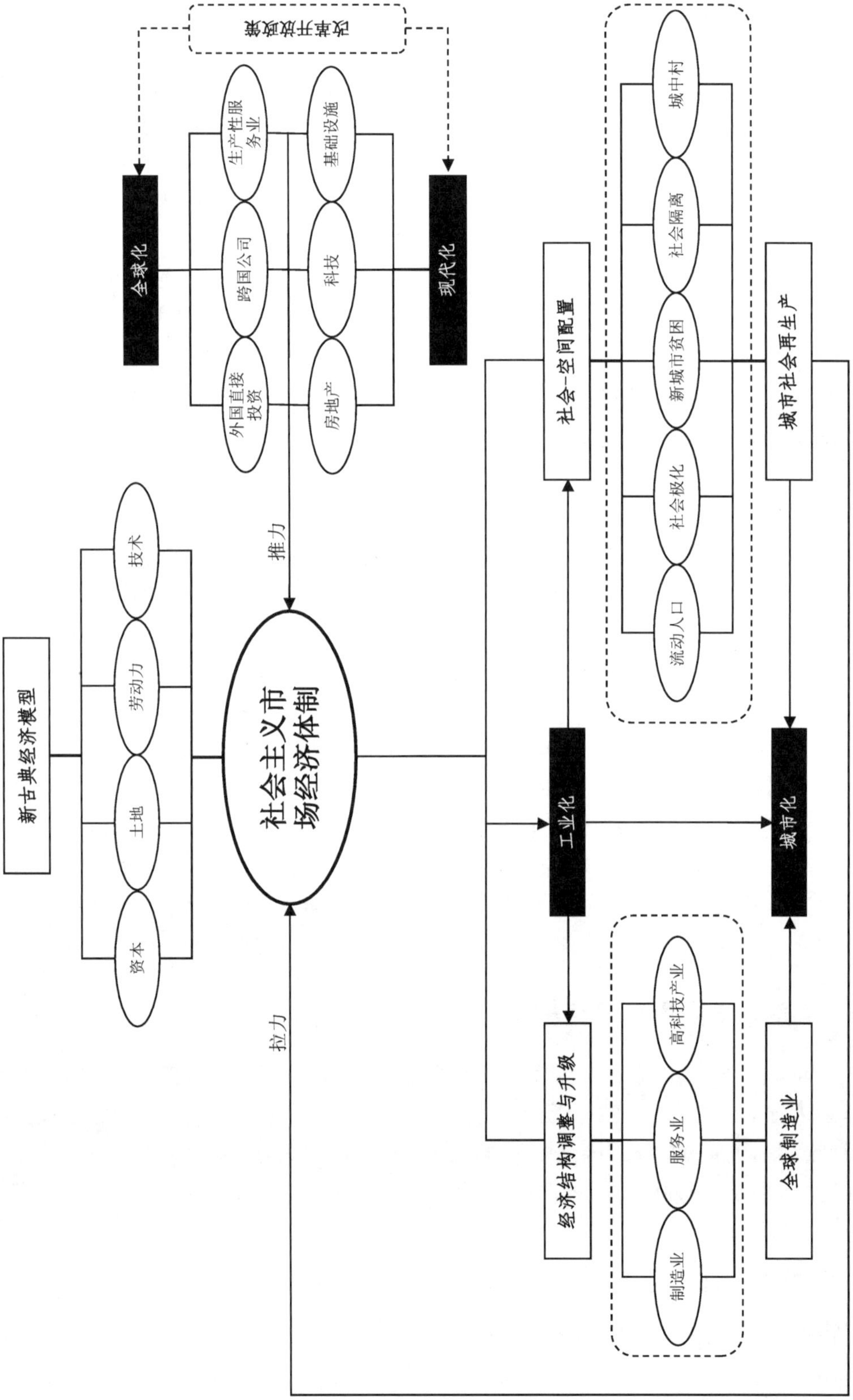

图 2.9　中国城镇化动力学分析研究框架（Gu et al.，2006）

经济增长缓慢下降，强烈的国际竞争和持续的工资增长的压力，使经济学家、政治家和企业家认识到：经济发展应该与国际条件一致，而不是与国家的条件一致。同时，由于快速地去工业化（deindustrialization）倾向，成熟型公司开始扩散标准化的产品到发达国家内其他不发达地区，最后发展到在发展中国家建设分厂并扩展市场。80 年代出现的弹性要素（通信、计算机、自动化等）成为形成信息经济的基本条件。弹性生产使中心与端点间按等级体系的空间形式重新组织空间集聚与扩散格局，原有的“核心－边缘”结构已经消失于一个不平衡的发达区域、城市和地方的全球网络之中，表现为全球－地方垂直联系形式。这样，经济全球化开始对城市发展产生影响。此外，电信业的飞速发展和信息产业的增长已经使得经济活动向全球转移成为可能。经济活动的全球化（the globalization of economic activity）也开始对城市的发展产生巨大的影响。

20 世纪 80 年代晚期，西方开始重建信息社会。概括起来，具有三个特征：①资本作用的强化。生产过程中资本作用强化的主要手段为：通过技术创新提高生产力；降低工资增长，减少社会福利和工作条件保护；生产向低工资的地区和国家分散，商务活动更具弹性；信息经济系统地从核心向边缘迅速扩展；劳动力市场向妇女、少数民族和移民开放；削弱贸易联合体的作用。②国家干预形式的变化。国家干预的形式从政治合法化和社会再分配向政治控制和资本积累转变。主要措施包括：在工作过程中社会和环境控制等活动的非规则化，如美国的环境贸易、环保外交等；公共部门的收缩，生产活动的私有化；税制改革倒退，高收入阶层增加；国家对高技术研究与开发和主导工业部门的支持；国防及与国防工业有关的工业与高技术的结合；福利制度的收缩和财政紧缩政策等。③经济全球化促进市场扩展和开放。主要包括：允许资本在世界范围流动，尤其在生产最优惠的地方投资；增加资本的回报率；开放和开拓新市场适应全球化进程。

2. 资本和信息流动的空间响应

日益增长的信息产业，频繁的资本流动，不仅导致高技术产业、发达制造业生产和金融市场网络的地理空间极化，也带来管理的高层次集聚、生产的控制和服务的等级体系扩散，使城市也形成明显的信息经济社会的特征。信息社会对社会、经济结构和技术变革的影响主要包括以下几方面：

（1）传统商品贸易转向资本和技术服务贸易。尽管国际贸易在全球经济中仍然占据重要位置，但与国际金融流相比其价值和能量已相形见绌。金融和专门化服务已经成为国际交易的主要组成部分，在这些国际交易的关键地点开始形成金融市场、高级服务公司、银行和跨国公司总部的云集。由于国际金融流的快速增长大大提高了交易的复杂程度，这种新环境势必需要一个非常高级的专门服务设施和高层次的电信设施提供服务，大城市也就成为这二者寻找的场所。在 20 世纪 80 年代早期，由于金融业和专门服务业成为国际交易的主要组成部分，特大城市的作用被进一步加强。这些产业的迅速集聚也就意味着只有有限的城市能够发挥其战略作用。与此同时，外国直接投资的增长已经将产品生产和服务的国际化牢牢地交织在一起。外国直接投资促进制造业生产的国际化在发展中国家显得尤其重要。与 20 世纪 50 年代相比，20 世纪 90 年代看到了一个全球经济的三个极点：北美、西欧和东亚。并且自 1985 年以来，外国直接投资流向发展中国家的地区，主要在拉丁美洲、加勒比地区、东亚、南亚和东南亚。

（2）跨国公司、金融网络和贸易集团构架全球经济系统。世界经济将技术、资本、生产和市场连接成系统。跨国公司（transnational corporations，TNCs）、金融网络和贸易集团已经成为全球经济系统构架的核心。首先，跨国公司成为向发展中国家扩展金融流的源头，直接的或间接的外国投资则进一步刺激了金融流的形成。从某种意义上说，这一时期跨国公司代替了银行的作用，成为世界经济的一种战略组织者。其次，全球金融网络形成另一种主要的世界经济机构组织。全球金融网络为组织巨大的金融流提供了一种机构框架。最后，跨国贸易集团（transnational trading blocs）也促进了新世界经济机构框架的形成。据统计，全世界目前共有各种形式和规模的区域经济集团 24 个，参加的国家达 140 多个。其中几个集团尤为重要，它们是北美自由贸易区（North American Free Trade Area，NAFTA）、欧盟、东盟和上合组织等。在跨国贸易集团内部，都将资本流向边缘地区，促进金融服务的自由贸易的意义与以往比已显得不是那么重要。

（3）信息社会的新战略地点。上述诸多变化导致原先的主要经济部门——制造业发生贬值，一些新的世界经济战略地点也应运而生。概括起来，三种类型的战略地点成为经济全球化的新形式，即出口加工区、全球城市和离岸银行中心。当然，也还存在许多其他区位成为国际贸易的要地，如国际贸易港口和主要制造业出口生产专门化基地等，没有这些区位，就很难想象今天的全球经济。在世界经济体系中，政府作用已经被一些专门的服务公司、全球服务网络和金融市场所取代。由于信息产业的发展，城市的集聚功能进一步加强。经济的全球化，既使城市成为金融和专门服务等后工业城市主导产业的生产地，又使公司和政府能够进入金融机构和专门服务的跨国市场。经济全球化在国家和世界范围也产生了新的集聚 - 扩散形式。多种地域扩散和拥有权的集聚导致了跨国公司及其分支机构在全球城市的进一步集聚和增长。对金融业而言，越来越多的金融机构正在联合起来并向最高层城市迁移，银行业和保险业的区位也趋向急剧的集聚。

3. 新城市经济现象

经济全球化推动了管理、金融和服务业的国际化过程，使城市成为世界经济的区域或全球的节点。20 世纪 80 年代以来世界经济中某些城市的迅速发展与两个主要全球过程交叉相关。第一过程是经济活动全球化的迅速增长；第二过程是所有产业组织中服务业的快速增长。城市作为主要的国际商务中心体现了一种新城市经济现象正在形成。

1）生产性服务业的发展

服务业已经成为许多大都市区巩固新工业空间综合体以及带动收入和总就业增长的主导产业部门，其中生产性服务业的扩展成为发达国家城市最近增长的主要特征。生产性服务业包括金融、法律、管理、创新、开发、设计、行政、个人服务、生产技术、保存、交通、通信、批发、广告、情报服务、保密和储藏等。生产性服务业的中心内容是商务和消费市场的结合。它们由保险、银行、金融服务、房地产、法律服务、会计和专业协会组成（Noyelle and Stanback，1984； Geo，1990）。生产服务业已经成为大多数城市最动态的、增长最快的部门。伴随生产服务业的快速增长，主要城市的商务和金融服务的就业专门化的水平迅速增长。例如，纽约 90% 以上的金融、保险和房地产公司和 85% 的商务服务业务量都集中在曼哈顿地区。同时，全世界的主要城市都出现了金融和某些生产性服务业向闹市区高度集中的趋势，原有的中央商务区（CBD）正在演化为国际交易中心（ITC）。从多伦多、悉尼到法兰克福、苏黎世都可以看到专门金融区的增长。即使在美国这样的多极城市体系中，纽约也表现了金融和商务服务的集中趋势（O’Huallachain and Reid，1991）。

2）跨国公司的发展

正是由于生产性服务业的快速增长，促进了跨国公司的发展。因为具有许多工厂、办公楼和服务业的公司最需要协调计划，协调相互间的行政组织和分布、市场和其他的中心总部活动。跨国公司成为经济活动空间扩散、专门服务日益增长需求的主要形式，这因为大公司正在向最终消费者（包括生产和销售）方面迁移，非常广泛的活动将转向新的公司总部。现代公司的发展和对世界市场的广泛参与使得规划、公司间行政组织、产品开发与研究变得更加重要和复杂。生产线的多样化，经济活动的跨国化都需要非常专业的技术。多城市分布的跨国公司促进了新型产品的开发和产品市场的控制。多地点制造业、服务业和银行的发展为组织和控制全球的工厂网络、服务业和分支办公机构的专门服务活动产生出更多的需求。高度的专门化、生产性服务业的扩展和大小公司增长的需求都促进了跨国公司的孕育和发展。

3）国际金融和商务中心的形成

所有发达国家的经济空间都显示了一个类似的现象，即：金融活动与生产性服务业在一些中心城市迅速集聚，促进了国际金融和商务中心的形成。首先，金融活动的高度集聚，在城市等级体系的顶层由银行、投资公司、法律机构、保险公司和证券交易所共同组成的金融综合体已经成为各部门的决策中心（Green，1993）。这些大都市金融综合体正成为日益增长的全球经济一体化系统的节点。法国的巴黎、意大利的米兰、瑞士的苏黎世、德国的法兰克福、加拿大的多伦多、日本的东京、荷兰的阿姆斯特丹以及澳大利亚的悉尼都呈现了这类现象，而一些原有的重要金融中心，如瑞士的巴塞尔、加拿大的蒙特利尔、日本的名古屋，由于苏黎世、多伦多和东京的发展而衰落。

4）跨国公司总部依附国际金融中心呈现集聚趋势

生产性服务综合体和跨国公司总部的区位型式呈现两个明显的变化，一是经济组织中服务密度日益增长；二是国际金融中心向大城市迁移。究其原因，归纳起来有如下四个方面：①世界上最大的跨国公司仍然是制造业公司，它们的大多数公司总部仍然分布在主要的工业综合体。许多制造业公司开始倾向国际市场而不是国内市场，有些公司将总部的一部分迁到主要城市的国际金融商务中心。②原有的国家城市体系格局决定了公司总部的地理分布。然而，经济全球化导致迅速的城市首位度化，迫使公司总部的不平衡集聚。③不同的经济发展历史和国际商务贸易可能与生产网络相结合形成不同的空间集聚结果。④跨国公司总部集聚也可能与专门的经济发展阶段相联系。例如，纽约曾经失去了世界上500强公司中的一些公司总部，而东京则得到了这些公司总部。再如大阪和名古屋是日本的两个主要经济中心，但后来许多公司总部则迁往名古屋，这种变化似乎与日本经济的全球化、东京国际金融商务中心形成和名古屋生产性服务综合体功能提升相关。

4. 全球城市与世界城市体系发展

既然经济全球化已经出现，用专门的全球视野认识城市化过程和城市发展就非常必要。随着信息化社会的到来，未来世界城市化发展的若干趋势表现为以下几个方面。

1）全球城市体系的形成

随着世界贸易的增加和新的国际劳动地域分工的逐步形成，以及跨国公司对各国经济的不断渗透，经济全球化的进程正在加快，从而使若干全球信息节点城市发展成为世界城市或国际性城市，越来越控制和主宰着全球的经济命脉。世界城市的形成和发展使全球城市体系出现了新等级体系结构，即世界级城市、跨国级城市、国家级城市、区域级城市和地方级城市。而且城市在全球经济中所扮演的角色也由于相互间联系的广泛性而日益重要。这样，随着信息社会的确立和全球城市化的普遍到来，城市间的经济网络开始主宰全球经济命脉，使若干世界性的节点城市成为在空间权力上超越国家的实体，全球城市体系的格局逐渐形成。

2）首位城市主宰世界经济趋势明显

20世纪70年代以来，世界范围内的经济重构不仅形成了全球新的经济空间结构，而且形成了新的空间权力结构，使全球经济实体多层次化，出现了诸如国际货币基金组织（International Monetary Fund，IMF），关贸总协定（General Agreement on Tariffs and Trade，GATT）、世界银行、北美自由贸易区、欧盟等这样的全球经济实体或跨国经济组织。这些经济实体的所在地（即城市区域）在全球经济中扮演了重要角色，在其社会特征的建设中，实际上进一步替代国家的作用，使国家权力空心化（hollowing out）。与此同时，经济活动的全球化和空间分散也促进了社会经济活动最高层管理和控制的进一步集聚，这主要在于经济全球化和全球市场一体化的运行机制需要不太多的强有力的中心来控制全球化带来的影响（Friedmann，1997）。更进一步说，信息产业的生产和传输需要发达的物质基础设施，这些基础设施又迫使一些城市成为信息网络中极度集聚的节点。一旦这样的过程开始，城市体系的极化作用进一步加剧。一方面，在全球经济重建过程中，经济活动、公司、市场和基础设施在一些重要的城市重新发挥积极的作用。自 80 年代电信业在所有发达的产业部门被广泛应用时，纽约、洛杉矶、伦敦、东京、法兰克福、圣保罗、香港、悉尼、多伦多等世界上重要的城市中心商务区和世界城市的国际商务中心（the international business center，IBC）发展到了登峰造极的地步，并逐步形成蔚为壮观的新城市景观。另一方面，经济全球化促进了资本和技术的全球转移，其在地理空间和机构框架上带来一系列经济活动的新空间扩散，最熟悉的是出口加工区（export processing zones）和离岸银行中心（offshore banking centers）。在若干城市首位度极高的国家或地区，首位城市左右和逐渐主宰该国或该地区经济社会事务的趋势已见端倪。

3）多极多层次世界城市网络体系的形成

在工业社会，城市的增长潜力基本上取决于该城市的规模，而城市的规模也决定了该城市在中心地等级结构中的层次；在信息社会，城市的发展潜力却取决于该城市与全球其他城市的相互作用强度和协同作用程度，并不完全取决于它的规模大小。较小的城市也可通过联系网络，利用相互作用和相互协同，在特定的更新方式中靠专业化优势来获得较大的发展活力。这种通过网络分享知识和技术的过程将最终导致多极多层次世界城市网络体系的形成。随着城市化的加速，城市越来越成为人类社会经济生活的主宰，而且，随着信息社会化的形成和跨国公司的介入，城市在新的劳动地域分工中扮演越来越重要的角色。有些城市由于其所处的枢纽地位和新的信息节点，将发展成为国际性或全球性城市，协调和控制未来的全球经济活动；而另一些城市则会通过与这些城市的相互作用，发挥自身在世界经济发展中的作用。有些城市，则由于远离信息社会而一落千丈，沦为衰落的城市。

5. 应对经济全球化的中国城市化战略

中国正处在经济制度的转型时期，面临着众多的机遇和挑战。首先，随着发达国家和地区新一轮产业结构的调整，中国成为传统制造业的接受地，从而有可能在相对较短的时期内完成工业化过程，使绝大多数地区迈入工业化社会，并进而改变中国目前的城市化过程和城乡空间结构。其次，由于中国幅员辽阔，各地区经济社会发展水平悬殊，未来发展潜力难以在同一时期内发挥。因此，中国在未来相当长一段时期内仍将存在着较大的发展梯度，在一定时期之内，这种发展梯度还可能呈进一步扩大之势。其结果是中国东部沿海地区有可能出现普遍的城市繁荣，使中国的部分城市进入信息城市的行列。最后，由于中国的大国地位，中国的经济不可能完全依附于国际地域劳动分工，而保持相对的独立完整体系，这就是说，中国不仅要参与国际经济大循环，而且能够在国际经济大循环中逐步占有相对重要的地位。为此，中国有必要建立国际性城市和创新中心城市，使之尽快成为联结中国与世界经济的新节点，并把中国的各级各类城市融合到新的全球城市网络体系之中。

第一，随着市场经济体制的建立、户籍对人口迁移限制作用力的减弱和大量农村剩余劳动力向城市的涌入，中国城市化过程将出现难以避免的快速发展，导致更多设市城市的诞生，使中国城市体系步入到一个新发展阶段，城市功能更加多样化，城市网络更加复杂化，城市经济联系更加密集。

第二，大城市继续快速发展，若干大都市连绵区已开始逐步形成。随着计划经济时代城市人口在就业、粮油副食补贴等方面所具有的特权逐步丧失殆尽，以及大城市经济多样化对就业人口的广泛包容性，未来中国大城市仍将面临继续快速增长的势头，具有国际性职能的若干特大城市的发展速度还将更快。因此在不远的将来，中国将出现若干个人口规模超巨型的大都市连绵区，如辽中南城市连绵区、京津唐城市连绵区、长江三角洲城市连绵区和珠江三角洲城市连绵区等。

第三，郊区与城市中心区共同繁荣。中国是一个人多地少的国家，城市土地尤为珍贵，因此中国的城市人口密度会始终居高不下。一方面，受这一国情的自然制约中国传统文化的深层次影响，郊区化过程将非常缓慢；另一方面，中国城市政府的行政职能较强，而市政府一般又位于城市中心，因此保持城市中心的发展活力是政府的优先考虑。因此，在未来相当长时期内，中国城市的空间结构仍会呈“摊大饼”式的发展过程。

第四，几个国际性城市将进入全球城市体系网络。随着中国经济实力的不断增强，外向型经济的飞速发展以及中国参与世界经济市场的力度增加，21 世纪初叶至中叶，中国有可能继香港、深圳两个国际城市后，再出现上海和北京两个国际城市，从而使中国城市体系发展呈现出多中心的格局。4 个国际城市的职能将互有侧重：港深可作为国际金融、贸易中心和中国外向性经济的商务人才培训中心以及消费者高新技术的生产中心，领导珠江三角洲和东南沿海的城市发展；上海可作为中国综合性的国际城市，综合发展经济、技术和贸易，领导整个长江流域的城市发展；北京可发展成为中国政治、文化、科教中心和大型制造业中心，为中国北方城市工业发展提供技术指导。

在经济全球化过程中，中国面临着如何将其城市体系与世界城市体系顺利接轨的重要抉择。而中国经济能否与世界经济顺利对接，并在接轨过程中积极调整自己的城市体系，将主要取决于中国能否把握时机，最大限度地发挥和确立自身的竞争优势。未来随着新国际劳动地域分工的形成和 21 世纪环太平洋时代的来临，中国参与国际经济大循环的强度将显著增大。为了适应经济全球化，中国城市发展需要关注以下几个方面。

（1）建设若干个世界级（国际性）城市。选择 1 ～ 3 个具有国际影响的城市，尽快发展并培育成为世界级城市和国际性都市。

（2）重视城市连绵区的建设。改革开放以来，中国东部发达地区经济社会快速发展，有些局部地区城市化水平已接近 90%，城市化进入集聚时期，同时也面临一系列亟待解决的重大问题，如资源与环境问题、产业结构转移问题等。长江三角洲、京津唐地区和珠江三角洲的金融业、信息业、交通业都在全国具有枢纽和核心地位。这些大都市连绵带的进一步发展将有利于这些地区在亚太地区和世界经济发展中确立起区域核心地位，从而进一步带动中国的对外开放和提高参与国际市场竞争的能力。

（3）构建大都市地区双层次地方政府体制，实施县下设市模式。在中国大都市地区建立大都市政府，通过协商，统一解决城市化区域内城建、交通、环保、卫生等共同存在的问题，减轻或消除市与市、市与县之间的矛盾，达到共同发展的目标。

（4）鼓励和推动城市化进程，至2020年中国城市化水平已达到中等发达国家水平。城市化是社会进步的一个标志。中国要实现工业化和现代化，城市化将是不可逾越的发展过程，尤其在促进人类住区的可持续发展方面，城市化具有举足轻重的作用。因此，要从实际行动上响应1996年的第二届联合国人类住区大会提出的“帮助城市成长，更积极地推动城市化进程”的中心议题，将城市化纳入国家发展的政策研究，至少是一个与环境问题、土地问题、粮食问题、水资源问题具有同等重要意义的战略问题。

（5）正视郊区化现象，逐步完善郊区发展政策。西方战后城市出现的郊区化过程，建设过于松散造成土地资源极大浪费，大量的基础设施投入和城市中心的空心化不适合中国的国情，特别是发达地区必须坚决杜绝。然而，郊区发展（或郊区化现象）是适应城市化过程的产物，在现阶段不能简单、孤立地认识和评价中国的郊区化现象。在我国郊区化管理方面逐步做到：①郊区开发需要规范化，应该与住房政策目标相一致；②郊区居住区开发必须与郊区就业岗位和商业设施相协调，避免产生更多更强的郊区通勤流和昂贵的基础设施；③郊区新住房的生产应该被看作包括提供资本、建筑材料的上级政府，住房业和住房政策，以及提供服务用地和公共设施的地方政府、物业部门和土地利用规划机构等多方面的“复合产物”；④住房政策需要弹性，而且应与土地和服务业政策相一致；⑤为了达到服务标准和生活环境质量不平衡最小，在郊区开发中有必要进行区域范围内税赋和价格的分摊；⑥郊区新房和服务标准尽可能与实际并与城区贴近；⑦郊区发展的社会目标之一应该是提供可担负得起的住房；⑧建立管理郊区增长的法规环境，其框架既要适应市场激励条件，又要满足消费偏好；⑨社会住房政策是在新郊区保持更大社会结合体的几种方式之一。对郊区发展的资金问题进行明确分摊，规范和降低住房价格，建设环境优美的城市新郊区。

（6）加快城市间快速通道网建设。21世纪高速铁路网、高速公路网、空中走廊、巨大港口和信息高速公路为骨干的快速通道网对城市经济的发展、城市体系内各城市之间的相互联系和相互作用起着越来越重要的作用。未来城镇体系将随着快速通道网的建设发展，逐步由中心－腹地体系的蛛网系统向联系各个经济重心间的通道网发展和转化，形成全国范围内以大中城市为节点的经济网络。

（7）加强城镇体系规划的宏观调控。①规划要以区域为整体，着重研究如何完善区域经济发展的环境，确定区域城镇发展战略。要把确定引导城镇体系完善与发展的各项政策和措施作为规划的重点和核心内容。②要在维护公平竞争的前提下，对区域开发活动的空间布局和时序进行引导，协调和控制对区域整体发展不利的开发活动。通过合理、妥善的组织，实现区域基础设施共享，降低区域开发成本。③要适应改革投资体制的需要，引导投资活动符合国家产业政策，促进国家对重大基础设施的投资取得更大的经济和社会效益，并保障社会公益性项目的建设，促进经济社会的协调发展。在最近一段时期内，我国城镇体系规划编制的重点是：强化政府干预的能力；建立整体规划的观念；强化区域协调的手段和措施；提高城镇体系规划的弹性和科学性；建立健全城镇体系规划的实施管理机制。

（8）分区制定城市化发展策略。中国的东、中、西三大地带的城市化水平会出现更大差异。东部地带城市化的发展速度要继续明显快于西部地带，省际城市化的差异未来将趋于缩小，最高和最低间的差异将由 4 倍多降为 2 倍多。在未来，南北差距将成为关注重点。

（9）注重有限资源条件下的城市发展，正确处理农村工业化与城市化的关系。进一步强调城市发展与快速经济增长相适应，城市发展与工业化、投资和基础设施相结合，重视经济、社会、环境综合效益。中国农村工业化也是国家工业化的一个重要组成部分。现状过于分散的农村工业化战略使分散布局的乡镇企业不仅占用了大量的耕地，导致了土地资源的严重浪费，而且在资源开采的浪费、环境污染等方面已经成为突出的问题，“离土不离乡”的政策思想也已经不适用于现阶段城乡发展的客观实际，“要加大结构调整的力度，根据市场需要，大力发展农副产品加工业，贸工农一体化的龙头企业，把乡镇企业发展与推进农业产业化经营结合起来。要通过技术改造和新产品开发，生产适销对路的高质量产品。在打破社区、所有制界限，以优势企业和优势产品为龙头，组建企业集团，提高规模效益和市场竞争能力，同时引导乡镇企业向小城镇适当集中”。

（10）建设与国力相匹配的国家城市体系。城市规模的扩大是经济发展的必然结果，只要大城市的经济在发展，体现城市规模的人口增加和市区面积扩大就是必然的，特别是对中国这种还需要靠量的扩张发展经济的发展中大国来讲更是难以避免的。2035 年，中国将形成与 15 亿人口、综合国力强大相匹配的国家城市体系。重构适应全球化趋势的国家城市体系空间结构主要包括：构造对接全球城市体系的空间结构，“三纵两横”国家城市体系发展轴线和由 6 个城市密集区、7 个城市群和 17 个城市发育区组成的次区域城市体系。在 2035 年将进一步强化快速通道网建设，构筑快速城市化地区高速交通体系，例如泛珠三角地区高速公路系统、构筑长三角地区三小时交通圈和环渤海地区交通体系建设（顾朝林等，1999）。

三、多维视角研究框架

布赖恩・贝利（Brian Berry）早年接受过经济学、政治学等方面的专业学习，也从事过城市社会学方面的研究工作，并参与城市与区域规划咨询，作为专业地理学家、城市化教授和规划咨询专家，访问了除中国和北非的全世界许多城市，1973年写成《城市化的人类后果》（*The Human Consequences of Urbanization*），1981年在此基础上进行修订和扩充，出版《比较城市化：20世纪的不同道路》（*Comparative Urbanization：Divergent Paths In The Twentieth Century*）。贝利并不关注发达国家由于工业化或发展中国家追求现代化影响下的潜在的技术作用去描述城市化过程，而是聚焦于这些过程在世界不同地方引致不同的人类社会响应结果。贝利发现：在20世纪快速城市化过程中，尽管城市化存在很多共性，但是城市化的道路却各不相同。他认为，世界各国城市化过程的差异化，主要源于不同的文化背景和经济社会发展阶段，并且这种城市化道路多样性是人类社会发展的必然后果。贝利的不同城市化道路理论，对传统的城市化研究追求基本规律、发展模式和同一的城市化道路的理论框架有了新认识，尤其否定了单一的"工业化拉动城市化"理论，开启了多维视角城市化研究的理论框架。

1994年，保罗•诺克斯和琳达•迈克卡西以美国、欧洲城市发展和城市化过程为蓝本写成《城市化》出版。这是综合当代西方城市化研究最新成果，展现人类社会持续变化的城市化过程的百科全书式著作，论述城市化起源及其演化、城市化研究的理论和方法，通过美国实例论述城市体系的发展过程和城市空间形态的演变，介绍发展中国家城市化特征、城市空间形态以及城市问题，还从城市生活方式看城市化问题，以及针对这些问题采取的城市管治政策，并对未来城市化趋势进行了展望。这本书最大的特色是用动态方法、历史和过程导向方法以及全球化背景和国际比较视角，拆开互锁的城市化过程，为人们展现持续变化的城市化发展过程。诺克斯认为，城市化是被一系列紧密联系的变化过程所推动的，这些变化过程包括经济、人口、政治、文化、科技、环境和社会转型等。同时，城市化也受到本地因素（如地形和自然资源等）的影响。

进入21世纪，中国的城镇化被公认为是世界经济增长与社会发展的两大驱动因素之一，中外学者也开始大规模进行中国城镇化探讨。由于中国正处在由计划经济向市场经济过渡的转型时期，国外发达资本主义条件下发展的城镇化理论难以直接引进并加以应用，国内原有在计划经济条件下形成的城市发展理论也难以适应新的发展。在中国城镇化已进入加速发展期，并成为经济增长的推进器时，中国城镇化的发展背景远比西方发达国家城市化高潮时期以及大多数发展中国家面临的状态和问题更加错综复杂。一个现实的理论问题凸显出来：中国经济体制处在转型期，西方学者创立的城市化理论，无论是发达国家城镇化理论，还是第三世界国家城镇化理论，其理论框架均不能完全适合中国的国情和城镇化研究的现实，国内原有计划经济下的城镇化理论已经过时，中国城镇化研究需要建立一个新的理论框架。

基于上述西方学者创立的多样的城镇化道路和多要素影响城镇化过程的思想，多维视角理论框架均不能完全适合中国城镇化研究。在国家自然科学基金的资助下，清华大学课题组对上述问题进行了深入研究，将研究重点集中在从多维视角深入研究中国城镇化的机理，初步构建了中国城镇化研究的新理论框架，主要包括历史过程、人口系统、社会系统、经济系统、生态系统、土地系统、快速交通系统、巨型工程、全球化与区域化、文化系统、创新系统、政治与管治等，深入研究中国城镇化的格局、过程和机理（图 2.10）。2008 年科学出版社出版《中国城市化格局 • 过程 • 机理》，反映了当时中国城镇化研究的最新成果（顾朝林 等，2008）。

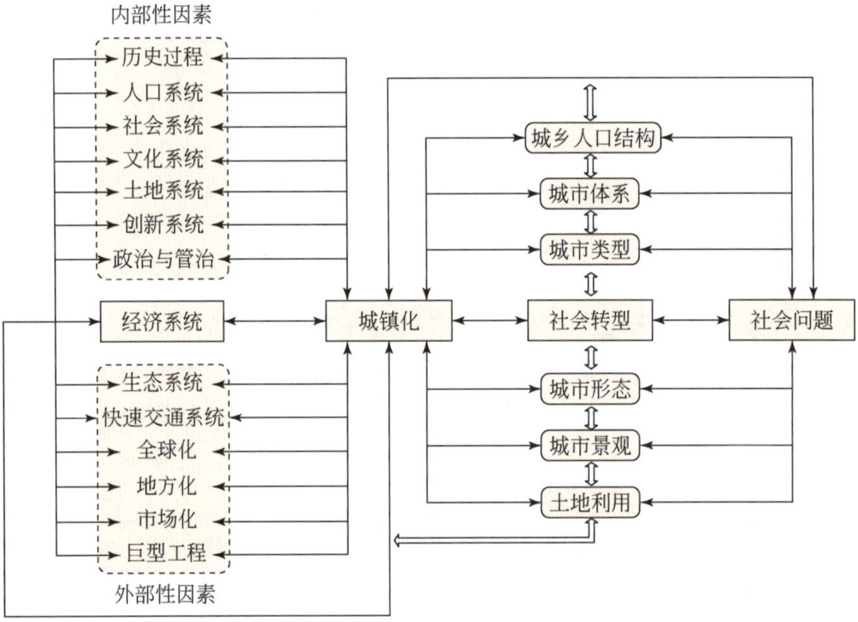

图 2.10　中国城镇化研究的多维视角分析框架

四、以人为本研究框架

改革开放以来，中国城镇化主要表现为“工业化拉动城镇化”和“土地拉动城镇化”。这两种类型的城镇化，按照新古典经济模型，均有利于资本、土地、劳动力等生产要素的流入，也有利于地方政府累积财政收入。然而，土地、劳动力等生产要素的面状分布特征，与企业和城市的点的区位特征，两者之间必然导致空间协调矛盾，逐步滋生资源 - 环境 - 生态 - 可持续发展问题。与此同时，中国高速持续稳定的经济增长直接促进了城镇化进程，城镇化推动主体的多元化和国家区域战略重点的空间转变促进了城镇化格局的形成。此外，在发展转型的背景下，城镇化的动力机制开始发生变化。传统的工业化模式在发挥我国人力资源、土地资源、矿产资源和能源优势促进经济增长方面发挥了关键性作用。随着转型期技术创新和产业结构调整的推进，中国的产业发展将出现新的格局，低排放、低能耗、低物耗的产业和充分发挥技术优势的新兴产业比重将上升。发展动力和市场方向的变化会在产业内容、市场联系、相应设施建设等多方面产生新的变化，进而会影响到城镇化进程中产业和人口集聚方式的变化。据此，较长的时期里采取的效率优先、兼顾公平、促进社会稳定和协调的发展思路以及各地争先恐后追求增长的策略有效推进了人口和产业在城镇的集聚和发展。在城乡结构数量快速变化的同时，则出现了外延扩张占主导、社会城镇化滞后于经济城镇化、制度建设滞后于发展需要、城乡人居环境质量提升慢、城镇化区域差异显著等一系列问题。在这样的大背景下，以习近平同志为核心的中央领导集体明确提出“以人为本的新型城镇化”概念。2012 年中央经济工作会议提出，把生态文明理念与原则贯彻于城镇化建设的全过程，走“集约、智能、绿色、低碳”的新型城镇化道路。

中国政府提出的“以人为本”的新型城镇化道路基本内含包括：①坚持保护环境和保护资源的基本国策，坚持城镇化发展与人口、资源、环境相协调，合理、集约利用土地、水等资源，切实保护好生态环境和历史文化环境，走可持续发展、集约式的城镇化道路；②全面考虑经济社会发展水平、市场条件和社会的可承受程度，发挥市场对推进城镇化的重要作用，通过市场实现城镇化过程中各种资源的有效配置，吸引各类必需的生产要素向城镇集聚，同时发挥政府的宏观调控作用，加强和改善政府对城镇化的管理、引导、规范；③坚持走多样化的城镇化道路，推进各级各类城镇协调发展，形成合理的城镇体系，提高城镇综合承载能力，发挥各级各类城市和小城镇在一定区域范围内的职能作用；④根据各地经济社会发展水平、区位特点、资源禀赋和环境基础，合理确定各地城镇化发展的目标，因地制宜地制定城镇化战略及相关政策措施，加强城市之间的经济联系和分工协作，实现城市以及地区优势互补和共同发展；⑤通过深化改革，研究制定适合我国国情、符合社会主义市场经济规律的政策措施和体制机制，营造城镇化发展的良好环境。也就是说，推进新型城镇化道路，应在保持必要的城镇化速度的基础上，促进产业集聚带动人口集聚的能力明显提高；城乡产业良性发展，城镇就业岗位持续增加，社会保障体系基本健全，居住、交通、教育、文化、卫生和环境等条件大为改善；城乡规划建设管理水平全面提升，城镇基础设施和公共服务设施更加配套完善，综合承载能力和竞争力明显增强；城乡体制障碍逐步消除，发展差距逐步缩小。

不难看出，新型城镇化，就是推进城镇化由偏重数量规模增加向更加注重质量内涵提升转变，由偏重经济发展向更加注重经济社会协调发展转变，由偏重城市发展向更加注重城乡一体化发展转变。新型城镇化，就是坚持以人为本，以新型工业化为动力，以统筹兼顾为原则，推动城市现代化、城市集群化、城市生态化、农村城镇化，全面提升城镇化质量和水平，走科学发展、集约高效、功能完善、环境友好、社会和谐、个性鲜明、城乡一体、大中小城市和小城镇协调发展的城镇化建设之路。新型城镇化，就是对转型阶段经济社会发展特点要求的响应，也是有中国特色城镇化在现阶段的具体表现。新型城镇化，不仅有助于我国经济社会发展中固有问题和矛盾的解决，而且符合中国经济发展转型所带来的城乡发展动力变化的要求。

五、定量分析研究框架

数学模型在城市和区域规划领域的应用，可追溯至20世纪中叶。当时运用的模型以数理统计模型为主，例如简单的统计模型等（张伟等，2000）。早期的城市和城市化定量研究，主要采用时间序列回归分析和逻辑斯蒂（logistic）方程两种方法。

1. 时间序列回归分析

中国早期的城镇化研究，尤其是城镇化水平预测，主要采取时间序列预测法，依靠历史资料的时间数列进行趋势外推研究。许学强等（1986）在研究城镇化的省际差异时进行了城镇化水平的时间序列分析；简新华等（2010）通过定性分析和时间序列预测法，预测2020年中国的城镇化率将达到60%左右。此外，还有学者利用MGM-Markov模型（石留杰等，2010）、GM（1，1）模型（白先春等，2006）、ARIMA（陈夫凯等，2014）、灰色Verhulst模型（曹飞，2014）、神经网络模型（丁刚，2008）等进行中国城镇化水平预测。顾朝林等（2010）根据全国第六次人口普查数据，进行中国城镇体系等级规模分布幂函数分布模型拟合（图2.11），相关系数达0.94。可得2010年我国城市等级规模位序－规模分布模型。

$$P_r=7782.7079 \times R^{-1.0128}\ (3 < R < 650) \qquad (2.1)$$

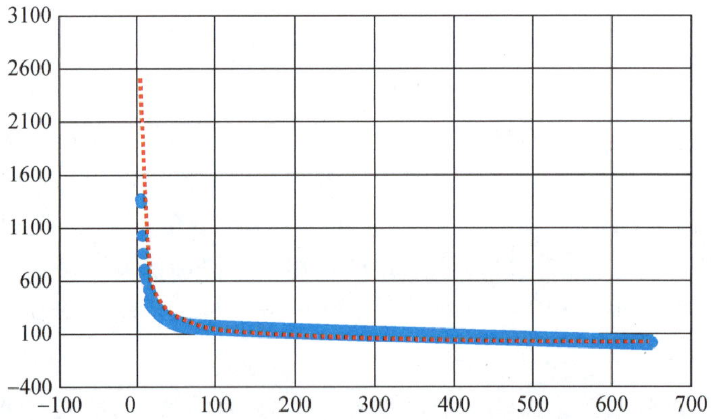

图2.11　中国城市体系空间分布拟合曲线（2010）

2. 逻辑斯蒂模型

逻辑斯蒂方程（logistic function）属于多变量分析，是社会学、生物统计学等统计实证分析的常用方法①。1975年美国城市地理学家诺瑟姆采用逻辑斯蒂方程进行发达

①逻辑斯蒂方程，即：$dN/dt=rN(K-N)/K$。式中：N为人口数量；t为时间；r为人口增长潜力指数；K为人口最大容量。

国家的城市化水平回归分析，发现城市化水平满足逻辑斯蒂方程并提出了“诺瑟姆曲线”①，即：城市化进程呈现一条被拉平的倒 S 形曲线（Northam，1975）。在中国，顾朝林 1986 年将逻辑斯蒂曲线模型应用于中国城镇化研究，采用 1949 ～ 1985 年全国城镇人口数据，获得了中国城镇人口的逻辑斯蒂回归方程

$$P_1 = 75000/(1 + e^{96.15915} - 0.048107t) \tag{2.2}$$

$$P_2 = 115000/(1 + e^{96.15915} - 0.048107t) \tag{2.3}$$

回归模型的相关系数 $R=-0.94545223$，预测得出 2020、2030、2040、2050 年城镇化水平（表 2.1）分别为 61.24%、65.41%、69.15% 和 73.08%（顾朝林，1992）。但是，饶会林（1999）利用诺瑟姆曲线对 1949 年以来中国的城镇化进程进行实证研究，却认为中国的案例并不符合标准的 S 形曲线。方创琳等（2008）、王建军等（2009）的研究进一步肯定中国城镇化过程可以采用诺瑟姆曲线进行描述，预测到 2020 年中国城镇化水平为 54.45%，2030 年为 61.63%，2050 年将达到 70%。马晓河（2011）以中国 1978 ～ 2008 年城镇化发展的历史数据为基础，利用逻辑斯蒂曲线预测 2030 年中国城镇化水平将达到 65.69%；曹飞（2012）结合结构突变理论和逻辑斯蒂模型，预测 2030 年中国城镇化水平将达到 70% 左右。

表 2.1　中国城镇化水平预测

	年份	全国人口 / 万人	市镇人口 / 万人	城镇化水平 /%
国家统计局	2019	140005	84843.0	60.60
顾朝林预测	2020	137940	84452.4	61.24
	2030	143680	93986.2	65.41
	2040	146110	101036.6	69.15
	2050	144970	105949.2	73.08

注：全国人口采自世界银行 1984 年预测方案（B）。

3. 宏观经济模型

经济增长与城镇化水平存在相关性。据此，许多学者通过构建宏观经济模型研究

①诺瑟姆把城市化进程分为以下 3 个阶段：a. 城市化起步阶段。城市化水平较低，发展速度也较慢，农业占据主导地位。b. 城市化加速阶段。当城市化水平超过 30% 时，人口向城市迅速聚集，进入了快速提升阶段。c. 城市化成熟阶段。当城市化水平达到 70% 时，城市化增长率缓慢下降，并渐渐逼近最大容纳量。

中国城镇化。周一星（1982）采用对数模型进行回归分析，研究城市化与国民生产总值之间的关系；张颖等（2003）采用双曲线函数进行回归分析，研究中国城镇化与经济增长的关系；王凯等（2013）通过中国和其他国家的人均 GDP 与城镇化水平之间关系对中国城镇化水平进行了预测。陈明星定量分析了 1960 ～ 2010 年的中国城镇化过程与经济发展的关系（Chen et al.，2013）。中国特色新型城镇化发展战略研究课题组通过对农业劳动力向非农产业转移数量，以及对全国新出生人口和新进入劳动年龄的农村人口数量分析，测算出 2020 年中国城镇化水平将达到 60%，2033 年将达到 65%（徐匡迪等，2013）。高春亮和魏后凯（2013）结合曲线拟合法、经济模型法和城乡人口比增长率法进行城镇化水平预测，预计到 2030 年中国城镇化水平将达到 68.38%，2050 年将达到 81.63%。

4. 一般均衡模型

1960 年，约翰森（Johansen）运用经济学一般均衡理论建立了可计算一般均衡模型（computable general equilibrium，CGE）。经过 50 多年的发展，这类模型在城市和区域经济研究中得到广泛应用。在中国，薛领等（2003）尝试将 CGE 模型引入城市研究领域，构建了空间一般均衡模型（spatial computable general equilibrium，SCGE），并通过 SCGE 将各城市的模拟模型连接成“城市群系统”进行研究；沈体雁（2006）则通过有效集成 CGE 模型、GIS 空间分析和网格动力学模型，开发出多区域可计算一般均衡模型系统，并试图建立多维度、多尺度、可运行的中国城市体系模拟模型框架；李娜等（2010）基于 CGE 模型模拟认为，如果各地区实施同一碳税政策，对区域经济的影响存在着区域差异，尤其能源富集地区、欠发达地区的经济损失较大，对发达地区则产生正面影响。

5. 系统动力学（SD）模型

弗雷斯特公司最早进行了自然资源、技术和经济部门之间的相互作用研究（Meadows et al.，1972； Georgiadis et al.，2008）。20 世纪 70 年代，弗雷斯特公司与罗马俱乐部一起出版《世界动力学》（*World Dynamics*）。在中国，左其亭等（2001）最早从社会经济系统、生态环境系统及两者的相互联系出发，建立经济系统与生态环境系统相耦合的系统动力学模型。宋学锋等（2006）建立了由人口、经济、生态环境和城市化等 4 个子系统组成的江苏省城市化与生态环境系统动力学模型；张荣等（2005）将城市可持续发展系统划分为人口、经济、资源、环境、社会发展、科技教育 6 个子系统，构建城市可持续发展系统动力学模型框架，并以郑州市为例进行了方案优选。顾朝林等（2017）为了预测中国城镇化过程和最终稳定状态，建立了中国城镇化系统动力学（SD）模型（图 2.12 和图 2.13），采用 1998 ～ 2013 年数据进行系统存流量检验和系统灵敏度分析，运用 2013 年数据和系统参数进行中国城镇化过程多情景模拟（2013 ～ 2050 年），研究结果显示，无论哪种人口政策和 GDP 增长率，中国城镇化水平到 2035 年都将达到 70% 以上，中国城镇化过程进入低增长阶段； 到 2050 年，

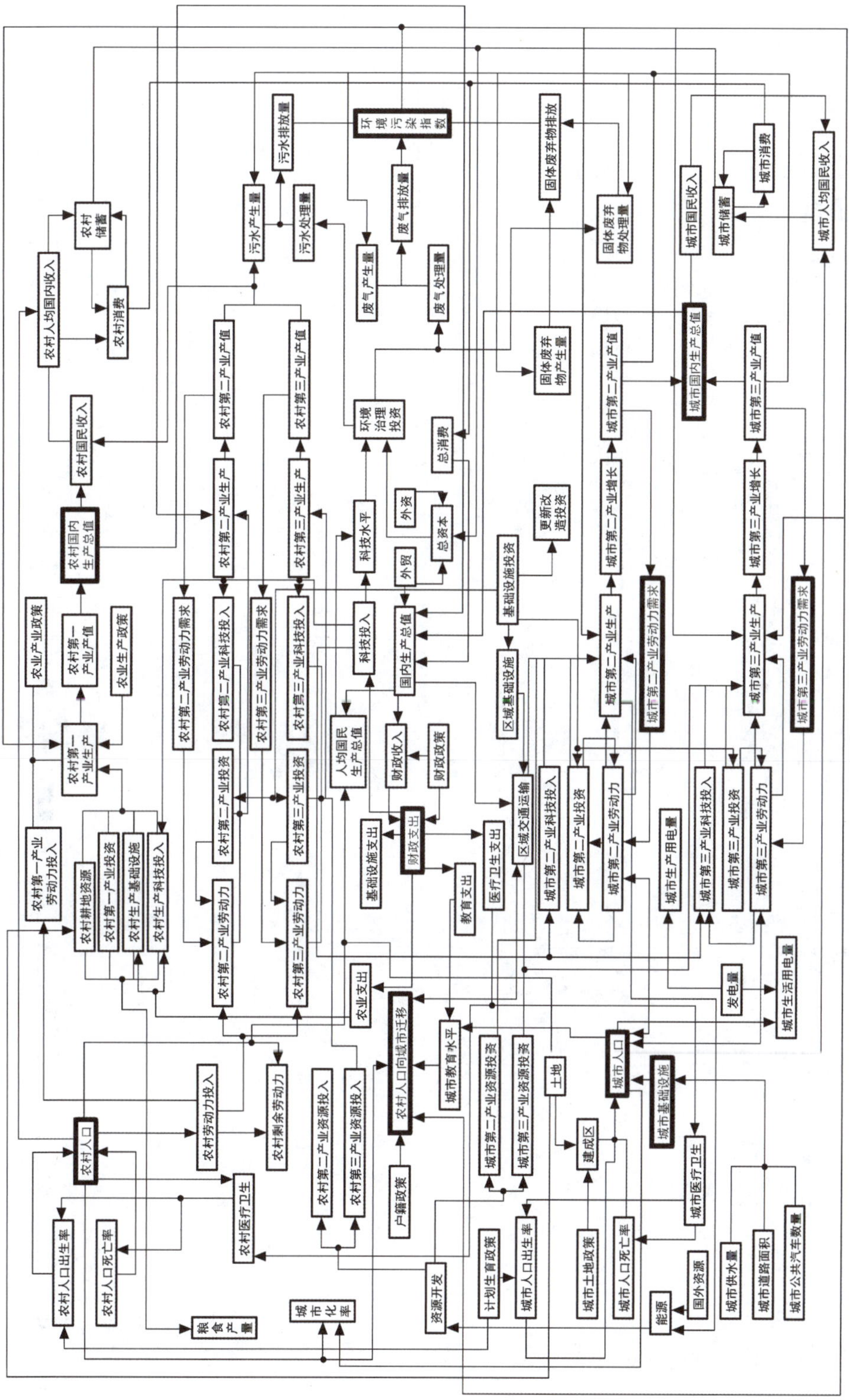

图 2.12 中国城镇化 SD 模型因果环图

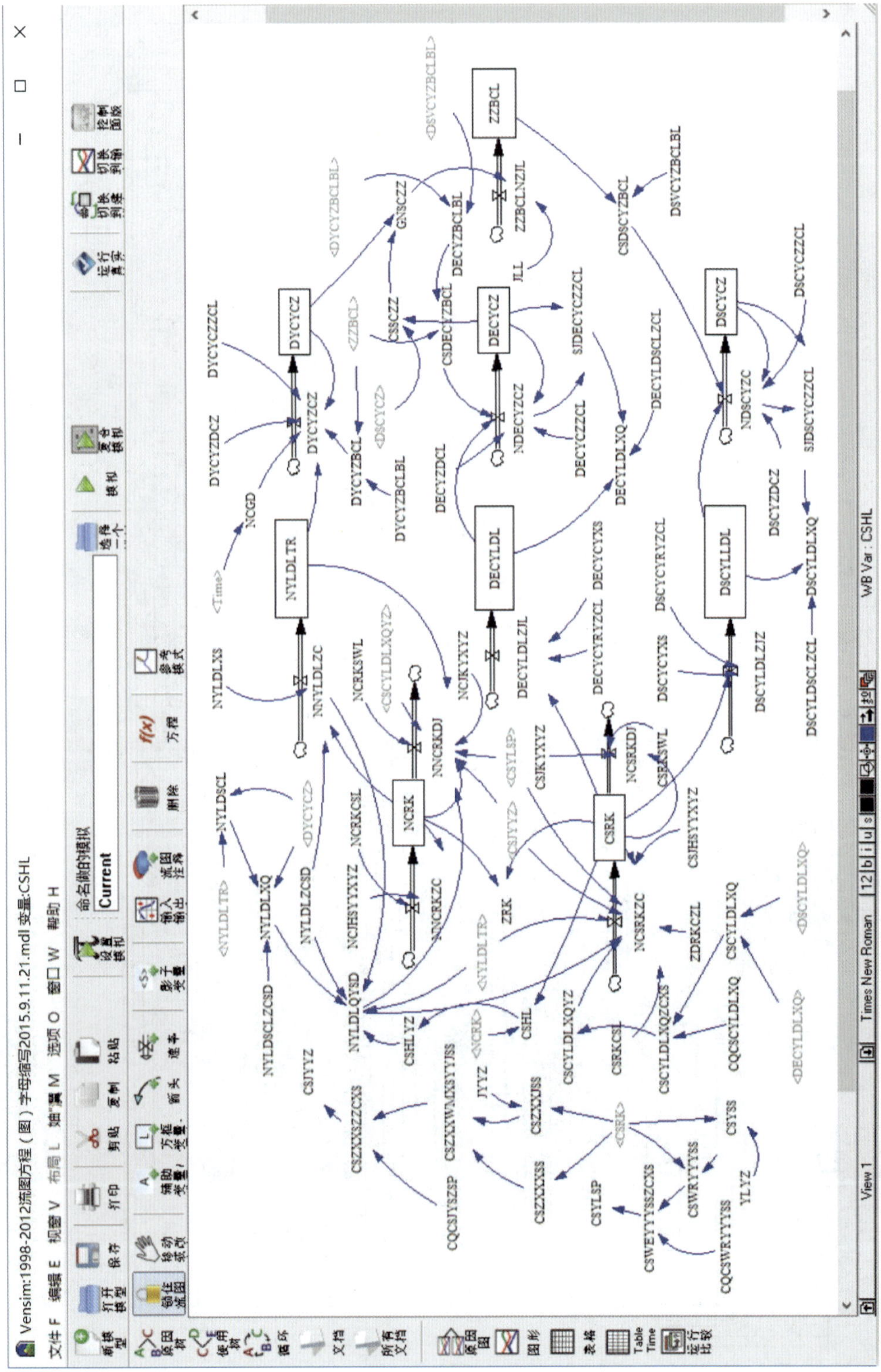

图 2.13　中国城镇化 SD 模型存量和流量图

中国城镇化水平将达到 75% 左右，中国城镇化进入稳定和饱和状态。

六、生态环境胁迫研究框架

城镇化会给环境带来许多影响，比如会影响到水资源，造成用水量增加和水污染问题；改变径流和水文周期；产生温室效应和空气污染；改变生物多样性，使生物群落缩减和破碎化；影响气候变化，带来洪灾，许多国内城市都出现了市内洪灾问题。城市化的生态影响已超越了自身边界。城市仅占据小于全球 3% 的陆地面积，但是却造成了 78% 的碳排放，消耗了 60% 的居住用水以及 76% 的木材使用量[①]。

近年来，中国生态环境对城市化的胁迫越来越明显。第一，城市的扩张对其他类型的土地利用带来了很大的影响。城市化造成湿地和农地面积大幅下降，尤其是在城市区域，农用地的面积不断下降；同时农用地的破碎度上升。所幸林地总体面积基本保持不变，在城市群地区还略有提升。第二，城镇化的速度影响到净初级生产率（net primary productivity，NPP）。在 1980 ～ 1990 年，城镇化速度相对较低，NPP 呈现上升趋势；而 1990 ～ 2000 年，城镇化速度迅猛，NPP 急剧下降；2000 ～ 2010 年，在一些地区，NPP 又有上升的趋势。第三，城市区域的增长造成一些很严重的大气和水污染问题。大气和水污染在各城市群地区的强度都较大，并且在一些地区不断增加。珠江三角洲地区二氧化硫（SO_2）和化学需氧量（COD）排放强度最高；长江三角洲地区和珠江三角洲地区的 SO_2 和 COD 排放强度均先升后降；京津冀地区大气、水污染物排放强度均在逐年下降；长株潭地区则有上升的趋势。$PM_{2.5}$ 在城市地区明显高于周边地区。第四，城市的热岛效应日益恶化。城市地区的温度上升非常显著，特别是在东部沿海地区，热岛效应的影响甚至超过了季风的影响。通过城市地区和农村地区温度的比较，特别是在 1 月与 7 月，可以发现城市和农村地区的升温有很大的差异。而且随着城市的扩张，热岛效应的规模也在扩张[①]。王少剑等从交互胁迫理论视角通过使用交互胁迫模型进行城市化与生态环境系统研究，提出了一种新的城市化和生态环境综合评价指标体系（Wang et al.，2014），采用 1980 ～ 2011 年数据对京津冀地区城市化与生态环境耦合过程进行分析（王少剑等，2015）。方创琳等（2016）系统解析了特大城市群地区城镇化与生态环境交互耦合效应的基本理论框架，从整体上解析特大城市群系统各自然要素和人文要素交互作用的非线性耦合关系及耦合

图 2.14　城市化与生态环境交互胁迫研究框架

资料来源：方创琳等，2016

①傅伯杰 . 2016. 城镇化的环境效应及新型城镇化 .

特征，科学辨识近远程主控要素作用下城市群系统内外部各要素相互作用的胁迫强度、近远程耦合机理与规律，总结特大城市群地区城镇化与生态环境交互耦合理论，构建多要素－多尺度－多情景－多模块－多智能体集成的时空耦合动力学模型，研发特大城市群地区可持续发展优化智能调控决策支持系统方法，提出化解问题的解决方案，确保特大城市群地区由问题集中区转为“可持续发展区”。

第三章　中国城镇化的世界性

中国是世界上城市人口数量最大的后发城镇化国家。21 世纪以来，中国城镇化进入快速增长期。快速发展的中国城镇化，无疑对于世界城市化过程发挥积极且重要的作用。也就是说，当代中国城镇化的影响已经超越了国家层面而具有世界性。那么，为什么中国城镇化过程会具有世界性？导致中国城镇化和世界过程共振的主控因素是什么呢？我们可以从世界经济发展的过程，尤其是四次工业革命对城市化，特别对中国城镇化的影响深度展开分析。

第一节　世界城市化现实

当下的世界已经进入城市化的时代。具体的世界城市化处在什么状态？具有哪些特征呢？

一、世界城市化现状

1. 中等城市占城市的主体

按 2011 年数据，在 4321 个 10 万及以上人口的城市中，50 万以下的城市居多，城市人口达 18.5 亿，约占全球城市人口的 50.9%。50 万～100 万人口的城市数量 525 个，城市人口 3.65 亿，占总城市人口的 10%。100 万～500 万人口的城市 394 个，城市人口占 21%。500 万～1000 万人口的城市，人口 2.83 亿，约占 7.8%。1000 万以上城市的人口达到 3.59 亿，占全球城市人口的 9.9%（图 3.1）。

2. 城市居民偏好小城市居住

按城市规模分类，世界主要地区之间的城市人口分布有所不同。在欧洲，有 67% 的城市居民生活在小于 50 万以下的城市，只有 9.6% 的人居住在 500 万以上的城市中。在非洲，与欧洲相似，其中 57% 的城市居民生活在小于 50 万以下的城市，9% 居住在超过 500 万人口的大城市。在亚洲、拉丁美洲和加勒比地区、北美洲，20% 的城市人口居住在超过 500 万人口的大城市或城市群地区；而居住在小于 50 万以下的城市的人口，亚洲、拉丁美洲和加勒比地区为 47% ～ 49%，北美地区低于 32%。大洋洲还没有 500 万以上的城市，但居住在小于 50 万以下城市的人口比例相对较低，约占 39%（图 3.2）。在发达国家，生活在特大城市的人口比例从 1975 年的 23% 增长到 2015 年的 30%。

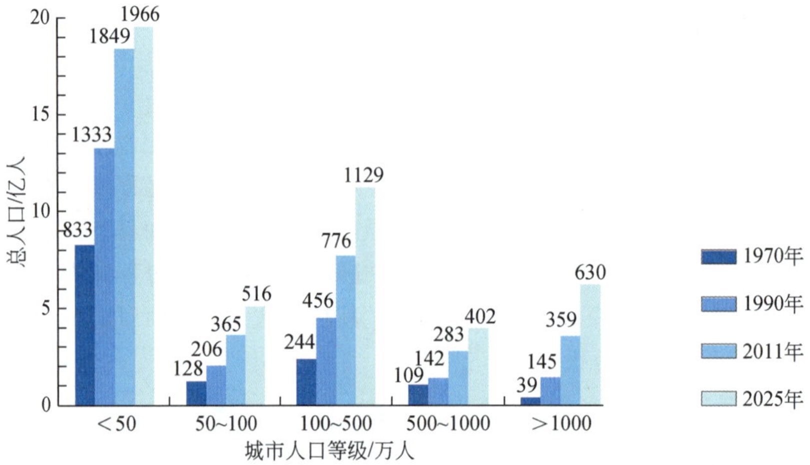

图 3.1　全球不同等级城市变化（1970 ～ 2025 年）

注：最小城市的总人口是指城市总人口与每个时间点上至少有 500 万人口的城市总和之差。

资料来源：联合国经济和社会事务部 / 人口司，《世界城市化前景》（World Urbanization Prospects）（2011 年修订本）

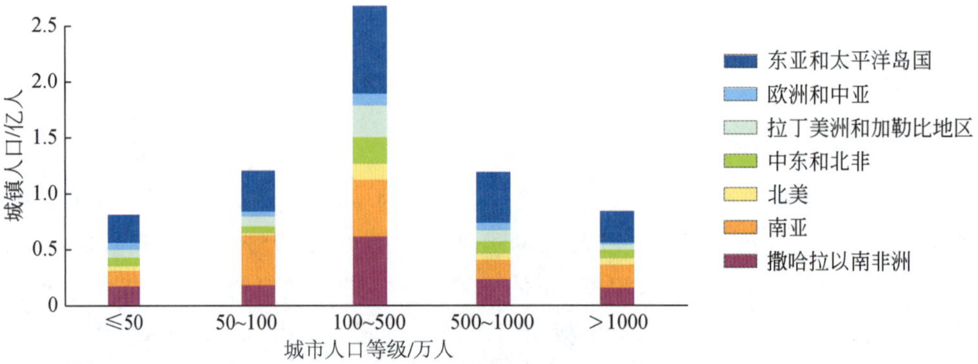

图 3.2　100 万～ 500 万城市占主导地位

资料来源：World Resources Institute，2017 World resources report：Towards a more equal city

3. 亚洲城市化占重要地位

从世界范围看，各国城市化水平仍有很大的变化。北美洲的城市化水平最高，达 80% 以上。拉丁美洲和加勒比地区，城市化水平居第二，达到 79.5%。欧洲和大洋洲，城市化水平分别达到 73% 和 70.8%。与之形成鲜明对比的是，非洲和亚洲城市化水平仅仅达到 40% 和 47.5%（图 3.3），一大半人口还居住在农村地区（表 3.1）。

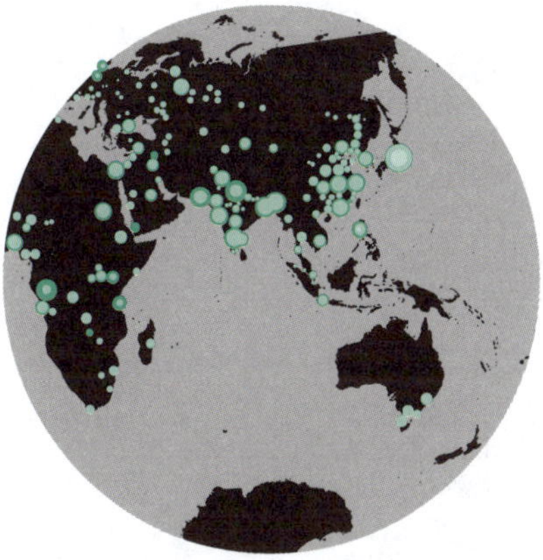

(a) 东半球不同等级城市变化(1970~2025年)

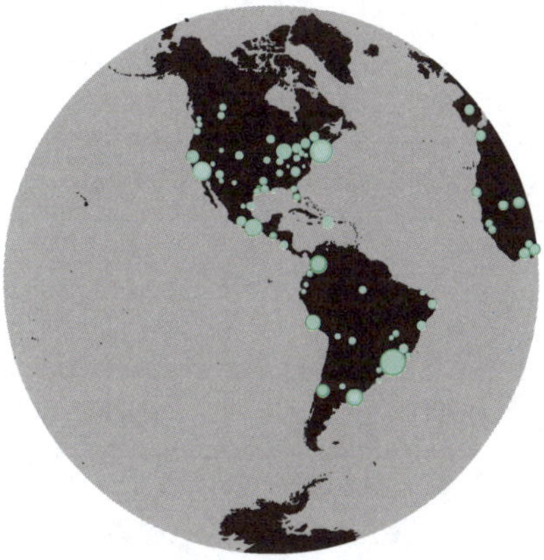

(b) 西半球不同等级城市变化(1970~2025年)

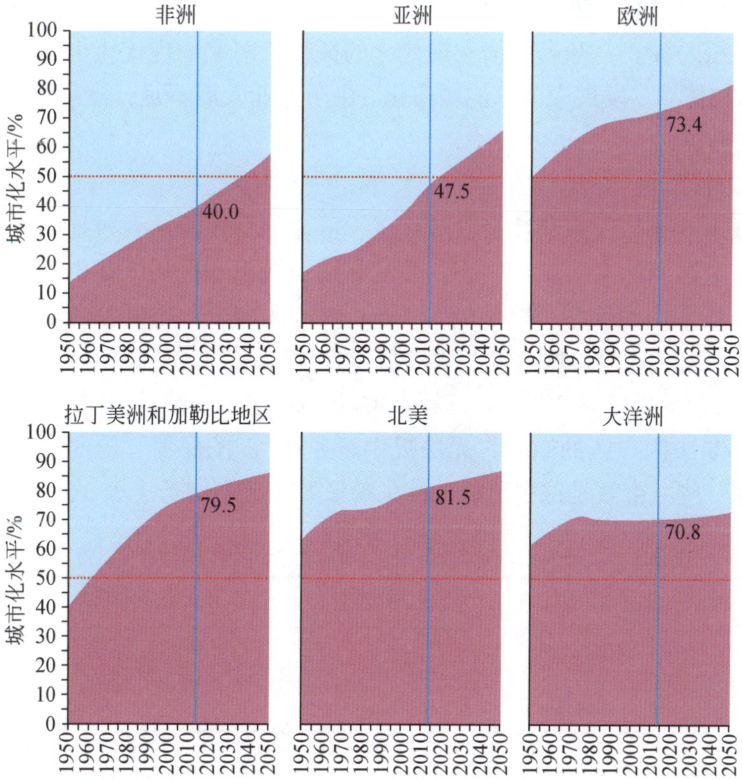

图 3.3　世界大区城市变化

资料来源：联合国经济和社会事务部 / 人口司，《世界城市化前景》（World Urbanization Prospects）（2011 年修订本）

表 3.1 世界各大洲城市人口比重

地区	1950 年	2011 年	2050 年
非洲	4.0%	11.0%	20.0%
亚洲	33.0%	52.0%	53.0%
欧洲	38.0%	15.0%	9.0%
拉丁美洲和加勒比地区	9.0%	13.0%	10.0%
北美	15.0%	8.0%	6.0%
大洋洲	1.0%	1.0%	1.0%
世界	100.0%	100.0%	100.0%

资料来源：联合国人居署，2011 报告。

4. 发展中国家超前城市化

第二次世界大战后，世界政治格局发生了很大的变化，亚非拉地区原先属于欧洲国家的殖民地纷纷独立，开启了国家现代化的征程。国家的现代化也促进了这些国家的城市化。从整体看，发展中国家的城市化，由于产业发展不足，普遍表现出超前（过分）城市化的特征。

1）大城市移民化

由于大城市的基础设施和社会设施优越，巨大的移民潮从乡村地区和更传统的乡村城镇迁入每个国家的主要城市中心，尤其是国家首都和区域工业中心成为移民集聚的中心。桑托斯采用生物学“巨头畸形（macrocephalia）”的概念描述拉丁美洲等发展中国家大城市“巨头畸形城市症”，即：城市首位度高或首位城市规模巨大，出现“规模不经济”和首位城市的寄生性，且已经产生以下的问题：失控的城市蔓延，交通堵塞，失业、犯罪、非法棚户区的激增，无法提供服务等①。圣保罗、墨西哥城、布宜诺斯艾利斯和其他一些城市就是这里所说的巨头畸形城市典型例子（表 3.2）。

表 3.2 城市人口增长与移民比（20 世纪 50 年代至 60 年代）

城市	时期	总人口增长 / 万人	总人口增长中移民所占的百分比 /%
阿比让	1955 ~ 1963 年	12.9	76
孟买	1951 ~ 1961 年	120.7	52

① Santos, M. O espaço dividido: os dois circuitos da economia urbana dos países subdesenvolvidos. São Paulo: EDUSP, Coleção Milton Santos,2004:440.

续表

城市	时期	总人口增长 / 万人	总人口增长中移民所占的百分比 /%
雅加达	1961 ～ 1968 年	152.8	59
伊斯坦布尔	1950 ～ 1960 年	67.2	68
	1960 ～ 1965 年	42.8	65
拉各斯	1952 ～ 1962 年	39.3	75
内罗毕	1961 ～ 1969 年	16.2	50
圣保罗	1950 ～ 1960 年	216.3	72
	1960 ～ 1967 年	254.3	68
首尔	1955 ～ 1965 年	169.7	63

资料来源：世界银行，1972，城市化部门工作文件。

2）居住贫民窟化

大多数发展中国家城市，由于人口增长快，经济和产业发展慢，“非法棚户区（squatter）”或者“失控的城市外围聚落（uncontrolled peripheral settlement）”成为城市化的特征（表 3.3）。在拉丁美洲西班牙语称为聚居区（barrios，barriadas）、城郊棚户区（favelas）、单层简易房（ranchos）、殖民无产者聚居地（colonias proletarias），在北美洲，称为 bidonvilles 或 gourbivilles；在印度，称为棚户区（bustees）；在土耳其，称为格色空度区（gecekondu districts）；在马来西亚，称为卡姆棚（kampongs）；在菲律宾，称为邦巴容（barung-barongs）。前联合国官员耶佩莱兹（Juppenlatz，1970）曾描述了发展中国家城市化中的棚户区“过度的凄惨、污秽和贫穷……人性堕落、剥削、文盲、时疫、疾病”的景象。在这里，由于日益增长的非法棚户区，导致越来越多的人占地而居，抢夺土地，对财产权不尊重；在这里，社会混乱和紧张，行政管理不力或崩溃，缺乏基本的公共服务。

表 3.3　发展中国家城市贫民窟化

国家		城市	年份	城市人口 / 万人	失控的聚落	
					总人口 / 万人	占城市人口的比例 /%
非洲	塞内加尔	达喀尔	1969	50	15	30
	坦桑尼亚	达累斯萨拉姆	1967	27.3	9.8	36
	赞比亚	卢萨卡	1967	19.4	5.3	27
亚洲	中国	台北	1966	130	32.5	25
	印度	加尔各答	1961	670	222	33
	印度尼西亚	雅加达	1961	290.6	72.5	25

续表

<table>
<tr><th colspan="2" rowspan="2">国家</th><th rowspan="2">城市</th><th rowspan="2">年份</th><th rowspan="2">城市人口 / 万人</th><th colspan="2">失控的聚落</th></tr>
<tr><th>总人口 / 万人</th><th>占城市人口的比例 /%</th></tr>
<tr><td rowspan="5">亚洲</td><td>伊拉克</td><td>巴格达</td><td>1965</td><td>174.5</td><td>50</td><td>29</td></tr>
<tr><td>马来西亚</td><td>吉隆坡</td><td>1961</td><td>40</td><td>10</td><td>25</td></tr>
<tr><td>巴基斯坦</td><td>卡拉奇</td><td>1964</td><td>228</td><td>75.2</td><td>33</td></tr>
<tr><td>韩国</td><td>首尔</td><td>1970</td><td>44*</td><td>13.7*</td><td>30</td></tr>
<tr><td>新加坡</td><td>新加坡</td><td>1966</td><td>187</td><td>98</td><td>52</td></tr>
<tr><td rowspan="3">欧洲</td><td rowspan="3">土耳其</td><td rowspan="2">安卡拉</td><td>1965</td><td>97.9</td><td>46</td><td>47</td></tr>
<tr><td>1970</td><td>125</td><td>75</td><td>60</td></tr>
<tr><td>伊兹密尔</td><td>1970</td><td>64</td><td>41.6</td><td>65</td></tr>
<tr><td rowspan="15">美洲</td><td rowspan="4">巴西</td><td rowspan="3">里约热内卢</td><td>1947</td><td>205</td><td>40</td><td>20</td></tr>
<tr><td>1957</td><td>294</td><td>65</td><td>22</td></tr>
<tr><td>1961</td><td>332.6</td><td>90</td><td>27</td></tr>
<tr><td>巴西利亚</td><td>1962</td><td>14.8</td><td>6</td><td>41</td></tr>
<tr><td>智利</td><td>圣地亚哥</td><td>1964</td><td>218.4</td><td>54.6</td><td>25</td></tr>
<tr><td rowspan="2">哥伦比亚</td><td>卡利</td><td>1964</td><td>81.3</td><td>24.3</td><td>30</td></tr>
<tr><td>布韦那文图拉</td><td>1964</td><td>11.1</td><td>8.8</td><td>80</td></tr>
<tr><td rowspan="2">墨西哥</td><td rowspan="2">墨西哥城</td><td>1952</td><td>237.2</td><td>33</td><td>14</td></tr>
<tr><td>1966</td><td>328.7</td><td>150</td><td>46</td></tr>
<tr><td rowspan="3">秘鲁</td><td rowspan="3">利马</td><td>1957</td><td>126.1</td><td>11.4</td><td>9</td></tr>
<tr><td>1961</td><td>171.6</td><td>36</td><td>21</td></tr>
<tr><td>1969</td><td>280</td><td>100</td><td>36</td></tr>
<tr><td rowspan="3">委内瑞拉</td><td rowspan="2">加拉加斯</td><td>1961</td><td>133</td><td>28</td><td>21</td></tr>
<tr><td>1964</td><td>159</td><td>55.6</td><td>35</td></tr>
<tr><td>马拉开波</td><td>1966</td><td>55.9</td><td>28</td><td>50</td></tr>
</table>

* 住宅单元
资料来源：联合国秘书长报告，《住房、建设和规划：人类居住区的问题和优先权》，1970 年 8 月。

二、世界城市化趋势

1. 世界城市化向南方转移

根据联合国数据，到 2011 年，全世界有 10 万及以上人口的城市 4321 个（图 3.4）。到 2014 年世界城市化水平达到 54%。目前，有 59 个国家城市化水平已经超过 80%。人口 1000 万以上、城市化水平 90% 以上、可以称为城市化国家有比利时（98%）、日本（93%）、阿根廷（92%）和荷兰（90%）。世界上的大城市都集中在北半球，增长最快的城市群都位于亚洲和非洲。

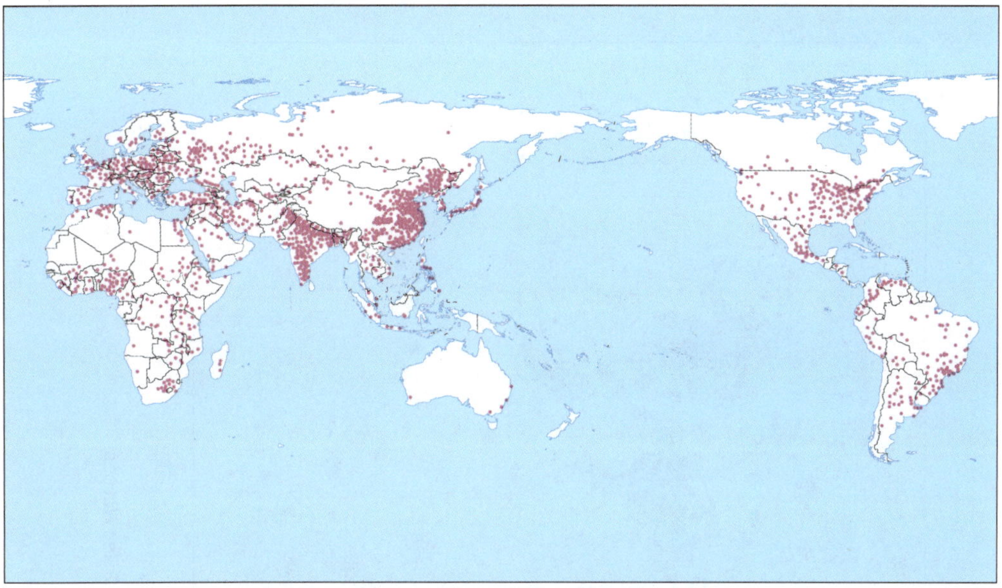

图 3.4　全世界有 10 万及以上人口的城市（2011 年）

2. 大城市持续巨型化

在 1990 年，世界特大城市 20 个，发展中国家占 14 个，而且新增的特大城市全都是在发展中国家（顾朝林等，1999）。1975 年发展中国家百万以上人口的城市有 110 个，到 1995 年增长到 250 个，2000 年增长到 292 个。根据联合国的最新统计，在中国，2014 年有 6 个巨型城市和 10 个 500 万～1000 万人口的城市（图 3.5）。1975 年，发达国家有百万以上人口的城市 85 个，1995 年增加到 114 个。到 2015 年，发达国家有 138 个城市人口超过百万，生活在百万以上城市的人口将从 1975 年的 23% 增加到 2015 年的 30%（图 3.6）。在印度，14% 的城市人口居住在德里、孟买和加尔各答这三个巨型城市中（Chaplin，2011）。2010 年，圣保罗和里约热内卢的人口占巴西全国人口比重达到 19%，全国 9 个区域经济政治中心城市为主体的城市群形成城市化主要动力（吴国平和武小琦，2014）。印度有 4 个 500 万～1000 万人口的城市，并且计划在未来几年成为巨型城市（阿默达巴德、班加罗尔、钦奈和海德拉巴）。伦敦在 2014 年年底人口超越了 1939 年的峰值达 862 万，而通勤范围人口更超过 1000 万。在美国，1950 年 500 万人以上大城市的人口占全国人口的 12.2%，2010 年是 24.6%；纽约在 1950 年人口达到 789 万人，到 2000 年进一步增长至 801 万人。在日本，东京、大阪、名古屋三大都市圈人口的全国占比，1884 年是 23.9%，1973 年是 47.3%；东京 1965 年都区人口 889 万人，通过疏解东京城市功能的首都圈治理计划建设多摩田园都市、多摩新城、港北新城、千叶新城和筑波学园都市等新城，制造业也进行外迁，到 1995 年东京都区人口降至 797 万人；进入 20 世纪 90 年代中后期东京人口郊区化走向终结，到 2014 年东京都区人口超过 1300 万，东京都市圈人口更高达 3800 万。

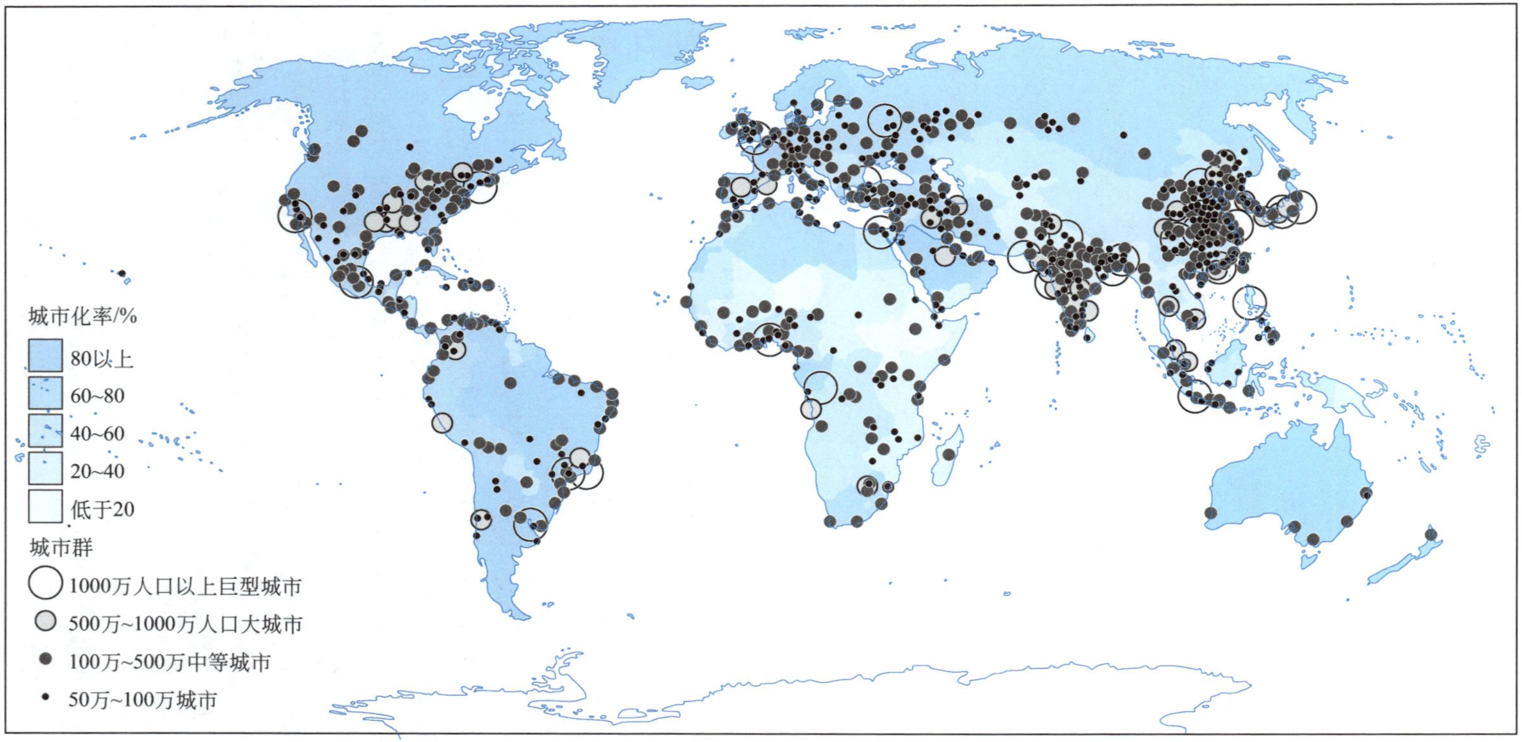

图 3.5　世界 50 万人以上城市和城市化水平分布

资料来源：World Urbanization Prospects，2014 revised. United Nations

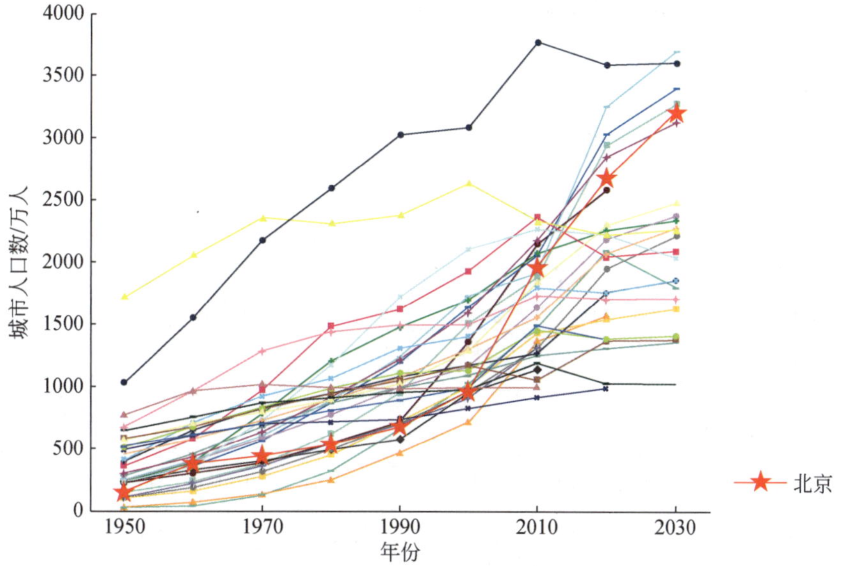

图 3.6　世界排名前 30 位的巨型城市人口增长（1950 ～ 2030 年）

第二节　城市化世纪景象

21 世纪以来，全球进入城市化新阶段。全球人口的城乡结构正在发生重大转变，即：人类历史上首次出现城市人口多于农村人口，城市化水平超过 50%。也就是说，全球的城市人口超过 32 亿。

一、发展中国家城市化成为主流

在 1950 ～ 2011 年，世界城市人口每年平均增长 2.6%，从 7.5 亿增加到 36 亿，增长近五倍；其中，在 1950 ～ 1975 年，发达国家城市人口年均增长 1.99%，1975 ～ 2000 年年均增长率降低为 0.83%。在 2011 ～ 2030 年，世界城市人口预计年均增长率为 1.7%，如果维持下去，预计 41 年城市人口翻一番；2030 ～ 2050 年，如果城市人口增长率进一步下降至每年 1.1%，预计 63 年再翻一番（图 3.7）。

1. 发展中国家城市化进程加快

在发展中国家，1975 年 100 万以上人口的城市只有 110 个，到 1995 年增长到 250 个，2000 年增长到 292 个；1990 ～ 2015 年间城镇人口规模增加两倍，城市扩张规模则平均增长了 3.5 倍。在发达国家，1975 年 100 万以上人口的城市有 85 个，1995 年增加到 114 个；城市人口仅增加 1.2 倍，土地扩张规模也只增加了 1.8 倍。与过去相比，

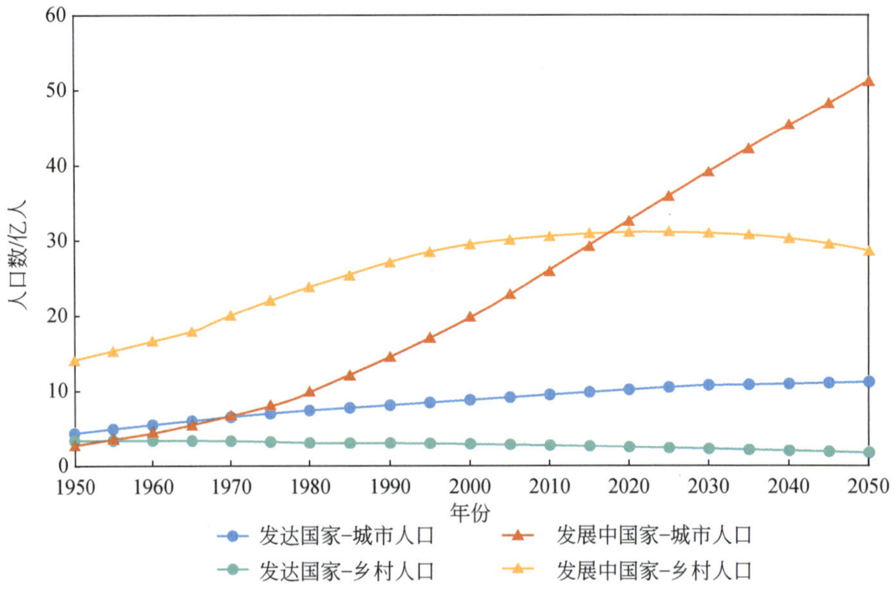

图 3.7 世界发达国家和发展中国家城乡人口发展趋势（1950 ～ 2050 年）

现在的城市化更多地发生在低收入国家（图 3.8），从图 3.9 不难看出，发展中国家城镇化过程在加快，发达国家的城镇化已经趋缓（图 3.9）。

2. 非洲和亚洲进入城市化时期

亚非城市增速最快，拉美城市增速放慢，而欧洲和北美城市早已过了增速高峰。麦肯锡咨询公司和联合国 2017 年研究成果的报告显示，发展中国家城市人口将在 2030 年达到世界城市人口的 80%，尤其是在非洲和亚洲城市人口将在 2000 ～ 2030 年间翻一番（图 3.10）。

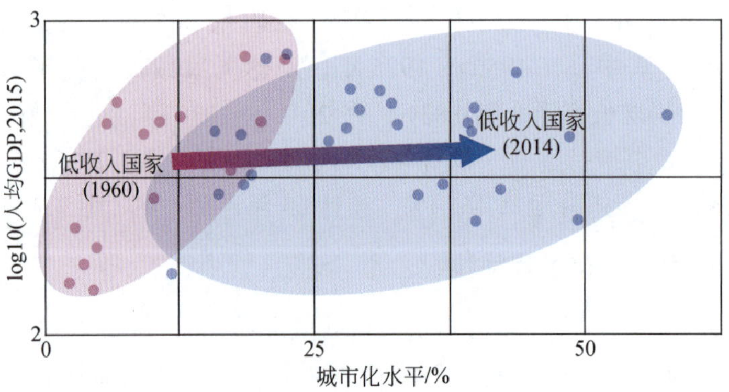

图 3.8 低收入国家的城市化进程加快

资料来源：World Resources Institute，2017 World resources report：Towards a more equal city

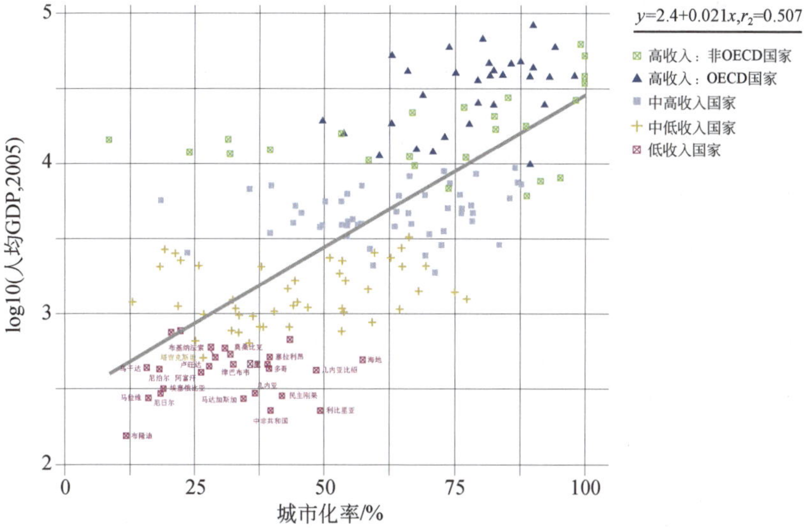

图 3.9　中低等收入国家城市化水平加快（2014）

资料来源：World Resources Institute，2017 World resources report：Towards a more equal city

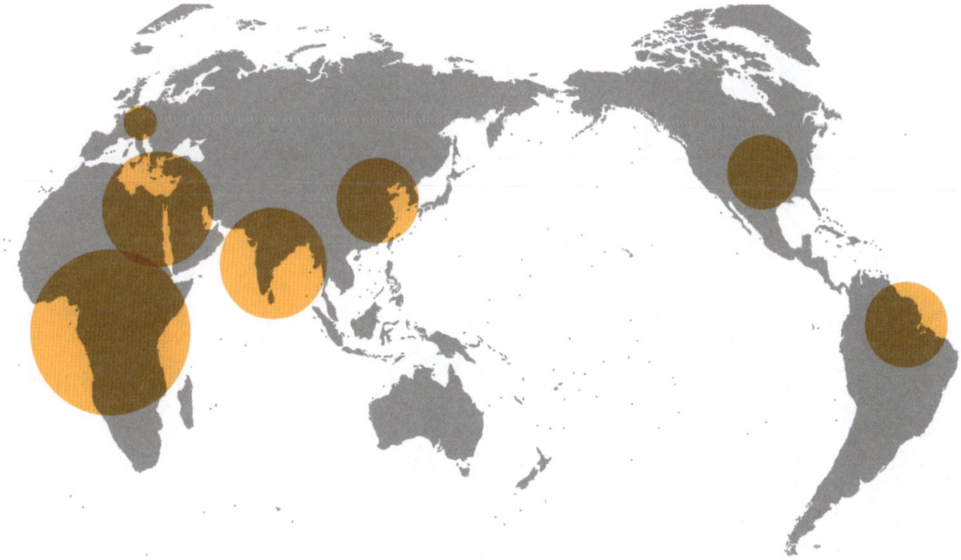

图 3.10　撒哈拉非洲、南亚和东南亚成为城市化增长最快的地区

资料来源：World Resources Institute，2017 World resources report：Towards a more equal city

3. 新兴国家构成未来世界的“增长型经济体”

新兴国家的城市居民与农村居民之比预计将从目前的 50% 上升到 2050 年的 63%。到 2050 年，约有 50 亿人口（占全球人口的一半以上）将生活在新兴国家的城市中，创造全球一半以上的国内生产总值。到 2050 年时，“金砖四国”的经济总量可能将超过七国集团的经济总量，而且这四个国家将与美国一道，成为世界上最大的五个经济体。“新钻 11 国”（Next Eleven）或“N-11”同“金砖四国”具有同样的发展潜力，这 15 个国家将成为推动世界经济前进的最大动力（表 3.4）。

表 3.4　增长型经济体的城市化（2018 年）

	GDP/ 美元	总人口 / 人	城市化水平 /%
美国	2.05443×10^{13}	326687501	82.256
中国	1.36082×10^{13}	1392730000	59.152
印度	2.71873×10^{12}	1352617328	34.03
俄罗斯	1.65755×10^{12}	144478050	74.433
巴西	1.86863×10^{12}	209469333	86.569
韩国	1.61942×10^{12}	51606633	81.459
印度尼西亚	1.04217×10^{12}	267663435	55.325
墨西哥	1.2207×10^{12}	126190788	80.156
土耳其	4.07611×10^{10}	82319724	75.143
沙特阿拉伯	7.86522×10^{11}	33699947	83.844
伊朗	4.54013×10^{11}（2017）	81800269	74.898
尼日利亚	3.9727×10^{11}	195874740	50.344
菲律宾	3.3091×10^{11}	106651922	46.907
世界	8.59106×10^{13}	7594270356	55.271

资料来源：世界银行。

二、大国城镇化过程异彩纷呈

1. 中印两国将完成城镇化过程

以中国、印度为主的亚洲快速城镇化，无论是城镇人口还是城市数量都出现了史无前例的增长（图 3.11），2014 ～ 2050 年，印度预计增加 4.04 亿城市人口、中国预计增加 2.92 亿城市人口。非洲随着社会安定和经济发展，城市化进程也今非昔比，预计在 2020 ～ 2050 年间将成为全球城镇化速度最快的区域，仅尼日利亚就将增加 2.12 亿城市人口。在拉丁美洲和加勒比地区，过去 60 年城镇化水平总体下降平稳。另外，其他七个国家将预期增长 5 亿城市人口，他们是：刚果民主共和国、埃塞俄比亚、坦桑尼亚、孟加拉国、印度尼西亚、巴基斯坦和美国，其中除了美国以外其他均为发展中国家。根据预测，到 2025 年发展中国家的城市人口将占总人口的 54%，城市人口数量超过发达国家。

2. 美国、日本、中国迎来都市区二次繁荣

进入 21 世纪以来，国际经济竞争已演变为都市圈为主体的竞争，国内经济发展已升级为城市群为主体的发展。2000 年，美国人口普查局重新定义了基于中央核的

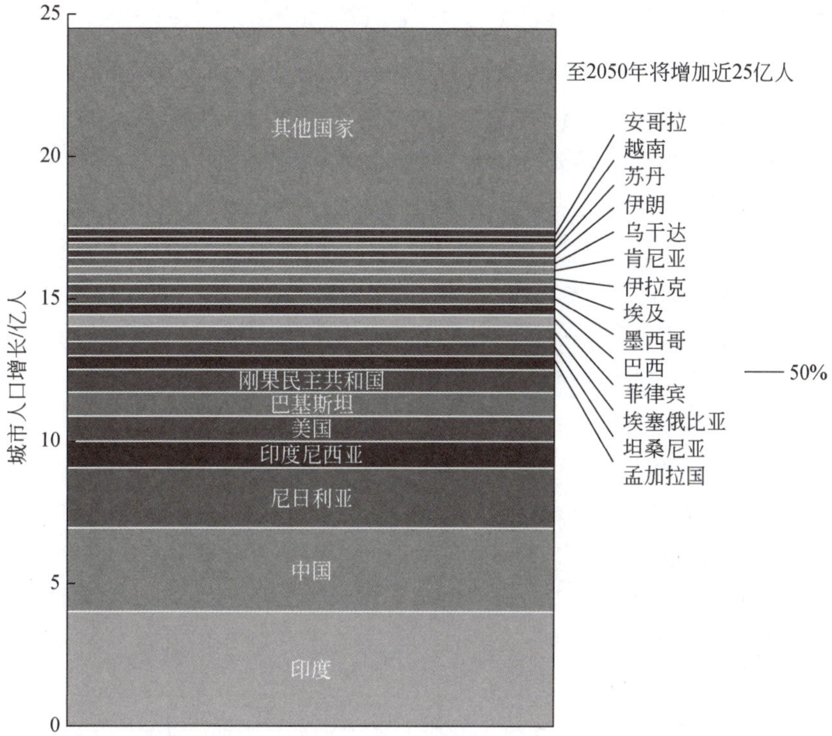

图 3.11　世界各国城市化水平变化（1950 ～ 2050 年）

资料来源：World Urbanization Prospects，2014 revised. United Nations

统计区域（core based statistic area，CBSA）的界定指标体系，即：每个 CBSA 至少有一个不少于 5 万人的城市化地区（urbanized area）或不少于 1 万人的城市集群（urban cluster），并明确了两类 CBSAs，即：大都市统计区（metropolitan statistical area）和小都市区统计区（micropolitan statistical area）。在日本，东京、阪神、名古屋三大都市圈贡献了日本 70% 的 GDP。按照日本法律，东京圈是指《首都圈整备法》规定的一都（东京都）和其他 6 县，以东京都为中心，通勤距离 50 ～ 70km 的范围。东京都市圈总面积 1.34 万 km^2，占全国面积的 3.5%；人口则多达 4000 多万人，占全国人口的三分之一以上；GDP 更是占到日本全国的一半。城市化水平达到 90% 以上。东京都市圈绝大部分的客运依赖轨道交通。在中国，城市群和都市圈的概念日渐成熟，发展都市圈不仅成为解决大城市病的重要途径，而且更是发挥虹吸效应，吸引资金、人才和产业集聚，带动区域经济整体高速发展的重要引擎。

三、世界城市化地区趋向空间集聚

发达国家的历史经验来看，在工业化和城市化快速发展的阶段，人口不断向大城市集聚。从世界范围来看这种趋势从未停止，特大城市的数量和规模将不断增长，小城市的比重则逐渐降低。

1. 世界人口向巨型城市集中

1970～2011年，生活在巨型城市的人数已经增加了近10倍，从3950万增加到3.594亿人。近年来，全球化的发展促进了信息和资本的流动，城市规模不断扩大，甚至出现了超大规模的巨型城市。1950～2015年，生活在1000万以上规模城市的人口占全球城市人口的比重从3.2%提高到11.9%，生活在100万～500万、50万～100万规模城市的人口所占比重分别提高了3.9%和0.6%，而生活在50万以下规模城市的人口所占比重则下降了7.0%。从城市数量看，1950年全球人口超过500万的特大城市仅有7个，1970年人口规模超过1000万以上的巨型城市只有2个：东京和纽约，到2011年已有将近1/8城市人口在28个1000万人口甚至更大的巨型城市中生活（图3.12），但到2015年1000万以上人口的巨型城市已经增加到73个，其中亚洲有13个巨型城市，拉丁美洲有4个，非洲、欧洲和北美洲各有2个。2015年，第一大巨型城市是日本东京，3720万人口；第二大巨型城市是印度德里，2570万人口；接下来依次是：中国上海，2415万人；巴西圣保罗、印度孟买、墨西哥的墨西哥城和美国纽约－纽瓦克（New York-Newark）地区，中国北京；小于2000万的巨型城市分布在非洲和欧洲，它们是尼日利亚的拉各斯和埃及的开罗（均有1100万人），俄罗斯的莫斯科（1160万）和法国的巴黎（1060万）。中国城市发展的趋势也是如此。1990～2000年，城区常住人口在500万以上的特大城市（含超大城市）数量从2个增加到16个。2009～2014年，中国35个一二线城市的人口共增加了3778万，其中前15个大城市增加了3010万人，约占80%。值得注意的是，近年来，法国、日本和美国等发达国家，以及俄罗斯巨型城市的人口增长率最低，拉丁美洲四个巨型城市的人口增长率开始下降。

2. 巨型区成为经济和人口发展枢纽

随着互联网和快速公交系统的发展，人口、商品和信息流动的成本也越来越低。这些空间单元的特点是以大城市为中心的都市区域，大都市区域的深度重叠将空间聚类演化为新的空间形式，空间内部关系紧密，子空间存在很强的相互作用。这种以大城市为中心、有不同的大都市区嵌套的城市化地区被称为巨型区。联合国人居署《世界城市状况报告（2010）》是这样描述的：这类空间绵延甚至跨国数百公里，拥有超过1亿人口。巨大而相关的环境、文化、基础设施和功能网络系统将各个大都市区联结在一起。这种新的空间组织的动力主要来自经济全球化，通过人才、生产、创新和市场的流动和网络组织功能，并最终成为一个新的巨大的经济体。2005年，美国区域规划协会编制的《美国2050》也提出了“超大都市连绵区”的概念，后更名为“巨型区”，该区域包括东北海岸、中西部地区等10个巨型区域（顾朝林，2009）。联合国文件确认目前世界最大的巨型区是中国的香港－深圳－广州地区，拥有约1.2亿人口，其他还有巴西的里约热内卢－圣保罗地区、连接印度孟买和德里的工业走廊等城市走廊，以及形成西非伊巴丹－拉各斯－阿克拉城市走廊。佛罗里达（Florida）以全球夜间照明的明亮度为基准，辅以GDP、人口、专利研发产出和高引用作者等4个指标得出光

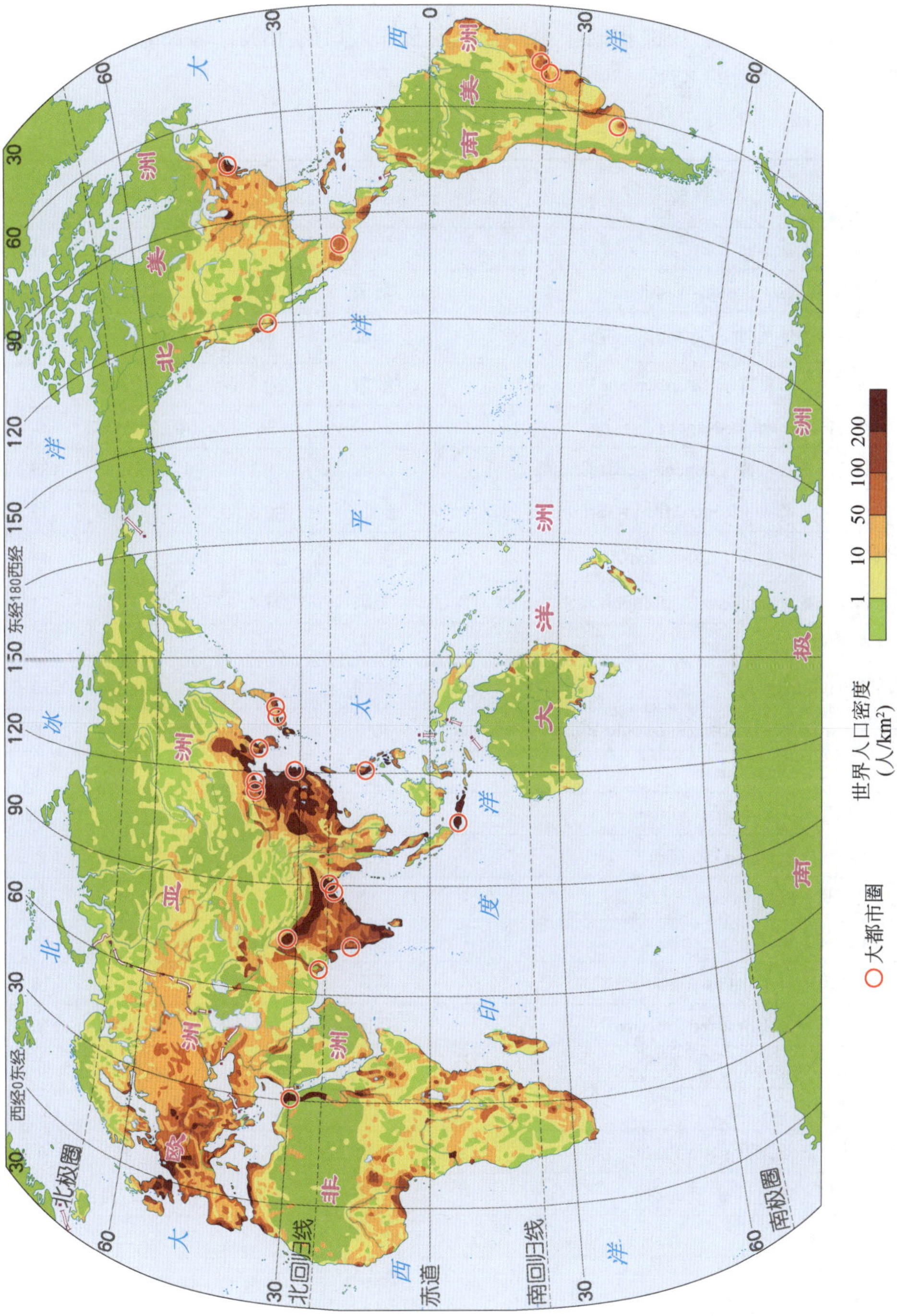

图 3.12　世界人口密度及大都市圈分布

资料来源：www.cartograf.fr

基础区域产值（light — based regional product，LRP），根据戈尔登（Gulden）的定义，①必须是灯光连续不断的地区，其中至少有一个大城市中心和大都市区；② LRP 必须超过 1000 亿美元。马鲁尔（Marul）确定了全球经济的 40 个巨型区（表 3.5）。这 40 个巨型区仅占地球可居住面积的一小部分，占全球人口的 18%，却拥有经济活动的 66%、技术和科学创新的 85%。

表 3.5　全球经济的 40 个巨型区

序号	巨型区	地区	人口 / 百万	人口排名	专利数	高引用作者
1	大东京地区（Greater Tokyo）	日本	55.1	4	91280	11
2	波士顿 - 华盛顿（Boston-Washington）	美国	54.3	5	21307	293
3	芝加哥 - 匹茨堡（Chicago-Pittsburgh）	美国	46	9	17686	67
4	阿姆斯特丹 - 布鲁塞尔（Amsterdam-Brussels）	欧盟	59.3	3	6985	29
5	大阪 - 名古屋（Osaka-Nagoya）	日本	36	14	15897	9
6	伦敦 - 利兹 - 切斯特（London-Leeds-Chester）	英国	50.1	6	3315	89
7	罗马 - 米兰 - 都灵（Roma-Milano-Turin）	意大利	48.3	7	4000	12
8	查尔斯顿 - 亚特兰大（Charleston-Atlanta）	美国	22.4	18	4188	49
9	南加利福尼亚（Southern California）	美国	21.4	22	6902	74
10	法兰克福（Frankfurt-Gart）	德国	23.1	17	3199	39
11	里昂（Barce-Lyon）	法国	25	16	1896	10
12	多伦多 - 布法罗 - 罗切斯特（Toronto-Buffalo-Rochester）	北美	22.1	19	3402	56
13	首尔 - 釜山（Seoul-Busan）	韩国	46.1	8	21833	0
14	北加利福尼亚（Northern California）	美国	12.8	28	11567	108
15	南佛罗里达（Southern Florida）	美国	15.1	25	2693	8
16	福冈 - 九州（Fuku-kyushu）	日本	18.5	24	1965	9
17	巴黎（Paris）	法国	14.7	26	9007	16
18	达拉斯 - 奥斯汀（Dallas-Austin）	美国	10.4	30	3149	16
19	休斯敦 - 奥尔良（Houston-Orleans）	美国	9.7	32	2724	30
20	墨西哥市（Mexico City）	墨西哥	45.5	10	91	0
21	卡斯卡迪亚（Cascadia）	美国	8.9	33	3179	33
22	里约热内卢 - 圣保罗（Rio-Paulo）	巴西	43.4	12	457	0
23	香港 - 深圳（Hongkong-Shenzhen）	中国	44.9	11	2231	1
24	札幌（Sapporo）	日本	4.3	37	232	0
25	维也纳（Vienna）	奥地利	21.8	21	1365	1
26	特拉维夫 - 安曼 - 贝鲁特（Tel Aviv-Amman-Beirut）	地中海东岸	30.9	15	377	8
27	布拉格（Prague）	捷克	10.4	29	3400	2

续表

序号	巨型区	地区	人口/百万	人口排名	专利数	高引用作者
28	布宜诺斯艾利斯（Buenos Aires）	阿根廷	14	27	95	0
29	丹佛 - 博尔德（Denver-Boulder）	美国	3.7	40	1921	11
30	凤凰城 - 图森（Phoenix-Tucson）	美国	4.7	36	1652	6
31	上海（Shanghai）	中国	66.4	2	988	0
32	台北（Taipei）	中国	21.8	20	5000	1
33	里斯本（Lisbon）	葡萄牙	9.9	31	44	1
34	北京（Beijing）	中国	43.1	13	1582	0
35	德里 - 拉合尔（Delhi-Lahore）	印度 - 巴基斯坦	121.6	1	160	0
36	格拉斯哥 - 爱丁堡（Glasgow-Edinburgh）	英国	3.8	39	643	9
37	柏林（Berlin）	德国	4.1	38	9998	7
38	新加坡（Singapore）	新加坡	6.1	34	170	1
39	马德里（Madrid）	西班牙	5.9	35	849	1
40	曼谷（Bangkok）	泰国	19.2	23	58	0

资料来源：Richard Florida. The Rise of the Mega-Region.2007；Joan Marull. Emerging megaregions：A new spatial scale to explore urban sustainability. Land Use Policy.2013

3. 欧盟 8 个巨型城市化空间

2006 年霍尔曾经研究 21 世纪欧洲出现的 8 个多中心大城市地区。彼得•霍尔（Peter Hall）和凯西•佩因（Kathy Pain）分析了欧盟国家城镇人口和 GDP 的 70% 以上欧盟 8 个巨型城市化空间：东南英格兰地区、荷兰的兰斯塔德地区、比利时中部地区、莱茵 - 鲁尔地区、莱茵 - 梅尔地区、北瑞士地区、大巴黎地区和大都柏林地区（图 3.13）。它们的总人口约为 7200 万，占欧盟总人口的 14.4%，其 GDP 占欧盟国家的 50%。

4. 西太平洋巨型发展带或将出现

进入 21 世纪，在亚洲和拉丁美洲，东亚和东南亚出现了繁荣的、相互连接的城市带，如由高速公路连接的菲律宾的马尼拉 - 宿务城市带、韩国的首尔 - 釜山城市带、印度尼西亚的雅加达 - 苏腊巴亚，泰国的曼谷 - 清迈、中国的长江三角洲、珠江三角洲和环渤海城市带等。日本首都东京圈是世界上人口最多的城市群，其中不仅包括东京，还包括 87 个周边的城市，人口超出了阿尔及利亚、加拿大或乌干达的全国总人口。特别值得注意的是，亚太地区既成为全球经济的重心地带，也是全球城市建设快速发展的瞩目区域。日本的磁悬浮高铁线，在 2027 年连接东京和名古屋，计划 2045 年延伸到大阪，最高时速超过 500km，建成后东京到大阪只需要 1 小时左右，将可能极大的改变日本的国土空间，形成超过 7300 万人的日本岛超级大都市圈联结带。中国实施沿

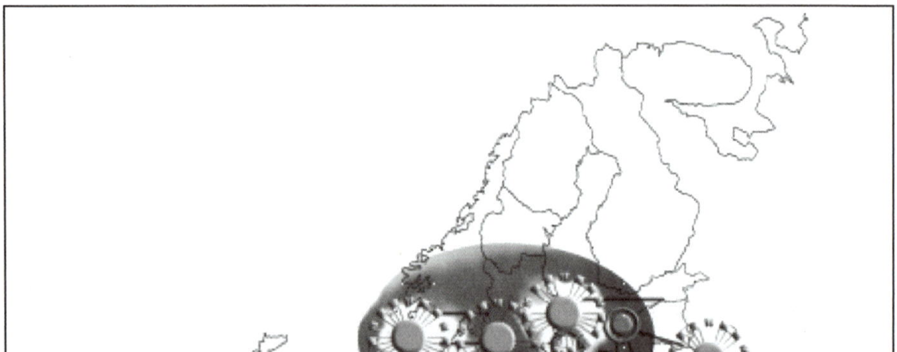

图 3.13 欧洲的巨型区

海发展战略，近期推出京津冀城市群、长江三角洲一体化发展和粤港澳大湾区发展策略。在不久的将来，联结东（京、大）阪—福（冈）九（州）—首（尔）釜（山）—辽中南—京津冀—山东半岛巨型城市带—长江三角洲城市群－海峡两岸—珠江三角洲城市群—东盟城市带（吉隆坡－新加坡、雅加达－苏腊巴亚、马尼拉－宿务、曼谷－清迈等）的太平洋西岸巨型发展带将成为全球经济和城市最有活力的地区（图 3.14）。

四、气候变化将对世界城市化产生影响

中美两国都是世界最大的能源使用和 CO_2 排放国家。从 1992 ～ 2012 年，美国的工业用电量已经连续 20 年徘徊在 10000 亿 kW · h 附近，而在此期间中国的工业用电量则扩张了大约 6 倍，达到 2012 年的 36060 亿 kW · h。2011 年，中国的工业用电量为 34630 亿 kW · h，美国是 9760 亿 kW · h，中国是美国的 3.55 倍。2014 年 3 月政府间气候变化委员会（IPCC）第五次评估报告指出：人类活动正影响着气候，并造成不

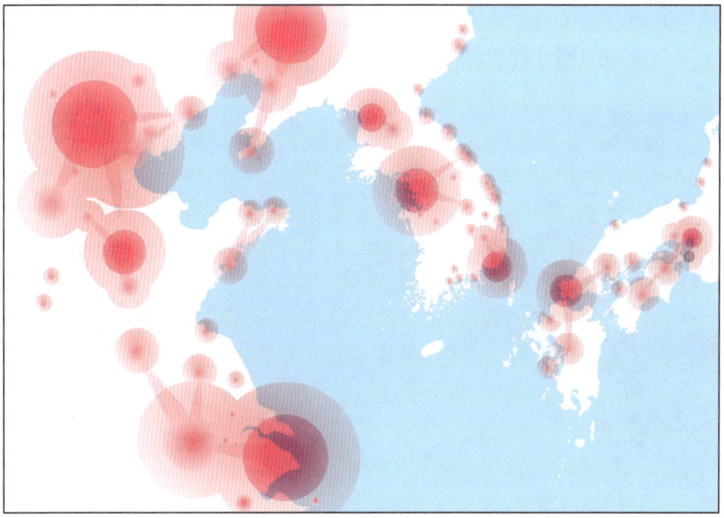

图 3.14　西太平洋巨型发展带（东北亚段）

断增长的气候脆弱性及危机，全球气候变暖对人类产生了极其深远的影响。未来全球气候变化对城市的影响主要包括变暖、极端高温及降水、干旱、破坏性气旋、洪水、海平面上升等，造成的这些变化进而影响城市沿海生态系统、基础设施、水资源安全、人类健康及财产安全等（图 3.15）。尤其河口地区是遭受气候变化影响最为严重的区域之一。而全球超过 60% 的人口，以及 2/3 人口超过 160 万的大中型城市均坐落在河口及海岸带区域，密集的人口、高速发展的城市经济、复杂的生态环境系统使得河口城市成为气候变化最为敏感的区域。伦敦、纽约、东京、上海、香港等是世界著名大都市，在社会、经济、文化、

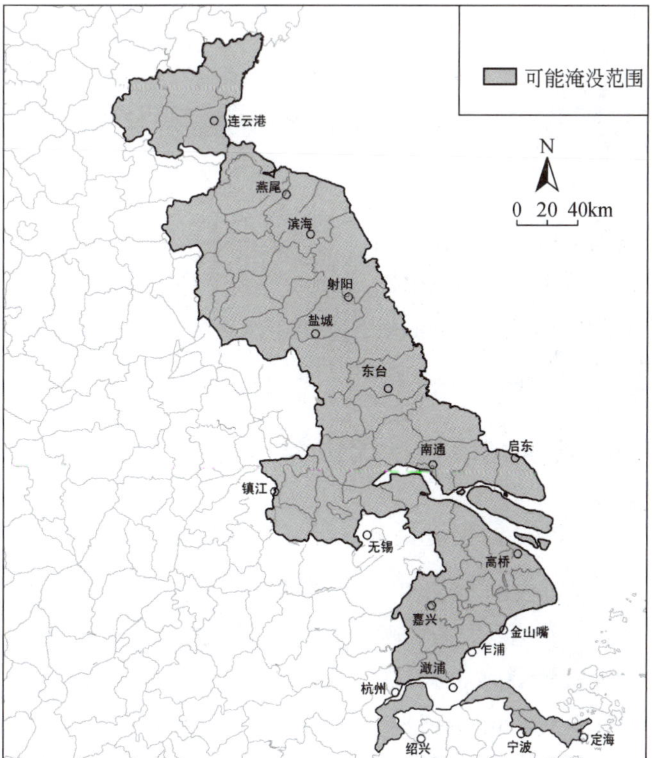

图 3.15　长江三角洲因气候变化、海平面上升可能影响的地区

政治方面拥有较高的影响力，同时也均坐落于河口区域，受高温、洪涝、风暴潮及海平面上升等众多气候变化因素影响（图 3.16）。

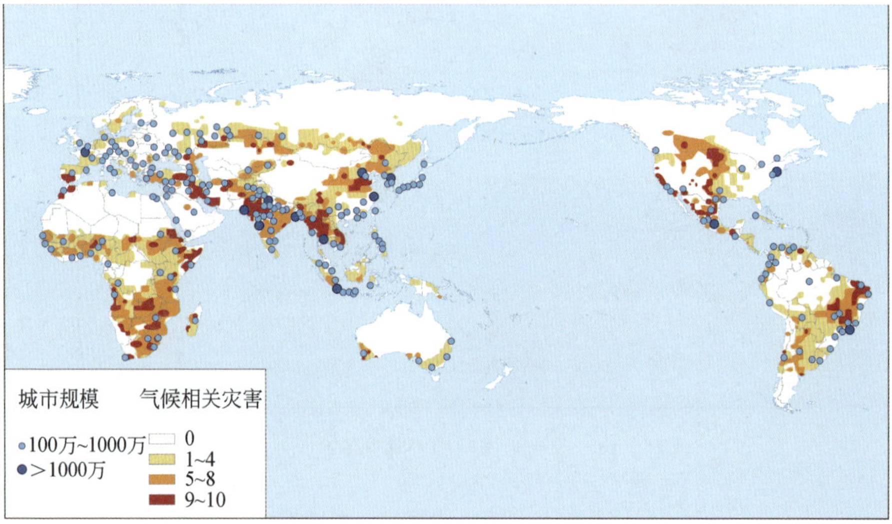

图 3.16　城市与气候相关灾害的关系

资料来源：de Sherbinin et al.，2007

第三节　美中主导下的城镇化竞技场

21 世纪是城市时代，美国是城镇化国家，美国城镇化仍然处于十分有利的竞争地位。中国是发展中国家，也将完成从农业国家向工业化、城镇化国家的转型。可以说，这个世纪的世界城镇化，除了主流在发展中国家的趋势不会变化外，美国和中国在引领世界城镇化的过程中将发挥关键和核心的作用。

一、美国城镇化持续优势

1.11 个巨型区是全球经济和城镇化的发动机

在过去的 60 年中，美国的经济和人口进一步集聚。经济全球化也对美国的城镇化空间产生巨大的影响。目前，东北海岸、中西部地区、加利福尼亚州南部、墨西哥湾等 11 个区域，人口约 1.97 亿，占美国总人口的 68%，聚集了 80% 百万以上人口的大城市（Lang and Dhavale，2005），集中了全国 85% 以上的 GDP（托多罗维奇等，2009）。美国区域规划联合会（Regional Planning Association，RPA）从环境系统与地势、设施系统、经济联系、居住格局与土地利用，以及文化历史共享等角度，基于人口和就业等描述性分析，建立了一个评分系统，包括 5 个等权变量，通过评分加总进行排序，确定美国有 11 个巨型区（表 3.6，图 3.17）。由于巨型区的面积在不停地增长，它可以容纳更广泛的集聚经济和地理环境类型，这种多样的集聚经济形式从以专业化、先进的企业服务为特色的高度集聚经济形式到以郊区办公园区和地区劳动密集型低收入制造业为特点。据表 3.6 数据显示，美国的大纽约区、大洛杉矶区和五大湖地区贡献了美国的 67% 的 GDP。也就是说，以纽约为中心的东北部地区和以洛杉矶为中心的南加利福尼亚州地区，都成为全球最重要的巨型区。

表 3.6　美国 11 个巨型区域经济指标

序号	巨型区	人口占全国比重 /%	GDP 占全国比重 /%
1	亚利桑那州太阳走廊	2	2
2	卡斯卡迪亚地区	3	3
3	佛罗里达地区	6	5
4	弗兰特山脉地区	2	2
5	五大湖地区	18	17
6	墨西哥湾地区	4	4
7	东北部地区	17	20
8	北加利福尼亚州地区	5	5
9	皮埃蒙特大西洋城市带	6	4
10	南加利福尼亚州地区	8	7
11	得克萨斯地区	6	7
占美国比重		77	77

资料来源：① Hagler Y. 2009.Defining US megaregions. America 2050；②网络数据，人口为 2010 年数据，GDP 为 2005 年数据。

这里以加利福尼亚州北部的旧金山海湾区为例，该湾区由 9 个县和 100 多个城市组成，2017 年，湾区人口达到 884 万，占全美 2.7%；GDP 总量 8780 亿美元，占全美 4.5%，高于瑞典全国 GDP，成为全美第五大经济区。世界 500 强公司中有 30 家总部坐落于此，其中包括谷歌、苹果等科技巨头，数量仅次于纽约。还有 34 所公立大学，49 所私立大学，5 个国家级研究实验室，是名副其实的科教创新重地。事实上，旧金山湾区，不仅有南湾硅谷高科技产业，还有旅游、商业和金融业。在东湾，以重工业，金属加工和船运为核心；在北湾，葡萄酒业发展良好；连接旧金山市和南湾的半岛，地产业发达。

按目前全球 GDP 的增长趋势，纽约有望保持世界城市第二的位置，仅次于东京。纽约和洛杉矶预计到 2025 年将达到 2.1% 的 GDP 复合年均增长率。预计北京和上海的 GDP 将在未来 15 年内超过美国第三大城市芝加哥。美国佛罗里达州的迈阿密可能退出全球 GDP 排名前 30 名的位置。加利福尼亚州圣克拉拉县首府圣何塞市，1950 ～ 2017 的 67 年间，人口从 9.5 万人增至 103.5 万人，一跃成为湾区第一大城市。再如得克萨斯三角巨型区，在空间上由达拉斯 - 沃斯堡、奥斯汀、圣安东尼奥和休斯敦四个大都市区组成。得克萨斯三角巨型区的每一个大都市区都包含多个出口行业，如奥斯汀是得克萨斯州州政府所在地，且是高技术公司集聚地；达拉斯则承担着巨型区域的财政和就业中心的功能；休斯敦则是世界的能源首都；圣安东尼奥则扮演着区域旅游中心的角色。

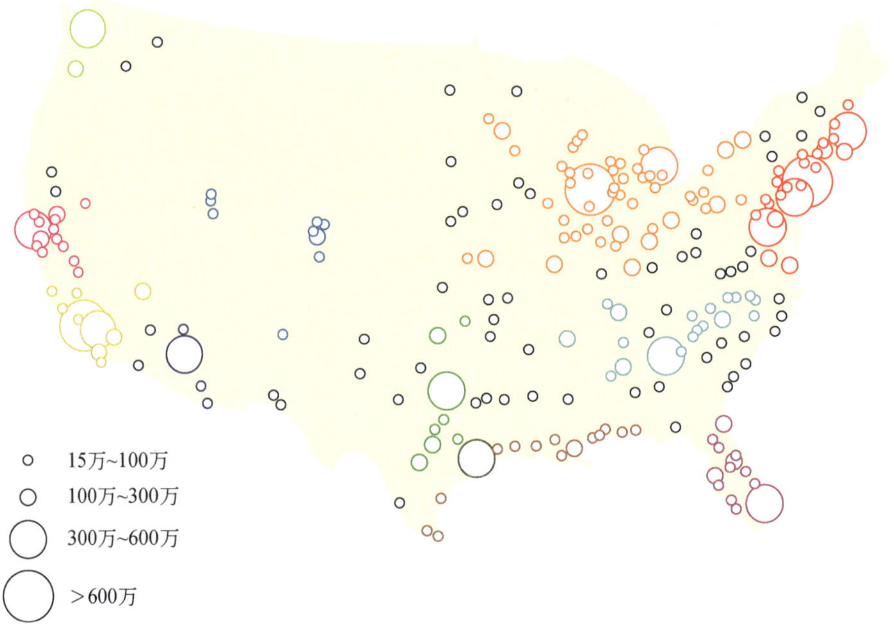

图 3.17　美国本土 11 个巨型城市化空间

2. 120 个大都市区在全球经济中具有核心地位

美国的都市区，在全球城市体系中具有重大的影响力。在 20 世纪五六十年代，美国进入了大都市时代，当时全国约有 120 个大都市区，其人口和 GDP 超过了 50%。根据麦肯锡研究报告，1978 ～ 2010 年，美国大都市区数量增加 256 个，GDP 绝对值增长了 8.2%，每个都市区 GDP 平均增长了 27.9%。此外，美国都市区 GDP 增长率至少比美国平均水平快 25%，人均 GDP 至少高出美国平均水平的 25%。例如，位于阳光地带的得克萨斯州的奥斯汀和达拉斯、北卡罗来纳州的罗利、犹他州的盐湖城等，通过建立强大的科研机构，增加高科技产业，使得本地的人均 GDP 和人口不断增加且显著高于全国平均水平。数据表明，GDP 快速增长的城市，人口增长明显更快，这些都市区的平均人口增长率为 2.5%，其他大城市仅 0.9%，达到了 2.5 倍之多。而那些美国增速最慢的城市，尽管人均 GDP 水平提高了，但其人口增长速度仅为平均水平的四分之一（图 3.18）。如果将 GDP 增长率高于美国平均水平 25% 的都市区称之“增长最快的城市群”，这组城市的平均增长率高出大城市平均水平的 45% 之多。

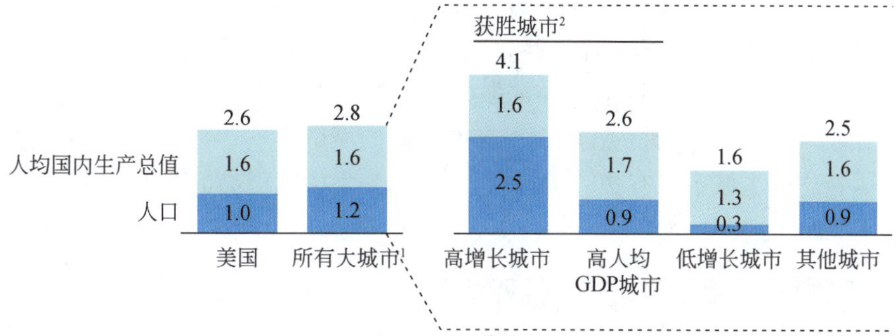

	美国	所有大城市	高增长城市	高人均GDP城市	低增长城市	其他城市
城市数量		256	47	13	14	182
GDP绝对增长(2010年，万亿美元)	8.2	7.1	2.4	1.6	0.6	2.5
单城市平均GDP增长(2010年，万亿美元)		27.9	52.5	123.8	40.4	13.7

图 3.18 美国城市 GDP 与人口增长（1978 ～ 2010 年）

注：1. 人口超过 15 万的美国大都市地区，不包括由于缺乏数据的波多黎各三个城市；2. 人均 GDP 增长率至少超过美国 GDP25% 的城市。

资料来源：穆迪分析报告，麦肯锡研究报告

3. 259 个大城市在全球城市体系影响巨大

美国大城市在全球城市体系中影响巨大。据麦肯锡研究报告，美国大城市在全球所有大城市贡献率达到 27%，中国大城市在全球城市经济中占比仅为 10%，西欧的大城市 GDP 约占全球 25% 左右。2010 年，西欧国内生产总值（市场汇率为 160000 亿美元）超过美国（147000 亿美元）9 个百分点。但美国大城市的 GDP 总值（123000 亿美元）超过欧洲大城市（101000 亿美元）的 20% 以上。居住在美国大城市的人口也比欧洲多 5%。1978 ～ 2010 年，美国 259 个大城市贡献了美国 GDP 的 85%，贡献了全球 GDP 的 20%。其中，最大的 30 个城市贡献了美国一半的生产总值。80% 的美国人住在大城市。美国大城市的人均 GDP 平均比小城市和农村地区高出 35%。因此，美国大城市不但有更高的人口比例，其居民也有更高的人均 GDP，这些都进一步促进了美国大城市拥有更大的经济影响力。预计到 2025 年，美国大城市 GDP 将增长近为 57000 亿美元，超过全球 GDP 增长率 10%。在此期间，仅美国前 30 名的城市就可能贡献全球 GDP 增长率的 7%。

4. 227 个充满活力的中等城市

美国不仅有世界著名的都市区和经济实力强劲的大城市，而且还拥有 227 个实力雄厚、人均GDP较高的中等城市①。这些中等城市，数量庞大、充满活力，拥有近70%的美国人口，70%以上的全国GDP，具有其他城市无法匹敌的对经济的支配能力。这些城市包括：芝加哥，占全国人口的3%；达拉斯－沃尔斯堡，占全国人口的2%；费城，占全国人口的1.9%；波士顿，约占全国人口的1.5%，以及底特律和旧金山－奥克兰。尽管最近亚洲（尤其是中国、韩国）的城市锋芒初露、引人注目，但是未来几十年里，美国中等城市仍会在全球经济发展中发挥举足轻重的作用。因为美国中等城市也是多元化的城市，竞争力异常强大。例如，康涅狄格州的哈特福德，是一个拥有120万人口的城市，也是美国人均GDP最高的城市之一；再如，南达科他州的苏福尔斯，尽管这个小城市只有20万居民，但它拥有集中度极高的金融机构和超出全美国平均水平35%的人均GDP。

5. 紧缩性城市更新和振兴取得可喜成绩

美国汽车城市底特律和钢铁城市匹兹堡，历史上都曾经是明星城市，但一度都由于产业老化成为紧缩性城市。

底特律紧邻五大湖区，美国东北最重要的交通枢纽，依靠当地丰富的铁矿砂资源和炼钢产业，发展著名的汽车工业。1896年，亨利·福特在底特律生产出世界上第一辆属于普通百姓的汽车T型车。到20世纪30年代，底特律的汽车产量占到美国的80%和世界的70%。20世纪50年代，底特律的人口也达到185万人，成为美国10座增长最快的城市。然而，20世纪70年代底特律汽车失去竞争力，开始走下坡路。1978～1982年，福特汽车每年销量下降约47%，许多工厂关闭。2008年金融危机，核心制造业的三大汽车公司裁员14万人。到2009年，底特律市失业率高达20%。2002～2012年，主体税种财产税和所得税的收入下降幅度分别为37%和17.6%。到2013年，底特律各项长短期债务总额超过180亿美元，不得不依照《破产法》向联邦破产法院申请破产保护。然而，2015年后，底特律开始重建，市中心北部的中城地区（midtown），许多艺术和文化机构以及韦恩州立大学位于这里，最近数十个新的混合用途开发项目吸引了城市新居民来这里安家置业。再往北的新中心地区（new center）也在如火如荼地开发。亨利·福特医院得到扩建，并新增了癌症中心，各种公寓楼也如雨后春笋般涌现。到2018年，底特律失业率已经下降到7.2%。

匹兹堡，作为“铁锈带”老钢铁工业城市，城市发展劣势突出：高税率、强大的工会、迅速增长的养老金债务、较差的公立学校以及老化的基础设施。到2010年，人口只剩下30万，不到1950年的一半。然而，在过去的10年中，这座废墟城市逐渐焕发生机。谷歌的旗帜飘扬在旧纳贝斯克工厂的上空，如今这座工厂成了600多名技术人员的办公室。翻新过的高地大厦（highland building）的两居室公寓的月租金是3000多美元。

①西欧同等级的城市只有183个。

拥有百年历史的前基督教青年会大楼拥有比其他 Ace 酒店还要酷的宴会厅。油气开采、机器人技术、医疗保健成为匹兹堡新发展主导产业。匹兹堡大学医学中心（University of Pittsburgh Medical Center，UPMC）已经成长为企业医疗保健巨头，孵化了生命科学研究和技术相关的新兴行业。卡内基梅隆大学（Carnegie Mellon University，CMU）的计算机科学系成为人工智能和机器人技术和自动驾驶汽车技术的全球领导者，西海岸的科技公司的谷歌、亚马逊、苹果、英特尔、迪士尼等世界 500 强公司在卡内基梅隆大学校园设立办事处挖掘人才。曾经穷困潦倒的商业区演变为“机器人街”（Robo Row），不仅 Uber 在此开设商店，而且还吸引许多机器人技术公司进驻。现在，科技工作者已占全市劳动力的四分之一，匹兹堡正在从衰败的钢铁之都转型为信息技术引领的高技术城市。

二、中国城镇化速度加快

改革开放以来，尤其最近 15 年，中国城镇化进入快速发展时期，无论在发展速度还是发展规模和城市建设对世界城市化都在产生越来越重大的影响。

1. 制造业引领城市经济发展

到目前为止，中国已经成为世界工业大国。在 500 多种工业产品中，中国有 220 余种产量位居世界前列。中国制造业，在广度上，拥有 39 个工业大类、191 个中类和 525 个小类，是全世界唯一拥有联合国产业分类中全部工业门类的国家，从而形成了一个举世无双、行业齐全的工业体系，能够生产从服装鞋袜到航空航天、从原料矿产到工业母机的一切工业产品，成为中国竞争力的重要源泉，也是进一步升级产业所必需的基础和动力；在高度上，中国的工业产品的质量和技术水平方面也在不断攀升，除全面占领中低端产业，也正在向高端产业发起冲击，在部分领域已经取得了世界领先的地位。巨大的制造业体系和全球生产链，可以持续引领城市经济发展。

2. 城市巨型经济体的形成

2019 年，中国城市（未包含港澳台）GDP 总量 30 强中，上海、北京、深圳和广州位列前四，重庆以 23605.77 亿元 GDP 紧跟其后。在 2005 ～ 2019 的 14 年间，武汉、南京、深圳、杭州、北京、宁波、苏州、广州、无锡、长沙、重庆、贵阳、南宁、西安、厦门、上海经济增长迅速，GDP 总量至少翻了两番（表 3.7）。深圳人均 GDP 已经接近 3 万美元，无锡、苏州、南京、珠海、鄂尔多斯人均 GDP 达到 2 万美元，跨域发达经济体门槛①。

①世界银行整理的最新数据显示，美国 2018 年人均 GDP 为 62794.6 美元，韩国为 31362.8 美元，日本为 39290.0 美元，中国澳门为 87208.5 美元，中国香港为 48675.6 美元，摩纳哥则高达 185741.3 美元，2019 年中国有 14 个人均 GDP 超 2 万美元的城市。

表 3.7　中国经济增长最快的城市（2005 ～ 2019 年）

城市	2005 年 GDP/ 亿元	2019 年 GDP/ 亿元	2005 ～ 2019 年增长 /%
武汉	2238	16223.21	728.90
厦门	1029	5995.04	582.61
南京	2413	14030.15	581.44
深圳	4926.5	26927.09	546.57
杭州	2942.7	15373	522.41
北京	6814.5	35371.3	519.06
宁波	2446	11985	489.98
苏州	4062.5	19235.8	473.50
广州	5115.8	23628.6	461.87
无锡	2805	11852.32	422.54
上海	9144	38155.32	417.27

资料来源：各地统计局。

3. 接近完成人口城镇化过程

改革开放后，我国不仅创造了经济高速增长的奇迹，也实现了世界上最快的城镇化速度。1979 ～ 2008 年，中国 GDP 年均增长率达到 9.8%，其中 2001 ～ 2008 年达到 10.2%。中国城市化水平，1978 ～ 2016 年，平均每年提高 1.03 个百分点，其中 1996 ～ 2010 年平均每年提高 1.37 个百分点，高于 1.0% 的世界平均水平。2019 年，中国城镇化水平达到 60.60%，远远超过 54% 的世界平均水平。

中国是世界人口第一大国，城镇化过程中，进入城镇的人口数量巨大，需要持续的产业发展、就业机会支撑。中国城镇人口，1949 年有 5765 万，到 1978 年为 17245 万人，到 2019 年增长到 84452.4 万人，比 1949 年增长了 14.65 倍，比 1978 年增长了 4.9 倍。这些新增城镇人口比美、英、法、德、俄、加、澳、日的人口总和还要多。

4. 直辖市、省会城市、计划单列市以及部分工业城市人口增长迅速

如表 3.8 所示，2005 ～ 2010 年，北京、上海、广州、深圳、杭州、厦门等城市人口急剧增长，每年平均净增长 15 万～ 60 万人；2011 ～ 2015 年，北京、上海、深圳、广州等城市人口年均净增长 15 万～ 40 万人，郑州、武汉、长沙、重庆等中西部城市人口增速跃居前列。近年来，北京、上海、广州、深圳、杭州、厦门的人口增长有所放缓，但天津的人口增速领跑全国，年均增量达到 49.53 万。2014 年以后，重庆每年新增常住人口 44.39 万人，同期增速超过了天津。从近五年（2015 ～ 2019 年）的常住人口增量来看，天津增长了 246.77 万人，紧随其后的是重庆和北京人口增量都超过了

200 万，上海和深圳人口增量也都在 100 万以上。值得注意的是，中部地区的郑州和武汉人口增量分别达到了 94.25 万和 84.23 万，超过广州的 80.03 万人。

表 3.8　中国主要城市人口增长统计表（2005 ～ 2019 年）

类型	城市	2005 ～ 2010 年人口年均净增数 / 万人	2011 ～ 2015 年人口年均净增数 / 万人	2016 ～ 2019 年人口年均净增数 / 万人	2018 ～ 2019 年人口年均净增数 / 万人
直辖市	重庆				22.53
	上海	62.8	22.74	3.2	4.36
	天津			15.2	2.23
	北京	60.4	41.86	-4.2	-0.6
省会	杭州	18.9	6.3	33.55	55.40
	广州	27.6	16.06	45.14	40.15
	成都				25.10
	长沙				23.98
	西安	10.56	4.6		19.98
	武汉			15.13	13.1
	合肥			9.0	10.20
	石家庄				7.96
	济南				6.93
	南京			6.53	6.93
	福州				6.00
	沈阳				0.60
	郑州			15.0	
计划单列市	深圳	33.5	20.42	51.52	41.22
	宁波				34.00
	厦门	15.0	6.6		18.00
	青岛				10.50
工业城市	苏州				2.82
	佛山				25.29
	珠海				13.26
	东莞				7.45
	无锡				1.70

资料来源：各地统计局。

三、美中城市化共同面临的挑战

美国城市化持续发展，首先需要走出高额债务困境，其次在强调提高生产率和技术革新的同时也面临着老龄化和人口滞涨难题，此外也面临来自人口流动性下降的现实问题。

1. 数字科技竞争与合作加剧

毋庸置疑，中美两国正在铸造 21 世纪的数字科技时代。假如美国提高对高科技领域的出口管制，影响最大的无疑是芯片。芯片，又称微电路、微芯片、集成电路，指内含集成电路的硅片。芯片主要应用领域包括 3C 产品、汽车电子、工控领域、其他应用领域还包括科研仪器、航天电子、军事领域、通信和科学卫星的功率和通信系统、点对点通信、卫星通信、各种雷达和新型工业 / 医疗应用领域，在整个产业链中扮演的角色越来越重要。美国是全球最大的芯片研发和制造市场。根据 Garter 统计数据，2019 年，全球芯片市场规模为 4123 亿美元，其中美国企业占据 55% 份额，居第一名，韩国公司有 27% 市场份额，居第二名。而中国大陆则是全球最大的芯片消费市场，达 1445 亿美元的市场规模，占全球消费市场的 35%，其中有 49% 来自美国公司，是美国企业最大的出口市场，为其提供了 37% 的收入。2018 年，我国电子制造业的营业收入为 106000 亿元，生产了全球 70% 的智能手机、80% 的电脑，以及 50% 以上的数字电视。但电子产业链的核心原材料——芯片，则需要大量进口自美国、韩国和中国台湾、日本，芯片也成为中国最大的进口商品（表 3.9）。

表 3.9　中国半导体进出口统计（2012 ～ 2019 年）

年份	进口金额 / 亿美元	出口金额 / 亿美元	逆差金额 / 亿美元
2012	1920	534	1386
2013	2313	876	1437
2014	2176	608	1568
2015	2299	690	1609
2016	2270	610	1660
2017	2601	668	1933
2018	3120	846	2274
2019	3040	1015	2025

资料来源：2012 ～ 2019 年中国海关统计数据。

美国主导数字技术的创新和开发，中国承接数字产品的生产与组装。韩国、日本和中国台湾都是数字产品全球产业链的一环。IC Insights 曾经预计，2019 年全球半导体产品市场，美国公司占全球半导体元件产品生产公司市场总量上升到 55%，韩国下降到 21%，德国和日本分别下降到 7% 和 6%，中国台湾和中国大陆的市场占有率分别上升到 6% 和 5%。也就是说，全球半导体产品制造唯有中国处于增长期。

韩国半导体产业经过 20 年的发展，半导体产值已经攀升到世界第二名，份额约为美国的一半，已经成为韩国非常重要的经济部门。2018 年，韩国对中国的出口额占其总金额的 36%，韩国出口的半导体绝大多数进入中国市场。2019 年前 9 个月，韩国半导体出口额 939 亿美元，占总出口额的 23%。而出口到中国的货物总金额 999 亿美元，其中中国采购韩国半导体金额超过 400 亿美元。中国是韩国最大的贸易伙伴，中国购买了韩国 60% 以上的半导体产品；但有时韩国需要考虑美国利益在某些关键时间点限制存储器出口中国。

日本也面临类似处境。20 世纪 80 年代，日本半导体产业产值曾占全世界的 50% 以上，超越美国。而索尼、东芝等电子巨头供应了全世界绝大部分的消费电子品。在广场协议和 2004 年光刻机之战失利后，日本半导体产业开始加速衰退，现在市场占比约 10%。但是，日本至今依然掌握众多的半导体关键上游材料、元器件和部分设备，村田制作所依然是世界上最强的被动元件供应商。中国和日本在产业合作前景广阔。

中国台湾，自 2000 年笔记本电脑制造产业，包括 PCB、连接器以及零配件，几乎全部转移到中国大陆，台积电、鸿海、联发科等主要科技企业全部依靠中国大陆的市场和需求。

对美国来说，目前的战略选择是扶持韩国、压制中国的存储产业发展，但事实上产品终端在中国，要求韩国对中国存储器禁运，只能让韩国的存储产业加速灭亡，从而提升中国的存储产业发展。此外，2020 年全球新冠病毒疫情极大地冲击了中美两国的经济和既定的全球产业链。由于波音、通用制造和页岩油开采等大公司，以及占美国 GDP 40% 的文化、娱乐、电影、体育产业严重受损，美国科技公司强健的资产负债表和充沛的现金流不复存在。

对中国而言，半导体产业的关键核心是针对中国台湾的晶圆制造和韩国的存储器，不是德国光刻机和日本的材料。最近 3 年，中芯国际的技术已经可以小部分替代台积电，尤其是台积电的 16nm 工艺可被中芯国际的 14/12nm 整体工艺水平替代。在存储器领域，超越现在主流的 96 层长江存储的 128 层 3D Nand 已经成功生产，相比于 2019 年年底 SK 海力士的 176 层，三星和美光的 128 层、英特尔的 144 层，本质上差距并不巨大。中美竞争，日韩可能都会短暂的抢占一部分美国原有的市场以供应中国。但最终的选择还是美国、中国、日韩利益均沾。

2. 资源消耗量巨大的中国城镇化

中国城镇化，消耗了大量的自然资源。除了粗钢外，使用自然资源的制成品生铁、煤炭、平板玻璃、水泥、电解铝等产量均超过全球总量的 50%（表 3.10）。仅从水泥看，在 2011 ～ 2013 年，消耗 65.51 亿 t，比美国整个 20 世纪的消耗量（44.5 亿 t）还多。巨大的自然资源需求，导致中国已经严重依赖世界自然资源富国的供应，例如，俄罗斯天然气和石油等，澳大利亚铁矿、煤炭和金属开采，智利铜矿等。

表 3.10　中国资源消耗和生产情况（2013 年）

使用自然资源的制成品	占全球比重 /%
生铁	59.0
煤炭	50.0
粗钢	46.3
平板玻璃	50.0
水泥	60.0
电解铝	65.0

与此同时，中国快速的经济发展和城镇化过程，必然导致能源消费和 CO_2 排放总量增加。就 CO_2 排放而言，1990 ～ 2001 年，中国的碳排放增加了 8.23 亿 t，占据了世界总增量的 27%。2008 年以后中国的 CO_2 排放量超过美国，成为全球最大的 CO_2 排放国家。中国的 35 个大城市占有 18% 的国家人口和 40% 的 CO_2 排放。渤海湾地区、长三角城市群和珠三角城市群既是城市化地区，也是 CO_2 集中排放区。上海作为中国的特大城市，其碳排放密度位于中国之首，达到了 26639t/km^2（Qu，2008），人均 11t（Tan and Wang，2011）。而且北京、上海和天津的城市 CO_2 排放量比世界城市东京、纽约和伦敦还多（Dhakal，2009；PLANYC，2007；TMG，2007；Phdungsilp，2010）。2011 年中国国内生产总值达到 473104 亿元，城市化水平达到 51.2%，每年将新增城市人口 600 万～ 1000 万，城市化的趋势还会进一步加强。中国 CO_2 排放量和快速经济发展忽然间成了“鱼和熊掌不可兼得”两难局面。随着城市的快速发展，气候变暖日益加剧，城市面临的气候问题日益严重，如何减缓和适应气候变化成为未来城市发展所面临的重要挑战。中国政府出台了减排 CO_2 应对气候变化的政策，尽管 2019 年格拉斯哥会议没有达成世界各国减排 CO_2 数量的协议，减排 CO_2 和适应气候变化也将是未来中国城镇化进程中最重要的任务之一。

3. 美国基础设施老化和落伍

正如美国总统特朗普所认识到的，美国不再拥有世界上最好的基础设施。世界经济论坛（World Economic Forum，WEF）的全球基础设施质量评价中，美国仅位于第 10 位。近年来，美国的基础设施问题越来越明显。卡车延误最严重的地区包括主要的国际贸易门户和枢纽，如洛杉矶、纽约、西雅图、休斯敦、芝加哥，以及亚特兰大、路易斯维尔、纳什维尔、辛辛那提和达拉斯等主要配送中心。仅 2014 年由于城市交通堵塞就浪费了驾驶员约 69 亿小时，额外消耗了大约 1600 亿美元的工资和燃料；每年约有 24 万个水管处在检修状态；几乎五分之一的国内航班被延误或取消。“今天，美国人在坑洼的道路、桥梁和隧道上开车上班，载他们的孩子上学。学生不再拥有最先进的学校，而是在不安全和过时的建筑物中上课。在 2018 年，仍然有美国家庭无法访问高速互联网；仍有像密歇根州弗林特这样供应不安全饮用水的社区，他们没有得到联邦政府足够的帮助改善他们的供水系统”（摘自《重建美国：一笔更好的交易》*A Better Deal to Rebuild America*）。美国土木工程师学会（American Society of Civil Engineers，ASCE）表示，为使现有基础设施达到良好运行状态，每年需要 2000 亿美元的维护成本。

4. 中美城镇化共同面临的问题

进入 21 世纪，美国和中国还面临很多相同的问题。例如，人口老龄化和劳动力总量不足问题日趋突出，资源紧缺难以支撑现成工业化模式；农村地区长期被忽视，国家和家庭债务严重。美国适龄劳动人口在过去 30 年的年增长率约为 1.0%。近年来，人口老龄化趋势愈加明显，逐年下降的适龄劳动人口比例，为整体经济发展增添了重重阻力。根据麦肯锡研究报告，自 1980 年以来，美国年更换住所的比例一直在下降，20 世纪 90 年代跌破多年平均 18% 以后，就进入长期的下降趋势，21 世纪甚至跌到 10%（图 3.19）。中国城镇化使得农村地区长期衰退，中美农村地区道路、铁路和桥梁上的投资不足，使得农村间以及与其他地区间联系持续下降，农村居民必须长途跋涉才能获得教育、就业、购物、社交机会和医疗服务。2008 年经济危机以后，经历过房地产市场繁荣和泡沫的城市难以恢复。中国和美国的地方政府和家庭均债务严重。例如，佛罗里达州的奥兰多和亚利桑那州的凤凰城，这些城市拥有大量的抵押贷款持有人，其中一半以上的房主负资产。在内华达州的拉斯维加斯，每三个抵押权持有人就有两个是负资产。中国 50% 地方政府已经是土地财政。

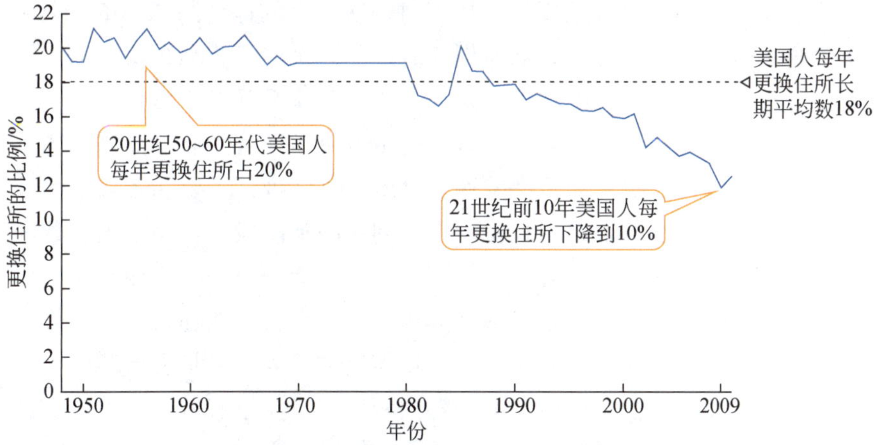

图 3.19 美国居民年更换住所的比例

资料来源：麦肯锡研究报告，美国劳工统计局

注：1970 ～ 1981 年数据缺失

第四节 中国城镇化的世界意义

一、对全球经济的拉动

首先，中国城镇化发展对于处于低迷期的世界经济而言，具有世界经济发展的引擎作用，它不仅代表投资方向，更预示巨大的市场商机；其次，对于提振长期萎靡不振的中国消费来讲，其潜藏着巨大的消费动能，将起到支撑中国可持续发展的独特作用。利用 IMF 全球与国别数据库，并假设 2010 ～ 2015 年用市场汇率和美元衡量中国 GDP 将在 2005 ～ 2010 年基础上每年递减 2 个百分点，可估算 2000 ～ 2015 年中国对全球经济增长贡献率为 21%，比同期美国增量贡献比（10.9%）高出近一倍，超过欧元区增量贡献比（11.5%）八成，比日本增量贡献比（5.24%）超出三倍。中国特大型国家经济体量，决定其快速追赶阶段对全球经济具有异乎寻常的增量贡献，使得中国经济能动选择必将产生显著全球影响，构成中国经济选择能动性与全球影响力的客观依据。研究表明，中国经济未来通过城镇化的引擎拉动，将实现新增消费的年平均值为 28000 亿，实现新增投资的年平均值为 65000 亿，城市化贡献率占 GDP 增加值的 2.71 个百分点，城市化驱动率约为 38.5%。

二、完成伟大社会转型

中国有世界最多的城市人口（8.4 亿），其次是印度（4.5 亿），两个国家城市人口占世界城市人口的比例达到 30%。加上美国（2.6 亿）、巴西（1.7 亿）、印度尼西亚（1.3 亿）、日本（1.8 亿）和俄罗斯（1.7 亿），超出了世界城市人口的一半以上。1949 年至今，中国从国家制度建设方面历经过两次巨大的社会制度变革。第一次是新中国成立初期，通过“要素体系聚合与创新阶段”，实现了公私合营改造，初步建立起社会主义制度；第二次是改革开放以来，是“要素体系开发与整合阶段”，这段发展历程丰富了国民生活，盘活了资源要素，初步解决了经济发展的体制问题；“推进新型城镇化”是中国第三次社会转型发展。之所以这样说，主要在于：中国社会的进步已经推进到必须通过改革来创新和完善社会制度的新阶段。当今中国负载的压力早已超负荷，必须通过大规模的社会制度创新来实现社会的公平与均衡发展。以提高农民生活质量为主题的城镇化，一是要弥补其历史的欠账：对居住、就业、教育、医疗卫生、养老、低收入群体补贴和失业救济等均需追加投入；二是要在制度上让农民转变身份，近 2 亿农民生活在城镇里却没有得到城镇户口及享有城镇居民待遇；三是还中国农民一个公平的社会发展制度。由于历史的原因，工农产品的价格“剪刀差”造成了中国的城乡“二元社会结构”，中国的城镇化是消灭“二元结构社会”的社会制度进步与创新实践，是国家补齐广大农民应得利益的历史欠账所实施的惠民工程，是国家着眼于中国社会的未来持久健康发展而实施的利益再平衡工程，是实现中国资源空间价值，即实现中国经济社会总价值与国民个人总价值提升的国家工程。正如诺贝尔经济学奖获得者斯蒂格利茨所言，中国的城镇化与美国的高科技发展将是深刻影响本世纪人类发展的两大主题。中国城镇化过程终结，肯定对世界产生深刻影响，也一定是人类社会最伟大的区域社会转型事件。

第四章　中国城镇化空间

中国城镇化空间的描述和刻画，既简单又复杂。简单，主要在于系统性的工作不多见，采集可信的数据进行分析，总能获得结果；复杂，主要在于城镇化空间研究涉及的学科广泛，除了地理学家以外，社会学家、经济学家、政治家和建筑师、规划师乃至政府管理者都会涉猎，学科不同语境也会存在差异，而且相关的术语又都是建构在不同的政治经济背景和经济社会发展水平的城市空间上的，有时会使人感觉扑朔迷离，一头雾水。鉴于此，本章首先追溯和系统化描述城镇化空间的术语，然后展开中国城镇化空间的分析和描述。

第一节　城镇化空间表述

城市是人类社会的一种空间形态，工业革命前，城市空间比较简单而且变化不大，增长和发展都不快。城镇化的过程孕育了城镇化空间，在工业革命后才慢慢快速演化起来。

一、城市区域

城市区域（city-region）的概念，广义上可以理解为城市发展和与之有紧密相连的周围地区间的一种特定的地域结构体系。事实上，很早以前，人们就已经知道城市和区域存在相互依存的关系，即：城市根据区域条件而形成的，区域因为城市繁荣的而发展。例如，春秋时期齐国政治家管仲就著有《管子·乘马》：“凡立国都，非于大山之下，必于广川之上。……地不辟则城不固”，说明在2000年前的中国古代，人们已经知道营造城市需要依山傍水，须以广阔平地作为承载，有了非常朴素的城市区域思想。

19世纪英国的工业革命，催生了作为机器生产和工厂制度等工业化发育的基本条件。随之标准化、大生产、大消费和郊区化成为工业化时代的总特征。工业的集群发展和产业链特征，促进了城市地区的发展。科学地解释和定义城市—区域的关系，应该追溯到英国现代城市规划的先驱者霍华德1898年出版的《明天：一条通向真正改革的和平道路》（*Tomorrow*：*A Peaceful Path to Real Reform*），他主张将城市周边地域的城镇纳入城市规划范围，把城市和乡村的改造作为一个统一的问题来处理，并提出城镇集群（town cluster）的概念（Howard，1898）。1915年英国生物学家、社会学家，近代西方人本主义城市规划思想家格迪斯（Geddes）通过对英国城市的研究，出版《进化中的城市》（*Cities in Evolution*）。基于对城市发展进化的分析，格迪斯发现当时的城市处在这样的变化中：一方面城郊的疏散已经造成城市在更大范围的扩展，另一方面某些地方性要素如煤矿、铁路、公路、运河在空间上交织形成的节点，使工业的集聚和经济规模进一步扩大，也使城市发展明显地集中在这些地区。格迪斯称这类地区为集合城市（conurbations）或城市集聚区（城市群）（urban agglomerations）（Geddes，1915）。

在中国，20世纪80年代宋家泰首倡“城市－区域”研究，在《地理学报》发表“城市－区域与城市区域调查研究——城市发展的区域经济基础调查研究”，提出“城市－区域理论”。该理论认为：任何一个城市的发展，除自身具体条件（如城市地理位置、历史基础、建设条件以及城市和邻近地区的资源条件等）外，与其所在地区的区域经济基础紧密相关。城市与区域互相依存、相互促进，主要表现在：城市是一定地域的中心；中心城市对区域的发展，既相互支持、相互促进，又相互制约；每一个城市都有其相应的经济区域，全国各类城市与其相应的大小经济地域，构成一套完整的经济网络。“城市—区域”是城市发展及与之有紧密联系的周围地区之间的一种特定的地域结构体系。中国城市—区域存在两种主要类型：①相应于行政区域的城市经济区域；②非行政区的城市经济区域，其中多中心的城市区域称为“城市群”（宋家泰，1980）。

20世纪80年代以后，随着通信技术发展迅速，经济全球化的来临，城市的区域范围扩大，垂直联系加强，“城市－区域观 ”也被赋予新的内容。由于经济快速增长、城市和人口集聚增加，原有的“城市－区域”关系被打破，城市发展失去区域空间资源、环境、生态的支撑，导致水土资源短缺、大气和水环境污染严重、住房和交通等一系列城市病爆发并日趋加重，社会极化、贫富差距等社会矛盾激化。中国的城市地理学家对城乡接合带或城市边缘区（urban fring）的特殊地区展开研究，在北京、上海、广州和南京等大城市地区进行了实地调查，系统地研究了中国主要城市边缘地区的人口、社会、经济、土地利用和区域空间特征（顾朝林等，1989，1993；崔功豪和武进，1990）。

进入21世纪，有关城市区域的理论的研究，被进一步置于国家尺度重组（the rescaling of statehood）（Brenner，2004）和新“空间选择性（spatial selectivity）”的形式呈现出来（Jones，1997），而且这种城市区域的“新国家空间（new state space）”的话语赋予了更多的竞争性网格化治理策略（rearticulated governance strategies）内涵（Bristow，2010），有利于资本和市场在功能性经济空间自由流动（Bristow，2013）。

在中国，随着城市迅速向外郊区蔓延，空间多中心性已经从城市内部向城市区域延伸。吴良镛（2003）进一步提出了城市地区理论。他认为，全球性的城市竞争与区域性的城市合作共同塑造了新的城市景观：在很多地区，城市间经济要素与人员等交流频繁，城市以前所未有的速度结合起来，形成“全球城市地区”或“区域城市网络”；在空间结构上，可能包括多个地理上独立但相互邻近的中心城市。尽管这类多中心城市区域（polycentric city-region）的发展吸引了学术界的关注，越来越多的学者都从新自由主义的理论角度解释中国城镇化这一动态，但许多研究都采用了有限的经济地理方法（Yeh et al.，2015）。

二、大都市区

20 世纪以后，世界经济增长中心从西欧转移到北美，美国步入经济社会的快速发展期，1923 年人均 GDP 跃过 6000 美元，美国进入快速城市化时代，城市经过中心集聚发展阶段后开始出现分散化蔓延发展。之后，又出现了大城市人口向郊区迁移，形成了功能相当集中的中心商业区和以居民为主的郊区。最后，第三产业和高新技术在大城市外围集中，在远郊区形成新的就业中心和具有综合功能的城市节点。这些节点和原有大城市一起形成了一种新型的城市地域空间——大都市区（metropolitan area，MA）。

1. 大都市区

在 1910 年，美国人口普查中首次定义都市区，目的是为了把大城市（行政区）与其毗邻的郊区组合成一个数据统计单元进行城市化地区的人口统计。1949 年美国跨部门协调委员会（Interagency Coordinating Committee）定义了标准大都市区（standard metropolitan areas，SMA）的概念，即：一个较大的人口中心及与其具有高度社会经济联系的邻接地区的组合，常常以县作为基本单元（许学强等，1996）。美国联邦统计局和美国人口调查局共同划定的包括一个或几个县的地理区域单位，其中有一个至少拥有 5 万人口的中心城市及其郊区，或人口超过 5 万的两个城市。

在 1960 年，标准都市区被改为标准大都市统计区（standard metropolitan statistical area，SMSA）。在 SMSA 内，美国人口调查局还定义了“城市化地区”，仅指建成区部分。20 世纪 70 年代、80 年代和 90 年代美国分别建立了标准大都市统计区（standard metropolitan statistical area）、大都市统计区（metropolitan statistical area）和大都市区（metropolitan areas）界定指标体系。2000 年美国人口调查局对原先的指标体系进行大规模的简化，定义了基于中央核的统计区域（core based statistic area）的界定指标体系，即：每个基于中央核的统计区域至少有一个人口调查局定义的人口不少于 5 万的城市化地区（urbanized area）或人口不少于 1 万的城市集群（urban cluster）。该标准定义了两类基于中央核的统计区域：大都市统计区和小都市区统计区（micropolitan statistical area）（顾朝林等，2007）。

由于美国大都市区的划分清晰界定了大都市区范围和便于统计城市化地区人口，许多国家都仿效美国建立了类似的概念，如英国的标准大都市劳动力区（standard metropolitan labour area，SMLA）和大都市经济劳动力区（metropolitan economic labour area，MELA），加拿大的人口普查大都市区（census metropolitan area，CMA），德国的就业密集地区（beschäftigungsintensive metropolregion，BM），法国的工业或城市安置区（zone de peuplement industrielou urbain），澳大利亚的人口普查扩展城市区（census expands metropolitan area，CEUA），瑞典的劳动力市场区（labour metropolitan area，LMA），意大利的城市化区域（area urbanizzata）等 。前苏联将都市圈理解为城市集聚区（Городская агломерация）。

2. 都市圈

第二次世界大战后，日本进行了快速的城市重建和产业重化工化，大城市进入迅速发展时期。1951 年，木内信藏根据对日本城市的研究，提出了近似的城市地域分异三地带学说，认为日本大城市由中心地域、城市周边地域和市郊外缘广阔腹地三大部分组成。到 20 世纪 60 年代，农村人口向大城市临近的中小城市流动，而大城市不少人口、零售与批发业、工厂迁至郊区，这样的现象持续发展，经济高速增长，生产性服务业在大城市地区高度集中，使得大城市与其周围的中小城市连成一片。日本学者开始从商业行政管理的角度来研究大城市地区，提出“大都市圈”概念，即：中心城市为中央指定市，或人口规模在 100 万人以上，并且邻近有 50 万人以上的城市，外围地区到中心城市的通勤率不小于本身人口的 15%，大都市圈之间的物资运输量不得超过总运输量的 25%。据此，日本全国被划分为首都圈、近畿圈等八大都市圈。20 世纪 70 年代后，富田和晓（1975）、格利克曼（Glickman）（1976）、川岛（1978）、山田浩之和山岗一幸（1983）对都市圈的界定标准以中心城市人口分别为 30 万、10 万、5 万以上和 10%、5%、10% 的外围地区到中心城市的通勤率等为基本条件。到 1975 年，日本总理府统计局对于都市圈的界定标准为：人口 100 万以上的政令指定城市，外围区域向中心城市通勤率不低于 15%。

3. 城市场

1965 年，美国区域发展与规划专家弗里德曼在《美国规划师学会杂志》（*Journal of the American Institute of Planners*）发表“城市场（*The Urban Field*）”一文。他认为：城市场是一种着眼于未来的、理想的城市空间形式，是一个空间广阔、完善社会经济联系网、多节点（multi-nodal）的区域结构，包括了城市居民巨大的生活空间或活动范围（Friedmann，1965）。在通常的情况下，大城市场可以延伸至离核心城市数十公里以外的地区，其范围远远超出城市建成区，包括游憩区和城市远郊区，形成一个核心城市得以扩张的、整合的功能性或经济性空间，并囊括了实现城市功能良好运作所不可或缺的种种城市设施。

1966 年，弗里德曼通过对委内瑞拉的实证研究，提出了区域空间演化的核心－边缘模型（core-periphery model）。弗雷德曼将区域的发展分为四个阶段：工业化前阶段、工业化初期阶段、工业化成熟阶段和空间相对均衡发展阶段。核心－边缘模型解释了一个区域如何由互不关联、孤立发展变成彼此联系、发展不平衡，又由极不平衡发展变为相互关联的平衡发展的区域系统的（Friedmann，1966）。

4. 城乡混合区

20 世纪 70 年代以来，发展中国家的大城市增长迅速。1985 年麦吉（McGee）提出，在亚洲一些发展中国家和地区，如印度尼西亚、泰国、印度、中国的经济核心区域，出现了与西方的大都市区类似，但发展状态又完全不同的城市化地区。它们出现在人口密集的亚热带或热带地区，处于大城市之间的交通走廊地带，借助于城乡间强烈的相互作用，带动了劳动密集的工业、服务业和其他非农产业的迅速增长，实现了居民职业活动和生活方式不同程度的转变。1987 年，麦吉根据印尼语中"Desa"指乡村，"kota"指城市，提出了 Kotadesa 的概念。1988 年在美国夏威夷大学东西方研究中心召开了以麦吉的论文为主题的国际讨论会①，各国学者根据在亚洲不同国家的研究实践，对麦吉的 Kotadesa 模式提出了一些补充或批评。例如，有学者提出分散的大都市（dispersed metropolis）的概念，如扩展大都市区（extended metropolitan area）等。中国学者周一星根据对沿海几个城市密集地区的研究，提出了大都市连锁区（metropolitan interlocking region）的概念。1991 年，麦吉正式将 Kotadesa 改为 Desakota，即：城乡过渡区。

麦吉概括 Desakota 具有五个主要特征。①相当密集的人口、分散的农户经营方式和以水稻种植为传统产业。在欧美大都市带的空隙地区，人口散居密度往往较低。在亚洲地区传统的农业发达地区几乎所有的城市都与原有的人口聚居地在空间上是统一的，城乡居民之间存在着千丝万缕的亲缘关系，这为城乡之间密切的相互作用创造了条件。② Desakota 区域是由原中心城市的工业向外扩散和乡村地区非农产业的发展而逐步形成的。西方的大都市带是市中心地区的居民不断向外迁居而形成的。在亚洲的许多发展中国家，都曾制定过鼓励城市产业向郊区扩散的政策，同时鼓励扶持乡村非农产业的发展，使得在传统的农业发达地区非农业活动逐渐占据了主导地位。③在欧美大都市带的中间地带通常分布的是一些环境优美的居住和休憩用地，但在亚洲的 Desakota 区域，农业、副业、工业、住宅及其他各种土地利用方式的交错混杂布局，这样的土地利用方式在为当地农产品提供便利的加工场所的同时，也往往带来对环境的污染和破坏。④密集的交通网使其与周围地区的联系极为方便，这一区域的人员和货物具有很强的流动性和迁移性。普遍使用摩托车、卡车等非高技术的运输方式，以相对低廉的运费形成区域的运输网络，并不断将其范围扩展。⑤由于农业从狭义的水稻种植扩展到蔬菜、水果和家禽的种养殖业，服务业部门也相应地得到扩大，越来越多的女性劳动力参与到了非农产业活动中。⑥原来为城市和农村制定的治理制度已不再适用于这一地区，非正式产业部门（informal sector）因监管不足而普遍存在，使这一地区成为管理的"灰色区域"。

① McGee T G.1989. Urbanisasi or Kotadesasi? Evolving Patterns of Urbanization in Asia.

麦吉还将亚洲各国的城乡混合区分为三种：①日韩型。临近大城市的乡村地区，人口大量流入城市或转入非农产业部门。②中印泰型。由两个或多个大城市相互向对方扩散而形成的新发展地带，铁路和高速公路最终将这些大城市相互连接起来，从而在这些城市间形成狭长的发展地带;比较典型的是中国的沪宁杭地区、台北—高雄地区、泰国中部平原和印度加尔各达地区。③邻近国家次中心城市地区。城市向农村地区扩散较慢，以农业为主。引起这类地区空间结构转换的主要原因在于高密度的人口压力。比较典型的是中国的四川盆地、孟加拉国、印度尼西亚南部的喀拉拉邦和爪哇岛的部分地区。

5. 扩展型大都市区

改革开放以来，中国城乡经济的发展在沿海与内地，北方老工业基地与南方对外开放先导地区往往体现出各不相同的特点，马昂主（Marton，2002）和顾定国（Guldin，2001）对长江三角洲和珠江三角洲地区的区域经济发展和城乡联系进行了研究。

中国香港学者薛凤旋等发现，珠江三角洲区域虽然在许多方面与Desakota类似，如历史上是以大量人口从事农业生产的粮食高产区、非农活动的增加、人口流动性增强、土地利用混杂，引致管理上的“灰色地带性”等，但与Desakota区域的一般特征相比，仍存在着显著的不同之处，如珠江三角洲非农活动的增长，已经超越以同一家庭内各成员的分工和季节性的特征，原有农业人口已有70%以上稳定而彻底地转向非农产业，并非是农工兼顾。从人口流动特征来看，并不仅仅局限于区内小城镇往大城市的通勤和区内密切的人流和物流，出现了不少跨市甚至跨省的人口迁移。非农劳动力的转移也并非主要靠大城市为农村季节性劳动力提供就业机会和农副产品市场，更主要的是劳动力常年较稳定地迁入小城镇或就地从事非农产业活动。

薛凤旋等还认为：因为经济全球化的影响，所在国日趋对外开放的经济政策，使国内经济日渐与国际市场、外资和技术接轨，大城市地区以其全国最通达的对外和对内交通和通信，最大行政和金融中心以及优质人才集中地的优势，成为外资进入该国市场、购买或利用其人力和天然资源的地区总部。基于此，它也是进出该国的资金流、物流、技术流和信息流的最方便的门户。但蓬勃发展的经济使这些大城市的狭小空间不敷应用，导致一些劳动和土地密集型的低增值的经济活动，逐渐被转移到外围的城郊和农村，在这些大城市周围形成庞大的“城乡交接带”或“半农半工贸带”。

基于上述研究，2003年，薛凤旋等提出了扩展型大都市区（extended metropolitan Region）的概念（薛凤旋和蔡建明，2003）。

三、大都市带

1. 戈特曼的大都市带

1957年，法国地理学家戈特曼在描述美国东海岸北起波士顿、马萨诸塞州穿过纽约、费城、巴尔迪摩一直延伸到华盛顿、诺福克，长960km，集聚人口2500万以上，人口密度超过每平方公里 250 人的美国东北部大西洋沿岸地区，称为大都市带（megalopolis）（图 4.1），在 *Economic Geography* 杂志发表了“大都市带：美国东北海岸区的城市化（*Megalopolis*：*or the urbanization of the Northeastern seaboard*）”（Gottmann，1957）。

戈特曼研究的大都市带具有特定的条件：①沿特定轴线发展的巨大多核心城市体系；②城市间存在多种形式的相互作用；③空间形态上互相连接的都市区；④产业高度集聚。后来大都市带也用于美国大湖区、日本东海岸、英格兰、西北欧和中国长江三角洲等世界其他几个大城市密集地区。总体来说，“大都市带”被认为是工业化推动城市化的人类社会地域空间产物。现在指许多大都市区联成一体，在经济、社会、文化等各方面活动存在密切交互作用的极其巨大的城市化地区。

1983 年，于洪俊和宁越敏在《城市地理概论》中用“巨大城市带”介绍了戈特曼思想：至少居住 2500 万城市人口，过着现代城市方式的生活。这些地区城市职能十分强烈，城市用地比例越来越高，城市与城市间的农田分界带日渐模糊，城市地域相互蔓延，甚至连成一片。在 1992 年，崔功豪和杜国庆等对戈特曼“城市带”进行了详细的介绍。

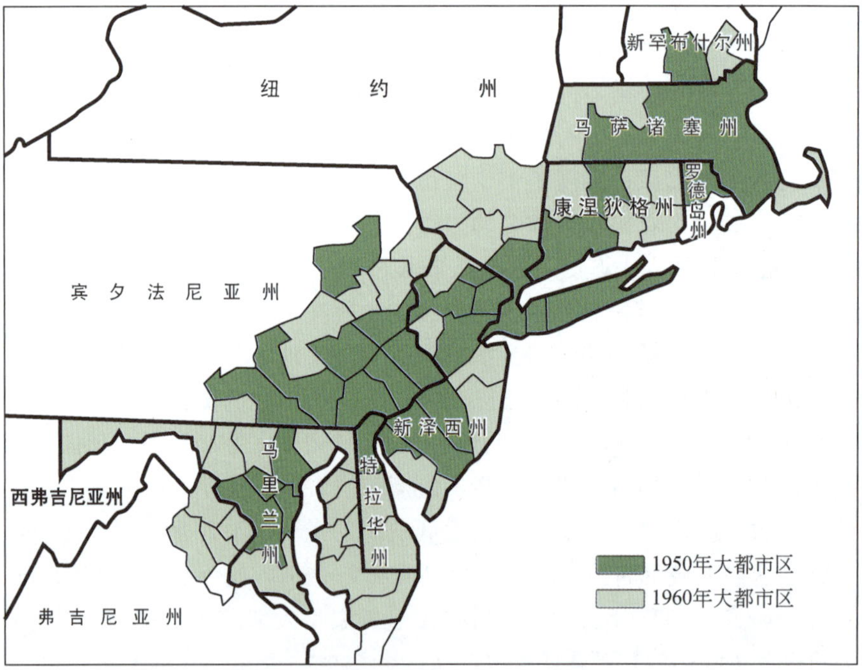

图 4.1　戈特曼 1960 年提出大都市带

2. 杜克西亚迪斯的世界都市带

由于交通和通信手段的改进，城市地区不断扩大和延伸，形成了更大空间尺度和更多人口的多核心的人类聚落形式。1963 年，希腊建筑学家杜克西亚迪斯（Doxiadis）在希腊召开的戴劳斯会议上将超越国家范围而相互连接的大都市带称为世界都市带

（Ecumenopolis）。

四、巨型城市区

20 世纪 80 年代以后，信息技术的发展使生产的弹性要素增加并发挥越来越重要的作用，资本和技术的流动加快，信息交换的时间大大缩短，经济全球化趋势形成，世界城市和全球城市在全球经济中的作用更加明显，相应的城市化地区进一步成为研究的热点。值得注意的是，由于经济的全球化，使得原有的发达国家和发展中国家城市化两种过程合二为一，城市化地区也就衍生出一系列新的空间秩序。

1. 巨型城市区

根据联合国人居署定义，城市以中心放射状方式生长，整个城市保持单一的团块状向外扩展，当人口超过 1000 万时就被称为巨型城市（mega-city）。现在，全世界约有 22 个人口超过千万以上的城市。由于巨型城市是在紧凑的地域内不断蔓延，使大城市问题越来越严重。

1999 年，霍尔提出巨型城市区（mega-city region）的概念。所谓巨型城市区，是以大城市为中心，通过高级生产性服务业的城市间联系和扩散，向新的或临近的较小城市极度扩散，所形成的人口超过千万的多中心、网络状巨型城市体，是 21 世纪初出现的新城市空间模式。2008 年，霍尔进一步将巨型城市区定义为由形态上分离但功能上相互联系的 10 ～ 50 个城市（镇）集聚在一个或多个较大的中心城市周围，通过新的功能性劳动分工组织起来形成一个个不同的功能性城市区域（function urban region，FUR），再被高速公路、高速铁路和电信电缆的“流动空间（Castells，1996）”联结起来的城市化区域（Hall and Pain，2008）。

2008 年，麦肯锡全球研究所研究报告《为十亿城市大军做好准备》，通过建立城市层面的计量经济模型、严谨的宏观和微观经济研究，对中国城市化的未来挑战做出了预测。分析的结论是：到 2025 年将有大约 10 亿中国人居住在城市，中国将出现 219 座百万人口大城市和 24 座 500 万人口的巨型城市；到 2025 年，中国有可能产生 15 个平均人口规模达到 2500 万的超级城市，或是 11 个平均覆盖人口超过 6000 万、相互之间经济联系紧密的“城市群”（巨型城市区）。

2. 全球城市区

随着经济全球化出现的具有国际功能和全球影响力的枢纽城市，通常是世界金融中心、跨国公司总部所在地、国际性机构集中地和主要的制造业中心，商业服务部门高速增长，城市人口达到一定规模。

1966 年，英国城市规划学家霍尔出版了《世界城市》，将国家政治中心、商业金融和财政中心，同时也是巨大人口中心、文化中心和大型国际航空港所在地定义为世界城市（the world cities），书中对伦敦、巴黎、兰斯塔德、莫斯科、莱茵－鲁尔、纽约、东京进行了世界城市描述（Hall，1966）。1986 年，弗里德曼提出世界城市假说（the world city hypothesis），在此基础上，进一步提出了世界城市体系的概念（Friedmann，1986）。

1991 年，萨森发现：当代的全球化主要与新通讯和信息技术有关。相关的技术创新形成了相互对立的空间趋势：经济活动的分散化和集聚性。一些城市由于全球化带来的技术转移进一步激发了城市在全球的地位，她通过分析城市服务业公司在巨大跨国网络的变化，称这种新型城市为全球城市（global city）（Sassen，1991）。

1996 年，卡斯特尔认为，新出现的通讯和信息技术已经构成网络新层域，据此提出全球流空间的概念（Castells，1996），并将其描述成“三明治结构”：第一层是基础设施；第二层是从全球互联网到全球航空网构成的电子脉冲圈；第三层是空间经济组织。

2000 年，道格拉斯认为：全球城市是世界的“指挥和控制”中心，大量的金融公司、生产性服务业和跨国公司总部综合体的大本营。每个全球城市通过投资、贸易、移民和电讯的庞大触须，同世界上的客户和市场、供应者和竞争者、消费者和生产者联系起来。并认为，全球化了的城市化过程表现为两个特征：城市区域的全球化和城市市民社会和政体的碎化。赵晓斌等关于珠江三角洲的研究印证了他的相关论述（Zhao and Zhang，2007）。

2001 年，霍尔也对全球城市进行了定义，他采用文献方法采集发生重要新闻的城市、高素质国际移民、专家和管理人员作为直接指标，对重要生产性服务业公司分支机构的地理分布状况等进行评价。研究发现：全球化导致了大的全球性公司的总部倾向于向非常专门化的服务公司购买会计、法律、公共关系、项目计划、通讯和其他服务项目；非常专门化的服务公司在非常复杂和全球化市场区位集聚并遵循规模经济原则；越来越多的公司总部外购它们最复杂且非标准化的功能；专门化的服务公司需要提供全球性服务，最终促进城市间跨界交易和网络的稳定增长；日益增长的高质量高赢利的专门服务公司促进了城市间空间和社会经济的不平衡，由全球性金融网络、全球城市区域形成跨界网络。

2000 年，西蒙德斯和哈克首先提出全球城市区域（Global city region）概念并出版了包括 11 个城市的《全球城市区域》。2001 年，斯科特也出版了《全球城市区域：趋势、理论和政策》（*Global city-regions*：*Trends*，*Theory*，*Policy*），书中强调：由于大量的移民的到来，使得全球城市区域的文化和人口出现明显的多样性。2001 年，霍尔定义了全球城市区域的地理结构：具有明显的多中心性，主要包括传统中心城区、较新的商务中心、内边缘城市、外边缘城市、最外围边缘城市、专门化的郊区中心等。2001 年，萨森在对全球城市与全球城市区域进行比较论证时指出：全球城市区域的范围可能容纳国家更多的经济部门，全球城市更为突出金融和专业化服务业，更趋向于成为全球经济和空间的增长极。同年，弗里德曼发表“全球化时代的城际网络”（*Intercity networks in a globalizing era*）一文指出：信息、商务、人口、思想和意识形态，在全球化背景下变得更容易穿透原有的国家边界；人力资本、社会成本、自然资源、环境、经济和社会基础设施、直接的生产工厂和设备，成为创造区域财富的重要因素（Friedmann，2001）。

2004 年，英国拉夫堡大学地理学教授泰勒，通过主要金融和商务服务公司为全球化服务的定量数据进行聚类分析，发表《世界城市网络》（*World city network：a global urban analysis*）。这个分析挑战了世界只是由政区拼贴起来的空间传统观点，将影响世界的城市全部纳入到全球城市网中进行分析。2009 年，国际“全球化和世界城市研究小组与网络”将全球 242 个世界城市分成 5 级 12 段。处于顶级的世界城市被公认的有纽约、伦敦和东京三个城市。除了三个顶级城市之外，还有顶级 B 段的世界城市，如：巴黎、芝加哥、法兰克福、香港、北京、上海、首尔、洛杉矶、新加坡。2013 年上海获“全球化与世界级城市研究小组与网络”列为第一级世界城市（图 4.2）。

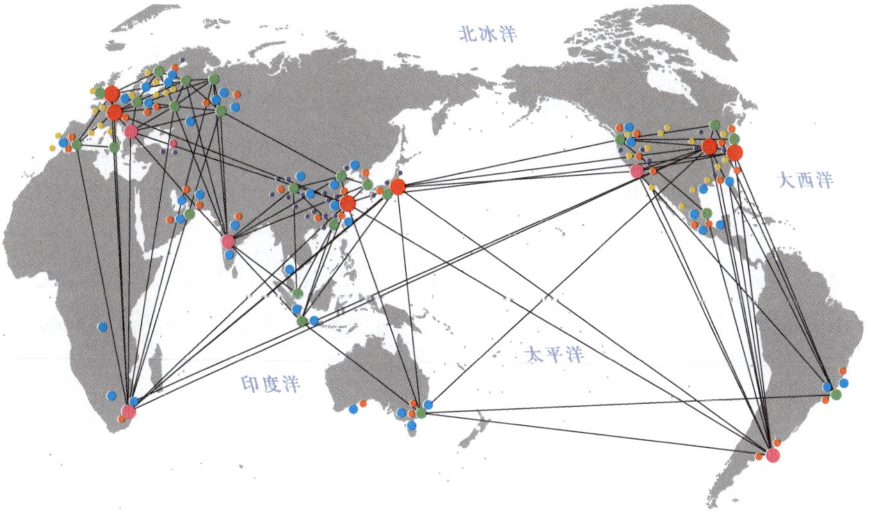

图 4.2　2013 年世界城市网络

3. 城市经济区

关于城市对区域的影响，也还有传统的经济地理分析方法，其中突出的就是城市经济区分析。如前所述，大都市区的早期形式通常都是单中心的。在单中心地区，工作集中在中心城市或中央商务区（CBD）。经典的城市经济学理论是建立在单中心模型的基础上的，在该模型中，城市功能按投标租金函数在空间上排序（Alonso，1964）。结果，各办公室愿意支付最高的租金在中央商务区办公，以充分利用空间优势，然后是零售和制造业。居民同样在通勤成本和土地租金之间进行权衡。在一个无处不在的交通服务城市中，它形成了同心区域，每个区域都被独特的经济活动或社会经济群体所占据（Park et al.，1925）。随着服务经济的发展，由于规模经济和积极的外部性，不依赖人员或货物运输的企业团结起来（Marshall，1920）。已经建立了包括 CBD 以外的就业子中心在内的理论模型（Fujita et al.，1997；Henderson and Mitra，1996）。

因此，出现了多中心城市结构（the polycentric urban structure）。城市从单中心结构到多中心结构的转换，会影响空间相互作用和通勤动力学。描述这样的空间就是城市经济区（urban economic region），即：以经济比较发达的中心城市及其影响辐射范围为依据划分的城市经济圈，是以大型城市为核心，与其紧密相连的广大地区共同组成的经济上紧密联系，生产上相互协作，在社会地域分工过程中形成的城市地域综合体。从其结构形态看，它是以大中城市为核心，并由与之紧密相连的广大地区共同组成的、经济上紧密联系、生产上互相协作，在社会地域分工过程中形成的结节地域。从城市经济区的内在特性的规定性看，它具有五大构成要素，即中心城市、城镇网络、联系通道、空间梯度和经济腹地，其中中心城市规定了城市经济区的层次，经济腹地展示了城市经济区的范围。

五、巨型区

近年来，经济全球化进一步压缩了全球生产空间。以美国为例，东北海岸、中西部地区、加州南部、墨西哥湾等 10 个区域，人口约 1.97 亿，占美国 68%，聚集了 80% 百万以上人口的大城市（Lang and Dhavale，2005），集中了全国 85% 以上的 GDP。2005 年美国区域规划协会编制《美国 2050》首先提出“超大都市带（beyond megalopolis）”的概念（Lang and Dhavale，2005），并提出相应的识别标准：①至少联结着两个或更多的现有大都市区；②预计到 2040 年总人口将超过 1000 万；③衍生出一系列相邻的大都市区或小都市区；④组成一个具有显著的历史背景和共性特征的“有机的”文化区域（organic culture region）；⑤占据大致相近的自然环境；⑥通过一些主要的交通基础设施将巨大的城市核心联系起来；⑦由各种货物流和服务流形成一个功能性的城市网络；⑧创造出一个适合于开展大尺度区域规划的地理单元；⑨位于美国境内；⑩以县为基本单元（Todorovich and Yaro，2008）。其后，将“超大都市连绵区（beyond megalopolis）”正式定名为“巨型区域（megaregion）”（Todorovich and Yaro，2009）。巨型区成为当下城市化的最新形态（Mukhopadhyay and Chandrima，2016）。

第二节　中国城镇化空间研究

在中国，关于城镇化空间的概念，绝大部分都是舶来品，稍有的中国特色创新有时也会因为学科不同、语境和话语差异，或门派林立的原因，或政府部门主导，一直难以获得共识。这里按照时间的脉络整理如下。

一、关于大都市区

中国关于大都市区的研究，相关的学术概念和用语最乱，例如城市群、都市圈、都市连绵区、城市带、组团型城市等，不一而足。

1. 城市经济统计区

在国家自然科学基金重点资助项目“中国沿海城镇密集地区空间集聚与扩散研究”中，周一星建议中国建立一套能接轨国际的包括都市区在内的城市地域概念，并提出了中国的城市功能性地域“城市经济统计区”的界定指标体系。由于在我国城乡联系并不主要表现为通勤联系，而是综合反映在城市与其外围地区之间人口、物资、资金、信息、技术等方面的种类繁多的联系，难以获取全面准确的资料，需要寻找一项简单易行的统计指标。因此，周一星假设：在一定的空间范围内核心城市与它周围县的社会经济联系强度，与这些县的非农化水平有密切关系，可以用县的非农化水平来代替通勤流指标。为了验证这种假设，孙胤社采用统计分析方法研究了影响北京市与 25 个周围县之间客流量和客流比例的主要因素，在线性模式和乘积模式两种方程下对影响北京地区客流量的 17 个因素作了逐步回归，结果表明周围县与中心市的客流强度主要由各县的非农业人口比例和农村非农业人口劳动力比例两因素决定(胡序威等，2000)。

2. 大都市区

周一星等在国家自然科学基金重点资助项目“中国沿海城镇密集地区空间集聚与扩散研究”中确定了中国都市区的界定指标体系 。此后，顾朝林等对该指标体系进行局部调整，提出了新的界定指标体系，即：一个大的人口核心（中心城市）以及与这个核心有高度的社会经济一体化倾向的邻接社区（郊区）的组合。在中国，规定大都市区应当由连片居住 50 万人口以上的中心城市为核心，包括周围与之有密切联系的一批郊区城镇组成。

霍尔认为，中国的大都市区既与世界上其他的大都市有相似的属性，又有其自身的特性。在全球经济格局中，中国很明显地处在一个非常独特的位置：它已经成为“新的世界工厂”，生产了很多先进的消费品，并利用着一种低生产成本和先进技术结合的优势，这与当今很多发达国家经济体（19 世纪的德国、20 世纪中期的日本和美国硅谷）的早期发展在历史上相似。中国的发展速度和多中心大都市地区的规模又是显然不同的：生产的过程被组织在各个分离的地区的“集群”而且又是高度网络化的城市群，尤其是长江三角洲和珠江三角洲（Hall，2009）。

2016 年，国务院批复的《中原城市群发展规划》明确提出，支持郑州建设国家中心城市，推动郑州与开封、新乡、焦作、许昌四市深度融合，建设现代化大都市区。2019 年，河南省委办公厅、河南省政府办公厅联合印发了《郑州大都市区空间规划

（2018—2035 年）》，提出要构建“一核、四轴、三带、多点”空间格局。一核：郑汴港核心引擎区，是郑州大都市区发展的核心增长极。四轴：完善主要交通干线和综合交通运输网络，提升南北向沿京广线、东西向沿陇海线等区域发展主轴辐射带动能力，建设郑州－焦作、开封－登封功能联系廊道，打造特色鲜明、布局合理的现代产业城镇密集带。三带：黄河文化生态带、嵩山—太行山区文化生态带和农区田园文化生态带，共同构成郑州大都市区外围绿环。多点：次级中心城市、新兴增长中心、重点镇和特色小镇等构成的郑州大都市区多层次发展空间。

3. 大都市圈

2010 年以来，中国大城市由于过高的房价和就业岗位的老城区化，跨行政区的通勤流量的出现，例如河北燕郊和江苏昆山，分别来自北京或上海的 30 个通勤区，形成了一个大通勤区。人口迁移到大城市和大都市地区，这是资源的市场空间分配的结果。因此，也有人推断：中国进入大都市圈主导的时代。

2012 年，武汉率先编制《武汉都市圈规划（2012—2015）》。这个都市圈成立于 2004 年，包括武汉市、黄石市、鄂州市、孝感市、黄冈市、咸宁市、仙桃市、潜江市和天门市。土地面积 5.78 万 km^2，2012 年 GDP 12948.58 亿元。武汉都市圈规划的区域空间结构是：“一核、一脊、两轴、两环、两带、四组团”。

二、关于城市群

进入 21 世纪以后，中国正进入快速城市化时期，城市群发展成为新的特征。2006 年 3 月中国政府发布《中华人民共和国国民经济和社会发展第十一个五年规划纲要》，在纲要中明确提出：“要把城市群作为推进城镇化的主体形态，逐步形成以沿海及京广、京哈线为纵轴，长江及陇海线为横轴，若干城市群为主体，其他城市和小城镇点状分布，永久耕地和生态功能区相间隔，高效协调可持续的城镇化空间格局”。2010 年出版的《中国发展报告 2010：促进人的发展的中国新型城市化战略》一书中，国家发展和改革委员会秘书长杨伟民表示，中国城市化要走以城市群为主体形态的城市化道路，在城市化空间布局上按特大城市群、大城市群、其他城市化地区（大都市区、城市圈、城市带）、边境口岸城市、点状分布的中小城市和小城镇五类考虑，实行有区别的城市化方针。2010 年 10 月《中共中央关于制定国民经济和社会发展第十二个五年规划纲要的建议》明确指出：促进区域协调发展，积极稳妥推进城镇化。按照统筹规划、合理布局、完善功能、以大带小的原则，遵循城市发展客观规律，以大城市为依托，以中小城市为重点，逐步形成辐射作用大的城市群。2011 年《中华人民共和国国民经济和社会发展第十二个五年规划纲要》明确构建以陆桥通道、沿长江通道为两条横轴，以沿海、京哈京广、包昆通道为三条纵轴，以轴线上若干城市群为依托、其他城市化地区和城市为重要组成部分的城市化战略格局。2014 年发布《国家新型城镇化规划（2014 — 2020 年）》，第四篇第九章和第十章论述了优化提升东部地区城市群，培育发展中西部地区城市群。这样，在中国，城市群的概念成为时髦靓丽、炙手可热的城镇化研究名词。

1. 中国城市群概念

城市群，是城市发展到成熟阶段的最高空间组织形式，是指在特定地域范围内，一般以 1 个以上特大城市为核心，由 3 个以上大城市为构成单元，依托发达的交通通信等基础设施网络所形成的空间组织紧凑、经济联系紧密、并最终实现高度同城化和高度一体化的城市群体。城市群是在地域上集中分布的若干特大城市和大城市集聚而成的庞大的、多核心、多层次城市集团，是大都市区的联合体。

2006 年《中华人民共和国国民经济和社会发展第十一个五年规划纲要》中城市群的英文翻译是“urban agglomeration”。事实上，“城市群”概念是中国的特色名词，在国外没有对等的概念。在西方文献中，“urban agglomeration”是“城市集聚体”的意思，即：一个大城市及其周围的卫星城镇在遥感图片上形成相互连接的不规则体，其空间范围介于城市化地区和都市区之间。有时候，几个连体的大都市也叫作 urban agglomeration。联合国对 urban agglomeration 的定义如下：“Comprises a city or town proper and also the suburban fringe or thickly settled territory lying outside，but adjacent to，its boundaries. A single large urban agglomeration may comprise several cities or towns and their suburban fringes”（由一个城市或城镇的中心城区与郊区边缘地带或毗邻的外部地区组成。一个大的城市群可能包括几个城市或城镇郊区及其边缘地区）。据此，这里特别注明：西方的 urban agglomeration 概念是包括了城市、城镇及其外围地区的城市区域概念，而我国目前的“城市群”概念主要指一群地域相近、又具有一定的行政、交通、经济、社会等联系的城市组群。

2. 中国早期的城市群研究

在中国，早期关于城市群的研究主要侧重于城市化地区空间形态的特征描述，例如区域发展中心，块状、条状和以大城市为中心的空间分布形态，构建都市区的指标体系以及空间组合、网络空间、生物群落特征等。

1）城市群术语溯源

最早使用“城市群”术语的是宋家泰先生，他在 1980 年《地理学报》发表“城市 - 区域与城市区域调查研究——城市发展的区域经济基础调查研究”中论述“城市 - 区域”关系时认为：“城市 - 区域”是城市发展及与之有紧密联系的周围地区之间的一种特定的地域结构体系。按照我国城市 - 区域的客观实际主要有两种类型：①对应于行政区域的城市经济区域；②非行政区的城市经济区域，其中多中心的城市区域称为“城市群”（宋家泰，1980）。杨吾扬根据大量的文献描述资料和理论实践研究发现，世界上的城市，特别是具有一定规模的现代城市，其地理分布往往不是孤立的，而是群体的（杨吾扬和杨齐，1986）。严重敏翻译了“城市体系（urban system）”的文献，其中将城市体系定义为：一定地域范围内，一组相互关联、具有一定结构和功能、有机结合的城镇群（严重敏，1985）。

进入21世纪，中国加入世界贸易组织，中国城市群的经济性凸显，经济学家开始关注城市群问题，中国城市群作为国家战略的研究。简而言之，中国的“城市群”概念实际上从原有的城市地理概念转变成为一种经济区域的概念。

2）城市群早期研究

在中国，改革开放政策打破了原有的计划经济体系，城市发展除了原有的自上而下要素配给布局渠道外，市场集聚和交换生产要素的作用日趋明显，城市间的联系和协作成为必然趋势，城市群作为一种地理现象，首先得到城市地理学家的重视，也相继开展相关的研究。

（1）城市群作为区域发展中心的作用认识。关于城市群的作用地理学家在早期的研究中就已经十分关注。胡序威在论述城市与区域的关系时就曾经强调了城镇群作用，他认为：每一个城市都可以在其中的某一项或若干项职能在不同的地域范围内发挥其中心作用。但是作为一个区域的中心，必须是对整个区域的发展有很大的影响，能在多种职能（尤其是经济职能）上综合发挥中心作用的城市或城镇群（胡序威，1983）。

（2）中国城市群的初步研究。关于中国城市群的研究早期是内含在城镇体系和城市经济区研究之中的。1987年顾朝林完成《中国城镇体系——历史·现状·展望》博士学位论文，在中国现代城镇体系地域空间结构研究部分依据分布形态、核心城市多寡和城市数量多少分为三种基本类型：块状城市集聚区、条状城市密集区和以大城市为中心的城市群（顾朝林，1992）。1990年顾朝林完成《城市经济区理论与应用》博士后研究报告，进一步揭示了以大中城市为核心、与其紧密相连的广大地区共同组成、具有地域分工特征的城市经济区理论，运用图论原理和因子分析方法相结合，建立了城市经济区划分的 d_{Δ} 系理论和 R_{d} 链方法，应用33个指标和434个地级以上城市进行城市综合实力评价，提出了我国两大经济发展地带、三条经济开发轴线、九大城市经济区、33个二级城市经济区和107个城镇群的初步设想（顾朝林，1991）。

（3）中国城市群地域划分研究。由于在我国城乡联系并不主要表现为通勤联系，而是综合反映在城市与其外围地区之间人口、物资、资金、信息、技术等方面的联系，种类繁多，难以获取全面准确的资料，需要寻找一项简单易行的统计指标。周一星建议中国建立一套能接轨国际的包括都市区在内的城市地域概念，其后提出了中国的城市功能性地域“城市经济统计区”的界定指标体系（周一星，1986）。在1991年，周一星等通过调查发现：在一定的空间范围内核心城市与它周围县的社会经济联系强度与这些县的非农化水平有密切关系，可以用县的非农化水平来代替通勤流指标（周一星和胡大鹏，1991）。为了验证这种假设，孙胤社采用统计分析方法研究了影响北京市与周边25个县之间客流量和客流比例的主要因素，在线性模式和乘积模式两种方程下对影响北京地区客流量的17个因素做了逐步回归，结果表明周围县与中心市的客流强度主要由各县的非农业人口比例和农村非农业人口劳动力比例两因素决定的（孙胤社，1992）。王兴中（1995）也采用类似方法对西安都市区进行了界定。周一星等在国家自然科学基金重点资助项目“中国沿海城镇密集地区空间集聚与扩散研究”中确定了中国都市区的界定指标体系（胡序威等，2000）。

3. 中国城市群的系统研究

中国城市群的系统研究由姚士谋等城市地理学家完成。1992 年姚士谋出版了《中国的城市群》，将城市群定义为：在一般情况下，城市群是一个复杂的整体、一组互相联系着的事物或是区域生产空间。……城市群也是一个城市分布的区域系统。城市群是在一定地区范围内，各类不同等级规模的城市依托交通网络组成一个相互制约、相互依存的统一体（姚士谋等，1992）。《中国的城市群》按照城市分布的地域范围与规模等级划分城市群类型，其中超大城市群包括沪宁杭、京津唐、珠江三角洲、四川盆地和辽中地区等，近似城市群的城镇密集区包括中原地区、湘中地区、关中地区、福州厦门地区、哈大齐地区、武汉地区、山东半岛、台湾西海岸等。2001 年修订时，姚士谋将城市群进一步定义为“在特定的地域范围内具有相当数量的不同性质、类型和等级规模的城市，依托一定的自然环境条件，以一个或两个特大或大城市作为地区经济的核心，借助于现代化交通工具和综合运输网的通达性以及高度发达的信息网络，发生与发展着城市个体之间的内在联系，共同构成一个相对完整的城市‘集合体’”（姚士谋，2001）。2006 年的修订将山东半岛城市群列入超大型城市群（姚士谋，2006）。

2000 年，张京祥出版了《城市群体空间组合》，提出了城镇群体的概念，即指一定范围内具有密切社会、经济、生态等联系，而呈现出群体亲和力及发展整体关联性的一组地域毗邻的城镇 。城市群体空间，则是指在这一城镇群体化发展区域内，由这些具体的城镇及分布其间的区域环境共同组成的空间，亦即为一个包括城镇建设占据的实体空间及城镇间的区域基质空间（乡村、生态区域）的有机地域系统，其本质特征是网络性 。

2002 年，吴良镛通过对上海及其周边地区空间发展的研究，认为像上海这样的特大城市，不单纯是以某特大城市为核心、若干卫星城相环绕的网络体系，而是以点、线、面相结合，呈多核心的城镇群的方式向区域整体化发展 。2003 年，周干峙将类似的区域描述为 “高密集连绵网络状大都市地区 ”。

2006 年，中国发布《中华人民共和国国民经济和社会发展第十一个五年规划纲要》，把城市群作为推进城镇化的主体形态，提出逐步形成以沿海及京广京哈线为纵轴，长江及陇海线为横轴，若干城市群为主体，其他城市和小城镇点状分布，永久耕地和生态功能区相间隔，高效协调可持续的城镇化空间格局。在已形成城市群发展格局的京津冀、长江三角洲和珠江三角洲等区域，要继续发挥带动和辐射作用，加强城市群内各城市的分工协作和优势互补，增强城市群的整体竞争力（国家发展和改革委员会，2006）。

2008 年，李浩引入生物群落的学术思想对城镇密集地区进行了研究，提出了城镇群落的概念，给出的定义是：在特定空间或特定生境下，由一定的人类聚居单元及其他生物种群所组成，表现出一定的形态特征和空间结构，与区域空间环境之间彼此影响、相互作用并具有特定功能的城乡空间集合体，它是一个相对完整的地域空间和生态学功能单位。

2010 年，中国发展研究基金会发布《中国发展报告 2010：促进人的发展的中国新型城市化战略》。该报告认为，在中国未来 20 年将会引导 2 亿～ 4 亿人进入城市，中国需要走“紧凑型、集约化、高密度的城市化道路”，以城市群主体形态推进城市化。具体表现为：优化环渤海（包括京津冀、辽中南和胶东半岛）、长江三角洲和珠江三角洲三个特大城市群，重点发展哈长、闽东南、江淮、中原、长江中游（包括长株潭、武汉和南昌— 九江地区）、关中、成渝和北部湾地区，构建“两横三纵”的城市化战略格局（中国发展研究基金会，2010 年）。

2016 年，方创琳等出版《2016 中国城市群发展报告》，在对近 120 年来国内外城市群定义和界定标准精准梳理的基础上，客观分析近 35 年来中国城市群持续发展的基本特征、时空分异特点及存在的现实问题，提出重点建设 5 个城市群、稳步建设 9 个区域性城市群、引导培育 6 个地区性城市群，形成大中小协同发展的“5+9+6”城市群空间新格局方案（方创琳等，2016）。

三、关于巨型城市区

1. 全球区域

2005 年，吴志强等提出全球区域（global region）的概念（于涛方和吴志强，2005）。

李红卫（2005）对全球区域进行了定义，给定全球区域应具备两个条件：①区域的规模和作用应具有全球的影响力。该区是一个城市密集区，由至少一个大都市区组成，人口超过 1000 万人，人口密度超过 250 人 /km²。具有全球性交通航运枢纽、金融中心或某一方面的产业中心，控制全球某一方面的资源，对全球城市经济的发展具有重要作用。具体而言，全球区域至少应拥有一个以上的世界城市，具有金融中心、国际机场、信息港等功能。②区域的文化和制度应具有长远发展的个性。全球区域是一个城市联盟区，也具有独特的文化区域，是世界城市文化的重要组成部分。此外，全球区域也是一个扁平化网络，各城市在区域发挥独特的作用，各城市之间的关系也逐渐由辐射与被辐射转变为互相合作和依存。

2. 城市经济区

周一星和张莉（2003）根据城市中心性的等级体系，确定京津唐、长江三角洲和珠江三角洲为全国的经济核心区，并划分出北方区、东中区和南方区 3 个一级城市经济区和 11 个二级区。

四、关于大都市带

1. 城市连绵区

1999 年建设部组建“跨世纪中国城市发展战略研究”课题领导小组，进行跨世纪中国城市发展战略研究，研究成果认为：经济全球化对城市发展的影响巨大，未来大都市连绵区更具发展活力，提出中国应该重视城市连绵区建设，推进城市化进程（顾朝林等，2003）。2003 年，顾朝林等出版了《经济全球化与中国城市发展：跨世纪中国城市发展战略》对中国大城市连绵区进行了研究。后来，顾朝林等编纂的《中国城市地理》第十三章专门对中国大都市密集区进行了研究 。2008 年，顾朝林等出版了《中国城市化：格局・过程・机理》，对长江三角洲、珠江三角洲等城市密集区以及若干不同地域类型区的城市化格局、过程和模式进行了深度和重点不同的分析 。

2004 年，旅日学者周牧之在中国出版《鼎：托起中国的大城市群》，从世界格局的巨变与中国发展以及中国的“世界工厂”为切入点，提出中国城市化面临大规模人口移动压力、汽车社会仓促来临、城市无序开发蔓延、粗放型土地利用和不合理的产业分布等重大课题，提出中国城市化的集约化、流动化、市民社会、可持续发展等社会发展目标，认识到作为国际竞争的基本单位——大城市圈、大城市群具有特别的重要性（周牧之，2004）。

2008 年，邹德慈等完成了《我国大城市连绵区的规划与建设问题研究》，认为我国的大城市连绵区主要分布在经济发达的东部沿海地区，由北而南依次分布辽宁中南部、京津唐、山东半岛、长江三角洲、福建海峡西岸和珠江三角洲六个大城市连绵区，其中长江三角洲、珠江三角洲两个大城市连绵区已经基本形成，京津唐大城市连绵区处于加速形成过程中，辽宁中南部、山东半岛、福建海峡西岸显现大城市连绵区空间形态的雏形（邹德慈等，2008）。

2. 组团式城市群

中国市长协会 2004 年发布《中国城市发展报告（2003 ～ 2004）》，提出“组团式城市群”的概念，其定义是大中小城市“结构有序、功能互补、整体优化、共建共享”的镶嵌体系，体现出以城乡互动、区域一体为特征的高级演替形态。按照这个定义，正在形成的珠江三角洲、长江三角洲和京津环渤海城市群这三大经济圈属于“组团式城市群”。

3. 城市密集区

2005 年国家发展和改革委员会委托“十一五”规划前期研究课题“2020 年中国城市体系框架（纲要）”，研究成果提出依托国家枢纽城市，建设长江三角洲、珠江三角洲两个全球城市区，构筑“三纵两横”国家城市体系发展轴，建设东部沿海地区辽中南、京津唐、胶济沿线、长江三角洲、闽东中部沿海、珠江三角洲 6 大城市密集区，中部江汉平原、中原地区、松嫩平原、湘中地区 4 大城市群和西部四川盆地（成都）、三峡地区（重庆）、关中地区（西安）3 大城市群以及若干个城市发育区的设想（顾朝林，2005）。

2006 年，牛凤瑞等出版《三大都市密集区：中国现代化的引擎》，先后对长江三角洲、珠江三角洲和京津唐三大都市密集区的人口、土地、核心城市空间发展战略等进行研究，初步形成了基本判断：①三大都市密集区的国民经济体系具有较高的相对独立性；②三大都市密集区内产业同构化不应是关注的热点；③三大都市密集区的核心问题是市际关系；④三大都市密集区较多的建设用地是我国优化经济要素配置必须支付的成本（牛凤瑞和盛广耀，2006）。

五、关于巨型城市区

2006 年，霍尔认为：中国和欧洲的城市在 21 世纪将形成相同的特征（Hall，2006），即出现巨型城市区域。所谓巨型城市区域，主要是指以全球城市或世界城市为中心，由数量可多达 30 ～ 40 个城市以及周边的小城镇组成，形成结构复杂的庞大网络状城市复合体（vast networked urban complexes），被称为“多中心巨型城市区（polycentric mega-city regions）”。

张敏、顾朝林等（2006）通过分析长江三角洲地区不断深入的全球化进程和不断加强的城镇一体化态势，提出长江三角洲地区是中国最有可能建设成为全球城市区的区域；进而从全球城市区的空间建构和功能组织的角度，提出通过提升上海全球城市功能，打造南京、杭州、苏州、宁波的次级全球城市职能，强化城市间的功能联系，构筑区域网络一体化支撑体系，构建“多中心层域式、网络状一体化”的长江三角洲全球城市区。

张晓明和张成（2006）通过新劳动功能分工显示出巨大的经济力量，参照 POLYNET 项目组的研究方法和国内相关研究成果，构建 FUR 界定了长江三角洲巨型城市区的范围，并采用生产性服务业从业人员结构数据对 16 个主要 FUR 之间的功能联系进行了分析。张晓明（2006）还从多中心、功能性和网络性三个角度对长江三角洲巨型城市区的特征进行了分析，并指出长江三角洲巨型城市区是一个多中心网络状的城市区域。闫小培、毛蒋兴等（2006）也以珠江三角洲地区为例进行巨型城市区域土地利用变化的人文因素分析。

2007 年，霍尔认为：中国的大都市地区既与世界上其他的大都市有相似的属性，又有其自身的特性。在全球经济格局中，中国很明显地处在一个非常独特的位置：它已经成为“新的世界工厂”，生产了很多先进的消费品，并利用着一种低生产成本和先进技术结合的优势，这与当今很多发达国家经济体（19 世纪的德国、20 世纪中期的日本和美国硅谷）的早期发展在历史上相似。中国的发展速度和多中心大都市地区的规模又是显然不同的：生产的过程被组织在各个分离地区的“集群”而且又是高度网络化的城市群，尤其是长江三角洲和珠江三角洲（Hall，2007）。

第三节　城市作为点的空间分析

在区域空间分析中，点的分析至关重要。主要在于：首先点确定了空间的位置，其次点本身在空间的主导作用。

一、城市规模分布模拟

中国城市的等级规模，在相当长的时间内，按照非农业人口计算城市规模，并且做了特大城市（100 万以上）、大城市（50 万～ 100 万）、中等城市（20 万～ 50 万）和小城市（20 万以下）的规定。近年来，由于城市就业形态的变化，非农业和农业的边界变得模糊不清，而且人口的流动规模也越来越大，城市等级规模体系进行了调整（表 4.1），其中人口超过 100 万的城市在区域空间都具有重要的影响力。

1. 中国城镇等级体系

中国经济的高速增长促进了大城市的急剧增长。事实上，可以说，中国已经处在大城市发展的新时代。2002 年中国城镇体系人口规模分布，从城市人口数量的分布看，小城镇占 1/3，特大城市占不到 1/4，大城市、中等城市和小城市均在 20% 以下（表 4.1）。到 2014 年，中国有 1000 万以上人口的超大城市 3 个，城镇人口 4576.7 万人，占全国总城镇人口的 6.08%；500 万～ 1000 万人口的特大城市 10 个，城镇人口 6076.0 万人，占全国总城镇人口的 8.08%；300 万～ 500 万人口的大城市 12 个，城镇人口 4327.3 万人，占全国总城镇人口的 5.75%。超大城市、特大城市、Ⅰ型大城市和Ⅱ型大城市的城市人口飙升到 4.52 亿，已占城市总人口的 60%，国民生产总值更是达到全部城市的 73%（表 4.2）。

表 4.1　中国城镇体系人口规模分布表（2002 年）

等级规模	设市城市		城镇人口		城镇非农业人口		
	数量 / 个	比重 /%	规模 / 亿人	比重 /%	规模 / 万人	比重 /%	平均规模 / 万人
＞ 100 万	48	7.27	1.51	25.86	10661.91	41.53	222.12
50 万～ 100 万	65	9.85	0.75	12.84	4302.49	16.76	66.19
20 万～ 50 万	222	33.64	1.81	30.99	6772.85	26.38	30.51

续表

等级规模	设市城市		城镇人口		城镇非农业人口		
	数量/个	比重/%	规模/亿人	比重/%	规模/万人	比重/%	平均规模/万人
＜20万	325	49.24	1.77	30.31	3933.84	15.32	12.10
合计	660	100	5.84	100	25671.08	100.00	38.90

资料来源：《中国统计年鉴2001》；建设部城乡规划司：《2002年全国设市城市及其人口统计资料》，2002年各城市人口已包含镇辖人口。

表4.2　中国城镇等级体系（2014年）

等级规模	设市城市		城镇人口		国民生产总值（GDP）	
	数量/个	比重/%	规模/万人	比重/%	亿元	比重/%
超大城市（≥1000万）	3	0.46	4576.7	6.08	55763.8	10.67
特大城市（500万～1000万）	10	1.53	6076.0	8.08	78919.7	15.10
Ⅰ型大城市（300万～500万）	12	1.84	4327.3	5.75	64734.4	12.38
Ⅱ型大城市（100万～300万）	182	27.87	30196.0	40.13	182176.8	34.85
中等城市（50万～100万）	263	40.28	22791.5	30.29	105424.5	20.16
Ⅰ型小城市（20万～50万）	144	22.05	6778.7	9.01	32345.5	6.19
Ⅱ型小城市（10万～20万）	39	5.97	493.4	0.65	3451.1	0.66
合计	653	100.00	75239.6	100.00	522815.8	100.00

资料来源：城市网站汇总。

2. 城市规模分布模型

城市规模分布（city-size distribution），是指区域城镇体系中相对均衡、连续的城市规模分布。不同规模城市的分布频率经常处于不同的规模等级。实际的城市体系的分布可以与理论模型进行比较，这些模型如中心地理论、等级规模法则和首位城市法则所得到的模型。

城市等级规模法则（urban rank-size rule）的概率分布模型为 $P_r=b_0R-b$，其中 P_r 为 r 级城市人口规模，R 为等级位序（为了避免 ln1=0 时首位城市在回归方程中作用减弱，一般令等级序列 R 等于实际序位 r+2），b_0 和 b 为常数。一般认为，b 为集中指数，b 值越大，城市规模的集中程度越高，并且 b 小于1为次位型分布，等于1为均衡分布，大于1为首位型分布。

根据中国1982年、1983年、1984年、1985年、2002年城市人口数据进行模型回归分析（表4.3），可见采用幂函数模型描述我国城镇体系等级规模分布具有很高的相关系数。

表 4.3　中国城镇等级规模分布模型

时间	分布模型	样本数	相关系数
1982 年	P=1316.21R−0.878	186（＞10 万）	0.988
1983 年	P=1363.25R−0.879	213（＞10 万）	0.990
1984 年	P=1400.03R−0.874	228（＞10 万）	0.990
1985 年	P（1）=1975.27R−0.9255	248（＞10 万）	0.996
	P（2）=2620.02R−0.9988	307（＞5 万）	0.987
2002 年	P1=4426.04R−0.9543	660（＞5 万）	0.970
	P2=3025.72R−0.8715	559（＞10 万）	0.996
	P3=2394.88R−0.8174	335（＞20 万）	0.999

根据建设部2002年全国设市城市及其人口统计资料进行城市位序 - 规模模型拟合，证实用幂函数是描述全国城市体系等级规模的合理模型（图 4.3）。

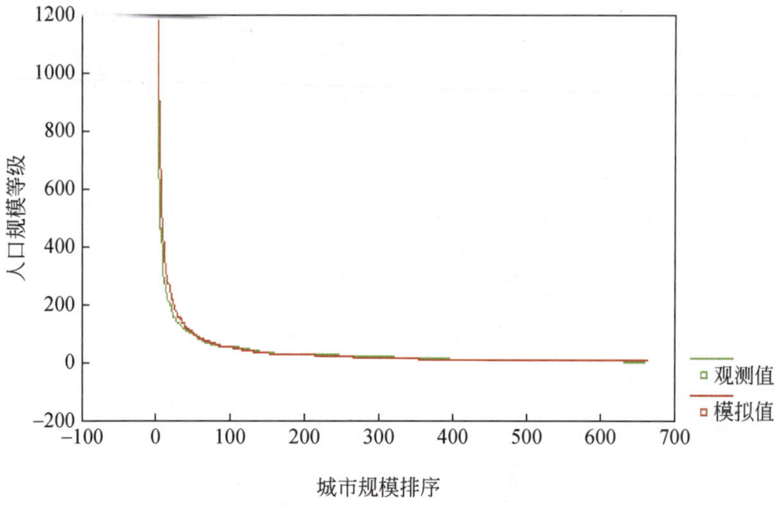

图 4.3　对所有 660 个设市城市的回归分析

二、中国城市活力评价

中国城市化空间的核心是城市经济最有活力的城市。这些城市相互作用、相互影响的范围构成了城市化的基本空间。

1. 城市活力构成分析

按照经典经济学理论，竞争往往集中在宏观的国家、产业层面及微观的企业层面。随着经济的全球化，城市已经成为参与全球竞争的主体，并且越来越多的城市竞争和企业、国家竞争呈现出相互作用、不可分割的格局。借鉴上述影响中国城市化空间的主要因素，通过城市居住者结构、企业贡献率、政府效率、外资利用、环境五个指标集，运用因子分析法对全国最重要的50个城市进行城市经济活力评价。

所谓城市活力，是指城市发展过程中的潜力和活力，表现在发展实力、灵活应变和快速成长三个方面。目前，中国的城市正处于快速成长期，其经济活力主要表现在经济成长的能力，引进资本和吸引高素质劳动力的能力。我们将其分解为以下五要素集（图 4.4）。

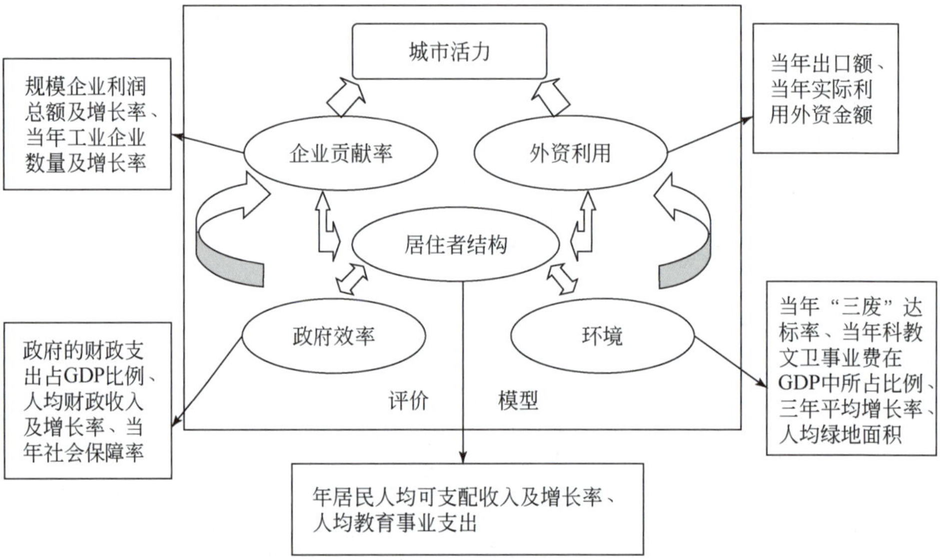

图 4.4　城市活力构成分析

2. 城市活力评价指标体系

城市活力不仅是经济的问题，同时还包括社会、环境等方面的因素。城市活力评价指标体系以经济指标为主导，同时包括社会、环境等指标（表 4.4）。

表 4.4　城市活力评价指标体系

评价因子	指标	单位
经济及其增长	人均 GDP	元
	人均 GDP 及其增长率	%
居民收入与支出	年居民人均可支配收入	元
	年居民人均可支配收入增长率	%

续表

评价因子	指标	单位
企业及其收益	规模企业利润总额	万元
	规模企业利润总额增长率	%
	当年工业企业数量	个
	当年工业企业数量增长率	%
财政与社会保障	政府的财政支出占 GDP 比例	%
	人均财政收入	元
	人均财政收入增长率	%
	当年社会保障率	%
外贸与外资	当年出口额	万美元
	当年实际利用外资金额	万美元
科技与教育	人均教育事业支出	%
	当年科教文卫事业费在 GDP 中所占比例三年平均增长率	%
社会与环境	当年“三废”达标率	%
	人均绿地面积	hm^2

3. 中国城市活力分析

选取中国的 50 个重要城市，按综合指标体系建立城市居住者结构、企业的贡献率、政府效率、外资利用、环境指标集矩阵，再对上述矩阵数据进行标准化，分别计算各指标、指标集的评价指数，最后计算城市经济活力评价指数。

城市活力指数评价计算方法如下：①在建立评价指标集矩阵和数据标准化的基础上，计算相关系数矩阵（R）；②对相关系数矩阵（R）进行向量内积求出特征值，求解求逆紧凑变换求得相应的特征向量，具体采用 JACOBI 方法求特征值的迭代精度；③按照特征值的累计百分率确定主因子数，并求每一主因子的贡献率（表 4.5），同时计算主因子与评价因子的 R 分析因子载荷量（表 4.6），并进一步考虑主因子相对重要度情形下的因子载荷量；④求出城市经济活力评价指数（表 4.7 和表 4.8）。

表 4.5　特征值及主因子贡献率表

主因子	特征值	贡献率 /%	累积贡献率 /%
1	6.656	36.977	36.977
2	2.057	11.429	48.407
3	1.680	9.332	57.738

续表

主因子	特征值	贡献率 /%	累积贡献率 /%
4	1.424	7.914	65.652
5	1.318	7.322	72.974
6	0.955	5.303	78.277
7	0.843	4.682	82.959
8	0.777	4.315	87.273
9	0.607	3.374	90.647
10	0.569	3.160	93.807
11	0.309	1.716	95.523
12	0.268	1.488	97.011
13	0.170	0.944	97.955
14	0.150	0.835	98.790
15	0.128	0.711	99.500
16	0.0049	0.272	99.772
17	0.02717	0.151	99.923
18	0.0138	0.07668	100.000

表 4.6　因子载荷量表

编号	因子	主因子 1（当年人均财政收入、年居民人均可支配收入、规模企业利润总额、当年实际利用外资金额、人均教育事业支出）	主因子 2（三年 GDP 平均增长率）
1	当年人均 GDP/ 元	0.7809286	0.0542029
2	三年 GDP 平均增长率	0.5007123	0.6221995
3	当年人均财政收入	0.883943	0.311082
4	财政收入三年平均增长率	0.6385487	−0.122328
5	年居民人均可支配收入 / 元	0.8682459	0.1938656
6	三年人均可支配收入平均增长率	−0.270297	0.2414553
7	规模企业利润总额	0.8035307	−0.388694
8	三年规模企业利润总额平均增长率	−0.139185	0.4362643
9	当年工业企业数量	0.7082106	−0.580817
10	工业企业数量增长率	0.0907645	−0.058094

续表

编号	因子	主因子 1（当年人均财政收入、年居民人均可支配收入、规模企业利润总额、当年实际利用外资金额、人均教育事业支出）	主因子 2（三年 GDP 平均增长率）
11	当年出口额（海关数）	−0.144277	−0.003902
12	当年实际利用外资金额	0.8422302	−0.253094
13	人均教育事业支出 / 元	0.8053663	−0.242002
14	地方财政支出占 GDP 比重的倒数	−0.227019	0.0182458
15	当年“三废”达标率	0.1516283	−0.184274
16	当年科教文卫事业费在 GDP 中所占比例三年平均增长率	0.344203	−0.362723
17	当年社会保障率	0.762201	0.4383548
18	人均绿地面积	0.6721484	0.5447998

表 4.7 城市活力指数表

序号	城市	社会总效益及质量	GDP 平均增长率	综合得分	活力指数差值
		主因子 1 得分	主因子 2 得分		
1	深圳	239.2412	15.08628	254.3275	—
2	上海	206.3317	−12.4576	193.8741	60.4534
3	广州	135.3358	−1.82864	133.5072	60.3669
4	东莞	126.4613	6.40024	132.8615	0.6457
5	珠海	101.317	4.00015	105.3172	27.5443
6	苏州	96.50997	4.91447	101.4244	3.8928
7	佛山	99.09836	−5.14305	93.95531	7.46909
8	北京	96.50997	−3.08583	93.42414	0.53117
9	厦门	89.85411	2.51438	92.36849	1.05565
10	宁波	89.85411	−1.25719	88.59692	3.77157
11	杭州	84.30756	0.45716	84.76472	3.8322
12	无锡	79.87032	2.40009	82.27041	2.49431
13	天津	81.3494	−2.62867	78.72073	3.54968
14	中山	73.954	2.85725	76.81125	1.90948
15	青岛	74.69354	1.71435	76.40789	0.40336
16	大连	70.62607	3.65728	74.28335	2.12454

续表

序号	城市	社会总效益及质量	GDP 平均增长率	综合得分	活力指数差值
		主因子 1 得分	主因子 2 得分		
17	温州	65.07952	4.11444	69.19396	5.08939
18	南京	68.03768	−1.1429	66.89478	2.29918
19	绍兴	60.64228	5.37163	66.01391	0.88087
20	威海	54.72596	4.11444	58.8404	7.17351
21	福州	56.57481	1.1429	57.71771	1.12269
22	烟台	53.98642	2.85725	56.84367	0.87404
23	常州	54.35619	0.91432	55.27051	1.57316
24	济南	51.7678	1.25719	53.02499	2.24552
25	沈阳	49.17941	2.17151	51.35092	1.67407
26	秦皇岛	45.48171	4.22873	49.71044	1.64048
27	呼和浩特	34.38861	14.62912	49.01773	0.69271
28	嘉兴	43.63286	2.97154	46.6044	2.41333
29	昆明	44.74217	0	44.74217	1.86223
30	哈尔滨	38.08631	3.4287	41.51501	3.22716
31	扬州	36.23746	2.2858	38.52326	2.99175
32	长春	35.86769	2.62867	38.49636	0.0269
33	武汉	38.82585	−0.34287	38.48298	0.01338
34	合肥	35.49792	2.40009	37.89801	0.58497
35	徐州	34.38861	2.62867	37.01728	0.88073
36	长沙	35.49792	0.91432	36.41224	0.60504
37	成都	35.49792	−0.57145	34.92647	1.48577
38	潍坊	31.06068	1.37148	32.43216	2.49431
39	石家庄	31.43045	0.91432	32.34477	0.08739
40	郑州	27.36298	2.97154	30.33452	2.01025
41	南昌	25.51413	3.4287	28.94283	1.39169
42	乌鲁木齐	26.62344	2.2858	28.90924	0.03359
43	银川	26.62344	1.94293	28.56637	0.34287
44	桂林	24.77459	0.68574	25.46033	3.10604

续表

序号	城市	社会总效益及质量	GDP 平均增长率	综合得分	活力指数差值
		主因子 1 得分	主因子 2 得分		
45	贵阳	20.70712	2.85725	23.56437	1.89596
46	南宁	19.59781	3.65728	23.25509	0.30928
47	西安	20.70712	−1.02861	19.67851	3.57658
48	兰州	16.26988	1.71435	17.98423	1.69428
49	太原	14.05126	3.65728	17.70854	0.27569
50	重庆	14.42103	−0.22858	14.19245	3.51609

表 4.8　城市经济活力指数差值表

序号	城市	活力指数差值	序号	城市	活力指数差值
1	深圳	—	20	威海	7.17351
2	上海	60.4534	21	福州	1.12269
3	广州	60.3669	22	烟台	0.87404
4	东莞	0.6457	23	常州	1.57316
5	珠海	27.5443	24	济南	2.24552
6	苏州	3.8928	25	沈阳	1.67407
7	佛山	7.46909	26	秦皇岛	1.64048
8	北京	0.53117	27	呼和浩特	0.69271
9	厦门	1.05565	28	嘉兴	2.41333
10	宁波	3.77157	29	昆明	1.86223
11	杭州	3.8322	30	哈尔滨	3.22716
12	无锡	2.49431	31	扬州	2.99175
13	天津	3.54968	32	长春	0.0269
14	中山	1.90948	33	武汉	0.01338
15	青岛	0.40336	34	合肥	0.58497
16	大连	2.12454	35	徐州	0.88073
17	温州	5.08939	36	长沙	0.60504
18	南京	2.29918	37	成都	1.48577
19	绍兴	0.88087	38	潍坊	2.49431

续表

序号	城市	活力指数差值	序号	城市	活力指数差值
39	石家庄	0.08739	45	贵阳	1.89596
40	郑州	2.01025	46	南宁	0.30928
41	南昌	1.39169	47	西安	3.57658
42	乌鲁木齐	0.03359	48	兰州	1.69428
43	银川	0.34287	49	太原	0.27569
44	桂林	3.10604	50	重庆	3.51609

通过上述方法评价可见，我国城市活力指数可以分为五级（图 4.5）：①第一级城市：深圳、上海；②第二级城市：广州、东莞；③第三级城市：珠海、苏州；④第四级城市：佛山、北京、厦门、宁波、杭州、无锡、天津、中山、青岛、大连、温州、南京、绍兴；⑤第五级城市：威海、福州、烟台、常州、济南、沈阳、秦皇岛、呼和浩特、嘉兴、昆明、哈尔滨、扬州、长春、武汉、合肥、徐州、长沙、成都、潍坊、石家庄、郑州、南昌、乌鲁木齐、银川、桂林、贵阳、南宁、西安、兰州、太原、重庆。这些城市的空间分布见图 4.6。

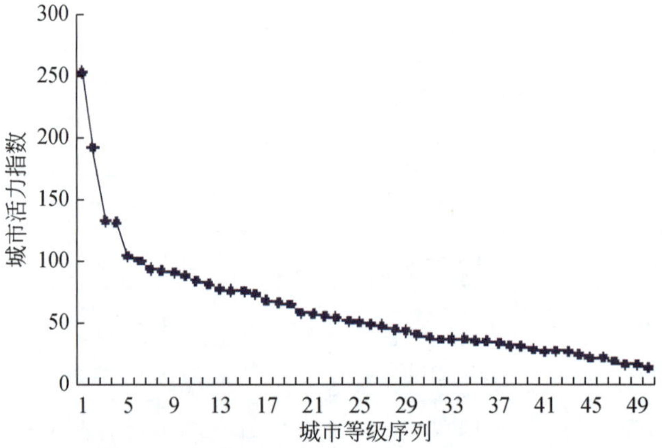

图 4.5　中国城市活力指数曲线图

三、城市实力指数评价

城市节点是城市网络中的点，采用城市的实力指数评价方法。城市实力指数越高，节点的层级也越高。

1. 城市实力指数评价模型

为了比较准确地反映各城市的节点层次，我们运用主因子 R 分析方法进行城市实力指数的多指标定量评价分析。

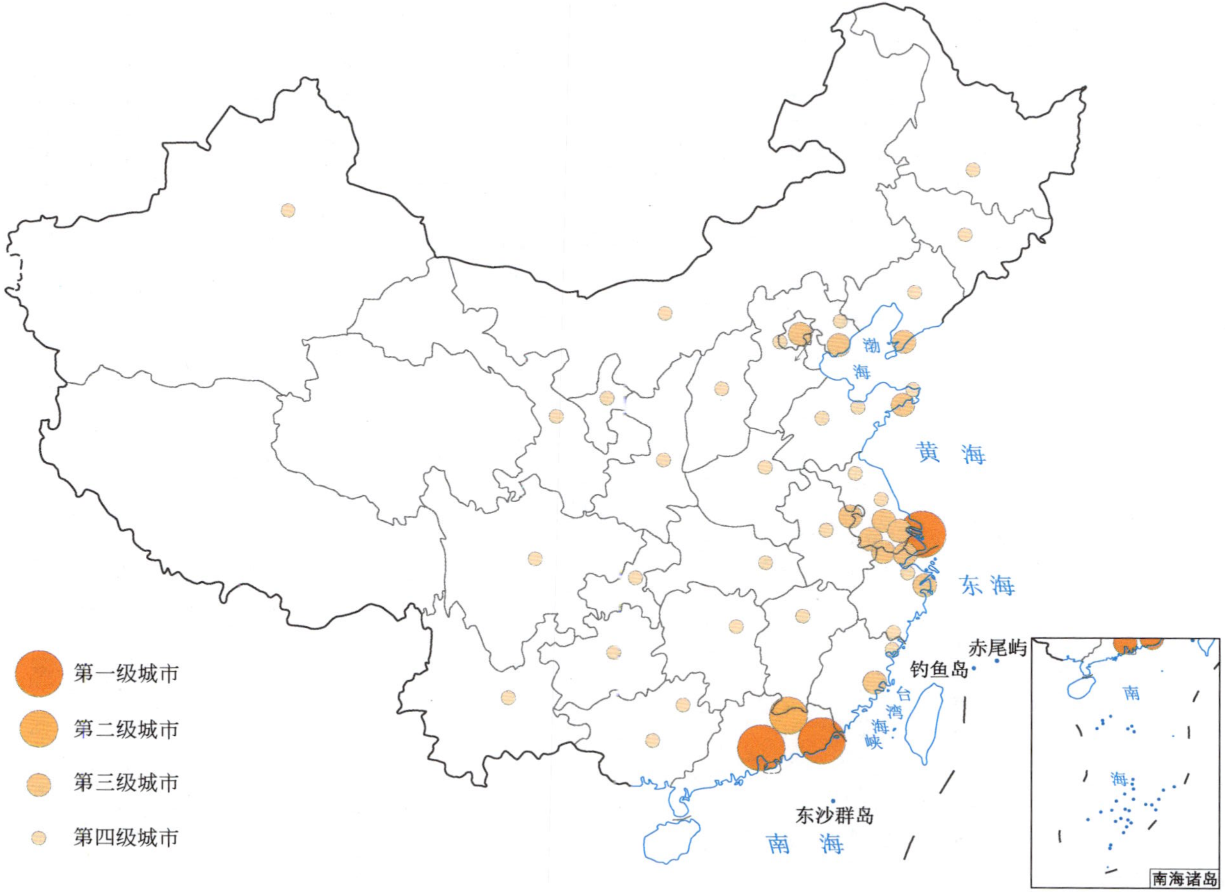

图 4.6　中国城市经济活力指数示意图

假定对 n 个城市进行 m 项指标综合评价，其指标集矩阵为 X_{ij}（其中 i=1，2，…，n；j=1，2，…，m）。为了除去量纲对评价的影响，我们可对原指标集矩阵标准化。

$$Y_{ij}=(X_{ij}-\overline{X_j})/\sigma_j \tag{4.1}$$

其中，

$$\overline{X_j}=\frac{1}{n}\sum_{i=1}^{n}X_{ij}$$

$$\sigma_j=\sqrt{\frac{1}{n}\sum_{i=1}^{n}(X_{ij}-\overline{X_j})^2}$$

计算 Y_{ij} 的相关系数矩阵 T_{ij}。

$$(T_{jk})_{m\times n}=\frac{1}{N}\sum_{i=1}^{N}Y_{ij}Y_{ik}(j,k=1,2,\cdots,m) \tag{4.2}$$

对相关系数矩阵 R 进行向量内积求出特征值 λ_i，求解求逆紧凑变换求得相应的特征向量 I_{ij}。

按照特征值的累计百分率确定主因子数，并求每一主因子的贡献率。

$$P_j=\frac{\lambda_j}{\sum\limits_{j=1}^{P}\lambda_i} \tag{4.3}$$

按照主因子 Z_k 与原因子 Y_j 的相关关系，计算第 σ 因子在第 k 个主因子上的载荷量（因子载荷量）。

$$\rho(Z_k,Y_j)=\sqrt{\lambda_k}\cdot I_{kj} \tag{4.4}$$

城市综合实力指数（Q_i）为

$$Q_i=\sum_{k=1}^{p}\sum_{j=1}^{m}\rho_{kj}Y_{ij}(i=1,2,\cdots,n) \tag{4.5}$$

2. 城市实力综合评价指标体系

中国城市实力综合评价指标体系由三个层次组成。第一层次包括经济实力和物质实力指标；第二层次将上述两方面的实力进一步分解为经济发展水平、辐射能力和吸引能力三个指标集；第三层次为 33 个具体统计指标。综合评价指标体系可归纳为图 4.7。

$$\overline{X_j}=\frac{1}{n}\sum_{i=1}^{n}X_{ij} \tag{4.6}$$

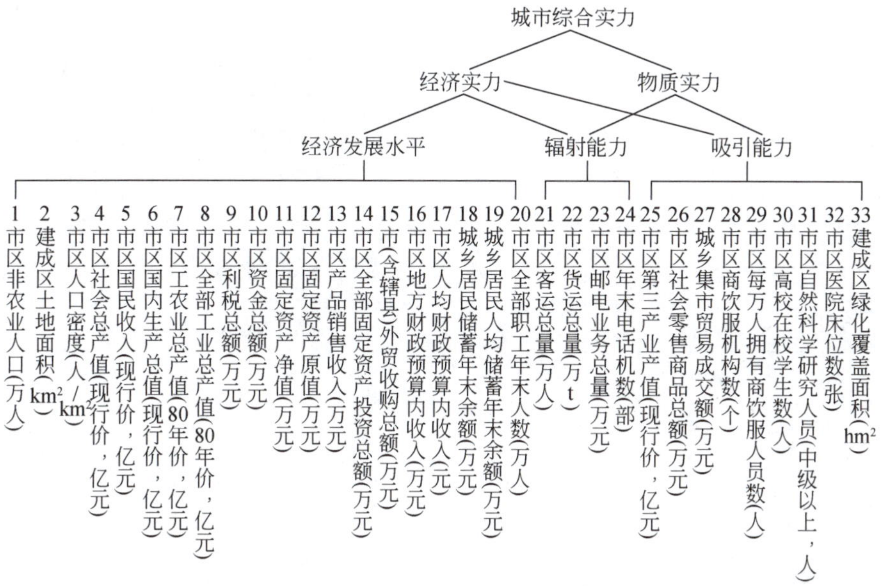

图 4.7　中国城市实力综合评价指标体系

$$\sigma_j=\sqrt{\frac{1}{n}\sum_{i=1}^{n}(X_{ij}-\overline{X_j})^2} \tag{4.7}$$

3. 中国重要城市实力指数评价

根据《中国城市统计年鉴》选取反映城市经济发展水平、辐射能力和吸引能力的 33 个指标，对全国重要城市进行城市实力综合评价。

通过建立城市综合评价指标数据库（434 × 33），经计算机运算求得相关系数矩阵，并根据相关矩阵计算特征向量和特征根。取累积贡献率为 92% 的前六个主因子进行 *R* 型分析，依据因子载荷量表计算我国 434 座城市综合实力指数，并进行总排序划分为不同层次的 d 系（表 4.9）。

表 4.9　中国城市实力指数及 d 系层次分析法

序号	城市	实力指数	实力指数差	d 系层次	序号	城市	实力指数	实力指数差	d 系层次
1	上海	214.997	—	Ⅰ1	8	哈尔滨	49.696	1.663	Ⅱ2
2	北京	170.927	44.07		9	大连	46.318	3.378	
3	天津	102.225	68.702	Ⅰ2	10	重庆	45.150	1.168	
4	广州	94.483	7.742		11	成都	41.173	3.977	
5	沈阳	77.406	17.077	Ⅱ1	12	西安	39.941	1.232	
6	武汉	67.657	9.749		13	青岛	32.110	7.831	Ⅱ3
7	南京	51.359	16.298	Ⅱ2	14	济南	30.516	1.594	

续表

序号	城市	实力指数	实力指数差	d 系层次	序号	城市	实力指数	实力指数差	d 系层次
15	长春	30.035	0.481		44	大同	9.859	0.336	
16	太原	29.967	0.068		45	齐齐哈尔	9.772	0.087	
17	杭州	28.349	1.619		46	东莞	9.320	0.452	
18	深圳	28.280	0.069		47	潍坊	9.036	0.284	
19	大庆	27.779	0.501		48	汕头	8.776	0.260	
20	鞍山	27.419	0.36		49	东营	8.747	0.029	
21	淄博	25.526	1.893		50	锦州	8.630	0.117	
22	兰州	22.866	2.66		51	柳州	8.612	0.018	
23	石家庄	22.091	0.775	Ⅱ3	52	南宁	8.064	0.548	
24	抚顺	21.322	0.769		53	厦门	8.038	0.026	
25	吉林	20.744	0.578		54	佛山	6.627	1.411	
26	昆明	20.610	0.134		55	中山	6.508	0.119	
27	郑州	20.178	0.432		56	烟台	6.414	0.094	
28	贵阳	19.549	0.629		57	珠海	5.774	0.640	
29	无锡	19.081	0.468		58	辽阳	5.694	0.08	Ⅲ
30	唐山	18.637	0.444		59	南通	5.506	0.188	
31	长沙	18.195	0.442		60	枣庄	5.008	0.498	
32	苏州	15.211	2.984		61	湛江	4.875	0.133	
33	福州	13.729	1.482		62	呼和浩特	4.760	0.115	
34	乌鲁木齐	13.689	0.040		63	张家口	4.498	0.262	
35	南昌	13.550	0.139		64	丹东	4.060	0.438	
36	宁波	13.393	0.157		65	株洲	3.817	0.243	
37	合肥	12.860	0.533	Ⅱ4	66	牡丹江	3.700	0.117	
38	洛阳	12.373	0.487		67	宝鸡	3.654	0.046	
39	包头	12.190	0.183		68	保定	3.403	0.251	
40	徐州	11.744	0.446		69	芜湖	3.218	0.185	
41	本溪	11.349	0.395		70	常熟	3.191	0.027	
42	常州	11.223	0.126		71	盘锦	3.128	0.063	
43	邯郸	10.195	1.028	Ⅲ	72	西宁	3.114	0.014	

续表

序号	城市	实力指数	实力指数差	d系层次	序号	城市	实力指数	实力指数差	d系层次
73	宜昌	3.083	0.031	Ⅲ	88	佳木斯	1.647	0.256	Ⅲ
74	黄石	2.950	0.133		89	襄樊	1.581	0.066	
75	衡阳	2.832	0.118		90	伊春	1.534	0.047	
76	湘潭	2.798	0.034		91	阜新	1.371	0.163	
77	营口	2.754	0.044		92	江门	1.364	0.007	
78	淮南	2.665	0.089		93	韶关	1.248	0.116	
79	平顶山	2.604	0.0611		94	攀枝花	1.216	0.032	
80	蚌埠	2.534	0.07		95	桂林	1.163	0.053	
81	镇江	2.389	0.145		96	萧山	1.061	0.102	
82	开封	2.373	0.016		97	十堰	1.027	0.034	
83	新乡	2.370	0.003		98	安阳	0.920	0.107	
84	温州	2.301	0.069		99	湖州	0.746	0.174	
85	江阴	2.028	0.273		100	马鞍山	0.730	0.016	
86	秦皇岛	1.916	0.112		101	鸡西	0.546	0.184	
87	扬州	1.903	0.013		102	岳阳	0.269	0.227	

第四节　中国城市集群空间分析

基于上述城市规模等级的规定、城市活力指数和城市节点的确定，可以大致明确中国城市在空间上相互作用的地位。超大城市、特大城市和活力城市以及城市实力指数高的城市，会在城市间互相联系中发挥主导作用。探索实际的中国城镇化空间，还需要在这些“点”分析的基础上走向“线”和“面”的分析。

一、城市空间集聚分布

1. 中国城市空间分布类型

以中国 2002 年 29 个省级行政区作为研究的基本空间单元（西藏、青海两省因城市数量过少而未列入），运用点的平面分布统计方法，将城镇分布划分为随机分布、均匀分布和聚集分布三种类型。从目前中国城市的分布来看，不仅其规模差距很大，而且聚集性的特征十分明显。

从表4.10可看出，使用柯尔莫戈洛夫－斯米尔诺夫检验（Kolmogorov-Smirnov test，K-S检验）来验证目前中国城市的空间分布形态时，得到的D值（K-S检验的理论期望值累积频率与观察值累积频率绝对值差的密度值）为0.336，远大于在99%置信水平上的临界值0.074，说明中国城市并不是呈随机性分布的。

表4.10 中国城市空间分布的K-S检验表（2002年）

一个方格含有的点数（t）	观察值		期望值（泊松理论）		理论期望值累积频率（1）$C_u \times P_t \times S$	观察值累积频率(2) $C_u \times S_t$	（1）-（2）绝对值
	含有t点方格的数量（S_t）	S_t/N	P_t	$P_t \times S$			
0	134	0.203	0.110803	33.24095	33.2410	134	100.759
1	50	0.076	0.243767	73.1301	106.3711	184	77.629
2	35	0.053	0.268144	80.4432	186.8143	219	32.1858
3	20	0.030	0.196639	58.9917	245.8060	239	6.806
4	9	0.014	0.108151	32.4453	278.2513	248	30.2513
5	14	0.021	0.047587	14.2761	292.5274	262	30.5274
6	9	0.014	0.017448	5.2344	297.7618	271	26.7618
7	4	0.006	0.005484	1.6452	299.4070	275	24.407
8	4	0.013	0.001508	0.4524	299.8594	279	20.8594
9	6	0.009	0.000369	0.1107	299.9701	285	14.9701
10	3	0.005	0.0000811	0.02433	299.9944	288	11.9944
11	3	0.005	0.0000162	0.00486	299.9992	291	8.99924
…	…	…	…	…	…	…	…
20	1	0.002	3.21×10^{-13}	9.6×10^{-11}	300.0003	299	1.0003
21	1	0.002	3.37×10^{-14}	1.0×10^{-11}	300.0003	300	0.0003
$S=\sum S_t=300$；$N=\sum t \times S_t=600$；$\lambda=N/S=20$；$P=1/S=0.0033$							

注：1. K-S模型的计算步骤是先构造实际频率数组，本书把全国均匀划分为300个小方格，再统计每个方格所包含的城市数，进行理论期望值和观察值的累积频率计算；其中，S为方格总数，N为城市总数，λ为平均每个方格包含城市数，P为方格总数的倒数。

2. $D=\dfrac{\text{Max}|C_u \times P_t \times S-C_u \times S_t|}{S}=\dfrac{100.759}{300}=0.336>0.074$（99%置信水平上的临界值），其中$P_t=P(X=t)=\dfrac{\lambda^t \times e^{-\lambda}}{t}$。

3. 此方法使用条件：$S \geqslant 50$，$\lambda<5.0$，$P<0.1$；本计算只包含2002年全国设市数据。

再以此表中数据在SPSS软件中进行K-S零假设检验分析（表4.11），得出K-S检验统计值Z为3.351，对应的相伴概率在千分位下约为0.000，小于满足均匀分布下的显著性水平值 0.05，可以认为中国的城市空间分布也不服从均匀分布（若相伴概率大于 0.05，则认为属于均匀分布）。因此可以证实中国城镇空间分布既不是随机分布，也不是均匀分布，而是属于聚集型的城镇空间分布体系，用点的随机分布模型分析存在很大的局限性，需要对此模型进行改进。

表 4.11 2002 年中国城市空间分布的单样本 K-S 检验表

检验是否服从均匀分布	统计值
参与统计数	22
分布变量的最小值	0
分布变量的最大值	134
最大离差	0.714
K-S 检验统计值 Z	3.351
相伴概率	0.000

2. 重力模型与集聚度分析

由于中国城市聚集特征十分明显，城市的规模等级差距很大，因此各城市区的影响强度和范围相差也很大，我们可以借助万有引力方程对随机分布模型进行改进。用该理论模型计算城市的吸引范围（即城市场的辐射范围）、强度和聚集程度，也就是把城市与外界空间交互作用抽象化，用一种相对简单的数学公式来模拟城市间联系的实际状况。

$$F=G\frac{M_i\times M_j}{D_{ij}^2} \tag{4.8}$$

式中，F 为两物体间引力；M_i、M_j 为物体质量；D_{ij} 为两物体间距离，G 为地心引力常数。

此处我们把 P 作为城市场的引力大小（即场强），D_e 表示各省区城市间的平均最近邻距离，再按距各省区核心城市 125km、250km、375km 和 500km 划分四个层次来描述其城市空间分布的聚集程度，$\overline{D_a}$ 表示某一层次内城市间平均最近邻距离，$\overline{M_e}$、$\overline{M_a}$ 表示整个省区内和某一层次内城市的平均规模。据此某个省区内的城市场强 P_e 为

$$P_e=G\times\frac{\overline{M}_e^2}{D_e^2}=G\times\frac{(\sum_{i=1}^{n}M_i)^2}{n^2}\times\frac{4N}{A} \tag{4.9}$$

某一层次内的城市场强 P_a 为

$$P_a=G\times\frac{\overline{M}_a^2}{D_a^2}=G\times\frac{(\sum_{i=1}^{n}M_i)^2}{n^2}\times\frac{1}{\overline{D}_a^2} \tag{4.10}$$

同样用 R 指标来测度各层次内 P_a 与在整个范围内的 P_e 差异（即城市空间分布的聚集度）

$$R=\left[\frac{P(\overline{D_a})}{P(D_e)}\right]^{\frac{1}{2}}=\left[\frac{N\times A}{4\times n^2\times\overline{D_a}}\times\left(\frac{\sum_{i=1}^{n}M_i}{\sum_{i=1}^{N}M_i}\right)^2\right]^{\frac{1}{2}}_{(n\leqslant N)} \tag{4.11}$$

式中，M_i 为城市 i 的规模（以市区非农人口表示），n 为某一层次内的城市数，N 为某个省区内的城市总数，A 为某省区的面积，G 为调整系数（鉴于本部分内容是对各省区在不同层次内的城市场强进行对比分析，故取值为 1）。

此外，为使本模型的 R 值与随机分布模型 R 值可以做对比分析，本次对 R 值进行了开方运算，而且本模型下的 R 越大，表明城市的聚集程度越强，R=1 是城市聚集和发散分布的临界值。

3. 中国城镇空间场强和聚集度

研究数据取自建设部城乡规划司和建设部城乡规划管理中心编制的《2002 年全国设市城市及其人口统计资料》，D_e 和 $\overline{D_a}$ 都是在 1 ∶ 600 万地图上绘制的 MapInfo 数字化地图上计算出。据此可以得到 2002 年各省区在各个层次下城镇空间分布的场强和聚集度（表 4.12 和表 4.13）。

表 4.12　中国分省区城镇空间分布指标对比表 I（2002 年）

省级行政区	核心城市	整个省区内			距核心城市 125km 内				距核心城市 250km 内			
		城市数	D_e/km	P	城市数	$\overline{D_a}$ /km	P	R	城市数	$\overline{D_a}$ /km	P	R
河北（含京津）	北京	35	39.7	2.69	8	32.3	27.6	3.20	26	32.5	4.73	1.33
山　西	太原	22	41.4	0.49	10	37.9	0.87	1.33	18	44.4	0.55	1.06
内蒙古	呼和浩特	20	119	0.05	3	73.0	0.29	2.41	5	81.4	0.37	2.72
辽　宁	沈阳	31	33.8	2.75	13	25.6	9.14	1.82	28	29.2	3.36	1.11
吉　林	长春	28	40.9	0.67	9	59.5	1.04	1.25	21	59.1	0.43	0.80
黑龙江	哈尔滨	31	60.5	0.46	6	65.8	1.01	1.48	13	69.5	0.47	1.01
上海（含苏浙）	上海	74	26.1	3.84	23	30.7	7.17	1.37	56	31.04	3.51	0.96
安　徽	合肥	22	39.3	0.96	12	50.9	0.94	0.99	22	51.2	0.57	0.77
福　建	福州	23	36.1	0.79	9	43.2	0.85	1.04	23	36.2	0.79	1.00
江　西	南昌	21	44.3	0.34	9	45.7	0.60	1.33	17	47.8	0.36	1.03
山　东	济南	48	27.8	2.69	18	41.6	1.50	0.75	35	40.8	1.20	0.67

续表

省级行政区	核心城市	整个省区内			距核心城市 125km 内				距核心城市 250km 内			
		城市数	D_e/km	P	城市数	$\overline{D_a}$ /km	P	R	城市数	$\overline{D_a}$ /km	P	R
河 南	郑州	38	32.4	0.98	22	30.3	1.29	1.15	35	40.4	0.66	0.82
湖 北	武汉	36	35.4	1.20	16	39.6	1.78	1.22	31	41.7	1.21	1.01
湖 南	长沙	29	42.4	0.44	13	37.2	0.91	1.44	31	44.3	0.53	1.10
广东（含港澳琼）	香港	57	30.8	3.12	14	29.43	17.34	2.36	30	37.4	3.9	1.12
广 西	南宁	21	53.2	0.19	4	69.8	0.27	1.19	17	63.0	0.13	0.83
四川（含重庆）	重庆	37	61.1	0.49	10	55.9	1.44	1.71	21	55.5	1.23	1.58
贵 州	贵阳	13	57.9	0.20	8	50.0	0.40	1.41	12	64.7	0.15	0.87
云 南	昆明	16	77.5	0.08	4	54.3	0.86	3.28	9	68.4	0.22	1.66
陕 西	西安	13	61.8	0.47	7	43.4	1.87	1.99	12	72.5	0.32	0.83
甘 肃	兰州	14	83.5	0.10	3	70.7	0.86	2.93	6	129	0.12	1.10
宁 夏	银川	6	45.5	0.20	5	50.0	0.21	1.02	6	69.2	0.09	0.67
新 疆	乌鲁木齐	22	145	0.03	5	63.6	0.39	3.61	7	73.9	0.27	3.00

注：①本计算只包含 2002 年设市数据，各省区选择其行政中心作为核心城市，各城市间的距离以两城市间城市中心点距离为准；② 2002 年新疆新设的阿拉尔、图木舒克和五家渠三个城市因人口资料缺失，未列入计算；③台湾数据暂缺。

表 4.13　中国分省区城镇分布及指标对比表Ⅱ（2002 年）

省级行政区	核心城市	距核心城市 375km 内				距核心城市 500km 内			
		城市数	$\overline{D_a}$ /km	P	R	城市数	$\overline{D_a}$ /km	P	R
河北（含京津）	北京	33	33.8	3.75	1.18	35	40.6	2.57	0.98
山 西	太原	22	45.7	0.41	0.91	—	—	—	—
内蒙古	呼和浩特	7	131.0	0.09	1.34	20	155	0.03	0.77
辽 宁	沈阳	31	34.5	2.66	0.98	—	—	—	—
吉 林	长春	27	51.3	0.46	0.83	28	51.4	0.43	0.80
黑龙江	哈尔滨	26	72.5	0.41	0.94	30	78.8	0.27	0.77
上海（含苏浙）	上海	68	33.8	2.37	0.79	74	35.2	2.12	0.74
安 徽	合肥	—	—	—	—	—	—	—	—

续表

省级行政区	核心城市	距核心城市 375km 内				距核心城市 500km 内			
		城市数	$\overline{D_a}$ /km	P	R	城市数	$\overline{D_a}$ /km	P	R
福 建	福州	—	—	—	—	—	—	—	—
江 西	南昌	21	50.4	0.26	0.87	—	—	—	—
山 东	济南	45	39.6	1.41	0.72	48	39.0	1.36	0.71
河 南	郑州	38	41.7	0.59	0.78	—	—	—	—
湖 北	武汉	34	43.2	0.90	0.87	36	43.3	0.77	0.8
湖 南	长沙	29	51.2	0.30	0.83	—	—	—	—
广东（含港澳琼）	香港	46	38.78	2.45	0.89	51	40.18	2.14	0.83
广 西	南宁	20	68.7	0.12	0.79	21	69.1	0.11	0.76
四川（含重庆）	重庆	35	48.6	0.85	1.32	37	55.1	0.60	1.11
贵 州	贵阳	13	77.2	0.11	0.74	—	—	—	—
云 南	昆明	14	81.6	0.09	1.06	16	82.2	0.07	0.94
陕 西	西安	12	72.5	0.32	0.83	13	87.6	0.23	0.70
甘 肃	兰州	7	92.9	0.15	1.22	14	110	0.06	0.77
宁 夏	银川	8	—	—	—	—	—	—	—
新 疆	乌鲁木齐	11	116	0.07	1.53	19	145	0.03	1.00

注：①本计算只包含 2002 年设市数据，各省区选择其行政中心作为核心城市，各城市间的距离以两城市间城市中心点距离为准；② 2002 年新疆新设的阿拉尔、图木舒克和五家渠三个城市因人口资料缺失，未列入计算；③台湾数据暂缺。

二、中国的城市集群分析

1. 城市分布场强 *P* 值分析

从全国范围来看，长江三角洲（沪苏浙）、粤港澳琼、京津冀、辽宁、山东、湖北等的场强值 P 在 1 以上，是目前中国城市分布最密集的地区。

在距各核心城市 125km 范围内，京津、香港、沈阳、上海、成渝和武汉城市群的场强值 P 都非常高，成为目前中国城市分布最密集地区，而且其城市大都是以核心城市为中心向周边呈块状组团式的分布，属于块状城市聚集区。西安、济南、郑州、长春和哈尔滨等城市群的 P 值也在 1 以上，这些地区的城市大都沿以核心城市为中心的交通线呈条状组团式布局，构成了城市空间分布的条状聚集区；太原、石家庄、长沙、南昌等大城市向外联系的主要交通干线上也分布有大量的城市，成为各所在省区最主要的城市聚集区。

在距各核心城市 250km 范围内，京津、香港、上海和沈阳城市群的场强 P 值也是远大于其他城市区的 P 值，成渝、武汉和济南城市区的 P 值很大，而其他地区的城市群 P 值都在 1 以下。

在距各核心城市 375km 范围内，京津、沈阳、济南、上海和香港城市群的场强值 P 也是远大于其他城市群的场强值。在距各核心城市 500km 范围内，京津、济南、上海和香港城市群的场强值 P 也是高于其他地区。因此，从这些地区分布的城市数量和城市的聚集强度和辐射范围来看，基本上形成了连绵型的大都市区。

值得注意的是，尽管济南城市群的场强值在 125km、250km 和 375km 范围内都大于 1，但都小于其整个省区下的城市场强值（2.69）。这主要是由于山东省的两个核心城市济南和青岛的规模还不够大、中小型城市过多造成的，其城市空间的聚集程度并不很高。如果从现状来看，其城市大都沿京沪、胶济—蓝烟铁路分布，以条状聚集为主，尚未形成密集型的城市块状聚集区。

2. 城市分布聚集度 *R* 值分析

通过城市分布聚集度 R 分析，不难看出：在距各核心城市 125km 为半径的范围内，除山东、安徽两省外，其他省区的 R 都大于 1。因此，可以认为：目前中国大多数省区在距各核心城市 125km 的范围内都属于聚集型分布，形成了大小不等的城市群地区。

在距各核心城市距离 250km 范围内，京津、太原、呼和浩特、沈阳、哈尔滨、武汉、福州、南昌、长沙、成渝、昆明、兰州、香港和乌鲁木齐城市群区的 R 值大于 1，表明其核心城市对周边城市仍具有很强的吸引作用，城市仍以聚集分布为主。其他省区以核心城市为中心的城市群区则趋于分散。

在距各核心城市 375km 范围内，仅有京津、呼和浩特、成渝、昆明、兰州和乌鲁木齐城市群区的 R 大于 1，其他地区的 R 都小于 1。

在距各核心城市 500km 的范围内时，仅有成渝城市群的 R 值大于 1。

从中国城市分布现状来看，尽管呼和浩特、昆明、兰州和乌鲁木齐四个城市区在 375km 的范围内表现为聚集型分布，但是这些地区城市数量都很少，城市场强主要是由于核心城市相对较大，中小城市数量很少且规模较小造成的，而且这些地区城市间的最近邻距离都很大，城市间联系很少，场强 P 值也很小。

3. 中国城市集群

根据以上分析，并依据各城市区内城市分布结构、城市数量和核心城市的规模，同时考虑到各省区的行政区范围，可以认为：中国目前共形成了 6 个块状组团式城市聚集区、10 个条状组团式城市聚集区和 8 个以大城市为核心的城市群区（图 4.8 和表 4.14）。

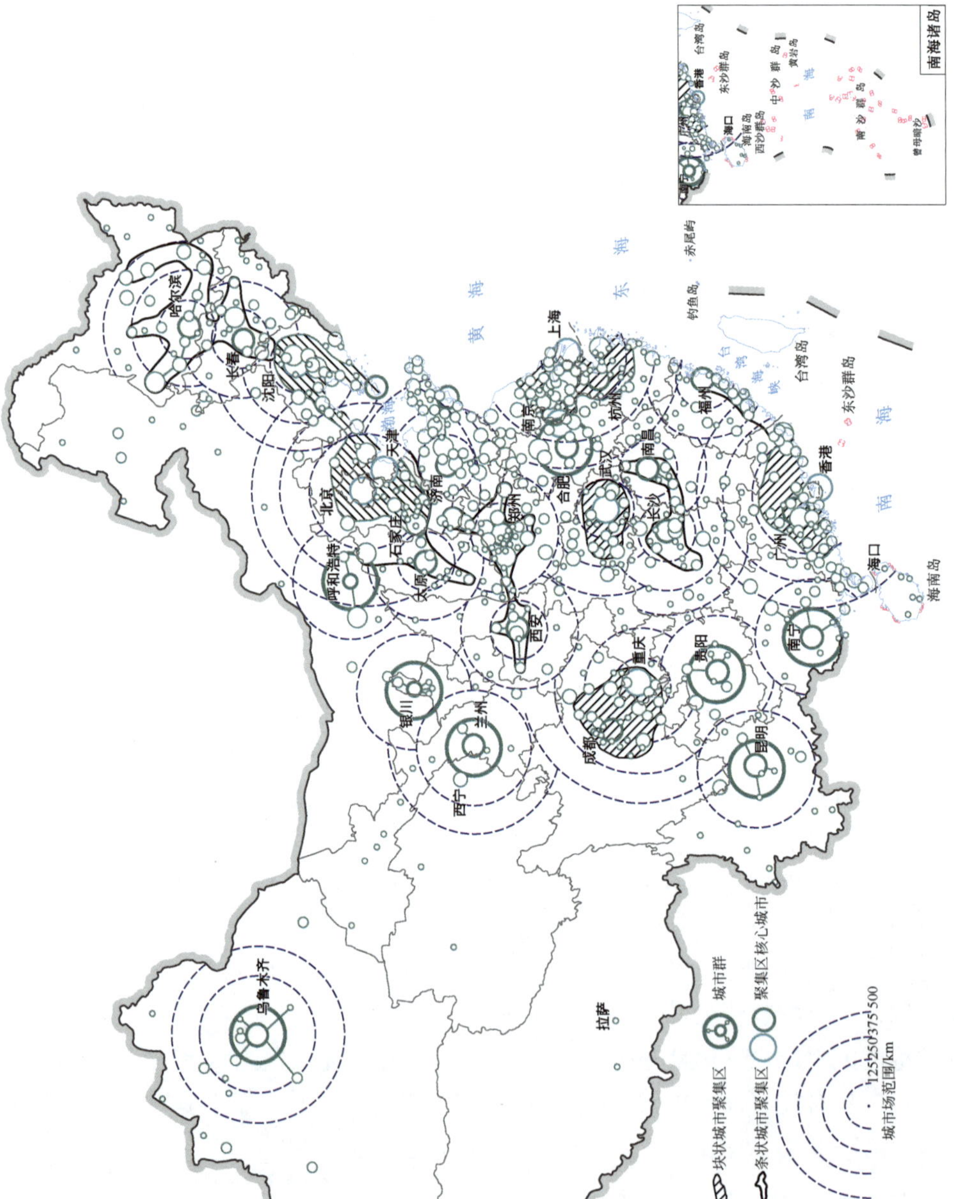

图 4.8 中国城市集聚区（2002 年）

表 4.14　中国城市集聚区类型表（2002 年）

类型	模式	名称	核心城市	主要特征
块状城市聚集区	多中心多组团式	辽中南城市群	沈阳、大连	包括沈阳和大连两大城市组团区，依托大连港，沈大高速公路，其发展已开始进入块状城市密集区的形成期
		京津冀都市群	北京、天津	包括京津保（定）和京津唐（山）两大组团，依托北京全国交通枢纽的地位，天津港和京唐港，该区已进入大都市连绵区的雏形期
		长江三角洲都市群	以上海主中心，南京、杭州为副中心	包括上海、南京、杭州三大城市组团区，该区基本已形成大都市连绵区的构架
		珠江三角洲都市群	以香港为主中心，广州、深圳为副中心	包括港深、穗佛、澳珠三大城市组团区，该区已形成高水平开放型城市连绵区
		成渝城市群	重庆、成都	包括成都、重庆两大城市组团区，目前已形成中国西南地区最大的块状城市群
	单中心单组团式	武汉城市群	武汉	包括周边 8 个大城市，依托长江、京广铁路，正在形成华中地区最重要的块状城市群
条状城市聚集区	多中心多组团式	济青城市群	青岛、济南	以胶济—蓝烟铁路和济青烟高速公路为依托，包括济南、青（岛）—烟（台）两大城市组团区
		闽东南城市群	福州、厦门	依托福厦高速和厦门港口，包括福州、厦漳泉两大城市组团区
	单中心单组团式	黑中南城市群	哈尔滨	包括齐齐哈尔、大庆、牡丹江等城市，依托哈大、滨洲铁路，东北北部地区重要的条状城市群
		吉中城市群	长春	包括四平、吉林等城市，以哈大铁路为主轴，东北中部地区重要的条状城市群
		晋中城市群	太原	沿汾河谷地，包括大同、朔州、晋中、汾阳、临汾等城市，贯穿山西全省的条状城市群
		冀中南城市群	石家庄	包括邢台、邯郸等城市，沿京广铁路沿线南北双向拓展，形成“十”字形条状城市群
		中原城市群	郑州	包括洛阳、开封、新乡、焦作、许昌等城市，依托京广和陇海铁路，是中国中部重要的城市群
		湘中城市群	长沙	包括株洲、湘潭等城市，依托京广和湘黔—湘赣铁路，正在形成中国中南地区重要的城市群
		赣北城市群	南昌	包括九江、新余、瑞昌等城市，依托长江黄金水道和京九铁路，正在形成中国中南地区又一个重要的城市群
		关中城市群	西安	包括宝鸡、咸阳、渭南等城市，依托陇海铁路和连霍高速，形成中国西北地区重要的条状城市群
单核心城市群	以特大城市为中心	合肥、南宁、贵阳、昆明、兰州、银川、呼和浩特、乌鲁木齐		以各核心城市为中心，单一核心式，处于城市群形成的初级阶段

第五节　中国城市体系空间分析

一个国家或者一个区域，分布许多的城市和镇，从空间形态看，有集聚也有分散。1964年，贝利将一般系统论应用于中心地理论，创建了城镇体系的系统分析方法（Berry，1964；Berry et al.，1971）。中国最早关于中心地理论的文献，可能是1964年严重敏根据1962年国际地理联合会城市地理年会论文集中克利斯泰勒的“Die Hierarchi der stadte”（城市等级）翻译为“城市的系统”。所谓城镇体系，是指在一定地域范围内，以中心城市为核心，由一系列不同等级规模、不同职能分工、相互密切联系的城镇组成的有机整体（顾朝林，1987）。当然，理想的城市体系分析需要在各城市在已有的城市网络中具备互动的条件，它们是：存在一个统一的经济区；形成了中心城市等节点城市；城镇间存在行政、经济、文化、社会等相互联系；城镇间具备自组织的开放系统。整体而言，中国大陆作为一个行政管理区，其中所有的城市具备了相关的条件，港澳台地区的城市暂不列入研究范围。基于上述城市活力指数、空间分布测度、空间节点分析及其连接，可以完成如下中国城市体系空间的刻画。

一、城市空间节点连接

借鉴德马泰的空间联系理论，运用空间交互模型的定量分析方法，分别从两个层次（国家层次和省区层次）来揭示中国大陆城市体系的空间联系状态（Dematteis，2000）。

1. 城市空间联系状态与节点分布

城市体系节点结构揭示了城市体系空间组织过程中起引导作用的城市，而以这些城市为核心，通过经济、生产上相互联系和协作，与其紧密相连的广大地区在空间上会形成结节地域。这种结节地域就是所谓的城市经济区，它是城市体系空间联系和空间组合的基本表现形式之一。

通过上述方法生成最大引力连接线分布图，可以直观地发现，连接线越多的城市其在城市体系中的总吸引力越大，且具有更高的空间支配地位，从而成为城市体系中的节点。因此，可以根据各个城市总吸引力（G_i，在潜能模型中称之为潜能）大小和最大引力连接线数目（N_{max}）来确定节点等级。其中 G_i 的表达式如下

$$G_i=\sum_{j=1}^{n} T_{ij}\ (i \neq j) \tag{4.12}$$

并由VB程序输出 G_i 和 N_{max}。值得注意的是，并不是潜能大就一定会成为节点城市，如天津2003年的潜能排序为第四，但是由于和北京相距太近，其潜能并不能直接促成节点和空间作用区域的形成。

因此，综合最大引力连接线数目 N_{max} 和潜能 G_i 对节点城市进行以下大致分类：在 b=1 的情况下，①一级节点城市，（$N_{max}>25$）或（$G_i>M+3S$，$N_{max}>10$）（M 和 S 分别为 G_i 的平均值和标准差）；②二级节点城市，（$N_{max}>15$）或（$G_i>M+2S$，$N_{max}>10$）；③三级节点城市，（$N_{max}>3$）。在 b=2 的情况下，$N_{max}\geqslant 2$ 均为节点城市，其中，与 b=1 时重合的节点不另外分级，而新的节点则统一归为第三级节点。

由此得到中国城市体系两个尺度上的空间联系状态和节点分布图（图 4.9 和图

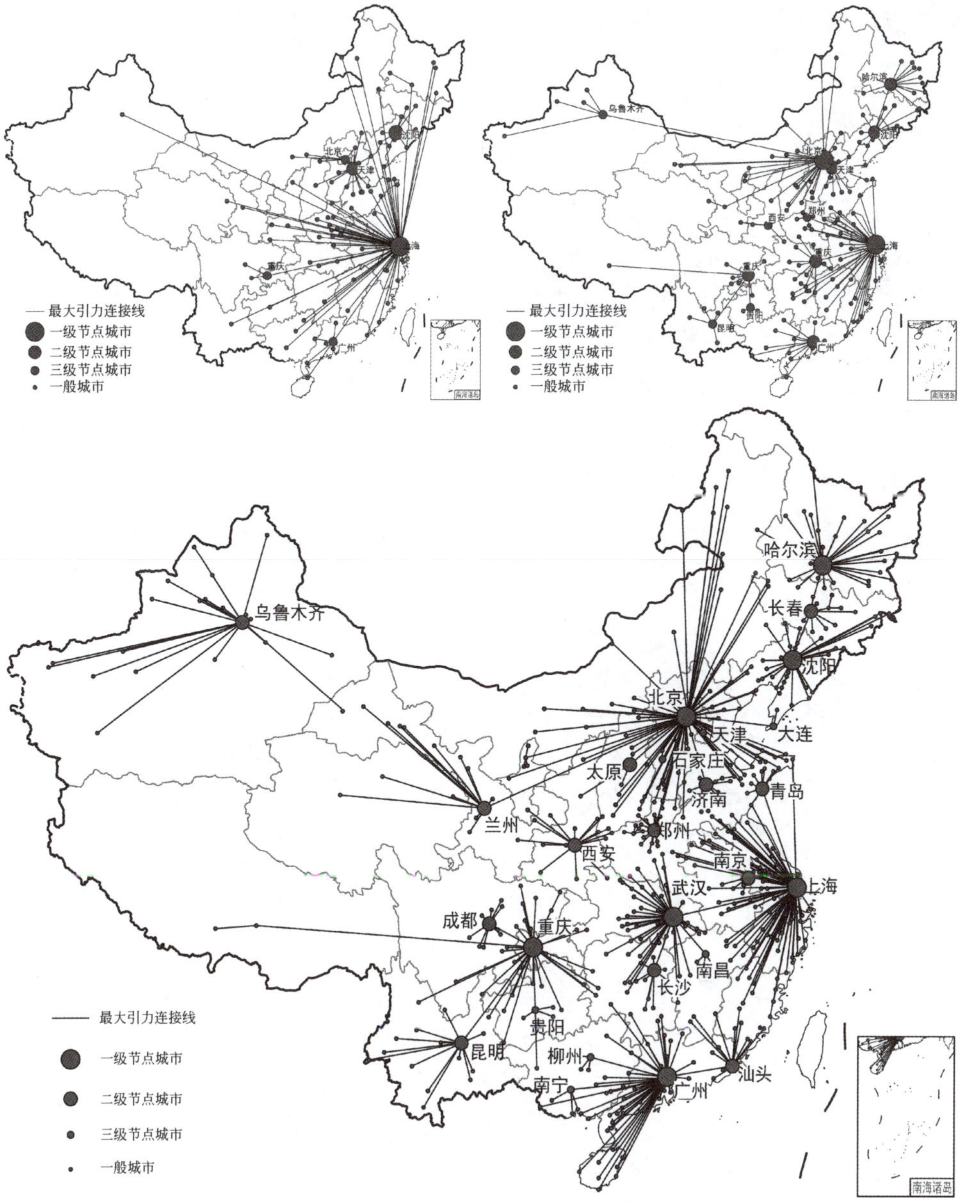

图 4.9　中国城市体系“网络联系”演化图（***b*=1**）（1949～2003 年）

4.10）。其中图 4.9 的距离摩擦系数 b=1，揭示的是中国城市体系在国家尺度上的“网络联系”状态；图 4.10 的距离摩擦系数 b=2，揭示的是中国城市体系在省区尺度上的“地区联系”状态。

2003 年，中国城市体系一级节点城市增加至 7 个（哈尔滨、沈阳、北京、上海、武汉、重庆和广州），二级节点城市增加至 13 个（长春、乌鲁木齐、太原、济南、青岛、郑州、西安、兰州、南京、成都、长沙、昆明和汕头）。

图 4.10 主要显示了三级节点城市的空间演化情况，由图可知，1949 ～ 2003 年间三级节点城市的数量不断增加，而且节点城市所影响到空间范围在不断扩大，城市体

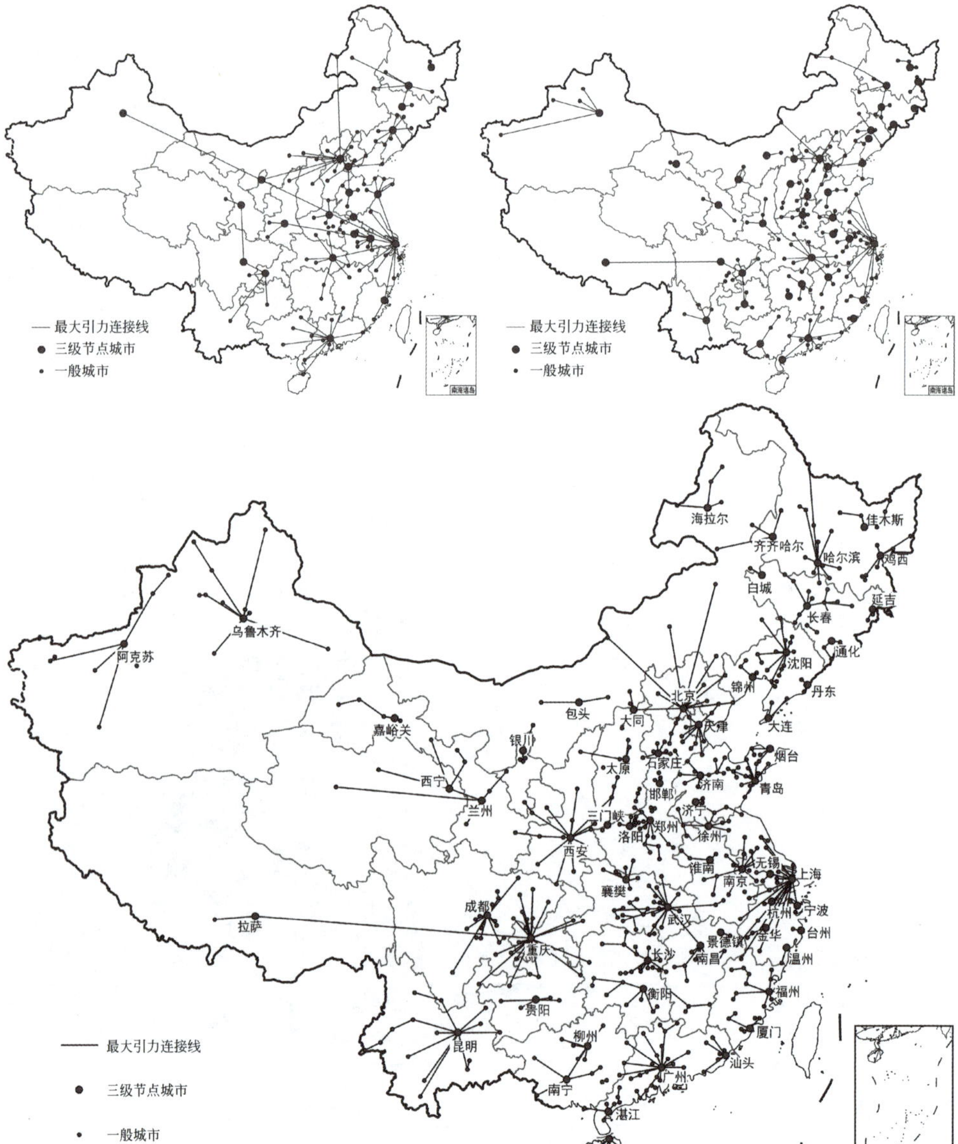

图 4.10　中国城市体系“地区联系”演化图（b=2）（1949 ～ 2003 年）

系的基础网络逐渐区域完善和有机。

2. 城市节点及其连接

将上述方法得到的节点城市再次进行引力计算（其他城市不计算），以此明确节点城市间的空间从属关系和结构特征。具体采用低级节点向高级节点层次归并的方法：首先将三级节点城市根据最大引力原则纳入二级或一级节点框架内，再将二级节点城市以相同方法纳入一级节点城市框架内，而对于一级节点城市，则从潜能最小的城市开始向上归并，直至到达潜能最大的点城市，从而得到中国城市体系节点结构框架及其空间演化图（图 4.11）。

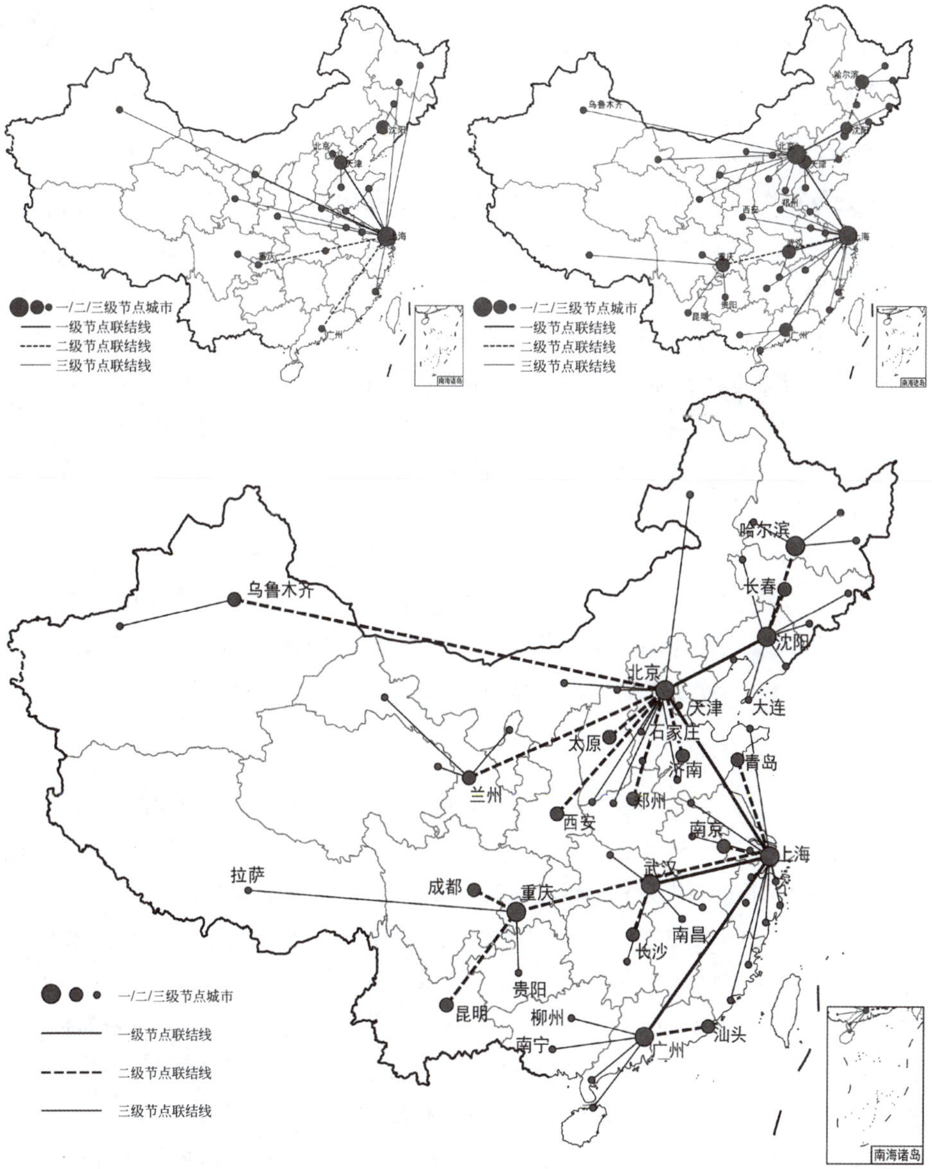

图 4.11　中国城市体系节点结构空间演化图（1949 ～ 2003 年）

根据分析结果显示的节点结构，可以将中国城市体系节点结构大体分为南北两个系统，南方以上海为核心、北方则以北京为核心。其中，南方节点系统较为成熟，已经形成了明显的层次结构（2003 年共有武汉、重庆、广州等三个Ⅱ级系统）；而北方节点系统则相对简单，除了“沈阳—长春—哈尔滨”这一Ⅱ级系统外，其余三级节点城市直接与北京联系，Ⅱ级节点系统的发育不完善，尤其是黄河中上游地区和西北地区至今仍未形成区域性核心城市，虽然至 2003 年兰州在该地区的空间主导地位有所上升，但还未真正形成二级节点城市。

二、城市体系层域结构

中国城市体系的层域结构可以表述为地方城市体系、大区域城市体系和南北方国家城市体系。

1. 地方城市体系

在距离摩擦系数 b=2 的条件下，通过重力模型得到城市体系三级节点城市，根据其相应的引力作用范围确定该节点城市的影响区边界，该节点城市则作为该分区的核心城市。区划方法同上，令每个三级节点城市及其引力作用区域组成Ⅲ级地方城市体系，而节点城市则为地方城市体系的中心城市。和Ⅰ级和Ⅱ级分区不同的是，在边界确定的过程中更多地考虑空间引力范围，而并不一定完全遵循行政区界进行分区。此外，考虑到上海、北京等节点城市的空间影响范围过大，因此，在其Ⅲ级分区内有一定数量的相互覆盖的区域，如上海Ⅲ级体系下的无锡Ⅲ级体系。由此得到中国城市体系Ⅲ级分区划分结果（图 4.12）。

图 4.12 显示，至 2003 年，中国城市体系共形成了 64 个地方（Ⅲ级）城市体系，按照Ⅰ级分区，南方有 30 个Ⅲ级体系，北方则为 34 个。在Ⅲ级分区图上有一个明显的特征，东北、西北和西南地区的Ⅲ级分区的覆盖范围较大，地方城市体系的极化作用明显；而在东部沿海、中部地区，地方城市体系发展则较为均衡。

2. 大区域城市体系

以距离摩擦系数 b=1 的重力模型得到城市体系一级和二级节点城市，根据其相应的引力作用范围确定该节点城市的影响区边界，而该节点城市则作为该分区的核心城市。由此得到中国城市体系Ⅰ级和Ⅱ级分区划分结果（图 4.13）。

由图 4.13 可知，至 2003 年，中国城市体系在区域组合上形成了两个大区（Ⅰ级城市体系）和七个亚区（Ⅱ级城市体系）的总体格局。中国城市体系的两个大区是以上海为核心的南方Ⅰ级大区城市体系和以北京为核心的北方Ⅰ级大区城市体系。南方Ⅰ级大区城市体系又由四个Ⅱ级区域城市体系组成，它们是：上海体系（上海、江苏、浙江、安徽和福建）、武汉体系（湖北、湖南和江西）、广州体系（广东、广西和海南）和重庆体系（重庆、四川、贵州、云南和西藏）。北方Ⅰ级大区城市体系也由三个Ⅱ级区域城市体系组成，它们是：北京体系（北京、天津、河北、河南、山东、山西、

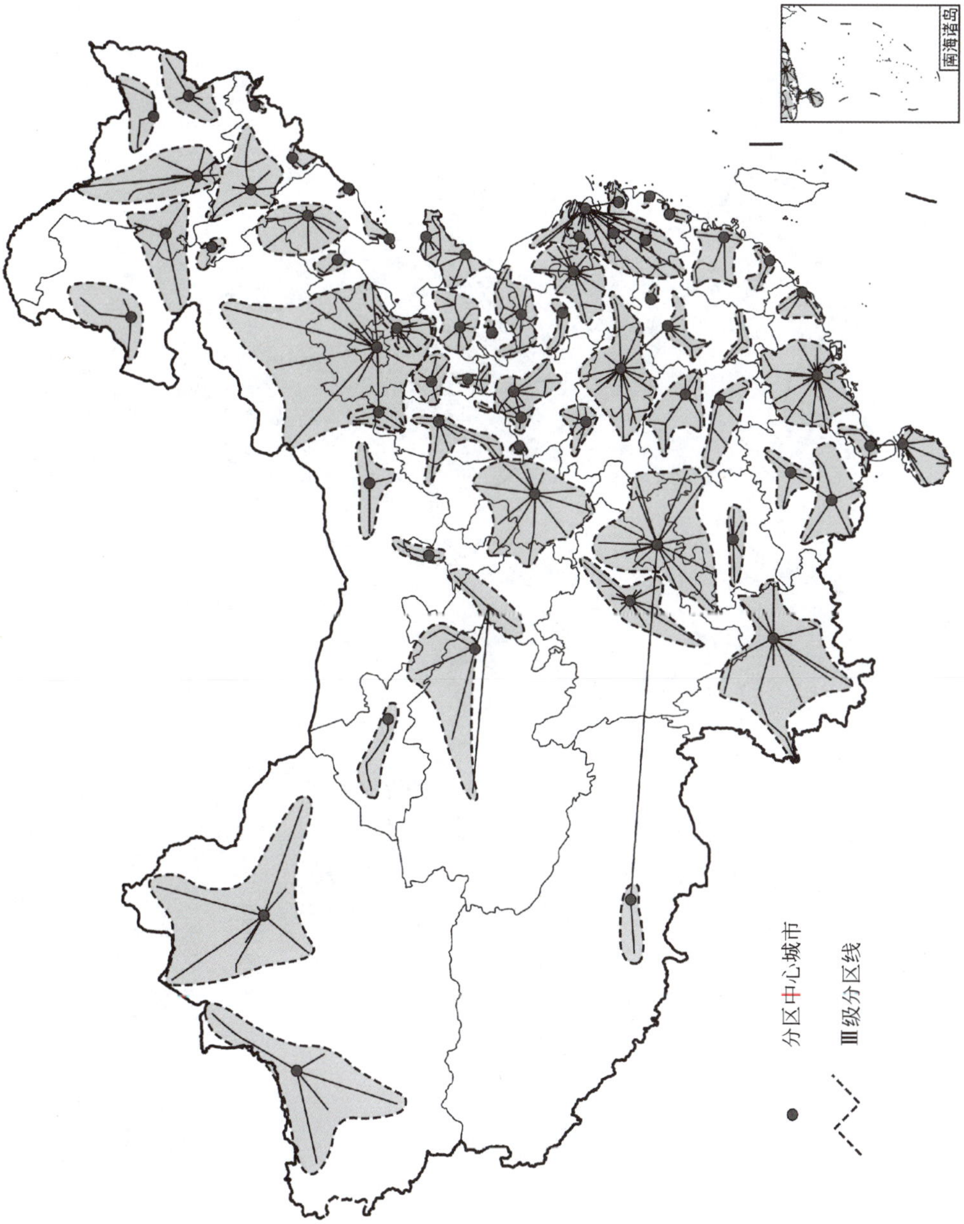

图 4.12　中国Ⅲ级城市体系影响范围（b=2）（2003 年）

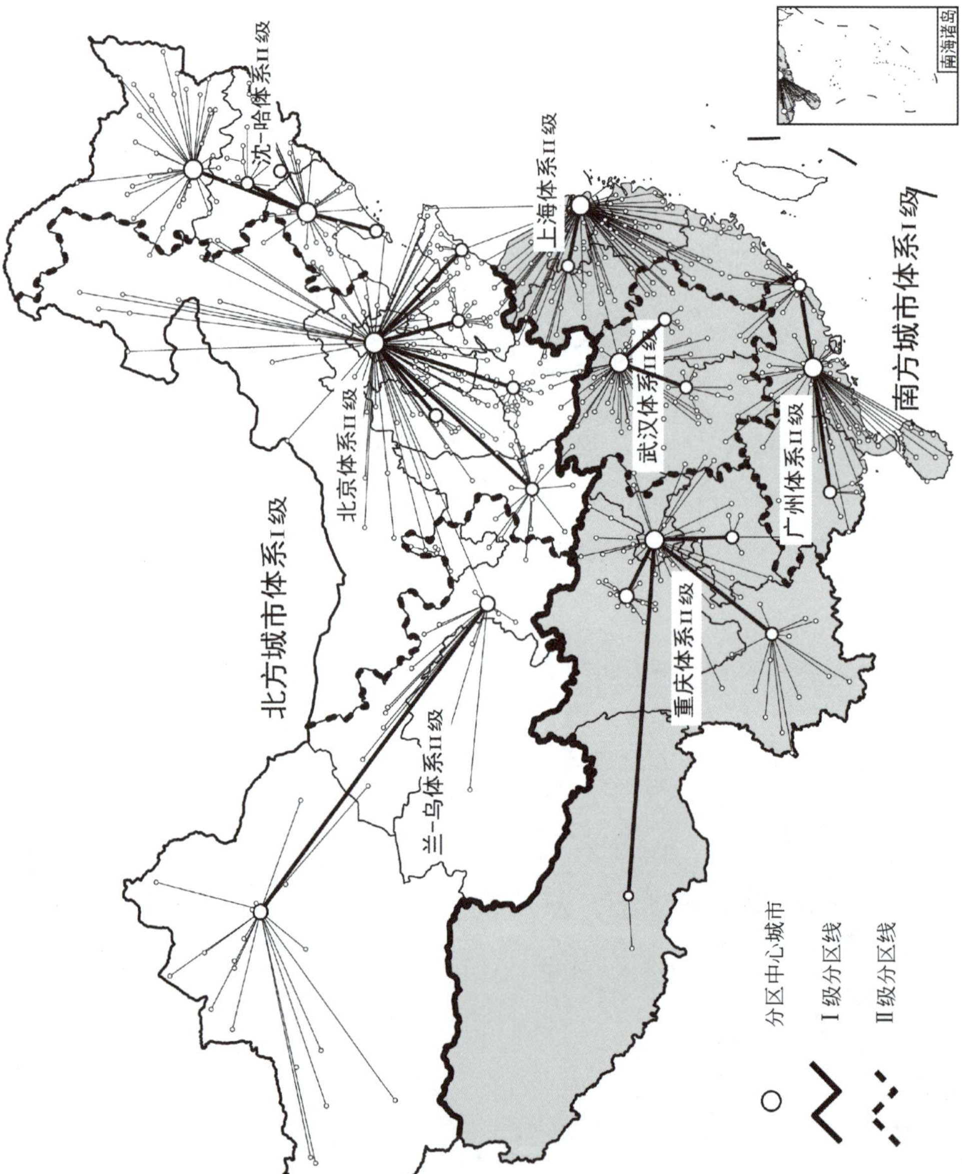

图 4.13　中国城市体系 I / II 级分区示意图（*b*=1）（2003 年）

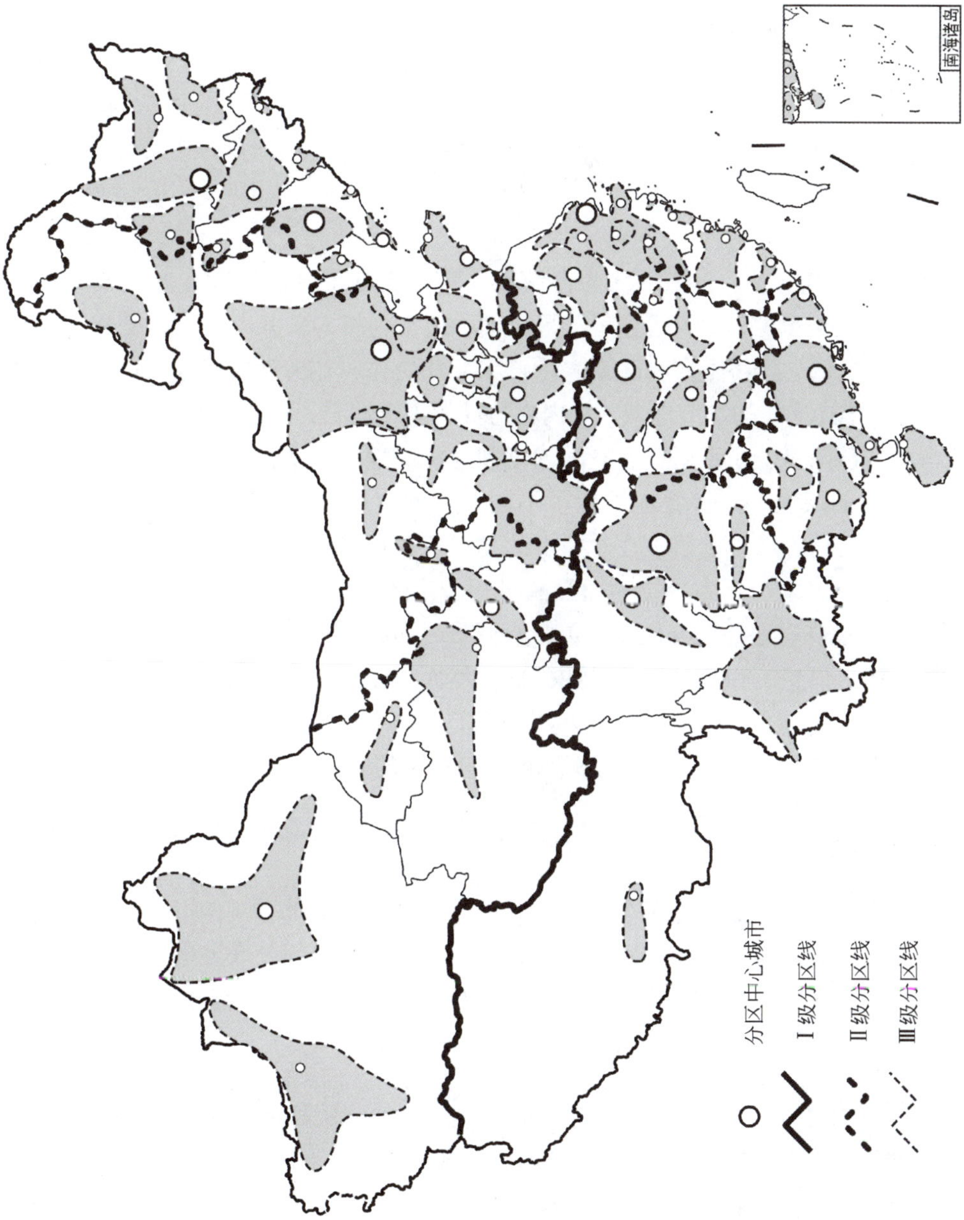

图 4.14　中国城市体系综合分区示意图（2003 年）

陕西和内蒙古）、沈－哈体系（辽宁、吉林和黑龙江）和兰－乌体系（甘肃、宁夏、青海和新疆）。

3. 南北方国家城市体系

通过大区（Ⅰ级）、区域（Ⅱ级）和地方（Ⅲ级）三级城市体系的叠加，可以获得 2003 年中国城市体系地域空间结构（图 4.14）。

第六节　中国城市－区域空间分析

20 世纪 90 年代以后，鲍恩认为，城市体系与大都市区之间存在互动互助作用（Bourne，1991）。城市－区域空间，是以大中城市为核心，并由与之紧密相连的广大地区共同组成的、经济上紧密联系、生产上互相协作，在劳动地域分工过程中形成的结节地域。描述这样的结节地域，从内在特性的规定性看，具有五大构成要素，即：中心城市、城镇网络、联系通道、空间梯度和经济腹地。其中，中心城市规定了各城市在区域空间的层次，经济腹地展示了不同城市的腹地范围。贝利（Berry，1973）早年用大都市区内各城市（镇）在时空上的相互依赖程度反映城市体系与大都市区之间的关系，并提出以一日为单位的通勤圈进行城市体系空间范围的分析（daily urban system）。传统经济腹地的划分往往注重中心城市与其周围地区之间各种流态（如人流、物流、技术流、信息流和金融流等）的分析。然而，在中国，获取全国城市间日常通勤数据还比较困难，这里的分析，一方面基于前面的节点城市和层域分析成果，另一方面借鉴图论的“点－线－空间”分析原理进行相关的研究。

一、图论分析原理

在现代交通运输状况下，每个城市与其周围的城市一般都有三条以上的运输连接通道。这样，根据城市的点的位置和强度（层级）和城市之间的联系通路，采用图论分析方法，可以进行“点－线－空间”分析，从而构建中国城市－区域空间。

1. 结节区域形成的充分必要条件

区域，用图论的语言可表述为：在球面上（包括地球）用简单曲线画出的图 $G=(V、U)$，它们各边的交点均为顶点，并且可以把这张图展示在平面有限图上。

按照图论原理，对于平面图来说，最简单的区域图，其有限面的边界（围道）为

$$V(G)=1$$

连接分支 $\rho=1$，参照圈空间秩数 $V(G)$ 定理

$$V(G)=m-n+\rho \qquad (4.13)$$

不难看出，满足式（4.13）的充分必要条件为 $m = n$。

此外，在简单完全图中，点和边的关系又必须满足公式（4.14）。即

$$m \leqslant n(n-1)/2 \tag{4.14}$$

根据式（4.13），令 $m=n$ 并代入式（4.14），很容易求得简单平面完全图的点数和边数至少为 3。即

$$\begin{cases} m \geqslant 3 \\ n \geqslant 3 \end{cases}$$

城市 - 区域空间是由中心城市与各城镇组成的城镇网络，从图的角度看都可以认为是单纯无向图。中心城市口 a，对于周围地区图 G 中任一其他城镇 $V \in G$ 都存在由 a 到 V 的基本连接线 P_a-V，按图论的表述法，我们称这一（区域）图 $G=(V, U)$ 为有根树，中心点 a 为树的根。很显然，在以 a 为根的树 R 上，a 作为节点的充分必要条件是图上顶点的连接次数大于或等于 3。也就是说，只有当 $G=(V_a, U)$ 为一个连接图时，并设有 U_1 与 U_2 的弧集的一个分割，即

$$\begin{cases} U=U_1 \cup U_2 \\ U \cap U_2=\phi \end{cases} \tag{4.15}$$

中心城市 a 才能形成（区域）图 G 的节点。

从纯几何学的角度说，一个平面图形（区域）最彻底的划分为三角形（三点三条连接线），它是编制一个紧致网的最小单元。要形成具有节点的结节区域的充分必要条件是两个或两个以上三角形组成连接图。

2. R_d 链空间组建方法

根据上述图论原理，城市 - 区域空间的组建可运用 R_d 链方法。第一，应用经济地理学地域集聚原理，将某一地域的社会、经济、科技、教育和交通线结合在一起的整体地理结构称为一个 d 系。很显然，这种 d 系是随着社会经济核心区的形成而出现，并且随着中心城市推动区域社会经济的发展,特别是随着各种流通范围的扩大而扩大。在实际分析中，以城市为节点构造 d 系，并按中心城市实力指数划分为不同层次的 d 系。第二，按照图论原理，把三个 d 系组成一个三角区，形成一个基本的经济单元，这里称之为 d_Δ系。按照不同层次的 d 系，进一步把两个或两个以上的 d_Δ系连接起来，称为 R_d 链。第三，进行基层 d_Δ系的社会经济技术流态分析，划分与其对应的腹地范围。这样，从理论上讲，一个 R_d 链的范围就是城市 - 区域空间的大致范围。

不言而喻，采用图论分析原理，按照 R_d 链方法进行城市 - 区域空间分析，具有明显的三个特点：①城市 - 区域空间是以经济重心区（节点城市）和通道网（同层域城市间形成的通道）为骨架，而不是一种“中心—腹地”体系骨架。②城市 - 区域空间没有排他性边界，不同层次的城市 - 区域空间可以互相交叉重叠，经济发展水平较低和通道网缺乏的地区甚至可以出现轮空现象。③城市 - 区域空间随着经济重心区的转

移、通道网的变化其范围也会相应变动。

二、中国城市 - 区域空间结构

应用上述 d_Δ系和 R_d 链法理论与方法，33 个指标对中国 434 个城市进行不同层次 d 系组织和Ⅰ、Ⅱ、Ⅲ级 d_Δ系和 R_d 链组建，建构出中国城市 - 区域空间结构。

1. 中国 d_Δ 系和 R_d 链

按照 R_d 链理论，首先构建Ⅰ级 d_Δ系和有效地扩展一级 R_d 链，组建国家经济发展地带；其次用尽可能少的代价（就近和就短距离）构建Ⅱ级 d_Δ系（图 4.15）。

2. 中国城市经济区组建方案

按接通各级 R_d 链为目标，组建国家级城市 - 区域空间：南方北方两大城市空间板块、三条经济开发轴线、九大城市 - 区域（图 4.16）。

1）南方北方两大城市空间板块

由上海、武汉、重庆、广州四大城市 - 区域组成南方发展板块；由京津、沈阳、西安三大城市 - 区域组成北方发展板块。

2）三条经济开发轴带

由沈阳、京津、上海、广州四大城市 - 区域组成沿海经济发展轴带；上海、武汉、重庆三大城市 - 区域组成沿江经济发展轴带；京津和西安两大城市 - 区域组成黄河陇海铁路沿线经济发展轴带。

3）九大城市 - 区域

全国形成九大城市 - 区域，它们是：①沈阳城市 - 区域，以沈阳为中心，包含沈阳、长春、哈尔滨、齐齐哈尔 4 个Ⅱ级城市 - 区域。②京津城市 - 区域，以京津为中心，包含京津、石家庄、济南、青岛、徐州、郑州、太原、包头 8 个Ⅱ级城市 - 区域。③西安城市 - 区域，以西安为中心，包含西安、兰州 2 个Ⅱ级城市 - 区域。④上海经济区，以上海为中心，包含上海、南京、杭州、合肥、南昌 5 个Ⅱ级城市 - 区域。⑤武汉经济区，以武汉为中心，包含武汉、长沙 2 个Ⅱ级城市 - 区域。⑥成渝城市 - 区域，以成都和重庆为中心，包括成都、重庆、贵阳、昆明、大理 5 个Ⅱ级城市 - 区域。⑦广州城市 - 区域，以广州为中心，包括广州、海口、南宁、福州 4 个Ⅱ级城市 - 区域。⑧乌鲁木齐城市 - 区域。⑨拉萨城市 - 区域。

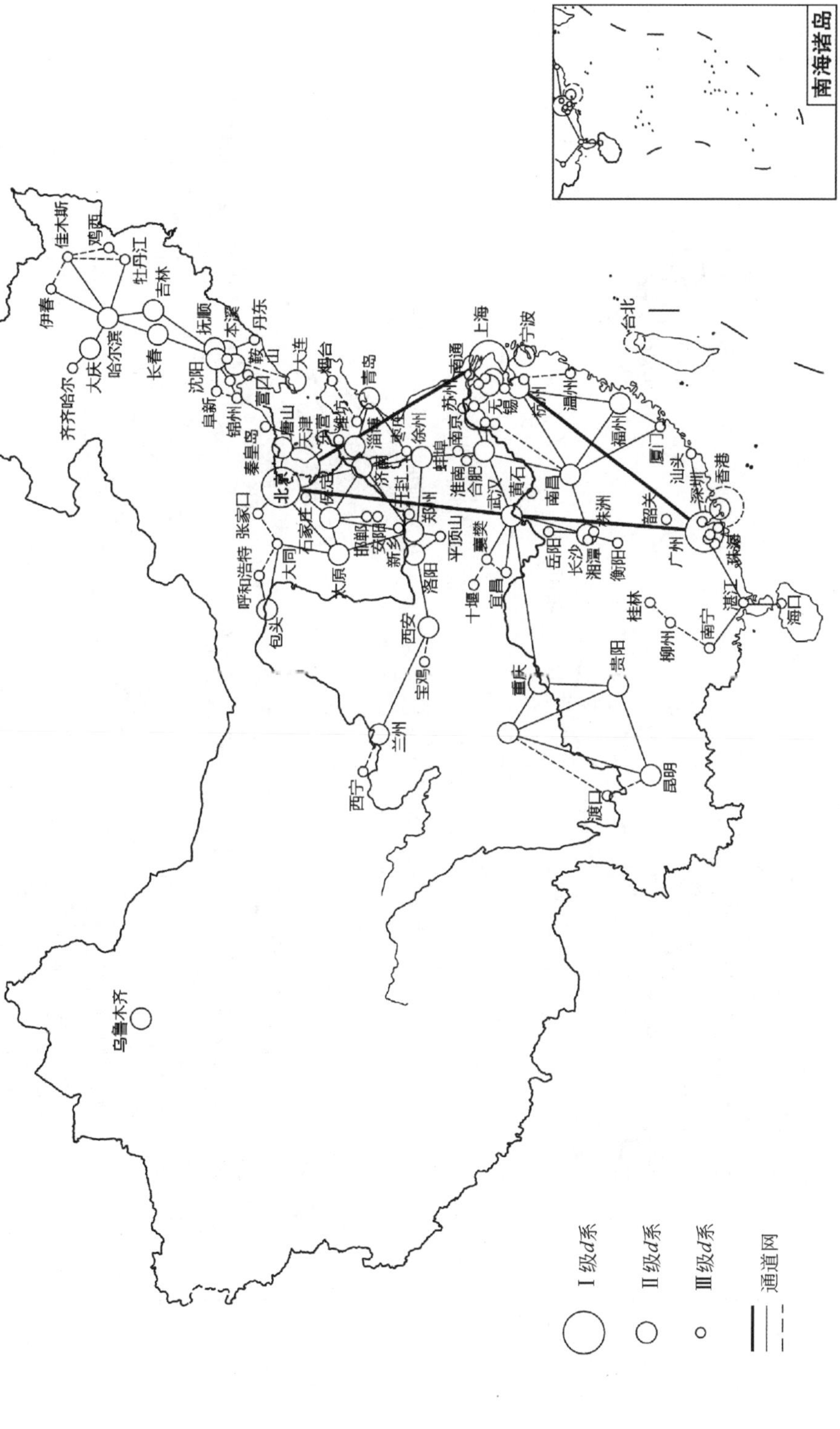

图 4.15 中国 d_{Δ}和 R_{G} 链示意图（1989 年）

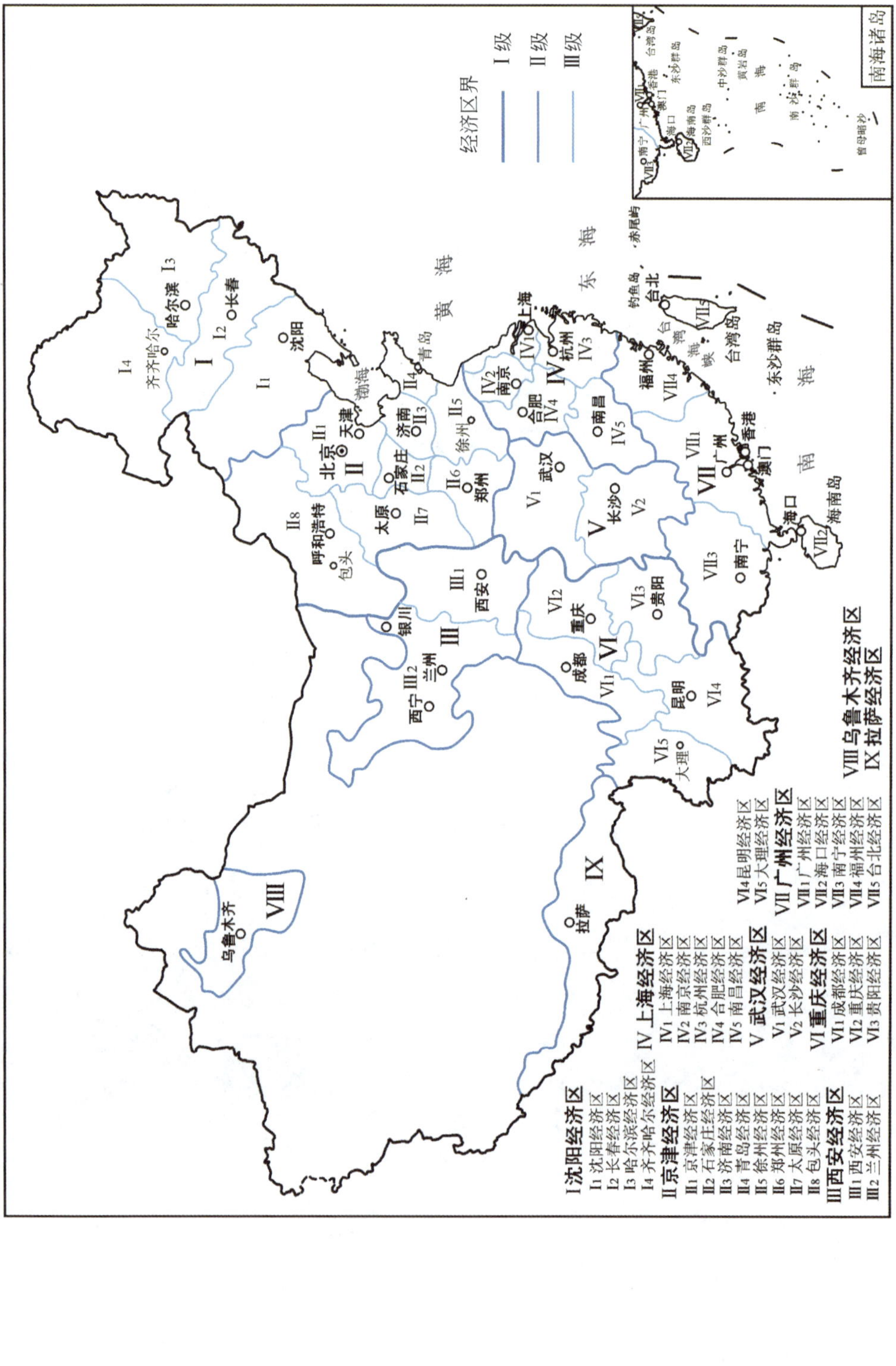

图 4.16　中国城市经济区划示意图

第五章　中国城镇化过程

中国是世界上城市形成和发展历史最久远的国家之一，具有长期而复杂的城镇化过程。与世界一些发达国家比较，中国城市化浪潮发生的时间更早，形成的规模更大。本章重点论述中国城镇化的过程。

第一节　中国城镇化过程分析框架

城镇化的过程研究，主要是历史学的视角。历史研究的基本方法有多种：①考据法。搜集和考证材料的方法，也是最基本的研究方法。②比较史学方法。通过两种或两种以上的历史现象比较，揭示历史事件的真伪。③计量史学。通过数据进行计量并得出结论。④跨学科史学方法，运用多学科的理论和方法，进行历史过程的分析。

中国城镇化过程研究，基本上都集中在 1949 年以来的城市化过程，其中以下两位学者的研究具有代表性。诸大建（2008）采用驱动力对比的方法，用波浪的形象形容中国城市化过程，将中国城市化划分为三波：①第一波（1949 ～ 1979 年），城市化普遍被忽视；②第二波（1979 ～ 2010 年），城市在快速工业化和全球化的过程中急剧增长和扩张；③第三波（2010 ～ 2020 年），从以经济为导向向以城市生活为导向的转变，从创造就业机会到为人们创造空间，从产生经济增长到建设人类文明。

叶嘉安等（2006）则采用数据进行计量，加以驱动力解释的方法，将 1949 年后的中国城镇化过程分为四大发展阶段：①第一阶段（1949 ～ 1979 年），低城镇化水平（20% 以下）发展；②第二阶段（1979 ～ 1989 年），由计划经济向市场经济转变、“自下而上”的城镇化；③第三阶段（1990 ～ 2000 年），由城市土地使用管理改革引发的房地产主导城镇化；④第四阶段（2000 年至今），与生产服务部门紧密相关联的跨国公司和全球资本投资主导的城镇化。

如图 5.1 所示，1820 ～ 2050 年，中国城镇化水平和年增长率变化，230 年的全过程曲线图，可以明确地展现出 1850 年前、1850 ～ 1900 年、1900 ～ 1950 年、

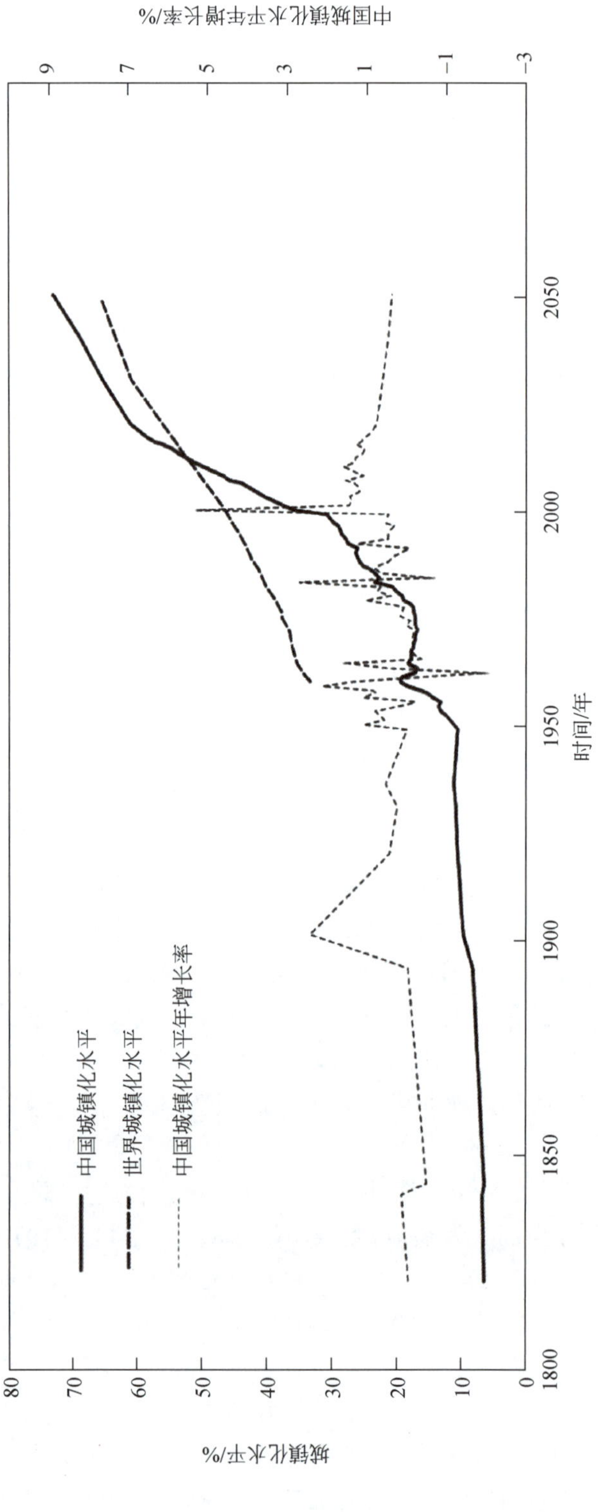

图 5.1　中国城镇化水平和年增长率变化（1820～2050 年）

1950～2000年和2000～2050年五个明显不同阶段，其中2020～2050年的数据为预测数据。为精准科学地描述这个过程，本书与上述专家不同，借鉴地质学描述地球构造按照成岩时空分布描述的方法，构建了中国城镇化研究的地层分析框架（analytical framework for China’s urbanization：the geological metaphor），用地质学中的地层学方法描述城镇化过程（Gu et al.，2014）。

地质学中传统的地层描述主要采用机械式记录及描述岩石地层方法，通过古生物对比、特殊矿物对比、岩性对比等手段确定地层。近年来，赵刚等（2018）以具有成因联系的沉积序列为岩石地层描述的最小地质实体，探索岩石地层描述数字方法，以地层单元与基本地层单元的自相似对比构建岩石地层描述的框架。对于中国城镇化过程，如何借鉴地层学方法进行过程分析？其中基本的原理是什么呢？

人类社会空间，如同地球的地壳结构一样，城市化过程对特定地区形成的社会差异以及住房和居住环境的分化，会伴随着一次次“有”与“没有”形成影响产生越来越大的反差，这可能类似于地质学中从沉积岩向变质岩的转化过程。城市化空间的变化，并不是从头开始的，而是在现有社会空间结构的基础上发生的。城市化过程形成的空间结构及其随时间的变化可以看作是具有不同类型的居住环境的社会空间配置的拼接。这些城市化社会空间类型中的每一种至少在其起源时都与人类社会中的一个精确的社会团体或社会团体的组合相关联。社会空间配置可以被认为是物质构建的环境，相关的社会群体在其中发展生计并重现其社会地位。只要城市人口的社会结构随着社会经济发展而变化，就会出现新的社会形态。因此，城市化空间的马赛克（拼贴）就构建了特定地域城市化过程（Kesteloot，2004）。

在创建这些具有不同类型的居住环境的社会空间配置时，经济的组织以及由此产生的社会结构和关系反映在住房的类型，集体消费的物质和制度组织以及该地区的空间布局上。就集中性和可访问性而言，不同类型的居住环境的社会空间配置在区域空间结构中的位置和创建时期，客观地刻画了这一城市化的全部过程。

通常，新的社会空间配置的出现并不意味着较早的社会空间配置就会消失。后者可以继续存在并容纳相同的社会群体，也可以在城市化过程中转变为新的职能地域。因此，可以将这种镶嵌图进行历史分析，其中每个社会空间配置都与其出现时期的社会条件相关，并且可以检测到其持久性、变化或消失。

对城市化空间的这种历史分析是可能的，因为社会的空间组织涉及与建筑环境的寿命有关的强大惯性，有时候文化地理、政治地理特征以及行政区演化也会参与甚至更加彰显这种惯性的存在。因此，正如从地层的研究中可以推断出过去的自然地理条件一样，从不同形态的社会空间配置的研究中，也可以理解先前时期城市化的空间组织。因此，可以利用这样的思想，对城镇化过程进行系统的分析和研究。

实际上，这正好将梅西关于劳动地域分工（spatial divisions of labour）的思想（Massey，1979）应用到城市社会地理学。梅西在进行区域研究时发现，区域的经济增长是由几轮投资创造的，这些投资也创造了新的劳动地域分工。新生成的社会空间叠加在前一轮中产生的社会空间上，有的甚至被融入其中。这就形成了随时空变化的区域社会空间连续层组合体，并导致生产条件的区域变化，成为下一轮投资的空间基础。这种空间基础至关重要，因为投资会利用空间变化带来最大化利润。当将此逻辑转换为城市化空间时，确定投资获利能力的空间变化将转换为劳动力再生产的空间安排。克斯特洛特借鉴梅西的劳动地域分工理论提出了欧洲城市和中国城市社会空间分析思路（Kesteloot，2004；2005），顾朝林等（2016）进一步建构了用于城市化过程分析的城市经济－社会分化－住房和居住环境重构的社会空间配置拼接图（图 5.2）。

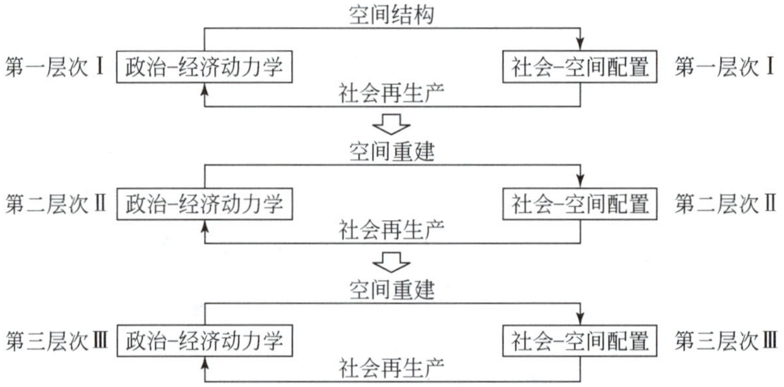

图 5.2　分层的社会空间配置拼接图（Gu et al.，2016）

在中国城镇化过程分析时，确定了四个城市化阶段与此相关。四个阶段之间的变革将按不同的社会分化和社会空间配置产生逻辑进行区分。在 1842 年鸦片战争之前，称之为“中国传统城市”，是按照亚洲自己的生产方式的逻辑形成和发展的，其中的社会群体和空间组织形态也具有鲜明的东方特性。然后在 1842 年（以第一次鸦片战争的结束为标志）到 1949 年之间，我们称之为“原始全球化时代”，通过半殖民主义力量的活动，中国有一部分地区受到西方世界体系的影响，这也是中国城镇化第一次与世界经济互动，但这种互动是局部的、片段的，后来被西方封锁而中断。随后是社会主义计划经济时期，中国现代化、工业化和城市化时期，除了苏联在 1960 年前对我国城市规划有一定影响以外，其他西方国家都没有参与这个过程（Gu and Cook，2011），但赋予中国城市化，尤其中国城市，在以单位为特色的新社会空间配置，烙下了深刻的印迹。1978 年，随着改革开放政策的实施，中国的城市化在“社会主义市场经济”制度下重新进入世界体系，城市化的驱动力融入了全球资本、技术和市场的元素，新的社会空间配置也逐渐形成和发展起来（表 5.1）。近 200 年中国城镇化历史，这样宏大的叙事篇章，可以用地层学的手法表达（图 5.3）。

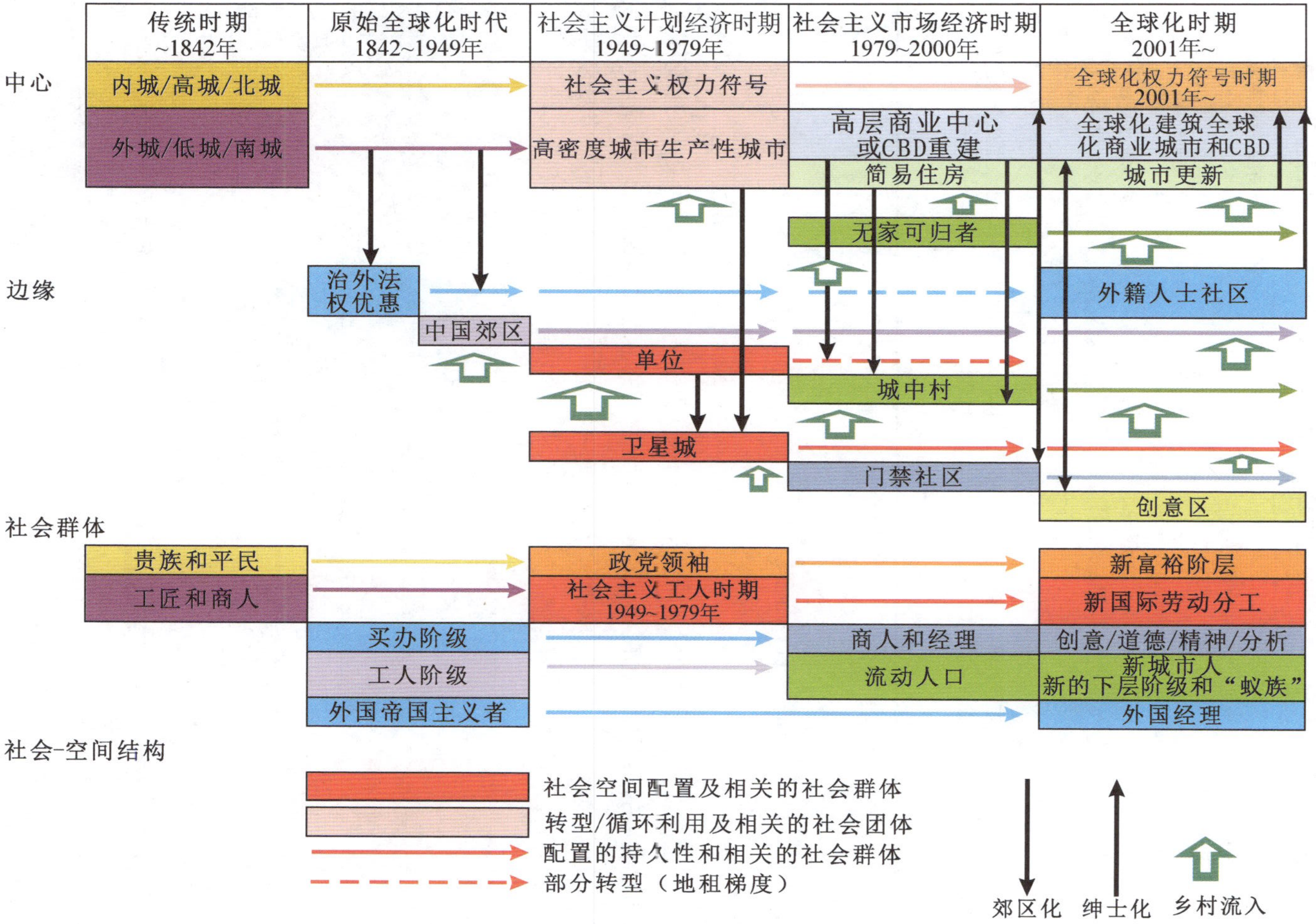

图 5.3　中国城镇化地层学分析研究框架

资料来源：Gu et al.，2006；2016

表 5.1 中国城镇化的地层分析（Gu et al.，2006；2016）

层级	社会空间配置层	生产方式	内生时间序列	典型配置	外观形象
第一层	传统中国文化层	亚洲生产方式	封建王朝演替	内 / 外城市	四合院－胡同城区
第二层	殖民地半殖民地文化层	资本主义生产方式	康德拉季耶夫循环	• 外国人和买办街区 • 租界 • 工人社区 • 农村郊区	• 东亚和东南亚的港口城市 • 里弄（中国商人和工人居住区）
第三层	社会主义文化层	计划经济生产方式	意识形态—实用主义交替	• 单位 • 卫星城 • 密集的传统社区	社会主义街区（居住小区－居住区）
第四层	市场主导文化层	市场经济生产方式	康德拉季耶夫循环	• 门禁社区 • 内城绅士化区 • 国家商品住房 • 城中村 • 贫民窟、非正式住房（无家可归者）	社会主义市场经济特色城区

第二节 中国城镇化历史过程

中国是世界上城市形成和发展历史最久远的国家之一，具有长期而复杂的城镇化过程。从历史发展的角度看，城镇化过程可以划分为古代、近代和现代三个时期。中国现代城镇化过程，无论什么阶段，或多或少都形成与外部世界的互动，按照驱动力的变化，尽管有些驱动力长期存在相关的影响，还是可以清晰地划分为五个阶段（图 5.4）。

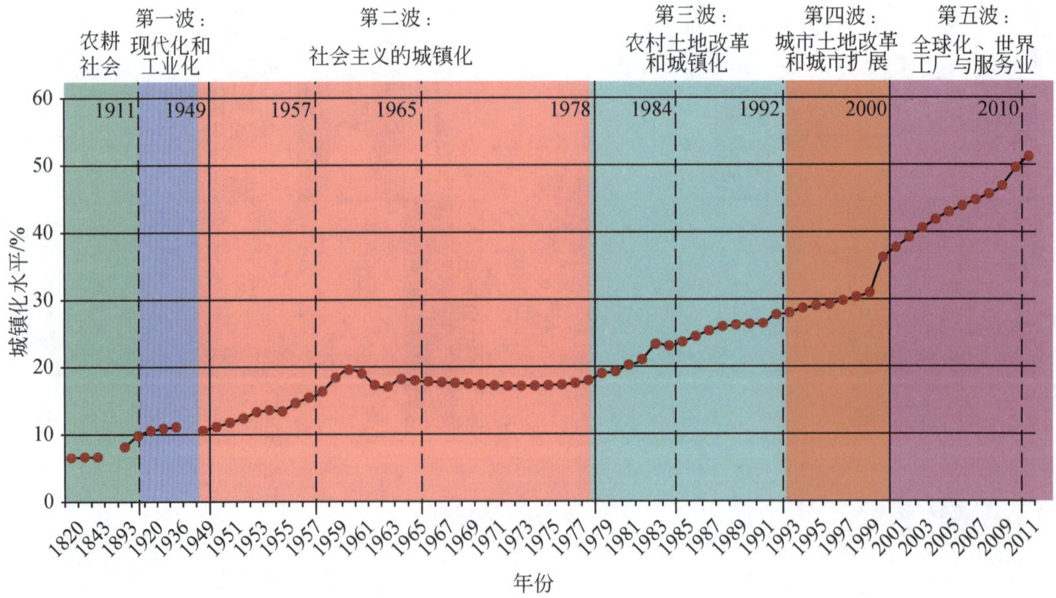

图 5.4 中国现代城镇化过程

一、中国古代城镇化

中国是历史悠久的农耕文明古国，古代城市主要是防御和管理中心功能，宋代以后才赋予了部分的经济功能。从公元前1046年西周开始到1821年严禁鸦片贸易，共2867年，这一阶段的城镇化水平较低。根据城镇发展的动力，可以划分为如下两个时期。

1. 第一次造城运动

西周（公元前1046～公元前771年）是我国历史上最昌盛的奴隶制国家。据史料记载，这一时期分封的诸侯国由最初的71个发展到1200个之多，这些诸侯国的统治中心——首邑城市则得到了普遍的发展。这一时期，建城是“国事”，而且城之大小受周礼严格等级制的制约，城邑规模定制大都能恪守不渝。但到春秋末期，周王室衰败，人口总数已经超过3200万人，各诸侯国为在争霸中发展势力，“筑城以卫君，造郭以居民”。分封的诸侯各自为政，大兴土木，纷纷在“自己的地盘”建立“小国（城）”，开启了中国的第一次大规模造城运动（图5.5）。据考古发掘资料，当时一些城市的规模已经很大，面积在6km^2以上的城市至少有15座。例如齐国有大小城池81座，每城万户以上，其中首都临淄，面积达19km^2，7万户，按平均每户5人计算，已经是一个拥有35万人口的超大型城市了。而在同期的西方，即使是在希腊城邦臻于极盛的伯里克利执政时期（约公元前495～前429年），雅典城的人口也才15万人。根据学者粗略的估算，整个春秋战国时期，35个大的诸侯国就建了600～900个城池。再按照西周分封的1200个诸侯，鼎盛时期在中国的大地上应该有1.5万～2万个城邑存在过。

2. 市镇大发展时代

秦汉是我国封建社会形成、发展及走向定型的时期。随着国土开发和地域经济的发展，强大的中央集权统治和郡县制行政体制的设置，形成了一系列层次分明、规模不等的各级行政中心城市。据《汉书·地理志》记载，西汉在元封年间（公元前110～前105年）设有103郡，下辖“县、道、国、邑，千五百八十七”。据钱大昕在《二十二史考异》中的郡、国所辖县统计，西汉实有县级行政单位1578个，其中县1344，侯国188、道30、邑16。王莽时期（公元9～23年），全国有125郡，国下领县、邑2203个。可见这一时期行政中心建设数量相当巨大。后来的唐朝，尽管国力昌盛，在城市设置方面趋向“防守”，开始用户籍管理城市，户籍分为编户和非编户，编户称为良民，非编户称为贱民，贱民不得独立门户，须与良民共户。到了宋代，由于受到北方辽金的压力，将城市只是防御工具转变为发展经济的中心，打破了唐代的城坊制旧格局，实行街巷制新体制，并大力发展各类手工业、服务业、娱乐业，同时取消流传千年的宵禁，大兴夜市，建有“贵族城市”，形成了中国古代第二次城镇化高潮。两宋时期（公元960～1279年），仅见于史料记载的市镇多达3600多个，

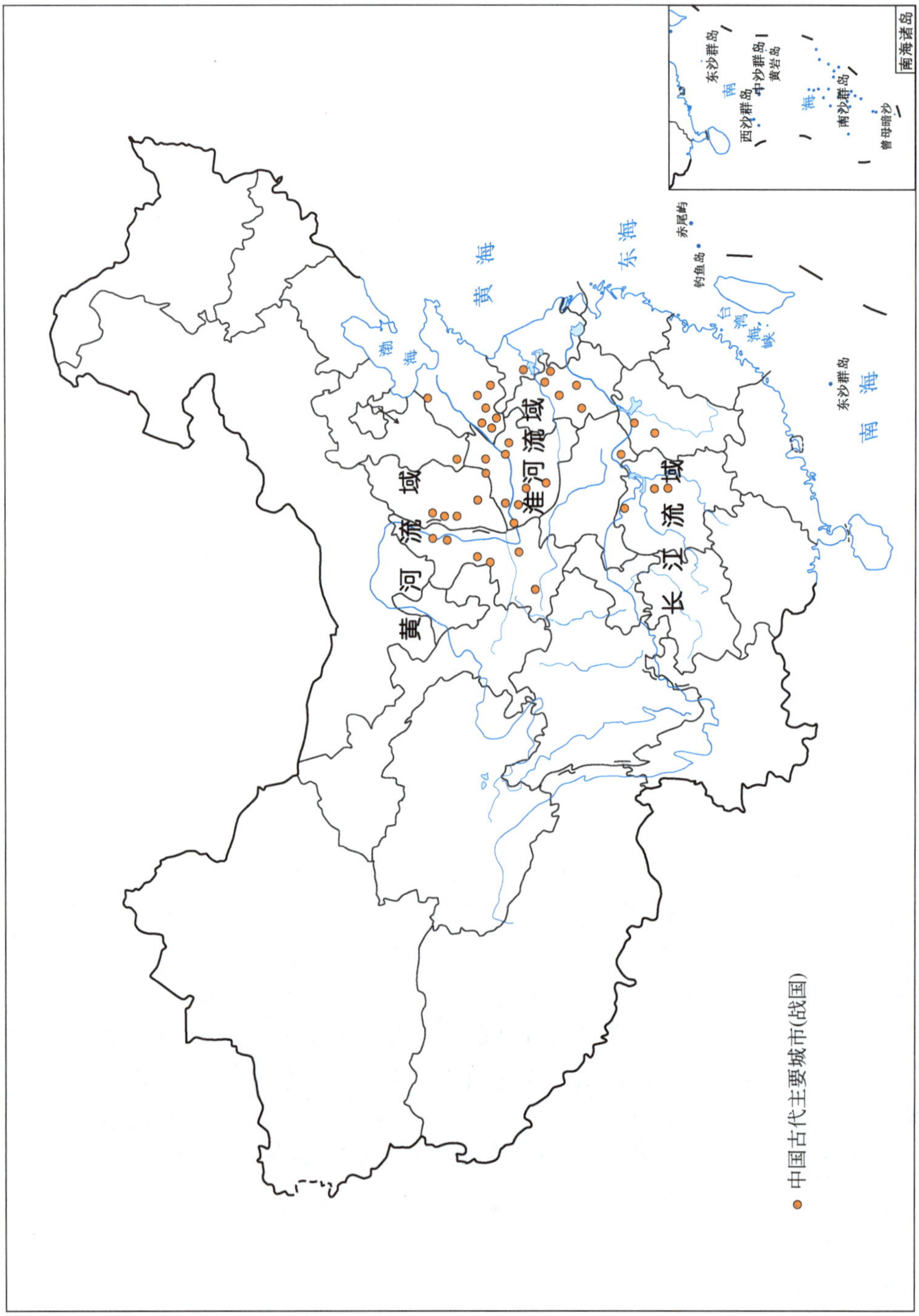

图 5.5 战国时期主要城市分布

其中一部分市镇，不论人口数量还是经济发达程度，都超过一般州县。有学者估算，此时全国人口突破了1亿，占世界约30%以上，10万人以上的城市有40多个，城镇化水平可能达到了22%左右。北宋都城汴梁（今开封）和南宋都城临安（今杭州）的人口都超过100万人。与西方世界比较，据吉尔伯特·罗兹曼（2003）推算，一直到公元1500年前后，欧洲最大的4个城市是米兰、巴黎、威尼斯和那不勒斯，人口只有10万～15万。到明清两代，基于既有的行政中心，商业型城市进一步繁荣与发展。

二、中国近代城镇化

鸦片战争以后，帝国主义叩关而入，经济上入侵我国沿海和沿江地区，以上海为中心的通商口岸城市体系的形成。与此相对应，无锡、南通、汉阳等一批农副产品加工的纺织、轻工和工矿型城市发展起来。这是中国城市发展和城镇化过程第一次与世界经济互动，现代化和工业化是核心驱动力，然而这种互动是局部的、片段的，但对中国城镇化空间格局影响巨大，形成了中国沿江和沿海两大经济发展轴带。尽管当时的中国还是一个发达的农业国家，城市化水平还是从1820年的6.5%上升到1936年11.2%，城市化水平增长了4.7%，相当于30%的世界城市化水平的三分之一（表5.2）。

表5.2　中国城市化水平基本情况（1820～1949年）

年份	城市化水平/%	城市化年均增长百分点
1820	6.5	—
1840	6.7	0.15
1843	6.6	−0.50
1893	8.2	—
1901	9.8	2.44
1920	10.6	0.43
1931	10.9	0.26
1936	11.2	0.55
1949	10.6	—

资料来源：①国家统计局；②李蓓蓓，徐峰.2002.近代中国城市化水平研究。

第三节　中国城镇化现代过程

到1949年中华人民共和国成立之时，中国的城镇化进程已经落后于其他国家，但现在正在迅速追赶。1949年中国的城市化水平约为10.6%，2010年接近50%，在2019年达到60.60%，增长了50个百分点，城镇人口从5765万人增长到84843万人，较 1949 年增长了 13.72 倍。中国城镇市化的现代过程可以分为五个阶段，每个阶段都有其独特的驱动力。

一、工业重建与工业化拉动城镇化

1949～1977 年，中央政府致力于通过农村土地改革和城市工业化来恢复国民经济。这一时期，中国进入了社会主义建设新时期。在 1949～1977 年间，计划经济体制下，城市分布与发展能够服从于生产配置的规律，从而可以从根本上消灭半封建半殖民地经济所遗留的城市（镇）分布的地区不平衡状况，致使我国城镇体系地域空间结构发生了巨大的变化（表 5.3），可以分为以下三个时期。

表 5.3　中国城市化水平基本情况（1949～1977 年）

年份	城市化水平 /%	城市化年均增长百分点
1949	10.6	—
1950	11.17	1.11
1955	13.48	-0.21
1960	19.75	1.34
1965	18.0	-0.35
1970	17.4	-0.1
1975	17.3	0.18
1976	17.44	0.14
1977	17.55	0.11

资料来源：国家统计局。

1. 农村土地改革（1950～1952 年）

为了巩固新政权，中央政府于 1950 年通过了《中华人民共和国土地改革法》，废除了封建土地所有权，为农民提供土地。1952 年年底，土地改革运动基本完成了 3 亿多农民的土地所有权，促进了农村经济的恢复和发展。通过土地改革，农村土地和农村劳动力成为农业发展和工业化的重要因素。

2. 重工业化与“同步城镇化”（1953～1957 年）

1949 年中华人民共和国成立，沿用了历史上行政中心替代经济中心的国家经济管理体制，城市（镇）首先成为地区或国家经济发展的平台，突飞猛进的社会主义经济建设，改变了城市既有经济职能，进一步由消费性城市向生产性城市转变。20 世纪 50 年代，在前苏联的技术和经济外援支持下，启动了 156 个工业项目。这种工业化的主要组成部分是具有资本密集型技术的重工业。这些工业对城镇化的直接影响是有限的，但它们鼓励了小工业的发展，这些小工业吸收了城市中的农村劳动力。在当时的计划经济条件下，所有大型工厂都是国家所有，所有重大经济决定都由中央政府决定，这些大项目布局改变国家原有的沿江和沿海工业发展格局，东北和内陆城市得到发展，中国工业和城市发展的东部和西部地区不平衡有了一定程度的改善。例如辽宁省，苏联帮助中国兴建的156项工程有24项布局在这里，例如鞍山钢铁公司（现为鞍山钢铁集团）、抚顺发电厂、阜新海州露天煤矿、抚顺石油二厂、抚顺铝厂、沈阳第一机床厂、沈阳第二机床厂、沈阳风动工具厂、沈阳电缆厂、大连造船厂改建扩建、杨家杖子钼矿、渤海造船厂等。为了与这24项重点工程配套，辽宁省还在沈阳、大连、抚顺、本溪、丹东等地安排了省市重点工程项目730个，包括改建扩建抚顺钢厂、大连钢厂、沈阳有色金属加工厂、沈阳冶炼厂、锦州铁合金厂、沈阳第三机床厂、沈阳鼓风机厂、沈阳水泵厂、大连重型机器厂、大连机床厂、沈阳化工厂、沈阳玻璃厂、大连玻璃厂等。黑龙江省也是国家工业建设的重点地区之一，苏联帮助中国兴建的156项工程中，有22项工程布局在这里，例如哈尔滨电机厂、哈尔滨汽轮机厂、哈尔滨锅炉厂、哈尔滨轴承厂、哈尔滨量具刃具厂、电碳厂、电表仪器厂等。

随着国民经济的复苏和大规模工业化。大量农民迁移到城镇、城市和工矿区寻求就业。城乡之间、工业和农业以及城市和经济增长都得到同步发展，是典型的“同步城市化（synchro urbanization）”过程（Gu et al.，2015）。主要表现在：①工矿城市发展迅速。涌现了一大批矿业、矿工业新城市，其中煤矿城市、铁矿采掘—加工城市、有色金属采掘—加工城市、石油采掘—加工城市、林业采伐城市、水电开发城市等大多数（约占60%）都是在原为乡村或无居民点的情况下平地起家和迅速发展起来的，成为我国城镇体系发展的一个重要组成部分。②新型交通枢纽城市的发展。随着现代交通路线的形成，调整了部分省区人民政府驻地，如河南省会由开封迁至郑州，河北省会由保定先迁天津、再迁石家庄，吉林省会由吉林迁至长春，内蒙古自治区首府由张家口迁至呼和浩特，黑龙江省会由齐齐哈尔迁至哈尔滨等。1951年开通了北方沿海航线，恢复了南方沿海航线，开辟了远洋航线以后，中国港口城市发展进入新的阶段，其中有深水泊位的大连、秦皇岛、天津、烟台、青岛、连云港、上海、广州、湛江、八所等10个港口城市得到快速发展。新建的63个城市，主要分布在黑龙江、内蒙古、河北、安徽和福建等省区，还在边境地区、国防前线，陆续新建了二连浩特、图们、绥芬河、深圳、珠海、凭祥、畹町等口岸城市。③特大城市周围卫星城的发展。在上海、天津、北京、沈阳、南京、武汉、广州等城市周围建设了一批卫星城镇。这一时期，城市数量从1949年的136个增加到1957年的178个，中国城镇总人口达到接近1亿人（9949万人），中国城镇化水平达上升到15.39%，以每年70.5%的速度增长。

3.“大跃进”和第一次“反城镇化”（1958～1965年）

1958年，中国的农村合作社兴起了“大跃进”运动，建立了人民公社，提出亩产吨粮的不切实际目标推动农村集体化发展，同时还鼓励全民大炼钢铁，将钢铁年产量目标设定为1070万t。同时，交通、电信、教育、文化和卫生等其他部门也类似地推动了自己的“大跃进”运动。这些运动由于各种社会经济改革尝试做得太早而最终失败了（Cook and Murray，2001）。

在 1958 ～ 1960 年，约有 3000 万农村人口进入城市；新设城市 44 个，城市数量达到 339 个；全国城镇人口从 1957 年的 9949 万猛增到 1960 年的 1.3073 亿，三年中城镇人口净增 31.4%；城镇化水平达到 19.75%。从当时的经济和社会发展水平看，人口流入城市过多过快，可以称这是“过度城市化（overurbanization）”时期。

由于过快的城镇化和农村人口进入城市，使得城市负担太重，市政建设严重不配套，加上 1959 ～ 1961 年的三年困难时期和苏联援助突然终止，国民经济陷入危机之中。于是，中央政府于 1961 年开始实行“调整、巩固、充实、提高”八字方针。这在压缩重工业规模，减少国有企业的工人数量和城市规模的同时，优先发展农业和轻工业，并建立了城乡分离的户籍制度。1961 ～ 1964 年，一方面，压缩城镇人口的盲目膨胀，陆续撤销了 52 个城市，动员了近 3000 万城镇人口返回农村（相当于当时城镇人口的 25.7%）；另一方面，也阻断了农村人口向城市的迁移和流动。结果导致中国的城镇化和工业化进程戛然而止。同时，在 1964 年调整了建立城镇的官方标准，以减少城镇人口。1965 年年底，中国的城市人口减少到总人口的 14%，城市数量减少到 169 个（撤销了 170 个城市），城镇化水平也急剧下落到 18%。

1958 ～ 1965 年，全国城镇化水平先从 1958 年 16.25% 上升到 1960 年的 19.75%，然后又下降到 1965 年的 17.98%。中国城镇化水平之所以剧烈波动，主要与国民经济尤其是工业化的大起大落密切相关，是因为 1958 ～ 1960 年过分的工农业生产“大跃进”，过快推进了农村人口向城市的迁移，导致农业不稳，口粮不足，刻板的计划经济制度无法解决出现的问题和矛盾，迫使这一时期进了城的农民又返回到乡村，国外有学者称之为“反城市化运动”。

4. 知青“上山下乡”和第二次“反城镇化”（1966 ～ 1977 年）

在 1966 ～ 1976 年，由于“冷战”和与苏联的紧张局势，导致国家实施“山、散、洞”的“三线建设”生产力布局（图 5.6），分散的工业布局使老城市失去发展动力，新城市平地起家基础不牢，创造的就业岗位非常有限。同期，就业年龄人口大幅增加。为了解决城市就业的压力，消灭城乡、工人和农民、脑力劳动与体力劳动的“三大差别”，约 1600 多万城市知识青年离开城市，到农村定居并参加劳动，即“上山下乡，插队落户”，形成中国城镇化过程中一段从城市到乡村的人口大迁移的“反城镇化”。这一时期，全国几乎每个城市居民家庭都有“知青”下乡。进入 20 世纪 70 年代以后，尽管国家开始允许知识青年以招工、考试、病退、顶职、独生子女、身边无子女、工农兵学员等各种各样名目繁多的名义逐步返回城市，但是数量非常有限。从全国城镇化水平看，1978 年为 17.9%，与 1965 年相同，13 年中城镇化过程基本处于停滞状态。城镇人口年均增长率为 1.3%，低于同期人口自然增长率 1.75%（顾朝林等，2008）。

二、经济改革与市场主导的城镇化

1976 年，中国的国民经济已处于崩溃的边缘，变革和改革并向外界开放成为关键。

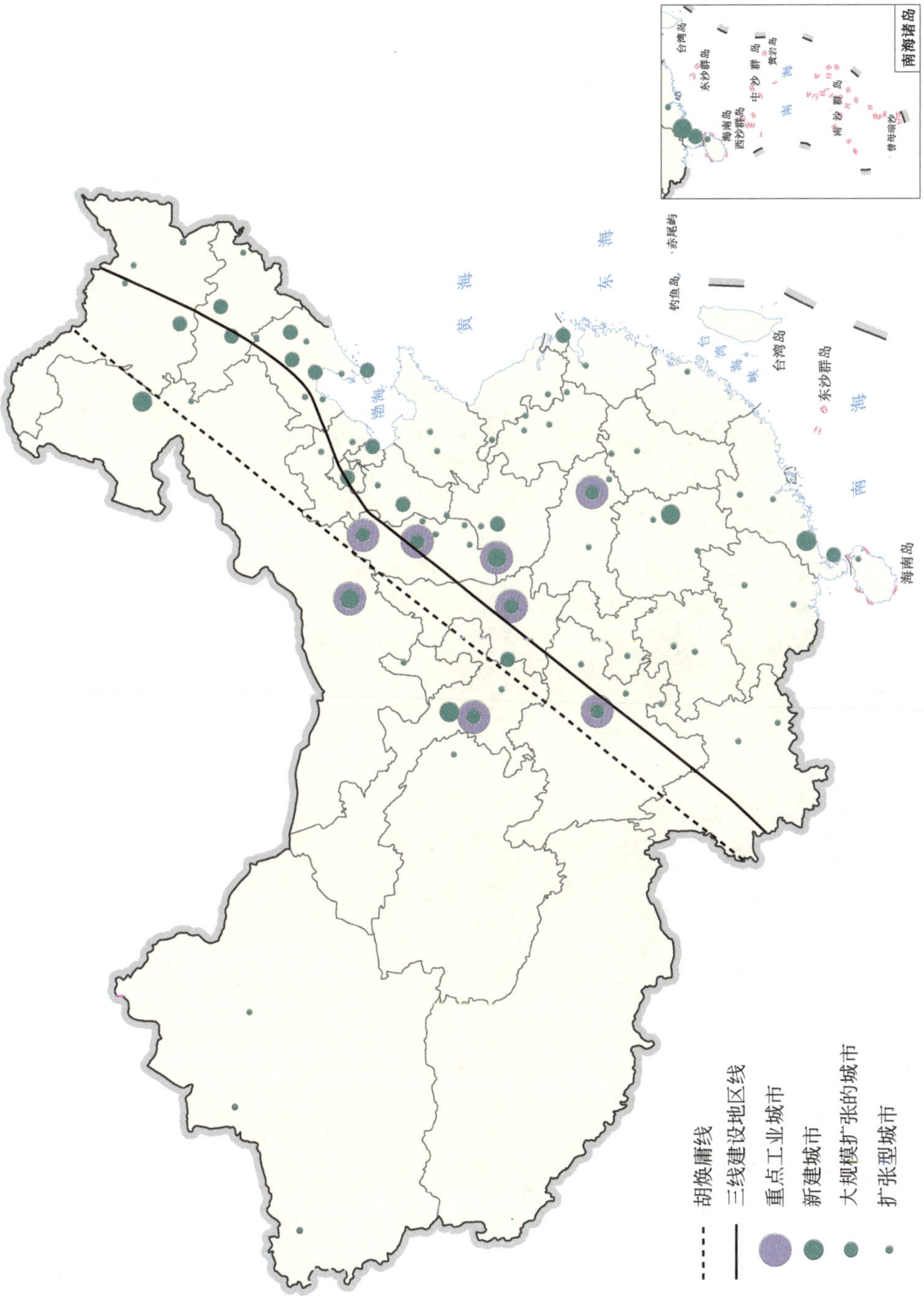

图 5.6　中国“三线建设”的城市

1978年以后推动经济改革，分为两个阶段。在20世纪70年代末和80年代初，首先是农业的去集体化改革，工业向外国开放和私营企业合法化。在20世纪80年代末和90年代初，进一步改革涉及取消价格管制和国有企业私有化，市场改革迈出了新的一步。1992年，邓小平南方谈话后，中央政府正式宣布建立社会主义市场体系为国家经济政策。据此，中国的经济和城市化开始了新的快速增长浪潮。1978～1995年，中国城市化水平由17.92%提高到29.04%，年均增长0.62个百分点，是前29年中国城市化速度的2.5倍，也是世界同期城市化平均速度的2倍（表5.4）。

表5.4　中国城市化水平基本情况（1978～1995年）

年份	城市化水平/%	城市化年均增长百分点
1977	17.55	0.11
1978	17.92	0.36
1979	18.96	1.05
1980	19.39	0.43
1981	20.16	0.77
1982	20.83	0.68
1983	23.54	2.71
1984	23.01	−0.52
1985	23.71	0.69
1986	24.52	0.82
1987	25.32	0.79
1988	25.81	0.50
1989	26.21	0.39
1990	26.41	0.20
1991	26.37	−0.04
1992	27.63	1.26
1993	28.14	0.51
1994	28.62	0.48
1995	29.04	0.42

资料来源：国家统计局。

1. 农村家庭联产承包责任制改革（1978～1982年）

1978年中共十一届三中全会召开，开启改革开放的新时代。同时，全国知识青年上山下乡工作会议决定停止上山下乡运动，并妥善安置知识青年的回城和就业问题。1979年后，绝大部分知识青年陆续返回了城市。这些知识青年返城的就业安置成为城市政府需要重点解决的问题。而在农村，从安徽省凤阳县凤梨公社小岗村开启农村集体土地“分田到户，联产承包”的农村土地改革举措，将土地产权的经营权承包给农户，使农民在集体经济中由单纯的劳动者变成既是生产者又是经营者，从而大大调动农民的生产积极性，较好地发挥了劳动和土地的潜力。在中央的支持下，家庭联产承包责任制改革推广到全国广大农村地区，极大地提高了农业生产率，并在几年内解决了粮食短缺的问题，并且取得了极大的改革成功。此后，中国政府不断稳固和完善家庭联产承包责任制，鼓励农民发展多种经营，中国因此创造了令世人瞩目的奇迹，用世界 7% 的土地养活了世界 22% 的人口。

2. 乡镇企业与乡村工业化道路（1978 ～ 1988 年）

农村土地改革、实行家庭联产承包制的巨大成功，一方面，农业生产连年大丰收，彻底解决了粮食短缺问题；另一方面，大量的农村剩余劳动力从农业部门释放出来兴办社队企业，加速了乡村工业化进程。据资料记载，在 1978 年，全国社队企业产值占农业总产值的 37% 左右，非农业产业实际上大多数也是农副产品加工业。到 1988 年，农村地区的乡镇企业的二、三产业增加值达到 4854 亿元，雇用农村劳动力 1 亿多，尤其在长江三角洲的苏南地区、温台地区，乡镇企业成为农村经济的主导产业，部分乡镇企业还集中建设农村产业园区。

3. 城市改革和厂长负责制（1984 ～ 1992 年）

农村改革成功地鼓励了农业生产和外国投资，但是国有企业却没有那么成功。过剩的农村劳动力首先流向了小城镇。知识青年返城导致城市居民增加了约 7000 万，中国城镇化水平在 1984 年也跃升至 23%。城市就业的巨大压力突然增加，因此改革的重点从农村转向了城市。在城市地区的改革，最初是从国有企业“放权让利”开始的。1979 年国务院下发《关于扩大国营工业企业经营管理自主权的若干规定》、《关于国营企业实行利润留成的规定》等 5 个扩大国营企业自主权的文件。1980 年国务院批转了国家经济委员会、财政部制定的《关于国营工业企业利润留成试行办法》，进一步细化了“让利”的具体办法。到 1980 年 6 月，实行扩大企业自主权试点的企业达 6600 多家，占全国预算内工业企业数的 16% 左右，产值约占 60%，利润占 70%。与此同时，国务院还选择湖北的沙市、江苏的常州率先进行“国家经济体制综合改革”试验，随后重庆、武汉、沈阳、大连、哈尔滨、广州和西安也被列入试点范围。试点企业和试点城市取得的经济效果十分显著。1984 年党的十二届三中全会通过的《中共中央关于经济体制改革的决定》中，确认企业的所有权和经营权可以分离。同年，全国人大六届二次会议上的《政府工作报告》宣布逐步实行厂长（经理）负责制，仿效农村土地家庭联产承包责任制推动城市国有企业的厂长负责制改革，中小企业中普遍推行公开招聘厂长。国有企业将原来的政府要素从企业管理中分离出来，逐步扩大了厂长的生产经营的自主权、劳动用工权和职工工资分配奖惩权。为了理顺中央与地方的分配关系，调动中央、地方两个积极性，1994 年开始加快现代企业制度建设，推动分税制财政管理体制改革。到 1995 年，我国经济提前实现原定 2000 年比 1980 年翻两番的目标。在 1991 ～ 1995 年间，乡镇企业蓬勃发展，农业年均增长 4.1%；国企厂长负责制改革取得成功，建成投产大中型基建项目 840 多个，新增发电装机总量 7000 多万 kW，煤炭、电力、钢铁、汽车、化纤、化肥、家用电器产量都有较大增长，石油天然气和有色金属工业取得新成绩，轻纺产品满足生活需要供应充裕，工业年均增长达到 17.8%。与此同时，返城“知青”的街道办小企业也应运而生。这样，公有制为主、多种经营主体的企业得到发展。

4. 农村城市化的行政制度改革（1986 ～ 1994 年）

中国城市与西方普遍的城市自治体制度有很大的不同，是一种地方政府组织，城市市长实际上是由上级政府提名任命，设置城市需要得到中央政府的批准。1984 年，中央政府采取市带县、县改市、乡改镇等行政体制改革，取消了设市城市的非农业人口要求，并采取“地区改市”、“县改市”或“郊县改城区”三种设市设区模式。这些行政改革措施大大促进了中国的城镇化进程。1984 年，对定义城镇的标准进行了调整，并将更多的乡升级为镇。镇的数量从 1983 年的 2968 个增加到 1991 年的 1 万多个。这一时期，城市数量也从 1978 年的 193 个增加到 1986 年 353 个，1991 年 479 个，1994 年 622 个。城市人口从 1978 年的 1.72 亿增加到 1984 年的 2.4 亿，1993 年的 3.137 亿。城镇化水平从 1978 年的 17.92% 增加到 1984 年的 23.01%，又增加到 1993 年的 28.14%。换句话说，在 1986 ～ 1994 年的 8 年中，全国建立了 267 个新城市。这是自 1949 年以来新城市增长最快的时期，其中大多数城市分布在沿海地区，包括广东、山东、江苏、浙江和河北。同时，许多现有的县级城市从合并了一个或多个县和 / 或镇的地级城市升级而来。

5. 市场经济下的资本导向型城镇化

1979 年分别在广东省的深圳、珠海和汕头，福建的厦门建立了经济特区，以及 1984 年设立大连、秦皇岛、天津、烟台、青岛、连云港、南通、上海、宁波、温州、福州、广州、湛江、北海 14 个沿海开放城市。从 1985 年开始，中央政府决定扩大沿海开放地区，将开放的经济区扩展到长江三角洲、珠江三角洲以及 1988 年的海南省。由国家主导的（通常是省主导的）基础设施投资，加上外国投资的急剧增加，一批经济技术开发区（economic and technical development zone，ETDZ）和高科技园区得以新建，开启了以出口为导向的工业化进程。随着外国直接投资（foreign direct investment，FDI）不断流入沿海开放地区，中国生产商进口产品的全部或大部分原材料、零件和组件，并在加工或组装后出口最终产品，出口加工制造业系统发展起来，并进一步推动出口贸易的增长。这样的生产过程将外国直接投资和来自农村的廉价劳动力结合起来产生了巨大的投资效应。这几乎完全是外国市场导向的，因此被称为出口导向的经济体系。为了给外国企业和合资企业创造一个友好的环境，1992 年中共中央进一步批准了从计划经济向社会主义市场经济过渡的发展战略，使资本主导的城镇化成为中国的一种新型的城镇化模式。直到 1996 年国家提出人均国民收入“翻两番”，以及加入世界贸易组织重回世界经济和城市体系的背景下，城镇化成为国家经济增长和社会发展的驱动器，仅县级以上各类产业园区、开发区和新城新区超过 5000 个，极大地推动了中国城镇化进程。

三、经济全球化与全球－地方联动城镇化

2001 年，中国加入世界贸易组织，并于 2008 年举办北京奥运会，这标志着中国改革开放、以出口为导向的经济体系取得全面成功。1990 ～ 2013 年，GDP 增长了 9 倍。尽管城市数量保持稳定（2003 年为 660 个，2014 年为 653 个），但人口和城市建筑面积却迅猛增长。城市建筑面积从 1990 年的 12856km^2 增加到 2010 年的 40058km^2。大都市通过与郊区县合并来增加人口，结果，大都市的行政区域也得到扩大。

1. 进出口贸易激增

在上一时期，“对外开放”政策主要针对进口外国技术以消除经济瓶颈并实现进口替代，而出口仅是赚取必要的外汇。外国投资在 1992 年之后才开始显著增长。20 世纪 90 年代初期的进出口总额分别约为 500 亿美元，但自 1994 年以来，贸易额一直在持续增长。到 2006 年以来一直保持在 1500 亿美元以上，在 2013 年达到 20000 亿美元，到 2019 年外贸进出口总值更是增长到 44414 亿美元（315400 亿元人民币），全年进出口均创历史新高，贸易顺差 4111.92 亿美元（29200 亿元人民币）。总体而言，中国经历了从生产鞋到生产波音飞机零部件的各种产品生产过程，2010 年工业产品的生产总值达到人民币 161000 亿元，占当年 GDP 的 40.1%； 2019 年全部工业增加值 317109 亿元，工业产品门类齐全（表 5.5），占当年 GDP 的 32%。

表 5.5　中国主要工业产品产量（2019 年）

主要工业产品	产量
纱 / 万 t	2892.1
布 / 亿 m	575.6
化学纤维 / 万 t	5952.8
成品糖 / 万 t	1389.4
卷烟 / 亿支	23642.5
液晶电视机 / 万台	18689.7
家用电冰箱 / 万台	7904.3
房间空气调节器 / 万台	21866.2
发电机组（发电设备）/ 万 kW	9274.1
汽车 / 万辆	2552.8
大中型拖拉机 / 万台	27.8
集成电路 / 亿块	2018.2
程控交换机 / 万线	790.5
移动通信手持机 / 万台	170100.6
微型计算机设备 / 万台	34163.2
工业机器人 / 万台（套）	17.7

2. 第三产业的发展

金融服务、教育和零售等第三产业的发展在领先的经济增长和城市化进程中已超过制造业（Gaubatz，1995）。外向型制造系统包括生产、分销和营销，该过程的一部分依赖于国外的金融和保险系统。自 1999 年以来，这些外国公司的交易成本已大大降低，建立的经济开发区开始从投资和生产中产生利润，并且变得非常重要。城市化水平从 1990 年的 26.41% 上升到 2010 年的 49.95%，2019 年的 60.60%，而第三产业的份额也从 31.5% 增加到 43.2% 和 60.9%（表 5.6），所有子行业的增加值份额均有所增加，包括贸易和餐饮服务、运输、邮电、银行和保险、房地产交易以及个人和社会服务，尤其个人和社会服务，银行和房地产交易在增值中所占的份额更大。

表 5.6　中国 GDP 结构和城市化水平（1978 ～ 2019 年）

年份	第一产业 /%	第二产业 /%	第三产业 /%	城市化水平 /%
1978	28.2	47.9	23.9	17.92
1990	27.1	41.3	31.5	26.41
1995	19.9	47.2	32.9	29.04
2000	15.1	45.9	39.0	36.22
2005	12.5	47.5	40.0	42.99
2010	10.1	46.7	43.2	49.95
2015	9.0	40.5	50.5	56.10
2019	7.1	32.0	60.9	60.60

数据来源：国家统计局。

3. 中等收入群体的快速增长

上述经济发展变化，产生了中等收入群体的新社会群体，特别在超大城市、特大城市和大城市更是如此。据初步估算，中国的中等收入群体已从 20 世纪后期的约 100 万增加到 2015 年的 1.09 亿人，拥有的财富约为 74200 亿美元。2019 年胡润研究院发布《2019 胡润财富报告》，揭示中国大陆中等收入群体家庭（资产至少要在 1000 万元以上）已达 3320 万户，北京是拥有最多中等收入群体家庭的城市，其次是上海。北京、广东和上海这三个省市的中等收入群体家庭数量共占全国（除港澳台）的 50%。快速增长的中等收入群体，随着经济增长，也提高了消费水平，新富人和创造力阶级的消费模式维持了创新、市场营销和文化，从而支撑了中等收入群体型经济国家成功发展。

4. 大城市和特大城市的加速增长

自 2008 年以来，尽管与出口导向型部门相比增长较慢，但国内工业部门却取得了稳步进展。随着城市经济和城市人口的增长，许多城市发展非常迅速。大量的非国有企业成为并活跃于国内外市场的明星。在 20 世纪末至 21 世纪初，中小型国有企业私有化，经过 10 ～ 15 年的成长已经发展壮大。原来的中等城市和大城市适应了快速的人口增长，它们的大多数已经发展成为特大城市和超大城市（表 5.7）。

表 5.7　中国城镇人口规模分布比较（2002 ～ 2014 年）

等级规模	平均人口规模 / 万人		城市数量 / 个		占比 /%		城镇人口 / 万人		占比 /%	
	2002	2014	2002	2014	2002	2014	2002	2014	2002	2014
超大城市（≥ 1000 万）	—	1525.57	—	3	—	0.46	—	4576.7	—	6.08
特大城市（500 万～ 1000 万）	—	607.60	—	10	—	1.53	—	6076.0	—	8.08
Ⅰ型大城市（300 万～ 500 万）	—	360.61	—	12	—	1.84	—	4327.3	—	5.75
Ⅱ型大城市（100 万～ 300 万）	25.86	165.91	48	182	7.27	27.87	1.51	30196.0	25.86	40.13
中等城市（50 万～ 100 万）	12.84	86.66	65	263	9.85	40.28	0.75	22791.5	12.84	30.29
Ⅰ型小城市（20 万～ 50 万）	30.99	47.07	222	144	33.64	22.05	1.81	6778.7	30.99	9.01
Ⅱ型小城市（10 万～ 20 万）	30.31	12.65	325	39	49.24	5.97	1.77	493.4	30.31	0.66
合计	—	115.22	660	653	100	100	5.84	75239.6	100	100.00

资料来源：2002 年数据采自《中国统计年鉴 2002》；《2002 年全国设市城市及其人口统计资料》，2002 年各城市人口已包含镇辖人口。2014 年数据采自城市网站汇总。

2001 年只有 9 个人口达到或超过 100 万的特大城市，但到 2010 年已经有 124 个这样的城市。在 1990 ～ 2009 年间，按城市建成区面积，选取 200km^2、100km^2 和 50km^2 三个值为分界点，将城市分为大城市、较大城市、中等城市和小城市，中国城市建成区面积呈整体平行向前推移的特点（表 5.8），即：城市类型不断向更高一级递进。然而，城市的发展也呈现新的特点：大城市和较大城市空间分布很不均衡，呈现东多西少、北多南少的格局，东北地区所占比例不断降低。中等城市和小城市的空间分布发生较大变化，中等城市扩张以中部地区最为显著，小城市增长主要分布在中西部和东北地区。从总体来说，东部地区城市扩张速度快于其他地区，北方城市扩张慢于南方城市。省会级城市（直辖市和省会）建成区面积增长较快。例如，2005 ～ 2015 年，长沙的 GDP 增长了 4.6 倍，增幅位居全国榜首，主要得益于产业装备制造业、文化产业、医药、汽车等的贡献。以装备制造业为例，长沙的三一重工、中联重科、山河智能等装备制造企业名扬海内外。由于 2008 年金融危机后，全球范围内进行大规模基建的投资大多用于铁路、公路及机场等建设，长沙的很多产业正好满足了这种基础设施投资建设的需要。再如天津，2006 年开始成为“耀眼的明星城市”，在一系列大投资项目下，天津经济 2007 年开始高速增长，也吸引了大量的人才和产业工人流入城市，直到 2014 年连续七年 GDP 增速一直保持全国第一。这一时期，城市增长集中在大城市，主要得益于全球化与地方的有效联结，而小城市则缺乏维持这种联结的手段。到 2017 年年底，中国超过 1000 万人口的城市有 6 个，超过 400 万人口的城市达到 21 个，100 万以上人口的城市已经达到 127 个。

表 5.8　中国城市建成区面积变化（1990 ～ 2009 年）

城市建成区面积	城市类型	1990 年	1995 年	2000 年	2005 年	2009 年
≥ $200km^2$	大城市 / 个	3	6	10	18	33
≥ $100km^2$	较大城市 / 个	19	23	29	41	40
≥ $50km^2$	中等城市 / 个	35	55	60	89	102
＜ $50km^2$	小城市 / 个	203（157）	176（112）	161（75）	112（35）	85（26）

资料来源：根据历年《中国城市统计年鉴》整理。其中，小城市一栏括号内数字为建成区面积小于 $30km^2$ 的城市数量。表中数值不累计。本表界定建成区面积 $100km^2$ 以上的城市为较大城市。

5. 全球城市的崛起

日本经济产业研究所 2004 年研究报告表明，中国工业生产的三分之一是自 1978 年以来流入中国的 5000 亿美元外国直接投资影响而产生的。自 21 世纪初，中国一直是世界第二大对外直接投资（FDI）流入国家。2015 年，中国也开始对 155 个国家和地区直接投资，投资金额达到 12600 亿美元，其中非金融类直接投资 11800 亿美元，在全球建设了 6532 家跨国企业。这一进程促进了中国一些大都市区向全球城市的转变。值得注意的是，外国直接投资（FDI），跨国公司和生产服务部门正在将中国以前的工业化和工业化双重城市体系推向具有前工业化，工业化和后工业化要素的三重城市体系。全球化正在影响中国的城市发展并形成三个趋势：①巨型城市区的出现。珠江三角洲地区、长江三角洲地区、北京 - 天津 - 唐山地区和中南地区都成为发展的“热点”地区。②北京和上海在全球城市体系的地位节节攀升。通过发展世界（全球）城市，在中国城市体系和全球城市体系之间建立更紧密的联系。北京和上海等一批中国大都市开始跻身全球城市行列，以其戏剧性的城市景观变化和日益壮大的国际影响力而享誉全球（图 5.7）。③发达经济区域核心和周边地区的不平等发展。例如，外国人重新出现在经济发达的城市，这标志着中国融入了全球经济。广州小北路非洲人集聚区，已经成为中国与非洲之间进出口活动的节点（Li et al.，2009，2012）。

6. 流动人口越过峰值

全球化和中国经济的快速增长引发了发达沿海地区的快速城镇化，成千上万的农

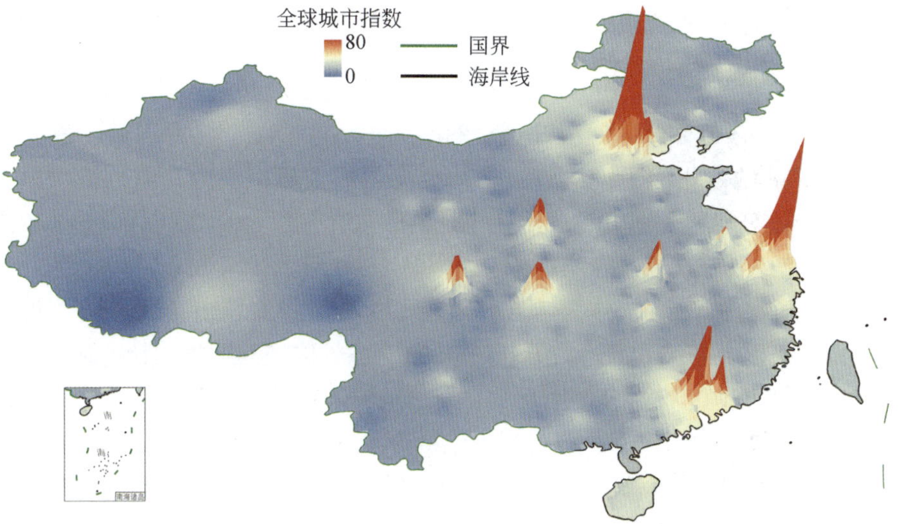

图 5.7 中国的全球城市区（Global city region）

村剩余劳动力向沿海地区迁移（顾朝林等，2008）。在制造业蓬勃发展的广东省，外来劳动力从 2001 年的 100 万增加到 2010 年的 1200 万（Halsall and Cook，2013）。2001 年，才有 8000 万农村移民在城市居住了半年以上。但到 2009 年，这一数字上升到 1.5 亿。2011 年，农民工人数达到 2.5278 亿人，其中有 1.5863 亿人居住在与家乡不同的城市，9415 万人已迁入非家乡的城市。表 5.9 显示，中国的流动人口在 2011 年达到顶峰。2015 年，中国国家统计局的一份报告显示，全国流动人口总数达到 2.47 亿，占全国总人口的 17.96%。2019 年全国流动人口数量进一步下降 2.36 亿人，占全国总人口的比例为 16.86%（表 5.9）。

表 5.9 中国流动人口（1982 ～ 2019 年）

年份	全国总人口 / 亿人	流动人口 / 万人	流动人口占总人口比重 /%
1982	10.1654	657	0.65
1987	10.7233	1810	1.69
1990	11.4333	2135	1.86
1995	12.1121	7073	5.84
2000	12.6743	10229	8.07
2005	13.0756	14735	11.27
2010	13.4091	22143	16.51
2011	13.9533	25278	18.12
2012	13.5404	23600	17.43
2015	13.7462	24700	17.96
2019	14.0005	23600	16.86

数据来源：国家统计局。

四、生态文明与绿色城镇化

在经过前面 15 年的城市改革、全球化和地方的联结、权力下放、放松管制，地方政府主导的城镇化成为国民经济和社会发展的主要推动力，但也衍生出土地财政、过度城市化等问题。地方政府出让土地的收入比例已经从 2008 年的 18.82% 迅速增长到 2014 年的 30.56%。城市建成区面积从 1990 年的 12856km^2 增加到 2015 年的 52102km^2，每年增加 6.8%。作为结果，形成了各种形式的城市新区新城，截至 2016 年 6 月全国县级以上新城和新区数量超过 3500 个。地方政府通过出让土地创造更多的收入，用于新开发地区的初级土地开发，土地定价起点较高，开发商从中谋利，必然导致住房价格飙升。上海、北京房价均从 2000 年 3000 ～ 5000 元 /m^2 上涨到 2016 年 3 万～ 5 万元 /m^2。在城市郊区和二三线城市，由于规划过度的土地供应、单一土地利用功能区、过度依赖房地产开发，增加了许多“空城”、“睡城”和“鬼城”。同时，由于新城新区的开发量超出了实际的需求量，这些地区的住房出现滞销，资金无法回笼，已经给地方政府积攒了大量债务。据不完全统计，2012 年这些省市的土地抵押债务总额为 2320 亿元，占土地出让总收入的 1.25 倍，依靠出让土地已经无法满足还债需求；到 2016 年 1 月地方政府债务总额超过 20 万亿元。此外，中国经济经历了史无前例的 35 年快速增长后进入了“新常态”时期，人口的快速增长、大城市空间的急剧扩大，使城市群地区水土资源短缺压力进一步加剧，交通拥堵、住房短缺、环境污染、生态退化等大城市病暴发，人口—城市—资源—环境—区域协调发展成为国家经济社会发展越来越重要的问题和挑战。据此，坚持“集约、智能、绿色、低碳”的新型城镇化道路，即以效率、和谐、可持续为目标实现经济增长和社会发展方式的转变，将环境资源作为社会经济发展的内在要素，把经济活动过程和结果的“绿色化”、“生态化”作为绿色发展的主要内容和途径。

综上所述，改革开放 40 年来，中国城镇化获得了快速发展，城镇化水平从 1978 年的 17.9% 提高到 2019 年的 60.6%；城镇常住人口由 1978 年 1.72 亿提高到 2017 年的 8.48 亿。在过去 40 年，中国城镇化水平提高了 42 个百分点，年均提高 1 个百分点左右（表 5.10），每年平均有 1000 多万农村劳动力转移到城市地区，城市常住人口增加了 6.76 亿人，中国完成了由一个农业人口占主体的国家向城镇人口占主体的国家的历史性转变，走过了发达国家上百年才走过的城镇化进程，取得了举世瞩目的城镇化成就。

表 5.10　不同时期中国城市化发展速度对比

时间	城镇人口年均增长率 /‰	城市化水平年均增长幅度 /%
1949 年以前	—	0.11
1949 ～ 1957 年	70.59	0.34
1958 ～ 1977 年	26.53	0.07

续表

时间	城镇人口年均增长率 /‰	城市化水平年均增长幅度 /%
1978 ～ 1995 年	56.49	0.62
1996 ～ 2010 年	54.38	1.37
2011 ～ 2019 年	—	1.01

注：因统计资料问题港澳台地区城市暂未列入分析，下同；
资料来源：国家统计局，《新中国五十五年统计资料汇编，1949-2004》，《中国统计年鉴 2006，2007》。

第四节　新中国城镇化的空间过程

世界银行（2009）为应对发展所面临的挑战，采用密度、距离和分割描述世界发展特征。本节借鉴相关的分析框架，进行新中国城镇化时空过程的分析。

一、密度分析

城市分布密度主要用以描述城市分布在区域内的空间差异及其变化。在区域城市体系研究中，一般多以次级行政区为单元进行城市密度比较，例如，许学强（1983）在《我国城镇分布及其演化的几个特征》中分别从城镇分布密度、平均最邻近距离、空间分布类型和空间分布重心等进行城镇体系的空间分布特征分析。此后，中国城市空间分布研究不断展开。概括起来，有关中国城市体系空间分布测度主要集中在如下四个方面：①城市分布的空间变化和差异研究。该类研究主要通过分布密度（图）进行描述（许学强，1983；顾朝林，1992，2002）。②城市分布空间平衡状态研究。主要以城市体系空间分布重心、人口分布重心进行测度（许学强，1983；顾朝林，1992，2002）。③城市分布的空间集聚特征和分布类型研究。主要通过最邻近指数 *R* 值等方法进行分析和检验（许学强，1983，1997；周一星，1995）。④城市分布的空间关联特征研究。主要从空间自相关分析进行刻画，相应的指标有全局空间自相关指数（如 Moran’s I、Geasy’s C 和 Getis’s G）和空间联系局域指标（LISA）。然而，这些分析方法在空间尺度上存在局限，主要在于它们大多忽略了很多城市分布的空间变化信息。本节试图运用空间分析方法中的 Kernel 密度对城市分布的空间变化进行多尺度的描述。

1. 时空分析数据

1）数据来源

本文的城市分布空间分析涉及的城市数据主要包括历年中国设置城市及其规模属性数据。数据年份为 1949 年、1952 年、1957 年、1958 年、1961 ～ 1965 年、1970 年、

1975年、1978年、1980年、1984～2003年共33年，主要数据来源于《中国城市四十年》（1990）和《中国城市统计年鉴》（1985～2004年），研究区以中国大陆国土疆域为界，这主要由于港澳台地区数据获取较为困难，故未将其列入研究范围。

2）数据处理

城市位置数据及投影坐标转换。城市位置数据以城市经纬度为原数据，在国家基础地理信息系统（NFGIS）（http：//nfgis.nsdi.gov.cn/default.asp）提供的1∶400万中国电子地形图（国界、省界、地级市等）的基础上，参考各省省区地图确定1949～2003年各年中国所有城市的经纬度坐标进行采集。由于本次城市位置数据采集是基于较大尺度的以经纬度表示的空间位置，如果在GIS环境中直接进行空间分析（空间插值标准函数或距离预测函数运算）就会产生计算结果的偏差（Unwin，1981）。因此，在进行空间分析时必须通过地图投影将对象的球面坐标转化为笛卡儿（直角）坐标，这样便于进行基于密度和基于距离等空间分析方法的实现。本研究城市位置数据处理是在GIS环境下对中国地图进行兰伯特等角圆锥投影转换，投影参数设置中央子午线（central meridian）为东经105°，标准纬线（standard parallel）为北纬25°和45°，以此将城市经纬度转化为直角坐标。诚然，对于较大区域进行投影坐标转换肯定存在误差，但这对揭示城市空间分布特征的影响已经较小。

城市和区域属性数据。城市属性数据主要为城市人口规模数据。目前统计部门一般提供两种城市人口规模的统计资料，即“市区非农人口”和“市区总人口”，前者虽为偏小统计且未考虑暂住人口，但由于其延续性好、比较精准，一直是《城市规划法》规定的界定城市规模的重要指标（建设部城市规划司，1990）。由于本节着重分析城市体系发展的时空变化过程，选用的指标必须具有横向和纵向的双重可比性，故将中国城市的市区非农人口作为城市人口规模指标。区域属性数据主要是指省区的位置数据和部分属性数据，如各省区的省界、国土面积、城市数量等。

2. 中国城市密度变化

到2019年，全国有设市城市655个（图5.8），县城关镇1569个，镇18805个（图5.9和表5.11）。城镇空间分布主要集中在东部地区、长江经济带，尤其集中在长江三角洲、山东半岛、粤港澳大湾区。

1）东中西三个地带城市密度（2002年）

根据1949～1975年城市空间数据，26年间东中西部城市密度均有增加。在2006年，东部地带占全国9.5%的土地面积，分布了43.99%的城市人口，是中国城市分布最密集的地带；中部地带占全国10.7%的国土面积，分布了23.21%的城市人口；东北地区占全国8.2%的土地面积，分布了10.41%的城市人口；而西部地带占全国71.5%的国土面积，仅分布了22.38%的城市人口，是中国城市分布的稀疏地带。以城市规模分类看城市空间分布，东部地带集中分布着较多特大城市和大城市；中部地带，大、中、小城市分布比较均衡；而西部地带则表现为以小城市占优势的地域城市分布特征。

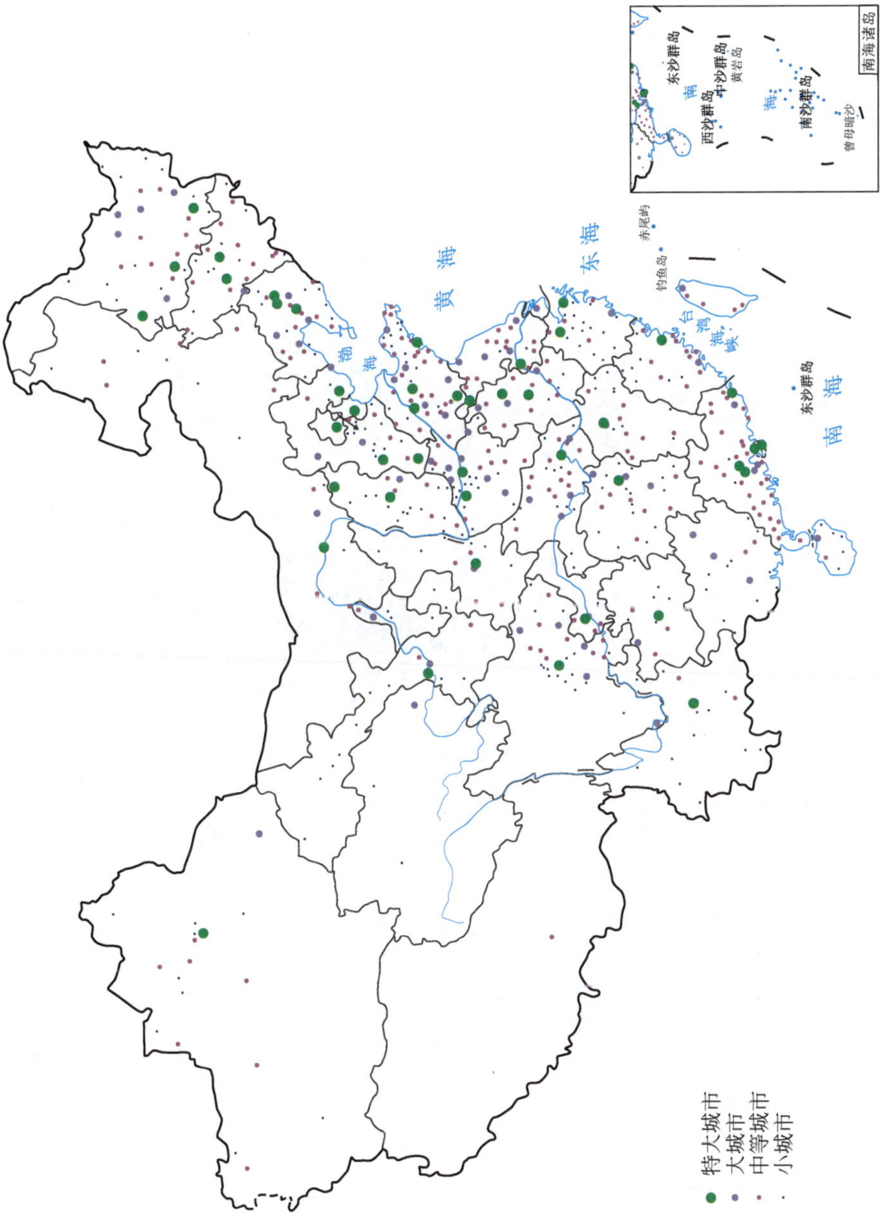

图 5.8　中国城市空间分布图（2017 年）

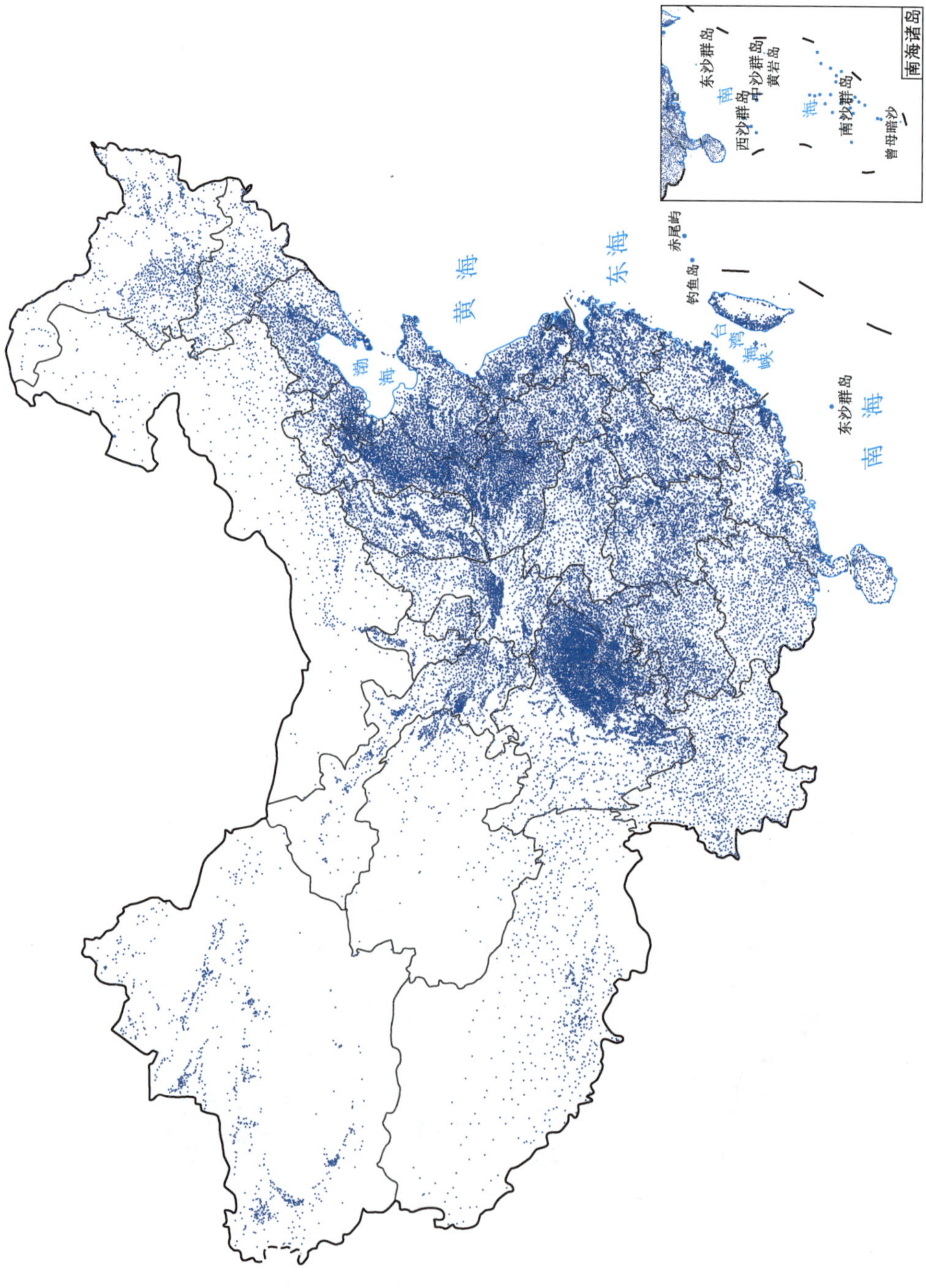

图 5.9　中国小城镇分布（2018年）

表 5.11　中国城镇空间分布概况（2002 年）

指标		全国	东部		中部		西部	
			数量	%	数量	%	数量	%
面积 / 万 km²		960.0	136	14.2	280	29.2	544	56.6
城市化水平 /%		27.89	32.82		26.67		20.10	
设市城市	数量 / 座	660	287	43.5	247	37.4	126	19.1
	密度 /（座 / 万 km²）	68.8	211.0		374.2		190.9	
	特大城市	48	27	56.3	14	29.2	7	14.5
	大城市	65	31	47.7	26	40.0	8	12.3
	中等城市	222	110	49.5	80	36.0	32	14.5
	小城市	325	119	36.6	127	39.1	79	24.3
建制镇	数量 / 座	19269	8290	43.0	5385	28.0	5594	29.0
	密度 /（座 / 万 km²）	2006.7	6095.6		1923.2		1028.3	

资料来源：《2002 年全国设市城市及其人口统计资料》；

说明：未含港澳台数据。东部地带包括辽宁、北京、天津、上海、河北、山东、江苏、浙江、福建、广东、广西和海南 12 个省市区；中部地带包括黑龙江、吉林、山西、内蒙古、安徽、江西、河南、湖北和湖南 9 个省区；其余均为西部地带。

2）省区城市密度及其变化（1949 ～ 2015 年）

从分省区看，虽然各省区城市分布密度总体上都呈增长趋势，但其增长幅度存在明显的差异。1949 ～ 2015 年，江苏、浙江、山东、海南、广东和辽宁等 6 省的城市密度增量达 2.0 以上；湖北、福建、河北、安徽、吉林、山西、湖南、江西和宁夏等 9 省区城市密度大于 1.0；广西、贵州、四川、黑龙江、陕西和云南城市密度超过 0.5，而新疆、内蒙古、青海和西藏等 4 省区甚至不到 0.2。不难看出，沿海各省区的城市分布密度增长较快，而西部地区则增长缓慢。从极差的变化来看，全国城镇分布密度的极差从 1949 年的 1.03 座城市 / 万 km²（江苏 - 西藏）增加为 2003 年的 3.84 座城市 / 万 km²。湖北、福建、湖南、广东、山西、江西、海南、内蒙古、贵州、河南、云南等省区城市密度增加，其中湖北、福建、湖南增长最快；江苏、浙江、山东、宁夏、四川、甘肃、新疆、青海、西藏等省区城市密度保持不变；辽宁、吉林、黑龙江、广西、河北、安徽、陕西等省区城市密度减少，尤其陕西、安徽位序下降较大（表 5.12）。根据表 5.12 可见，华东、华南和中部地区城市密度变化较大，增幅也大；华北、东北地区变化次之；西南和西北变化较小。很明显，中国大陆地区城市密度的这种变化与区域经济增长呈现明显的相关性。2015 年分省区的城市密度如图 5.10 所示。

表 5.12　中国大陆分省区城市密度统计表（1949 ～ 2015 年）

（单位：座 / 万 km²）

年份		1949		1965		1978		2003		2014		2015	
行政位序	省区名	城市密度	位序	城市密度	位序	城市密度	位序	城市密度	位序	城市密度	位序	城市密度	位序
1	河北	0.46	7	0.51	6	0.51	7	1.61	11	1.64	10	1.61	11

续表

年份		1949		1965		1978		2003		2014		2015	
行政位序	省区名	城市密度	位序	城市密度	位序	城市密度	位序	城市密度	位序	城市密度	位序	城市密度	位序
2	山西	0.13	17	0.27	16	0.47	12	1.47	13	1.40	13	1.47	13
3	内蒙古	0.05	21	0.08	24	0.08	24	0.18	24	0.17	24	0.18	24
4	辽宁	0.80	5	0.67	3	0.67	4	2.07	7	2.11	7	2.07	7
5	吉林	0.28	10	0.50	7	0.50	8	1.56	12	1.52	12	1.56	12
6	黑龙江	0.11	18	0.17	19	0.24	20	0.67	20	0.64	20	0.67	20
7	江苏	1.03	1	1.13	1	1.13	1	3.86	1	3.51	1	3.86	1
8	浙江	0.90	2	0.30	12	0.30	14	3.30	2	3.05	2	3.30	2
9	安徽	0.85	4	0.54	5	0.85	3	1.69	10	1.58	11	1.69	10
10	福建	0.17	14	0.50	8	0.50	9	1.92	9	1.81	9	1.92	9
11	江西	0.25	11	0.44	10	0.50	10	1.31	15	1.26	15	1.31	15
12	山东	0.87	3	0.60	4	0.60	5	3.20	3	2.86	3	3.20	3
13	河南	0.75	6	0.88	2	0.88	2	2.38	5	2.29	6	2.38	5
14	湖北	0.17	14	0.28	15	0.33	13	2.00	8	1.94	8	2.00	8
15	湖南	0.10	19	0.33	11	0.48	11	1.38	14	1.37	14	1.38	14
16	广东	0.39	8	0.50	9	0.56	6	2.44	4	2.33	5	2.44	4
17	广西	0.17	14	0.26	17	0.26	18	0.91	17	0.89	17	0.91	17
18	海南	0.29	9	0.29	14	0.29	16	2.35	6	2.54	4	2.35	6
19	四川	0.05	21	0.16	20	0.20	21	0.66	21	0.66	19	0.66	21
20	贵州	0.06	20	0.12	22	0.29	17	0.76	18	0.74	18	0.76	18
21	云南	0.03	23	0.11	23	0.11	22	0.45	22	0.55	22	0.45	22
22	西藏	0.00	27	0.01	26	0.01	26	0.02	27	0.02	26	0.02	27
23	陕西	0.21	12	0.21	18	0.26	19	0.68	19	0.63	21	0.68	19
24	甘肃	0.03	23	0.13	21	0.10	23	0.38	23	0.35	23	0.38	23
25	青海	0.01	25	0.01	27	0.01	27	0.04	26	0.07	27	0.04	26
26	宁夏	0.15	16	0.30	13	0.30	15	1.06	16	1.05	16	1.06	16
27	新疆	0.01	25	0.03	25	0.04	25	0.14	25	0.16	25	1.06	16

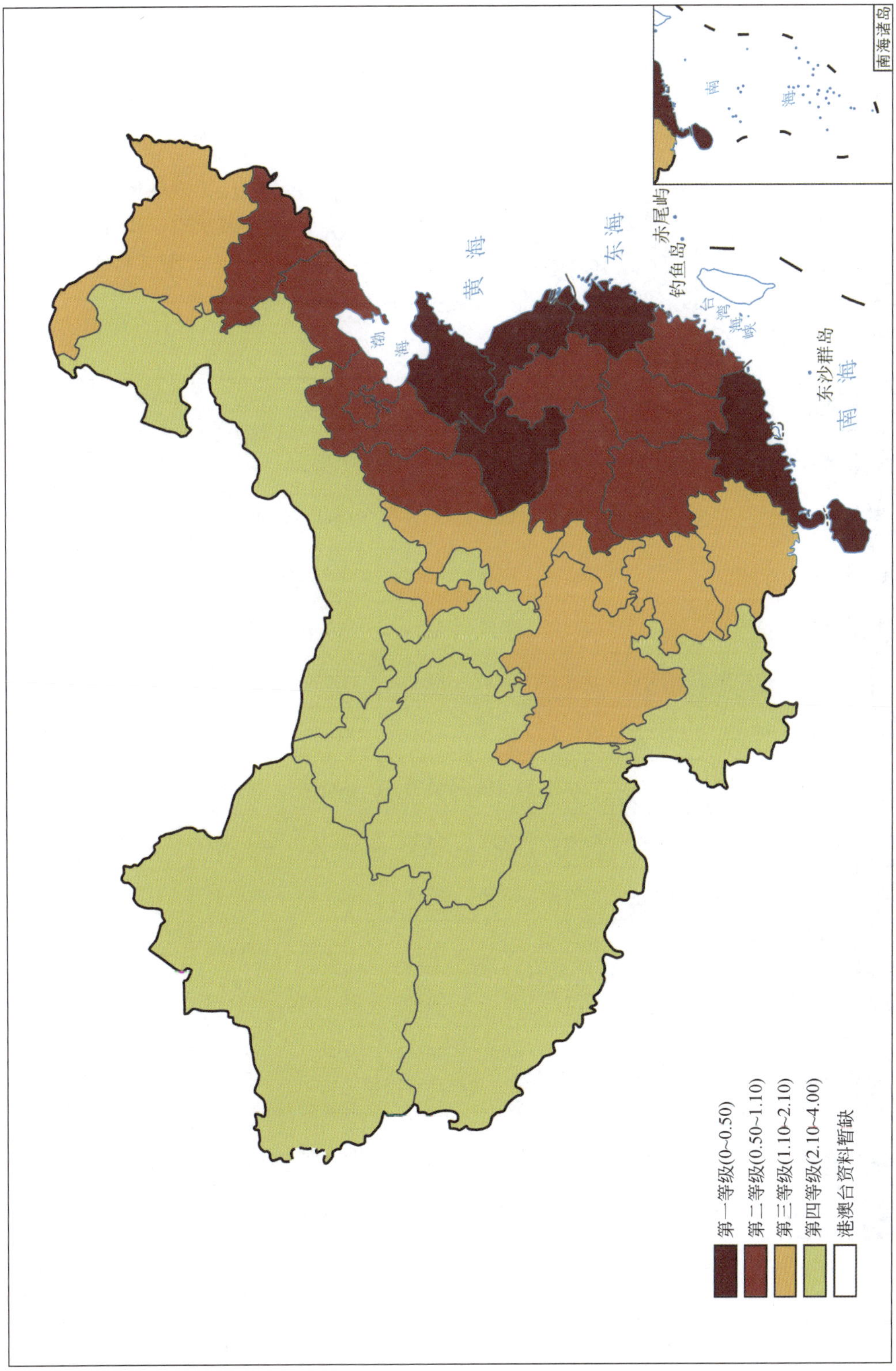

图 5.10　中国分省区城市密度图（2015 年）

3）省区城镇化和城镇人口变化（2008 ～ 2019 年）

中国大陆各省区城镇化水平由于人口、自然地理状况历史上就存在较大差异。总体上说，1978 年以来省区的差异在逐步缩小。2008 年，全国总人口 13.2802 亿人，城镇人口 6.0667 亿人，城镇化水平 45.68%。到 2016 年年底，中国大陆 31 个省、市、自治区中，除京津沪外，城市化水平最高的是广东省，为 67.76%，比全国平均水平（57.35%）高出 10 个百分点；最低的是西藏，为 22.75%，仅为全国平均水平的 39.67%。2019 年，上海、北京、天津的城镇化水平超过了 83.00%；经济发达省区广东、江苏、浙江的城镇化水平也超过了 70.00%；辽宁、重庆、福建、内蒙古、山东、湖北、黑龙江七省区城镇化水平高于全国城镇化水平（60.60%）；贵州、云南、甘肃的城镇化水平不足 50.00%。西藏的城镇化水平已经达到了 31.50%（表 5.13）。

表 5.13　中国分省区城市人口和城镇化统计（2008 ～ 2019 年）

省区	2019	2016				2008				
	城镇化水平 /%	户籍人口 / 万人	常住人口 / 万人	城镇人口 / 万人	城镇化水平 /%	城镇化水平 /%	年末总人口 / 万人		非农业人口 / 万人	
							全市	市辖区	全市	市辖区
全国	60.60	138271		79298	57.35	45.68	119875.79	36763.79	39138.22	23200.12
上海	88.10	1426.93	2415.15	2125.72	88.02	87.50	1368.08	1298.10	1173.30	1151.19
北京	86.60	1297.50	2114.80	1825.10	86.30	84.90	1197.60	1126.90	905.38	879.28
天津	83.48	993.20	1472.21	1152.42	78.28	77.23	948.89	777.91	571.04	540.02
广东	71.40	8635.89	10644.00	7212.37	67.76	63.37	8044.66	3094.09	3959.53	2755.64
江苏	70.61	7553.48	7939.49	4989.59	62.85	54.30	7317.71	2417.03	3217.68	1718.98
浙江	70.00	4799.34	5498.00	3461.46	62.96	57.60	4629.43	1455.45	1312.16	698.38
辽宁	68.11	4374.63	4390.00	2917.20	66.45	60.05	4210.36	1819.42	2056.76	1534.87
重庆	66.80	3343.44	2970.00	1732.76	58.34	50.00	3198.87	1510.99	845.43	596.69
福建	66.50	3689.42	3774.00	2293.00	60.76	49.90	3409.15	869.86	772.56	314.09
内蒙古	63.40	2470.63	2497.61	1466.35	58.71	51.71	2102.82	621.67	843.62	427.17
山东	61.51	9580.00	9733.39	5077.83	52.17	47.60	9282.30	2663.58	3227.75	1715.77
湖北	61.00	6165.40	5799.00	3161.03	54.51	45.20	5224.14	1586.09	1716.20	966.65
黑龙江	60.90	3831.22	3834.00	2181.55	56.90	55.40	3741.26	1352.18	1784.01	1013.19
宁夏	59.86	603.14	654.19	340.28	52.02	45.01	600.77	252.14	218.72	146.78

续表

省区	2019	2016				2008				
	城镇化水平 /%	户籍人口 / 万人	常住人口 / 万人	城镇人口 / 万人	城镇化水平 /%	城镇化水平 /%	年末总人口 / 万人		非农业人口 / 万人	
							全市	市辖区	全市	市辖区
山西	59.55	3571.21	3630.00	1908.00	52.56	45.11	3354.11	923.65	1047.30	609.65
陕西	59.43	3926.22	3763.70	1931.15	52.31	42.10	3737.08	1168.51	1004.01	599.18
海南	59.23	901.93	895.28	457.46	51.10	48.00	229.10	229.10	115.89	115.89
吉林	58.27	2701.50	2751.28	1491.19	54.20	45.19	2461.68	845.71	1066.88	617.58
河北	57.62	7185.42	7332.61	3410.55	46.51	41.90	6939.12	1227.20	2108.54	983.39
江西	57.40	4503.93	4522.20	2210.00	48.87	41.36	4458.70	864.14	1178.76	483.10
湖南	57.22	7179.87	6690.60	3208.80	47.96	42.15	6495.89	1201.11	1709.93	762.59
安徽	55.81	6902.00	6029.80	2885.90	47.86	40.50	6593.42	1868.65	1433.21	854.57
青海	55.52	565.55	577.79	280.30	48.51	40.95	212.73	105.13	111.18	90.98
四川	53.79	9097.35	8107.00	3640.00	44.90	43.70	8104.62	2315.98	1982.29	1000.61
河南	53.21	10543.00	9413.00	3990.97	42.40	36.03	10113.22	1789.24	2149.34	1059.20
新疆	51.87	2232.78	2264.30	1006.93	44.47	39.64	234.16	225.43	190.71	189.63
广西	51.09	5240.00	4719.00	2115.00	44.82	38.16	4974.22	1274.61	989.12	483.14
贵州	49.02	4249.48	3502.22	1324.89	37.83	29.11	1648.23	418.94	394.12	244.55
云南	48.91	4596.62	4659.00	1831.45	39.31	33.00	2677.53	568.60	474.82	255.31
甘肃	48.49	2712.99	2582.18	1036.23	40.13	32.15	2354.94	781.38	577.98	392.05
西藏	31.50	300.21	307.62	69.98	22.75	21.90	284.15	284.15	37.2	37.2

资料来源：2016、2019 年采自网站；2008 年采自住建部年度统计数据。

4）城市群及其演化（1985 ～ 2000 年）

1985 年，中国有 6 大城市群初见端倪。它们是：①辽中南城市集聚区。这一地区以沈阳为中心，其范围包括沈阳、鞍山、辽阳、抚顺、本溪、营口、海城、瓦房店、大连、丹东 10 个城市及所辖 145 个镇，总面积约占辽宁省 23.5%，市镇非农业人口即达 1023.2 万人（占全省非农业人口的 68.8%），是我国重要的重工业城市集聚区。②京津唐城市集聚区。这一地区包括北京、天津、唐山、秦皇岛、廊坊 5 个城市及 71 个镇，面积不及全国的 0.06%，工农业总产值却占全国的 6.7%。1985 年市镇非农业人口1143.9万，约占京、津、冀二市一省总市镇非农业人口的70.7%，成为我国首都城市圈的核心所在。③沪宁杭芜城市集聚区。这一地区以上海为中心，集聚了上海、南京、镇江、常州、无锡、苏州、常熟、杭州、嘉兴、湖州、芜湖、马鞍山、铜陵13个市及115个镇，辖区面积不及江苏、上海、浙江、安徽三省一市总面积的1/5，却集聚了占三省一市总市镇非农业人口的56.3%，成为我国最大的轻加工工业城市群带。④珠江三角洲城市集聚区。这一地区以广州为中心，集聚了广州、东莞、中山、佛山、深圳、肇庆、珠海、江门、惠州以及香港、澳门11个城市及159个镇，辖区面积不及广东全省15.7%，占广东总市镇非农业人口的52.2%，成为我国主要的对外加工、出口贸易城市集聚区。⑤中原城市集聚区。这一地区以郑州为中心，沿京广铁路、陇海铁路十字交叉分布。在安阳、开封、驻马店、三门峡四城市为顶点的菱形区内，土地面积不足河南全省1/3，却集中了13个城市、61个镇，以及70%的全省市镇非农业人口，成为我国城市网密度最高的地区之一。⑥成渝城市集聚区。这一地区分布于成渝铁路沿线，集聚了重庆、成都、绵阳、自贡、内江、德阳、乐山、宜宾、泸州9个市和227个镇，成为我国内地城镇分布密度最高的地区。

到2000年，中国的13个城市群的地区生产总值为52074亿元，占全国GDP的58.25%。在2000年，100万人口以上的大城市和1000万以上的巨型城市的城市人口为1.55亿，约占城市总人口的40%，共形成了6个块状组团式城市聚集区、10个条状组团式城市聚集区和8个以大城市为核心的城市群区。

自2006年《中华人民共和国国民经济和社会发展第十一个五年规划纲要》首次提出“把城市群作为推进城镇化的主体形态”，城市群的“主体形态”地位逐渐明确。2012年，各城市群地区生产总值达到了203053亿元，占全国的比重上升到61.44%，经济集聚度有所上升。2015年11月，《中共中央关于制定国民经济和社会发展第十三个五年规划的建议》提出：“发挥城市群辐射带动作用，优化发展京津冀、长三角、珠三角三大城市群，形成东北地区、中原地区、长江中游、成渝地区、关中平原等八大城市群。”《国民经济和社会发展第十三个五年规划纲要（草案）》提出进一步优化城镇化布局和形态，加快构建以陆桥通道、沿长江通道为横轴，以沿海、京哈京广、包昆通道为纵轴，大中小城市和小城镇合理分布、协调发展的“两横三纵”城市化战略格局（图5.11）。

2016年政府工作报告中，李克强总理指出：“加快城市群建设发展，优化提升东部地区城市群，建设京津冀、长三角、珠三角世界级城市群，提升山东半岛、海峡西岸城市群开放竞争水平。培育中西部地区城市群，发展壮大东北地区（包括哈长和辽中南两个）、中原地区、长江中游、成渝地区、关中平原城市群，规划引导北部湾、晋中、呼包鄂榆、黔中、滇中、兰州—西宁、宁夏沿黄、天山北坡城市群发展，形成更多支撑区域发展的增长极。”根据国家长期发展目标和城市经济社会发展趋势，中国未来将会形成27个左右的城市群，其中世界级城市群3个，国家级城市群10个、区域性城市群7个、地方性城市群7个。中国城市集聚区的发展和演化如表5.14所示。

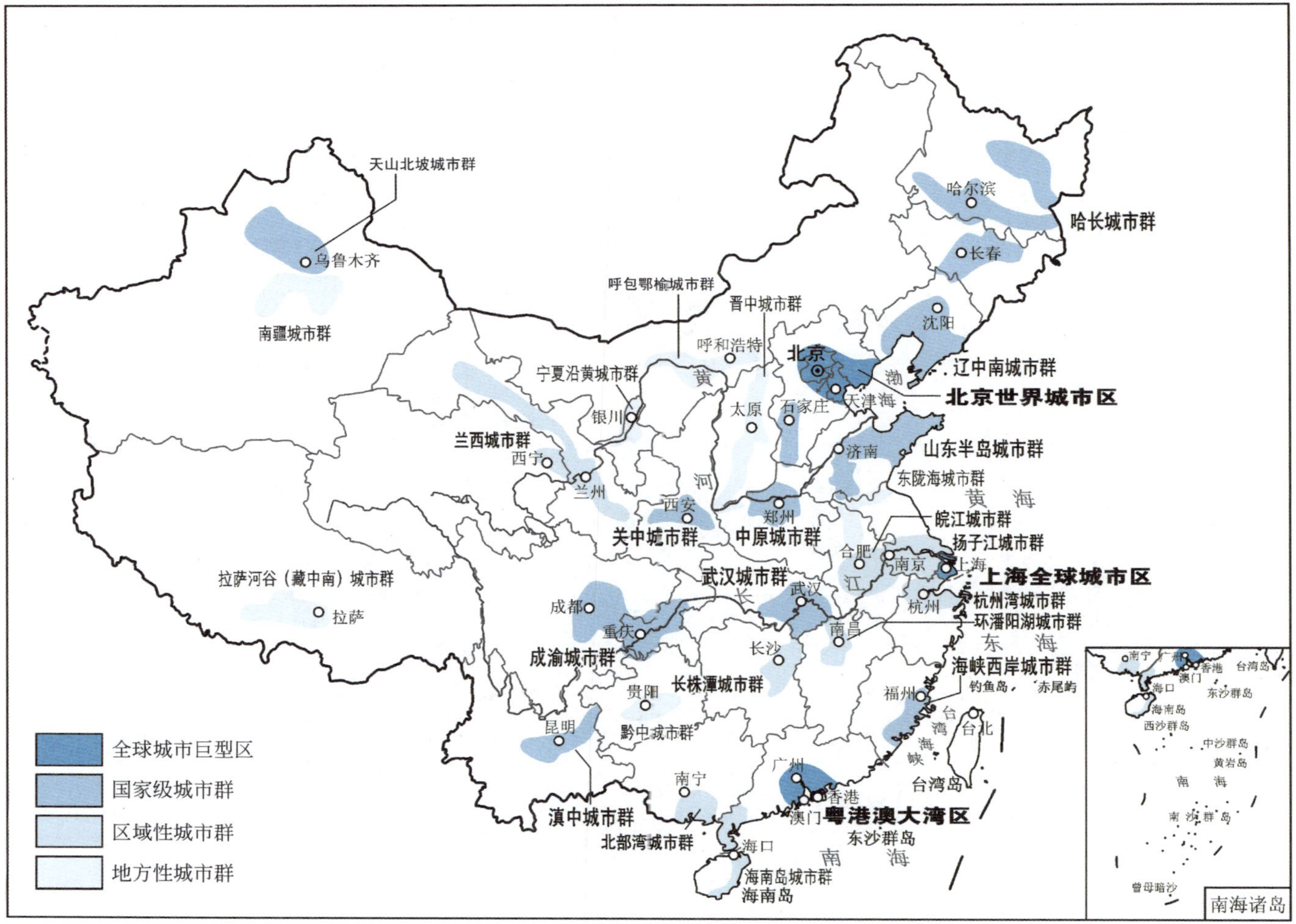

图 5.11 中国城市群空间概念图

表 5.14　中国城市聚集区发展与演化（1985 ～ 2016 年）

类型	模式	名称	核心城市	主要特征		
				1985 年	2000 年	2016 年
块状城市聚集区	多中心多组团式	辽中南	沈阳、大连	这一地区以沈阳为中心，其范围包括沈阳、鞍山、辽阳、抚顺、本溪、营口、海城、瓦房店、大连、丹东 10 个城市及所辖 145 个镇。总面积约占辽宁省 23.5%，市镇非农业人口即达 1023.2 万人（占全省非农业人口的 68.8%），是我国重要的重工业城市集聚区	包括沈阳和大连两大城市组团区，依托大连港，沈大高速公路，其发展已开始进入块状城市密集区的形成期	该城市群城市密集，大城市所占比例较高，全国最大的综合性重工业基地。沈阳是东北和内蒙古东部的经济中心、交通、文化和信息中心。大连是东北亚地区重要的国际航运中心，东北地区最大的港口城市和对外贸易口岸，也是重要的旅游城市
		京津冀	北京、天津	这一地区包括北京、天津、唐山、秦皇岛、廊坊 5 个城市及 71 个镇，面积不及全国的 0.06%，工农业总产值却占全国的 6.7%。1985 年市镇非农业人口 1143.9 万，约占京、津、冀二市一省总市镇非农业人口的 70.7%，成为我国首都城市圈的核心所在	包括京津保（定）和京津唐（山）两大组团，依托北京全国交通枢纽的地位，天津港和京唐港，该区已进入大都市带的雏形期	北京首都世界城市圈人口超过 4700 万人，2000 ～ 2010 年人口增加了 1000 万人，也是中国第三大城市群
		长江三角洲	以上海主中心，南京、杭州为副中心	这一地区以上海为中心，集聚了上海、南京、镇江、常州、无锡、苏州、常熟、杭州、嘉兴、湖州、芜湖、马鞍山、铜陵 13 个市及 115 个镇，辖区面积不及江苏、上海、浙江、安徽三省一市总面积的 1/5，却集聚了占三省一市总市镇非农业人口的 56.3%，成为我国最大的轻加工工业城市群带	包括上海、南京、杭州三大城市组团区，该区基本形成大都市带	上海全球城市区 2010 年的人口超过 1 亿人，2000 ～ 2010 年间人口增加了 2020 万人，远远超过其他城市群的人口规模，是中国最大的城市群
		珠江三角洲	以香港为主中心，广州、深圳为副中心	这一地区以广州为中心，汇集了广州、东莞、中山、佛山、深圳、肇庆、珠海、江门、惠州以及香港、澳门 11 个城市及 159 个镇，辖区面积不及广东全省 15.7%，却集中了占广东总市镇非农业人口的 52.2%，成为我国主要的对外加工、出口贸易城市集聚区	包括港深、穗佛、澳珠三大城市组团区，该区已形成高水平开放型大都市带	粤港澳大湾区全球城市巨型区若包括区域中心城市香港和澳门，人口规模也超过 6000 万人，2000 ～ 2010 年人口增加了 1000 万人，是中国第二大城市群

续表

类型	模式	名称	核心城市	主要特征		
				1985 年	2000 年	2016 年
块状城市聚集区	多中心多组团式	成渝	重庆、成都	这一地区分布于成渝铁路沿线，集聚了重庆、成都、绵阳、自贡、内江、德阳、乐山、宜宾、泸州 9 个市和 227 个镇，成为我国内地城镇分布密度最高的地区	包括成都、重庆两大城市组团区，目前已形成中国西南地区最大的块状城市群	该地区生产总值 4.76 万亿元，位居西部第一位，人均生产总值 5300 美元，位居西部第二位。西部大开发的重要平台，是长江经济带的战略支撑，也是国家推进新型城镇化的重要示范区
	单中心单组团式	武汉	武汉		包括周边 8 个大城市，依托长江、京广铁路，正在形成华中地区最重要的块状城市聚集区	该都市圈区位优越最明显、教育科技资源很丰富、交通发达、产业具有相当基础，尤其在校大学生数比例和从业人口比方面的水平较高，优质人口指数和职业人口指数的优势显著，在中国未来空间开发格局中具有举足轻重的战略地位
条状城市聚集区	多中心多组团式	济青	青岛、济南		以胶济—蓝烟铁路和济青烟高速公路为依托，包括济南、青（岛）—烟（台）两大城市组团区	该城市群经济发展的综合水平较强，居民生活水平较高，集中了山东省 80% 的科研院所、科研人员和大中型企业工程技术人员，人才技术力量雄厚，是山东制造业最发达的区域
		闽东南	福州、厦门		依托福厦高速和厦门港口．包括福州、厦漳泉两大城市组团区	该城市群位于长三角城市群和珠三角城市群之间，具有城市群发育的良好区位条件。海峡西岸城市群主要在于：发挥对台交往的独特优势和地处两大城市群交汇处的区位条件
	单中心单组团式	黑中南	哈尔滨		包括齐齐哈尔、大庆、牡丹江等城市，依托哈大、滨洲铁路，东北北部地区重要的条状城市聚集区	
		吉中	长春		包括四平、吉林等市，以哈大铁路为主轴，东北中部地区重要的条状城市聚集区	
		晋中	太原		沿汾河谷地，包括大同、朔州、晋中、汾阳、临汾等城市，贯穿山西全省的条状城市聚集区	

续表

类型	模式	名称	核心城市	主要特征		
				1985年	2000年	2016年
条状城市聚集区	单中心单组团式	冀中南	石家庄		包括邢台、邯郸等城市，沿京广铁路沿线南北双向拓展，形成“十”字形条状城市聚集区	
		中原	郑州	这一地区以郑州为中心，沿京广铁路、陇海铁路十字交叉分布。在安阳、开封、驻马店、三门峡四城市为顶点的菱形区内，土地面积不足河南全省1/3，却集中了13个城市、61个镇，70%的全省市镇非农业人口，成为我国城市网密度最高的地区之一	包括洛阳、开封、新乡、焦作、许昌等城市，依托京广和陇海铁路，是中国中部重要的城市聚集区	河南省是中部地区第一人口和经济大省，2015年户籍人口10722万人（常住人口9480万），GDP总量3.7万亿元位居全国第五位，进出口总额738亿美元位居中部第一位。省会郑州是我国中西部地区发展速度最快、潜力最大的区域性中心城市之一。中原城市群依托京广和陇海兰新铁路（形成“十”字形），国家干线公路，正在形成中国中部重要的块状城市群
		湘中	长沙		包括株洲、湘潭等城市，依托京广和湘黔—湘赣铁路，正在形成中国中南地区重要的城市聚集区	依托京广和湘黔—湘赣铁路和国家干线公路正在形成中南地区重要的块状城市群，是湖南省经济发展的重心区，传统产业基础雄厚（长沙以电子信息、工程机械、食品、生物制药为主，株洲以交通运输设备制造、有色冶金、化工原料及陶瓷制造为主，湘潭以黑色冶金、机电与机械制造、化纤纺织、化学原料及精细化工为主）
		赣北	南昌		包括九江、新余、瑞昌等城市，依托长江黄金水道和京九铁路，正在形成中国中南地区又一个重要的城市聚集区	江西省最发达的区域。环鄱阳湖城市群优势表现为明显的高人口增长率和较低的污染排放水平，充分利用长江黄金水道，东要倚重南京和上海，西要借助武汉，致力打造成为中部崛起的核心增长极。通过逐步建立完善的城市网络体系，形成人流、物流、信息流的通道，对外发挥连接东西、贯通南北的巨大作用，推动江西经济更好地融入全球经济体系
		关中	西安		包括宝鸡、咸阳、渭南等城市，依托陇海铁路和连霍高速，形成我西北地区重要的条状城市聚集区	该城市群处于中国南北、东西经济大通道交汇处，发展承东启西、沟通南北的重要作用，是西出东进的桥头堡，构建以西安—咸阳为核心的西北城市群。依托亚欧大陆桥，以四个国家级开发区为支点，以线串点，以点带面，加快该城市群建设。关中—天水经济区的核心区，2009年由国家发改委印发《关中城市群发展规划》

续表

类型	模式	名称	核心城市	主要特征		
				1985年	2000年	2016年
条状城市聚集区	单中心单组团式	天山北坡	乌鲁木齐			这一区域2000年国内生产总值占全自治区的44.4%，是新疆经济重心地带，也是我国“一带一路”西部最重要经济中心区。乌鲁木齐是西北地区经济和城市增长最快的城市之一，产业体系完整，科技、教育、医疗服务和文化、旅游产业发达，已经成为我国西北和中亚地区的经济、文化、商贸、交通中心
		哈长	哈尔滨、长春			哈长城市群处于全国“两横三纵”城市化战略格局京哈京广通道纵轴北端，是全国重要的老工业基地和最大的商品粮基地，也是东北地区城市群的重要组成区域和东北地区对外开放的重要门户
		滇中	昆明			国土面积11.46万km^2，占全省29%，是云南省经济发展水平较高（2015年生产总值为8397.99亿元，占全省GDP 61.22%，人均生产总值40236元，高出全省平均水平11221元），交通设施密集，人口密集（占全省44.02%；2014年城镇人口1035.8万人，占全省城镇人口52.66%）的地区。该区矿产资源储量大，资源极其丰富，集中了云南绝大多数磷、铜、铁、铅、煤等矿产；旅游文化资源丰富，拥有多个国家级风景名胜区和旅游胜地，是我国面向南亚东南亚的重要旅游休闲度假胜地；生物资源种类繁多，是国家主要的烤烟、花卉主产区；森林覆盖率超过50%，生态环境良好，是云南省生态环境承载力较强的区域
		兰西	兰州、西宁			该地带自然资源丰富，水资源、矿产资源、有色金属、天然气、石油、草原资源均位居全国前列；经济区科技实力雄厚，有较大的熟练产业工人群体，劳动力资源丰富；同时，农业条件较好，是我国粮食、畜牧品、中药材等的重要生产基地，工业和交通也有相当基础，是立足西北内陆，面向中亚西亚，中国西部重要的跨省区城市群

续表

类型	模式	名称	核心城市	主要特征		
				1985年	2000年	2016年
条状城市聚集区	单中心单组团式	北部湾	南宁			陆域面积11.66万km^2，海域面积有12万km^2，海岸线4234km，2015年末常住人口4141万人，地区生产总值16295亿元，是西南省区出海大通道的重要枢纽和联系东盟国家的最便捷连接带，21世纪海上丝绸之路与丝绸之路经济带有机衔接的重要门户。北部湾城市群将以南宁、海口、湛江全国性综合交通枢纽为支点，以高速铁路、城际铁路、普通铁路等多层次轨道交通和高等级公路为骨干，构建“两横两纵一环”综合交通网络
单核心城市群	以特大城市为中心			合肥、南宁、贵阳、昆明、兰州、银川、呼和浩特、乌鲁木齐	以各核心城市为中心，单一核心式，处于城市群形成的初级阶段	地方性城市群，即依托地方资源具有地方发展意义的城市群，人口规模一般为500万～1000万，包括呼包鄂榆、宁夏沿黄、晋中、黔中、滇中、海南岛、拉萨河谷（藏中南）、南疆、东陇海等7个城市群

二、距离测度

运用上述数据，通过最邻近指数 R 进行改革开放以来中国大陆分省区城市分布空间类型的分析。

1. 计算方法

假设现实的城市分布为随机点分布，则各点之间的距离和最邻近距离均符合正态分布，其点格局的最邻近距离平均值的期望值为

$$\overline{D_r}=1\Big/2\sqrt{\frac{N}{A}} \tag{5.1}$$

式中，N 是研究区内点的总数，A 为研究区的面积。

最邻近指数 R 就是描述区内点分布的实际最邻近距离平均值（$\overline{D_o}$）与相同区域的最邻近距离平均值的期望值（$\overline{D_r}$）之间的比，可用公式表示为

$$R=\frac{\overline{D_o}}{\overline{D_r}}=\frac{\overline{D_o}}{1\Big/2\sqrt{\frac{N}{A}}}=2\,\overline{D_o}\sqrt{\frac{N}{A}} \tag{5.2}$$

R 值的范围大于等于零。在式（5.2）中，最邻近距离平均值的期望值（$\overline{D_r}$）通过城市个数和中国国土面积数据直接计算而得。

点格局中各个点和最邻近点之间的距离（D_0）计算，首先通过兰伯特等角圆锥投影将中国各城市的经纬度转化为直角坐标（存在一定的投影转换误差），然后通过ArcGIS读出各个城市的直角坐标值，在此基础上对城市体系中各城市的最邻近城市进行搜索，从而计算出每个城市的最邻近距离（D_0），最后通过均值计算得出最邻近距离平均值（D_0）。

当 R=0，表示空间点全部集中于一个位置；0 < R < 1，点格局趋近于集聚分布；R=1，点格局为随机分布；R > 1 时，则表示点格局趋于均匀分布（Aslam，1977）。对应于城市空间分布可以概括为集聚、随机和均匀三种基本类型。值得注意的是，城市体系空间分布 R 值不可能精确的等于 1，即没有绝对的随机分布，而只有近似的随机分布。

2. 城市分布类型与演化

许学强（1983）运用统计学原理将城市体系随机分布的 R 值区间（即 R 值随机域）进行量化分析，取 R 值的随机域为（1−Δ，1+Δ），其中 Δ=1.0455/n0.5（n 为城市数量）。该研究认为：只要 R 值落在随机域（1-Δ，1+Δ）之间，城市体系空间分布类型就可以认为是随机型的，而 R 值位于（0，1-Δ）时则为集聚分布，R 值大于 1+Δ 时则为均匀分布。

针对中国国家尺度上的城市分布 R 值大多集中在 0.85 ～ 0.96 的实际情况，本书在许学强上述分类基础上对集聚型的 R 值区间进行细化，即：① R 值位于（0，1-3Δ）时，城市空间分布类型确定为“强集聚型”；② R 值位于（1-3Δ，1-Δ）时，确定为“弱集聚型”。而对随机型和均匀型的 R 值区间不作进一步划分。中国城市空间分布类型及其演化如表 5.15。

表 5.15　中国城市空间分布类型及其演化（1949 ～ 2003 年）

年份	R 值	R 值随机域	空间分布类型
1949	0.8430	0.9090 ～ 1.0910	弱集聚型
1952	0.8869	0.9155 ～ 1.0845	弱集聚型
1957	0.8826	0.9212 ～ 1.0788	弱集聚型
1958	0.9096	0.9231 ～ 1.0769	弱集聚型
1961	0.9083	0.9275 ～ 1.0725	弱集聚型
1962	0.9091	0.9247 ～ 1.0753	弱集聚型
1963	0.9132	0.9214 ～ 1.0786	弱集聚型
1964	0.9352	0.9196 ～ 1.0804	弱集聚型
1965	0.8935	0.9196 ～ 1.0804	弱集聚型
1970	0.9122	0.9212 ～ 1.0788	弱集聚型
1975	0.9190	0.9231 ～ 1.0769	弱集聚型
1978	0.9371	0.9247 ～ 1.0753	随机型
1980	0.9444	0.9300 ～ 1.0700	随机型
1984	0.9509	0.9391 ～ 1.0609	随机型
1985	0.9686	0.9419 ～ 1.0581	随机型
1986	0.9195	0.9443 ～ 1.0557	弱集聚型
1987	0.9096	0.9465 ～ 1.0535	弱集聚型
1988	0.9202	0.9498 ～ 1.0502	弱集聚型
1989	0.9172	0.9507 ～ 1.0493	弱集聚型
1990	0.9066	0.9516 ～ 1.0484	弱集聚型
1991	0.9023	0.9522 ～ 1.0478	弱集聚型
1992	0.8809	0.9540 ～ 1.0460	弱集聚型
1993	0.8666	0.9562 ～ 1.0438	强集聚型
1994	0.8609	0.9581 ～ 1.0419	强集聚型

续表

年份	R 值	R 值随机域	空间分布类型
1995	0.8541	0.9587 ～ 1.0413	强集聚型
1996	0.8558	0.9595 ～ 1.0405	强集聚型
1997	0.8581	0.9595 ～ 1.0405	强集聚型
1998	0.8544	0.9595 ～ 1.0405	强集聚型
1999	0.8585	0.9595 ～ 1.0405	强集聚型
2000	0.8640	0.9594 ～ 1.0406	强集聚型
2001	0.8654	0.9594 ～ 1.0406	强集聚型
2002	0.8711	0.9593 ～ 1.0407	强集聚型
2003	0.8767	0.9593 ～ 1.0407	强集聚型

从表 5.15 可见，在 1978 年前中国城市空间分布主要为“弱集聚型”，1978 ～ 1985 年为“随机型”，1986 ～ 1992 年为“弱集聚型”，1993 年至今则为“强集聚型”（图 5.12）。

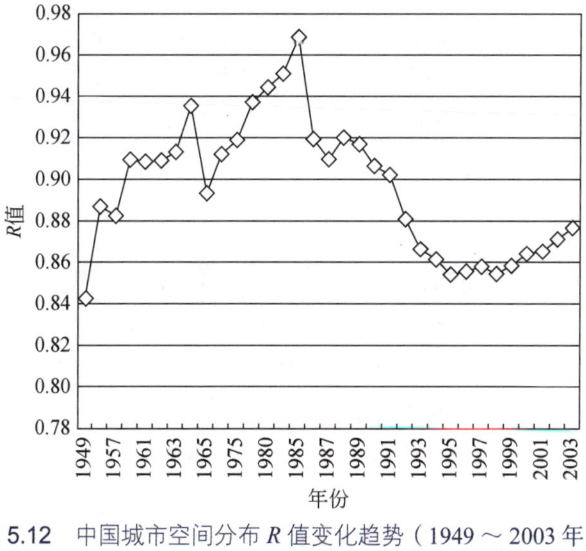

图 5.12　中国城市空间分布 R 值变化趋势（1949 ～ 2003 年）

3. 东南沿海集聚趋向

我国城镇人口增长过程大致可分三个大阶段。第一阶段是 20 世纪 50 年代，伴随国家工业化发展，前苏联援助 156 项工程项目等，各省建立自己的工业体系，市、县也建立地方工业，城镇人口迅速增加。1949 年大陆城镇人口 5765 万人，到 1960 年增加到 1.3073 亿人；设市城市从 136 个增加到 199 个；城镇人口比率从 1952 年的 10.6%

发展到 1960 年的 19.7%，每年增加 0.8 个百分点。第二阶段是 20 世纪 60 ～ 70 年代，由于众所周知的原因，国民经济整体停滞不前，城市人口增加仅限于人口的自然增长，从 1960 年的 1.3073 亿人，1977 年增加到 1.6669 亿人，17 年增加 3596 万人，年均增加 211 万人；城镇化水平从 1960 年的 19.75% 下降到 1977 年的 17.6%。第三阶段是 80 年代以后，中国城市化进程逐渐启动，从 1978 年的 17.9% 增至 1995 年的 29.0%。20 世纪 90 年代中期以来，城市化速度明显加快，2019 年年末城市化率达 60.60%。改革开放，促进了城市经济社会的繁荣和发展，城市化进程加快。到 2000 年，我国设市城市从 1980 年 223 个增加到 663 个；建制镇从 2874 个增加到 19780 个；城镇人口净增 2.67 亿人，年均增加 1335 万人，城镇化水平从 19.4% 发展到 36.2%，年均提高 0.84 个百分点。这是我国城镇化迅速、持续、稳定发展的 20 年。到 2008 年全国城镇人口已达 6.067 亿人。全国新增城镇人口主要集中分布在广东、福建、浙江、上海、江苏等东南沿海省区。在快速城市化进程中，中西部地区人口长期主要向东部地区的长江三角洲、珠江三角洲及京津地区集聚；但 2011 年以来，在东部地区的外来务工人员部分回流中西部地区，人口主要迁入一线城市和部分二线区域中心城市。

三、空间分割

尽管如此，不难看出，上述中国城市空间分布描述仍然难以直观表达城市分布在空间上的连续变化趋势。我们试图采用 Kernel 城市空间密度分析方法，以等值线形式表示城市分布的空间变化趋势，峰值区代表了城市密集分布地区，反之则为稀疏地区。并运用多尺度分析功能，选择 100km、200km 和 300km 三个搜索半径（在 Kernel 函数中也称带宽）对 1949 ～ 2003 年全国城市进行 Kernel 空间密度分析。

1. Kernel 分析方法

Kernel 分析方法主要是借助一个移动的单元格（相当于窗口）对点格局的密度进行估计（Gatrell，1996）。在 Kernel 密度估计方法的基础上生成等值线密度图，以此鉴别空间面域上的峰值区。Kernel 密度估计是空间分析中运用最广泛的非参估计技术，它具有表达直观、概念简洁和易于计算机实现的优点（West，1991）。

Kernel 分析具体方法包括：①定义一个固定半径（即搜索半径）的“窗口”，依次将其覆盖于各个空间点之上；②根据密度输出的精度要求，将区域划分为极小的栅格系列（ArcGIS 称之为 output cell）；③通过 Kernel 函数计算出每个空间点对窗口内各个栅格的密度贡献值，该 Kernel 函数通常取四次递减函数，使得距离空间点越近的栅格获得的密度贡献值越大（空间点对本身所在栅格的密度贡献率最大，密度权重为 $3/\pi\tau^2$，而对窗口边缘栅格的贡献率为 0）；④对每个栅格的密度值进行赋值，其值为该栅格搜索半径范围内各个空间点对该栅格的密度贡献值的累加；⑤输出每个栅格的密度值。由于 Kernel 是一定尺度上的连续密度，因此输出结果呈等值线形式。

2. 中国城市空间分布的 Kernel 分析

我们运用 ArcGIS 空间分析模块（spatial analysis）中的 density 工具，按照 100km（图 5.13a1、a2）、200km（图 5.13b1、b2）和 300km（图 5.13c1、c2）获取搜索半径，进行中国大陆城市空间点格局的 Kernel 密度分析。

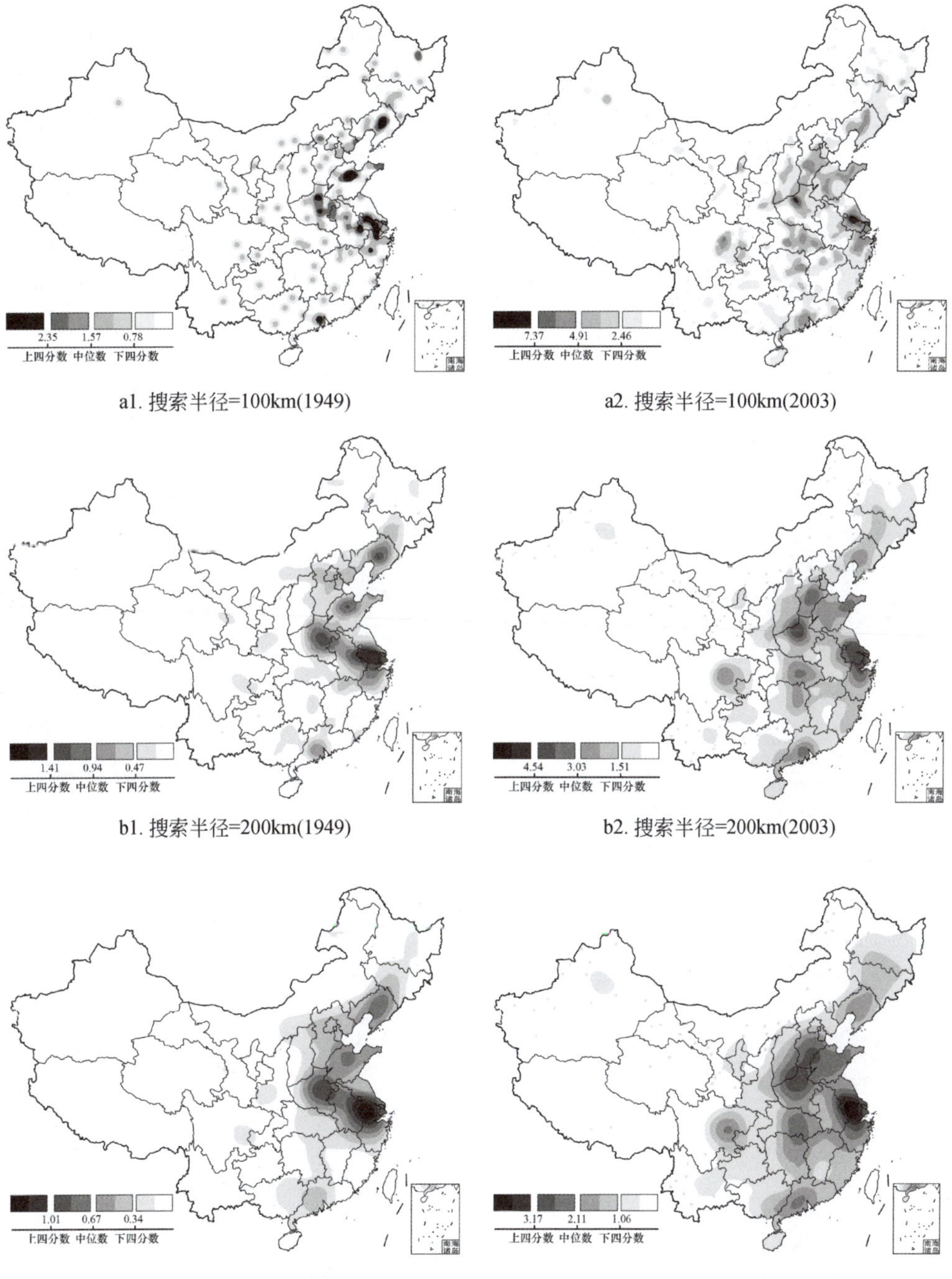

a1. 搜索半径=100km(1949)　　a2. 搜索半径=100km(2003)

b1. 搜索半径=200km(1949)　　b2. 搜索半径=200km(2003)

c1. 搜索半径=300km(1949)　　c2. 搜索半径=300km(2003)

图 5.13　中国城市分布 Kernel 密度演化图（1949 年、2003 年）

根据上述中国城市空间的 Kernel 密度分析，结果显示：①中国城市空间分布密度在省区间存在明显的空间差异，且在 1949 ～ 2003 年间不断扩大。城市分布的密集地带在空间上明显出现转移，空间格局在西南方向的拓展较为明显，其演化过程具有“小集中 / 大扩散”的空间尺度特征。②中国城市空间分布具有“东密西疏 / 南密北疏”的基本倾向，且东西向的倾斜程度比南北向更为剧烈的基本倾向没有发生根本性变更，但 1949 ～ 2003 年城市空间分布的南北向不平衡不断凸现。③中国城市空间分布在省区尺度上表现为 “先减弱（1949 ～ 1965 年）、后增强（1965 ～ 1984 年）、再减弱并趋于稳定（1984 ～ 2003 年）”的趋势。④国家城市分布空间的节点结构发育逐渐趋于完善。从 1949 ～ 2003 年，一 / 二级节点由 3 个增加为 18 个，三级节点也大量形成，形成了多空间层次的地域城市节点系统。⑤中国大陆城市空间从 1949 年的 3 个城市集聚区发育至 2003 年的 20 个，其中已形成的城市集聚区 11 个，正在发育的城市集聚区 9 个，尤其是长江三角洲 + 山东半岛 + 苏鲁皖边界、京津冀 + 中原 + 晋中和珠江三角洲等三大地区已经出现明显的城市连绵区趋势。

第六章　中国城镇化模式

中国城镇化模式研究，由来已久。被社会广为宣传的是：“苏南模式”、“温州模式”，还有所谓的“自下而上型城镇化模式”，即农村社区、乡镇企业、农村家庭或个人等民间力量发动的一种由市场诱导的自发的诱致型制度变迁模式。

第一节　理论的城镇化模式

工业革命以后，世界城镇化得到了快速发展。经典和通常的城镇化理论认为，工业化拉动城镇化。事实上，城镇化作为区域或国家社会经济的空间缩影，具有多种多样的城镇化模式。

一、城镇化模式的多样性

1. 城镇化过程是多要素作用的结果

1994 年，保罗•诺克斯和琳达•迈克卡西以美国、欧洲城市发展和城市化过程为蓝本写成“*Urbanization*：*an Introduction to Urban Geography*”出版。这是综合当代西方城市化研究最新成果，展现人类社会以来持续变化的城市化过程的百科全书式著作，论述城市化起源及其演化、城市化研究的理论和方法，通过美国实例论述城市体系的发展过程和城市空间形态的演变，介绍发展中国家城市化特征、城市空间形态以及城市问题，还从城市生活方式看城市化问题，以及针对这些问题采取的城市管治政策，并对未来城市化趋势进行了展望。诺克斯等认为，城市化是被一系列紧密联系的变化过程所推动的，这些变化过程包括经济、人口、政治、文化、科技、环境和社会转型等。同时，城市化也受到本地因素（如地形和自然资源等）的影响。

2. 多样的城市化道路

20 世纪关于城市化的研究，都希望在一种特别常规的知识（conventional wisdom）理论框架下，为了产生“均衡的”城市化、为了创造更为人道的城市环境，都试图去阻止大城市的增长。而现实世界是，编制的许多城市规划失效，日益增长的城市人口还是不断地给决策者发出紧急的警报。贝利通过对世界不同国家和地区的比较发现，城市化没有一个通用现成的过程。它是现代化的产物，在不同的国家可能具有相同的事件发生顺序，在同类的国家也能够产生不同的城市化集聚形式。贝利并不关注由于现代化和工业化影响下的潜在技术作用，去描述几个特殊的过程，而是聚焦这些过程在世界的不同地方引致不同的人类社会响应结果。在 20 世纪快速城镇化过程中，尽管城市化存在很多共性，但是城市化的道路却各不相同，尤其否定了单一的“工业化拉动城市化”理论，认为世界各国城市化过程的差异化，主要源于不同的文化背景和经济社会发展阶段，并且这种城市化道路多样化是人类社会发展的必然后果。贝利的不同城市化道路理论，对传统的城市化研究追求基本规律、发展模式和同一的城市化道路的理论框架有了新认识，开启了多维视角城市化研究的理论框架。贝利早年接受过经济学、政治学等方面的专业学习，也从事过城市社会学方面的研究工作，并参与城市与区域规划咨询，作为专业地理学家、城镇化教授和规划咨询专家，访问了除中国和北非外的世界许多城市，这为他 1973 年写成《城市化的人类后果》（*The Human Consequences of Urbanization*）奠定了基础。1981 年，贝利对《城市化的人类后果》进行修订和扩充，出版《比较城市化：20 世纪的不同道路》（*Comparative Urbanization*：*Divergent Paths In The Twentieth Century*）（Berry，1981）。

二、经典的城镇化模式

从世界各国城市化经历看，不仅推进节奏参差不齐，推进方式千差万别，城市化带来的结果也各不相同。从政府的作用视角看，存在两种不同模式的城市化，一种是政府主导型的城市化，另一种是自生自发型的城市化。就自生自发型的城市化而言，存在如下四种经典的城市化模式。

1. 同步城市化

同步城市化（synchronal urbanization）是指城市化的进程与工业化和经济发展的水平趋于一致的城市化模式。这里的一致主要指城市化与经济发展呈显著的正相关关系。发达国家在城市化加速时期，这种相关性表现得相当明显。据测算，发达国家在整个工业化中期，工业化与城市化的相关系数极高。1841 ～ 1931 年英国为 0.985，1866 ～ 1946 年法国为 0.970，1870 ～ 1940 年瑞典为 0.967，整个发达国家为 0.997。工业化率与城市化水平曲线几乎是两条平行上升的曲线，应该指出的是，由于农村人口只有迁居城市后，才能在城市就业，因此在城市化进程中，农村劳动力的地域迁移先于职业转换是一种较普遍的现象。大部分发达国家城市化进程中的农村劳动力转移方式，如英国的圈地运动方式、美国自由迁移方式和德国容克买办方式等，都具有地域迁移先于职业转移的特征，但基本上属于同步城市化模式。

2. 过度城市化

过度城市化（over urbanization）又称为超前城市化，是指城市化水平明显超过工业化和经济发展水平的城市化模式。城市化的速度大大超过工业化的速度，城市化主要是依靠传统的第三产业来推动，甚至是无工业化的城市化，大量农村人口涌入少数大中城市，城市人口过度增长，城市建设的步伐赶不上人口城市化速度，城市不能为居民提供就业机会和必要的生活条件，农村人口迁移之后没有实现相应的职业转移，造成严重的“城市病”。过度城市化形成的主要原因是二元经济结构下形成的农村推动力和城市拉动力的不平衡（主要是推力作用大于拉力作用），而政府又没有采用必要的宏观调控措施。相当数量的发展中国家基本上都是这种城市化模式。如墨西哥的工业化与竞技水平远远不如发达国家，但 1993 年其城市化水平已高达 74%，明显高于同期瑞士的 60%、奥地利的 55%、芬兰的 62% 和意大利的 67% 。

3. 滞后城市化

滞后城市化（under urbanization），是指城市化水平落后于工业化和经济发展水平的城市化模式。滞后的原因主要是政府为了避免城乡对立和“城市病”的发生，采用种种措施来限制城市化的发展，结果不仅使城市的聚集和规模得不到很好的发挥，而且还引起了诸如工业乡土化、农业副业化，离农人口“两栖化”和城镇发展无序化等“农村病”现象。这是一种违背工业化和现代化发展规律的城市化模式。改革开放前的中国城市化就是这种城市化的突出代表。1980 年世界城市化平均水平为 42.2%，发达国家为 70.2%，发展中国家为 29.2%，而中国城市化水平仅为 19.4%。1996 年中国城市化水平和工业化率（指工业增加值占 GDP 的比重）之比仅为 0.69，远低于该比值 1.4 ～ 2.5 的合理范围。这一方面说明了中国城市化的滞后，另一方面也表明我国工业化过度孤军深入。

4. 逆城市化

逆城市化（counter urbanization），是指城市市区人口尤其是大城市市区人口郊区化、大城市外围卫星城市布局分散化的城市化模式，所谓“逆”并不是指城市人口的农村化，更不是指城市文明和生活方式的农村化，而是指城市市区人口向郊区迁移，大城市人口向卫星城市迁移的倾向。造成逆城市化的原因主要有大城市城区人口过于密集、就业困难、环境恶化、地价房租昂贵、生活质量下降，引起人口向环境优美、地价房租便宜的郊区或卫星城迁移；城市产业结构的调整和新兴产业的发展，带动了城区人口的外迁交通，通信的现代化大大缩短了城市与郊区的时空距离等。逆城市化的倾向主要发生在 20 世纪 50 ～ 70 年代城市化水平很高的发达国家。如美国除洛杉矶以外的 12 个最大城市，在 1950 ～ 1971 年，城市市区人口从 2625.3 万下降到 2552.4 万，郊区及卫星城人口则从 1463.5 万增加到 1714.7 万。实际上，逆城市化不是城市化的反方向运动，而是城市化发展的一个新阶段，是更高层次的城市化。

三、中国城镇化模式研究

世界各国的经验表明，城镇化是经济社会发展的结果，也是现代化的必由之路。工业化需要借助规模经济和集聚效应，引起产业的聚集、人口的集中，推动服务业、城市基础设施和公共服务供给部门的发展，使得城镇化水平提高。反过来，与城镇化水平提高相伴而来的产业集聚和人口、人才、创意的集中，以及更有效率的公共产品供给，又为促进创业和创新活动打造良好平台，改善居民生活质量，从而提高经济发展的可持续性和共享性。从理论性来看，关于中国城镇化模式的研究，如下两种思路值得思考。

1. 弗里德曼的双类型模式

约翰·弗里德曼认为，城市化通常用来指两个完全不同的进程：一是纳入城市居住系统的人口比重越来越大，使城市作为社会生活和生产的基本生态矩阵，进而导致其在空间上的扩张、增值和转型，即空间居住系统的城镇化； 二是纳入城市社会结构和生活方式的人口比重越来越大，并引起这些结构改良和转型为新的组合，即社会-文化系统的城市化（Friedmann，1966）。弗里德曼所指出的“城市化是多维的包含社会空间的复杂过程”，将城镇划分为城镇化Ⅰ型和城镇化Ⅱ型：①城镇化Ⅰ型，包括人口和非农业活动在城市中集中以及地域景观变化；②城镇化Ⅱ型，包括城市文化、城市生活方式和价值观的扩散（Friedmann，2006）。

2. 张立的“两个双轨转型”

2018 年张立在印度尼西亚万隆国际城市规划会议上提出中国 40 年城市化的理论解释框架：两个双轨转型，相关的研究后来编入《理解中国城市化：人口、空间、经济和社会政策》（*Understanding Chinese Urbanization*：*Demographic*，*Spatial*，*Economic and Social Policies*）（Zhang，2019）。

第一个双轨转型。起始于 1978 年的改革开放，是计划经济向市场经济的转型和内需市场向全球化的转型。计划经济向市场经济的转型是中国特色社会主义城镇化道路的关键特征之一。20 世纪 80 年代乡镇企业的兴起促进了市场经济的萌芽、国有土地使用权从所有权中分离、分税制的建立、福利住房向商品住房的转变、行政区划的调整（权力的再分配）等是其基本要素表征。2000 年前后中国签署了加入世贸组织的协议，当时是中国劳动年龄人口比重最高点，加入 WTO 后中国的城镇化进程加速，确保了大量新增劳动力的就业供给。

第二个双轨转型。起始于 2010 年前后，中国城镇化水平达到 50%，进入到所谓的城市社会，是关注城镇化的数量增长向重视质量提升的转型和参与对外竞争向内部机制体制改革的转型。内需市场向全球化的转型是中国特色社会主义城镇化道路的关键特征之一。中国 30 多年的快速城镇化进程取得了一定成绩，也产生了诸多问题：空气污染、水污染、食品安全、社会冲突、城乡差距等。因此，城镇化的数量固然重要，但高质量的城镇化是当下中国城镇化需要解决的关键问题，这是2010年以来中国进入到城市社会的关键特征，提升城镇化的质量，同时也要保持国家经济的持续快速增长。

第二节　城镇化Ⅰ型

弗里德曼的城镇化Ⅰ型，是城镇化的早期类型，主要特征在于城市人口和城市数量的增加。有很多的驱动力导致城镇化，列斐伏尔称内爆（implosion），人口、活动、财富、货物、物体、工具、手段和思想向城镇集聚，推动城镇地区快速发展，与此同时，工业生产和消费网络侵入周围的农民生活，破坏传统的农村生活方式，造成城乡之间的“推拉作用”，完成Ⅰ期城镇化。张立称为中国城镇化的第一个城乡双轨转型：计划经济向市场经济的转型。苏南地区农村土地家庭联产承包制释放剩余劳动力推动乡村工业化，上海“星期日工程师”制造技术扩散，社会主义短缺经济和乡镇企业“推销员”的“内需”市场联结，农村“公社－大队”集体所有制的及时解体和设“镇”标准的宽松，以及“市带县”、“地区改城市”的行政区划制度改革，完美实现了中国第一波“自下而上”城镇化过程。这一过程，产生了多样化的城镇化道路。1978～1998年的中国城镇化体现了城镇化Ⅰ型特征：数量扩张、在地非农化和景观城镇化。最典型的是温州模式。

一、数量扩张

城镇化Ⅰ型的首要特征是数量扩张，主要表现在城镇数量和城镇人口的急剧增加。

1. 城镇数量的快速增加

中国城镇化的起始是1965年。到改革开放的1978年，城市数量193座，其中直辖市3座、地级市98座、县级市92座。镇的数量下降到历史最低点，仅2173座。城镇化水平也处在最低位的17.92%（表6.1）。1978～1987年的10年间，中国城镇数量基本翻了一番。由1978年的193座增加到1987年381座，地级市和县级市分别增加了72座和116座。镇的数量，也由2173座增加到9121座，增长了3.19倍。1988年开始，城镇的数量增加提速，1988年、1992～1994年每年增加城市的数量达到50座左右，1990年、1985～1986年每年新增城市数量也达到20座。与此同时，镇的数量也逐年增加，从1987年的9121座增加到18800座，又翻了一番多。

表 6.1　中国城镇数量的变化（1965 ～ 1998 年）

年份	城市总数 / 座	地级市 / 座	县级市 / 座	城市年均增加数 / 座	建制镇总数 / 座
1965	169			0	2904
1978	193	98	92	5	2173
1979	216	104	109	23	2851
1980	223	107	113	7	2874
1981	223	110	113	0	2845
1982	245	109	113	22	2819
1983	289	137	141	44	2786
1984	300	148	149	11	6211
1985	324	162	159	24	7511
1986	353	166	184	29	8464
1987	381	170	208	28	9121
1988	434	183	248	53	8614
1989	450	185	262	16	9088
1990	467	185	279	17	9321
1991	476	187	289	9	10309
1992	517	191	323	41	11985
1993	570	196	371	53	12948
1994	622	206	413	52	14293
1995	640	210	427	18	15043
1996	666	218	445	26	17770
1997	668	222	442	2	18316
1998	668	227	437	0	18800

2. 城镇人口的急剧增加

城镇人口增加是城镇化的最重要标志。1978 ～ 1983 年的 6 年间，城镇人口从 7682 万人增加到 1.594 亿人，翻了一番多，年平均增加 1376.3 万。在 1983 ～ 1998 年的 15 年间，城镇人口又从 1.594 亿人增加到 3.7412 亿人，年平均增加 1431.46 万人。

超过了前一阶段年均增加1376.3万人的水平。1983年城镇化水平增加了2.71%，创造了年增长最高纪录，这是中国城镇化真正的“引爆时间点”。1992年和1979年也实现了城镇化水平年增率超过1.0%，其他年份城镇化水平年增长率基本保持在0.5%左右（表6.2）。

表6.2　中国城镇人口的变化（1965～1998年）

年份	市镇人口/万人	城区人口/万人	城区非农业人口/万人	中国城镇化水平/%	城镇化年均增长百分点
1965	13045			18.0	−0.35
1978	17245	7682		17.92	0.36
1979	18495	8451		18.96	1.05
1980	19140	8940		19.39	0.43
1981	20171	14400	9243.6	20.16	0.77
1982	21154	14281	9590.0	20.83	0.68
1983	24126	15940	10047.2	23.54	2.71
1984	24017	17969	10956.9	23.01	−0.52
1985	25094	20893	11751.3	23.71	0.69
1986	26366	22906	12233.8	24.52	0.82
1987	27674	25155	12893.1	25.32	0.79
1988	28661	29545	13969.5	25.81	0.50
1989	29540	31205	14377.7	26.21	0.39
1990	30191	32530	14752.1	26.41	0.20
1991	30543	29589	14921.0	26.37	−0.04
1992	32372	30748	15459.4	27.63	1.26
1993	33351	33781	16550.1	28.14	0.51
1994	34301	35834	17665.5	28.62	0.48
1995	35174	37789	18490.0	29.04	0.42
1996	35950	36234	18882.9	29.37	0.33
1997	36989	36837	19469.9	29.92	0.55
1998	37942	37412	19861.8	30.40	0.52

二、在地非农化：江阴模式

城镇化的经济特征是从事农业人口向非农产业的转移，从最初的农副产品产业加工到完全脱离农业的工商产业的转移。在这个时期，最典型是长江三角洲的江阴（图 6.1）。它是中国农村城镇化的典型代表，常年位居全国百强县前列，到 2019 年已连续 17 年蝉联全国县域经济和县域综合发展第一名。这里主要根据 1995 年江苏省江阴各镇村调查资料论述 20 世纪 90 年代江阴的非农化过程。

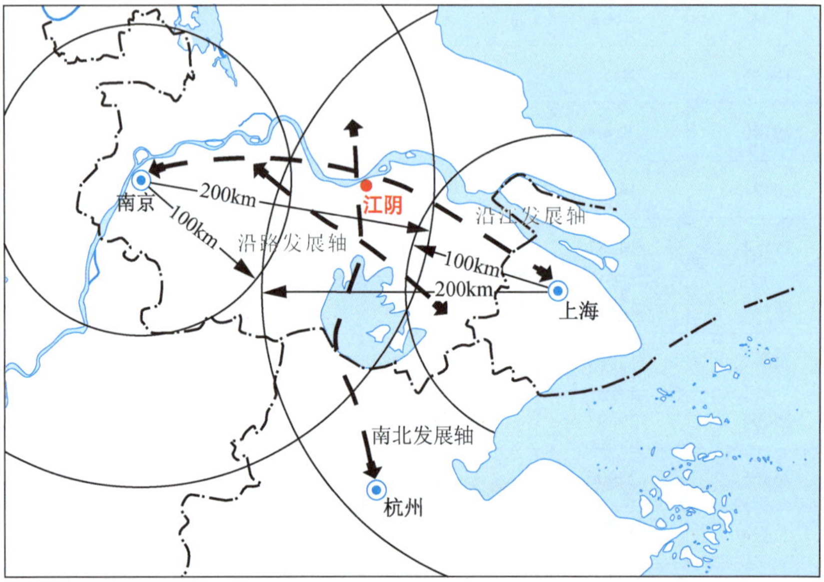

图 6.1　江阴在苏南地区的位置

1. 非农化的两个过程

江阴的非农化过程存在两种类型：在地非农化和异地非农化。以在地非农化为主。

1）在地非农化

依据调查资料，1995 年江阴人口在向非农产业转移过程中，并未同时完成向市区、小城镇的空间转移，从而形成一种不稳定的集聚空间形式，存在两种形式：①本地乡城通勤人口。主要由于小城镇公共设施有限，在提供就业岗位的同时还不能提供充分的居住和生活设施，或者农村居住条件好于镇上居住条件，因而使这部分人口自愿工作在城镇、居住在农村，身兼工农和城乡双栖的特征。②外来人口。作为跨镇区流入的人口，一般都在镇驻地就近居住和工作，但流动性较大，具有不稳定性。1995 年，江阴市域农村人口主要在附近乡镇集聚，向镇域外流出人口不多（表 6.3）。

表 6.3 江阴分乡镇人口集聚和扩散强度对比（1995 年）

镇名	镇域总人口 / 万人	镇区住镇人口 / 万人	乡城通勤人口 / 人	出镇域外人口 / 人
璜土	3.39	1.6	2899	2423
石庄	2.40	0.8	—	—
西石桥	2.64	1.0	1931	1188
利港	3.28	1.3	—	—
申港	4.47	1.3	6259	2496
夏港	3.25	0.6	1206	1503
月城	4.36	1.4	4224	1545
青阳	4.91	2.7	3944	1238
马镇	2.75	1.1	1027	657
璜塘	3.40	1.6	3095	1659
峭岐	4.96	1.8	4108	2069
桐岐	2.16	1.0	1226	829
长寿	3.46	1.3	2220	1813
华士	5.60	2.5	3895	1394
周庄	6.43	2.6	1212	806
陆桥	3.10	1.3	2594	1045
新桥	2.23	1.0	7038	783
文林	2.94	1.2	3353	858
长泾	3.76	1.6	4272	1199
顾山	2.16	1.4	5301	962
北国	3.08	1.4	3317	107
河塘	1.93	0.6	1768	1002
祝塘	3.18	1.7	3453	946
南闸	4.67	1.4	3007	1645
云亭	4.22	1.7	5052	1809
山观	3.54	1.4	3387	1381

注：澄江、要塞两镇镇区已合并入市区；调查数据引自：郑宏毅等，1998。

20 世纪 90 年代后，江阴市农业比重再次下降，第三产业比重大幅上升。工业内部构成虽然仍以农产品为原料的粗加工业和制造业为主，但作为支柱行业的纺织业比重已由 1987 年的 32.4% 下降到 1994 年的 24.9%，机电冶金工业比重由 1978 年的 30% 上升到 34%。与此同时，1994 年市属工业有机构成比为 9.19，镇办工业有机构成比 5.0，村办工业有机构成比 4.9，表明市属工业固定资产相对于劳动力增长快，市属工业资本密集程度较高。由表 6.4 可以看出，工业企业每万元工资对于劳动力吸纳能力由 1987 年的 7.16 下降至 1994 年的 1.65；每万元工业收入所能提供就业能力大大下降。而 1992 ～ 1994 年资本投入对全市的市、镇、村三级工业产出贡献率为 0.27，技术进步贡献率为 0.74，而劳动力投入贡献为 -0.01。可见技术进步和资本增长已成为 20 世纪 90 年代以来工业有效增长的主要因素，产业结构向资本 - 技术密集型行业和第三产业转型发展。

表 6.4　江阴企业规模、工资与就业能力变化关系

项目	1987 年	1990 年	1994 年
年末职工人数（工资口径）	102639	107156	109220
每万元工资吸纳能力 /（人 / 万元）	7.16	4.34	1.65
每万元工业收入就业能力 /（人 / 万元）	0.77	0.49	0.11

资料来源：江阴市统计局，江阴市统计年鉴；调查数据引自：郑宏毅等，1998。

2）异地非农化

由于本地就业岗位或待遇等问题，也出现本地人口外出流动（表 6.5）。外出人口，也以经济性外出（打工、经商、办厂等）为主，以非经济性外出（就学、参军、当干部等）为辅。经济性外出人口占总量的 85.1%，其中以务工者为主，占 68.9%；经商及从事服务业者分别占 7.3% 和 7.0%；部分离乡不离土的外出人口，从事着农业生产，其比重约占 1.8%。

表 6.5　江阴市分乡镇外出人口就业去向（1995 年）　　　（单位：人）

镇名	经济性外流				非经济性外流		
	务农	务工	经商	服务业	干部	参军	就学
北国	4	3087	193	277	40	36	973
长寿	5	2123	204	481	5	37	231
长泾	45	3109	262	537	45	44	663
顾山	2	3235	344	196	81	29	265
河塘	3	2051	126	303	22	32	229
华士	36	3793	342	218	76	55	646
陆桥	8	2959	199	226	80	55	723
马镇	2	1123	214	165	13	37	172
南闸	20	2765	515	258	67	61	1127

续表

镇名	经济性外流				非经济性外流		
	务农	务工	经商	服务业	干部	参军	就学
峭岐	108	3990	374	329	60	67	857
青阳	13	3511	597	294	115	62	469
文林	0	3193	225	148	40	44	348
西石桥	150	670	262	215	47	47	102
夏港	0	1596	317	154	74	67	268
新桥	0	5494	169	115	21	39	702
月城	0	3255	342	268	63	71	392
云亭	7	5013	321	397	77	170	780
周庄	3	1008	389	229	32	70	225
祝塘	0	3049	181	250	53	29	200
璜塘	280	2762	362	430	99	49	511
璜土	290	2951	598	572	231	64	856
山观	4	3242	310	380	94	48	735
申港	817	5261	441	414	145	97	786
桐岐	0	1407	148	333	52	31	162
合计	1797	70637	7435	7189	1630	1301	12440
比重 /%	1.8	68.9	7.3	7.0	1. 6	1. 3	12.1

资料来源：江阴市分行政村基本情况调查表，缺利港、石庄两镇数据；调查数据引自：郑宏毅等，1998。

2. 非农化实现途径

实现上述非农化，主要依靠两个途径：外向型经济（对外贸易）和城乡经济连接。

1）外向型经济（对外贸易）

江阴非农化过程，一直与外向型经济联结在一起。据资料统计，在 1987 ～ 1994 年的 7 年间，江阴外贸收入总值增长了 37 倍，占无锡市外贸收入额近 1/3，成为无锡地区对外贸易出口基地（表 6.6）。以 1994 年为例，江阴乡镇企业生产的外贸出口产品，纺织品占 34.8%、针织服装类 23.7%，医药、机械、仪器设备等高附加值产品仅占 10.5%（表 6.7）。

表 6.6 江阴市外贸收购总额历年变化

年份	江阴外贸收购总额 / 亿元	占无锡地区比重 /%
1987	2.74	15.92
1990	7.55	22.56
1994	104.18	32.8

调查数据引自：郑宏毅等，1998。

表 6.7 江阴市外贸出口商品构成（1994 年） （单位：万元）

品种	总值	占比 /%
纺织品	362447	34.8
针织服装	246016	23.7
轻工业品	90951	8.7
五矿类	36900	3.5
医药、机械、仪器设备	108978	10.5
其他	195858	18.8
合计	1041796	100

调查数据引自：郑宏毅等，1998。

2）城乡经济连接

主要以城乡企业联营、联合投资、供销合同、产品供应等各种方式与城市和企业之间建立广泛的交流网（表 6.8）。如表 6.8 可见，1992 年，江阴乡镇中接受市区产品扩散的企业有 172 家；与城市具有订货关系的企业 17119 家；而接受市区企业联合投资额近 1.5 亿元；与市区签约供销金额达 94.99 亿元。从空间上看，靠近市区的利港、澄江（西郊）、要塞（长山）、山观等镇与市区签订供销金额最高，其次为经济发展较好的乡镇，如华士、周庄、长泾、青阳等片中心镇。

表 6.8 江阴市域城镇经济联系状况（1992 年）

镇名	和城市联营的企业数 / 个	接受城市企业联营投资额 / 万元	接受城市产品扩散的企业数 / 个	与城市有订货关系的企业数 / 个	与城市签约的供销金额 / 万元	产品给城市包销企业数 / 个	给城市包销的产品金额 / 万元	在城市的建筑项目数 / 个	承包城市建筑项目总投资 / 万元
璜土	5	390	6	13	12227	—	3	250	—
石庄	5	80	48	7330	—	—	—	3	250
西石桥	3	150	—	4	1500	—	—	—	—
利港	18	508	15	15	250000	2	2000	8	1200
申港	13	380	6	3	1400	8	2300	3	650

续表

镇名	和城市联营的企业数 / 个	接受城市企业联营投资额 / 万元	接受城市产品扩散的企业数 / 个	与城市有订货关系的企业数 / 个	与城市签约的供销金额 / 万元	产品给城市包销企业数 / 个	给城市包销的产品金额 / 万元	在城市的建筑项目数 / 个	承包城市建筑项目总投资 / 万元
夏港	3	550	12	12	7500	11	3000	1	300
月城	1	—	1	30	5000	2	200	12	405
青阳	59	1276	—	3654	64779	7	662	—	—
马镇	5	—	—	2	—	1	25	12	2800
璜塘	9	614	11	1269	24095			13	2200
峭岐	5	580	5	5	9200	4	7000		
桐岐	7	500	15	43	13100	5	4500	9	845
长寿	3	2150	2	10	14000	1	755	18	1500
华士	12	680	4	30	40885	8	7600	8	1100
周庄	1	6		30	30000	1	6567	8	831
陆桥	8	250	3	12	9815	2	3000	3	480
新桥	4	38		9	26207			6	610
文林	6	81	3	11	21492	5	5297	5	657
长泾	4	138	5	35	40789	19	10431	7	783
顾山	8	850	7	28	21316			14	7
北国	6	158	7	28	21316			14	2200
河塘	14	850	8	8	16770	8	1050	3	152
祝塘	5	1315		14	29530	9	28977		
南闸	2	73	1	30	21415			7	298
云亭	5	250	8	20	18850	3	3886	5	500
山观	2	90	3	25	34298	12	12888	10	76
要塞	3	140		36	46650	5	5000	3	1200
澄江	39	2795	7	4289	184727	19	48219	32	6339
合计	255	14892	172	17119	949899	141	156341	190	25376

注：长山镇并入要塞镇，西郊镇并入澄江镇；调查数据引自：郑宏毅等，1998。

3. 非农化的主体是乡镇企业

江阴城镇化的非农化主体是乡镇企业。通过乡镇企业，完成了农业剩余劳动力的非农业转移，从早期的进厂不进城到大型企业集团的乡镇集聚，完成了乡村景观的城镇化改造。

1）乡镇工业完成非农化转移

江阴市乡村农业人口，经过十几年乡镇工业的吸纳，基本上已完成了本地农业劳动力的非农化转移。在1995年，全市从事农业的劳动力仅占本地总劳动力的24.5%，绝大部分劳动力已经集聚到乡镇上从事工业生产和三产活动。与此同时，还有12%的就业者来自江阴市外，以从事工业制造为主（表6.9）。

表6.9 江阴市域劳动力从业空间集聚状况（1995年）

	本地劳动力/人					外来劳动力/人			
	合计	农业	工业	三产	无业	合计	农业	工业	三产
市区	71739	6422	45555	13360	6402	14167	541	10281	3345
乡镇	287895	81571	188510	17424	390	43268	3903	34200	5165
合计	359634	87993	234065	30784	6792	57435	4444	44481	8510
百分比/%	100.0	24.5	65.1	8.6	1.8	100.0	7.7	77.5	14.8

资料来源：1995年乡镇基本情况调查，其中石庄、利港两镇数据暂缺；调查数据引自：郑宏毅等，1998。

2）进厂不进城的城乡通勤模式

江阴市域人口自然增长率基本保持在5‰左右，城镇人口的增长主要依赖于乡村人口向镇区转移。在早期的城镇化过程中，乡城通勤人口，即：工作在镇上，居住在农村，表现出“离土不离乡”、“进厂不进城”的“滞后城镇化”模式。1995年，江阴各镇区乡城通勤人口7.9万余人，其中由乡到市区澄江、要塞两镇的摆动人口约1.15万人。市区乡城通勤率为5%，乡镇为28%，可见乡镇人口集聚主要是乡城通勤人口（表6.10）。

表6.10 江阴市域分乡镇镇区人口及乡城通勤人口比较（1995年）

镇名	镇区住镇人/万人	乡城通勤人口/人	乡城通勤率/%
璜土	1.6	2899	18
石庄	0.8	—	—
西石桥	1.0	1931	19
利港	1.3	—	—
申港	1.3	6259	48
夏港	0.6	1206	20
月城	1.4	4224	30

续表

镇名	镇区住镇人 / 万人	乡城通勤人口 / 人	乡城通勤率 /%
青阳	2.7	3944	15
马镇	1.1	1027	10
璜塘	1.6	3095	19
峭岐	1.8	4108	23
桐岐	1.0	1226	12
长寿	1.3	2220	17
华士	2.5	3895	16
周庄	2.6	1212	5
陆桥	1.3	2594	20
新桥	1.0	7038	70
文林	1.2	3353	28
长泾	1.6	4272	27
顾山	1.4	5301	38
北国	1.4	3317	24
河塘	0.6	1768	29
祝塘	1.7	3453	20
南闸	1.4	3007	21
云亭	1.7	5052	30
山观	1.4	3387	24
乡镇小计	30.8	79758	28
要塞	13.0	7003	5
澄江	10.0	4465	4
全市合计	53.8	91226	17

资料来源：1995 年乡镇基本情况调查，其中：石庄、利港两镇数据暂缺；调查数据引自：郑宏毅等，1998。

3）大型企业集团乡镇集聚

20 世纪 90 年代江阴市域内大中型企业集团数量呈明显上升，到 1994 年已拥有 114 家企业集团，其中 93 家为乡镇企业集团。这些企业集团几乎都是在镇、村政府扶持下壮大起来的，它们中有些即是以村为单位建立全村企业联合体，如三房巷村、华西村等。这些大中企业集团拥有相当大的固定资产，产值超亿元，技术装备也明显优于小型企业，形成了明显的比较优势和竞争优势。根据资料统计，1994 年年末平均每个企业集团拥有资产 1.6 亿元，销售收入 3.1 亿元。如阳光集团的销售收入更是高达 21 亿元，利税突破 2 亿元。许多企业集团已改变过去单一的工业性生产，逐步发展成科研、生产、贸易综合型企业。与此同时，这些企业集团组成“联合舰队”，每个企业集团联合的成员企业平均达到 20 家以上，实现以强引强、以外引外，壮大了规模效益和集聚效益，发展成为地方经济的主体。例如，江苏塑模集团接连办起 6 家合资企业，成为全国轿车保险杠生产基地；新桥镇阳光集团与镇内 10 余家村办企业协作，其产品夺得国内毛纺界 5 个第一；云蝠集团通过中外合资，成为全国最大的羊毛衫出口基地。这些企业集团依靠创名牌、高质量横向联系起来，使地方经济向龙头企业集团集聚。

4）乡村景观的城镇化再造

大型企业集团在空间上集聚，促进了地域城镇体系的发展和分化，过去以行政体系为特征的县城—乡镇二级经济体系迅速分化为城—镇—村三级经济体系新格局，尤其村级经济的壮大，使江阴出现了独特的城乡经济面貌。在 1992 年无锡地区“十强村”评比中，江阴市华西村、沿山村、陈市村、三房巷村、新伍村、何巷里村等六村分获第一、二、四、五、八、十名，素有“华夏第一村”的华西村稳居榜首。到 1994 年年底，江阴市域已涌现出 26 个亿元村，其中澄东周庄—华士片 8 个，澄东南长泾片 7 个，澄江片 7 个，澄南片 1 片，澄西片 3 个。

纵观江阴城镇化过程，通过自身的发展完成非农化，取得骄人的成绩，但整个过程也存在产业结构趋同，镇与镇之间对生产资料、市场占领的竞争，乡镇企业分散引起的土地、资源浪费和规模不经济等问题，特别是乡镇工业对当地环境造成严重的污染，都是值得其他地区引以为戒的。

三、景观城镇化

在改革开放的早期，中国城镇化主要是通过上述城镇数量（点）的扩张推动的。在城镇用地空间上的扩张主要是设置各类开发区、近郊开发区转变为新城和近郊城市边缘组团的扩张。

1. 开发区热及其变体

1）第一波开发区热

1980 年，国家首先在广东和福建设立四个经济特区。1984 年，在东部沿海地区设立了首批 10 个国家级经济技术开发区。1988 年，中关村科技园成为全国第一家高新技术产业开发区。各类开发区、工业园区大量涌现，极大地推动了珠江三角洲，闽南厦（门）、漳（州）、泉（州）三角地带，长江三角洲以及山东半岛、辽东半岛地方经济的发展。当时的开发区用地规模从 2.0 km^2 至 40 km^2 不等。从今天来看，当时的城市空间开发规模是相当有限的。

2）第二波开发区热

1992 年邓小平南方谈话后，社会主义市场经济体制初步建立，外国直接投资和城市土地市场化，开发区基础设施日益完善，逐步走向成熟，掀起第二次“开发区热”，进入了高速发展时期。1990～1995年，国家级开发区从15家迅速拓展到103家。引进外资规模大幅扩大，引进项目的档次也出现了跨国公司，引进项目在技术含量和技术水平上明显提升，填补了国家多领域空白，促进了中国工业现代化的进程。到1996年，首批14个经济开发区工业总产值达到1887.86亿元，税收为101.45亿元，合同外资金额达到57.88亿美元，年平均增长率分别达到了48.04%、66.61%和48.04%。1991年以后，国务院先后共批准北京、上海、天津、南京、杭州、广州等城市建立了53个国家高新技术产业开发区。截至1999年12月，开发区覆盖了除西藏、青海以外所有省份，全国共有各类新区362个，其中：生产型新区（开发区）339个，占总数的93.6%；综合型新区（以服务功能为主的或以开发区为基础形成的综合型功能的新区）23个，仅占6.4%。在开发区产值规模迅速增长的同时，开发区土地以近乎同等的速度蔓延式扩张，而开发区一旦面临土地资源瓶颈，城市政府往往通过“扩区”的方式来保障开发区的用地需求，如长江三角洲地区的苏州、无锡、常州和南京的主要开发区普遍经历过“扩区”过程。深圳特区，在经济高速增长推动下，特区内建设用地很快被大规模开发建设填满，并且随着特区经济的外溢发展，部分地区已经开始与位于“二线关”的布吉、新安、西乡等地区连成一片。1992年国家决定撤销宝安县建制，设立宝安、龙岗两个市辖区。行政区划变更使深圳经济特区的可控土地资源扩大了4倍，为保持深圳经济高速发展和土地成本比较优势奠定了基础。

3）开发区衍生变体

这一时期，除了以工业发展为主的“工业园”、“开发区”外，也衍生出一些另外的“开发区”变体，如“科学城”、“大学城”等。1998年广州规划建设第二个科学城，规划面积22.74km^2，起步区4km^2，科学城将以科学技术的开发应用为动力，以高科技制造业为主导，规划建成高新技术产业的示范基地，产、学、住、商一体化的多功能、现代化新型科学园区。同一时期，上海启动松江大学城建设，深圳也引进清华、北大、哈工大等名校建设大学城。南京作为教育资源集聚的城市，先后启动了浦口、江宁、仙林大学城建设，规划用地面积达70km^2，其中真正用于教育的用地比例不高，部分开发商则乘机低价拿地进行房地产开发。20世纪90年代后期，为了拉动新区发展，开始行政中心搬迁，大多数新行政中心的开发目标设定都超出了单纯的改善行政办公条件，成了所谓的“政务新区”（汪劲柏和赵民，2012），如青岛（1994年）、无锡（1995年）、苏州（1996年）等先后都通过建设新行政中心的模式建设了城市区。

2. 远郊开发区向新城转型发展

在20世纪90年代中后期以后，我国沿海大城市地区出现了开发区到新城发展转型现象。这主要是许多沿海大城市开发区已经充分认识到单纯致力于外向型加工区建设的历史局限性，纷纷展开了以大规模城市化建设为标志的二次创业过程，以实现从开发区到新城转型的战略目标。广州开发区提出“把开发区建设成为以现代化工业为主体、三次产业协调发展、经济与社会全面进步的广州新城区”；大连开发区提出“以工业化促城镇化，通过城镇化逐步实现现代化，建设以工业化、产业化为支撑的新市区”；青岛开发区明确提出“开发区要向现代化的国际性的新城区方向发展，建设一个功能齐全、经济社会协调发展的新城区”；天津开发区提出“逐步建成以工业现代化为基础，以管理现代化为支撑，以城市现代化为标志的具有国际水准的现代化新城区”等。

（1）上海浦东新区。1990 年 4 月党中央、国务院做出了开发开放上海浦东的重大决策，上海市委、市政府按照中央的战略部署，制定了“开发浦东、振兴上海、服务全国、面向世界”的开发方针。其时浦东新区面积 570km^2，常住人口 280 万。浦东开发从一开始就带有强烈的政府主导色彩，其开发主要依靠城市建设和外资投入。当时由中央政府 5 年内提供 65 亿贷款的支持，城市建设资金主要来自地方政府的土地批租，可以说这是中国城市土地财政的发源地。鉴于当时的建设资金短缺，中央赋予浦东开发开放的特殊政策，其中最重要的是允许浦东多渠道筹措资金。据统计，1991 ～ 1999 年十年间，上海市先后从中央和银行筹资 417.5 亿元。同时，进行财政体制改革，用“八五”期间新增的财征收入和“九五”期间返还浦东的财政收入建立“浦发基金”59.4 亿元，完成了浦东国际机场、地铁二号线、南浦大桥、杨浦大桥、杨高路等十大基础设施建设。

（2）广州开发区。1991 ～ 1995 年，主要是建设现代化工业园区，使开发区在规模、产业结构和管理模式上有了较大的改善，开辟了东区和永和区，所引进的项目大部分具有一定的科技含量，在产品的超前性、设备先进性、深加工度和科技含量等方面较前一阶段有较大的进步。1996 ～ 2004 年，开发区与高新区、出口加工区及保税区实现“四区合一”，合署办公，以建设综合经济功能区为发展目标，开发区产业结构向综合化发展，工业制造业门类的综合发展，逐步实现从经济开发向技术开发的转变，房地产业和餐饮业等相关配套服务业也有了长足的发展，形成了广州萝岗区的雏形。

3. 大都市区边缘组团扩张

1997 年亚洲金融危机，导致国际资本总量减少，开发区进入调整转型阶段，国家清理了一些“开”而不“发”的开发区，清退部分侵占的基本农田。

20 世纪 90 年代后，在北京市郊兴建的大批市、区、县级工业小区使北京市工业逐步由城区向近郊区、甚至远郊区转移，为北京主城腾退出了大片的土地用于发展附加值更高的服务业奠定了基础。在上海，办公和商业的集聚规模从传统中心扩展到整个核心地域，居住分布在城市内圈的主导地位更为凸显，而工业分布则向城市外圈转移，土地利用扩展经历了由以围绕老城区扩展为主，转变为同时围绕中心城区、卫星城、交通干线扩展，并最终形成围绕卫星城、郊区城镇和交通干线为主扩展的模式，从而导致上海中心城区和郊县城镇规模的明显扩展。郊区新城不但没有成为人口和就业的中心，而且完全湮没在乡镇无序拓展之中（郑德高和孙娟，2011）。以嘉定为例，2000 ～ 2005 年嘉定全区常住人口增加了 25%，但嘉定新城却仅仅增加了 11%，低于全区平均水平，而马陆、江桥、安亭几个镇常住人口增加却超过了 40%。在紧邻上海中心城区的边缘城镇却获得更大的发展机遇，相对于规划的新城，这些边缘城镇尽管缺少市政府乃至中央的政策扶持，但在市场作用下，形成为空间快速蔓延、城市建设与投资最活跃地区，有些还成为上海中等收入群体的新居住场所。嘉定区的马陆镇、南翔镇、江桥镇、安亭镇的工业产值均超过了嘉定工业园，马陆、江桥也成为吸纳外省市劳动力最多地区。西部郊区青浦也有类似的情况，青浦新城的发展大幅落后于徐泾、华新这样的边缘城镇。这些边缘城镇形成了专业化的功能分工，其中江桥成为总部经济的主要集聚地，虹桥是各类生产性服务业的汇聚区，闵行成为上海西南部重要的居住区和大型产业集聚区，康桥则正在发展成为上海南部以居住为核心功能的生态型城镇，川沙地区由于迪士尼乐园的进驻以及毗邻浦东国际机场的区位优势将发展成为以文化娱乐和大型主题社区为主的综合性服务城镇，外高桥则以保税区为主体成为出口加工型产业新镇。在这一时期，我国大城市功能结构已经呈现鲜明的特征：居住先向近郊区、后向远郊区迁移，工业、仓储、文教向远郊区迁移，商务类功能区向中心聚集。

第三节　温州模式

温州模式是中国早期城镇化最经典的模式，也是中国城镇化 I 型代表。取得过辉煌的成功，也遭遇过失败（表 6.11）。本节按成功的温州模式 1.0 和失败的温州模式 2.0 展开描述。

表 6.11　温州基本状况表（1978 ～ 2017 年）

年份	人口 / 万人	GDP/ 亿元	建成区 /km²		企业数 / 个	工业总产值 / 万元
			市域	市区		
1978	561.26	13.2150			4085	111211
1980	581.42	17.9689			6477	165086
1984	620.52	30.2064			13613	290698
1985	629.19	37.8045			65045	421070
1991	672.58	92.9184			34034	1233678
1994	692.40	295.8650			152688	5273389
1995	697.89	401.6636	169.87	45.76	117829	7194505
2010	786.80	2918.8152	268.41	185.0	155101	65165230
2011	798.36	3407.9708	284.07	194.8	152343	70736131
2012	800.21	3670.5615	299.31	204.9	153271	68393625
2013	807.24	4024.5008	301.55	215.4	156618	72538405

续表

年份	人口 / 万人	GDP/ 亿元	建成区 /km²		企业数 / 个	工业总产值 / 万元
			市域	市区		
2014	813.69	4303.0460	319.68	231	155929	76716454
2015	811.21	4618.0766	335.49	241.4	136853	75555114
2016	818.22	5101.5586	335.49	258.7	140792	78274888
2017	824.55	5411.5938	355.96	254.7	128066	76538875

资料来源：温州市统计年鉴。

一、温州模式 1.0

1. 温州乡村工业化背景

温州，山多地少，山地丘陵约占 78.2%，耕地匮乏，人均耕地 0.4 亩（1 亩 ≈0.067hm^2）；地处浙江东南部，三面环山，一面临海，位置偏僻，交通不便（图 6.2）。1949 ～ 1978 年，国家对温州工业的全部固定资产投资仅为 6.55 亿元。到改革开放前，温州是全国最落后的地区之一。20 世纪 80 年代，温州地区甚至流行着“永嘉单干，平阳讨饭，文成人贩，洞头靠贷款吃饭”的民谣；温州市区自来水普及率低，几十万人口的大城市，自来水供应能力只有四万多吨，市民用水经常排队打水。当时温州的交通水平很低，公路很差，没有机场，没有铁路，以水路运输为主。

温州土地贫瘠，人多地少，经济基础差，在计划经济时期农民靠种地难以养家糊口，不得不从事家庭手工业并外出叫卖经商。传统的手工业工艺和悠久的经商传统，造就了温州大批的能工巧匠和经商人才，浓厚的商业文化氛围，促进了温州早期乡村工业的发展。由于集体经济薄弱，家庭经济普遍困难，无法构建与国家和地区广泛的社会经济网络，人们不得不通过低成本的以血缘为纽带、以村镇地缘为载体、以家庭式小作坊为场所、以市场经济为准则，自发组织配置生产要素和资源，形成了将传统的手工艺产业和悠久的经商传统结合，建构成具有浙江东南地域鲜明特色的农村工业化模式。

在温州市区，产业主要来自街道厂和家属厂。早在 1951 年，温州市区创办了东南福利毛巾厂、海坦荣属麻袋厂等 6 家街道民办工业。至 1957 年，发展到 70 家，1958 年猛增到 343 家。1966 ～ 1968 年，由于政府部门瘫痪，居民就业无人过问，就自发组织创办工厂，至 1968 年，猛增到 471 家（扣除上调为国营的数量），从业人员达 1.81 万，其中未经批准、无许可证的 307 家。在 “文化大革命”后期的 1974 ～ 1976 年，城区就业更加突出，许多工厂为解决职工子女就业，划出厂房和产品业务，扶植大办家属厂。据统计，市区街道厂、家属厂共 514 家，职工达 3 万多人。在市县郊区，早在 20 世纪 50 年代，苍南县宜山区 1/ 3 的家庭拥有纺纱机和织布机。1958 年开始发展社队企业，到 1976 年温州地区社队工业产值已达 16764 万元，1978 年达 27407 万元，已占全地区工业产值的 24.64 %（表 6.12）。

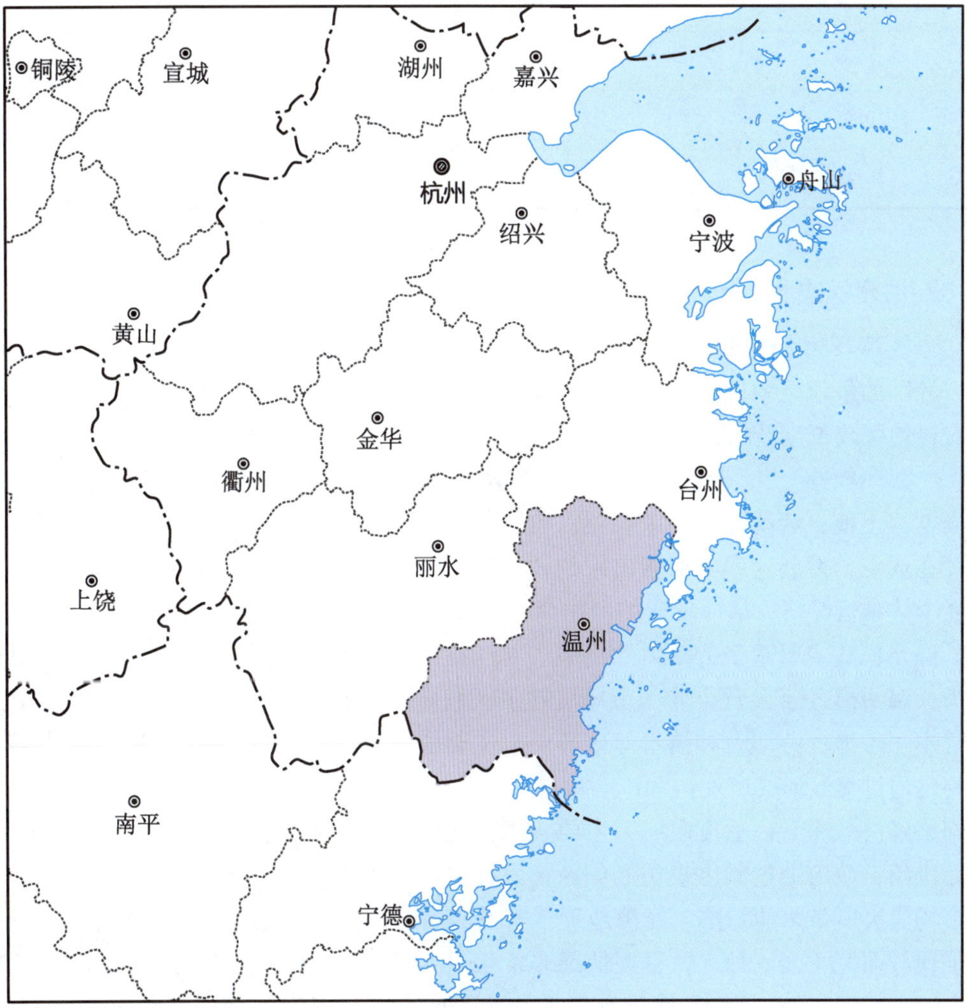

图 6.2　温州在浙江省的位置

表 6.12　温州产业发展基本概况（1949 ～ 1975 年）

年份	企业数 / 个	工业总产值 / 万元
1949	7	4467
1957	1285	22138
1958	2024	32183
1959	2010	53876

续表

年份	企业数 / 个	工业总产值 / 万元
1960	1168	58317
1969	1607	39674
1970	2112	44801
1975	3108	58558

2. 温州模式 1.0 及其特征

当改革开放大潮涌起时，温州所拥有的亦农亦工独特人力资源，在姓“资”还是姓“社”的争议之中，横空出世，潜在的劳动力优势很快被开发和彰显，一跃成为中国农村地区改革创新的排头兵，一夜之间，“温州模式”响彻祖国大地。

“温州模式”①，是改革开放后，温州根据自身自然、社会和经济发展状况，因循资本、土地、劳动力、技术等新古典主义经济学生产发展要素，利用自身优势，规避存在弱点，发展过程中探索出来的“以家庭生产经营为单位，以专业市场为纽带，发展个体私营经济，从而形成的‘小商品、大市场’的经济发展模式”。

温州模式主要基于劳动力的优势。浙江省发改委张国云曾经将温州模式用公式概括为：温州模式 = 民营企业 + 市场机制 + 区域规模 + 人本经济 + 适度政府。市场机制是资本、土地、劳动力和技术等生产要素主要依靠市场力量配置和调节；区域规模，主要是通过集聚形成产业链和产业集群，形成“规模经济”；人本经济，可以理解为“社会网络经济效率”；适度政府，主要表现在弱化相应管理职能，提供制度环境和公共产品供给，政府通过制度模仿和创新，发挥熊彼特所说的“公共企业家精神”，以弥补市场失灵所带来的缺陷。经济地理学家 Walcott（2007）对温州产业区与第三意大利做了比较研究（表 6.13），发现情况非常相似。王缉慈也认为温州模式和第三意大利也有惊人相似之处。规模经济导致产业空间的集聚，专业化分工使产品生产成本下降，社会网络关系和信任机制降低了交易成本，促进分工深化的企业衍生与发展知识学习、自组织机制与路径依赖使得生产和交易成本大大降低，分工导致产业链形成和产业空间的不断扩大。

① 1985 年 5 月 12 日的《解放日报》记者桑晋泉在《乡镇工业看苏南，家庭工业看浙南——温州万人从事家庭工业》一文中首次使用“温州模式”，并将其概括为：“以生产小商品为主，靠农民供销员和农村集市购销搞活流通渠道，靠一大批能工巧匠和贸易能手开辟致富门路”。

表 6.13 温州模式与第三意大利比较

	区位	网络	结构	迁移	市场	产品	创新
第三意大利（the Third Italy）	孤立的落后地区	家庭扩张	垂直地方专业化	全球	全球	定制利基（custom niche）	信任多元转化
温州	同上	同上	同上	国内	国内	同上	同上

资料来源：王缉慈，2000；Walcott，2007。

1）劳动力有效利用

温州经济以民营为主、市场以民办为主、资金以民间资本为主。无论是农村工业的飞速发展还是发达的市场网络的形成，主要得益于温州人自身的“能人”优势，充分发挥了温州人商品意识强、敢闯敢干、善于开拓市场的优势。可以说，“温州模式”的非农产业的发动者和创业者是千千万万的农民，是从有效利用本地劳动力开始的。本地劳动力包括四个部分。

（1）农村剩余劳动力。温州土地资源有限，尤其耕地严重不足，利用农村剩余劳动力兴办社队企业，主要有三大类型：①由农村工匠为主组成的企业，主要提供农业生产、生活方面的服务。②传统农副产品加工型的企业，多属于手工作坊。③富有地方特色的传统手工业类的企业，主要集中在手工编织、制革等方面。这些街道厂、家属厂、社队企业成为日后培养农民企业家的摇篮。1986 年全市农村 267 万劳动力中，从事家庭工业的有 20 万人。

（2）农民供销员。与家庭工业的蓬勃发展相对应的是为之服务的第三产业的兴起，温州不仅建成全国闻名的“十大专业市场”，而且还有 14 万农民采购员走街串巷，进工厂，下农村，推销本地的商品。

（3）农民企业家。温州人历来以“通商惠工 ”精神而闻名，在南宋时期温州就形成了与传统儒家文化大相径庭的“永嘉学派”，“讲实际、重事功 ”，主张“以利致义”。温州地域上滋生的“永嘉学派”认为，“天下熙熙皆为利来，天下往往皆为利往，求利之心人皆有之”，主张以功利统仁义，同时也孕育了“不等不靠不要，务实创新，敢为天下先，爱拼才会赢”的“温州企业家精神”。温州大多数企业家，虽出身于农民，但都发源于个体和家庭商贩，人人都是老板，个个精通“永嘉学派”内功。正是这样一批不寻常的区域劳动力资源创造了温州模式的辉煌。

（4）离退休工人再就业。乐清虹桥镇有个虹桥工业缝纫厂，是上海、杭州 7 个退休老工人和当地村里人合伙办的，1983 年他们就有 1600 万元左右的产值，是当时远近闻名的好企业。然而，按照劳动用工制度，离退休工人不能再就业。但这个厂就是由七个离退休老工人支撑起来的，他们有技术、有经验、有市场，把他们七个人清理掉，工厂只能关门。据此，必须进行劳动用工制度改革，允许退休工人再就业。这对当时严重缺乏技术的乡村工业来说，无疑是雪中送炭。

2）乡村工业化道路

温州经济发展初期，在国家很少投资、经济比较落后的情况下，温州运用市场经济的运作方式发展民营经济，取得了市场经济的先发性优势。从 1980 年开始，温州非国有单位投资就已成为全社会投资的主体，约占 65% 左右，乡办工业企业只有 2786 家，平均每户企业的年产值仅为 6. 28 万元 。至 1986 年年底，温州家庭工业发展至顶峰，家庭企业达 14 万家，从业人员达 34 万人，产值达 18 亿元，占温州农村工业总产值的 60 % 以上（表 6.14）。

表 6.14　民营工业对全部工业增长的贡献

年份	1978 ～ 1983 年	1984 ～ 1988 年	1989 ～ 1991 年	1992 ～ 1997 年
工业增长率 /%	14.07	28.68	14.33	44.52
民营经济贡献率 /%	76.95	87.97	83.83	96.77

资料来源：根据温州统计年鉴，1997 计算。

由于集体资源有限，人们通过市场自发组织资源的成本相对较低，因而主要采取家庭工业的形式配置资源。温州模式的根本特点是以家庭小作坊为主体，生产小商品。为了获得更好的集聚规模效应，同类型中小企业就近集中于附近城镇，逐步发展成为各乡镇特色产业，大多为轻工业，如制鞋、编织袋、小五金、纽扣、低压电器开关等。以瑞安市为例，工业较为发达的乡镇优势产业显著（表 6.15），镇域内超过 80% 的企业为产业相关生产企业。伴随这一过程，专业市场逐渐发展壮大，各乡镇布局基于自身特色产业的专业市场，为中小企业商品集聚、流通提供平台。

表 6.15　瑞安市部分乡镇（街道）特色产业

地区	特色产业
莘塍镇（现莘塍街道）	化工、塑料薄膜
飞云镇（现飞云街道和南滨街道）	皮鞋、机电制造
塘下镇	汽摩配件、机械制造
汀田镇（现汀田街道）	编织袋、钢铁锻造
仙降镇（现仙降街道）	胶鞋、轻纺

1985 年，全市城乡个体工业企业多达 46607 户，是 1980 年的 31 倍。其中，农村个体企业 40339 户，从业人员为 81391 人，占全部个体企业的 86.55%，占全市所有工业企业单位数的 62.02%。因为温州模式从家庭工业起家，企业规模一直不大（表 6.16）。据统计，1998 年温州市全部工业企业平均就业人数仅 9.3 人，仅为全国和浙江企业平均职工数的 10.6% 和 24.8%（表 6.17）。

表 6.16 温州企业规模结构比较

类型指标	年份	大型企业	中型企业	小型企业
各类企业数所占比重 /%	1990	0.04	0.52	99.4
	1996	0.2	1.3	98.5
	1999	2.6	15.7	81.7
工业产值所占比重 /%	1990	1.6	12.8	85.6
	1996	7.1	11.2	81.7
	1999	21.0	38.9	40.1
固定资产原值所占比重 /%	1990	6.8	24.1	69.1
	1996	16.8	24.3	59.9
	1999	33.7	42.9	23.4
实现利税总额所占比重 /%	1990	0.1	20.2	79.7
	1996	6.0	13.2	80.8
	1999	14.6	41.5	43.9
从业人员比重 /%	1990	0.4	8.3	91.3
	1996	5.5	11.5	83.0
	1999	16.3	37.5	46.2

资料来源：根据温州统计年鉴，1991；1997；2000 计算。

表 6.17 温州市企业从业人员与全国和浙江省对照表（1998 年）

	全国	浙江	温州
企业数 / 个	7974565	706380	127980
从业人数 / 万人	69957	2651.1	118.38
平均人数 / 人	87.7	37.5	9.3

在巨大市场的孕育下，温州大力发展轻工制造业，家庭作坊遍布城乡，皮鞋、眼镜、阀门、打火机、服装、变压器、制笔、印刷品、锁具等名扬海内外，甚至还产生了鞋王、笔王、锁王等，形成了在具有深厚企业家人力资本下的独特产业集群现象。据当时资料，全温州形成了 27 个国家级皮鞋、服装、泵阀和汽摩配件生产基地，比较著名的有永嘉桥头纽扣、乐清电器、鹿城制鞋和皮革、瓯海打火机和眼镜、龙湾阀门、瑞安汽摩配件、苍南包装和印染，其中制鞋，2003 年产值达到 400 亿元，已形成涉及鞋料、鞋机、设计、包装、运输等上下游 4000 家企业组成的产业链。

3）专业市场的发展

温州在乡村工业化的过程中，除了发展“小商品”生产网络和传统的工厂“农民供销员”推销产品外，突破计划经济的“供销一体机制”，最早以“专业市场”的方式集中推销、批发和零售商品。早在家庭工业发展时期，温州就形成了全国闻名的十大专业市场，如桥头镇的纽扣市场、金乡镇的徽章市场、柳市镇的低压电器市场、萧江镇的塑料编织市场、虹桥镇的小商品专业市场等。经过 1978 ～ 1999 年的发展，温州许多生产要素市场已形成以大型综合市场为龙头，各类专业市场为骨干，集市贸易为基础的商品市场网络。截至 1998 年年底，全市共有各类商品交易市场 533 个，其中消费品市场 413 个，生产资料市场 120 个。市场成交额达 407.23 亿元，其中消费品市场成交额达 357.96 亿元，生产资料市场成交额达 40.27 亿元。与此同时，温州人现在已经把“专业市场”办到了全国各地，仅在北京就有 10 多个温州人办的市场，在天津、西安、太原、昆明、郑州乃至拉萨、乌鲁木齐、银川等都可见温州市场的踪迹。可以说，现在中国内地县以上建制的地方都与温州人有业务往来，甚至世界各地都能见到温州民间商会的身影。

4）工业化拉动城镇化

改革开放初期，在温州的专业市场上，经营者绝大部分是个体工商户，其市场的建设资金 80% 以上来自老百姓。随着乡村工业化不断推进，以家庭工业为单元，亦工亦农农村居民点开始出现。在乡镇街区，由于集聚了较多的生活服务设施，水、电、路市政设施水平较高，这些家庭工业开始向镇区集聚，乡镇政府因势利导在镇区周边建设集中的工业区，拉开了工业化带动城镇化的序幕。到 20 世纪 80 年代中后期，随着民营经济的发展和民营企业的聚集，农村人口及农村劳动力开始向小城镇聚集。一方面，家庭工业迫切需要专业化分工提高生产效率并扩大生产规模，需要更大的工厂，更现代化的产品销售市场，但原来的村办社办企业场所无法满足扩大再生产和商品市场的需求；另一方面，农民企业家完成了初步的资本原始积累，有了钱，但拓展生产空间受到土地、规划、建设、环保等制度的束缚，由务工经商的农民自发地兴起了一场民间造城进城运动。例如，汇聚到龙港的民营化纤织造企业、柳市的民营电器制造企业、桥头的民营纽扣制造企业，开始在龙港、柳市、桥头等地建设农民自己的工商城镇。这些各具特色的农民工商城镇，既是一个个专业化的小商品生产基地和产业集群，也有辐射地区乃至全国的小商品专业批发市场，逐渐成为民营企业群落的聚集中心。随后，随着小商品产业链和集群的逐步形成和发展，小城镇作为中国城市和乡村地区的纽带作用显现出来，又因其生活方式及环境与农村较为贴近，比较适宜农村人口的生活和城镇市场建设，大量民营企业和农村转移出来的劳动力纷纷向小城镇聚集，温州地区在不断推进农村工业化的进程中，在既不靠国家财政，也不靠集体，主要由民营企业或农民自身，逐步完成了本地的城镇化。到 2000 年，温州市的建制镇达到 130 个，城镇人口达 488124 人，其中以柳市、龙港为代表的经济强镇有 30 个，尽管其人口只占全市农村人口的 38.6%，但其经济总量却达到了全市农村的 82.6%。据不完全统计，温州市小城镇建设资金有 79.4% 来自于企业、个人投资，国家财政拨款、集体投入分别只占 8.85% 和 11.6%。这一时期，

GDP 增长了 20 倍以上，巨大的财力也推动了中心城区建设，温州市建成区面积由 1990 年的 28.66 km^2 扩展到 1995 年的 47.72km^2，年平均扩展 3.17 km^2（表 6.18）。与此同时，由于对外联系的需要，通过集资，建造温州龙湾国际机场、全国最长的公路桥温州大桥、第一条股份合资铁路金温铁路，自筹资金改造旧码头、建造新码头，从 1984 年开始相继建成了影响交通要道的十几座大桥等。据统计，温州第二次创业提出的基础设施建设的“828”工程（即用 8 年时间建成 28 个大项目工程），静态投资概算 373 亿元，动态投资至少 700 亿元。据不完全统计，在 1978 ～ 1999 年，温州市共完成了固定资产投资 754 亿元，是 1949 年以来前 30 年总和的 126 倍。尤其在 1996 ～ 1999 年，全社会固定资产投资达 536 亿元，其中非国有及社会投资 354 亿元，占固定资产投资总数的 66.1 %。不难看出，1978 ～ 1999 年，来自于乡村工业化积累的巨大民营资本投资，极大地推动了温州地区的城镇化进程。

表 6.18　温州市建成区规模扩展（1990 ～ 1995 年）　　（单位：万 m^2）

年份	鹿城区	龙湾区	瓯海区	全市
1990	32.33	4.73	5.2	42.26
1991	24.33	3.8	7.53	35.66
1992	98.67	93.47	179	371.14
1993	111.6	50.67	199.12	361.39
1994	330.33	180.8	127.13	638.26
1995	169.87	164.07	153.67	457.61
合计	767.13	497.54	641.65	1906.32
年均	127.86	82.92	106.94	317.72

5）持之以恒推进制度创新

实际上，一开始“温州模式”发展并不顺利，来自各方面关于姓“资”姓“社”的质疑和指责也从未间断过。可以说，温州模式则是在争论中发展，在非议中出名，在不争论中完善的，制度创新和改革成为经济发展的基础保障。

（1）“八大王”事件。1982 年，中共中央决定打击经济领域猖狂犯罪活动，浙江省将温州列为重点，温州将乐清列为重点，乐清将柳市列为重点。当时柳市的刘大源、胡金林、叶建华、程步清、吴师廉、陈银松、郑祥青、王迈仟等八人因生产或经销“小商品”曾被冠以“螺丝大王”、“五金大王”、“目录大王”、“矿灯大王”、“翻砂大王”、“胶木大王”、“线圈大王”、“旧货大王”等名号，其中五人以投机倒把罪被抓捕入狱，导致柳市当年工业生产下降了 57%。后来温州市委市政府召开了有

1200多位“两户”代表参加的大会，宣传劳动致富、允许经商办厂政策，会议还表彰了70多位“两户”先进代表，拨乱反正，推动了群众办厂开店。当时瑞安塘下有个挂靠学校的校办厂，在市“两户”会议后，100多名员工中就有四五十人出来独立办厂。1983年春节后，温州市中级人民法院组织力量对“八大王”案进行了复查，并依据有关法律在1983年上半年依法做出改判，宣告“八大王”无罪。就在“八大王”平反后，温州市一乡一品、一村一品、一品多营等区域块状经济很快出现，十大专业市场相继形成，一个发展商品经济的热潮在温州城乡出现。到1984年，柳市五金电器发展迅猛，产值达到5.3亿元，镇办企业300多家、区办企业300多家、联办企业1200多家，个体办企业达到15000多家。

（2）下放企业分配权改革。1983年，温州鹿城区有一家街道小企业，因为执行多劳多得的计件工资，工人的月收入有200多元，大大超过了国有企业职工的收入，被财税部门罚款5万元①。也就在同一年，仅温州市财政局就以此处罚了280万元。后来，实行企业分配权下放，温州市财政局全部退回了280万元罚款，仅鹿城区工业生产总值就以一年翻一番的速度增长，从最初的3000万元到第二年的7000多万元，再到第三年就是1.4亿元。

（3）股份合作制创新。温州私营企业最初的组织形式是家庭工业。大多数企业是小企业，家庭工厂为主，自身的资源非常有限。家庭工业因其较强的产权激励功能发挥了较高的制度效率。但是，随着企业规模的不断扩大，家庭工业在资金来源、企业管理、技术创新等方面的局限性日渐显露。于是，从20世纪80年代中期，家庭挂户经营逐渐演变为股份合作制。不同家庭企业，通过资金、土地、技术、信息、劳动力等生产要素联合起来，建立起股份合作制企业。据统计，1986年年底，在14603户乡村工业企业中，股份合作制企业达10413户，占乡村工业企业总数的71.3%。

3. 温州模式1.0的终结

1）温州模式取得巨大成功

1978～1999年的22年内，温州市保持强劲的经济增长势头（表6.19和图6.3），年均增长率达到21.8%，温州经济发展的22年等于亚洲“四小龙”35年，等于西方国家的100年。特别是20世纪90年代以来，温州经济超高速增长。1991～1998年，温州市国内生产总值（GDP）年平均增长速度高达32.81%，大大高于浙江省平均增长速度（26.08%）和全国平均增长速度（20.42%）（表6.20）。同期，温州市第一、二、三产业增长速度分别为12.06%、38.04%、35.51%；工业和农业总产值增长速度分别为41.26%和12.79%。这种超高速经济增长表明温州在加速工业化阶段走在了全国的前列。

①当时企业工资总额都是有限制的，不允许搞计件工资，否则最高可以按300%处罚。

表 6.19　温州市国民经济主要指标发展情况

年份	国内生产总值 / 万元	GDP 年增长率 /%	工农业总产值 / 万元	工农业总产值增长率 /%	工业总产值 / 万元	工业总产值增长率 /%
1978	132150	—	188973	—	111211	—
1979	150186	13.6	214890	13.7	128070	15.2
1980	179689	19.6	257044	19.6	165086	28.9
1981	191755	6.7	268589	4.5	172897	4.7
1982	213684	11.4	302073	12.5	177293	2.5
1983	243432	13.9	345169	14.3	213053	20.2
1984	302064	24.1	460615	33.4	290698	36.4
1985	378045	25.2	615418	33.6	421070	44.8
1986	449140	18.8	709570	15.3	489874	16.3
1987	549554	22.4	889454	25.4	622054	27.0
1988	692077	25.9	1125725	26.6	807160	29.8
1989	728378	5.2	1231203	9.4	898850	11.4
1990	778977	6.9	1299892	5.6	950717	5.8
1991	929184	19.3	1633000	25.6	1233678	29.8
1992	1288594	38.7	2292706	40.4	1808288	46.6
1993	1965257	52.5	3879143	69.2	3433875	89.9
1994	2967801	51.0	5804764	49.6	5273389	53.6
1995	4035891	36.0	7914489	36.3	7194505	36.4
1996	5100892	26.4	10854395	37.1	10036423	39.5
1997	6058218	18.8	13324454	22.8	12423975	23.8
1998	6771891	11.8	14773057	10.9	13845968	11.4
1999	7331880	8.27	16474070	11.5	15549500	12.3

资料来源：温州统计年鉴，2000。

表 6.20　温州经济发展与全国、全省的比较

年份	1991 ～ 1998	1991 ～ 1998	1998	1998	1998	1998	1998
内容	GDP 增速 /%	人均 GDP 增速 /%	人均 GDP / 元	人均工资 / 元	城镇人均纯收入 / 元	农民人均纯收入 / 元	三次产业比例 /%
温州	32.81	31.6	9495	8942	7796	3833	7.9 ∶ 58.8 ∶ 33.3
浙江	26.08	25.4	11230	7413	6345	3463	12.4 ∶ 54.6 ∶ 32.9
全国	20.42	19.1	6374	7446	5425	2162	18.0 ∶ 49.2 ∶ 32.8

资料来源：温州统计年鉴，1999；浙江统计年鉴，1999；中国统计年鉴，1999；除人均 GDP 增长速度为可比价外，表中数据为当年价。

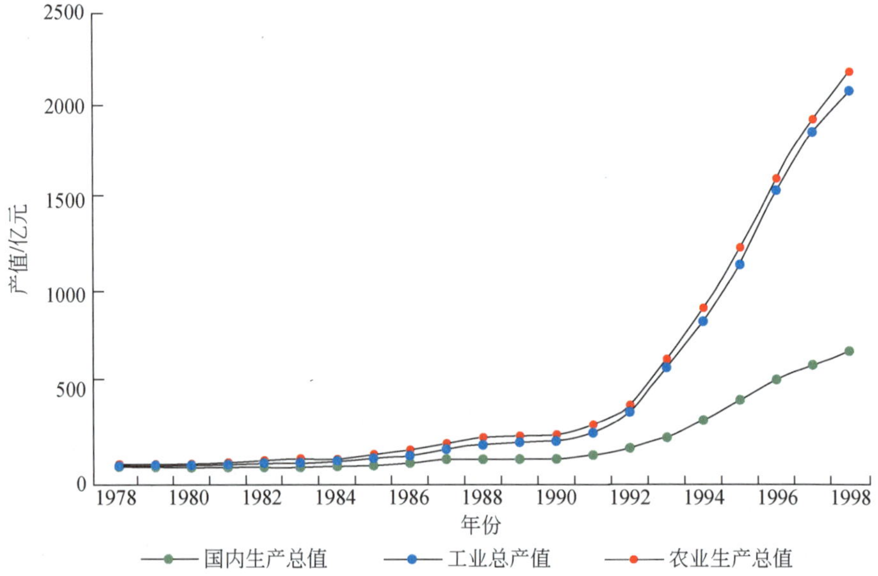

图 6.3　温州市主要经济指标（1978 ～ 1998 年）

资料来源：温州统计年鉴，1999

2）温州模式的先天不足

温州地区因缺乏工业化所需的资本和技术，只能尽量发挥土地和劳动力要素的作用，利用集体土地兴办村办和社办企业，利用熟练技术的能工巧匠、私人资本办厂在集体企业挂牌经营，20 世纪八九十年代逐步发展成为数以百万计的家庭企业和购销大军的乡村工业规模，而且不断捕捉商机，创新制成品，始终保持产品的市场占有率，发展产业集群，建设小商品市场，甚至将市场延伸到省内、国内乃至世界各地，迅速完成了资本原始积累，推动了地区经济社会发展，彻底改变了农村贫穷落后的旧貌。

然而，温州模式 1.0 也存在明显的先天不足，主要表现为以下几个方面。

（1）技术含量和附加值低的小商品难以更新换代。传统的温州工业结构特点适应了特定时间条件下，在特定的空间中获得发展的。从技术含量看，这一阶段，温州生产的产品主要是低端小商品。从全社会规模以下企业生产产品看，主要产品是皮革、服装、低压电器开关、泵阀等。从规模以上企业生产产品看，分别是电气机械及器材制造业，皮革、毛皮、羽绒及其制品业，塑料制品业，通用设备制造业，服装及其他纤维制品制造业，化学原料及化学制品制造业。然而，温州产品层次偏低，传统产业比重过大。从温州的产品结构看，以加工工业产品为主，一般产品、大路产品多，市场占有率高的名牌产品、优势产品少；初加工产品多，技术含量高、附加价值高、档次高的产品少。到 1998 年，前 5 名行业依次为电器、皮革、塑料、非金属矿、化工（表 6.21）。但总的来说，产业结构内部行业高级化演进的趋势不明显，传统的劳动密集型产业多，资金和技术密集型产业少，工业附加值低，发展和培育具有市场竞争力、有较高市场占有率的新产品成为温州经济发展面临的紧迫问题。

表 6.21　温州工业中排名前 5 的行业与集中度

年份	行业排名及占工业增加值比重 /%					前三位比重之和 /%	前五位比重之和 /%
1985	机械 15.2	电器 10.3	食品 9.4	纺织 9.3	化工 6.8	34.9	51.0
1988	机械 17.5	电器 9.2	纺织 7.8	塑料 6.9	食品 6.8	34.5	48.2
1990	机械 13.3	塑料 8.0	化工 7.7	电器 7.2	皮革 7.0	29.0	43.2
1992	机械 14.9	塑料 13.6	电器 8.6	皮革 7.5	化工 6.6	37.1	51.2
1995	塑料 12.6	皮革 10.7	电器 9.0	机械 6.9	服装 5.7	32.3	44.9
1996	塑料 13.1	皮革 12.3	电器 9.2	机械 6.6	化工 4.9	34.6	46.1
1997	皮革 13.1	电器 12.6	塑料 12.6	机械 6.1	非金属矿 5.3	38.3	49.7
1998	电器 14.9	皮革 13.8	塑料 10.1	非金属矿 6.2	化工 5.6	38.8	50.7

资料来源：根据温州统计年鉴（1986 ～ 1999）计算。

（2）土地和空间资源短缺导致企业和企业家流失。温州城市经济发展的一个严重的制约因素是受自然环境的限制，山地多、平原少，素有“八山一分半水半分田”之说，土地资源非常短缺。同时，由于规划滞后，导致城市土地空间利用严重不合理，土地资源浪费严重，并因此造成城市土地价格太高。据 1998 年数据，温州 1.18 万 km^2 土地养育了 718 万人，平均人口密度达到 609 人 /km^2，远高于浙江省（437 人 /km^2）的平均水平，平原地区的人口密度更是达到了 800 人 /km^2 以上。对温州而言，土地短缺是最基本，也是最难解决的问题。在乡村工业急剧发展的时候，土地和空间的供给没有跟进，导致一部分需要做大、做强的企业到外地寻找发展空间。

（3）民营企业天然的对创新和人才阻隔。在温州乡村地区，社会发展依然保持了较强的宗族意识，村庄社会网络联系紧密，依赖于血缘与地缘关系，具有一定的封闭性，外来人员很难融入。温州因民营企业而兴，但大多数民营企业自身保留着浓厚的家庭、家族色彩，大多沿袭了家族制的管理模式，在早期发展矛盾尚不突出，但随着企业规模的扩大和集团化，家族制的管理模式必然造成无法选择优秀人才及企业内部不能形成竞争机制等弊端，甚至在发展鼎盛阶段，企业会专注将规模、产值做大，而对产品、产业和制度创新热情不高。在人才方面，传统经济条件下的民营企业家素质偏低，在后来的发展过程中企业家群体逐渐发生分化：一批企业老板在竞争中被淘汰；一批有实力的企业家逐渐做大，然后到上海、广州等更大的城市甚至国外谋求发展，造成企业家、资金和企业外流；还有一批在本地具有优势的企业家群体获得发展，成为推动温州本地经济发展的动力。在这样的人才输出开放系统条件下，过程和时间越长，人才流失越多。与此同时，温州民营企业的家族管理模式和企业接班人“近亲繁殖”，封堵了外地人才向温州流入，客观的区位、城市软环境和硬环境的滞后①和创新环境严重不足，吸引外地人才的优势也严重缺乏。在这样一个不断流失人才的封闭系统状态下，温州经济发展必然跌入本地人才不断流出、外地人才不能流入的人才损耗怪圈。从技术力量相对较强的温州的大中型企业来看，根据 1997 年资料，21 个大中型工业集体企业的科技人员为 697 人，占职工人数的 4.2%，其中高中级职称人员为 184 人，占职工人数的 1.1%；13 个大中型股份制工业企业的科技人员为 256 人，仅占职工人数 1.8%，其中高中级职称人员 57 人，占职工人数的 0.4%。大量的民营小企业更是严重缺乏科技人员。截至 1999 年年底，全市专业技术人员共 90896 人，仅占全市人口的 1.26%，远低于杭州（24.04 万人）、宁波（21.86 万人），而且温州 80% 的科技人才分布在文教卫生部门，工程技术人员只占专业技术人员的 10%，中级以上职称人员不到总数的四分之一（表 6.22）。温州人才资源的相对不足严重制约了产业结构升级的步伐。

表 6.22　温州与浙江省其他城市和地区人口素质的比较（1999 年）

城市	人口/万人	高等学校在校学生数/人	从事科技活动人员数/人	人均 GDP/元	每千人高校在校人数/人	每千人从事科技活动人员数/人	每千人床位数	每千人医生人数/人
杭州市	616.05	89109	33572	19889	14.46	5.45	4.37	2.71
宁波市	538.41	16825	14945	19348	3.12	2.78	2.43	1.73
温州市	721.62	10164	11747	10160	1.41	1.63	1.62	0.80
嘉兴市	330.19	4061	2956	14291	1.23	0.90	2.63	1.29
湖州市	255.07	2373	1929	13432	0.93	0.76	2.95	1.33
绍兴市	431.70	3648	2892	16332	0.85	0.67	2.15	1.28
金华市	444.33	9303	4322	11260	2.09	0.97	2.15	1.34
衢州市	241.35	611	1798	6111	0.25	0.74	1.89	1.19
舟山市	98.42	2733	3234	10300	2.78	3.29	3.36	1.70
台州市	542.98	2672	4110	11142	0.49	0.76	1.61	0.94
丽水市	247.34	1454	1482	4939	0.59	0.60	2.16	1.22

资料来源：温州市统计年鉴，2000。

①以城市环境为例，到 1999 年，工业废水处理率仅 51.8%，远低于浙江省的 61.9% 的水平。城市街道狭窄，道路功能不够明确，人均拥有道路广场面积 4.7m²/人，远低于国家标准 8 ～ 15m²/人。旧城区的工业用地零乱分散，市场分布在大街小巷，生活环境质量较差。沿海温瑞平原、乐清 104 国道沿线，“村村点火、户户冒烟”，工业“散”、“小”、“乱”的问题严重。

可以说，温州模式 1.0 得益于中国物资匮乏、处于卖方市场的年代，通过“小商品、大市场”的粗放模式迅速占领了国内市场。在中国迅速转型到买方市场的大背景下，产能大量过剩，专业市场和购销员包打天下时代消逝，许多地方的农村工业化都有所发展，传统劳动密集型产品面临激烈竞争。在这样的大竞争背景下，由于产品、产业、机制和制度创新乏力，不适应市场需求的产能过剩导致生产和市场全面过剩，其结果是温州模式 1.0 全面终结。

二、温州模式 2.0

1. 温州模式 2.0 及其特征

为了克服温州模式 1.0 低附加值产品长期难以升级、土地和空间资源短缺导致企业和企业家流失、民营企业天然的对创新和人才阻隔等缺陷，温州的发展需要从提高民营企业质量和规模、从股份合作制企业走向现代企业制度的改革、从“块状”经济向全球化经济发展找出路。然而，事与愿违，在资本积累的背景下，2000 年以后部分温州企业开始背离基于劳动力优势发展起来的“小商品，大市场”温州模式，转向基于资本优势经济发展方式，甚至有企业因此放弃实体经济，将大量资本用于投机套利，乃至疯狂使用民间借贷构筑资本市场，温州模式进入资本驱动的 2.0 时代。

1）炒作市场

所谓“炒市场”，就是不再专注于“小商品、大市场”的生产和贸易实体经济领域，转向发展基于资本的投机取巧金融衍生产品打造。一是炒煤炭。一些温州人，利用已经占得的资本积累先机，几乎垄断了山西、内蒙古等多地的煤矿市场，通过坐地升价、倒买倒卖，大发横财。二是炒房。在 1998 年全国取消福利房、推行商品房制度的大背景下，温州炒房团开始利用先期获得的利润，在上海、杭州、苏州、厦门、北京、宁波、金华等地大肆置业，凡温州炒房团过境之地，房价无不飙升。鉴于资金链的完整性，炒房炒遍全国，无往而不胜，赚得盆满钵满。

2）民间借贷

2000 年以后，随着人民币汇率不断升值，劳动力和原材料价格大幅攀升，温州经济走到了产业升级的关口，而不少企业选择了外迁，并带走了大批资本。一时间，资本短缺或资金链断裂，成为温州发展的重大问题。然而，温州的民间借贷传统在这个时候发挥了作用。曾几何时，也就是在 20 世纪八九十年代的“小商品，大市场”发展阶段，温州企业的创业阶段，基于血缘、亲缘、情缘、地缘和业缘关系的“行会”民间借贷，为企业融资搭建了平台。当时由于社会商品短缺，温州民营企业从事传统制造业生产经营一般都有较高的收益率，足以支撑民间借贷利率，“行会”曾经是民间融资的最有效手段。然而，由于资本短缺，一时间，民间借贷这种金融交易行为在温州流行，而且这种借贷的资本不是流向实体经济而是流向了市场炒作和房地产市场。根据相关资料，2012 年民间融资综合年利率超过 20%，大大突破了这些行业的实际盈利空间，有的甚至投资失败本利无归。到 2013 和 2014 年，温州的工业数据一直处于复苏正增长阶段，但金融案件的起诉密度、深度和广度有增无减，债务人弃房还贷、各种名义拖欠违约，温州民间借贷危机爆发，主要靠民间资金借贷运营的温州民营经济陷入了严重的流动性危机。

3）去工业化

与此相对应，一些温州企业家，在炒煤矿、炒房“高回报率”诱导下，纷纷放弃实体经济转向虚体经济。如图 6.4 所示，温州企业数量从 1995 年以后就进入平台期，数量再没有显著增加。如图 6.5 所示，温州企业的总产值，从 2009 年以后也没有表现为绝对的停滞。

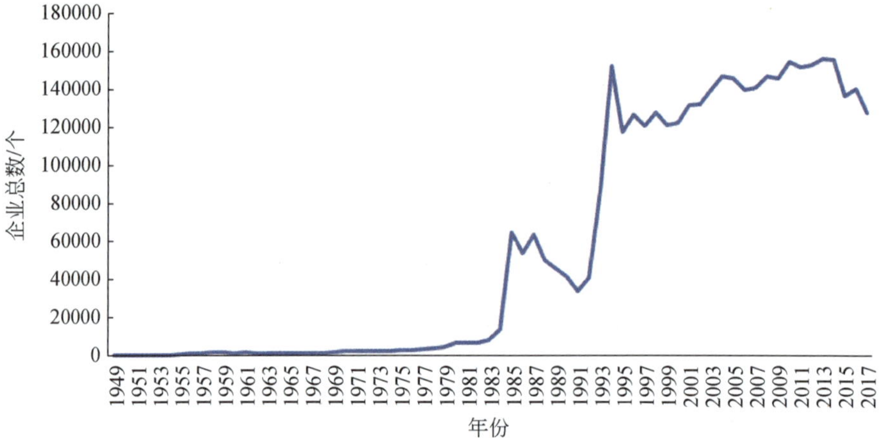

图 6.4　温州市企业总数（1949 ～ 2017 年）

数据来源：温州统计年鉴，2018

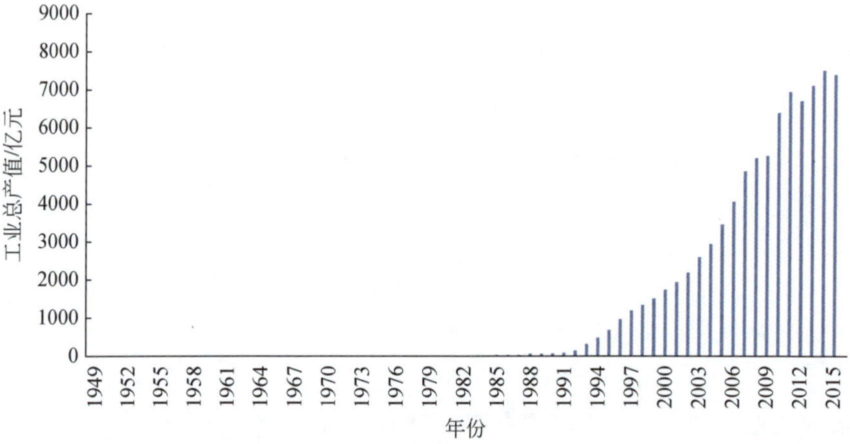

图 6.5　温州市工业总产值（1949 ～ 2015 年）

数据来源：温州统计年鉴，2016

4）融资阻断

20 世纪 80 年代中期到 90 年代初，温州家庭工业已难以适应生产力的发展，家庭工业通过联户、联营、合资、合伙、合股等逐步演变为股份合作企业。新成立的企业则大都采取了股份有限公司或有限责任公司的形式，通过股份合作制、股份制等方式实现资源共享。到 1998 年，以股份合作企业为基础组建的民营企业集团有 110 家，占全市企业集团总数的 60%。以经济强村的集体企业为基础的村企业集团也相继出现，1998 年已形成 17 个村企业集团。但是，温州企业家精神，除了各种优点外，也有“宁做鸡头不做凤尾”、与别人分享股权的文化心理，分享股权同时意味着财务公开，这是对温州商人熟人间讲信用、陌生人打折扣的经商理念形成巨大的挑战。在这种经商环境下的温州，实体经济遭遇巨大打击，诚信也因民间借贷危机大伤元气，需要在更大的融资平台上融资发展。然而，来温州的外商投资因其民营企业和产品的合作较难，合作经营不易，直接投资一直较少（表 6.23）。据 1994 ～ 2002 年数据，基本在 2% ～ 3% 左右，最高年份也没有超过 6%。另一方面，尽管温州企业众多，而且最早推行股份制改造，但上市企业数量极少，浙江现有 446 家上市公司，温州仅有 20 家，占 4.48%，在浙江省排名第 8。根据 2019 年 9 月 11 日市值统计，全省上市公司市值 43684.45 亿元，温州 20 家上市公司的市值仅 1622.16 亿元，约占全省的 3.71%（表 6.24）。

表 6.23　温州外商投资状况（2001 ～ 2004 年）　　（单位：万元）

地区	2001 年	2002 年	2003 年	2004 年
深圳	58175	60113	64112	65149
苏州	78191	82131	86130	89101
温州	25130	23184	21106	19176

表 6.24　浙江省上市公司统计表（2019 年 9 月）

序号	城市	上市公司 / 个数	占比 /%	省内排序	上市公司市值 / 亿元	占比 /%	省内排序
1	杭州	139	31.16	1	18494.30	42.34	1
2	宁波	78	17.49	2	6898.10	15.79	2
3	温州	20	4.48	8	1622.16	3.71	8
4	绍兴	57	12.78	3	4986.30	11.41	3
5	湖州	24	5.38	7	1860.80	4.26	7
6	嘉兴	39	8.74	5	3212.39	7.35	5
7	金华	29	6.50	6	2054.20	4.70	6
8	衢州	6	1.34	9	515.00	11.79	9
9	台州	50	11.21	4	3926.40	8.99	4
10	丽水	3	0.67	10	92.50	0.21	10
11	舟山	1	0.22	11	22.30	0.05	11
12	合计	446	100.00	—	43684.45	100.00	—

2. 温州模式 2.0 问题

2004 年，温州的人均 GDP18846 元，但人均可支配收入却高达 17727 元。温州除了制造业利润空间大外，有近 150 万的人员外出经商人员的大量现金汇入，巨大的资本积累，让温州人选择了一条自己非常不熟悉的“以资本市场驱动发展”的路径，很快出现问题，而且问题的严重性达到了破坏既有发展的毁灭性灾难的地步。

1）抬高房价

2000～2013 年，对温州的开发商来说是暴利的 14 年。温州楼市从 2000～3000 元/m^2 迅速上升到 2013 年的 4 万多元/m^2。当时一个炒房人购买几套、十几套的情况非常普遍。但是，随着时间的推移，由于炒房对实体行业的釜底抽薪，导致温州实体经济开始出现困难。2010 年年底开始发生了资金链紧绷、老板“跑路”情况，危机后来呈多米诺骨牌效应扩散开来。一时间出现企业、个人大面积抛售房产现象，房价连续 32 个月直线下降，部分商品房下跌了 30%～40%，个别豪宅甚至下跌 50% 以上。现今住宅市场价即使已经跌到 4 万元/m^2，也无人问津。

2）企业外迁

在市场炒作的那些年，温州不同企业之间大量互保，错综复杂的担保链条将很多企业缠绕在一起。通过互保融资获得的资金并没有投入实体，而是拿来搞民间借贷和搞房地产。这样，互保导致的融资过度，进一步吹大了温州的经济泡沫和资产泡沫，不断加大本地创业环境（例如环境保护、土地资源、税收政策等）压力，为了规避风险、寻找发展机遇，一些拥有丰厚民间资本的大中企业、龙头企业选择离开温州发展。

3）缺乏诚信

据中国人民银行温州中心支行调查的数据显示，“温州 89% 的家庭或个人、59.67% 的企业参与了民间借贷，其市场规模达到 1100 亿元。”同时来自温州官方的文件也证实，当地民间借贷规模占民间资本总量 1/6 左右，相当于温州全市银行贷款总额的 1/5。到 2015 年，因为温州民间金融危机，自杀的企业主及放贷人近 70 人，温州市商业银行为此处置的不良贷款达到 405 亿元。温州曾经是中国经济最具活力的城市，“温商”的冒险精神，在资本原始积累阶段为经济发展做出巨大贡献，这种冒险意识在实业受困期却表现为过度负债，进一步加剧了企业破产的概率，抱团衍生的联保互保风险开始从单纯财务问题衍生为诚信问题。

到 2013 年，温州 16 个主要经济指标中大多数处于浙江省“倒数”行列，人均 GDP、GDP 增幅、财政总收入等 9 项指标倒数第一，另有 4 项倒数第二。到 2015 年，规模以上工业企业中国有企业和集体企业工业增加值占比仍不足 4%。医院、学校等公共服务供给严重不足，公共设施现代化程度不高，市政建设远不如同类地区。总之，当资金都流向虚拟的金融和投机性行业后，房价越来越高，房子越盖越多，金融衍生产品越来越热，但赖以生存的制造业还是低端加工业，产业升级严重滞后。

三、温州模式的遗产

1. 电气机械及器材制造业优势明显

温州成规模的工业，全市有 14 个行业大类产值超 100 亿元，其中电气机械及器材制造业、皮革毛皮羽毛（绒）及其制品业、通用设备制造业、电力热力的生产和供应业、塑料制品业、纺织服装鞋帽制造业等 6 个大类行业年产值超过 200 亿元，超百亿元行业工业总产值合计 3844.45 亿元，占规模以上工业总产值的比重为 85.5%。特别是电气机械及器材制造业优势明显，工业总产值达到 682.8 亿，占工业产值比重达到 19.1%（表 6.25）。

表 6.25　温州市前十大工业行业产值及比重（2017 年）

工业行业	工业总产值 / 亿元	占工业产值比重 /%
电气机械及器材制造业	682.8	19.1
皮革、毛皮、羽毛（绒）及其制品业	460.3	12.9
通用设备制造业	325.4	9.1
电力、热力的生产和供应业	308.3	8.6
塑料制品业	257.2	7.2
纺织服装、鞋、帽制造业	227.6	6.4
交通运输设备制造业	165.4	4.6
化学原料及化学制品制造业	133	3.7
金属制品业	116.5	3.3
仪器仪表及文化、办公用机械制造业	115.2	3.2

2. 瓯江口平原地区工业用地集中

根据温州第三次土地资源调查数据，现状工业用地主要集中在瓯江口平原的乐清市、瑞安市和龙湾区三个区（图 6.6），面积大致在 30 ～ 35km^2，占全市工业用地的 55.5%（表 6.26）。工业产值也基本集中在乐清市、瑞安市和龙湾区三个区（图 6.7）。

表 6.26　温州市第三地土地调查分区县工业用地面积及占比

区县	工业用地面积 /m^2	占各区县面积比例 /%	占全市工业用地面积比 /%
乐清市	34293500	2.70	19.1
瑞安市	33617600	2.60	18.8
龙湾区	31634400	11.10	17.6

续表

区县	工业用地面积 /m^2	占各区县面积比例 /%	占全市工业用地面积比 /%
瓯海区	16226000	3.48	9.1
平阳县	15480500	1.61	8.6
苍南县	14204500	1.20	7.9
永嘉县	12567600	0.47	7.0
鹿城区	10734000	3.67	6.0
洞头区	6756800	6.34	3.8
文成县	2035410	0.16	1.1
泰顺县	1804760	0.10	1.0

3. 发达的城镇化地区和多样化的空间

温州通过乡村工业化完成了资本的原始积累，为区域基础设施建设、城镇发展积累了大量资金，也缩小了城乡之间的差距。1998 年，在沿海的鹿城、瓯海、龙湾和洞头四个区，乐清市、瑞安市和永嘉南部，GDP 占温州市域的 85.8%；其中市四区、瑞安市、乐清市人均 GDP 超过 1000 美元，达到了小康水平。2010 年，温州市域除文成、洞头和泰顺外，其他各县农村非农产值都高于 80%；除平阳和泰顺外，其他各县非农劳动力比例都在 50% 以上。在温州市域的中心城区、乐清、瑞安以及永嘉的南部地区，非农化水平大大提高，总体经济实力急剧上升，以中心城市为核心，包括乐清、瑞安的沿海平原地带形成了发达的城镇化地区和多样化的空间。

（1）工业化村庄。村庄建立起了自己的小工业区，大部分本地农民成为小企业主和管理者，集聚了大量外来务工人员，又推动了本地房屋租赁市场的发展。

（2）城市化村庄。已经纳入城市建设范围或者是城郊村，大部分耕地已经转化为城市建设用地，村民们主要依赖商贸市场和房屋租赁经济获得收入。

（3）新型农业村庄。土地流转力度较大的农村，实现了以农业园区、特色基地等形式的规模化经营，农业劳动者大部分是外来人员，本地农民小部分成为农业园区的管理者和劳动者，大部分从事其他二、三产业。

4.“走出去”的温州经济

到 2004 年，温州实际利用外资仅 21.09 亿美元，外贸依存度仅为 35%。从企业“走出去”的情况来看，温州则在民营企业“走出去”上相当活跃。到 2005 年年底，温州设立境外企业和机构 341 家，总投资 7410 万美元，带动国内产品出口 171.36 亿美元。尤其是温州充分发挥境外侨胞众多的优势，结合温州人善于经营市场的特点，在建立境外中国商品城方面创立了自己的特色，已分别在欧美及中东等地区创办了 14 家境外

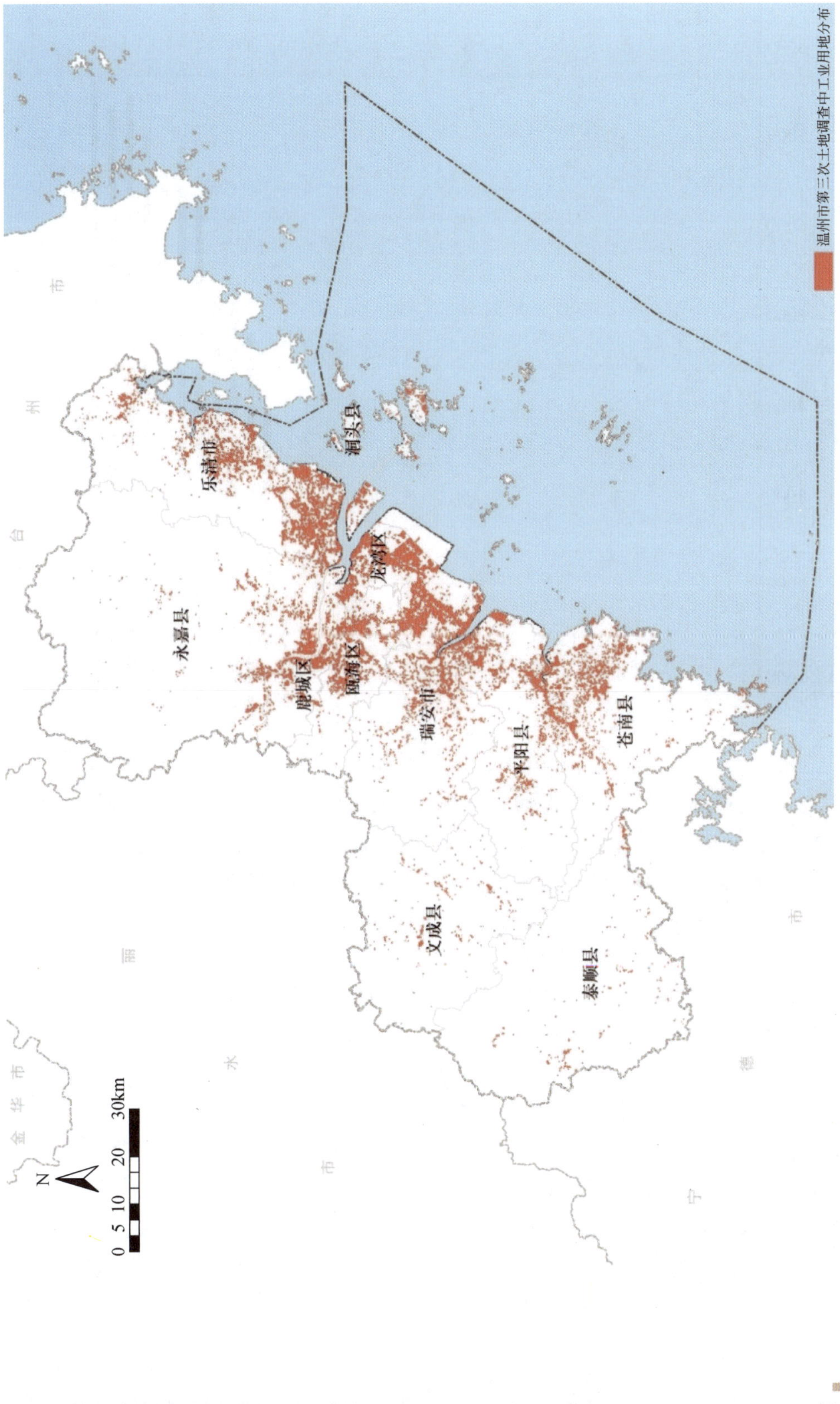

图 6.6　温州市工业用地空间分布（2018 年）

数据来源：温州市第三次土地调查数据

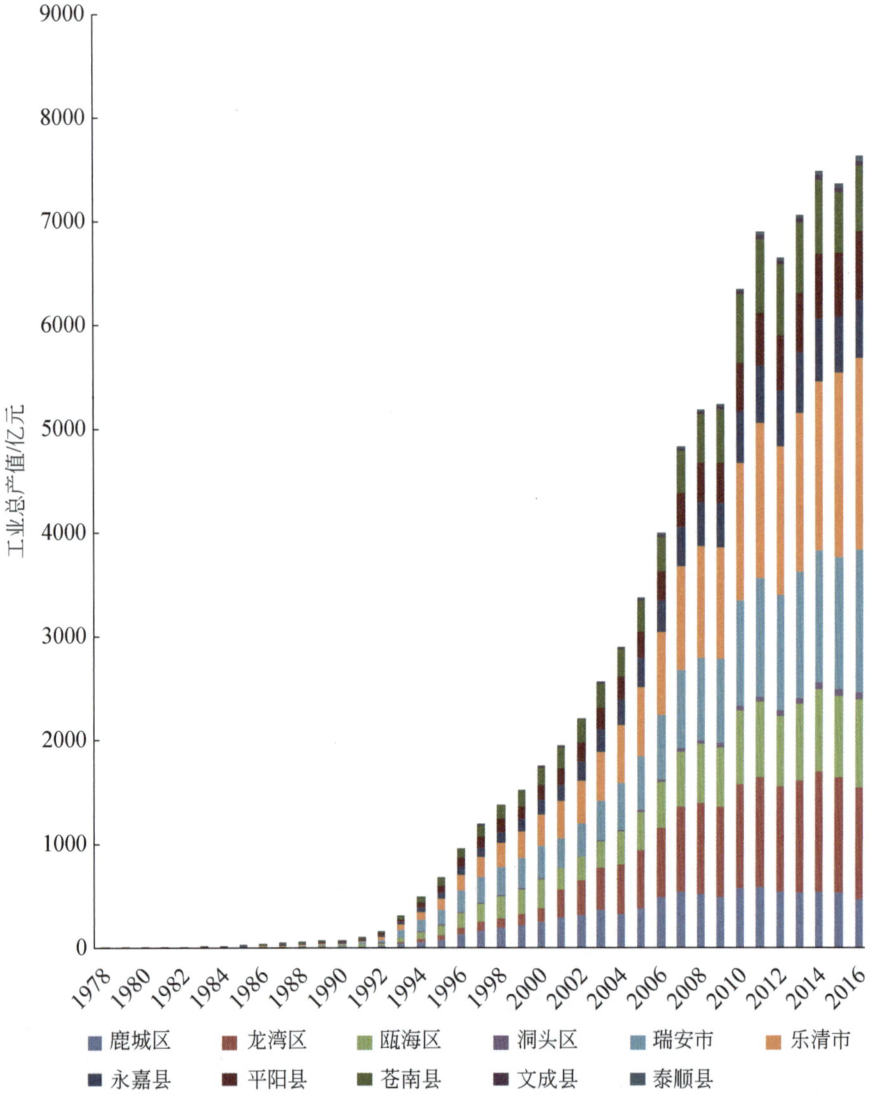

图 6.7　温州各区县工业总产值（1978 ～ 2016 年）

中国商品城，2001 ～ 2005 年，这些境外商城已经带动温州商品出口约 131.88 亿美元。温州的经济国际化形成了本地市场—地区市场—全国市场—海外相邻市场—全球市场的国际化大格局。

从改革开放初期起，温州人开始走出去，推销温州人生产的产品。“走出乡里奔走南北，走进都市安营全国，跨出国门闯荡世界”，是温州人真实写照，也是不断创新、积极进取的温州创业精神的必然结果。据不完全统计，到目前为止，在外从事各行业的温州籍企业家、个体工商户多达 70 万户，在外温州人约 160 万人（包括子女）。同时还有几十万温州人旅居美国、法国、荷兰、意大利、日本、新加坡等许多国家与地区，他们不仅为国家增加外汇收入，而且为温州引进外资，发展开放型经济牵线搭桥，扩大了温州对外经济交流。这些流动的温州人组成的社会网络，给温州带来了信息、资金和机遇，扩展了温州产品的销售网络、信息网络和投资网络，逐步将温州与全球网络连接起来。据调查，在外温州人经营销售温州产品的占到58%，是温州产品销往全国各地的重要力量。经营人员数量大、分布地域广、经营手段胜人一筹，加上地缘关系等因素，使得温州产品销售范围广、销售渠道通畅，从而有效地提高了温州产品的市场占有率和市场知名度，促进了温州生产企业的发展。更为重要的是，由温州人网络产生的广泛的信息触角构筑了温州生产企业的信息网络，有利于企业及时掌握市场第一手资料，为企业改进技术，提高质量，扩大销售奠定基础。同时，在外的温州人也积累了大量的资本，据6个城市的抽样调查分析，在外百万温州人资产总值已超过1000亿元。因此，温州人网络既是温州产品的销售网络，也是温州产业发展的信息网络和投资网络。

四、温州模式的经验和教训

在温州的企业组织结构方面，民营企业和中小企业所占的比重仍然非常高，说明了温州市以民营经济为主体的格局没有发生变化（图6.8）。创新产生垄断利润，带来大量模仿，使某一产业在当地不断扩大，产业分工的深化，是一般性区域发展的模式。温州模式来源于一系列的“小商品、大市场”的产品创新、产业创新、机制创新和制度创新。温州模式的迷失，归根结底是创新的迷失。40年温州模式发展，既有经验，也有教训：实业不能被边缘化；创新才是真驱动力；有资本还需要科学引导；为了未来和希望要解决小微企业融资难问题。

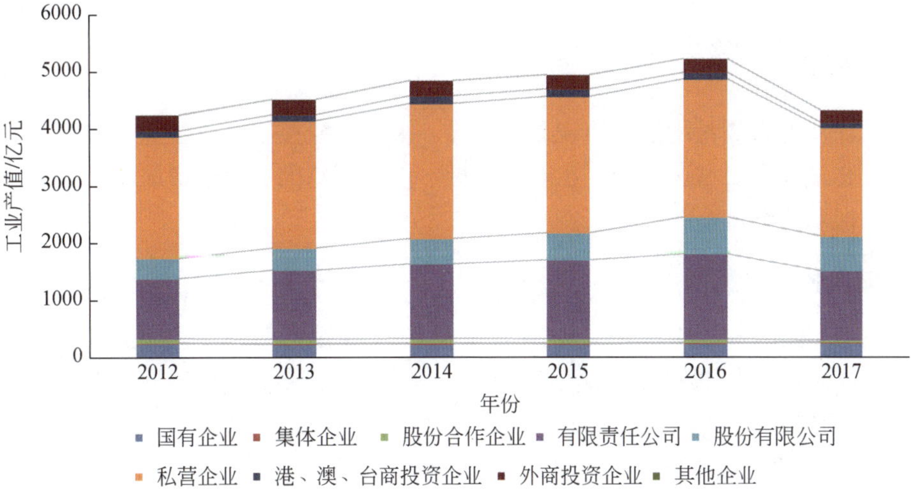

图6.8 温州市按经济类型分工业产值（2012～2017年）

第四节　城镇化Ⅱ型

弗里德曼的城镇化Ⅱ型就是强调城镇化过程中城市文化、城市生活方式的建设以及价值观的扩散，实际上，这里提出了城镇化的本质问题。世界城镇化路径可分为发达国家的城镇化和发展中国家的城镇化，前者是产城同步城镇化，后者是产城不同步的过度城镇化。对一个国家或一个地区而言，如果仅仅完成了城镇化Ⅰ型过程，也就是温州模式 1.0，是不完全的城镇化，会因为社会问题和资源－环境－生态问题而前功尽弃。列斐伏尔也强调了后期城镇化过程要迎接城镇化的外爆（explosion）效应。这主要在于，随着金融、商业和工业网络的扩张，城市的传统社会和形态结构也遭遇解体，城镇化地区形成了许多分散碎片，如大型居住区、郊区、工业综合体、旅游度假区和遥远的城市边缘区等，如何通过"二次"城镇化缝补和修复到作为人类社会聚落系统的有机体状态至关重要。多样的城市文化、城市生活方式和地域特色价值观就成为黏合剂。中国 40 多年的快速城镇化进程取得了巨大的成绩，也产生了诸多问题，如空气污染、水污染、食品安全、社会冲突、城乡差距等。要解决这些"发展中产生的问题，还需要通过发展去解决"，关注城镇化数量增长向重视质量提升转型，从经济—社会层面向社会—文化层面转型。这也就是张立所称的中国城镇化的第二个城乡双轨转型：内需市场向全球化的转型。从城镇化的过程看，这种后期的社会—文化转型往往比前期的经济—社会转型更复杂，更花费时间和人力财力。1999 ～ 2019 年的中国城镇化反映了城镇化Ⅱ型转型特征。

一、质量提升

城镇化从追求数量增加到重视质量提升。第一，要控制城镇数量的增加；第二，城市新区建设和老旧城区改造，在城市数量不增加的基础上大幅增加建成区的面积；第三，城市基础设施投资和建设。

1. 城市和镇数量增加不多

总的来说，进入 21 世纪，中国城镇化进入城镇数量非常缓慢的增长时期。1999 ～ 2019 年，城市数量仅仅增加了 5 座，建制镇数量从 1999 年的 19184 个增加到 2018 年的 21279 个，共增加 2095 个，平均每年新增约 105 个镇（表 6.27）。然而，城镇化水平有了显著增长，从 1999 年的 30.90% 增长到 2019 年的 60.60%，年均增长 1.0% ～ 1.5%，为快速城镇化增长期。

2. 建成区面积扩大两倍

1999 ～ 2019 年，尽管城镇数量增加不多，但城市建成区却从 2.15 万 km^2 扩展到

5.62 万 km^2，增加了 1.6 倍，年增加城市建成区 1735km^2，平均每个城市年新增 2.58km^2。城市建成区主要集中在沿海地带的长江三角洲、珠江三角洲和京津冀地区，从图 6.9 夜光遥感图也能看出中国城镇化地区的快速扩张情形。市镇人口也从 1999 年的 38892 万人增加到 2019 年的 84843 万人，增加了 1.18 倍；流动人口也从 2000 年的 10229 万人增加到 2019 年的 23600 万人，增长了 1.31 倍（表 6.28）。

表 6.27　中国城镇数量和城镇化水平变化（1999 ～ 2019 年）

年份	城市总数 / 座	建制镇总数 / 座	城镇化水平 /%	城镇化年均增长百分点
1999	667	19184	30.90	0.50
2000	663	19692	36.22	5.32
2001	662	19555	37.66	1.44
2002	660	19269	39.09	1.43
2003	660	20226	40.53	1.44
2004	661	19830	41.76	1.23
2005	661	19716	42.99	1.23
2006	656	19369	44.33	1.34
2007	655	19249	45.89	1.56
2008	656		46.99	1.10
2009	653		48.34	1.35
2010	657	19410	49.95	1.61
2011			51.27	1.32
2012	657	19881	52.57	1.30
2013			53.70	1.13
2014	664	20401	54.77	1.07
2015	655	20515	56.10	1.33
2016			57.35	1.25
2017			58.52	1.17
2018		21297	59.58	1.06
2019	672		60.60	

表 6.28　中国城市建成区面积和人口变化（1999 ～ 2019 年）

年份	城市建成区面积 /km^2	市镇人口 / 万人	流动人口 / 万人
1999	21524.5	38892	
2000	22439.3	45906	10229
2001	24026.6	48064	
2002	25972.6	50212	
2003	28308.0	52376	
2004	30406.2	54335	

续表

年份	城市建成区面积 /km²	市镇人口 / 万人	流动人口 / 万人
2005	32520.7	56212	14735
2006	33659.8	57706	
2007	35469.7	59379	
2008	36295.3	60667	
2009	38107.3	62200	
2010	40058.0	66557	22143
2011	43603.2	69079	25278
2012		71200	23600
2013		73111	24500
2014		74916	25300
2015		77116	24700
2016		79298	24530
2017	56200	81347	24447
2018		83137	24400
2019		84843	23600

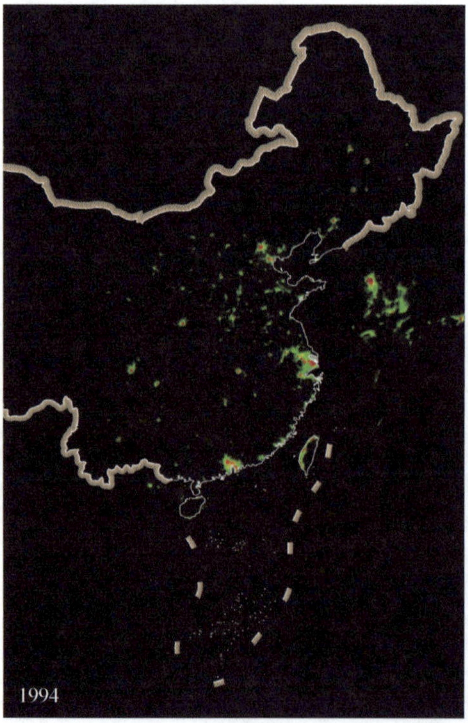

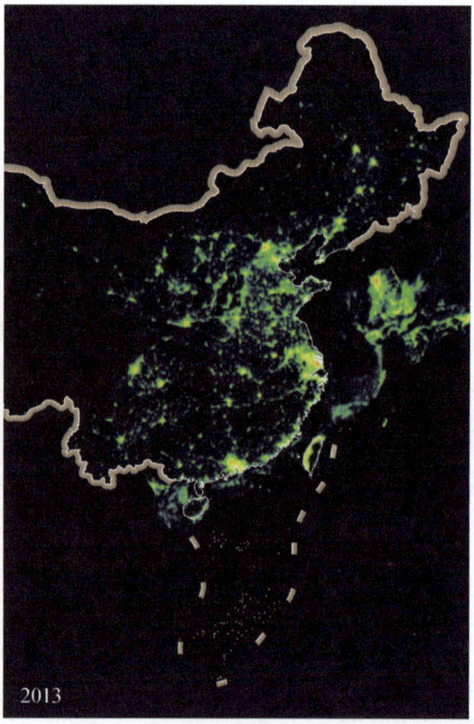

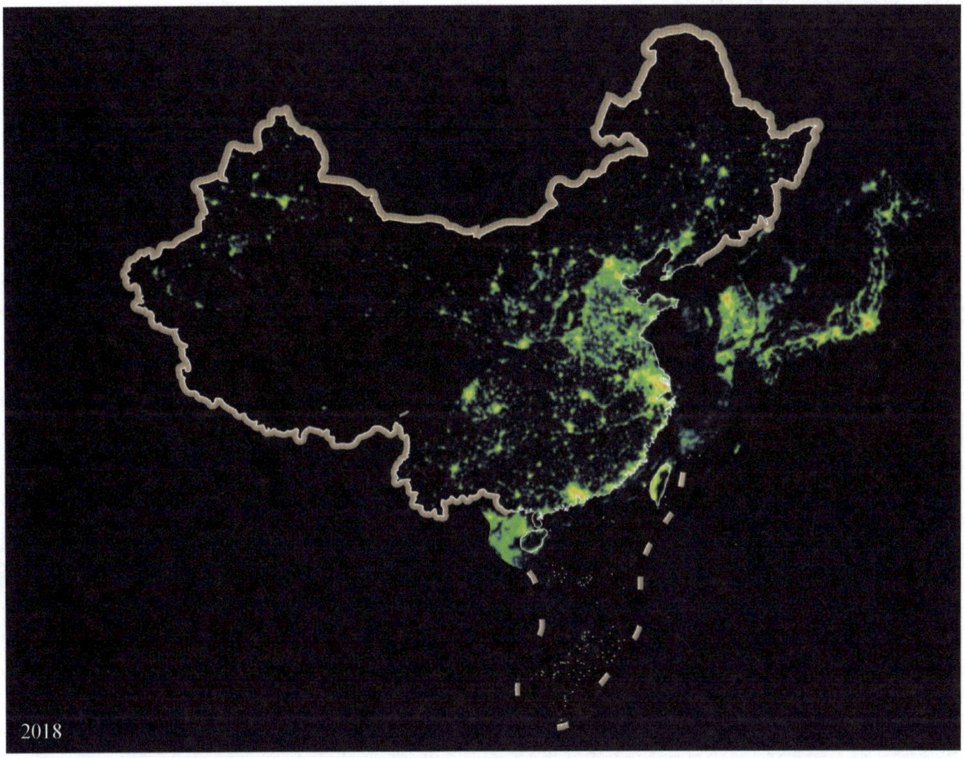

图 6.9　中国城市夜光遥感图（1994 年、2013 年、2018 年）

3. 城市基础设施投资翻番

在这一段时间，中国城市建设规模巨大，数量惊人。仅全国 260 个左右的地级城市，道路面积为 55.1 亿 m^2，绿地面积为 71.1 万 hm^2，轨道交通里程 3730km（表 6.29）。

表 6.29　中国地级市建设情况

项目	建设规模
城市道路面积 / 亿 m^2	55.1
城市绿地面积 / 万 hm^2	21.5
公园绿地面积 / 万 hm^2	49.6
城市供水 / 亿 t	473
人工煤气、天然气 / 亿 m^3	934
居民生活用电 / 亿 kW・h	3543
互联网用户数 / 万户	25510
轨道交通 /km	3730
出租车 / 万辆	92.9
每万人拥有公共汽（电）车 / 万辆	10.7

4. 旧城重建和近郊蔓延

经济全球化也给大城市发展注入了活力，市场原则主导的快速发展，刺激了大城市的旧城重建、近郊蔓延。以上海为例，在上海中心城区，旧城重建发展楼宇经济成为主流。由于规划和建设权的下放，以行政区为单元发展楼宇经济，积极构建资本市场服务的咨询中介、金融证券等资本服务型企业的商务商贸空间载体。以静安区为例，2002 年嘉里中心商务楼月创税收超过 1 亿元，到 2008 年这样的“月亿楼”已有 50 幢。据统计资料，这一时期，静安、卢湾、黄浦前 30 幢重点楼宇税收占全区税收的比重已经分别达到 56%、51% 和 39%。上海楼宇经济主要集中在六大核心区域，分别为陆家嘴、外滩、淮海中路、南京西路、徐家汇和虹桥开发区。据张伊娜和周双海（2014）研究，2000 年上海中心城核心区（黄浦、卢湾、静安 3 区）的常住人口密度高达 43048 人 /km^2，2010 年下降至 32958 人 /km^2，平均每平方公里减少了 1 万多人，人口总量也从 120.88 万人下降至 92.54 万人，减幅达到 23.44%。在中心城边缘区（徐汇、普陀、长宁、闸北、虹口和杨浦 6 区）也呈现缓量增长趋势，2000 ～ 2010 年，这一地区常住人口规模仅增长了 5.93 %。在近郊区 [闵行、宝山、嘉定、浦东（含原南汇）4 区]，以服务业为主的园区经济成为城市发展的新地标景观。它们以企业总部为特征、以园区型办公为空间载体的新的现代服务业集聚体，其发展包含了为企业服务的研发总部、运营总部、管理总部、采购总部和结算总部等多种类型。例如，以虹桥枢纽为核心，包括虹桥枢纽商务区、虹桥临空经济园区、嘉定西郊生产性服务业聚集区等。而与此同时，上海郊区出现了人口集聚的态势。从 2000 年的 638.58 万人增长到了 2010 年的 1084.99 万人，增幅达 69.91 %，其中外来人口的增幅高达 182.54%，人口密度也从 2000 年的 2757 人 /km^2 上升到 2010 年的 4684 人 /km^2（张伊娜和周双海，2014）。同时，一些重要战略地点，也纷纷规划新城，如宁波东部新城、无锡滨湖新城、上海宝山和嘉定新城、上海临港新城和唐山曹妃甸新城等。

二、全球化响应

2001 年，中国加入世界贸易组织，实现了贸易自由化、投资自由化和生产的跨国一体化，东南沿海地区成为全球制造业生产基地，内地劳动力和自然资源向沿海地区流动，进入开发区、新区、新城规划和建设高潮。

1. 全球化背景下的开发区扩展

这一时期，国家及时设置了第三批（2000 ～ 2002 年）和第四批（2005 年以后）国家级经济开发区。与此同时，国家陆续提出西部大开发、振兴东北、中部崛起等区域政策，以区域协调发展和全面改革开放为目标，中央政府在中部和西部设立一批国家级经开区，海关总署批复设立了 91 个各类海关特殊监管区，形成以对外开放为核心目标的开放型产业功能区。地方政府发展意愿强烈，大量设立以经济技术开发区、工业园区等为主的新城新区。根据国家发展和改革委员会城市和小城镇改革发展中心调查，据不完全统计，截至 2016 年 5 月，全国县及县以上的新城新区数量 3500 多个。全国 281 个地级以上城市（不含直辖市和拉萨）中的 272 个城市有在建或已建设完成的新城，地级以上城市规划建设的 255 个新城新区中，公布有规划面积的新城有 600 个，面积合计达 6.63 万 km^2，每个新城新区规划平均建设用地面积 60 ～ $100km^2$。公布有规划人口的新城 459 个，人口合计达 1.93 亿，每个新城新区规划人口 42.3 万人。然而，值得注意的是，此轮新城规划建设中，大量新城的建设规模远超本地市场的潜在需求。以杭州市为例，2008 年杭州提出在钱塘江两岸同时建设 10 座新城。人口流出严重的辽宁省，新城规划规模位列全国第一，规划总面积接近 10000 km^2，规划总人口约 2200 万人。其中：沈阳市新城规划总面积达到 3500 km^2（超过半个上海），规划总人口约 650 万人；在大连，由金州新区和普湾新区合并成立的国家级新区金普新区规划面积达 2299 km^2。

2. 东南沿海“世界工厂”建设

我国东南沿海城市，为了在国际竞争中占据有利的位置，均不约而同地选择吸引重化工业的落户，欲以“植入型”、“空降型”产业来推进临港工业园区发展，促进滨海新城建设和区域经济发展。在这个阶段中，经济技术开发区的数量和质量无疑得到了巨大的发展，天津经济技术开发区首先提出扩大规划面积的要求，随后福州、青岛等经济技术开发区纷纷调整扩大规划面积范围，实施增容扩区方案。2009 年国务院批准《深圳综合配套改革试验总体方案》，深圳获得以深化行政管理体制改革为首要任务的六项改革试验权，其中“探索城市行政区划及管理体制改革”对城市内部行政区划的调整与重构具有重大影响，也成为激活既有空间价值与潜力的重要触媒。与传统行政区划不同，在新一轮行政区划变更中，深圳以增设新型功能区的方式体现“一级政府三级管理”的行政管理体制改革。新型功能区充分发挥了深圳在综合配套改革的先行试验权，具有行政区和功能区两大特征，在绕过需国家批准才能设立行政区的体制性约束同时，减少了行政层级，提高了管理效率，为进一步拓展城市发展空间提供了制度平台。在 2007 年光明新区成立基础上，2010 年和 2011 年相继成立坪山新区、龙华新区和大鹏新区三个新型功能区和前海特区，拉开了深圳从大区制向小区制发展的新型功能区时代，也从市县分治的“1 + 1”结构、特区内外分割的“4 + 2”结构演变为由六大行政区、四个功能区和一个前海特区（前海深港现代服务业合作区）组成的特区一体化下的“6 + 4 + 1”空间结构（王吉勇，2013）。

增容扩区，实际上不仅是指空间上的延伸，也包括发展质量的提升。以 49 个国家级经济技术开发区为例，在仅占全国 0.05 % 左右的土地上取得了突出的经济效益，2002 年工业总产值、地区生产总值、累计实际使用外资额、进出口总额、税收总额等各项指标分别占据全国的 7.12 %、3.04 %、11.36 %、8.64 %、2.94 %，尤其是长江三角洲、珠江三角洲、环渤海地区的国家经济技术开发区发展成就显著，单位面积经济指标甚至高出我国对外开放桥头堡的深圳经济特区（图 6.10）。从全国来看，这一时期的经济技术开发区，呈现了东部地区的经济技术开发区效益明显高于中西部地区经济技术开发区，但是中西部经济技术开发区发展速度要快于东部经济技术开发区这一现象，东南沿海“世界工厂”的格局慢慢形成。以江苏省为例，2009 年江苏省各类开发区实现的进出口总额占全省的 77%，实际利用外资占全省的 75 %，创造了全省 36% 的地方一般预算收入（买静等，2011）。

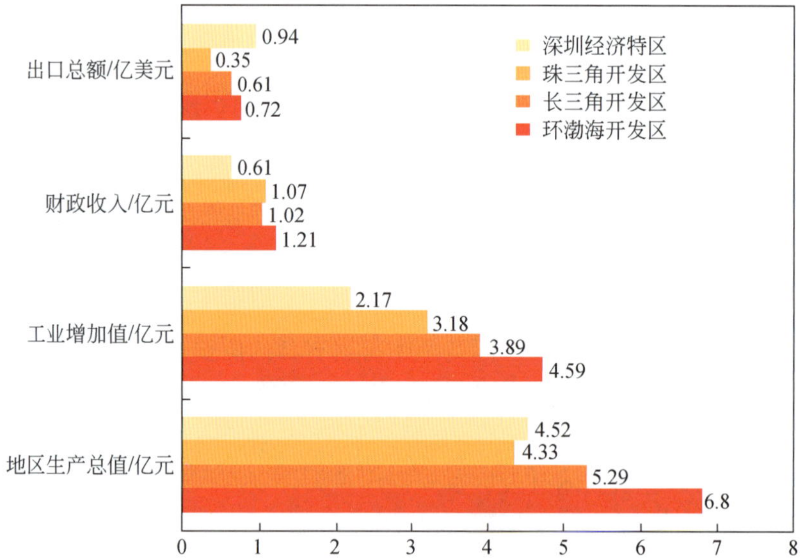

图 6.10　沿海国家级开发区与深圳单位面积经济效益比较

3. 珠江三角洲世界工厂

1978 年后中国内地开启改革开放进程，其原有的对外封闭格局被打破。港澳企业抓住内地新一轮发展的历史性机遇，将低增值和劳动密集的生产工序转移至珠江三角洲和其他地区，形成了粤港澳三地在制造业领域“前店后厂”式的跨地域产业分工体系，由此开启了粤港澳区域合作的进程。“前店后厂”的分工协作充分挖掘了珠江三角洲的劳工与土地潜力，亦有效借助香港便捷的贸易网络与领先的生产服务能力，使港澳与广东的比较优势得到了极大发挥。这种模式顺应了全球产业链的转移，带来的经济效率提升远远超过由此带来的跨境交易成本增加，因而得到了迅速推广与发展。到 20 世纪 90 年代中期，约 80% 的香港制造业企业在珠江三角洲地区设厂，其中塑胶业（80% ～ 90%）、电子业（85%）、钟表业和玩具业（90%）都迁到了珠江三角洲地区。“前店后厂”模式以香港为生产服务中心、珠江三角洲地区为直接经济腹地，既推动了香港金融、贸易、航运中心的确立，也促成了广东省向“世界制造业基地”的转变（图 6.11）。珠江三角洲地区曾经独领风骚多年，贡献过“佛山模式”、“顺德模式”、“南海模式”、“东莞模式”、“中山模式”，创造过“深圳速度”、“珠海现象”。在全球制造业风云榜上，珠江三角洲地区更有“世界工厂”的美誉。中国是世界上最大的玩具出口国，约占全球玩具贸易额的 70%，其中 68.2% 的玩具产自珠江三角洲地区；珠江三角洲地区制鞋业发达，鞋类产品远销全球，全世界每 3 人中就有 1 人的鞋产自珠江三角洲地区。然而，2008 年以来，劳动成本增加 8%，许多台资企业已经转移到内陆省份或越南，这种外资拉动的城镇化正站在裂变的十字路口。

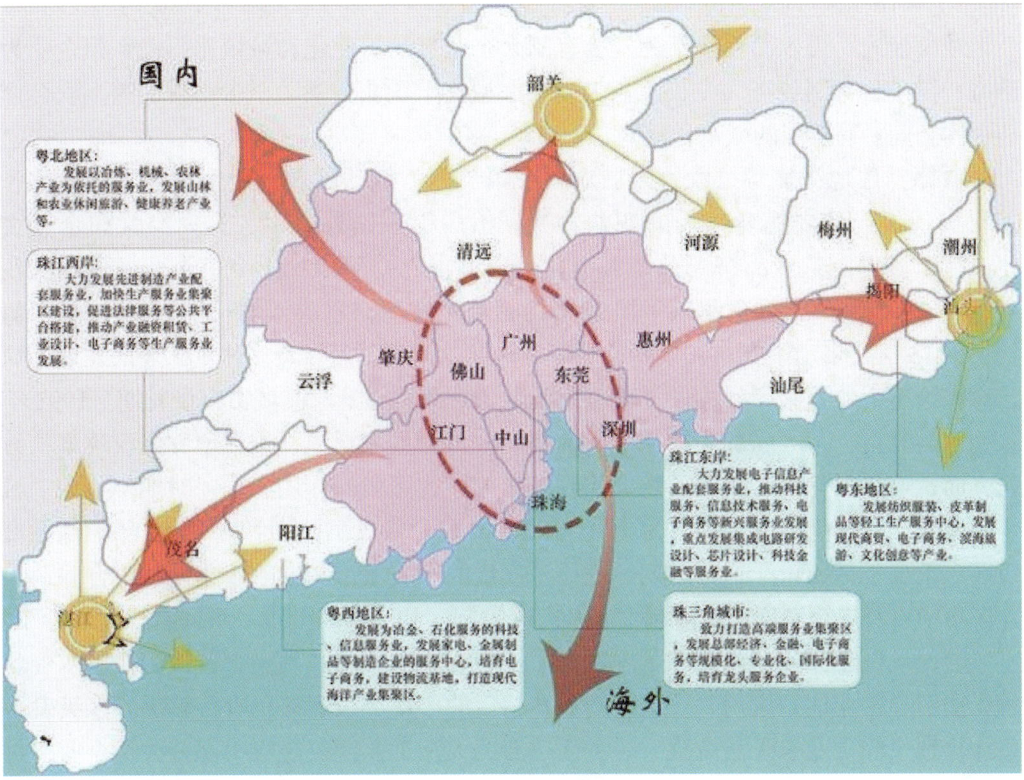

图 6.11　珠江三角洲的城镇化模式

1）佛山模式

佛山模式，具体说，就是民营企业的制造业拉动城镇化。①发展实体经济。佛山的第二产业比重，一直维持在 60% 左右。佛山逐步确立了家电、陶瓷等几大支柱产业，积数十年之功，逐步成为全国最著名的制造业重镇。佛山制造成为佛山市最响亮的名片。当其他城市为当初的投机付出代价的时候，佛山雄厚的实体经济成为其崛起的根基。佛山的本土经济模式，虽然培育期漫长，但是基础扎实。保证了佛山发展的内生性和可持续性。美的、格兰仕、万和、志高、海天、东鹏等著名企业，均崛起于佛山。佛山因此成为中国的家电王国、木工王国、陶瓷王国，建立了门类齐全，产业链相对完整，主要依靠劳动效率提高、主要依靠内需的产业体系，形成一种典型的内生式发展模式。②坚持民营经济。2014 年，佛山民营经济增加值 4653.59 亿元，占全市生产总值的 61.2%。2016 年上半年，佛山民营工业完成工业总产值 6262.62 亿元，对全市工业增长的贡献超过八成。最强势的企业巨头如美的、万和、志高等，均为民营企业。佛山经济造血功能强大，人均 GDP 超过上海。同时，在吸纳就业方面，表现优越，不仅解决了 300 多万户籍人口的就业问题，亦容纳了另外一个 300 多万外来人口的就业问题。③投资生产要素。佛山投资更多偏向工业设备、技术和人力等领域。重视工业投资，高新产业投资、技改投资、企业创新投资以及专利投入。

2）顺德模式

顺德模式，可以简单概括为：公有制大企业带动工业化和城镇化。以乡镇企业为动力，以“公有制经济为主、工业为主和大型骨干企业为主”，带动村、组、联合体和个体企业共同发展的城镇化模式。

顺德抓住地缘优势，大力发展农村乡镇工业，带动了农村剩余劳动力的转移，首先实现了当地农民变工人的职业转换。然后引入国外资本、管理经验和企业文化，打造顺德制造业品牌。顺德城镇化经历如下三个阶段：①乡镇企业发展期。在 1978 ～ 1992 年，乡镇企业以年均 30% 的超高速发展，总收入增长了 28 倍，总产值增长了 13 倍，带动了农村人口的就地职业转换。由于政府投资多注重工业的发展，缺乏对城镇生活的公共产品投入，城镇化质量未有大的提升。②城市建设时期。1992 年顺德撤县设市，一方面加大县域经济的发展，扩大县域权力，实现地方分权政策；另一方面，通过强化中心城区的发展起到人口往城区聚集的作用。这一时期坚持的“城乡一体化”也未能实现，实则为半城半乡的格局。③城区建设时期。2002 年顺德撤市设区，隶属于佛山市。这一时期，进行了大量的中心城市和中心镇建设和村合并，工业区集中以及户籍制度、就业制度、社会保障制度和土地制度等一系列制度改革。

顺德城镇化模式也面临如下问题：①工业发展集中依然困难。各镇的招商引资竞争无法引导工业区“集约”发展，产业转移后的产业升级之痛仍有待解决。多级发展主体导致了同质竞争无法解决，一方面政府的大型工业园仅能吸引部分大型企业，村集体的小型工业园对厂房租金造成的冲击，反映的是正规经济与非正规经济之间的博弈。②人口难以集中。部分农民转为居民后，农村生活方式和消费方式难以改变，既不是农民又不像城市居民。解除农民和市民的身份差异，而不仅仅是职业的差别，成为未来顺德区必须解决的城镇化问题。

3）南海模式

采用土地股份合作制，在集体农业用地上发展非农产业，通过乡村工业化带动城镇化的模式。改革开放后，南海利用外资大力发展乡镇企业和民营经济，早期大多为政府征用农用地转换为非农业用地，即传统的“农转非”，采用“产值倍数法”对失地农民进行一次性补偿。由于乡镇企业在发展的过程中逐渐表现出政企不分，产权模糊等弊端，1992 年南海实行土地股份合作制，在保留农民对集体土地所有权的情况下，将土地使用权转换成股权，并将集体用地交予村集体统一开发，并以分红的形式向农民提供收益。这种改革由于以集体土地启动工业化，降低了工业的门槛，促进了第二、三产业的全面发展和农村劳动力的转移；它将土地非农化的级差收益保留在集体内部，减少了农民失地以后的风险；利用集体土地大多采用开发基础设施、建设厂房、出租土地或者厂房，即传统的“筑巢引凤”的招商引资，由于集体组织大多不经营企业，保障了土地级差收益的增值，从而降低了开办乡镇企业的风险。南海模式的根本问题是城乡土地二元体制进一步改革问题。

4）东莞模式

一种外向型经济带动城镇化发展的典型模式。主要特征是以"三来一补"起步，以加工贸易为主，依靠外来劳动力，通过外资推动的工业化再促进城镇化。东莞模式在实现工业化超常规发展的同时，在完成本地劳动力转移的基础上，吸引大量的外来人口，解决了大量的农村劳动力转移，形成"候鸟式"城镇化现象。

东莞模式城镇化大体经历了三个阶段：①商品农业发展期。1985 年之前。东莞实行家庭联产承包制后，农业生产从传统自给向商品农业转变。②外资和外劳集聚期。1985～2010 年，大量外资和"三来一补"企业进驻，同时吸引了大量的外来劳动力。到2000年，全市户籍人口为154.51万人，平均每4个人之中大约就有3个是外来人员。截至 2008 年年底，常住人口 694.98 万人，其中本地户籍人口 174.87 万人，外来常住人口 520.11 万人。2013 年东莞常住人口 831.66 万人，户籍人口 188.93 万人，非户籍人口 642.73 万人。③转型发展期。由于土地、自然资源紧缺，产业结构转型成为主要问题，东莞实施"腾笼换鸟"政策，提升第三产业比重。随着劳动密集型企业的转移和"民工"缺口减少等，外来人口的迁移逐渐减少，城镇化转向追求质量的提升。

经历了 30 多年的快速增长，东莞的城镇化逐渐凸显出固有的缺陷：①由于产业和人口的高度聚集，改变了原有的需求和供给结构，土地资源的有限性和投资增加导致地价上涨，原有的比较优势不复存在。②对外资的依存度最高，多是"松脚型工业"，当区位条件变化时再次发生转移，使之有可能出现"空洞化"现象。③外延粗放型的增长与可持续发展之间的矛盾。东莞模式是靠牺牲环境和土地等资源来换取经济增长，空间混杂，半城半乡，真实城镇化水平低，城中村现象和外来人口生活水平差、教育水平低等，决定了人口城镇化水平的虚高，城镇化质量仍待提高。

5）中山模式

发挥本土市场经济优势，借助香港信息、订单、技术，立足轻工业，以公有企业为依托，技术改革为突破，推动市属工业向规模经济发展，通过资本北上占领全国市场。由威力等十余家市属企业组成的"中山舰队"推动地方经济快速发展，1988 年成为全国第一批36个率先进入小康水平的城市之一，并由县级市升级为只辖镇的地级市。1998 年，又一次大胆创新实施市属公有企业产权制度改革，激发民营经济活力，使民营经济在数年后占到半壁江山。通过工业强市、名牌战略，到 2016 年已经拥有 37 个国家级产业基地，18 个省级专业镇，生产总值占全市比重达到 74.5%，贡献税收超过61.3%，成为广东省专业镇密集度最高的地级市。

4. 全球化——义乌模式

义乌是浙江金华下辖的县级市，东与东阳市相邻，南和永康市、武义县相连，西与金华市、兰溪市接壤，北同浦江县、诸暨市交界，地理位置和发展条件均不占优势，但在中国城镇化的过程中，却独具特色，成为中国新丝绸之路的亮点（图 6.12）。

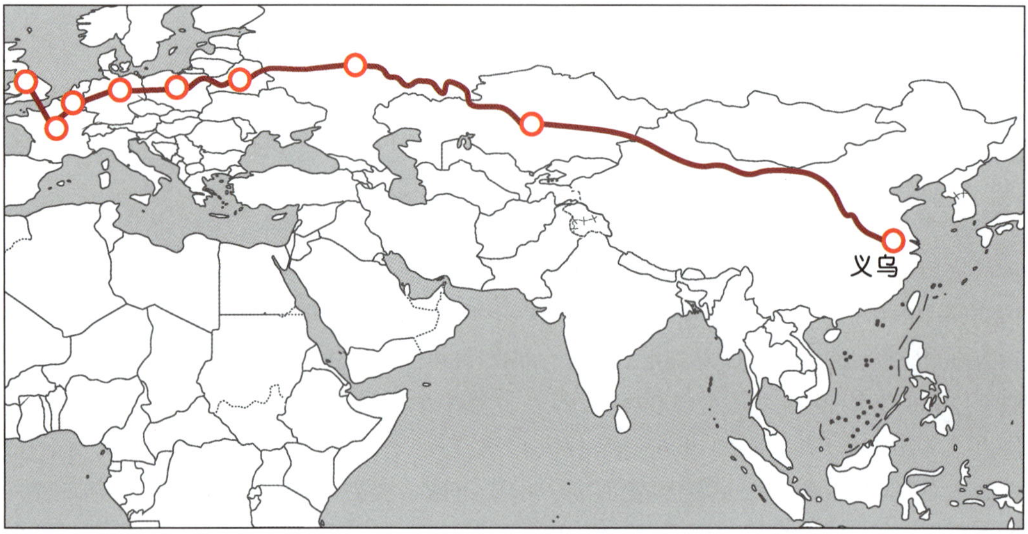

图 6.12　义乌在中欧班列中的位置

早年义乌的村镇经济呈现出“一村一品”或“一镇一业”的块状经济形式，其政府组织与全国各地大同小异，只是行政管理功能。随着义乌小商品市场发育，以各类产品为中心、以行业组织为纽带形成了包括袜业、玩具、拉链、饰品、服装、五金、工艺品等极具地方特色的产业集群。随后过分的低成本恶性竞争导致这些传统产业集群面临发展瓶颈，而且规模较小、分布较散、档次偏低、人才素质有限，无法应对全球化、信息化带来的日益激烈的区域竞争。这时的城市政府，在地方产业集群成长的关键时期开始介入发展指导和协调，为了有效减少交易成本提高空间单元运行效率，通过提供完善的水电、交通等基础设施，扶持龙头品牌企业，将原来分散的产业集群在空间上进一步集中，在 1992 年建立了城市次级准行政空间单元——义乌经济技术开发区。

在开发区的内部，地方政府根据各自产业集群的专业化分工和产业价值链，规划和建设了多个特色专业园区。这与我国一般的工业园区以外资驱动的增长方式和面向招商引资的管理模式大为不同，将新的治理模式注入开发区的管理之中。一些发展较为成熟的行业，为了提高与政府打交道的运行效率，获得更大的话语权，并为行业自身提供更多的信息和更好的服务，自主组建了非政府组织——行业协会。各行业协会凭借自身对于行业的熟悉程度与组织能力，直接领导或参与部分专业园区的规划、建设与组织运行，例如玩具行业专业园区和化妆品行业专业园区。

当地方政府与产业集群共同发展的联盟产生后，政府又开始直接参与产业空间的规划和建设，通过行政体制改革设立更多新的地方治理空间单元，并将这类新治理空间单元从县城扩展到周边的乡镇。过去以家庭为单元、民营经济为主体的各类乡村地区产业集群，通过基础设施的建设和政策引导，生产空间开始向开发区和专业园区集中，与原来的居住空间相剥离，于是各个街道、各个镇也都建立起自己的工业园区。这些工业园区，相对集中并提供就业机会，于是吸引了大量外来人口，进一步刺激园区经济发展。后来，由于区域竞争和城市内部空间单元的竞争日趋激烈，分散无秩序的市场体系也使得义乌小商品市场遭遇严峻的挑战。面对这些问题，地方政府利用政府权力，统一规划和建设集中型市场和物流站场，并将所有权作为一种公共资源控制在政府手中，用低价出让的方法，通过降低交易成本将其出租给企业和商户，一方面使市场的整体搬迁和提升变得易于实施，另一方面也促使市场进一步集聚形成规模效益。

1998 年，为了进一步应对义乌小商品市场扩张与升级的强烈需求，义乌市政府与市场群体又强有力地结合在一起，做出了选择跳出义乌老城，在东北部郊区共同推进第五代小商品市场建设的决策。事实上，福田商贸城的建设，一方面，促进了义乌市场规模的扩大和国际化品质的提升，为广大商户和企业赢得了更多的发展机会；另一方面，也推动了城市商贸中心的空间转移和向商务中心功能的升级，使城市建成区面积快速扩张。2005 年，联合国、世界银行和摩根士丹利等机构联合发布《关于解读中国的数字》研究报告："义乌，距离上海 300km，是全球最大的小商品批发市场"。联合国统计的 50 万种商品中这里就有 42 万种。2006 年，国家商务部推出义乌日用消费品批发价格指数（简称"义乌指数"）定期向国内外发布。自此，义乌也成为具有全球影响力的城市。

2015 年义乌借助国际贸易的地位和"义新欧"班列的开通，仍然基于浙江中小企业经济集群，推动"一带一路"倡议的重要支点城市规划和建设。从企业数据信息、网络信用体系、电子商务服务、网络金融服务、智能物流服务、跨境电子商务等方面构建跨境电子商务平台，促进企业间的项目推介、交易订单管理、信用甄别和交易匹配。一方面，通过企业组织升级和产业集群整合，构建相互联系的产业集群，为中小企业走出去提供交易平台；另一方面，构建金融保险支持系统和境外投资平台，除提供国际财务会计等服务外，主要还为中小企业提供境外融资、保险、特殊风险控制和非商业风险担保等。筹划设立义乌民营银行，发展第三方支付、互联网跨境人民币支付、P2P 互联网融资平台和义乌跨境贸易电子商务服务等新兴金融业务。在义乌市场的基础上，通过跨境电子商务的建设，进一步将地方企业（下游厂商）、轻工产品物流系统和"一带一路"国家小商品市场紧密联系起来。最终实现立足于浙中区域经济，以全面开放为目标，国际贸易为主线，强化浙中现代化区域经济中心、国家轻工商品现代贸易试验区、面向"一带一路"的多边经贸文化合作平台功能建设，由国内国际小商品市场区转型发展为"专业性国际贸易中心城市"。

三、文化和生活方式变化

在中国城镇化过程中文化－社会系统构建还刚刚开始重视，可以总结的经验不多。这里从如下三个案例展现。

1. 广州珠江新城

广州珠江新城，位于广州市天河区，用地面积约 6.6km^2。20 世纪 90 年代初，在经历了改革开放 15 年的飞速经济发展后，广州的城市空间结构发生了重大的变化。“六运会”以后，广州以天河体育中心为核心，在天河地区逐步形成了多功能、复合化的商业和商务中心，并带动了城市中心区的东移，广州“东进”的战略已经初显端倪，进而启动珠江新城建设。

在 1993 年，美国托马斯规划服务公司（Thomas Planning Services Inc.）设计的珠江新城方案给出了“未来广州新城市中心”目标，规划有会议展览中心区、外贸外事区和大量的特殊用地。2003 年《珠江新城规划检讨》进一步提出：建设集金融、商贸、文娱、行政和居住等功能于一体的广州市 21 世纪中央商务区，同时明确市级文化中心包括：广州歌剧院、广州博物馆、市图书馆和市青少年宫等，将原控规约 440 个小开发地块整合为 269 块综合地块开发单元（街坊），采用建筑周边围合的布局方式，将楼群间的绿化集中设置，争取最大的街坊公共绿地。2004 年，广州获得了 2010 年亚运会的主办权。这时的经营性土地已出让 90％以上，政府投资建设的广州市图书馆、广州市第二少年宫、广州市歌剧院、广东省博物馆等公共建筑已全面启动。

经过 10 年建设和发展，珠江新城已经建设成为广州以总部经济发展为主的中央商务区，近百家国内外（地区）金融机构在广州开设营业点或办事处，已成为新的跨国公司、外国知名企业进入广州、华南的首选之地。

2. 长沙湘江新区

湘江新区，位于湖南省长沙市湘江西岸，包括岳麓区、高新区全境，望城区 8 个街镇，宁乡市 5 个街镇，面积 1200km^2。湘江新区前身为 2008 年成立的长沙大河西先导区。2015 年批准设置国家级新区。

1）新区科学规划

从 2008 年“长沙大河西先导区”规划开始，即率全国之先出台《长沙大河西先导区基本生态控制线规划》，圈禁建红线，划限建区，将湿地、林地、生态廊道纳入保护区，将节水、节能、节材作为绿色建筑重要内容，并纳入土地招拍挂的摘牌条件。

2）生态修复与环境治理

湘江新区，作为总部经济区定位的洋湖片区，是寸土寸金之地。而湘江新区却在这里投资 55 亿元，建造了中部最大的城市湿地公园，创建了洋湖再生水厂，在全国首次、湖南唯一采用“MSBR+ 人工湿地”治污工艺处理城市生活污水。4km^2 的湿地公园构成一个完整的湿地生态系统。一个曾经杂草丛生、荆棘遍地的行洪垸，蜕变为国家级 4A 景区。投资 6 亿元退田还湖，依托麓山山脉独特的山水资源，建设了 3000 亩蓄水量达 700 万 m^3 的梅溪湖。湘江新区还新植桃树 20 万株，造出桃花仙境的桃花岭公园。湘江之滨的坪塘，曾经的工业强镇，由于数十家化工建材企业的污染，湘江新区独闯新径，政府投入 2 亿元，2008 年在全国率先成立环境资源交易所，敲响排污权交易第一锣。在成熟的利益机制面前，坪塘污染产业全线退出，让湘江每年减排污染物 40 万 t，占长沙城区排污量的 45%。2011 年再战靳江河整治，投资 6 亿元，进行三个区县 19 个村镇的流域治污，关停沿线 3 家造纸厂，100 家网箱养殖户退出，20 家非法采砂场退出，流域两厢 200m 范围内的超过 5 万 m^2 的畜禽养殖栏舍全部关闭退出，靳江河水质由Ⅳ类提升到Ⅲ类。龙王港曾是一条浑浊不堪的臭水沟，湘江新区全线实施雨、污分流，全面截污，堵死污源……如今，马桥河、八曲河、雷锋河、云盖河、沩水、湘江河西流域的八条支河全面整治，河畔碧水清风，玉带流动，白鹭高翔，空气优良率由先导区成立之初的 87% 提高到今天的 95%。湘江新区共投资 130 亿元，再造新城环境。

3）文化教育医疗设施

建设梅溪湖国际文化艺术中心，成为长沙与世界对话的国际化平台。投资 28 亿元、总建筑面积为 12 万 m^2 的梅溪湖国际文化艺术中心，由拥有 1800 个座位的大剧院、500 个座位的多功能小剧场及 12 个展厅的艺术馆组成，集大型歌剧、舞剧、交响乐等高雅艺术表演、艺术展览、艺术交流于一体，兼顾艺术培训、艺术品交易。这是湖南迄今规模最大、功能最全、全国领先、国际一流的文化艺术中心，它填补长沙高端文化设施的空白。2012 年 11 月 16 日，长沙梅溪湖国际文化艺术周开幕，28 个中外文艺团体、1000 多名演员联袂演出。2014 年梅溪湖国际文化艺术周，从 10 月 17 日启幕，至 21 日落幕，来自三大洲 8 个国家 260 名知名艺术家为长沙市民上演了多场令人拍手叫绝的高雅艺术。国际文化艺术周、花卉艺术展，国际灯光节三大文化品牌一年三度，定时上演，一场场文化大餐、视觉盛宴，让星城百姓接受高雅文化的洗礼与召唤，也让襁褓中的河西新城借文化之翼繁荣昌盛。曾经让蓝天蒙尘、湘江失色的坪塘老工业区正在蝶变为世界一流的大王山旅游度假中心。湘江新区已建和在建的中小学 28 所，三甲医院 3 所，其中长郡梅溪湖中学，不仅校园里绿树环绕、绿草茵茵，而且屋顶、墙壁、阳台全被青藤包镶。目前，湘江新区已经成为全国优质教育、医疗资源最密集的区域。

4）产业和经济发展

碧波荡漾的梅溪湖畔，40 万 m^2 的国际研发中心吸引国家重点实验室、国家级科技平台、中冶长天、景嘉微电子纷纷入驻。骑龙商业大街——中南最大的文化产业园和长沙首座山地购物公园、步步高新天地——国际国内顶级品牌集纳之地。滨江新城现已聚集 10 个金融机构总部、3 个大型城市综合体、3 个滨水特色商业街区、2 家五星级酒店、11 个高端住宅项目。建设了 60 个、总投资达 1000 亿元的高端服务业项目。

3. 安吉模式[①]

安吉县地处浙江省西北部，南倚天目山脉，北向杭嘉湖平原，下辖8镇3乡4街道。县域面积1886km^2，地形地貌以山地为主，典型的“七山一水二分田”地区。境内生态环境优美，森林覆盖率超过70%，是国家首个生态县，也是国内唯一获得联合国人居环境奖的县级地区。通过生态文明建设推动地区产业发展和结构调整，从而实现区域城镇化水平和质量的双重提升，安吉走出了一条与大部分长三角地区县市地区城镇化发展截然不同的新路径。

1）传统工业化路径下的发展困境

安吉县属于天目山区，依托山区优质自然资源，历史上主导产业长期以农业和农副产品粗加工为主，尤其是毛竹产业成为地方特色。但由于当时农产品价格低廉、经济附加值低，同时“青山隔世”的闭塞交通条件，使得县域经济长期处于低发展水平，是浙江省贫困县之一。

改革开放以后，工业化浪潮席卷各地。地处长三角地区的安吉，受到长三角北翼“苏南模式”和浙江“温州模式”的强烈冲击。政府在确立“工业立县”的发展思路下，通过设立开发区、招商引资等方式推动区域产业发展。依托丰富的竹资源，安吉在不到10年的时间内，兴起上千家竹制品企业，并带动了造纸、化工、印染、建材等行业的发展。“村村点火、乡乡冒烟”的小企业生产方式助推安吉进入第一次经济快速发展时期（1986～1996年），经济总量增长约10倍，摆脱了贫困县的帽子。然而，高能耗、高排放的粗放型经济发展模式，影响了安吉生态环境质量。安吉作为黄浦江源头、太湖的重要水源区，出境地表水质量在V类及以下，严重影响了太湖流域水质。到1998年，安吉受到国务院发出的黄牌警告，勒令其作为太湖水污染治理重点区域，进行环境整治与相关产业整顿。

2）经济发展的生态化转型

1998年，在国务院制定的太湖综合治理“零点行动”中，安吉县强制关闭了22家严重污染企业，综合整治了122家污染企业。与之相应的是县域工业经济发展停滞，全县税收减少三分之一，与周边县市（区）差距进一步拉大。

（1）产业结构的生态化调整。立足于安吉优质环境资源和自然资源，在保护生态环境的同时，大力发展以生态休闲旅游和服务产业，借助第三产业来推动城镇化发展。2000年后，第三产业发展迅速。到2014年，第三产业增加值已占全县总产值42.5%（图6.13），其中休闲旅游成为地区支柱性产业，全年接待游客1204.8万人次，旅游总收入127.5亿元，年均增长率超过20%。并且在生态休闲游的基础上，拓展旅游线路、丰富旅游内容，结合影视、文创等新兴产业，形成综合性的休闲服务产业。

①本节由李王鸣执笔。

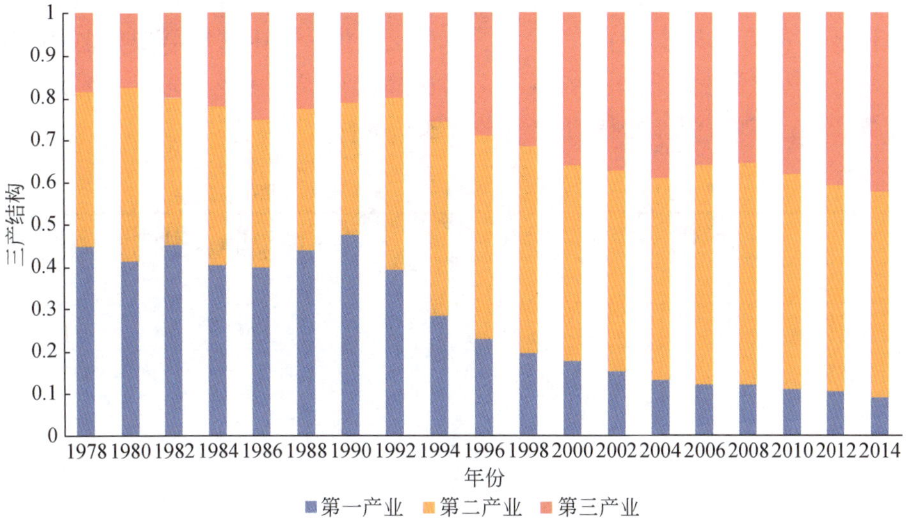

图 6.13 安吉县历年三产结构（1978 ～ 2014 年）

资料来源：安吉县统计年鉴，2014

（2）本地特色资源产业发展壮大。在关停、整治了大量造纸、印染等行业的企业后，地区政府选择茶叶、竹业、椅业为三大产业发展方向，通过深度加工、科学制造提升产品竞争力和经济附加值（表 6.30）。同时，利用山区水利资源丰富的条件，建设小水电项目，提供清洁能源，缓解了安吉电力供应的压力。

表 6.30 安吉县规模以上工业部分行业产值 （单位：万元）

年份	2008	2010	2013
行业总产值	2244720	3252454	4496013
木材加工和木、竹、藤、棕、草制造业	379571	426592	463760
家具制造业	665588	997501	1394557
造纸及纸制品业	53060	95074	108951
印刷及记录媒介的复制业	11140	2071	5987
化学原料及化学制品制造业	32388	67806	334476
有色金属冶炼及压延加工业	128103	285664	245237
电力、热力的生产和供应业	229940	251899	284253

资料来源：安吉县统计年鉴，2014。

（3）推动休闲旅游发展。休闲旅游发展使得农村中从事传统农业的村民数量大量减少，农村从业人口非农就业比例达到 78.2%（2013 年），尤其是第三产业从业人口比例高于周边县市（区）。其中，县域北部工业化条件较好的镇（如梅溪镇、天子湖镇）等农村地区非农就业比例相对较低，且多以就近乡镇企业内从事第二产业生产为主。而县域南部休闲旅游发展较好的乡镇，如天荒坪镇、鄣吴镇等乡村人口大量从事旅游、休闲服务产业，非农就业比例高于全省平均水平（表 6.31）。

表 6.31　安吉县分乡镇农村非农从业比例（2013 年）

地区	农村非农产业从业比例 /%	地区	农村非农产业从业比例 /%
全县	78.2	报福镇	60.4
递铺镇	80.1	章村镇	81.7
梅溪镇	76.5	皈山乡	60.5
溪龙乡	89.9	天荒坪镇	91.8
天子湖镇	69.7	上墅乡	77.1
鄣吴镇	86.0	山川乡	73.5
杭垓镇	68.8	昌硕街道办	97.3
孝丰镇	87.3	灵峰旅游度假区	76.9

资料来源：安吉县统计年鉴，2014。

3）首位集中型的城镇化发展

安吉县地处山区，土地资源紧缺，可用于城市建设的土地大多分布在递铺镇（中心城区）、梅溪镇、天子湖镇范围内。在城镇化初期，社会经济发展相对滞后，为了合理利用有限的土地资源、社会资源和地方财政资源，安吉中心城区得到着重发展，集中分布了县域内重要的公共服务设施资源。如安吉全县仅有 5 所综合性医院均设立在递铺镇，其他乡镇仅设立乡镇卫生院。这使得安吉地区 2010 年城市首位度达到 4.82，中心城区建设用地规模是其他所有乡镇镇区用地规模总和的近 2 倍。区域城镇体系呈现高首位度特征，人口、土地等要素在中心城区高度集聚，形成地区经济、政治等各项职能的强中心，直接辐射、带动县域范围内乡村地区。

4）美丽中国的乡村实践

2008 年，安吉县在新农村建设的基础上，深化生态保护与农村建设关系，以城乡共建共享、现代文明与自然生态高度融合的理念提出了《安吉县建设“中国美丽乡村”行动纲要》，提出通过 10 年时间将安吉打造成为中国最美丽乡村。2013 年中央城镇化工作会议以此精神为准则进一步提出“望得见山，看得见水，记得住乡愁”。青山绿水、美丽乡村的安吉县成为美丽中国地方实践的标杆，为农村地区城镇化发展提供了一种以生态驱动的新模式。

（1）农村就地城镇化。美丽乡村建设引导村落产业结构进行调整，解放了农村地区大量兼业的半劳动力向休闲旅游等服务业转化，让农民可以在家门口就业。村民在农忙之余，通过经营农家乐、民宿、休闲观光庄园等多种形式的休闲旅游设施，提升家庭收入。2013 年安吉农村居民人均总收入为 23462 元，高于浙江省平均水平，其中家庭经营收入达到13078元。同时，美丽乡村成为周边大中城市中等收入群体的重要休闲度假目的地，乡村旅游市场的逐渐成熟和完善，吸引外来资本等生产要素涌入安吉乡村地区，投资建设了一批高标准的休闲娱乐场所。这种频繁的要素交流和功能植入，带动本地农民生活方式的城市化，其消费结构、休闲娱乐、社会交往等方面与城镇居民接轨。农民就业的非农化、生活方式的城市化以及服务设施的现代化，使得安吉农民在没有“进城”的情况下实现了城镇化过程。2010年全县常住人口城市化水平为47.5%，户籍人口城市化水平仅37.3%，均低于全省及全国平均水平。约三分之二的本地人口生活在农村地区进行生产活动，外来人口中“生态移民”等逆城市化人口占到较高比例。驻村农民将生态要素转化为生活要素并进一步转变为生产要素从而实现了自主的就地城镇化，在享受城市化服务的同时拥有更好的生活环境。这一方面缓解了高首位度发展的中心城区发展压力，也减轻了人口市民化的地方财政支出，缩小了城乡差距。

（2）村庄的生态化。美丽乡村建设，在积极推进农村产业结构调整的同时，加强了注重绿化、净化、活化的环境空间系统建设，着力构筑环境友好、资源节约、富有文脉延续的社会文化系统，完善了综合整治、生态网络格局保护的基础设施系统。传统乡村逐步向现代化、生态化乡村转变，村庄的主体功能从原有的生活性、生产性功能转变为以消费功能、生态功能、文化功能并重的功能体系。通过和浙江大学等高校、研究机构合作，在国家级低碳节能相关课题的支撑下，对环境空间系统、基础设施系统进行低碳、生态化的更新改造。如利用被动式节能技术进行村庄建筑设计，采用富有地方特色的石材、竹子等建材，达到建筑肌理的和谐统一，在环境景观设计和绿化过程中多采用皂角树、枫香树、榔榆树等乔木、灌木，保证乡土物种的适当比例。在基础设施建设方面，与浙江大学专业团队合作设计基于本地特征的污水处理池，先后导入了11种无动力、微动力处理技术，量身定做了生态湿地处理、生物膜处理等多种生态化处理系统；鼓励使用水电等清洁能源，减少传统燃烧柴火等能源获取方式。积极引导村民参与，形成公众参与的氛围和生态意识，以此为契机恢复和重构乡土社会网络体系。

第五节　新苏南模式

在20世纪70年代，江苏南部地区，大部分乡镇利用靠近大中城市和商品短缺的机会优势，因陋就简地办起了社队工业。改革开放后，市场经济与计划经济双轨并行，苏南地区在乡镇政府的支持和引导下，利用原有社队工业的基础，大力发展乡镇企业，走发展小城镇的道路，形成以农村工业化为主要动力、以小城镇为主要空间载体的城镇化模式，并逐步发展为以资本带动、制造业发展、开发区建设为主的经济发达地区城镇化模式。费孝通1983年在“小城镇再探索”一文中首次提出“苏南模式”的概念。

概括起来说，苏南模式，就是通过乡镇企业＋开发区推动农村工业化和同步城镇化。然而，到了 90 年代，在计划经济向市场经济转轨的过程中，具有经济形式单一、经济主体产权模糊、政企不分、规模效应低下的乡镇企业发展模式已经不可持续。2000 年以后，中国加入 WTO，经济全球化和现代国际制造业基地建设为苏南地区的城镇化注入新活力。与此同时，海外直接投资成为苏南地区城镇化直接的推动力。在经济全球化和社会主义市场经济体制逐渐确立的发展背景下，苏南模式开始面临水土资源紧缺、劳动力价格上涨和生态环境恶化等城镇化制约要素。据此，以高新技术为动力，通过要素流动重组、城市产业升级，金融、信息、服务等生产服务业在城镇集聚，推动着苏南城镇化模式向“新苏南模式”转型（表 6.32），完成由轻纺工业向以装备制造业为主的重工业转型，在世界纺织、服装、机械、电子、钢铁、汽车、石化等制造业占有更重要的地位。本节根据常州实地调查，对新苏南模式的城镇化进行介绍。

表 6.32　苏南模式与新苏南模式的比较

类型		苏南模式	新苏南模式
时间		20 世纪 70 ～ 80 年代	20 世纪 90 年代以来
地域范围		苏州、无锡、常州；农村经济发展模式	苏州、无锡、常州、南京、镇江；苏南城乡一体的区域经济发展模式
产业组织和产品市场		国内商品经济和市场	全球化和全球产业链
所有制结构		集体所有制，产权模糊	外向型、股份制为主的混合所有制结构，清晰的现代企业制度
产业结构	三次产业结构	乡镇工业为主	二、三产业共同发展，高新技术产业发展加快
	工业内部结构	机械、纺织等传统产业	电子、医药、新材料等高新技术产业
企业规模		集体企业，规模不大；企业办在乡镇	组建企业集团，规模较大；企业向工业园区集中
经济增长方式		传统、粗放型	依靠科技进步的集约增长方式
政府作用	政府推动经济发展的着力点	直接参与企业决策	管理型、服务型政府
	政府作用的层次	乡镇政府	县级市政府
	政府作用的重点	抓经济发展	重点逐步转向社会发展
	政府作用的形式	组织资金、提供优惠政策	重视规划
工业反哺农业方式		乡镇企业就地补农	县乡政府成为工业反哺农业的重要主体
城镇化	城镇化形式	小城镇化	小城市化
	人口转移方向	乡村人口就地转移	乡村人口向大中城市、小城市、和乡村集中社区转移
	城镇化内涵	只注重人口城市化	突出人口流动转向功能提升
	城镇化动力机制	乡镇工业化带动城镇化；自上而下的城市化	生产要素市场化推动苏南地区城市化；自下而上与外向型城镇化

一、“新苏南模式”特征

从 20 世纪 80 年代末 90 年代初开始，苏南地区的经济发展进入了新的发展阶段，呈现出许多与以往不同的新特征，其中最重要的就是外向型经济、企业改制和城镇化。本书通过对常州的调查，分析在新的经济环境下地区经济社会发展的新特点。

1. 产业结构转型

近年来，苏南地区产业结构在不断调整，高新技术产业和服务业的发展速度加快。

1）高新技术产业发展

以特色产业基地为依托，以各类经济开发区为载体，以高新技术企业为主体，苏南地区的高新技术产业发展迅速。特别是大量外资、外企、外技的引入，为高新技术产业发展提供了资金和技术。2005 年，常州的高新技术产业产值达 1140 亿元，占工业总产值的 32.3%，年均增长速度达 10%，并已初步形成了轨道交通车辆及部件、新型涂料、“三药”（中药、制药和农药）、新材料、精细化学品、软件 6 个国际级高新技术特色产业基地。现有国家级和省级高新技术开发区各 1 个，2005 年实现技工贸总收入 692.3 亿元。现有高新技术企业 338 家，省级高新技术产品 1239 种，新科集团等 12 个企业被评为 2005 年江苏省百强高新技术企业（表 6.33）。

表 6.33　常州高新技术产业发展情况（2001 ～ 2005 年）

年份		2001	2002	2003	2004	2005
高新技术企业情况	企业数 / 个	151	195	246	291	338
	高新技术产业产值 / 亿元	171	246	323	387	441
	研发经费 / 亿元	14.4	18.6	20.8	14.8	19.4
	职工人数 / 万人	5.1	6.2	8.6	9.3	10.6
高新技术产品情况	省级高新技术产品 / 只	673	817	963	1092	1239
	高新技术产业产值 / 亿元	334	412	573	824	1140
	占工业总产值的比重 /%	22.3	24.6	26.8	29.9	32.3

资料来源：常州统计年鉴，2002；2003；2004；2005；2006。

2）制造业和服务业并举

苏南地区曾被誉为制造业的“天堂”。苏州的丝绸业、无锡的纺织业、常州的梳篦等历史悠久。制造业（工业）特别是轻纺、机械等制造业在苏南地区的经济发展中扮演着重要的角色。以常州为例，自改革开放以来，制造业（工业）占 GDP 的比重一直在 50% 以上。然而，苏南地区乡镇企业的“村村点火、户户冒烟”也导致了小城镇规模小且布局极为分散。过小的城镇规模达不到规模经济要求，起不到产业集聚、人口集中的充分作用，一度制约了服务业的发展。同时城乡二元分割的壁垒也在一定程度上抑制了服务业的发展，造成了苏南地区城市化滞后于工业化的局面。

2000年以来，苏南地区，一方面积极承接全球制造业转移建设现代制造业基地；另一方面加快生产性服务业的发展。常州提出将先进制造业和现代服务业同时列为经济发展的两个驱动器的战略，尤其重视科技、金融、会计、咨询等行业的发展。1990～2005年，常州市服务业增加值占GDP的比重由20.3%提高到34.6%，15年间上升了近15个百分点；服务业增加值也由1991年的19.23亿元，增长到2005年450.7亿元，增长了22.4倍，年均增长速度为23.4%，不仅快于第一产业（8%）和第二产业（19%），而且高于GDP增长速度（19%）（图6.14）。

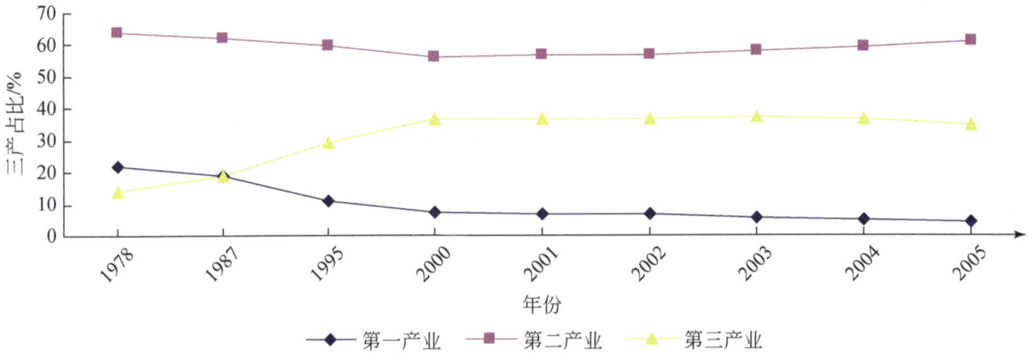

图6.14　常州三次产业结构变动示意图（1978～2005年）

资料来源：常州统计年鉴，2006

2. 所有制类型多样

苏南地区在20世纪80年代乡镇集体经济迅猛崛起的基础上，90年代大力发展外向型经济，90年代末以后又大力发展民营经济，同时对国有企业和集体企业进行大规模的股份制改造，从而形成了“公有制经济、外向型经济、民营经济”共同发展的局面。

1）外向型经济

随着20世纪80年代后期国家的沿海开放战略实施和90年代初浦东的大开发，苏南地区凭借毗邻上海的区位条件和廉价丰富的劳动力优势，吸引了大量外国直接投资（FDI），对外经济依存度显著提高，对外贸易量逐年增加。常州市在1986～2000年间GDP的外资、外贸依存度分别从1.32%和3.71%提高到38.90%和9.65%。2000年以后，外资经济体稳定发展，外贸依存度稳中有升（图6.15）。苏州和无锡的经济外向程度更高。

2）民营经济

随着我国向社会主义市场经济体制全面转型，市场也由买方市场转向卖方市场，苏南乡镇企业所有制结构单一、政企不分、企业布局分散、产业层次低等体制和机制弊端日益突出，成为乡镇企业发展的重要障碍。为了适应经济市场化、国际化的大环境，

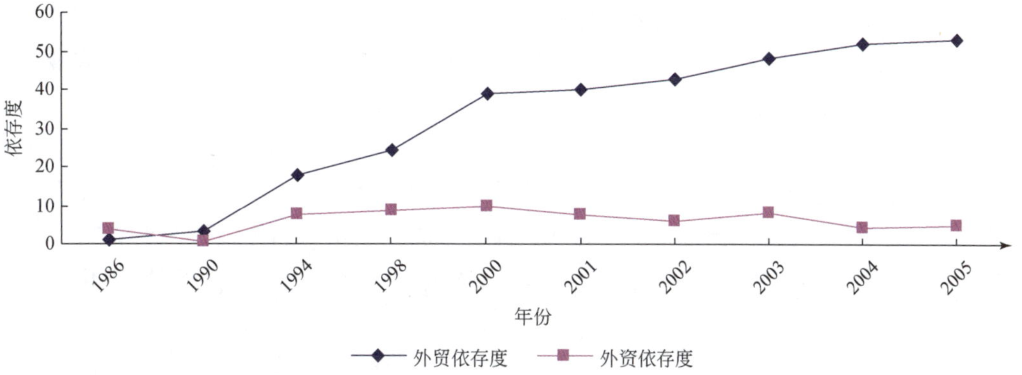

图 6.15　常州市外向型经济发展情况（1986 ～ 2005 年）

资料来源：常州统计年鉴，2006

苏南乡镇进行了大规模的结构调整。经过 1998 年和 2000 年两次改制，97% 的乡镇企业转制为股份制、股份合作制和私有制企业，基本建立了“产权明晰、权责明确、政企分开、管理科学”的现代企业制度。改制后的乡镇企业成为苏南民营经济发展的重要力量。2005 年，常州个体和私有企业户数、从业人员数和注册资金均是 2002 年的 2 倍多（表 6.34）。

表 6.34　常州市民营经济发展情况

年份	2002	2003	2004	2005
户数 / 万户	11.4	13	13.7	24.7
从业人员 / 万人	33.4	48.3	68.3	88
注册资金 / 亿元	191	329	451	476

资料来源：常州统计年鉴，2003；2004；2005；2006。

3. 新型产业园区建设

随着各类开发区和乡镇工业集中区的建设，产业布局趋于集中，产业规模效益凸现。常州市设立了 1 个国家级开发区和 9 个省级开发区，其中新北区设有国家级高新技术开发区，武进、钟楼、天宁、戚墅堰四区和金坛、溧阳市均设有省级开发区。另外，乡镇工业园区的建设和整合加快，乡镇工业园区达 63 个，重点建设了洛阳、横林、遥观等 15 个工业集聚区，围绕特色经济和基础产业，通过资源整合、技术集合、资金聚合和内引外联、招商引资的方式，建立以发展民营经济为主体，规模经济为主导，区域特色产业为主题的新型产业园区。

4. 城镇化速度加快

随着苏南地区的工业化进程，城镇化水平也在迅速提高。在 1949 年，常州仍是一个小城市，市区建成区（老城区）仅约 6.6km²，常州市区[①]非农业人口约 29.58 万人，城镇化水平[②]为 27.11%；到 1980 年，建成区面积 27.85km²，常州市区非农业人口 44.15 万人，城镇化水平约为 25%；1980 ～ 1992 年常州走上正常的建设阶段，1992 年年末常州市区非农业人口达 79.39 万人，建成区面积达 53.53km²，城镇化水平为 39.97%；1992 年至今，常州走上快速发展道路，至 2001 年年底，常州市区非农业人口已达 104.39 万人，建成区面积已达 115.8km²，城镇化水平已经超过 50%。2003 年，常州市区非农业人口达到 139.89 万人，城镇化水平达到 65.55%，处于城市化快速发展的阶段（图 6.16 和图 6.17）。

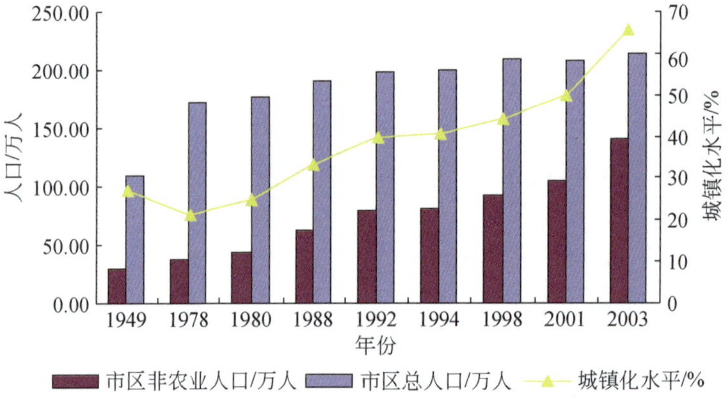

图 6.16　常州市区人口与城镇化水平变化图（1949 ～ 2003 年）

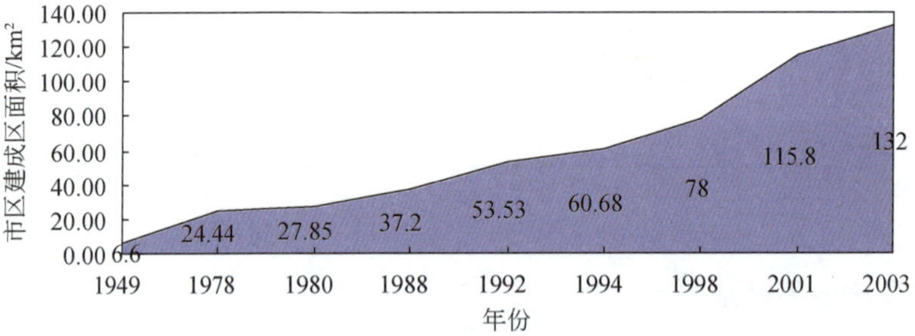

图 6.17　常州市区建成区面积变化示意图（1949 ～ 2003 年）

二、“新苏南模式”发展动力

在新的背景下，以集体所有制为主，社区政府主导和支持的坚持乡镇工业化和城镇化道路的“苏南模式”发生了转型。“新苏南模式”发展动力发生了巨大变化。

① 2003 年，武进并入常州市区，这里的常州市区指常武地区。

② 这里城镇化水平指非农业人口比例。

1. 第二产业和第三产业共同发展

在 20 世纪八九十年代，苏南地区走的是乡镇工业加速发展，城市工业和农村工业联动发展的道路。随着经济全球化，苏南地区积极参与到全球新劳动地域分工中，承接发达国家的产业转移，促使制造业发展起来。同时，工业的发展也促进了第三产业（生产服务业）的发展。一方面，工业的发展促进了生产性服务业如物流、法律、会计、咨询、设计、金融、人力资源服务等知识技术型服务业的快速成长；另一方面，服务业为技术创新、增强自主创新能力、促进制造业产业升级提供了重要技术支撑。以常州为例，从三次产业产值结构上看，自 1987 年形成“二三一”的产业结构以来，第二产业占 GDP 比重一直在 55% 以上，第三产业占 GDP 比重不断上升；从三次产业就业结构来看，第二产业为大量农村剩余劳动力提供了就业岗位，但自 20 世纪 90 年代以来变动幅度不大，第三产业对劳动力的吸纳能力稳步增长，特别是 90 年代以后已成为农村剩余劳动力转移的主要方向。2005 年，第二产业和第三产业对就业的贡献率达到了 90%（图 6.18 和图 6.19）。

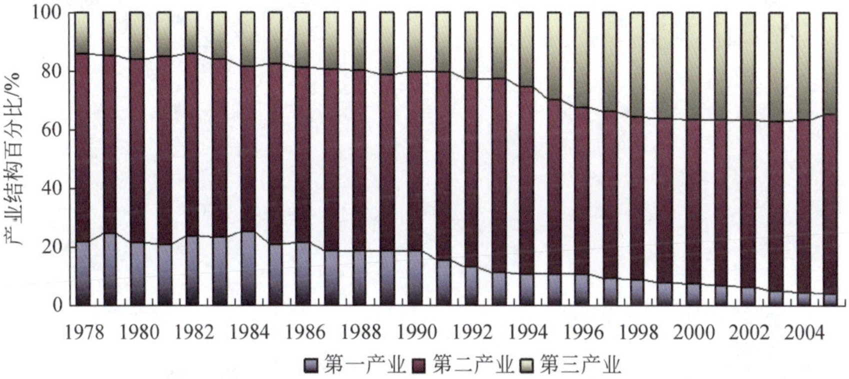

图 6.18　常州市三次产业产值结构变动图（1978 ～ 2005 年）

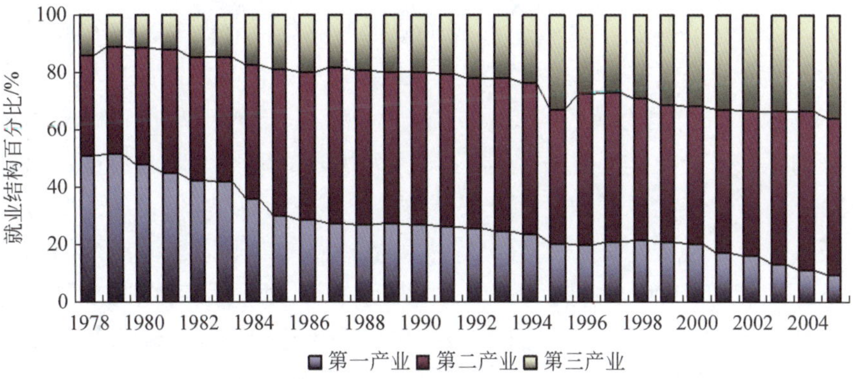

图 6.19　常州市三次产业就业结构变动图（1978 ～ 2005 年）

2. 混合型经济结构重构

20世纪90年代以来，苏南大力发展外向型经济，发展动力由内向型经济转为外向型经济。常州外商及港澳台投资企业虽然数量不多，仅占2.6%，但对经济的贡献大，工业产值占总量达到22%。20世纪90年代末，一方面，为了规避由于过度依赖外资对经济增长带来的风险，开始注重依靠本地资金和力量发展地方经济；另一方面，为避免乡镇企业产权模糊的弊端，进行乡镇企业改制，促进了民营经济的发展。2005年，常州个体私营工业企业的数量和产值分别占总量的85%和53%；外商及港澳台投资企业的数量和产值分别占总量3%和22%；国有、集体企业的数量和产值分别占总量的2%和5%，已形成“公有制经济、外向型经济、民营经济”三分天下的局面（图6.20）。

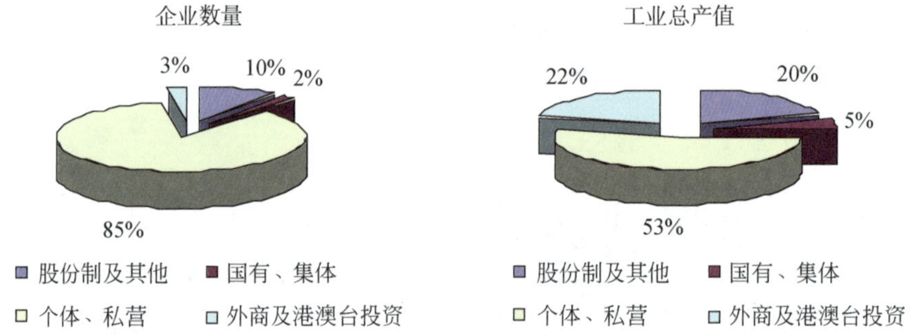

图6.20　常州市工业企业所有制结构示意图（2005年）

3. 产业集聚和新城开发

为了克服乡镇企业布局分散、集聚效益差的弊端，苏南地区坚持“三集中”战略，即：城市工业项目向开发区集中、乡镇企业向工业园区集中、农民住宅向小城镇和中心村集中，既节约了宝贵的土地资源，又发挥了集聚集约的优势。常州依托开发园区和乡镇工业园区的建设，形成了一批产业集群。例如，以常柴股份有限公司、常发实业集团为代表的农用机械产业集群；以中国南车集团戚墅堰机车车辆厂、长江客车集团有限公司为代表的工程机械、车辆、机车产业集群；以常州东芝变压器有限公司、江苏上上电缆集团有限公司等为代表的输变电产业集群；以新科数字技术有限公司为代表的电子信息产业集群等。各乡镇中也兴起了纺织、印染、服装、强化地板、化工、电子、钢铁、机电等一大批特色的专业园区。传统的湖塘织造、洛阳机电更加成熟，鼎力打造横林地板、小河汽配、西夏墅纺织服装，以及不断兴盛的新闸精密机械等板块经济。随着产业群和产业链的扩大，经济集聚效应不断增强。与此同时，开发区和工业园区对经济增长的贡献度越来越大。2005年，常州10个开发区实现GDP 329.21亿元，占全市GDP总量的34.4%（表6.35）。2005年，常州全市共有乡镇工业园区63个，入区企业总数达6599个，全年共完成总产值

1206.9 亿元，营业收入 1141.1 亿元，实现工业增加值 222 亿元，利税 95.61 亿元，分别占全市乡镇工业总量的 46.8%、48.3%、42.3%、55%。另外，开发区和工业园区的建设对城市的建设也有拉动作用。工业在园区的集聚，最初形成了颇具规模的各类产业基地。大量的剩余劳动力入驻园区，必然要求配套相应的居住、商贸等服务设施，而工业的进一步发展也提出了对金融、贸易、市场等服务业发展的需求，这刺激了各类基础设施（如住房等）和发展第三产业的相关建设（如办公楼等），在一定程度上丰富了城市景观。随着产业基地的进一步发展，人口、资金等进一步地集聚，带动了依托工业园区的新城开发。

表 6.35　常州市产业园区发展建设情况一览表

产业园区	协议利用外资		实际利用外资		财政收入		GDP	
	2005 年 / 亿元	占比 /%	2005 年 / 亿元	占比 /%	2005 年 / 亿元	占比 /%	2005 年 / 亿元	占比 /%
常州高新区	5.5	—	3.0038	—	32.98	28.7	124.8	26.6
武进高新区	1.6476	23.9	0.8027	40	10.6	43.8	53.44	30.3
金坛开发区	3.3484	74.1	0.6835	85.5	4.49	70.7	29.47	60.7
溧阳开发区	0.4436	12.1	0.1875	18.7	3.39	98.2	26.65	80.3
钟楼开发区	1.9029	82.4	0.6415	80	4.71	129.8	15.28	50.4
东南开发区	0.52	22.7	0.26	32.5	5.44	54.5	31.83	23
戚墅堰开发区	0.9510	80.9	0.3857	96.2	2.68	32.7	14.1	20.9
常州农发区	1.61	70.1	0.43	53.7	4.47	35.5	17.51	38.3
武进农发区	0.8270	12	0.1204	6	0.63	50	6.05	34.1
天目湖度假区	0.7203	19.7	0.3222	32.2	1.26	57.5	10.08	37.9
总计	15.4708	61.3	6.8373	77.6	70.65	42.9	329.21	34.4

4. 城市带动作用增强

乡镇企业的特征决定了苏南地区选择了城镇化战略，小城镇的发展在当时的情况下是合理的，并大大提高了苏南地区城镇化水平。1999 年，常州城镇密度为 2.7 个 / 万 km^2，平均面积为 36.68km^2，平均人口 2.13 万人，人口在 1 万以上的小城镇仅有 3 个。2000 年初，常州实施了撤乡并镇的措施，使城镇平均人口增加到 4 万人，平均面积扩大到 64.96km^2，出现了 2 个 10 万人以上的县级城镇，7 个 5 万人以上的区域中心镇，15 个 4 万人以上的城镇。同时，苏南地区已开始发展大中城市，发挥城市的带动作用，中心城市的经济实力不断增强。1999 ～ 2004 年，常州市区的生产总值占全市生产总值的比重都在 70% 以上（图 6.21）。

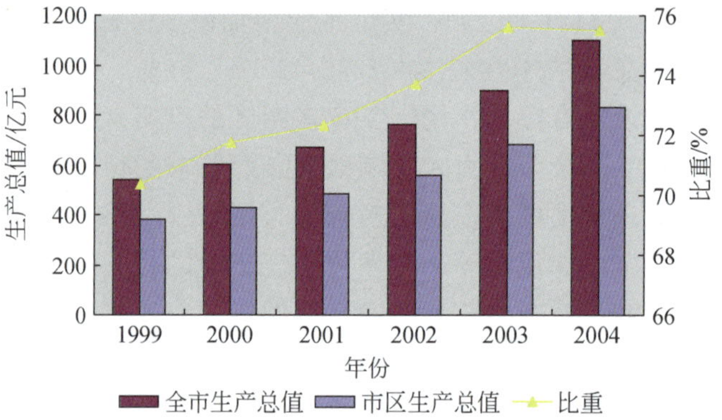

图 6.21 常州全市和市区生产总值比较（1999 ～ 2004 年）

三、两种“苏南模式”运行机制

由“苏南模式”转向“新苏南模式”，既体现对经典“苏南模式”的路径依赖，又体现了“新苏南模式”对经典“苏南模式”的创新。“新苏南模式”在很大程度上保留了经典“苏南模式”的传统，如立足本地发展实业，注重发展和共同富裕，地方政府和市场共同作用等。“新苏南模式”也有自己的新内涵：以开放为基础的外资、民资和股份制混合经济结构，先进制造业和现代服务业并举发展，城乡统筹协调发展，市场和政府在发展协调中承担重要角色。这种“新苏南模式”既兼顾了城乡的区域特色，又促进经济增长，协调人与自然关系，构筑和谐社会，提高社会发展水平，提供充分的公共产品，是一种新型的区域城镇化发展类型。

1.“苏南模式”运行机制

在短缺经济时代，由于对各种消费品的需求巨大，苏南地区抓住这一机遇，在各级政府的推动和帮助下，有效地将农村的剩余劳动力、集体积累资金、土地等资源组合起来，大力发展乡镇工业，带动了农村经济的全面发展。因此，可以认为：乡镇工业发展是经典“苏南模式”的重要内容，也是苏南地区农村城镇化发展的重要动力。

由于社会主义市场经济体制尚未完全确立，在改革开放之初，各种生产要素并不能完全自由流动，苏南地区乡镇企业的员工多是当地的农民，所用的土地也是农村集体土地，这使得乡镇工业多布局在乡村所在地，这样就便于农民从事兼职生产，形成“离土不离乡”的就地城市化道路。

在城乡二元分割，大城市对过剩人口排斥，而小城镇和乡镇企业对劳动力需求巨大的条件下，农民不是转移到城市中，而是依托乡镇工业的发展，采取就地转移的方式，发展乡镇企业的同时就地发展小城镇。乡镇企业利用集体积累的资金，是在各级政府的领导和支持下发展起来的，这种集体所有制性质决定了苏南地区的经济社会发展是由内力所带动的，即由政府推动，依靠农民自己的力量形成的经济社会发展模式（图 6.22）。

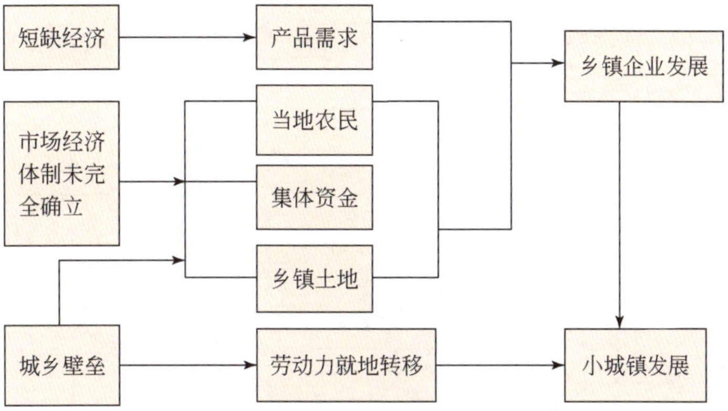

图 6.22　“苏南模式”运行机制示意图①

2.“新苏南模式”运行机制

在经济全球化和我国的社会主义市场经济体制已经基本确立的宏观背景下，经典的“苏南模式”运行机制发生转型。随着中国市场经济体制的确立，市场化进程不断推进，资金、劳动力、技术等基本实现自由流动。首先，苏南地区经济发展所需要的资金不再局限于集体积累，大量外资涌入直接带来了苏南经济社会的转型，民营经济快速发展，苏南经济社会发展投资主体多元化。其次，人口流动性增强，外来人口增加，一定程度上促进了农民向城市和发展较好的城镇的转移。再次，国际先进的管理经验和模式，以及高新技术的引进，促进了企业的转换升级，也带动了苏南地区高新技术产业的发展。最后，土地资源短缺和土地制度改革带来的土地市场化，各工业园区和乡镇集中区的建设也改变了先前乡镇企业分散布局的局面，进一步促进了产业的发展。因此，在新时期，苏南地区的经济发展不仅依靠自身的力量，在很大程度上是由外力所带动的，是内力和外力相结合的经济社会发展模式（图 6.23）。

国际的产业转移和重构以及外资的引进，以开发区的建设为支撑，直接带动了苏南地区工业化的进一步发展，同时也促进了与工业配套相关的服务业，如金融、贸易等的发展，工业和服务业的发展转移了大批农村剩余劳动力。而参与国际劳动地域分工带来的国民经济整体水平的提高，使城市居民的生活水平大幅度提高，促进工业化和第三产业（特别是房地产、旅游、休闲等产业）的大发展，从而促进了城市的飞速发展。

①根据吴莉娅《生产要素市场化与江苏城市化动力机制演变》一文中“制度创新与自下而上城市化动力机制”进行修改，突出“苏南模式”是在内力推动下形成的。

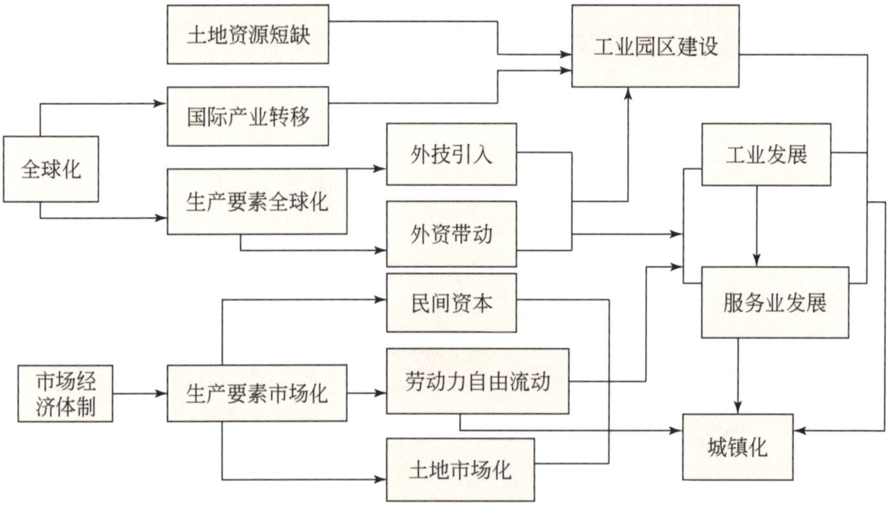

图 6.23 新时期苏南地区经济社会发展运行机制①

四、“新苏南模式”转型原因

“新苏南模式”的转型具有多方面的原因，既是由于宏观经济环境变化所带来的新的机遇和挑战，也是由于具有克服模式本身弊端的必要性（图 6.24）。

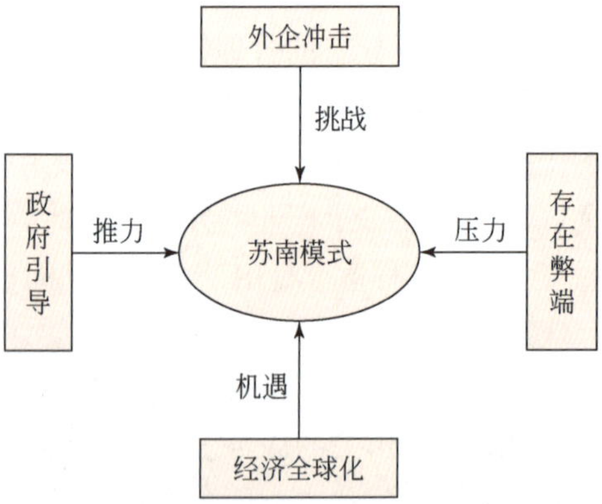

图 6.24 “新苏南模式”转型原因

1. 政府引导

不论是在计划经济时代，还是市场经济体制下，政府都在地方经济发展中扮演着重要的角色。经典的“苏南模式”就是以乡镇政府为主导的一种经济发展模式。政府组织集体资源（集体的资金积累、剩余劳动力），并在税收、融资等方面提供优惠政策和公共服务。在 20 世纪末和 21 世纪初，虽然国内外的经济环境发生了很大的变化，政府职能已由经济管理职能逐步转变为企业等市场主体提供公共服务的职能，政府的参与经济管理的方式也由直接干预转变为宏观调控，即“政府搭台、企业唱戏”，进而表现在为吸引各类投资创造公共环境；但是政府的作用并没有弱化，而是其作用的范围和方式发生了改变。从乡镇政府产权退出乡镇企业，进行乡镇企业改制，政府的角色发生

①根据吴莉娅《生产要素市场化与江苏城市化动力机制演变》一文中“全球化时代城市化动力机制示意图”进行修改。将国内市场经济体制带来的生产要素市场化这一内力因素纳入模式的运行机制中，从内力和外力两个方面来分析转型后苏南地区经济社会发展的运行机制。

转型；国有企业改革以及加快发展民营经济，也是政府在全力推动。

2. 经济全球化

经济全球化使资本、劳动力、技术等各种生产要素以及管理方式、经营理念等各种非生产要素在全球范围内自由流动。一方面，苏南地区利用毗邻上海的优势，大力吸引外资，外资经济迅速发展起来。同时，吸收了国外的先进管理经验和模式，促进了企业的转型和优化升级。另一方面，利用廉价的劳动力和广阔的土地空间，给予一定的优惠政策，积极地承接国际的产业转移，发展起高新技术产业。

3. 外企冲击

随着苏南地区外资企业与民营企业的发展，以集体经济为主的乡镇企业受到越来越多的挑战。首先是来自外企等的冲击。经济全球化使资本大量跨国、跨境流动，跨国公司迅速进入我国，与乡镇企业抢占市场份额。跨国公司不论是在管理经验、技术水平和资金规模方面都具有明显的优势，乡镇企业在技术、管理、价格等方面都无法与其竞争。经济全球化和改革开放同样也使市场的开放度加大，买方市场的特征显著增强，产品的替代性加大，特别是进口产品和外资企业的产品极大地冲击了乡镇企业产品的市场空间。另外，民营企业经营机制灵活，产权制度清晰，也在一定程度上给乡镇企业带来了挑战。

第七章　中国城镇化影响要素

改革开放40余年来，中国经济取得了奇迹般的成就，GDP年均增长率高达9%以上。中国经济的快速崛起，不仅改变了世界的经济格局，而且也吸引着中西方经济学者对中国高增长动因的解释。林毅夫（2012）认为：基于新结构经济学理论框架，符合资源禀赋上的比较优势的正确发展战略是推动中国经济高增长的根本动力。李稻葵（2019）认为：中国政府发挥了其应有的作用是中国经济高增长的根本动因。张五常（1983）基于新制度经济学进行解释，认为：产权制度改革，极大地减少了计划经济时代所产生的大量交易成本，是推动中国经济高增长的根本动力。吴敬琏（2017）则认为：中国向市场化方向的分权式改革，是推动中国经济高增长最主要的因素。林林总总，不一而足。

那么，推动中国城镇化的影响因素是什么呢？不言而喻，改革开放后经济持续稳定的高速增长，是中国城镇化进程快速推进的直接和根本动因，城镇化推动主体的多元化和国家区域战略重点的空间转变促进了城镇化格局的形成。周一星（1982）研究了工业化、国家政策与国民生产总值对城镇化的影响。许学强等（1988）发现中国城镇化受计划经济体制、乡镇企业和外向型经济影响较大。崔功豪（1999）认为改革开放初期是一元的"自上型城镇化"，20世纪80年代初以来，"自下型"的城镇化趋势发展壮大。辜胜阻（1991）认为，20世纪90年代以来中国城镇化的动力已经演变为二元城镇化。宁越敏（1998）从政府、企业、个人三个城镇化主体的角度分析了20世纪90年代中国城镇化出现的新特点，多元城镇化动力替代以往一元或二元城镇化动力，较为集中的城市开发模式替代分散的乡村企业发展模式。薛凤旋和杨春（1997）认为随着改革开放的逐步深入，借助优良的投资环境，外资成为珠江三角洲城镇化的主要动力，它创造了世界城镇化的一种新动力——外向型城镇化（Sit and Yang，1997）。周一星和曹广忠（1999）认为，城镇化的推动主体由一元向多元转变，二元城镇化也已经不足以概括中国当前城镇化的动力机制。经济全球化通过提高中国城市专业化水平与交易效率，增强了中国城市分工演进水平，推动了中国城镇化迅猛发展（赵勇，2007）。刘启明（1988）认为，中国沿海发达地区城镇化动力主要是计划经济体制、乡镇企业和外向型经济。沈道齐等（1990）分析了国家有计划投资、大城市自身发展与扩散、乡村城镇化、刺激外资引进和发展地方经济五种城镇化动力。刘传江（1998）认为，产业结构转换是城镇化的动力机制，经济要素流动和集聚是城镇化的实现机制，制度安排与变迁是城镇化的推阻机制。段杰等（1999）把中国城镇化动力机制归纳为产业结构的转换力，科技进步的推动力，国家政策的调控力，城乡间的相互作用力。蔡建明（1997）认为中国城镇化动力还存在于行政中心的辐合效用、政策因素、行政区划变动、大型项目建设、外资带动、人口密集区的自发促进等。陈波翀（2004）认为城镇化快速发展是政府和市场共同作用的结果，继续推进市场化改革和扩大对外开放，将有助于中国城镇化的快速发展。在经济全球化背景下，中国城镇化动力机制呈现出主体的多元化、动力机制的不均衡性及不稳定性等新特点和新内容（顾朝林等，2008）。然而，在较长时期里，中国采取的“效率优先、兼顾公平、促进社会稳定和协调”的发展思路，以及各地争先恐后追求 GDP 增长的策略，一方面有效推进了人口和产业在城镇的集聚和发展，另一方面则出现了城市外延扩张占主导、人口城镇化不足、制度建设滞后于发展需要、城乡人居环境质量提升慢和区域差异急剧扩大等一系列问题（顾朝林，2012）。最近以来，尊重自然、保护生态，贯彻节约资源和保护环境的基本国策，把生态文明建设融入新型城镇化进程成为新的趋势。诺贝尔经济学奖获得者罗伯特•福格尔认为，中国在教育上的巨大投入，尤其是高等教育的巨大发展将使得中国的年度经济增长率再加上 6 个多百分点；其次，中国农村所进行的变革使得它成为一个巨大的经济引擎。2019 年，约 39.40% 的中国人口仍然居住在农村，在未来 20 年里，还会有 2 亿～ 2.5 亿农业人口逐步向城镇转移。

第一节　中国城镇化发展机理

中国城镇化的动力主要在于城市的拉力和乡村的推力，改革开放以来，外资和技术也成为沿海地区城镇化的重要驱动力。城镇化空间形成可以分为外生发展过程和内生增长过程。

一、外生发展

城镇化外生发展，主要在于持续不断的外部拉力。例如，政府干预力和全球生产要素资本、土地、劳动力和技术的相互作用。许多流行的媒体和商业文献，都将城镇化看作经济增长的驱动力。经典的教科书都描述了早期西方国家的城镇化经验，即：城镇化（人口从农村向城市迁移）是工业化的人口和空间表现，并且工业化和城镇化被视为现代化的双重过程，对经济增长存在至关重要的作用（Gill and Kharas，2007）。这主要在于：农村剩余劳动力进入城市寻找工作，提高了全社会的生产力和收入，又反过来增加了进入城市的农村剩余劳动力的购买力和社会流动性，他们中的一部分还会最终成为中产阶级（Kharas and Gertz，2010）。在这一城镇化过程中，自给自足的农村家庭被转变为获得较高工资并参与消费商品经济的城市居民。从本质上说，城镇化是由以农业为主逐步向以非农产业为主的社会转型过程，非农产业在整个国民经济构成中所占的比例越高，则城镇化水平也越高。从世界各国看，非农化与城镇化存在这种关系（表 7.1）。

表 7.1　世界主要国家非农化与城镇化对应表　　　　（单位：%）

国家	1980 年		1990 年		1995 年		1998 年	
	A	B	A	B	A	B	A	B
美国	97.5	73.7	98.0	75.2	98.4	76.1	98.3*	76.8
日本	96.3	76.2	97.5	77.4	98.1	78.1	98.3*	78.5
法国	95.8	73.3	96.6	74.0	97.6	74.7	97.7*	75.2
意大利	94.2	66.6	96.8	66.7	97.1	66.6	97.4*	66.8
埃及	81.7	43.8	80.4	44.1	83.2	44.4	82.5	42.2
韩国	85.6	56.9	91.5	73.8	93.8	78.2	95.1	80.4
印度	62.2	23.1	69.2	25.5	71.6	26.8	70.7	27.8
中国	69.9	19.6	72.9	27.4	79.5	29.7	81.4	31.1
世界平均	93.3	39.7	94.4	43.6	95.3	45.3	95.7*	46.1

注：A 为非农产业产值占 GDP 的份额，B 为城市化水平，* 为 1997 年数据。
资料来源：2000 年国际统计年鉴。

自 1949 年以来，中国城镇化或多或少是一种外生过程（图 7.1）。1949 ～ 1978 年，以自上而下城镇化过程为主，其主动力是来自中央政府的工业化和现代化主导的行政力，主要拉动了大中城市发展和“三线”、西部工矿工业城市发展；1979 ～ 2008 年，基于改革开放的背景和政策，珠江三角洲和沿海开放地带，吸引外资和引进技术，与当地廉价土地和劳动力结合，尤其加入 WTO 以后，推进经济全球化过程，使珠江三角洲和东部沿海地区迅速发展成为我国重要的城镇化空间。中国加入 WTO 为加快城市化的内生化进程提供了有利的条件，因为 WTO 放松了城市化的两个限制条件。一是食物供应的波动可以由从国际市场的进出口来消除；二是有了更多的接近世界市场的机会，会使得工作机会增加，从而可以吸收更多从农业部门释放出的劳动力，而且中国可以更好地发挥劳动力富余的优势，增加出口制成品制造。

二、内生增长

不言而喻，在社会主义市场经济体制框架内，中国加快融入全球化进程，经济规模不断加大，社会发展程度不断提高，资源、环境、生态的压力也逐步加大，相应的资本、土地、劳动力和技术等生产要素和政府主导的增长拉动城镇化逐步处在弱化之中。因此，中国城镇化的外生发展正慢慢淡出历史的舞台。与外生发展相对应的，是城镇

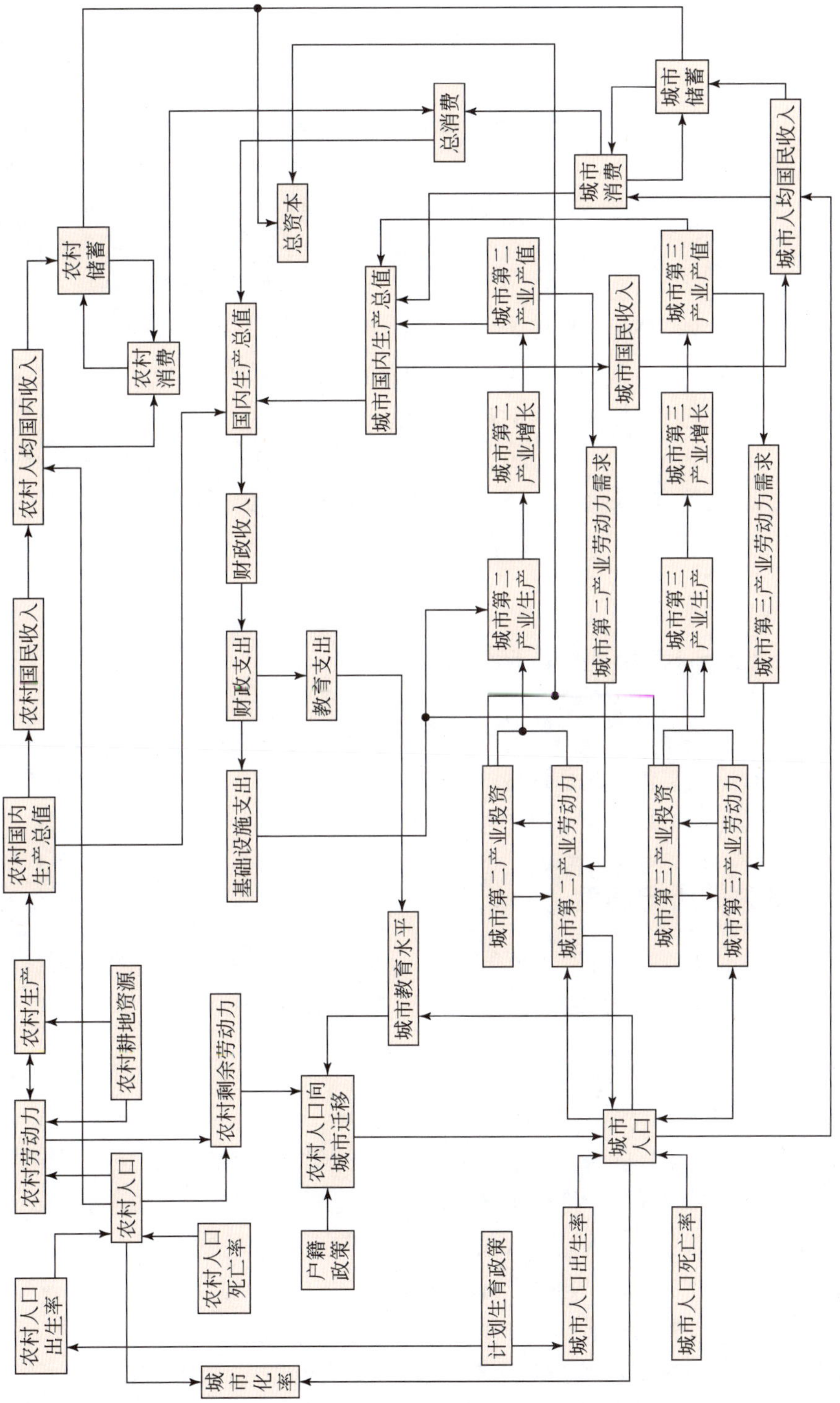

图 7.1　外生发展的城镇化动力系统因果图

化的内生增长（图 7.2）。城镇化的内生增长是在城市发展的资源、环境和生态压力不断加大，人口红利的劳动力资源出现枯竭，用于城市扩张的土地资源也出现不足的大背景下，城市发展的驱动从量的扩展转向质的提升，有人称它为城市化消费模型（the urbanization-consumption model），增长的地区更加集中和集聚，发展模式也更加多元（Guneralp and Seto，2008）。这种城市化从单一经济过程转向经济和社会耦合过程，也是一种人口和空间过程。霍米·卡拉斯（Homi Kharas）称这个农业人口进入城市，农民进入中产阶级的过程是“增长的甜蜜点（sweet spot of growth）”，而且这个过程主要通过廉价劳动力从国际贸易中获益（Kharas and Gertz，2010）。在许多国家中，城市化并没有带来更多的消费阶层，而只是将农村人口的贫困由农村转移到城市，并加剧了社会和经济两极分化，形成发展中国家城市化模式。麦肯锡研究报告认为，随着新中产阶级人数和收入总量的急剧增加，预计到 2025 年中国将成为世界第三大消费市场。这些中产家庭开始将其收入的较大一部分用于可支配物品，从而拉动城镇发展的内需增长（Farrell et al.，2006）。2019 年中国人均 GDP 跨过一万美元门槛。从生产—流通经济为主转向消费经济为主，需要增加中产阶级人口的比重并拉动内需消费，中国的经济增长有望释放出巨大的增长驱动力。

第二节　中国城镇化发展基础

悠久历史和灿烂文化，既是发展的积淀，也是发展不竭的源泉。中国城镇化正是在这样的基础上发展壮大、生根开花的。

一、灿烂悠久的历史积淀

中国早期城市经过夏、商两代约 1000 年时间的形成和发展，在进入奴隶社会末期及奴隶社会向封建社会转变的时期，即已具备了古代城市的一般特征。

1. 以血亲为纽带三级分封城邑网

西周时期，周天子保持着天下共主的威权，政治统治上利用血缘宗族关系进行分封，为都邑的发展提供了极好的条件。这一时期，周王朝统治者曾制订了一套严格的城邑建设制度，即“营国制度”，把全国各级城邑的统属关系视若人体各部分的关系，有主有从，以大制小，用城邑规模等级关系来强化其宗法和政治上的统属关系。在这一体制下，中国历史上出现第一次城邑建设的高潮：王城居首，为全国宗法血缘政治中心；诸侯城（诸侯封国国都）列第二，是周王朝在一个地区的宗法血缘政治大据点；卿大夫都（采邑城）为第三级，是周王朝宗法血缘政治的基层据点。这种城邑等级系列关系，基本形成了全国以政治职能为主的三级城邑网络，可视为中国从历史上一直延续下来的以行政为中心，从上而下的城邑等级关系的样本。

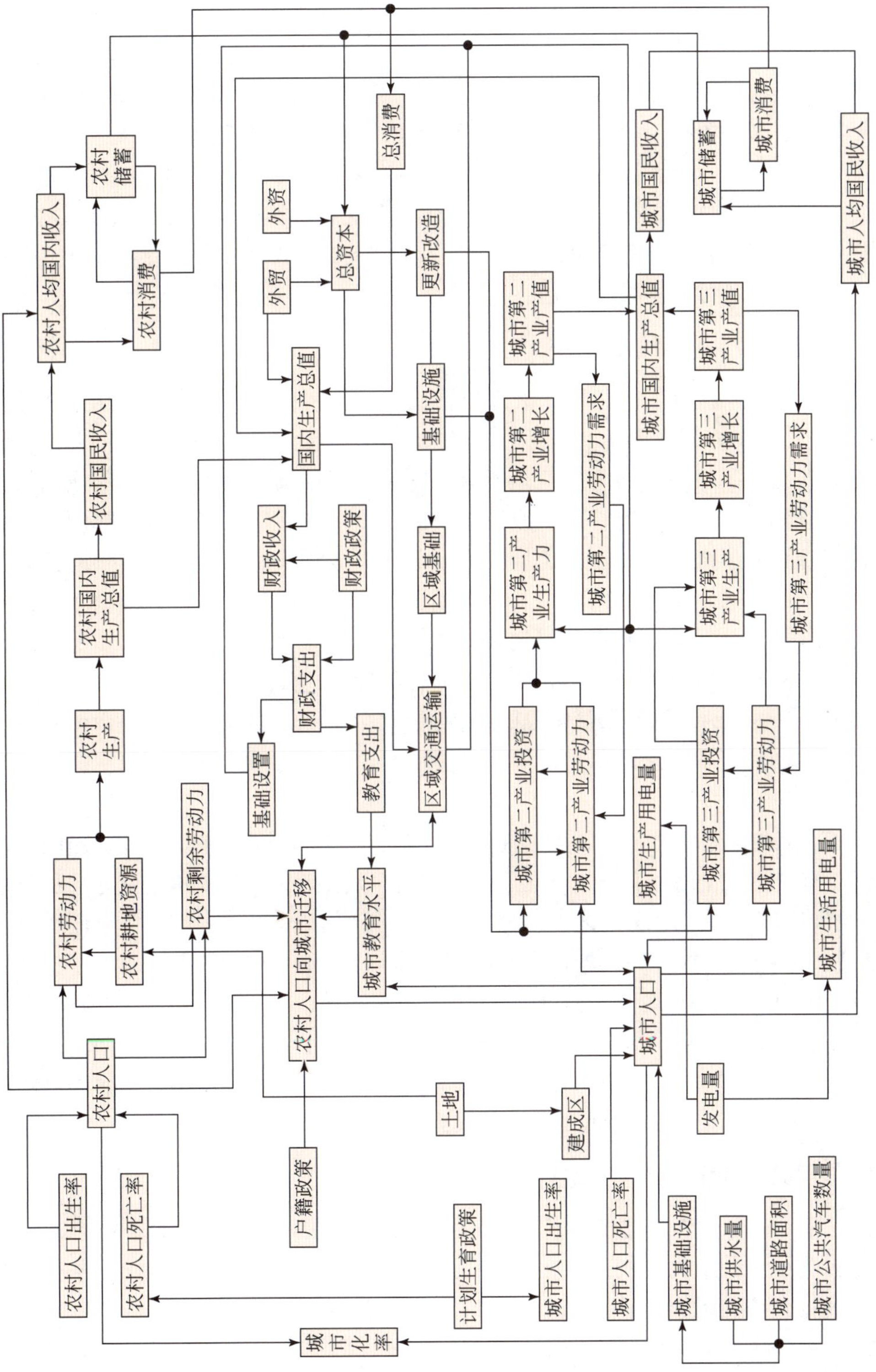

图 7.2　内生增长的城镇化动力系统因果图

公元前770年，周平王东迁洛邑（今河南洛阳），周室开始衰微，天子只保有天下共主的名义，而无实际的控制能力。首先，齐桓公任用管仲，改革内政，国力强盛，以“尊王攘夷”为号召，联合燕国打败了北戎，建立霸业。公元前656年，齐国以责问楚国为何不向周王纳贡为由，与鲁、宋、郑、陈、卫、许、曹诸国联军侵蔡伐楚，楚国见齐桓公来势凶猛，为保存实力，许和而罢。以后，齐桓公又多次大会诸侯，周王还派人参加会盟，以示“犒劳”，也遂了齐桓公春秋五霸之首之愿。这样，春秋时代（公元前722～前481年）的宗法分封政体彻底瓦解。然而，尽管这一时期出现了诸侯称霸，但名存实亡的周王朝宗法血缘关系的纽带还断断续续得以维系，建立在血亲关系上的城邑制度没有太大的改变。

2. 集权体制下的县城雏形

公元前453年，韩、赵、魏三家灭掉智氏，瓜分晋国，进入战国时期（公元前475～前221年）。原先周王朝分封的各诸侯国，也因社会经济条件的不同，出现国家间的兼并和争霸战争。西土为秦国所有，它吞并了周围的一些戎族部落或国家，成了西方强国；晋、齐、鲁、楚、燕等诸侯国，以及稍后于长江下游崛起的吴、越等国，都在吞并了周围一些小国之后，强大起来，成为大国。经过这一时期的大变动，几百个小国逐渐并为七个大国和它们周围的十几个小国。商鞅自魏国入秦，在公元前356年和公元前350年秦国先后两次实行以“废井田、开阡陌，实行县制，奖励耕织和战斗，实行连坐之法”为主要内容的变法，经济得到发展，军队战斗力不断加强，发展成为战国后期最富强的集权国家。在这样新的集权制国家政体之下，由于井田制彻底瓦解，土地私有制确立，建城不再意味建国，而是建立在这一政体下地方建制的治所——县城。

随着新兴地主阶级力量的壮大，他们在各诸侯国先后开展了变法运动，新的依附于农民阶级产生的土地占有关系——赋税制度终于建立起来。反映这一变化的是公社（邑）组织形式和建立在公社之上的分封制社会政治组织的解体，封建关系便在奴隶社会母胎中孕育、成长起来。城市形制由规整转向“不必中规中矩”，蒙上了个体经济自由经营的色彩。不仅手工业区扩大了，还出现了城市商业区，而且增辟了闾里，扩大居住区，城市的空间形态也发生了很大变化。就某个特定区域或城市而言，由于城市建设形态不同，职能分工明显，主、辅城池相互依托，联系紧密，从而群组地域结构成为明显特征。变法最彻底的秦国，成为各诸侯国中实力最强者。

3. 与郡县制度相一致的三级行政中心城市网

公元前246年，秦王嬴政即位，连年发兵东征，东方六国先后为秦所灭，建立起华夏民族统一的中央集权国家。至此，诸侯割据称雄的封建国家结束，专制主义的中央集权的统一国家开启。作为大一统王朝，在幅员辽阔的统治区域内，秦创立了高度集中的中央集权的政治制度，“器械同量，同书文字。”为了防止割据的再现，秦始皇把六国富豪和强宗十二万户迁到咸阳，另一部分迁到巴蜀、南阳、三川和赵地，使他们脱离乡土，以便监视。又下令“堕坏城郭，决通川防，夷去险阻”，尽可能消灭封建贵族依以割据的手段。为了控制广阔的国土，特别是六国旧境，秦始皇还修建由首都咸阳通到全国各地的驰道，东穷燕齐，南极吴楚。国家治理采纳丞相李斯的建议，废诸侯，立郡县，分天下为 36 郡。行政上郡下设县，县下设乡、亭、里等。与之相对应，中国城镇体系也进一步走向成熟和发展，在原有诸侯国都、县城城基础上，与郡县制度相一致，建成以都城—郡城—县城为节点、全国自上而下的三级行政中心城邑网络。

4. 封建集权制下的行政中心城市网

汉（公元前 202 ～公元 220 年）承秦制，在政治上，先分封功臣韩信、彭越、英布等为王，后继续实行中央集权和郡县制度，并以州作为行政区，在西汉武帝时萌芽，到东汉末年正式成型。东汉末年全国 13 个州。这样，中国地方行政由原本的郡县两级制度变为州郡县三级制。这样，按照封建制国家政体，州郡县治的城市建设体制设置，除政治因素外，更多的却取决于经济因素的要求，哪里经济发达，哪里必然人口集中，交通也必然方便，蔚然成为一方重镇，州治、郡治或县治每每即设于此，形成这一地区的政治经济中心。这样，在全国广大的农村地区即出现了以围墙城市为特色，以行政中心为主体，蔚为壮观的首都—州城—郡城—县城四级行政中心城市网络。

魏、晋、南北朝、隋、唐时期（公元 220 ～ 907 年），是中国封建经济走向鼎盛的时期。第一，长江流域，至南朝时已开发成为与黄河流域并重的经济区域，至唐末，中国城市体系的地域空间结构，开始出现了沿运河和沿长江两条城市发展轴线。第二，国土开发范围扩大，地域经济繁荣，导致了边防军事重镇和大城市外围草市的兴起，成为中国小城镇发展的伊始。第三，南朝都城建康（今南京）的兴起，从孙吴开始，经东晋、南朝的宋、齐、梁、陈相继建都，城市规模迅速扩大，总人口亦逾百万，成为中国都城发展史上第一个人口超过百万的特大城市，也是当时中国乃至全世界最大的城市。北魏孝文帝迁都洛阳以后，洛阳不仅成为北魏的政治中心，也逐渐成为北方最大的商业城市。隋炀帝徙天下富商大贾数万家于东京，全城人口也达百万以上，成为继南京后，第二座百万人口的大城市。

5. 镶嵌在行政网络中的经济中心城市

五代、宋、元时期（公元 907 ～ 1368 年），是中国城市发展又一个十分重要的历史时期。在这将近 500 年的历史时期内，尽管国力不及唐代，但就生产力水平而言仍有较大的提高。第一，这一时期许多原先以政治职能为主的城市已逐渐演变为政治、经济职能并重的城市。第二，农作物稻麦、茶叶、甘蔗、棉花、桑树、果蔬的栽培日益普及，既为手工业提供了充沛的原料，又成为商业性集镇发展的物质前提，促进了商业性集镇的形成与发展。第三，外贸发展促进了东南沿海海港城市繁荣。第四，由于城市经济职能加强，相应地形成了一批经济实力比一般城市雄厚的地区性经济中心

（中等城市）。这些地区性经济中心城市，不仅是该地区范围内的农业生产中心、手工业生产中心和交通要地，而且也是商品交换、物资集散或对外贸易的中心。第五，由于经济重心南移到东南沿海地区，政治中心与经济重心相分离，元大运河的重新开通，成为联系北方政治中心和南方经济中心的重要通道，沿运河城市体系也发展成为十分重要城市分布带。

明、清（鸦片战争前）时期（公元 1368 ～ 1840 年），由于整个国力在世界占有十分重要的地位，全国城镇仍表现为进一步发展的趋势，主要表现在：江南市镇的蓬勃兴起，沿江、沿运河城市发展轴线的进一步发展。

6. 贸易口岸和现代工矿交通城市兴起

1840 年鸦片战争后的晚清时期，帝国主义叩关而入，打开门户，中国被迫开放对外贸易口岸，大量倾销外国商品和输入资本，引进西方近代工业、交通技术等，从而促进了中国近代城市的发展，其中贸易口岸城市、铁路交通城市、工业城市（镇）、矿业城市（镇）等均得到发展。东北、台湾和沿海地区城市发展快速。1911 ～ 1949 年的民国时期，中国现代市制开始形成，公路枢纽城市、工业城市等新型城市得到发展。这一时期，全国重要城市分布几乎集中于沿海区，中西部地区城市分布稀少。

二、传统文化与现代化探索

1. 中国传统文化的根基

农业文化作为中国传统文化的根基，无疑也对中国的城市发展与城市化进程产生影响。第一，“重农抑商”的思想。主张以农为本，限制工商业发展，这在很大程度上影响中国经济中心城市的发展繁荣。城市既是广大农村地区的统治中心，也在很大程度上依附于农村经济。可以说，中国在漫长的历史进程中，主要是一个农业国家。尤其在近代，西方国家纷纷进入工业化和城市化阶段，而中国仍然以农业为主，城市化进程缓慢，城市发展滞后。第二，安居乐业是农业文化的最主要的特征。中国人历来“安土重迁”。历史上的大规模人口迁移主要由于战乱原因或政治（如建都）需要，城乡之间的人口迁移一直未成为主体。这种客居的迁移形态，以及叶落归根的乡土情结，强化了乡里认同和地缘社会网络。第三，农业社会结构。传统农业生产方式紧密关联的是家庭生产组织模式和以家族为本位的社会结构，以宗法伦理为基础形成的农业资源分配和产生组织模式，使得以家庭为单位的生产经营成为最稳定的经济组织形式，从而决定了中国农村的基本经济组织结构，包括后来的农村手工业与商业发展。

中国人一直认为，中华文明是普世价值的承载体，并长期以此为傲。在中国传统文化价值中，商贸是生活必需品的交换，国际贸易是互通有无，政治全球化是“和”与多样性的代名词。中国古代的统治精英长期认为，要确保人民服膺，国家应该是合法性、智慧、道义的化身。中国政府保护国家的方式，不是靠武力击败敌人，而是通过朝贡体制，实现领土的安全和“四海来朝”的辉煌。在这种体制下，中国不过度扩张，亦没有推动涵盖欧亚大陆的全球化。

2. 中国现代国家转型

上述中国传统农耕文化价值理念，最终在19世纪，被另一种重商主义的帝国体制，在坚枪利炮之下击得粉碎。几番军事溃败之后，中国人开始意识到，要保护自己民族的主权，必须接受西方民族国家中的激进民族主义思想。

1911年的辛亥革命，其实质就是在清朝所确定的中国的版图上，建立多民族的现代民族国家，在广州率先引进了西方城市治理的制度和经验，走出历史的藩篱，通过工业化和城镇化来实现国家的现代化。但事实上，在其后的40年里，这些变革和努力一再被已经形成的第一次和第二次产业革命建构的全球新市场秩序所淹没，直到第二次世界大战结束也没有明显的结果。

1945年之后，二战中胜出的美国及其盟国重新设计了一套世界政治的治理规则。这就是以联合国为中心的新国际政治秩序，在此基础上构建了美元帝国和全球生产－贸易体系。但是，在这一体制中本应属于中国的权力和红利，一直没有给予在1949年诞生的中华人民共和国。直到1971年，中华人民共和国重返联合国，重新找回中国作为大国在国际政治、经济和文化的世界位置，开启融入世界，加入全球化，寻找人类命运共同体的价值理念。

三、三次不成功的工业化经历

中国传统的小农经济难以自发地产生大规模的现代工业。近代以来，如果从19世纪60年代的“洋务运动”开始到1978年的改革开放，中国经历了满清王朝、民国时期和新中国计划经济时期三次工业化尝试，在这100多年里，中国都未能实现“机船路矿”的充分发展，完成由传统农业国向工业国的转变，反而陷入落后挨打或积贫积弱的境地。

1. 第一次工业化

1861～1911年，也就是1860年第二次鸦片战争之后，由于不得不接受西方列强强加的不平等条约，当时的满清政府备感羞辱，开始奋发图强，认识到“富民强国之本，实在于工。讲格致，通化学，用机器，精制造，化粗为精，化贱为贵，而后商贾有懋迁之资，有倍蓰之利”，启动了一系列雄心勃勃的现代化项目，建立中国第一支现代化海军和初步工业体系，引进和发展现代工业，以便改造当时非常落后的农业自然经济，抵抗西方的武装侵略和经济掠夺。例如，在1865年，购买了外国人开设在上海虹口地区的旗记铁厂，并将原有两洋炮局并入，组成江南机器制造总局，制造船炮军火和各种机器。1867年建立翻译馆，1897年创办商务印书馆，全面介绍和学习世界先进科学技术。尽管这场“洋务运动”比日本的明治维新早了整整8年，但50年后，清政府的努力以失败告终，政府债台高筑，国家风雨飘摇，民不聊生，愿景中的工业化强国无影无踪。反观日本，晚了近10年的明治维新运动却使日本在50年后成功实现了工业化。

2. 第二次工业化

进入20世纪以后，随着西方资本主义进入帝国主义时代，出现了重新瓜分世界的新一轮浪潮，中国的国家安全问题不仅没有缓解，而是日趋严重。中国社会精英群体认为：19世纪60年代满清政府的工业化之所以没有成功，主要是因为政治制度落后。据此，积极推动了政治制度的激进改革——1911年的辛亥革命，建立了中国历史上第一个基于西方价值观和宪法的“包容性”政府。新共和政府通过全面模仿美国的民主、分权（即立法、行政、司法权力三分）的政治制度来推动中国工业化进程。第一次世界大战以后，持续不断的日本局部侵华战争最终演变为要灭亡中国的全面侵华战争，这种外患日益严重的局面当然与中国缺乏支撑现代国防工业的重工业基础直接相关的，重工业已经成为制约中国国家安全和经济发展的瓶颈。也因为此，1919年孙中山发表了以发展现代交通运输和钢铁工业为中心的《实业计划》，随后又写成《十年国防计划》。然而，直到抗战前夕，中国的石油、汽油、钢铁等重要基础工业品仍然严重依赖从国外进口。1931年之后，十余年的抗战更阻碍了中国工业化进程。到1949年，中国重要工业产品，无论是从总量还是从人均角度来看，不仅与美国相差很大，而且与印度也存在较大差距（表7.2），中国经济在世界的地位不断下降，第二次工业化努力还是失败了。

表7.2　中国、印度和美国主要工业品产量对比（1949年）

工业品	中国	印度	美国
煤炭 / 万 t	3200	3200	43600
发电量 / 亿度	43	49	3451
原油 / 万 t	12	25	24892
钢 / 万 t	15.8	137	7074
生铁 / 万 t	25	64	4982
水泥 / 万 t	66	186	3594

资料来源：国家经贸委，2000。

3. 第三次工业化

1949年10月中华人民共和国成立后，学习苏联的计划经济体制，在1954年明确提出了实现工业、农业、交通运输业和国防四个现代化的目标，进行中国的第三次工业化尝试。这次工业化过程，一方面，通过土地改革和农村集体化改造，打破中国传统的以家庭为主的小农经济社会结构，实现农业社会化改造；另一方面，通过工业品和农产品的价格剪刀差，在牺牲农业和农民利益的基础上，集中人力、物力、财力等各种资源，重点投资重工业和国防工业，建立以省为单元比较完整的工业体系，促进地方工业的恢复和发展，鼓励私人投资工业等措施，发展国民经济。在 1950 ～ 1952 年，工业产值年均增长 34.8%，到 1952 年达到 343.3 亿元，与 1936 年相比增长了 22.5%。1953 年以后，确定优先发展重工业的战略。据资料统计，1949 ～ 1960 年中国重工业产值占工业总产值的比重由 26.4% 迅速上升至 66.6%，1961 ～ 1966 这一比重降至 51%。1964 年，将国防工业现代化放在优先的地位，从备战出发在内地进行“三线”建设，改变了近代以来沿海、沿江的生产力布局格局（图 7.3）。到 1978 年改革开放前，重工业比重达到 56.9%，工业品和生活必需品严重短缺，国民经济甚至处于“崩溃的边缘”。

四、城镇化发展的现实基础

1. 人口

中国是世界上人口最多的国家，2019 年年底中国人口总数已经达到了 14.0 亿，城镇人口占总人口比重（城镇化率）为 60.60%。全国就业人员 7.7471 亿人，其中：城镇就业人员 4.4247 亿人，农民工总量 2.9077 亿人，外出农民工 1.7425 亿人。

2. 经济

中国也是世界经济大国，2019 年国内生产总值（GDP）逾 990865 亿元（144963 亿美元），是美国 GDP 的 66.36%，约占全球 GDP 的 16.63%，与日本、德国、英国、法国四个主要发达国家 2018 年国内生产总值之和大致相当，稳居世界第二位。自 2006 年以来，中国成为世界经济增长的第一引擎，到 2018 年中国对世界经济增长的贡献率达到 27.5%。2019 年中国全年货物进出口总额 315446 亿元，贸易顺差为 29150 亿元，也是世界制造业、货物贸易和外汇储备的第一大国，外资流入的第二大国。

3. 生产

按照世界银行分析，2010 年中国制造业增加值首次超过美国，成为全球制造业第一大国，自此以后连续多年稳居世界第一。2019 年，中国工业增加值达到 317109 亿元。中国工业体系庞大完整，拥有世界上所有工业分类。在国际标准产业分类的 22 个制造业行业中，中国有 14 个行业的增加值居世界第一，7 个行业的增加值居世界第二，1 个行业的增加值居世界第五，有些行业的增加值遥遥领先于第二位的国家。中国农业的基础地位稳固。2019 年，粮食总产量 6.6384 亿 t，连续 5 年保持在 6.5 亿 t 以上，是世界第一产粮大国；全年猪牛羊禽肉产量 7649 万 t，其中猪肉产量 4255 万 t，牛肉产量 667 万 t；禽蛋产量 3309 万 t，牛奶产量 3201 万 t。但是，中国产业发展也存在高端产业发展不够，产业价值链高端环节占有不足等问题，城镇化带来的食物结构转型，一些关键装备、核心零部件和基础软件等严重依赖外资企业，大豆等农产品和芯片等

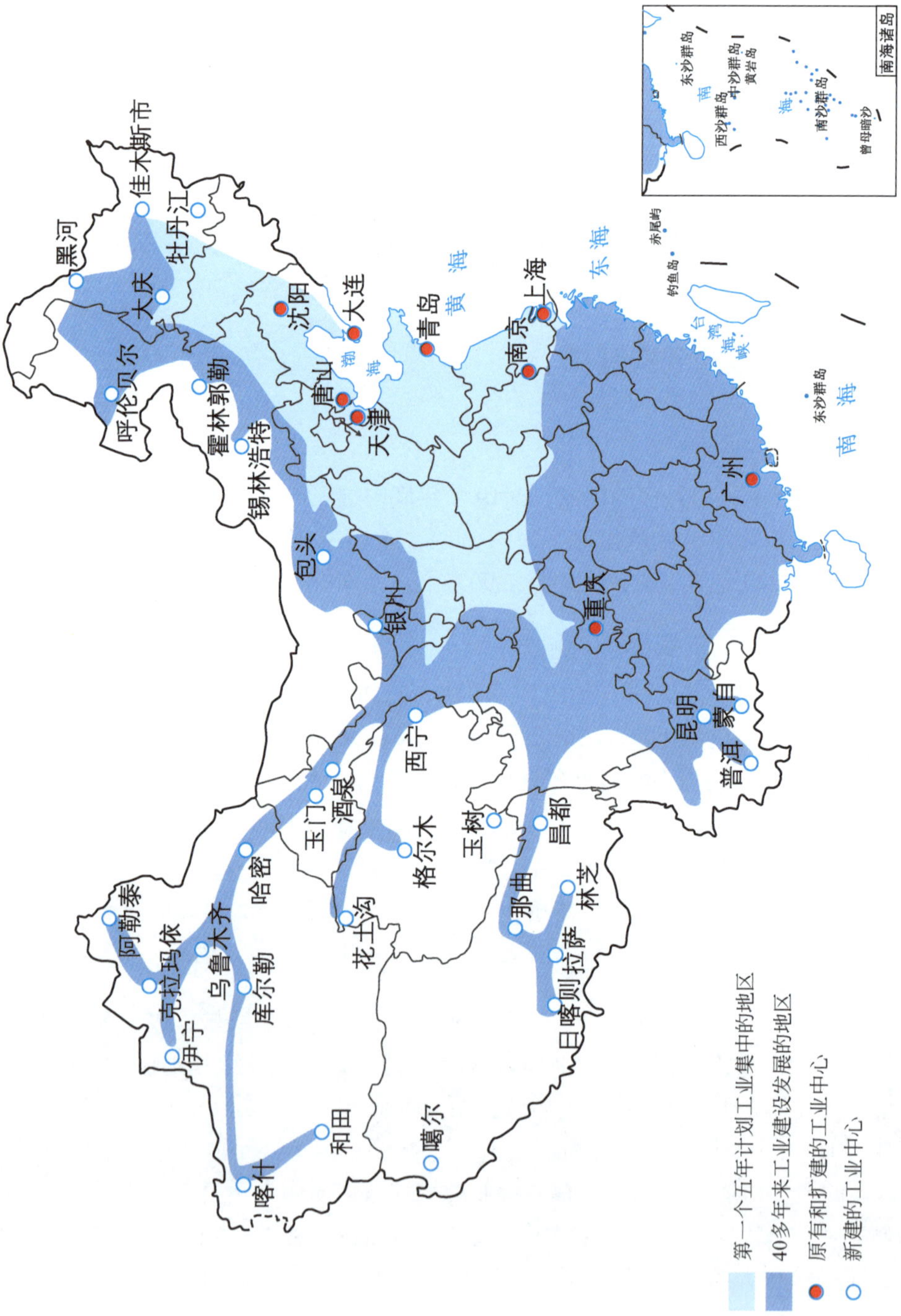

图 7.3 “一五”重点建设地区和中国沿江沿海城市格局图

部件以及石油等资源严重依赖进口。

4. 消费

1980 年，中国人均 GDP 约 300 美元，相当于世界平均水平的 12.3%。2019 年，中国人均 GDP 首次站上一万美元的新台阶，按照现价美元估算，大致相当于世界平均水平的 90%。然而，按照联合国的划分标准，中国仍处于中等偏上收入国家的水平。2019 年全年社会消费品零售总额 411649 亿元，其中：中国全年网上零售额 106324 亿元，占 25.83%。从消费水平来看，2018 年中国人均居民消费 19853 元（2807 美元），不及世界平均水平的 1/2。从消费结构看，2018 年中国居民消费恩格尔系数为 28.4%，仍远高于发达国家的水平，说明寻常百姓消费支出还在满足吃饭穿衣等基本需要。

5. 流通

2019 年，中国固定资产投资（不含农户）551478 亿元（表 7.3），其中：基础设施投资增长 3.8%。高速铁路营业总里程 3.5 万 km，占全球高铁总里程的 2/3。中国高速公路超过 14 万 km，电力装机容量 2032 亿 kW，互联网网民 8.6 亿人，均居全球第一。但从投资水平看，中国基础设施人均资本存量只有发达国家的 20% ～ 30%。西部省份和贫困地区交通、通信、水利等重大基础设施仍很薄弱。20 世纪 90 年代以来，国际政治经济出现历史性变革，经济全球化加速发展，中国改革开放全面推进，外资投入重心主要在珠江三角洲、长江三角洲、环渤海地区。2018 年，中国仍然是全球第二大外国直接投资流入国，流入资本 1390 亿美元，约占美国 55.15%，外向型经济的发展对中国城镇化进程具有直接影响。

表 7.3　中国固定资产投资（2000 ～ 2019 年）

年份	固定资产		第二产业		地产业	
	投资 / 亿元	增幅 /%	投资 / 亿元	增幅 /%	投资 / 亿元	增幅 /%
2000	24243	8.1	7921	7.1	4902	22.2
2001	27827	14.8	8633	9.0	6245	27.4
2002	32942	18.4	10703	24.0	7736	23.9
2003	42643	29.4	15007	40.2	10106	30.6
2004	58620	37.5	22989	53.2	13158	30.2
2005	75096	28.1	31599	37.5	15759	19.8
2006	93472	24.5	39760	25.8	19382	23.0
2007	117414	25.6	51020	28.3	25280	30.4
2008	148167	26.2	65036	27.5	30580	21.0
2009	194139	31.0	82277	26.5	36232	18.5

续表

年份	固定资产		第二产业		地产业	
	投资 / 亿元	增幅 /%	投资 / 亿元	增幅 /%	投资 / 亿元	增幅 /%
2010	241415	24.4	101048	22.8	48267	33.2
2011	301933	25.1	132264	30.9	61740	27.9
2012	364835	20.8	158672	20.0	71804	16.3
2013	436527	19.7	184804	16.5	86013	19.8
2014	502005	15.0	208107	12.6	95036	10.5
2015	551590	9.9	224090	7.7	95979	1.0
2016	596501	8.1	231826	3.5	102581	6.9
2017	631684	5.9	235751	1.7	109799	7.0
2018	635626	0.6	237899	0.9	120264	9.5
2019	551478	-13.2	163070	-31.5	132194	9.9

资料来源：国家统计局。

综上所述，中国城市发展历史、农耕文化价值理念和经济发展基础，是中国城镇化的历史和文化基因和增长发展的底盘，必然会对中国城镇化过程产生与生俱来的重要影响。

第三节　中国城镇化驱动力

一、经济发展

中国城镇化过程表明：第一产业是推动中国城镇化的初始动力，第二产业（制造业为主）是中国城镇化发展的核心动力，第三产业（服务业为主）正在为中国城镇化进程注入新的发展动力。1949 年以来，中国经历了工业化和城镇化的交互过程。

1. 工业化拉动城镇化

城镇化的进程离不开经济的发展，尤其是工业的发展。从某种意义上讲，城镇化就是建立在非农产业化，尤其是工业化的基础之上。从本质上说，城镇化是由以农业为主逐步向以非农产业为主的社会转型过程，非农产业在整个国民经济构成中所占的比例越高，则城镇化水平也越高。

发达国家的现代化过程表现为工业化过程和城市化过程相互交织。美国经济学家库兹涅茨在《现代经济增长：发现与思考》中指出："产品的来源和资源的去处从农业活动转向非农业生产活动，即工业化过程；城市和乡村之间的人口分布发生了变化，即城市化过程。"从理论来说，随着工业化的推进，大量的人口从农业人口变成了工业人口，而工业人口需要集聚，就是所谓的城市化。

城镇化，主要是由第一产业为主逐步转变为以第二产业为主的产业结构转变过程。一般来说，第二产业在整个国民经济构成中所占的比例越高，城镇化水平越高（表7.4）。从日本城市化的经验来看，早期的城市化是依靠高速工业增长实现的。纵观中国改革开放以来，第二产业始终是国民经济的支柱性产业，占 GDP 比重大致维持在40% ～ 50%；城镇化水平持续增长，从 17.92% 增长到 60.60%（表 7.5）。中国城镇化水平，自 1998 年越过 30% 拐点后，中国城镇化水平伴随着经济的高速增长加速上行，并于 2011 年突破 50%，中国人口一半进入城镇化地区。中国第三产业占 GDP 的比重已经于 2013 年首超第二产业，三大产业占比分别为 10.0%，43.9%，46.1%。依据城镇化和工业化过程看，在早期城镇化阶段，第二产业拉动和支撑城镇化非常明显。进入城镇化时代，第三产业和第二产业都成为城镇化的主要驱动力。

表 7.4　世界主要国家第二产业发展与城镇化水平关系

国家	1980 年		1990 年		1995 年		1998 年	
	第二产业产值占GDP/%	城镇化水平 /%	第二产业产值占GDP/%	城镇化水平 /%	第二产业产值占GDP/%	城镇化水平 /%	第二产业产值占GDP/%	城镇化水平 /%
美　国	33.4	73.7	28.1	75.2	26.8	76.1	26.2*	76.8
日　本	41.9	76.2	41.2	77.4	38.2	78.1	37.2*	78.5
德　国		82.6		85.3		86.5		87.1
法　国	33.7	73.3	29.2	74.0	26.6	74.7	26.2*	75.2
英　国		88.8		89.1		89.2		89.4
意大利	39.3	66.6	33.4	66.7	31.5	66.6	30.5*	66.8
加拿大		75.7		76.6		76.7		76.9
埃　及	36.8	43.8	28.7	44.1	32.2	44.4	32.3	42.2
韩　国	39.9	56.9	43.1	73.8	43.2	78.2	43.5	80.4
印　度	23.8	23.1	27.1	25.5	27.2	26.8	24.7	27.8
中　国	48.5	19.6	41.6	27.4	48.8	29.7	49.3	31.1
世界平均	37.9	39.7	34.1	43.6	32.2	45.3	31.6*	46.1

* 为 1997 年数据；
资料来源：2000 年国际统计年鉴，中国统计出版社。

表 7.5　中国第二产业发展与城镇化水平关系（1978 ～ 2019 年）

年份	第二产业增加值占 GDP 比重 /%	城镇化水平 /%
1978	47.9	17.92
1980	48.2	19.39
1981	44.8	20.16
1985	43.7	23.71
1990	41.8	26.41
1995	46.8	29.04
1996	47.1	29.37
1997	47.1	29.92
1998	45.8	30.40
1999	45.4	30.90
2000	45.5	36.22
2001	44.8	37.66
2002	44.5	39.09
2003	45.6	40.53
2004	45.9	41.76
2005	47.0	42.99
2006	47.6	44.33
2007	46.9	45.89
2008	46.9	46.99
2009	45.9	48.34
2010	46.4	49.95
2011	46.4	51.27
2012	45.3	52.57
2013	43.9	53.70
2014	43.1	54.77
2015	40.8	56.10
2016	39.6	57.35
2017	39.9	58.52
2018	39.7	59.58
2019	39.0	60.60

资料来源：国家统计局。

2. 第四次工业化之路

如前所述，中国曾经尝试了三次工业化的过程，都是以国家现代化为目标，实施引进技术的重工业化和国防现代化，最后均失败了。1978年的改革开放，推动了中国的第四次工业化进程（1979～2012年）。这次改革从农村开始，没有光怪陆离的耀眼光环，走的是农民争取“吃饱饭”，解放农村剩余劳动力的朴实之路，先后采取发展社队工业以及后来的乡镇企业，进行国有企业改制和重组，引进资本和技术，利用廉价劳动力优势，对外开放引进资本和技术，加入经济全球化的大循环，同步推进工业化和城镇化，获得了中国发展的奇迹。

1）推进发展轻工业战略

1978年改革开放以来，针对长期形成的积累与消费关系失调、轻重工业严重失衡状态，调整了产业发展战略，即：由优先发展重工业转向轻重工业均衡发展。据资料显示，1979～1981年，轻工业的增长速度超过重工业，重工业占工业总量的比重下降到48.5%（表7.6），1997年进一步下降到51%。到1997年，国内贸易部对613种主要商品的供应情况进行调查，结果发现供不应求的商品仅占1.6%，供求基本平衡的商品占66.6%，供过于求的商品占31.8%。中国短缺经济时代宣告结束。1998年，中国人均GDP也超过800美元。

表7.6　中国轻重工业比重（1978～1982年）

年份	轻工业占比/%	重工业占比/%
1978	43.10	56.90
1979	43.70	56.30
1980	47.10	52.90
1981	51.50	48.50
1982	50.20	49.80

2）乡镇企业发展

整个20世纪80年代，农村改革改革的巨大成功，释放出农村剩余劳动力，填补短缺经济下的轻工品生产，公社和生产大队两级农村组织开始兴办社队（乡村）产业。知青返城为了解决就业也积极发展街道办轻工企业，特别是后来农村地区乡镇企业快速崛起，以食品、五金、电器为代表的消费品制造业，彻底改变了中国前一阶段轻重工业失衡的状态（表7.7）。大量乡镇企业（集体所有制而非私有制）在全国各地农村萌芽，并呈爆发式增长。在改革开放后的第一个10年（1978～1988），乡镇企业数量从150万家增加到1890万家，增长了12.6倍；乡镇企业生产总值占GDP的比重从14%上升到46%，增长了13.5倍。到1988年，中国乡镇企业创造了近1亿个就业岗位，农民的平均收入水平增长了 12 倍。

表 7.7　中国轻重工业比重（1983 ～ 1990 年）

年份	轻工业占比 /%	重工业占比 /%
1983	48.50	51.50
1984	47.40	52.60
1985	47.40	52.60
1986	47.60	52.40
1987	48.20	51.80
1988	49.30	50.70
1989	48.90	51.10
1990	49.40	50.60

资料来源：国家统计局。

3）劳动密集型规模化

1988 年以后，中国的乡镇企业继续高速发展。到 2000 年，乡镇企业雇佣农村剩余劳动力数量达到全国总劳动力人口的 50% 以上，乡镇企业产值年均增长 28%，三年翻一番。同期，遍布中国城乡各地的劳动密集型工厂发展起来，生产了大量轻纺产品。例如，浙江的嵊州有 1000 多家领带厂，年产 2 亿多条领带，国内 100 条领带中有 80 条出自嵊州，国外 100 条中有 40 条出自这里。到 1995 年，以日用轻工、纺织服装制鞋、玩具、电话机等产品生产规模达到全球第一，中国成为全球最大的纺织品生产国和出口国，棉花的最大生产国和进口国，以及家具和玩具的最大生产国和出口国，为中国加入世贸组织占领世界纺织品市场做好了充分准备。2001 年，中国加入 WTO，全面融入经济全球化进程，农村集体依靠自己的力量自主创办企业的环境和条件不复存在，中国特定历史时期发生的所谓农村工业化运动也被纳入到国家统一工业化进程中，“乡镇企业”也就成为历史名词了。

4）重回重化工时代

2001 年中国进入 WTO 以后，外国公司纷纷转移过剩产能到中国市场，例如韩国轻工产品从厨房用品到塑料水杯均搬到中国沿海城市设厂生产，跨国企业利用中国廉价劳动力和税收优惠政策转移装配线到中国，这些外国工厂和企业生产的产品设计美观、质高价廉，原来国有企业产品失去市场竞争力，货卖不出，材料进不来，三角债缠身，面临倒闭、破产和重组的境遇。通过国有企业的合并（consolidation）与兼并（merger）、收购（acquisition）与接收（takeover）、标购（tenderoff）与剥离（divestiture），分立与售卖等方式，对企业的资金、资产、劳动力、技术、管理等要素进行重新配置，增加外资和新技术引进成立合资企业，强化钢铁、煤炭、石油、化工、水泥等产业的投资，实现对冶金、钢铁、矿产、大型机械设备、精密仪器、化工材料等的规模化大生产。由于重工业对机械设备、中间产品和交通工具等产品市场快速扩张的刺激，煤炭、钢铁、水泥、化纤等生产需求迎来了高峰。重工业的比重从 2001 年的 60.2% 提高到 2005 年的 67.6%，2011 年的 71.8%，11 年提高了 11.6 个百分点（表 7.8）。中国经济发展，铸就了“黄金十年”美誉，GDP 年均增长保持在 8% 以上。

表 7.8　中国轻重工业比重（1997 ~ 2011 年）

年份	轻工业占比 /%	重工业占比 /%
1997	49.00	51.00
1998	42.90	57.10
1999	42.00	58.00
2000	40.00	60.00
2001	39.80	60.20
2002	39.10	60.90
2003	35.50	64.50
2004	33.50	66.50
2005	34.20	67.60
2006	30.00	70.00
2007	29.50	70.50
2008	29.50	70.50
2009	28.70	71.30
2010	29.50	70.50
2011	28.20	71.80

资料来源：国家统计局。

5）世界制造业基地

到 2013 年，中国开始重回全球最大最具活力的制造业中心的地位，生产了全球 50% 的钢铁（美国的 8 倍）、全球 60% 的水泥、全球 25% 以上的汽车。到 2019 年，中国专利申请总数已经超过了美国和日本的总和，成为全球最大的专利申请国，中国还是全球最大的一系列的工业产品和农产品的生产大国。与此同时，为了克服重工业规模化大生产带来的大运量，中国通过基础设施升级和高速铁路提升“中国制造”整体水平。例如高速铁路，涉及钢铁、冶金、复合材料、机车、新型动力、底盘、制动、电源、稳压、感测、通信、电信、制动控制、信号集成、信号传输、安全控制等几十个科研和工业部门和数百个制造门类和数以万计的产品种类，涉及工业和工程质量的整体提高和监管体制以及生产管理的完善。

3. 工业化同步城镇化

中国第四次工业化是在“人口多，底子薄”，缺乏资本、技术和管理经验基础上展开的。这一过程，充分利用廉价劳动力和土地资源，提供优惠的税收优惠政策，通过经济特区、工业园区和经济开发区建设，筑巢引凤，建设世界制造业生产基地。

1）经济特区、经济技术开发区和高新技术产业开发区设置

1980～1998年，以沿海开放和经济增长为目标，以中央政府设立的开发区为主导，进行产业与城镇化同步发展。80年代初，国家首先在广东和福建设立四个经济特区（表7.9）。1984年，在东部沿海地区设立了首批10个国家级经济技术开发区。1988年，中关村科技园成为全国第一家高新技术产业开发区，后来陆续扩展到70多家。1992年邓小平南方谈话后设立浦东新区。1990～1995年5年间，国家级开发区从15家迅速拓展到103家（表7.10和表7.11）。

表7.9　中国经济特区（1980～2019年）

序号	经济特区名称	所在地	批准时间
1	深圳经济特区	广东	1980年8月
2	珠海经济特区	广东	1980年8月
3	厦门经济特区	福建	1980年10月
4	汕头经济特区	广东	1981年10月
5	海南经济特区	海南	1988年4月
6	喀什经济特区	新疆	2010年5月
7	霍尔果斯经济特区	新疆	2014年6月

表7.10　国家级经济技术开发区（1984～2019年）

省份	数量	名称
北京	1	北京经济技术开发区
天津	6	天津经济技术开发区、西青经济技术开发区、武清经济技术开发区、天津子牙经济技术开发区、北辰经济技术开发区、东丽经济技术开发区
河北	6	秦皇岛经济技术开发区、廊坊经济技术开发区、沧州临港经济技术开发区、石家庄经济技术开发区、唐山曹妃甸经济技术开发区、邯郸经济技术开发区
山西	4	太原经济技术开发区、大同经济技术开发区、晋中经济技术开发区、晋城经济技术开发区
内蒙古	3	呼和浩特经济技术开发区、巴彦淖尔经济技术开发区、呼伦贝尔经济技术开发区

续表

省份	数量	名称
辽宁	9	大连经济技术开发区、营口经济技术开发区、沈阳经济技术开发区、大连长兴岛经济技术开发区、锦州经济技术开发区、盘锦辽滨沿海经济技术开发区、沈阳辉山经济技术开发区、铁岭经济技术开发区、旅顺经济技术开发区
吉林	5	长春经济技术开发区、吉林经济技术开发区、四平红嘴经济技术开发区、长春汽车经济技术开发区、松原经济技术开发区
黑龙江	8	哈尔滨经济技术开发区、宾西经济技术开发区、海林经济技术开发区、哈尔滨利民经济技术开发区、大庆经济技术开发区、绥化经济技术开发区、牡丹江经济技术开发区、双鸭山经济技术开发区
上海	6	闵行经济技术开发区、虹桥经济技术开发区、上海漕河泾新兴技术开发区、上海金桥出口加工区、上海化学工业经济技术开发区、上海松江经济开发区
江苏	26	南通经济技术开发区、连云港经济技术开发区、昆山经济技术开发区、苏州工业园区、南京经济技术开发区、扬州经济技术开发区、徐州经济技术开发区、镇江经济技术开发区、吴江经济技术开发区、江宁经济技术开发区、常熟经济技术开发区、淮安经济技术开发区、盐城经济技术开发区、锡山经济技术开发区、太仓港经济技术开发区、张家港经济技术开发区、海安经济技术开发区、靖江经济技术开发区、吴中经济开发区、宿迁经济技术开发区、海门经济技术开发区、如皋经济技术开发区、宜兴经济技术开发区、浒墅关经济技术开发区、沭阳县经济技术开发区、苏州相城经济技术开发区
浙江	21	宁波经济技术开发区、温州经济技术开发区、宁波大榭开发区、杭州经济技术开发区、萧山经济技术开发区、嘉兴经济技术开发区、湖州经济技术开发区、袍江经济开发区、金华经济技术开发区、长兴经济技术开发区、宁波石化经济技术开发区、嘉善经济技术开发区、衢州经济技术开发区、义乌经济技术开发区、杭州余杭经济技术开发区、绍兴柯桥经济开发区、富阳经济技术开发区、平湖经济技术开发区、杭州湾上虞工业园区、慈溪经济开发区、丽水经济开发区
安徽	12	芜湖经济技术开发区、合肥经济技术开发区、马鞍山经济技术开发区、安庆经济技术开发区、铜陵经济技术开发区、滁州经济技术开发区、池州经济技术开发区、六安经济技术开发区、淮南经济技术开发区、宁国经济技术开发区、桐城经济技术开发区、宣城经济技术开发区
福建	10	福州经济技术开发区、厦门海沧台商投资区、福清融侨经济技术开发区、东山经济技术开发区、漳州招商局经济技术开发区、泉州经济技术开发区、漳州台商投资区、泉州台商投资区、龙岩经济技术开发区、东侨经济技术开发区
江西	10	南昌经济技术开发区、九江经济技术开发区、赣州经济技术开发区、井冈山经济技术开发区、上饶经济技术开发区、萍乡经济技术开发区、南昌小蓝经济技术开发区、宜春经济技术开发区、龙南经济技术开发区、瑞金经济技术开发区
山东	15	青岛经济技术开发区、烟台经济技术开发区、威海经济技术开发区、东营经济技术开发区、日照经济技术开发区、潍坊滨海经济技术开发区、邹平经济技术开发区、临沂经济技术开发区、招远经济技术开发区、德州经济技术开发区、明水经济技术开发区、胶州经济技术开发区、聊城经济技术开发区、滨州经济开发区、威海临港经济技术开发区
河南	9	郑州经济技术开发区、漯河经济技术开发区、鹤壁经济技术开发区、开封经济技术开发区、许昌经济技术开发区、洛阳经济技术开发区、新乡经济技术开发区、红旗渠经济技术开发区、濮阳经济技术开发区
湖北	8	武汉经济技术开发区、黄石经济技术开发区、襄阳经济技术开发区、武汉临空港经济技术开发区、荆州开发区、葛店经济技术开发区、武汉东湖新技术产业开发区、十堰经济技术开发区
湖南	8	长沙经济技术开发区、岳阳经济技术开发区、常德经济技术开发区、宁乡经济技术开发区、湘潭经济技术开发区、浏阳经济技术开发区、娄底经济技术开发区、望城经济技术开发区
广东	6	湛江经济技术开发区、广州经济技术开发区、广州南沙经济技术开发区、惠州大亚湾经济技术开发区、增城经济技术开发区、珠海经济技术开发区

续表

省份	数量	名称
广西	4	南宁经济技术开发区、钦州港经济技术开发区、中国—马来西亚钦州产业园区、南宁东盟经济开发区
海南	1	洋浦经济开发区
重庆	3	重庆经济技术开发区、万州经济技术开发区、长寿经济技术开发区
四川	8	成都经济技术开发区、广安经济技术开发区、德阳经济技术开发区、遂宁经济技术开发区、绵阳经济技术开发区、广元经济技术开发区、宜宾临港经济技术开发区、内江经济技术开发区
贵州	2	贵阳经济技术开发区、遵义经济技术开发区
云南	5	昆明经济技术开发区、曲靖经济技术开发区、蒙自经济技术开发区、嵩明杨林经济技术开发区、大理经济技术开发区
西藏	1	拉萨经济技术开发区
陕西	5	西安经济技术开发区、陕西航空经济技术开发区、陕西航天经济技术开发区、汉中经济技术开发区、神府经济技术开发区
甘肃	5	兰州经济技术开发区、金昌经济技术开发区、天水经济技术开发区、酒泉经济技术开发区、张掖经济技术开发区
青海	2	西宁经济技术开发区、格尔木昆仑经济开发区
宁夏	2	银川经济技术开发区、石嘴山经济技术开发区
新疆	9	乌鲁木齐经济技术开发区、石河子经济技术开发区、库尔勒经济技术开发区、奎屯 - 独山子经济技术开发区、阿拉尔经济技术开发区、五家渠经济技术开发区、准东经济技术开发区、甘泉堡经济技术开发区、库车经济技术开发区

表 7.11　国家级高新技术产业开发区（1988 ～ 2019 年）

省份	数量	名称
北京	1	中关村国家自主创新示范区
天津	1	天津滨海高新技术产业开发区
河北	5	石家庄高新技术产业开发区、保定国家高新技术产业开发区、唐山高新技术产业开发区、燕郊高新技术产业开发区、承德高新技术产业开发区
山西	2	太原国家高新技术产业开发区、长治高新技术产业开发区
内蒙古	2	包头稀土高新技术产业开发区、呼和浩特金山高新技术产业开发区
辽宁	7	沈阳高新技术产业开发区、大连高新技术产业开发区、鞍山高新技术产业开发区、营口高新技术产业开发区、辽阳高新技术产业开发区、本溪高新技术产业开发区、阜新高新技术产业开发区
吉林	5	长春高新技术产业开发区、吉林高新技术产业开发区、延吉高新技术产业开发区、长春净月高新技术产业开发区、通化医药高新技术产业开发区
黑龙江	3	哈尔滨高新技术产业开发区、齐齐哈尔高新技术产业开发区、大庆高新技术产业开发区
上海	3	上海张江高新技术产业开发区、上海紫竹高新技术产业开发区、上海漕河泾新兴技术开发区
江苏	15	南京国家高新技术产业开发区、徐州国家高新技术产业开发区、苏州国家高新技术产业开发区、常州国家高新技术产业开发区、泰州医药高新技术产业开发区、昆山高新技术产业开发区、无锡国家高新技术产业开发区、武进高新技术产业开发区、江阴高新技术产业开发区、南通高新技术产业开发区、镇江高新技术产业开发区、盐城高新技术产业开发区、连云港高新技术产业开发区、扬州高新技术产业开发区位、常熟高新技术产业开发区

续表

省份	数量	名称
浙江	8	杭州高新技术产业开发区、宁波高新技术产业开发区、绍兴高新技术产业开发区、温州高新技术产业开发区、衢州高新技术产业开发区、萧山临江高新技术产业开发区、湖州莫干山高新技术产业园区、嘉兴秀洲高新技术产业开发区
安徽	4	合肥高新技术产业开发区、蚌埠高新技术产业开发区、芜湖高新技术产业开发区、马鞍山慈湖高新技术产业开发区
福建	8	福州高新技术产业开发区、厦门火炬高技术产业开发区、泉州高新技术产业开发区、漳州高新技术产业开发区、莆田国家高新技术产业开发区、龙岩高新技术产业开发区、三明高新技术产业开发区、永安尼葛高新技术开发区
江西	7	南昌高新技术产业开发区、新余高新技术产业开发区、景德镇高新技术产业开发区、鹰潭国家高新技术产业开发区、抚州高新技术产业开发区、吉安高新技术产业园区、赣州高新技术产业园区
山东	12	威海火炬高技术产业开发区、济南高新技术产业开发区、青岛高新技术产业开发区、淄博高新技术产业开发区、潍坊高新技术产业开发区、济宁高新技术产业开发区、烟台高新技术产业开发区、临沂高新技术产业开发区、泰安高新技术产业开发区、枣庄高新技术产业开发区、莱芜高新技术产业开发区、德州高新技术产业开发区
河南	7	郑州高新技术产业开发区、洛阳高新技术产业开发区、安阳高新技术产业开发区、南阳高新技术产业开发区、新乡高新技术产业开发区、平顶山高新技术产业开发区、焦作高新技术产业开发区
湖北	7	武汉东湖新技术开发区、襄阳高新技术产业开发区、宜昌国家高新技术产业开发区、孝感高新技术产业开发区、荆门高新技术产业开发区、随州高新技术产业园区、仙桃高新技术产业开发区
湖南	5	长沙高新技术产业开发区、株洲高新技术产业开发区、湘潭国家高新技术产业开发区、益阳高新技术产业开发区、衡阳国家高新技术产业开发区
广东	11	中山火炬高技术产业开发区、广州高新技术产业开发区、深圳高新技术产业开发区、佛山高新技术产业开发区、惠州仲恺高新技术产业开发区、珠海高新技术产业开发区、东莞松山湖高新技术产业开发区、肇庆高新技术产业开发区、江门国家高新技术产业开发区、河源市高新技术开发区、清远高新技术产业开发区
广西	3	桂林高新技术产业开发区、南宁高新技术产业开发区、柳州高新技术产业开发区
海南	1	海口高新技术产业开发区
重庆	2	重庆高新技术产业开发区、重庆璧山高新技术产业开发区
四川	7	成都高新技术产业开发区、自贡国家高新技术产业开发区、绵阳高新技术产业开发区、乐山高新技术产业开发区、泸州高新技术产业园区、攀枝花钒钛高新技术产业园区、德阳高新技术产业园区
贵州	1	贵阳高新技术产业开发区
云南	2	昆明高新技术产业开发区、玉溪国家高新技术产业开发区
陕西	7	西安高新技术产业开发区、杨凌农业高新技术产业示范区、宝鸡高新技术产业开发区、渭南高新技术产业开发区、榆林高新技术产业开发区、咸阳高新技术产业园区、安康高新技术产业开发区
甘肃	3	兰州高新技术产业开发区、白银高新技术产业开发区、酒泉高新技术产业开发区
青海	1	青海国家高新技术产业开发区
宁夏	2	银川高新技术产业开发区、石嘴山高新技术产业开发区
新疆	3	乌鲁木齐高新技术产业开发区、昌吉高新技术产业开发区、石河子高新技术产业开发区

2）综合型、示范型新区和功能区设置

2000年以来，新区开发成为中国大城市发展的主要手段，如广州的琶洲新区、上海的松江新城，杭州的钱江新城，天津海河新区。2010年以后，国家战略的目标导向更趋多元，更加注重创新体制机制、自主创新、扩大深化开放、区域统筹、产城融合等。这一时期，通过设立国家级新区、自由贸易试验区和自主创新示范区等功能更为综合、以示范引领为导向的新区和功能区，如国家级新区、国家自由贸易试验区、国家综合配套改革的试验区、国家级金融综合改革试验区等（表7.12～表7.15）。通过土地和资本的投放，引导国家战略区、战略产业的发展。

表7.12　国家级新区（1992～2019年）

名称	所在地	获批时间	面积/km^2
浦东新区	上海	1992年10月	1210.41
滨海新区	天津	2005年10月	2270
两江新区	重庆	2010年6月	1200
舟山群岛新区	舟山	2011年6月	陆地1440 海域20800
兰州新区	兰州	2012年8月	1700
南沙新区	广州	2012年9月	803
西咸新区	西安、咸阳	2014年1月	882
贵安新区	贵阳、安顺	2014年1月	2451
西海岸新区	青岛	2014年6月	陆地2096 海域5000
金普新区	大连	2014年6月	2299
天府新区	成都、眉山、资阳	2014年10月	1578
湘江新区	长沙	2015年4月	490
江北新区	南京	2015年6月	2451
福州新区	福州	2015年9月	1892
滇中新区	昆明	2015年9月	482
哈尔滨新区	哈尔滨	2015年12月	493
长春新区	长春	2016年2月	499
赣江新区	南昌	2016年6月	260

表 7.13　国家自由贸易试验区（2013 ～ 2019 年）

自贸区名称	所在地	获批时间	面积 /km^2
中国（上海）自由贸易试验区	上海	2013 年 9 月	120.7
中国（广东）自由贸易试验区	广东	2015 年 4 月	116.2
中国（天津）自由贸易试验区	天津	2015 年 4 月	119.9
中国（福建）自由贸易试验区	福建	2015 年 4 月	118.04
中国（辽宁）自由贸易试验区	辽宁	2017 年 3 月	
中国（浙江）自由贸易试验区	浙江	2017 年 3 月	
中国（河南）自由贸易试验区	河南	2017 年 3 月	
中国（湖北）自由贸易试验区	湖北	2017 年 3 月	
中国（重庆）自由贸易试验区	重庆	2017 年 3 月	
中国（四川）自由贸易试验区	四川	2017 年 3 月	
中国（陕西）自由贸易试验区	陕西	2017 年 3 月	
中国（海南）自由贸易试验区	海南	2018 年 10 月	
中国（山东）自由贸易试验区	山东	2019 年 8 月	
中国（江苏）自由贸易试验区	江苏	2019 年 8 月	
中国（广西）自由贸易试验区	广西	2019 年 8 月	
中国（河北）自由贸易试验区	河北	2019 年 8 月	
中国（云南）自由贸易试验区	云南	2019 年 8 月	
中国（黑龙江）自由贸易试验区	黑龙江	2019 年 8 月	

表 7.14　国家综合配套改革的试验区（2005 ～ 2013 年）

试验区名称	所在地	获批时间	性质
上海浦东新区	上海	2005 年 6 月	综合配套改革试验区
天津滨海新区	天津	2006 年 5 月	综合配套改革试验区
重庆市	重庆	2007 年 6 月	全国统筹城乡综合配套改革
成都市	成都	2007 年 6 月	全国统筹城乡综合配套改革
武汉城市圈	武汉城市圈	2007 年 12 月	两型社会综合配套改革
长株潭城市群	长江、株洲、湘潭	2007 年 12 月	两型社会综合配套改革
深圳市	深圳	2009 年 5 月	综合配套改革
沈阳经济区	沈阳	2010 年 4 月	新型工业化综合配套改革
山西省	山西	2010 年 12 月	国家资源型经济综合配套改革
义乌市	义乌	2011 年 3 月	国际贸易综合改革
厦门市	厦门	2011 年 12 月	深化两岸交流合作综合配套改革
黑龙江两大平原	黑龙江	2013 年 6 月	现代农业综合配套改革

表 7.15 国家级金融综合改革试验区

序号	金融综合改革试验区名称	所在地	批准时间	试验主题
1	温州金融综合改革试验区	温州	2012 年 3 月	地方金融、民间资本、金融风险
2	珠三角金融综合改革试验区	珠江三角洲地区	2012 年 7 月	城市金融、农村金融、城乡统筹
3	泉州金融综合改革试验区	泉州	2012 年 12 月	金融服务实体经济
4	滇桂沿边金融综合改革试验区	云南、广西	2013 年 11 月	跨境金融
5	青岛金融综合改革试验区	青岛	2014 年 2 月	财富管理

4. 经济全球化

随着跨国公司成为推进世界工业化的主导力量，资本、技术等生产要素开始在全球范围内流动，工业生产活动也随之在全球范围内组织，并由此形成了全球性的生产劳动分工体系。这种新的生产劳动分工体系，不仅体现在不同产业和产品之间，而且还深入到同一产业或产品的内部，使工业生产链的各个环节可以在全球范围内实现组织和运作。对中国而言，外资大量涌入工业制造部门，资源配置效率与生产效率不断提高，经济活力与竞争力显著增强等，这个过程称为经济的全球化。

1）国际生产链

国际生产链，是指原本在一个国家内部完成的生产过程，在经济全球化和自由贸易的推动下，转化为延伸到若干个国家甚至更大地理范围内的行业内生产分工体系，涉及研发、设计、生产、加工、组装、运输等各个环节，并形成一个内部组件分工协作、生产运输环环相扣的完整链条。例如光纤，美国康宁、中国武汉长飞和中国江苏亨通是居全球前三的企业。中国光纤制造业产量占据全球的 60%。其中中国武汉长飞公司由邮电部、武汉市与荷兰飞利浦公司于 1988 年共同创建，1992 年注册资本 3600 万荷兰盾（人民币 1.8 亿元），现与荷兰德拉克公司共同经营管理，是当今中国产品规格最齐全、生产技术最先进、生产规模最大的光纤光缆专业制造和研究开发的企业公司。公司光纤光缆产品已遍及全国，并销往美国、日本、韩国、新加坡、泰国、澳大利亚、南非、欧洲和中东等十几个国家和地区，服务于邮电、铁道、电力、广播电视、航天、石油化工、交通、国防、教育等行业。2002 年在上海长飞光纤光缆有限公司（YOFC）与德拉克通信科技有限公司（DRAKA）共同投资组建长飞光纤光缆（上海）有限公司，主要设计、生产和销售通信及数据用光缆和光纤光缆器件材料及宽带接入网通信系统设备等。

2）全球供应链

全球供应链，亦称全球网络供应链。供应链的成员遍布全球，生产资料的获得、产品生产的组织、货物的流动和销售、信息的获取都是在全球范围内进行和实现的供应链。例如，中国的汽车零部件企业是汽车整车企业的上游，一般建在相应跨国公司在华整车企业的附近。然而，这些企业也为全球汽车企业供应零部件（图 7.4）。例如，杭州万向集团董事局主席鲁冠球，1969 年带领 6 名农民集资 4000 元创办宁围公社农机厂，现在发展为包括汽车传动轴、轿车减震器、轿车等速驱动轴等汽车零部件制造商，

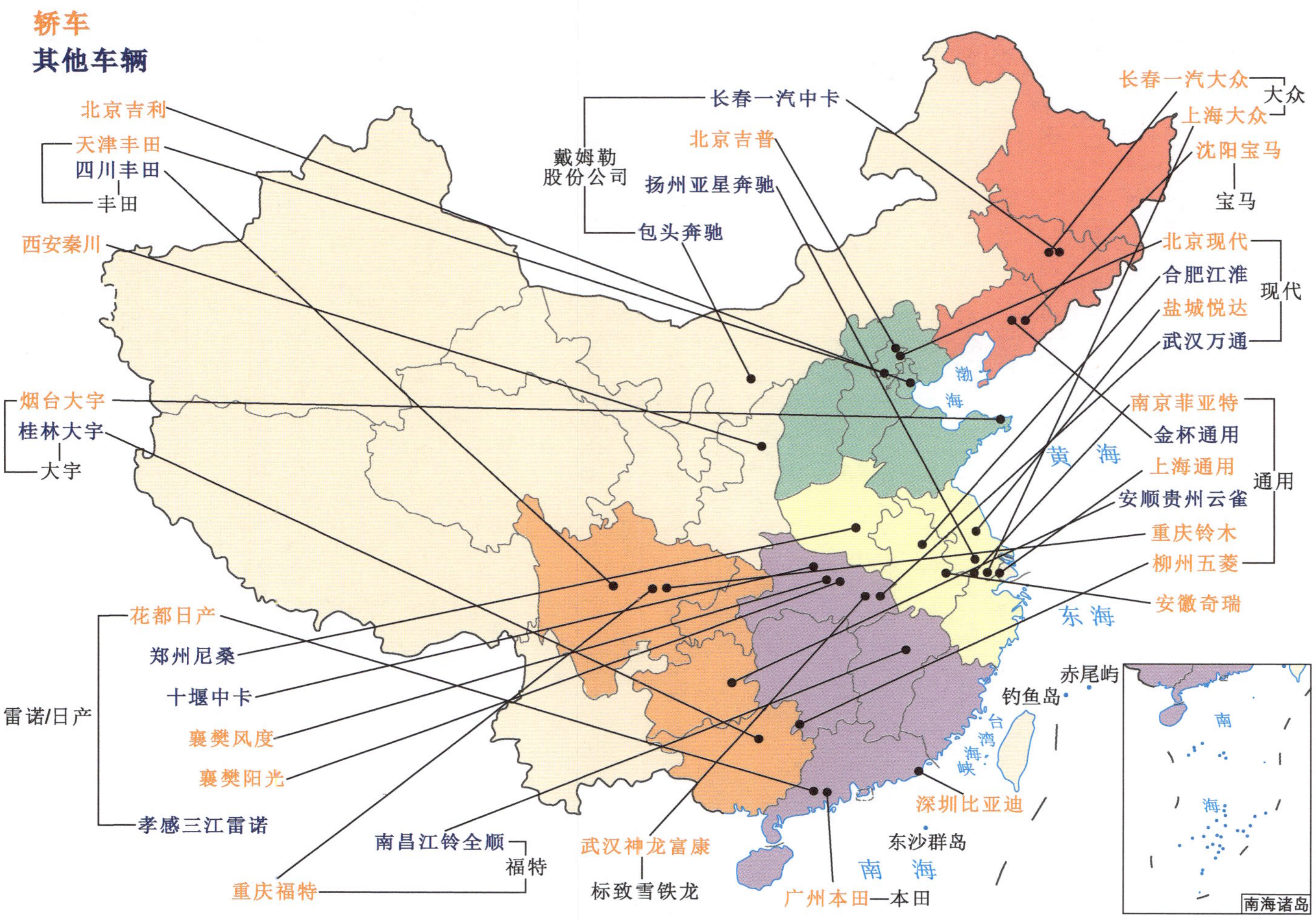

图 7.4 跨国公司在华整车企业分布图

产品等速万向节总产能超过 100 万个，除了供应中国市场外，也供应海外市场。

3）全球价值链

全球价值链（global value chain，GVC），是指为实现商品价值或服务价值，将产品的生产、销售、回收处理等过程连接起来的全球性跨企业网络组织，相关的企业包括原材料采掘、采购和运输、半成品和成品的生产和分销，直至最终消费和回收处理的整个过程。所有涉及该产品生产、运输和消费的参与者都参与价值和利润分配等活动的组织链，当前在全球价值链上的企业主要设计、产品开发、生产制造、营销、交货、消费、售后服务、最后循环利用等各种增值活动的企业。例如 WANDA 无线鼠标，美国的罗技公司负责研发与设计，中国苏州主要承担加工、生产，然后由美国分销商和零售商销往国际市场。在经济全球化的工业生产价值链的利益分配是这样完成的：WANDA 无线鼠标在美国的售价大约为 40 美元，其中罗技大约拿到 8 美元，分销商和零售商拿到 15 美元，另外 14 美元则被 WANDA 零部件供应商获得，中国从每只鼠标中仅能拿到 3 美元，苏州装配厂里工人工资、电力、交通和其他经常开支全都包括在这 3 美元里（王斌，2006）。

4）全球生产基地

所谓全球生产基地，是指一种产品或一个行业的各类企业，在一地集聚，为全球消费者生产。例如，长江三角洲笔记本电脑全球生产基地，上海形成了较高水平的芯片设计、生产、封装、测试产业链，苏州为信息技术产品的生产制造基地，无锡的日资企业偏重于通信和 PC 相关零部件的生产，以上海为中心的昆山、苏州、杭州一带生产的笔记本电脑已占全世界生产量的 80%。在北京，跨国公司总部也迅速集聚（图 7.5）。

5）世界工厂

到 2010 年以后，中国是全球最大的制造业国家，大致生产了接近全世界一半的主要工业品，其中包括粗钢（美国水平的 8 倍，世界供给量的 50%）、水泥（世界总产量的 60%）、煤炭（世界总产量的 50%）、汽车（超过世界总供给量的四分之一）、工业专利申请（美国的 1.5 倍）。中国还是世界上最大的船舶、高速列车、机器人、隧道、桥梁、高速公路、化纤、机械设备、计算机和手机的生产国。其中在珠江三角洲，华为、美的、格力等本土跨国企业，抓住科技革命发展机遇，重点发展新材料、新能源、生命健康、3D 打印、机器人、智能制造装备等高新技术产业，形成具有较强国际竞争力的跨国公司和产业集群，广东顺德桂洲镇格兰仕微波炉生产基地年产 1200 万台，年产值超过 55 亿元，占国内市场 70% 和国外市场 35%。

2008 年全球金融危机后，经济全球化的方式处在升级换代阶段，在美元本位背景下，形成消费国、生产国和资源国的三元世界的块状结构。一旦这样的三元世界固化，全球生产链会成为地方（包括国家）越来越无法突破的产业转型和升级障碍。例如通信设备，2016 年，全球主要 4 个通信设备生产公司，它们是华为、爱立信、诺基亚、中兴。其中中国厂商占了一半，而且华为的营收、利润和专利数全面超过了爱立信，这就确立了华为在全球通信设备行业生产主导者的地位，其他公司已经很难再进入本

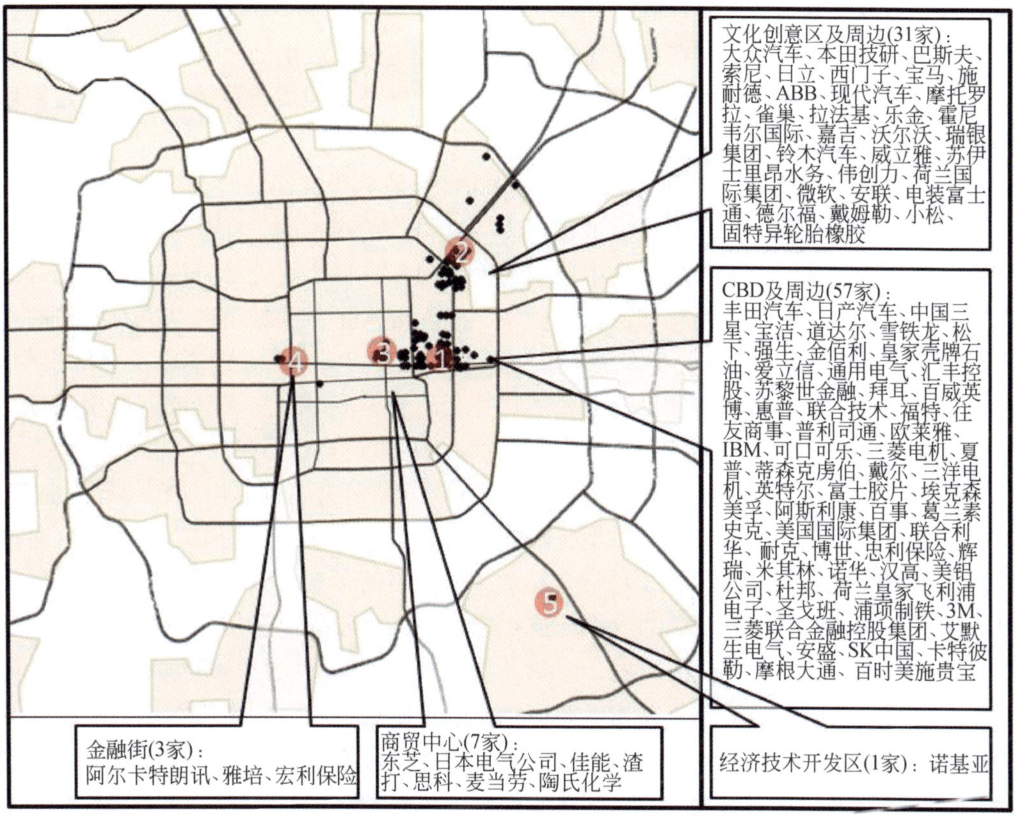

图 7.5　北京跨国公司总部在 CBD 集聚

行业从事相关的业务。

5. 服务业与城镇化

1）服务业对城镇化的推动作用

在工业化阶段，城市服务业是作为制造业的服务和配套行业而发展的，对城市制造业具有很强的依赖性。当城市发展进入工业化中后期，服务业对城镇化的推动作用逐渐展现出来，主要表现在以下四个方面。

（1）服务业促进城市经济聚集效益的实现。城市经济具有聚集效益，即劳动与资本的聚集引起分工深化、专业化程度的提高，带来收益的提高，或资源共享带来生产成本的下降。以工业化经济为基础的城市聚集经济结构具有突出的空间密集性和时间过程同步性的特点。城市聚集效益是通过服务业的发展来实现的。服务业通过为工业和城市提供服务和基础设施，增强城市的吸引力，为城市化提供动力。当工业发展到一定阶段，分工成为整个社会的普遍生产组织形式时，它对产前和产后的种种服务必然提出全方位和高效率的要求，例如需要有速度快、成本低、载量大的运输业，保证投资、减少风险的金融业和保险业等；同时国民收入的增加、生活消费的提高也刺激了种种生活服务，如医疗、教育、饮食等行业的大发展。这些行业在为工业提供服务的同时，形成了城市的基础设施，例如交通基础设施、公用事业和信息产业设施等，使城市的产业更加齐全、生产生活更加便利、功能更强、吸引力增加，从而使工业化后期的城市发展找到了“产业依赖”，使城镇化的继续发展成为可能。因此，发展服务业是城市经济实现劳动力聚集的重要途径。

（2）服务业激发城市外部经济效应。城市经济具有外部经济效应。外部经济效应指某单位内部效率的提高并不是由该单位内部支付代价带来的，而是由其外部的经济行为所带来的，并没有通过货币或市场交易反映出来。城市的外部经济效应相当部分源于城市服务业：较高的教育和良好的健康卫生保健水平，使城市劳动力具有较高素质；发达的市场体系、完备齐全的公用事业服务系统大大降低企业的运输及交易成本；密集的信息和先进的信息传播手段使企业往往无须支付成本而坐享其成。城市服务业的比重越高，外部经济效应就越大，城市的聚集效应就越高。

（3）服务业有助城市经济扩散效应的发挥。经济增长并非同时出现在所有的地方，而是以不同的强度首先出现在一些增长点或增长极上，形成一定的中心区，然后通过不同的渠道向边缘地区扩散，并对整个经济产生最终的影响。城市可以发挥这种增长极的作用，其崛起对邻近地区的发展形成扩散效应。而服务业就是实现扩散的重要条件。交通运输、通讯服务业的发展，金融及各种要素市场的发育，是生产从城市向边缘地带转移的前提。服务业越发达，城市经济的扩散范围越大。当代发达国家出现了市郊化或称逆城市化现象，市郊化发展的结果使大都市连绵区或称城市群带出现。另外，服务业是个行业涵盖范围大，技术层面广的产业，既包括传统个体手工服务业，也包括现代的金融信息等产业；既有劳动密集型的行业，也有资金、技术密集型的行业。只要具备一定的人口聚集与市场需求条件，就会有与之相适应的某一层次的服务业发展起来。而现代工业以大机器生产为其物质技术基础，需要一定的资金、技术规模起点，与服务业的许多行业特别是传统行业具有劳动力和资本比较容易进入的特点形成鲜明的对照。因此，在资金、技术不足的条件下，虽然难以迅速发展第二产业，但可以通过服务业特别是消费性服务业的发展推动城镇化。

（4）服务业直接推进城镇化。工业化是城镇化和服务业发展的重要初始动力。到后工业化时期，随着服务业在国民经济的比重增大，服务业作为城市化后续动力则日益显现。这种后续动力作用主要表现在生产配套性服务的增加及生活消费性服务的增加。高度发达的社会化大生产要求城市提供更多更好的配套性服务行业，如金融、保险、科技、通信业；商品流通要求有仓储、运输、批发、零售业的服务；市场营销要求有广告、咨询、新闻、出版业的服务；专业化程度的越高，越要求企业间的协作与交流，越要求有发达的市场服务体系。随着收入的提高和闲暇时间的增多，人们更多追求丰富多彩的物质消费和精神享受，由此促进城市文化教育、体育娱乐、医疗保健、旅游度假、法律诉讼等行业的发展。服务业的迅猛发展赋予了城市新的活力，是城镇化进入更高的层次，可以说，在工业推动的基础上，服务业的发展构成了城镇化向纵深跃进的后续动力。

2）服务业主导产业化

这一时期的服务业，也从简单的包括衣、食、住、行等的商业流通活动，扩展到生产性服务业的广告、运输、批发、零售、金融、房地产等，为生活消费服务的旅游、文化、娱乐等，以及为社会公共需要服务的机关、社会团体都成为产业发展的部门。服务业在国民经济中的比重呈不断上升的态势，成为国民经济的主导产业部门。据有关资料，1978 年发达国家和发展中国家的第三产业占 GDP 比例，分别为 54.7% 和 6.4%，到 2010 年分别达到 70.32% 和 56.25%。在中国，1979 ～ 1997 年中国产业呈现出均衡发展态势，第二产业作为国民经济主导产业占 GDP 比重维持在 45% 左右，第三产业比重不断上升，从 1979 年的 21.6% 上升到 1997 年的 34.2%。1998 年第三产业占 GDP 比重为 36.2%，2012 年为 44.6%；2015 年第三产业占 GDP 比重达到 50.2%，比第二产业高出 9.3 个百分点，第三产业成为国民经济第一大产业。从世界大城市看，城市服务业占 GDP 的比重、第三产业就业岗位占全部就业岗位比重都超过了 50% 以上（表 7.16）。

表 7.16　世界部分城市第三产业产值及就业结构

城市	产业比重 /%	就业比重 /%	年份
香港	73.2	63.3	1990
东京	72.5	70.0	1988
首尔	68.9	63.2	1989
纽约	80.0	86.7	1989
巴黎	72.7	77.9	1988
罗马	73.0	80.9	1981
北京	77.9	75.6	2014
上海	64.8	54.5（2011）	2014

资料来源：根据网络资料整理。

3）金融服务业

中国人民币还不是国际货币，在改革开放发展的 40 年中，面向国际的金融服务业主要是吸引外国直接投资（FDI）。综合来看，FDI 主要通过以下途径推动城市化进程：① FDI 加快产业结构优化与升级推动城市化。FDI 通过技术溢出、关联、示范、竞争等效应，直接或间接带动产业结构的优化和升级，而产业结构转换是城市化发展的基本动力。FDI 多数集中于技术密集型、资金密集型产业，在促进生产率提高的同时，积极向外扩散，产生带动效应，形成城市化的新空间。② FDI 促进就业结构转变，加快人口城市化。外资企业吸纳了大量的农村剩余劳动力。1992 ～ 2006 年，我国外商直接投资企业职工人数由 221 万人猛增到 1340 万人，占职工人数的比重由 1.49% 升至 12%。利用时间序列数据，开展城镇化水平与外商直接投资（FDI）之间的动态计量分析，以 1983 ～ 2007 年为样本期（表 7.17）。

4）国际贸易业

发展中国家城镇化过程主要通过廉价劳动力从国际贸易中获益（Kharas and

Gertz，2010）的。过去 30 年，全球贸易增速是全球国内生产总值（GDP）增速的两倍。通过在本地生产，重塑城市以及城市与人和自然的关系，使城市更具生产性而非消耗性，恢复性而非破坏性，授权性而非疏远性，从而达到繁荣兴盛。

表 7.17　1983 ～ 2007 年我国 FDI 和城镇化水平（UR）数据

年份	FDI	UR	lnFDI	lnUR	年份	FDI	UR	lnFDI	lnUR
1983	9.16	21.62	2.2148	3.0736	1996	417.26	30.48	6.0337	3.4171
1984	14.19	23.01	2.6525	3.1359	1997	452.57	31.91	6.1149	3.4629
1985	19.56	23.71	2.9735	3.1659	1998	454.63	33.35	6.1195	3.5071
1986	22.44	24.52	3.1108	3.1995	1999	403.19	34.78	5.9994	3.5490
1987	23.14	25.32	3.1416	3.2316	2000	407.15	36.22	6.0092	3.5896
1988	31.94	25.81	3.4639	3.2508	2001	468.78	37.66	6.1501	3.6286
1989	33.92	26.21	3.5240	3.2661	2002	527.43	39.09	6.2680	3.6659
1990	34.87	26.41	3.5516	3.2737	2003	535.05	40.53	6.2824	3.7020
1991	43.66	26.94	3.7764	3.2936	2004	606.30	41.76	6.4074	3.7319
1992	110.08	27.46	4.7012	3.3127	2005	603.25	42.99	6.4023	3.7610
1993	275.15	27.99	5.6173	3.3318	2006	694.68	43.90	6.5435	3.7819
1994	337.67	28.51	5.8221	3.3503	2007	835.20	44.94	6.7277	3.8053
1995	375.21	29.04	5.9275	3.3687					

数据来源：新中国 55 年统计资料汇编（1949-2004），2008 年中国统计摘要。

（1）出口导向型经济。中国是世界最大的发展中国家，1978 年开始的改革开放，促进中国加快发展外向性经济，实施出口导向性国家发展策略，特别在加入 WTO 后，中国的全球化进程进一步加快，廉价劳动力成本的后发优势，使劳动密集型产业发展进入了空前繁荣的阶段，在较短的时间内迅速成为世界第一大工业生产国和第一大国际贸易国。2013 年，中国大陆港口的吞吐能力相当于 5000 万个 20 英尺集装箱，超过日本、俄罗斯、韩国和中国台湾地区港口吞吐量的总和。2019 全年货物进出口总额 315446 亿元，其中出口 172298 亿元，进口 143148 亿元，顺差为 29150 亿元。

（2）产品市场化。根据联合国商品贸易数据库（UN Comtrade）统计数据测算，自 1995 年以来，全球中间产品出口额占全球总出口额的比重一直在 50% 以上，2013 年更是高达 69.32%。由此可见，中间品贸易在全球贸易中已经占据了绝对主导地位。中国制造业也不例外。20 世纪 90 年代后半期，中国逐渐成为东亚生产网络的中心，中间产品进出口总额从 1995 年的 639 亿元增加到 2005 年的 3819 亿元，表现为进口零部件，出口半成品。随着中国产业分工体系地位的逐步提高，已经从简单组装向技术含量高的装配发展，中间产品的市场化份额越来越大，利润分成也越来越多。

（3）全球贸易。2001 年年底中国通过加入 WTO，使得利用国际市场和国际资源上了一个新台阶，出口成为拉动中国工业化的重要力量。1998 年，在出口方面，据海关统计的货物出口额，珠三角城市群为全国城市出口总额的 23.7%；长三角占 44%；

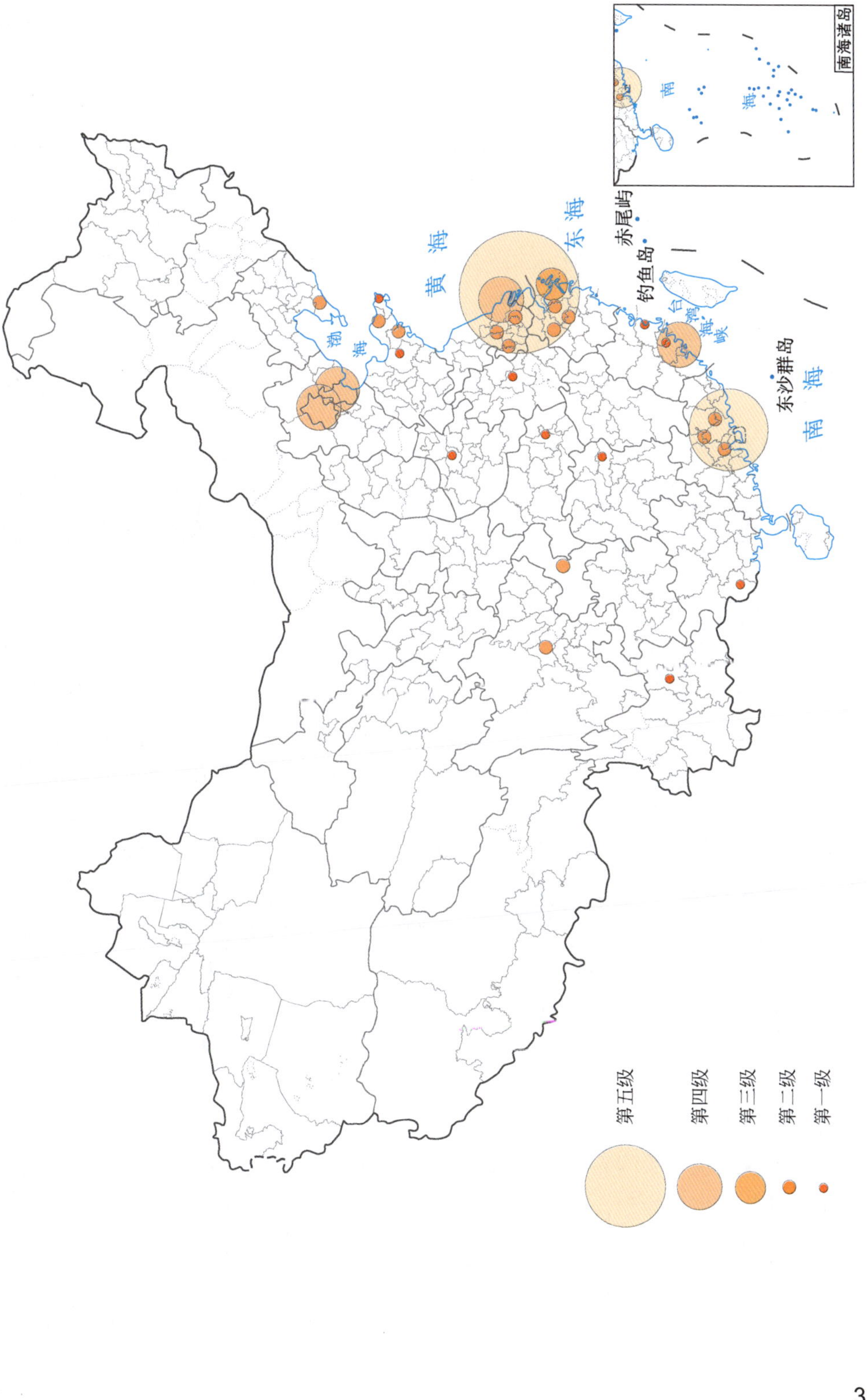

图 7.6　中国主要出口基地城市

京津冀占 5.5%。三大城市群合计创造了全国城市出口总额的 73.2%（图 7.6）。

5）房地产业

房地产作为龙头产业，除了规划设计、建设直接企业外，还涉及钢铁、水泥、化纤、木材、家具、玻璃、预制件、园林绿化等中间产品、机械设备和交通工具的生产、消费和技术创新等。1997 年，亚洲金融风暴，在内外需不足的压力下，为保持经济增长速度，中国政府采取了积极财政政策，推动城镇化和房地产发展。2003 年，房地产被确定为支柱产业。2008 年世界经济危机，再次带来了经济增长下滑的压力，中国政府再一次采取积极财政政策，投资 4 万亿并且拉动了 20 万亿的基础设施等投资，城镇化与房地产行业也得到高速发展。2015 年，中国房地产占 GDP 比重为 6.1%，而美国房地产占 GDP 比重为 12.3%。

二、人口变化

1. 人口红利

1998 年美国经济学家布鲁姆和威廉姆森提出人口红利概念（Bloomand and Williamson，1998）。他们认为，人的经济行为和需要，在生命的不同阶段是变化的，儿童人口和老年人口比例高的国家要把大量资源用于儿童和老人的赡养，不利于经济增长；如果该国大量人口处于工作年龄，并且政策措施能够充分利用劳动年龄人口，会促进经济增长。他们把有利于经济增长的人口年龄结构称为人口红利。布鲁姆和威廉姆森还认为，东亚经济奇迹约 1/3 是由人口红利所贡献的。随后，联合国人口基金会（United Nations Population Fund，UNFPA）根据布鲁姆等人的研究做出如下定义：“人口红利是由人口年龄结构转变产生的经济增长潜能，主要是当劳动年龄（15 ～ 64 岁）人口比例大于非劳动年龄（14 岁及以下和 65 岁及以上）人口比例时的人口结构”。人口学家称这段时期为“人口机会窗口”（demographic window of opportunity）或“人口红利”（demographic bonus）期。

1962 ～ 1972 年，中国平均总和生育率高达 5.98，人口年平均出生率 35.61‰，由于死亡率从 1961 年的 14.33‰ 持续下降到 1972 年的 7.65‰，人口年均增长率高于 1950 ～ 1957 年时期的 21.36‰。这是中国总和生育率和人口增长速度最快的 11 年，几乎每 5 年增加 1 个亿人口，全国人口规模从 1962 年的 6.73 亿人，增长到 1972 年的 8.72 亿人，净增加了 1.99 亿人，从而构成了中国人口红利年龄段（表 7.18）。在 1965 年，中国的人口抚养比是 0.8068，然后逐年下降。到 2010 年，人口抚养比下降到 0.3452，达到历史最低点，也是中国人口红利的最高点。按照学术界的人口红利概念，中国经济奇迹有一部分应该来自于人口红利。2018 年中国 60 岁以上的人口是 2.49 亿，占总人口的比重已经达到了 17.9%，65 岁以上人口占总人口比例接近 15%，已经进入轻度老龄化的社会。根据国家统计局数据，到 2019 年末，中国大陆总人口 14 亿人，劳动年龄（16 ～ 59 岁）人口 8.9640 亿人，占总人口的比重为 64.0%，人口抚养比 0.5618，还处在人口红利区间。改革开放以来，沿海地区依靠人口红利带来的劳动力成本优势和位于沿海进出口便利的地理优势，积极发展外向型经济，推动外贸和出口。最近，中国的劳动力成本日趋上升，新兴发展中国家生产成本优势挤压，以及老牌发达国家因自身经济问题消费能力不断下滑，无疑人口红利下降将对中国外向型经济模式产生重大的影响。

表 7.18　1962 ～ 1972 年中国人口增长和乡村人口比例

项目	1962	1964	1965	1966	1967	1968	1969	1970	1971	1972
生育率 / 个	6.02	6.18	6.08	6.26	5.31	6.45	5.72	5.81	5.44	4.98
出生率 /‰	37.2	39.3	38.0	35.2	34.1	35.7	34.3	33.6	30.7	29.9
死亡率 /‰	10.1	11.6	9.50	8.87	8.47	8.25	8.06	7.64	7.34	7.65
自然增长率 /‰	27.1	27.8	28.5	26.3	25.7	27.5	26.2	25.0	23.4	22.3
总人口 / 亿	6.73	7.05	7.25	7.45	7.64	7.85	8.07	8.30	8.53	8.72
乡村人口比 /%	82.7	81.6	82.0	82.1	82.3	82.4	82.5	82.6	82.7	82.9

资料来源：①中国统计年鉴，1999；②中华人民共和国统计局网站数据库。

2. 城镇人口

中国城镇化进程在世界上属于后发国家（backward countries）。长期以来，城镇化水平不仅低于世界平均水平，而且甚至低于新兴工业化国家。改革开放以来，中国城镇化进入发展阶段，城镇化水平也从 1978 年的 17.92% 上升到 2019 年的 60.60%，其中 2012 年中国城镇化水平达到 52.57%，超过了世界城市化水平的 52.43%（表 7.19）。根据国家统计局数据，到 2019 年年末，中国大陆总人口 14 亿人，城镇常住人口 8.4843 亿人，乡村常住人口 5.5162 亿人，全国流动人口 2.36 亿人。也就是说，中国的人口城镇化存量还有约 7.87 亿人口空间。中国是城镇人口规模最大的国家，城镇化还在加速发展。根据专家预测，到 2050 年，中国城镇化水平将达到饱和状态的 73.08%（同期世界城市化水平预计达到 66.00%），届时中国总人口会在 14.0 亿～ 14.5 亿，城镇人口将达到 10.22 亿～ 10.59 亿，2020 ～ 2050 年预计中国还会有 1.75 亿～ 2.10 亿人进入城市化地区。预计 2020 ～ 2025 年将新增城镇人口 8150 万，2025 ～ 2030 年新增 6130 万，2030 ～ 2040 年新增 6560 万，直到 2045 ～ 2050 年，中国城镇人口数量才开始呈绝对下降趋势。

表 7.19　中国和世界城市化水平对照表（1930 ～ 2050 年）

年份	中国城镇化水平 /%	世界城市化水平 /%
1930	10.9	30.00
1960	19.75	33.57
1965	18.0	35.53
1970	17.4	36.53

续表

年份	中国城镇化水平 /%	世界城市化水平 /%
1975	17.3	37.65
1978	17.92	38.45
1980	19.39	39.28
1985	23.71	41.12
1990	26.41	42.92
1995	29.04	44.70
2000	36.22	46.60
2005	42.99	48.96
2010	49.95	51.45
2011	51.27	51.94
2012	52.57	52.43
2013	53.70	52.91
2014	54.77	53.37
2015	56.10	53.84
2016	57.35	54.29
2017	58.52	
2018	59.58	55.00
2019	60.60	55.50
2020	61.24（预测值）	
2030	65.41（预测值）	61.10（预测值）
2040	69.15（预测值）	
2050	73.08（预测值）	66.00（预测值）

资料来源：①中国城镇化水平（1949～2019年）来自国家统计局；②世界城市化水平（含预测值）来自世界银行网站；③其他数据见顾朝林等，2017。

3. 人口迁移与发展

改革开放以后，伴随着人口迁移的潮流，大量农民从土地中解放出来，开始向城市聚集，其生产活动也不再仅仅依赖于土地。这种变化，一方面从根本上打破了数千年中国人口与土地的嵌合关系，另一方面也直接导致了人口在空间分布和城乡结构的变化。20世纪90年代，中国农村人口跟随乡村工业化和经济全球化的步伐，首先是“进厂不进城”，后来是“进厂进镇”的乡－镇迁移，再后来是内地到沿海的人口大流动。进入21世纪，中国人口流动呈现多样化的态势，流向东部沿海的总趋势没有变化，但流量趋于减缓，中部地区和大城市地区也成为人口高流入的地区。到2010年，离开户口登记地半年以上的人口达到2.61亿，其中流动人口达到2.21亿，相对于改革开放初期的1980年增长了34倍，其中广东省流入迁进人口达到3681万人，这个数据超过了1990年全国流入迁进人口的总数。根据国家统计局数据，到2019年年末，中国流动人口总数还有2.36亿人。通过这些数据可以得出，最近40年来，中国乡村人口的流动和迁移，规模之大，速度之快，趋势未变，将持续影响中国城镇化进程。

1）省际迁移

国家统计局发布的《2019年农民工监测调查报告》显示，2019年农民工总量达到29077万人，其中本地农民工11652万人，外出农民工17425万人。在外出农民工中，跨省流动农民工7508万人。根据第五次和第六次人口普查数据，上海、北京、天津、浙江、江苏是人口净流入量最大的五大省市。北京、上海、天津的人口净迁移比重从2000年的17.5%、18.2%和6.6%分别增长到2010年的34.5%、37.9%和21.0%。安徽、江西、四川、贵州、山西等中部省区为净迁出地区，净迁出人口占到全国的53.6%，其中安徽净迁出人口比重占到15.0%，为全国最主要人口迁出省区。西部地区，有大量人口迁出，但宁夏、青海、西藏、新疆等地区依然保持净迁入。根据上海的流入人口数据分析，主要变化是从江西、浙江变成湖北、河南，江西人口更加偏向流入福建和浙江；北京的流入人口区，已由黑龙江取代四川；广东人口来源中河南取代江西；福建吸引的人口中除了以往的重庆和四川外，贵州人口占比也大幅提升（图7.7）。

2）城市间迁移

根据2009～2014年中国人口数据，累计增长3608万人，35个城市合计流入3778万人。也就是说，2010年以来，中国人口流动和迁移主要是这35个城市（图7.8），其中前13个大城市流入了2832万人，后22个二线城市流入了946万人。换言之，2010年以来，中国三线及以下的城市已经进入人口增长的停滞或萎缩阶段。

3）向巨型区迁移

2000～2010年，中国东部地区人口迁入量占绝对优势，迁入人口占全国迁移总人口的比重达到了82.4%，而西部和中部分别仅占12.1%和6.5%。人口流入高度集中在长江三角洲、珠江三角洲和京津冀城市群。2010年以后，从全国人口流动趋势来看，长江三角洲、珠江三角洲和京津冀东部三大巨型区仍是人口主要流向地，全国整体形成“东部三大区域＋六大中西部核心城市”的人口增长格局，粤港澳＋海西、长江三角洲、京津冀＋山东半岛成为三大人口集聚区域（图7.9）。根据2019年的数据，人口流入超过100万的13个城市，东部三大巨型区占了8个。例如，在长江三角洲，上海和苏州流入人口超过100万，上海、苏州、杭州、南京、宁波、无锡、常州7城市合计流入人口863万人；2019年在江浙沪地区就业的农民工5391万人。在珠江三角洲，广州、深圳、东莞、佛山是流入人口超过100万的城市，广州、深圳、东莞、佛山4

图 7.7　中国省际人口迁移（2001 年）

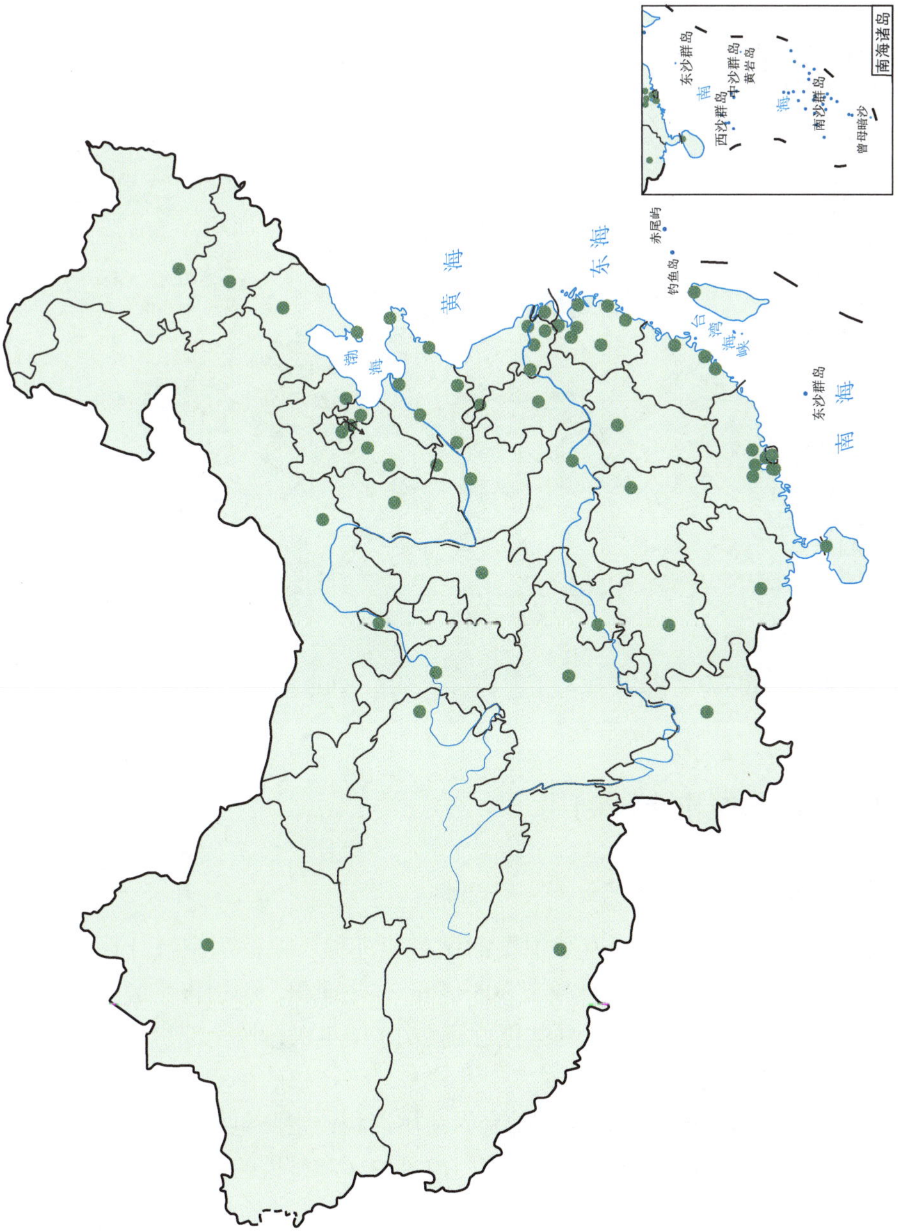

图 7.8 中国吸引移民的城市（2009～2014年）

个城市合计流入人口 796 万人；2019 年在珠江三角洲地区就业的农民工有 4418 万人。在京津冀，流入人口超过 100 万的城市是北京和天津，两市合计流入人口 684 万人；2019 年在京津冀地区就业的农民工 2208 万人。流入人口超过 100 万的城市还有郑州、成都、重庆、厦门、武汉五大城市，它们不在上述东部三大巨型区内。

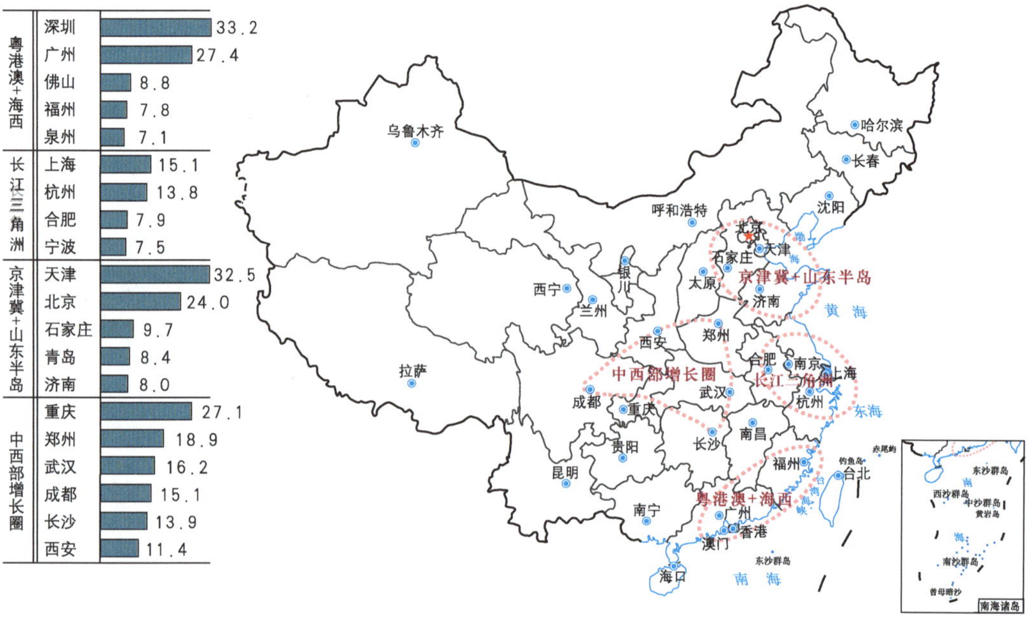

图 7.9　中国常住人口年均增量分布图（2011 ～ 2018 年）

三、城市住房与城市土地利用

1. 城镇住房与居住水平

不言而喻，房地产扩张加速了中国的城市化进程。根据国家统计局的数字，从 1996 年开始到 2015 年，全国累计竣工 305 亿 m^2 住宅面积，年销售住房面积约为 1000 万 m^2（图 7.10）。根据国家统计局数据，到 2019 年年末，按全部房地产开发商口径累积住宅竣工面积 361 亿 m^2（农村住房、小产权或无产权的住宅未包括）。根据 2017 年住宅设计规范，居住面积是指住宅的套内使用面积，主要包括供日常生活起居用的卧室、起居室等的净面积的总和。当分户门内复的厅和过道的面积超过 $6m^2$ 时，可按其面积的二分之一计算在居住面积内。一般多层住宅的公摊面积约在 10% ～ 13%，18 层以下的板式住宅公摊约在 13% ～ 15%，点式的楼盘公摊大多在 15% ～ 17%，而 30 层以上的住宅因为电梯数量的增多，公摊通常都在 25% 左右。建筑面积等于居住面积与公摊面积之和。那么，中国累积城镇住宅面积大致达到 288.8 亿 m^2（住宅公摊平均按 20% 计算）。按平均 $70m^2$ 两居室计算，住宅的房间数达到 8.25 亿间，按中国大陆城镇人口 8.48 亿计算，城镇人口人均住房面积达到 42.57m^2，人均 0.97 间卧室，已经接近发达国家（例如加拿大）人均一个卧室的宜居水平。

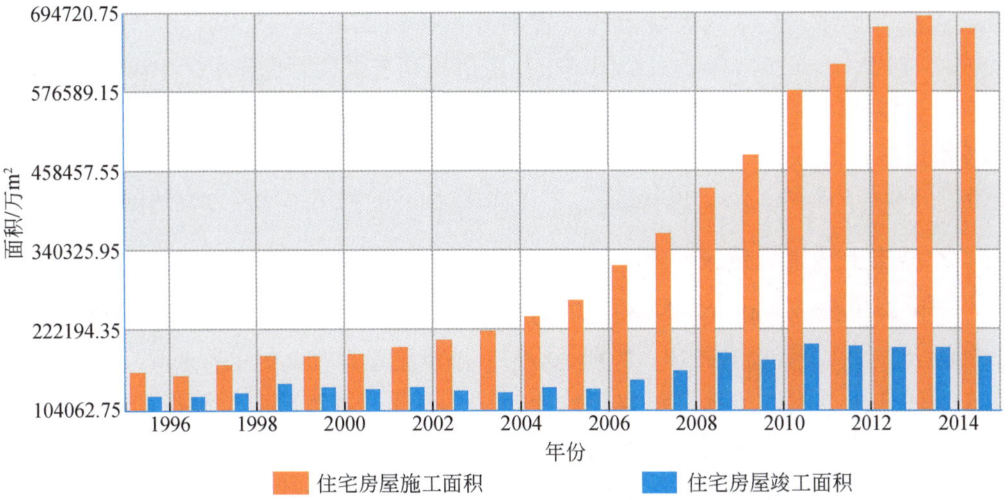

图 7.10　中国房屋竣工面积（1996 ～ 2014 年）

然而，中国城镇居民目前仍然面临高房价的困境，尤其上海、北京、深圳等城市的房价已飙升到家庭年收入的 20 ～ 30 倍，就连房价波动相对小的广州，房价也达到了家庭年收入的 15 倍。与美国、加拿大、瑞典、德国等发达国家中等收入家庭年收入的 10 倍比较，中国城镇住宅的价格过于昂贵，在住房抵押贷款的压力下（图 7.11），导致中等收入家庭的正常消费能力下降。

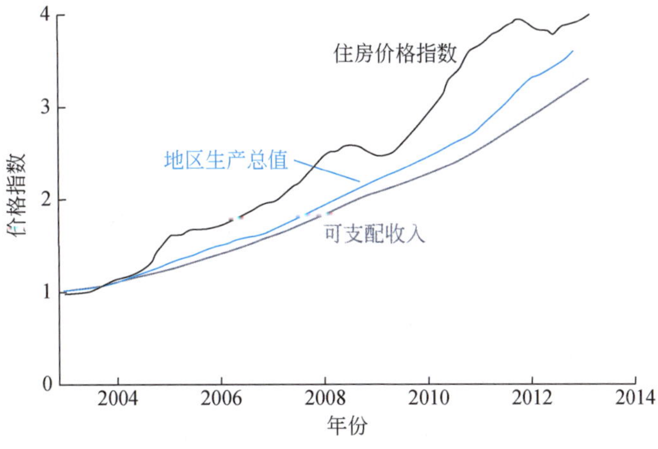

图 7.11　中国城镇住房价格和收入增长（2003 ～ 2014 年）

资料来源：数据来自城市家庭调查

此外，由于中国城镇家庭收入的极化，住房除了消费功能外，还具备有财富储备功能，导致住房资源利用不公平。根据中国家庭金融调查与研究中心 2014 年 6 月 10 日调查的数据，2013 年全国城镇家庭住房空置率高达 22.4%，其中重庆、上海、成都、武汉、天津、北京六大城市的空置率分别达到 25.6%、18.5%、24.7%、23.5%、22.5%、19.5%。《2015 年 5 月全国城市住房市场调查报告》也显示，中国主要城市的住房空置率整体水平在 22.0% ～ 26.0%。同期荷兰、瑞典一般住房空置率只有 2%，美国楼市最差的 2007 ～ 2008 年自有住房空置率最高只有 2.9%，老龄化严重的法国为 6%，德国为 8%，日本约 13%。也就是说，中国城镇住宅的利用率比西方发达国家低。

2. 城市土地累积效应明显

中国城镇化也是城市累积财富的方式之一。在财政分权下，土地租金剩余作为预算外收入，往往成为财政支出，特别是城市基础设施建设资金的重要来源（图 7.12），由于城镇土地开发的土地升值累积效应明显，因此，城市政府持续推动城镇土地开发的需求强力。尤其在城市老城区或城市商务区（CBD），土地升值空间大且投入到基础设施的成本相对少，房地产投资回报率高，所以一般的城市老区都首先成为房地产商的角斗场。例如，广州市 2001 年普通住宅均价 4000 元 /m^2 左右，将琶洲规划为城市新中心区后，投资 113 亿建设地铁二号线，投资 40 亿建设广交会新会馆。这些建设完成以后，琶洲的土地价格快速上升，到 2006 年商品房的均价已经上升到 6000 ～ 8000 元 /m^2，2009 年 9 月琶洲新房均价达到 16318 元 /m^2。就连黄埔区 2019 年房价进一步飙升到 1.2 万～ 1.5 万元 / m^2，写字楼的楼面地价上升到 1.5 万元 / m^2。再如重庆市采取城镇土地储备权集中，储备收益各级政府共享的原则（市、区两级分配比例为 50 ∶ 50），2002 年一次性收储主城 40 多万亩土地。之后 20 年内每年只开发 5%，即 2 万亩左右。根据重庆已用的约 20 万亩储备地用途，近 10 万亩用于公租房、大学城、铁路、机场等公共服务和公益事业，房地产开发约 9 万多亩，其收益可用于整个 20 万亩的征地动迁及相关的基础设施建设。

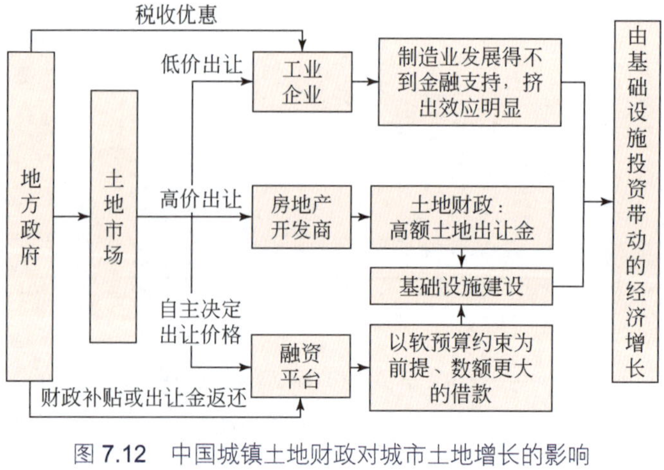

图 7.12　中国城镇土地财政对城市土地增长的影响

3. 城市扩张占用的大量耕地

多年来，中国城市外延扩张占用了大量土地，因为城市所在区域大多数是平地区，所占用地一半以上是耕地。1990 ～ 2000 年，中国耕地面积净减少 9240 万亩，其中各种非农建设用地占用耕地 2798 万亩，占耕地面积约 30%（表 7.20）。根据谈明洪等（2004）研究，20 世纪 90 年代，中国 145 个大中城市较原有建设空间扩张了 39.8%，建设新占用土地 3534 km^2，其中 70.0% 的新增加城市建设用地来自耕地。东部平原、四川盆地等地势较为平坦的地区，仅占国土面积的 19%，而这些地区恰恰也是耕地分布最集中、城镇用地与耕地矛盾最突出的地区。改革开放以来，中国的耕地面积不断下降。1996 年，全国耕地面积为 1.3 亿 hm^2，到 2005 年，已经下降到 1.22 亿 hm^2，下降了 6.1%，平均每年下降了约 0.7%，逼近"十一五"期间国家耕地保护的红线。然而，到 2019 年，土地出让收入超过 1000 亿还有 16 个城市（表 7.21），城镇化吞噬耕地的趋势并没有根本扭转。

表 7.20　中国土地和城市开发的区域差异（1990 ～ 2000 年）

地区	土地面积		2000 年城市用地		1990 ～ 2000 年新增城市用地		城市用地年均扩展强度指数 /‰
	面积 / 万 km^2	占比 /%	用地面积 /km^2	占比 /%	用地面积 /km^2	占比 /%	
东部	130	14	27227	59	7828	68	0.60
中部	285	31	12900	28	2569	22	0.09
西部	515	55	5992	13	1168	10	0.02
全国	930	100	46119	100	11564	100	0.12

表 7.21　土地出让收入超千亿城市（2019 年）

城市	土地出让金 / 亿元	较上年增长 /%
杭州	2836.6	13.42
上海	1992.3	4.38
广州	1864.7	26.34
苏州	1850.2	33.72
武汉	1765.8	27.89
北京	1699.4	0.98
南京	1696.8	77.32
重庆	1559.9	−0.53
宁波	1401.9	36.68
成都	1383.6	23.4
天津	1357.6	28.18
郑州	1289.5	−11.05

续表

城市	土地出让金 / 亿元	较上年增长 /%
福州	1230.2	63.37
青岛	1033.3	39.60
温州	1016.3	39.34
昆明	1011.6	59.85

资料来源：https：//www.yicai.com/news/100453280.html

4. 城市功能的转化：全球城市

与经济全球化相对应，由于跨国公司从总部设计和多地点制造发展为组织和控制的全球工厂网络，分支办公机构产生出更多的专门服务需求，高度的专门化、生产性服务业的扩展和大小公司增长的需求，进一步促进跨国公司向全球城市的集聚。全球城市几乎都占据交通枢纽的“地利”，坐拥经济中心和金融中心，不仅是跨国企业总部的集聚地，更像中央处理器那样是全球信息中枢。从物流集散地到贸易中心，超级枢纽不止于地缘交通意义上的有形枢纽节点，更在于各种要素无形枢纽的节点叠加，是信息流、资金流、创新思想等汇集、碰撞、融合与辐射的中心地。超级枢纽的关键还在于其超级性上，不仅体量超大，产生规模经济效应，甚至因量变产生质变，而且在于不同层次的节点交叉与叠加形成复杂度和联系性，产生新功能区。今天的中国城镇化也进入到一些城市作为全球经济、科技、文化、商贸和信息中心或节点的阶段，这些全球城市将国家或区域城镇化过程与全球经济体系、世界城市体系紧密结合起来。例如，2019 年以来，上海加快卓越全球城市建设。上海现有跨国公司地区总部达到 701 家，外资研发中心 451 家，其中亚太区总部 106 家，已经成为众多跨国公司在华运营中心。上海建设卓越全球城市，就是要打造升级版世界城市，而不是沿袭纽约、伦敦、东京等传统世界城市发展的路径，力图实现由传统工商业城市向全球经济中心的重大转变，成为深具影响力的现代化国际大都市。

四、区域基础设施建设

1998 年以后，中国产业进入了重化工新阶段，冶金、钢铁、矿产、大型机械设备、精密仪器、化工材料等的规模化大生产，同时也刺激了煤炭、钢铁、水泥、化纤等生产需求，利用制造业发展对能源－动力－运输的巨大市场需求和积累的社会高储蓄，克服能源、动力、交通、通信等制约发展的瓶颈，通过基础设施升级和高铁联网，顺利完成了世界工厂建设的基础条件。过去 40 年间，中国建设了世界一流的国家高速公路网、机场、港口、高速铁路和城市道路等基础设施。基础设施的投资从 2014 年开始超越制造业和房地产投资的总和（图 7.13）。

图 7.13　中国基础设施投资增长（2011 ～ 2016 年）

资料来源：高盛，2016 年全球经济与市场展望

1. 交通设施

1）国家民用航空网

2019 年，中国民航业规模稳居世界第二，完成运输总周转量 1292.7 亿 t • km、旅客运输量 6.6 亿人次、货邮运输量 752.6 万 t。2019 年，定期航班航线里程达到 838 万 km。

（1）机场。北京首都机场旅客吞吐量达到 1 亿人次以上，全国千万级机场达 39 个，包括北京首都、上海浦东、上海虹桥、广州白云、昆明长水等机场（图 7.14）。2019 年 1 ～ 10 月实际出港航班量 TOP3 的机场分别是北京首都（24.3 万班次）、上海浦东（18.3 万班次）和广州白云（17.2 万班次）。国际出港航班占比来看，上海浦东（43.3%）、北京首都（21.5%）和广州白云（19.5%）的国际航班比重最大。

（2）物流园与航空货运。在全球化时代，全球供应链不仅谋求生产的低成本，还追求物质、库存和时间的低成本。2010 年以来，中国物流园区进入了快速发展期，建成一批运输、仓储、快递、生产、流通、农业、工业、服务业物流园区。长江三角洲、粤港澳大湾区、京津冀三大巨型区兴建的港口、机场、高速公路和高铁等，为全球供应链在中国高效率运转营造了良好的交通环境。2019 年，出口邮件快件量超过 21 亿件，重量约 75 万 t，邮政快递企业自有航空的承运量仅占 20%；航空货运 50% 都集中在北京、上海、广州三大机场，其中北京、上海、广州、深圳、郑州五大机场集中了 90% 国际货运量。运输机场总数达 238 个。

2）世界大港

2019 年全球 TOP20 的港口，东亚 11 个、东南亚 4 个、北美仅剩 1 个、西欧 3 个以及迪拜。全球港口十强中国占 7 席，千万级大港分别是上海、宁波 - 舟山、深圳、广州、香港、青岛、天津、厦门和高雄（图 7.15）。上海港称霸全球集装箱吞吐量，是第二位的 1.6 倍。

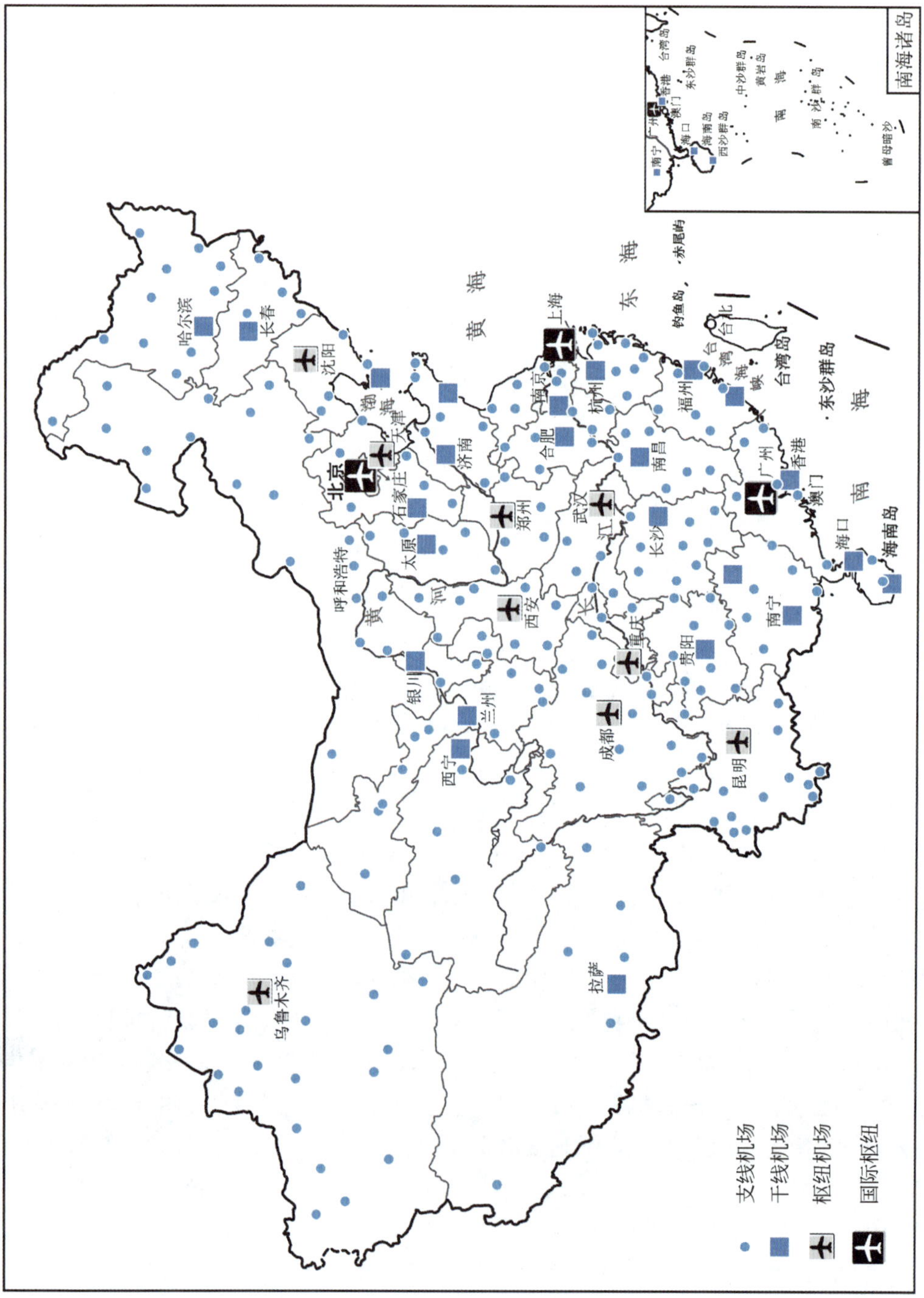

图 7.14 全国机场运输网络体系布局

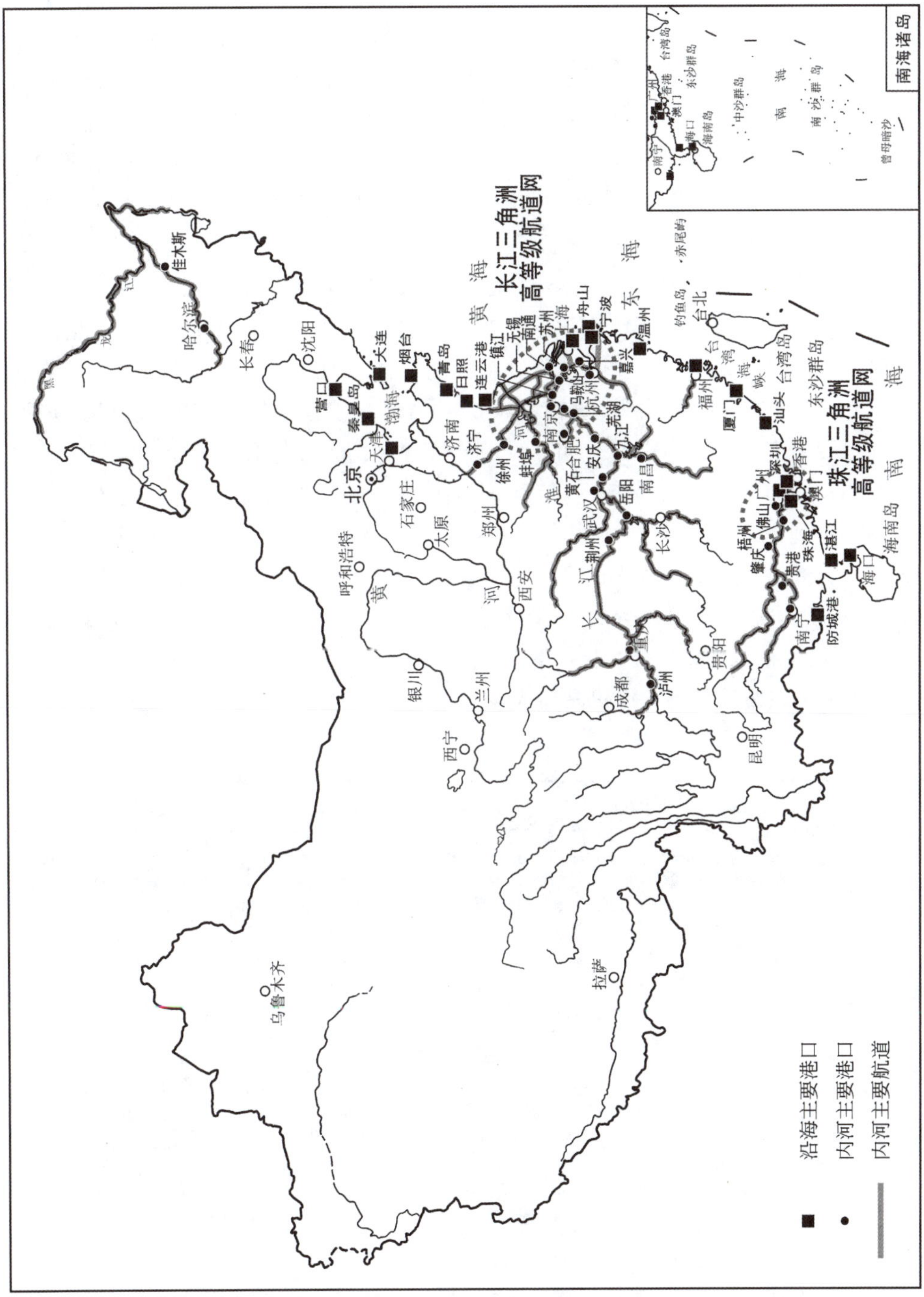
南海诸岛
长江三角洲
高等级航道网
珠江三角洲
高等级航道网
黄海
东海
南海
渤海
佳木斯
哈尔滨
长春
沈阳
大连
营口
秦皇岛
烟台
天津
北京
青岛
日照
连云港
镇江
无锡
南通
苏州
上海
舟山
宁波
温州
嘉兴
杭州
马鞍山
南京
芜湖
合肥
安庆
九江
南昌
黄石
武汉
岳阳
长沙
荆州
重庆
泸州
成都
贵阳
昆明
南宁
防城港
贵港
梧州
肇庆
佛山
广州
深圳
香港
澳门
珠海
湛江
海口
海南岛
福州
厦门
汕头
台北
台湾岛
钓鱼岛
赤尾屿
东沙群岛
济南
济宁
徐州
蚌埠
郑州
石家庄
太原
呼和浩特
西安
银川
兰州
西宁
拉萨
乌鲁木齐
沿海主要港口
内河主要港口
内河主要航道

图 7.15　中国主要港口

3）国家高速铁路网

2008 年 8 月 1 日，京津城际铁路正式开通运行，是中国大陆第一条设计时速为 300km 的高速铁路，标志着我国步入高铁时代（图 7.16）。到 2019 年，中国铁路营业里程达到 13.1 万 km。我国城市体系呈扁平化，缺乏功能强大的大都市和具有活力的中小城市。高铁开通以后，不仅降低了运输成本，同时还让贴近客户和终端需求成为可能，真正构成了全国大一统的商品、人员和资金流动网，使中国的市场优势更加明显。北京、上海、广州、武汉、长沙等城市高铁开通后，以高铁站为核心的新城版图快速崛起，以成都、重庆、武汉、长沙、郑州、西安为代表的高铁枢纽强省会城市的经济增速加快，逐步形成区域性经济增长极。

2016 年国务院颁布《中长期铁路网规划》，到 2030 年，将建成“八纵八横”高速铁路网，届时将形成以沿海、京沪等“八纵”通道（表 7.22）和陆桥、沿江等“八横”通道（表 7.23）为主干，城际铁路为补充的国家高速铁路网（图 7.17），实现相邻大中城市间 1 ～ 4 小时交通圈和城市群内 0.5 ～ 2 小时交通圈目标。通过国家高铁网，将城市群、大都市区、大中小城市和县城镇连接起来，大大降低通勤成本，促进地区劳动分工，逐步形成“资源要素集中→市场规模放大→创新驱动发展→长效增长机制”的良性循环。到 2019 年年底，中国高速铁路营运里程达到 3.5 万 km，占世界高铁总量 60% 以上，覆盖全国 80% 以上的大城市，形成了全球规模最大的高速铁路网。在“一带一路”的倡议合作框架下，将计划建设泛亚高铁、中亚高铁、欧亚高铁、中俄加美高铁等世界级的高铁线路。“一带一路”沿线高铁建设将会给上海合作组织、欧亚经济联盟、中国—东盟等既有合作机制注入新活力。

表 7.22　建设中的“八纵”国家高速铁路网

高铁通道	高铁线路与功能
1. 沿海通道	大连（丹东）—秦皇岛—天津—东营—潍坊—青岛（烟台）—连云港—盐城—南通—上海—宁波—福州—厦门—深圳—湛江—北海（防城港）高速铁路（其中青岛至盐城段利用青连、连盐铁路，南通至上海段利用沪通铁路），连接东部沿海地区，贯通京津冀、辽中南、山东半岛、东陇海、长三角、海峡西岸、珠三角、北部湾等城市群
2. 京沪通道	北京—天津—济南—南京—上海（杭州）高速铁路，包括南京—杭州、蚌埠—合肥—杭州高速铁路，同时通过北京—天津—东营—潍坊—临沂—淮安—扬州—南通—上海高速铁路，连接华北、华东地区，贯通京津冀、长三角等城市群
3. 京港（台）通道	北京—衡水—菏泽—商丘—阜阳—合肥（黄冈）—九江—南昌—赣州—深圳—香港（九龙）高速铁路；另一支线为合肥—福州—台北高速铁路，包括南昌—福州（莆田）铁路。连接华北、华中、华东、华南地区，贯通京津冀、长江中游、海峡西岸、珠三角等城市群
4. 京哈—京港澳通道	哈尔滨—长春—沈阳—北京—石家庄—郑州—武汉—长沙—广州—深圳—香港高速铁路，包括广州—珠海—澳门高速铁路。连接东北、华北、华中、华南、港澳地区，贯通哈长、辽中南、京津冀、中原、长江中游、珠三角等城市群
5. 呼南通道	呼和浩特—大同—太原—长治—晋城—焦作—郑州—襄阳—常德—益阳—娄底—邵阳—永州—桂林—南宁高速铁路。连接华北、中原、华中、华南地区，贯通呼包鄂榆、山西中部、中原、长江中游、北部湾等城市群

续表

高铁通道	高铁线路与功能
6. 京昆通道	北京—石家庄—太原—西安—成都（重庆）—昆明高速铁路，包括北京—张家口—大同—太原高速铁路。连接华北、西北、西南地区，贯通京津冀、太原、关中平原、成渝、滇中等城市群
7. 包（银）海通道通道	包头—延安—西安—重庆—贵阳—南宁—湛江—海口（三亚）高速铁路，包括银川—西安以及海南环岛高速铁路。连接西北、西南、华南地区，贯通呼包鄂、宁夏沿黄、关中平原、成渝、黔中、北部湾等城市群
8. 兰（西）广通道	兰州（西宁）—成都（重庆）—贵阳—广州高速铁路。连接西北、西南、华南地区，贯通兰西、成渝、黔中、珠三角等城市群

表 7.23　建设中的“八横”国家高速铁路网

高铁通道	高铁线路与功能
1. 绥满通道	绥芬河—牡丹江—哈尔滨—齐齐哈尔—海拉尔—满洲里高速铁路。连接黑龙江及蒙东地区
2. 京兰通道	北京—呼和浩特—银川—兰州高速铁路。连接华北、西北地区，贯通京津冀、呼包鄂、宁夏沿黄、兰西等城市群
3. 青银通道	青岛—济南—石家庄—太原—银川高速铁路（其中绥德至银川段利用太中银铁路）。连接华东、华北、西北地区，贯通山东半岛、京津冀、太原、宁夏沿黄等城市群
4. 陆桥通道	连云港—徐州—郑州—西安—兰州—西宁—乌鲁木齐高速铁路。连接华东、华中、西北地区，贯通东陇海、中原、关中平原、兰西、天山北坡等城市群
5. 沿江通道	上海—南京—合肥—武汉—重庆—成都高速铁路，包括南京—安庆—九江—武汉—宜昌—重庆、万州—达州—遂宁—成都高速铁路（其中成都至遂宁段利用达成铁路），连接华东、华中、西南地区，贯通长三角、长江中游、成渝等城市群
6. 沪昆通道	上海—杭州—南昌—长沙—贵阳—昆明高速铁路。连接华东、华中、西南地区，贯通长三角、长江中游、黔中、滇中等城市群
7. 厦渝通道	厦门—龙岩—赣州—长沙—常德—张家界—黔江—重庆高速铁路（其中厦门至赣州段利用龙厦铁路、赣龙铁路，常德至黔江段利用黔张常铁路）。连接海峡西岸、中南、西南地区，贯通海峡西岸、长江中游、成渝等城市群
8. 广昆通道	广州—南宁—昆明高速铁路。连接华南、西南地区，贯通珠三角、北部湾、滇中等城市群

4）区域城际客运系统

“十三五”时期，中国围绕沿海沿江沿线纵横经济轴带，加快核心经济区城际客运系统建设，形成多个城市群新格局。例如，环渤海地区、长江三角洲地区、珠江三角洲等地区城际客运系统建成营运，城市群系统内 1 小时经济半径将延伸至 200km 以外，加快形成 0.5 ～ 1 小时交通圈。广州至南宁、成都至兰州、成都至西安、成都至贵阳、太原至西安等重要省会之间或大城市之间，都将陆续修建高速客运铁路专线。这些连

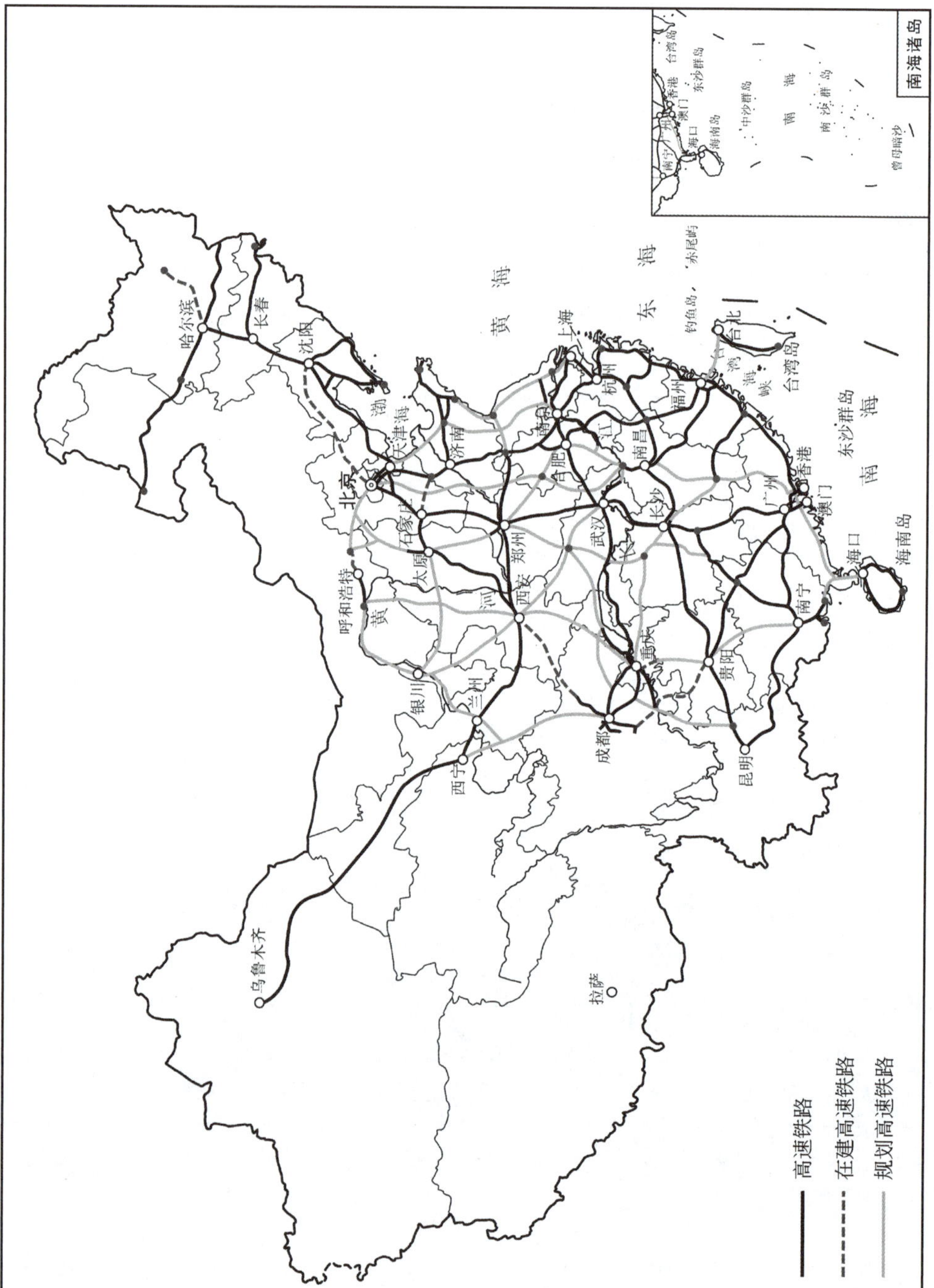

图 7.16　中国高速铁路网络

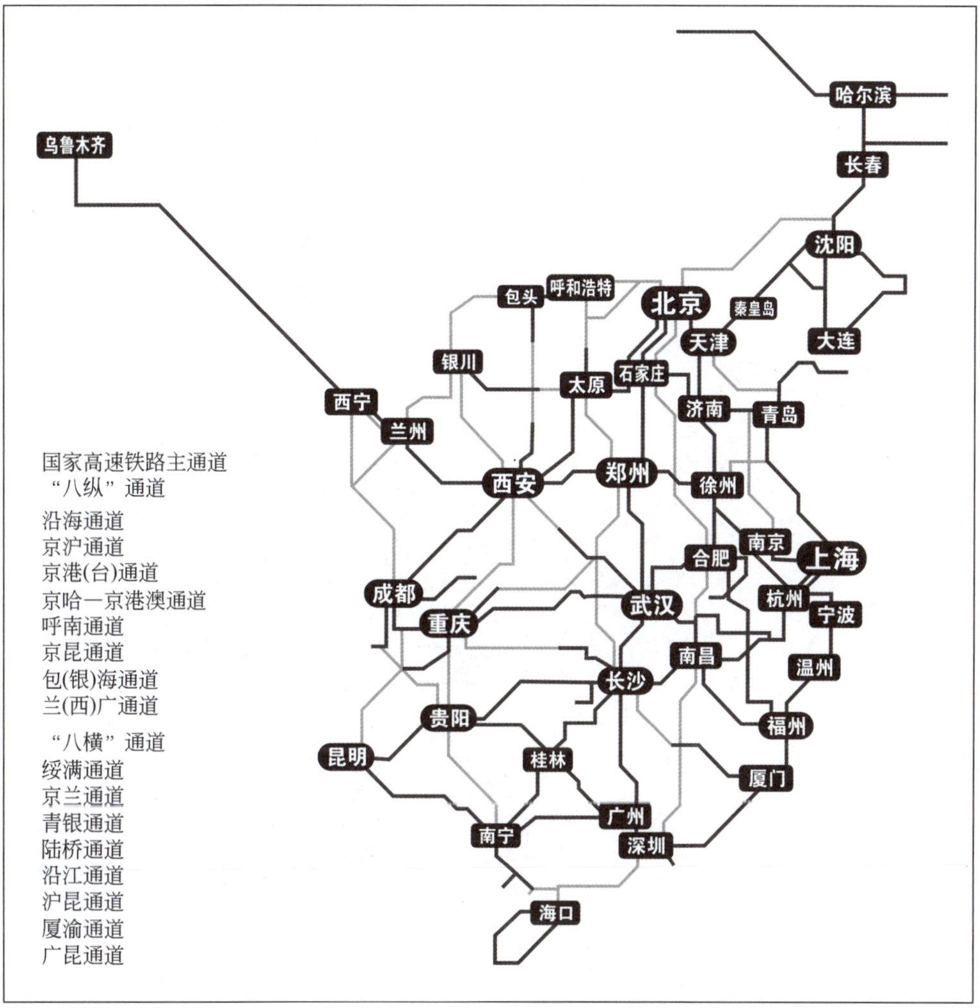

图 7.17　建设中的国家高铁网（2015 ～ 2030 年）

接线的畅通，必将促进资源要素在更大的空间范围实现优化配置，增强省会城市、城市群之间的经济联系，并在市场、产业、交通等方面形成整体联动的发展格局。同时，区域性快速专线也促进都市圈地区的发展。例如，沈阳及周边城际圈、长春—吉林地区、郑州及周边城际圈、武汉及周边城际圈、长沙—株洲—湘潭地区、赣江经济区、皖江经济区和成都及周边城际圈等城市集中带，均规划修建城际铁路，促进了东北地区、中原地区、长江中游、成渝地区、关中平原等城市群加快形成和发展。

5）国家高速公路网

到 2019 年，中国公路总里程已达 484.65 万 km，公路密度 5048km/km^2（图 7.18）。高速公路达 14.26 万 km，居世界第一，比美国历史上工业化时期建设的高速公路里程多 46%，创造了许多世界公路桥梁奇迹工程（表 7.24）。

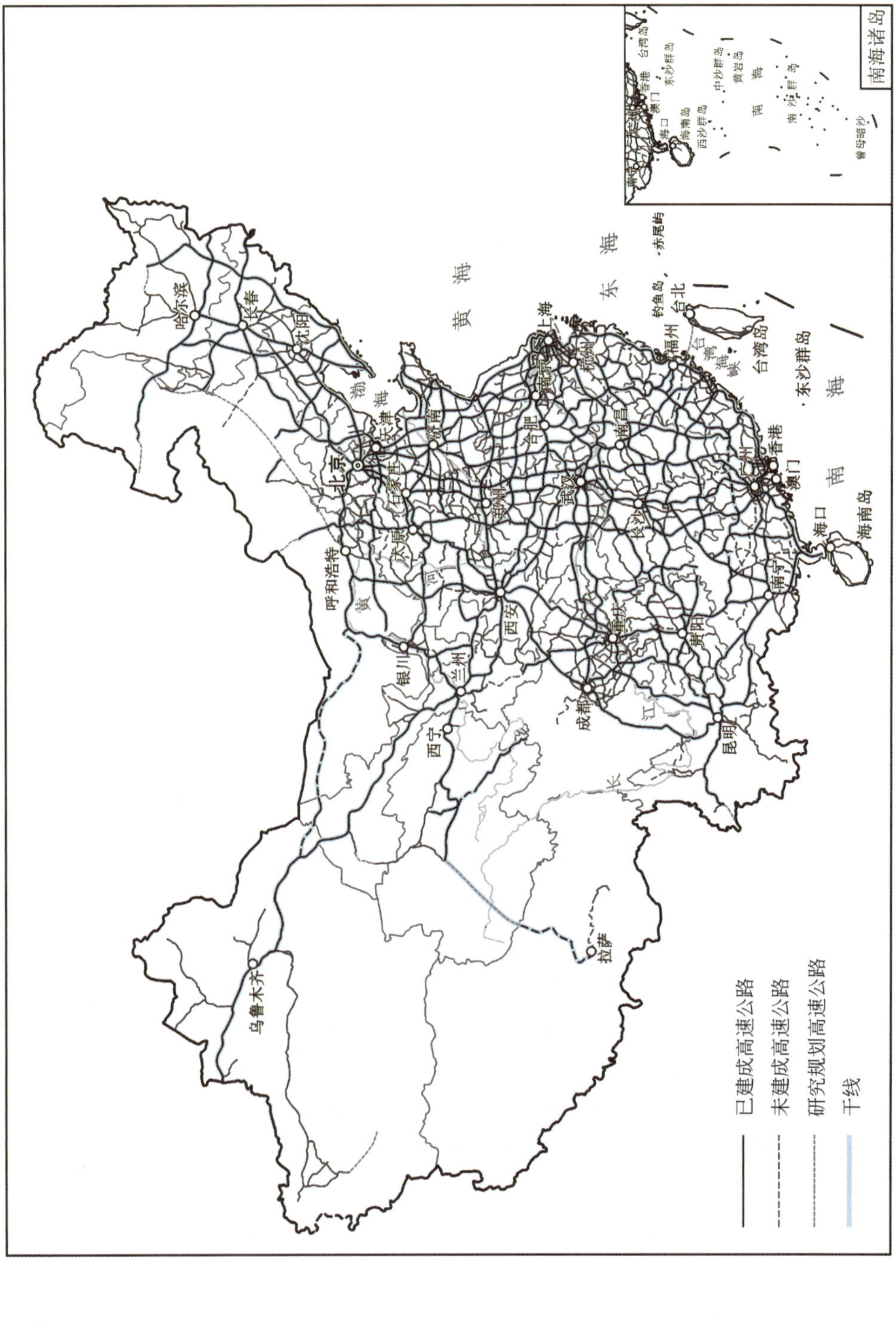

图 7.18 中国高速公路网（2018年）

表 7.24　当代中国公路桥梁奇迹工程

工程	功能	状况
杭州湾跨海大桥	连接长三角的经济枢纽	大桥工程全长 36km，是当时世界上已建成的最长的跨海大桥。该桥于 2003 年 11 月 4 日开工建设，2008 年 5 月 1 日建成通车
挂壁公路	悬崖峭壁上开凿而出的公路，其中郭亮被称为“第九大奇迹”、“世界最险要十条公路之一”、“世界十八条最奇特公路之一”	一共有六条挂壁公路。主要分布在太行山及晋东南，有锡崖沟（陵川县）、郭亮（辉县）、陈家园（陵川县）、回龙（陵川县）、井底（平顺县）
终南山公路隧道	岭终南山公路隧道国家高速公路包头至茂名线控制性工程，也是陕西“三纵四横五辐射”公路网西安至安康高速公路重要组成部分	单洞长 18.02km，双洞共长 36.04km，建设规模世界第一，中国公路隧道之最，需 15 分钟才能穿越。其中为缓解驾驶员视觉疲劳，保证行车安全，特别设置了目前世界上高速公路隧道最先进的特殊灯光带
矮寨大桥	矮寨特大悬索桥，该桥跨越矮寨大峡谷，主跨居世界第三、亚洲第一	位于湖南湘西矮寨镇境内。矮寨悬索桥，距吉首市区约 20km，跨越矮寨镇附近的山谷，德夯河流经谷底，桥面设计标高与地面高差达 330m 左右，全长 1073.65m，悬索桥的主跨为 1176m
天门山盘山公路	张家界天门山盘山公路有“通天大道”之称，似玉带环绕，弯弯紧连，层层迭起，被誉为“天下第一公路奇观”	盘山公路全长 10.77km，海拔从 200m 急剧提升到 1300m，大道两侧绝壁千仞，空谷幽深，共计 99 个弯，180° 急弯此消彼长
塔里木沙漠公路	沙漠公路南北贯穿号称“死亡之海”的塔克拉玛干大沙漠	驾车 5 个小时左右，沿途可看见奇异的沙漠景观和千年胡杨
入藏公路	川藏线是中国的景观大道	川藏、青藏、滇藏、新藏，四条入藏的公路

2. 国家信息网

由于中国的城市和巨型城市区域通常拥有良好的实体基础设施，但是这些基础设施的信息化、智能化不够。近年来，中国加大了数字基础设施的投资和建设。北京、上海、广东三省市互联网普及率已经超过 70%。福建、浙江、天津、辽宁等省市也普遍超过 60%。2019 年，中国的光纤宽带用户占比为 66.4%，已经是全球第一的国家。中国拥有超过 8 亿网民，规模居全球之首。

3. 能源和国家电网

2003 年以后，中国的工业化进入到重化工业阶段，能源需求量约为 65 亿吨标煤，以石油、天然气等能源逐步成为中国经济增长的制约瓶颈（图 7.19）。近年来，在国际贸易中，新增石油贸易量的 40% 流向了中国。最近 15 年来，中国重视耗能行业技术改造，能效提高了 19%，能源强度下降了 30%，加大可再生能源开发。仅 2017 年全国投资可再生能源约 1270 亿美元，占全球投资总额的 45%，相当于美国或欧洲（均为 410 亿美元）的 3 倍。氢能源、储能等新能源基础设施也在建设中。与此同时，加快建设大运量能源运输和电力输送通道，建成“西电东送”三大通道，“三西”及黑、贵、豫等地区煤炭运输通道，“西气东输”及国外油气运输通道等重点能源廊道。正在建设世界第一条特高压电网——安徽长三角特高压电力枢纽和淮南—南京—上海 1000kV 高压交流输电工程。

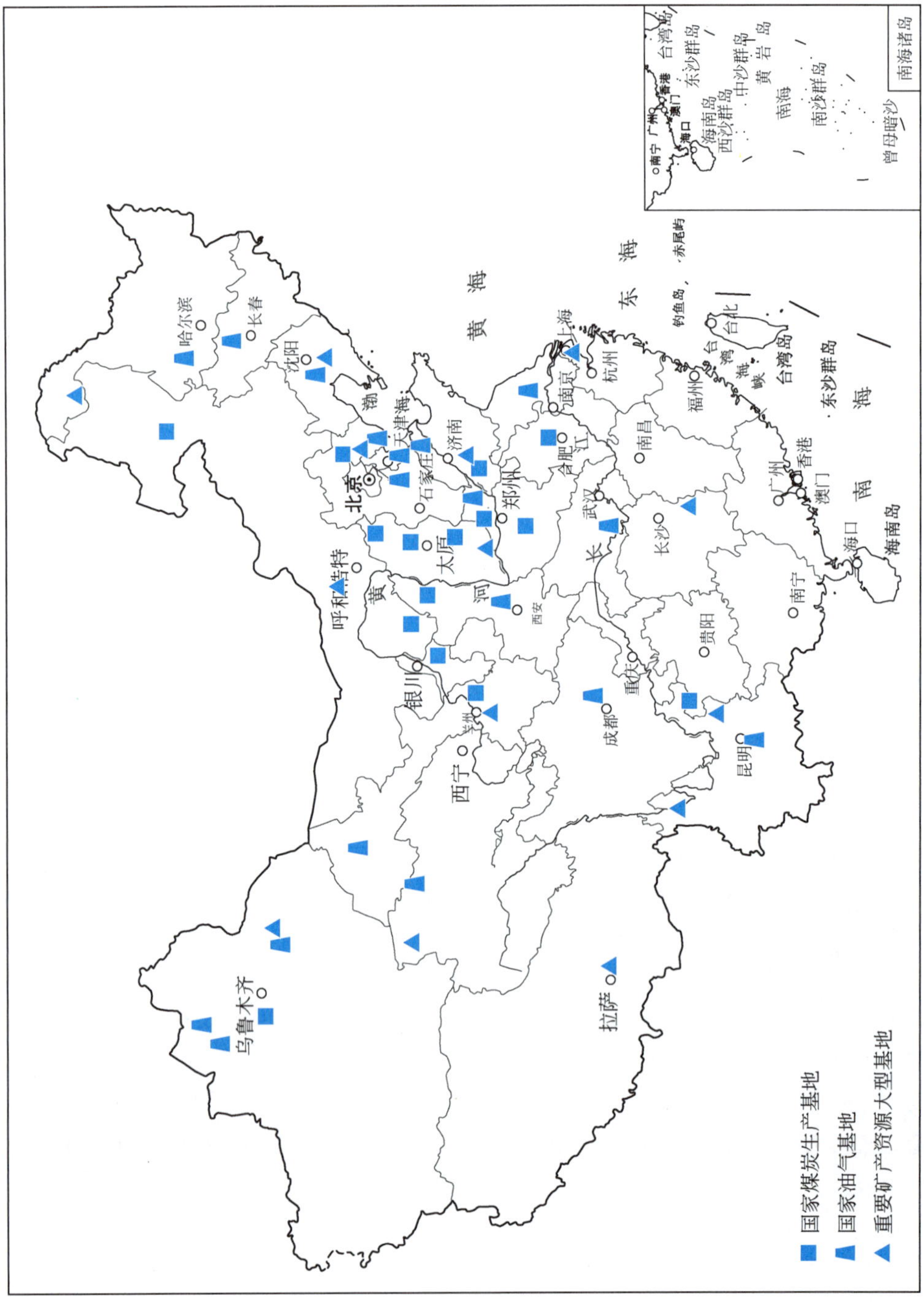

图 7.19　中国主要能源矿产基地

第四节　资源、环境和生态约束

城镇化与资源环境和生态系统存在耦合关系，不同的生产部门需要与资源、环境和生态相适应（表 7.25）。中国经济和城镇化高速发展，已经带来巨大的资源、环境和生态约束。在城镇化的后增长期，加大对自然资本的管理，尤其是自然资源，特别是可再生自然资源管理的绿色基础设施投资，对生态安全格局、生态系统、生物多样性进行绿色基础设施投资，修复被破坏的生态系统，减少过度污染，保护生物多样性，对健康城镇化具有重要意义。

表 7.25　社会生产的资源直接占用及消费部门构成　　　（单位：%）

资源种类	社会生产总占用量	农业	工业	服务业
土地资源	100	85 ～ 90	3 ～ 5	7 ～ 10
淡水资源	100	70 ～ 75	15 ～ 20	5 ～ 15
金属矿产	100	＞ 1	92 ～ 95	4 ～ 7
矿物燃料	100	3 ～ 5	65 ～ 70	27 ～ 30
大气环境	100	10 ～ 15	60 ～ 70	20 ～ 25

资料来源：①国外经济统计资料（1949 ～ 1976），1979；② Canneronm E N 1986，At the Crossroad-The Mineral Problems of the United States，US Bureau of Mines。

一、资源

城镇化必须消耗土地资源和水资源。土地资源的城镇化开发可以升值，水资源的消耗可以通过水－陆－大气的循环自然修复。然而，过快的城镇化过程，使得用地效率下降和无法实现自然系统的平衡。中国是一个资源丰富但人均资源少的国家，尤其是水资源、耕地资源人均占有量小，对城市发展与城镇化提出了严峻挑战。

我国水资源量平均约 2157.9m^3/ 人，是世界平均水平的 1/4。按目前的需要和不超采地下水，正常年份全国缺水量接近 400 亿 m^3，相当于北京市年用水量的 10 倍。从水资源量看，京津冀城市群和中原城市群的城市全部处于危机状态，成渝城市群的全部城市处于良好状态，长江三角洲城市群的城市处于危机状态，珠江三角洲城市群各城市差异性较大，整体处于良好状态。

1. 水资源约束

中国多年平均水资源总量为 28124 亿 m^3，人均 2340m^3，仅为世界平均值的 1/4（图 7.20）。水资源地区分布不平衡，南多北少，相差悬殊，与人口、耕地、经济分布不匹配。目前，中国有 400 多个城市供水不足，以地下水为供水水源的城市也大多

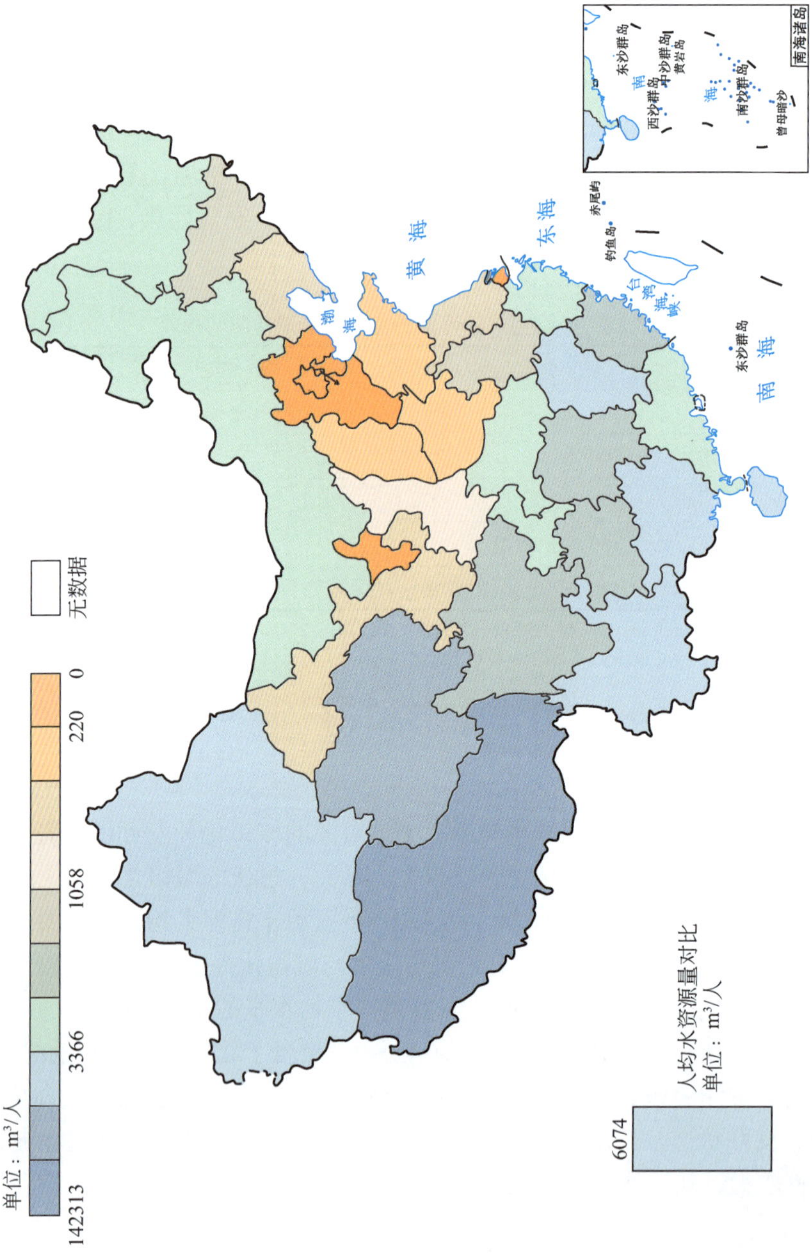

图 7.20　中国人均水资源空间分布

资料来源：国家水利部

数处于局部的超采状态，其中北京、天津、唐山、石家庄、济南、青岛、烟台、太原、西安等 110 多座城市严重缺水；华北、山东、山西、陕西关中地区都严重缺水，海河流域、淮河流和山东半岛地下水已经超采，如北京市（图 7.21）。中国水资源短缺严重影响了城镇化过程。

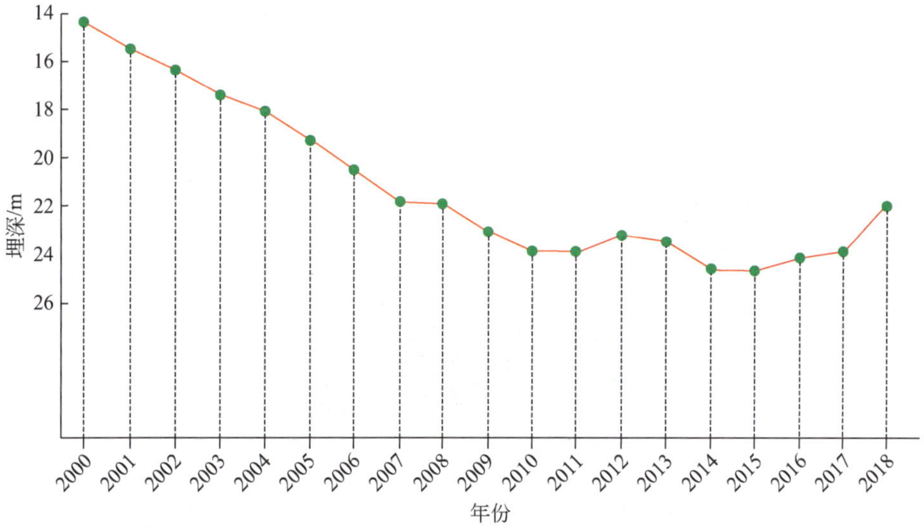

图 7.21 北京市地下水埋深变化

资料来源：北京市水资源公报

2. 土地资源紧张

中国国土面积仅次于俄罗斯、加拿大，居世界第三位。但是，由于人口众多，人均土地 11.65 亩，相当于世界平均数的 1/3。同时，土地质量不高，适宜人类居住和耕作的土地不多，人地矛盾突出。根据《全国城镇体系规划（2005 ～ 2010 年）》相关专题的研究结果，不适合人类生存和居住的地区占 52%，这些地区主要分布在“瑷珲—腾冲”线以西，其中戈壁荒漠、高寒高原占了很大比例，也包括东部的湿地、沿海滩涂等；较不适宜地区占国土面积的 29%，主要分布在中部和南部的山地丘陵地带（图 7.22）。此外，中国土地资源与水资源在空间分布上不匹配，严重影响了土地生产率的提高。长江流域及其以南地区，水资源量占全国的 80% 以上，但是耕地只占全国的 38%；淮河流域和华北、东北地区，水资源量不足全国的 20%，耕地却占全国的 62%。

3. 矿产资源不足

2003 年以后，中国的工业化进入到重化工业阶段，有色金属作为重工业的基础，需求量大幅增加。近年来，铁矿砂和铜、铝等有色金属主要依赖进口，进口量占总需求量的比重达到了 80% ～ 90%。鉴于中国主要矿产资源的不足（表 7.26），中国城镇化对资源需求和国外资源的依赖会越来越明显。

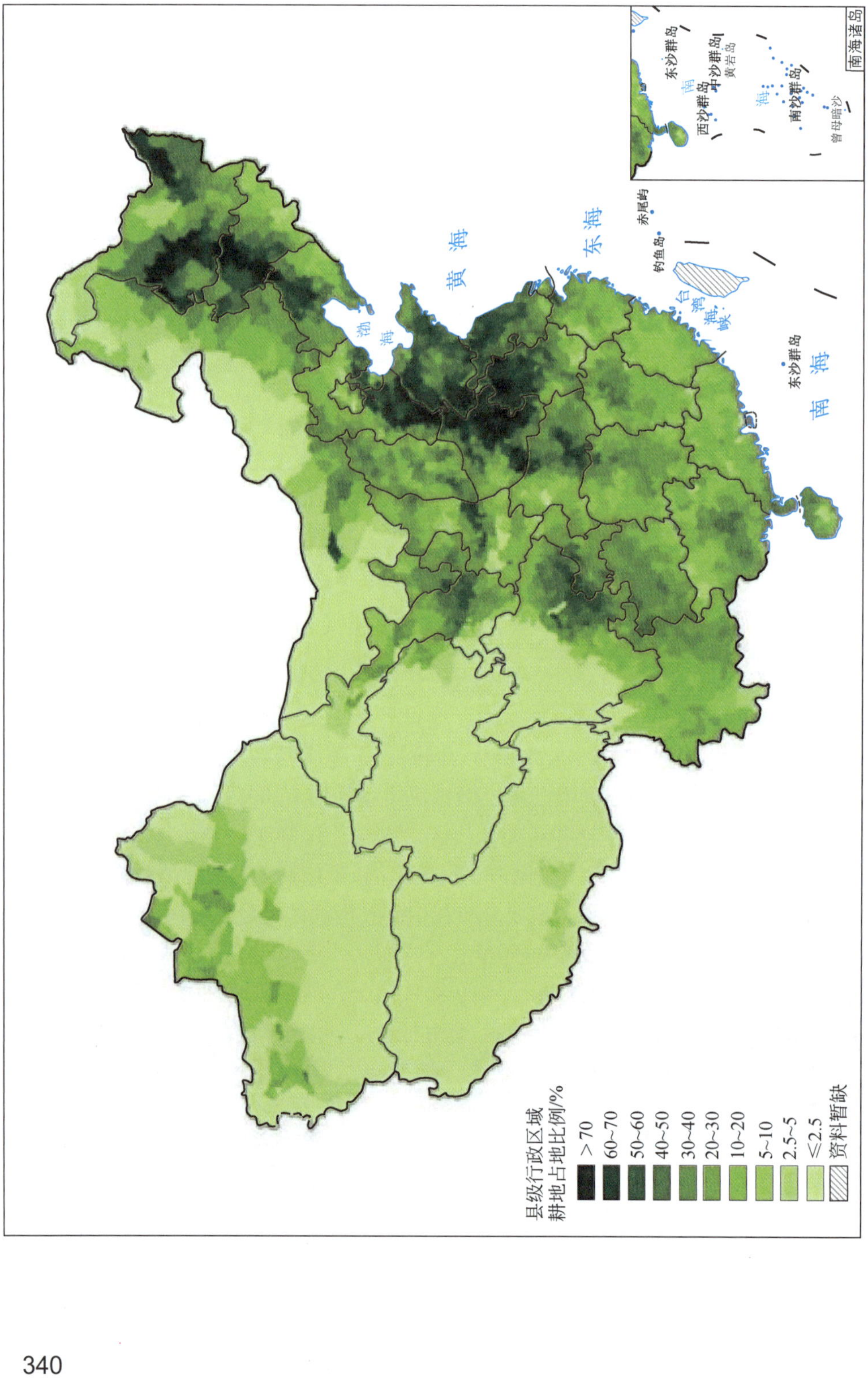

图 7.22　中国耕地分布

资料来源：中国土地勘测设计研究院

表 7.26　中国主要矿产资源及其分布

矿产资源品种	矿产资源分布
铁矿	辽宁鞍山—本溪地区、四川攀西地区、河北滦南—遵化地区、新疆西天山阿吾拉勒地区、新疆西昆仑塔什库尔干地区、河南舞阳—新蔡地区、江西赣中地区、新疆祁漫塔格地区、青海祁漫塔格地区、福建龙岩马坑—大田汤泉地区、安徽庐枞地区、山西五台—恒山地区、山东单县—河南商丘地区、西藏加多岭地区、湖北鄂东四大岩体、云南牟定安益地区等
铜矿	西藏米拉山地区、山南地区、尼木地区、朱诺地区、多龙地区、云南香格里拉地区、福建紫金山地区、江西东乡—德兴地区、新疆卡拉塔格地区、江西九瑞地区、青海多彩地区、甘肃营毛沱—玉石山地区、内蒙古霍各乞地区、广东雪山障地区、广东阳春盆地、湖北大冶—阳新地区等
铝土矿	山西霍西—河东地区、河南渑池礼庄寨—平顶山地区、贵州务正道地区、广西扶绥—龙舟地区、重庆武隆—南川地区、云南广南—丘北—砚山地区等
钾盐	青海柴达木盆地深层卤水、湖北江陵凹陷中南部深层富钾卤水等
铅锌矿	湖南花垣—凤凰地区、西藏金达地区、扎西康地区、广东凡口地区、云南保山—龙陵地区、卢子园地区、河南栾川地区、内蒙古东乌旗地区、青海然者涌—莫海拉亨地区、沱沱河地区
金矿	青海大场地区、沟里地区；甘肃寨上—马坞地区、崖湾—大桥地区；山东莱州—招远地区；云南北衙地区；贵州贞丰—普安地区；陕西—河南小秦岭金矿田深部及外围、陕西安康北部金矿带；内蒙古哈达门沟地区；广东河台地区；黑龙江东安—汤旺地区
有色金属	镍矿：新疆北山地区等 锰矿：广西天等龙源—德宝那温地区；贵州松桃地区；重庆地区等 钨、锡：江西省大湖塘地区；湖南锡田地区等 钼：安徽沙坪沟地区等
金刚石	辽宁瓦房店地区等

4. 资源再利用

进入 21 世纪以来，中国逐渐成为全球产品制造和产品消耗的大国，也是二次电池（可充电电池）的制造中心和出口国。与日俱增的二次电池生产及输出给中国国内资源可持续利用带来了巨大压力，尤其以锂、钴、铅、镍为代表的典型储能金属供给受到前所未有的挑战。到 2016 年，中国城市矿产总量达到 4000 万 t，其中大约存有锂 3.1 万 t、钴 4.6 万 t、铅 5 万 t 和镍 812 万 t，铜 94 万 t、铝 55 万 t、铁 350 万 t、塑料 229 万 t。如何建立城市矿山的资源再利用，将是中国城镇化过程需要解决的重要的课题。

二、环境

水利部 2016 年 1 月《地下水动态月报》显示，全国地下水普遍“水质较差”，超八成地下水遭受污染。与此相同，地表水的污染也相当严重，全国江河湖泊几乎均遭污染，城乡居民饮用水已全部无法直接饮用。具体来看，松辽平原、黄淮海平原、山西及西北地区盆地和平原、江汉平原，IV 类水占 32.9%；V 类水占 47.3%，两者合计不适合人类饮用的地区占 80.2%。在长江、黄河、淮河、海河、松花江和辽河等流域，V 类水已占 47.3%。2016 年住建部会同环保部首次公开发布全国黑臭水体摸底排查数据，全国 218 座城市共排查黑臭水体 1861 处，主要分布在广东、安徽、山东、湖南、湖北、河南、江苏等东南沿海经济相对发达地区。根据《2019 中国环境状况公报》发布数据，全国 338 个地级以上城市中，有 265 个城市环境空气质量超标，占城市数 78.4%；在对 480 个城市（区、县）开展的降水监测中，酸雨城市比例占 22.5%。中国的 36 亿吨用煤量，欧洲的燃煤总量只有约 5.8 亿 t，且绝大部分用于有污染物排放控制的大型火电厂，而中国不仅耗煤总量远大于欧洲，而且不少煤是散烧，因此中国每平方公里的硫化氢、CO_2 排放量远大于欧洲，空间污染和雾霾严重（图 7.23）。根据 2014 年国土资源部和环保部共同发布了《全国土壤污染状况调查公报》，中国土壤总的点位超标率达 16.1%，耕地点位超标率为 19.4%。

三、生态

改革开放以来，中国持续推进三北防护林、沿海防护林、长江流域防护林、退耕还林、国家储备林、速生丰产林建设等重点生态建设重大工程，全国森林覆盖率达到 22.96%，森林面积 2.2 亿 hm^2，森林蓄积 175.6 亿 m^3，尤其人工林面积 0.8 亿 hm^2，蓄积 34.52 亿 m^3，人工林面积居世界首位。截至 2019 年年底，全国共建立各种类型、不同级别的自然保护区 2740 个，总面积约 14703 万 hm^2；其中陆地面积约 14247 万 hm^2，占全国陆地面积的 14.8%。全国现有森林面积 2.08 亿 hm^2，森林覆盖率达 21.63%；草原面积近 4 亿 hm^2，约占国土面积的 41.7%。

然而，全国水土流失面积 367 万 km^2，约占国土面积的 38%；尤其黄土高原（黄河上中游）的晋、陕、蒙、甘、宁、青、豫的大部或部分地区，气候干旱、植被稀疏、水土流失十分严重，水土流失面积约占总面积的 70%。全国荒漠化土地面积不断扩大，约占国土面积的 27%，并且每年还以 2460km^2 的速度扩展；草地退化、沙化和碱化面积逐年增加，约占草地总面积的三分之一，并且每年还在以 200 万 hm^2 的速度增加。

为了促进经济社会和生态环境协调发展，国家依据资源环境承载力综合评价，划定了重要生态功能保护区（图 7.24 和表 7.27）和自然保留区（表 7.28）。这些保护区和保留区，应该避免城镇化和农业开发。

表 7.27　中国重要生态功能保护区

生态功能类型	保护区范围	保护措施
水源涵养（I-1）	黑龙江、松花江、东、西辽河，滦河、淮河、珠江的上游，渭河、汉江和嘉陵江上游，长江—黄河—澜沧江三江源区，黑河和疏勒河上游，塔里木河、雅鲁藏布江上游，南水北调水源区和密云水库上游	加强天然林保护和植被恢复、禁止非保护性采伐、植树造林、以草定蓄、围栏封育、退牧还草、退耕还林
水土保持（I-2）	黄土高原、三峡库区、大别山地区、金沙江干热河谷、西南石漠化地区	控制开发强度、实施生态移民、植树造林、种草养畜

续表

生态功能类型	保护区范围	保护措施
防风固沙（Ⅰ-3）	内蒙古浑善达克沙地、呼伦贝尔西部、科尔沁沙地、毛乌素沙地、河西走廊和阿拉善高原西部、黑河下游、柴达木盆地东部、准噶尔盆地周边、塔里木河流域、京津风沙源区和西藏“一江两河”	合理利用地下水、调整农牧业结构、禁止过度开垦、禁止超载过牧、退牧还草、降低人口密度
生物多样性维护（Ⅰ-4）	三江平原湿地地区、秦巴山区、西双版纳、海南岛中部山区、川西高山峡谷地区、藏东南地区、横断山脉中部、滇西北地区、武陵山地区	减少林木采伐、加强草原草甸保护、防范盗猎、退耕还林

表 7.28 中国自然保留地

自然保留类型	范围	保护措施
沙漠戈壁（Ⅱ-1）	新疆塔克拉玛干、吉尔班通古特、青海柴达木盆地、内蒙古巴丹吉林、腾格里、乌兰布和、毛乌素沙地	合理开发和调配水资源，禁止挤占并合理安排生态用水；强化防沙治沙措施
高原地带（Ⅱ-2）	藏北高原	强化监管和维护，严禁非法捕猎、滥采滥挖
高山地带（Ⅱ-3）	青藏高原南部喜马拉雅山、唐古拉山、青海巴颜喀拉山山地等	加强高寒地区草地监管和维护

四、灾害

1. 自然灾害

过去的 20 年中，自然灾害越发频繁和严重。根据联合国环境规划署报告，在 1980 ～ 2000 年，世界总人口中有 75% 生活在受自然灾害影响的地区。1999 年，共发生 700 多起重大自然灾害，造成 1000 亿美元的经济损失和数千人伤亡。在中国，1998 ～ 2002 年，由于气候变化和人为导致的地表覆盖情况的改变所造成的中国长江盆地的严重洪灾，导致数百万人流离失所。2019 年澳大利亚火灾、美国加利福尼亚州大火、亚马孙雨林火灾，森林火灾影响突出。中国相继发生青海玉树地震、四川木里森林火灾、山西乡宁和贵州水城山体滑坡、四川长宁 6.0 级地震、超强台风“利奇马”、主汛期南方多省暴雨洪涝、南方地区夏秋冬连旱等重大自然灾害。

2. 公共卫生安全风险

近几十年来，巨型城市区不断涌现，城市功能高度密集和混合，人口流动性不断加强，使得一些枢纽型城市成为传染病的主要传播节点。在全球城市化的进程下，大规模传染病也越来越趋于常态化。2019 年 12 月以来，新型冠状病毒肺炎成为近年来对人类健康威胁最严重的公共卫生事件。2020 年 1 月 31 日，世界卫生组织宣布新型冠状病毒肺炎疫情构成“国际关注的突发公共卫生事件”。在全球人口急剧城市化的

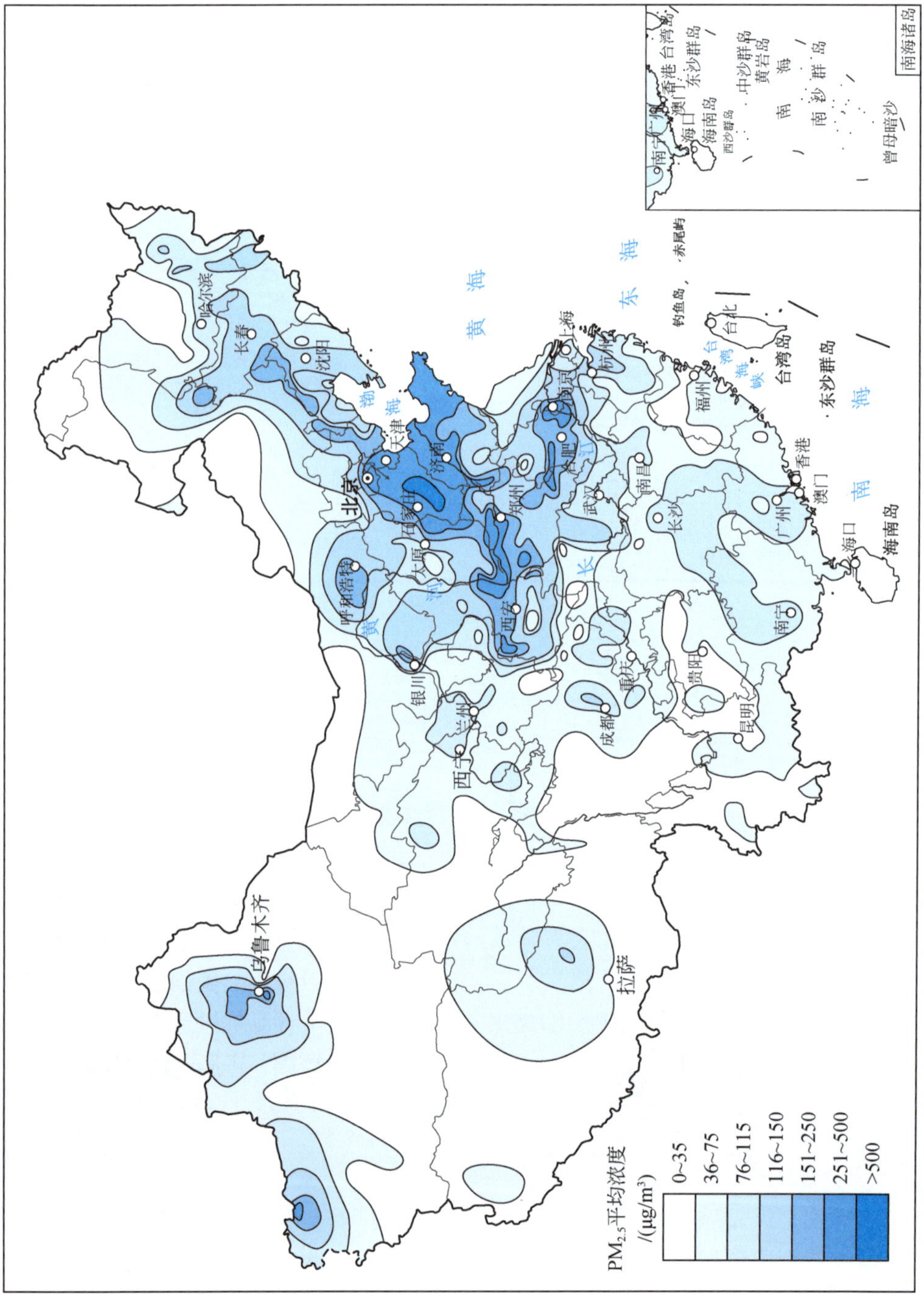

图 7.23 中国 PM$_{2.5}$ 平均浓度

资料来源：生态环境部

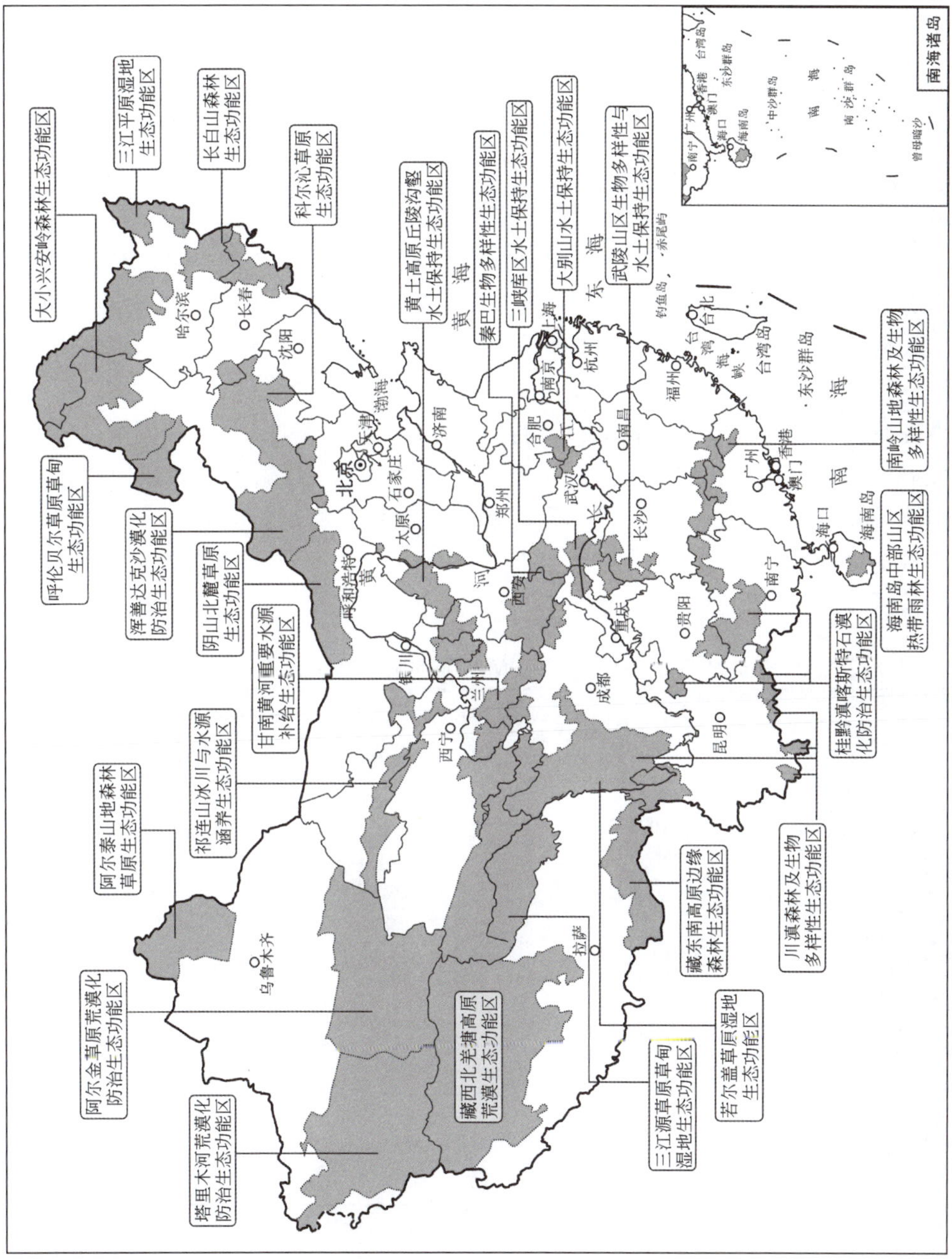

图 7.24 中国生态功能保护区

时期，医疗技术和公共卫生在高速发展的同时，迅速聚集在城市的人群也面临烈性传染病更频繁、更大规模的传染风险，尤其在特大城市、全球城市乃至世界城市正成为巨大的公共卫生安全风险区。

3. 气候变化

近年来，气候变化涉及的科学问题已越来越关注人类活动的影响。从自然科学的角度看，太阳活动强度变化、大气气溶胶浓度的变化、土地利用与土地覆被状态变化和海洋的作用是导致全球平均气温升高的因素（丁仲礼，2008）。一是太阳黑子活动。根据最近几万年来气候变化的地质记录，太阳活动强度变化是造成十年、百年和千年尺度气温波动的最为重要的因子（Ruddiman，2007），但是这种活动强度变化人类对其无能为力。二是海洋作用。主要表现为通过海洋吸热、环流调整等过程对全球气温变化起平衡作用，因此不应作为全球气候变化的外在驱动因子。三是土地利用与土地覆盖。四是大气气溶胶浓度。显然，后两者都与人类活动有关，尤其与近百年来工业化推进城市化有关，城市化过程是全球气候变化的最重要的人类活动因素之一。从社会发展过程看，在过去的200年，由于工业化导致大规模的化石燃料使用，全球CO_2排放量和城市化水平一直在同步稳定增长，目前均有加快的趋势（表7.29）。碳排放成为影响全球气候增温的主要因素，国内外研究发现，碳排放与城市化过程相交织。

表7.29　全球主要温室气体浓度及WMO-GAW监测的全球温室气体趋势

	CO_2/ppm	CH_4/ppb	N_2O/ppb	全球平均温度升高/℃	城市化水平/%
极值	385				
工业化前	280	700	270	0.0	
1800					3.0
1850					6.4
1900					13.6
1950					28.2
1970					38.6
1998	381.1	1786.3	320.13	0.4	45.0
2006	381.2	1783	320.1		46.0
2007	383.1	1789	320.9	0.74	50.0

资料来源：①中国科学院国家科学图书馆科学研究动态监测快报，2008年第17期；②崔功豪等，城市地理学，1992。

中国是主要的世界制造中心，自2006年以来，一直就是全球碳排放大国（图7.25），如今已占到全球年排放总量的28%。根据世界银行的数据，2016年中国的$PM_{2.5}$浓度中值（一项空气污染指标）是经济合作与发展组织（OECD）平均水平的3.7倍。中国政府作为《联合国气候公约》首批缔约方和政府间气候变化委员会（IPCC）发起国之一，一直积极参与和推动着气候变化的国际谈判和《联合国气候公约》进程。2015 年向 IPCC 提交了中国国家自主决定贡献文件承诺。中国正处在经济快速增长、碳排放日益增加的阶段，这些因素均会直接影响城镇化进程。

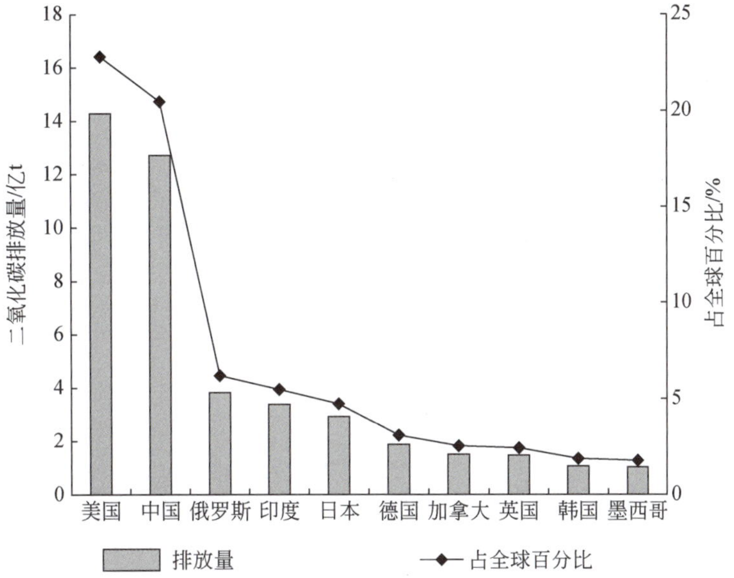

图 7.25　2006 年世界主要 CO_2 排放大国（王勤花，2008）

4. 海平面上升

近 30 年来，由于地球增温，中国沿海海平面不断抬升，大约年均上升 2.6mm，高于全球海平面 1.7mm/a。尤其在经济发达和城镇化密集的渤海、黄海、东海、南海沿海地区，海平面平均上升速率分别达到 2.5mm/a、2.8mm/a、2.8mm/a 和 2.5mm/a（图 7.26）。根据国家海洋局公布的《2010 中国海平面公报》数据，2010

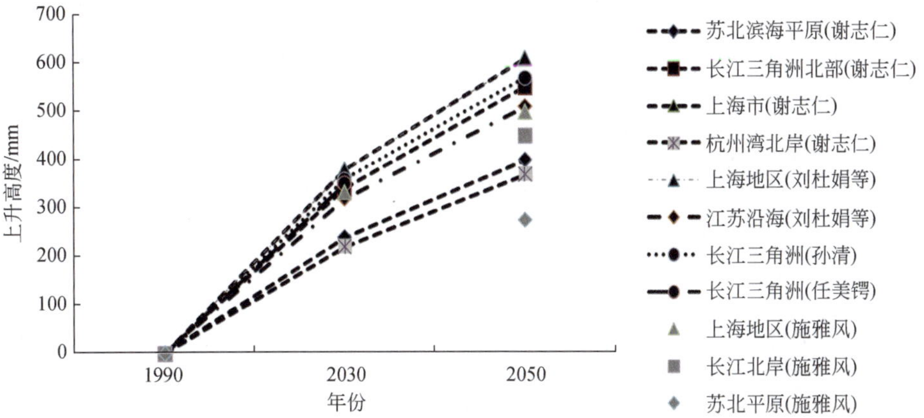

图 7.26　长江三角洲海平面抬升预测（1991 ～ 2050 年）

年中国沿海各省市海平面均高于常年。其中，山东、江苏和海南沿海海平面明显偏高，分别比常年高 82mm、82mm 和 84mm；天津次之，约为 71mm；其他沿海地区介于 50 ～ 67mm。预计未来 30 年，中国沿海海平面还将继续上升，比 2010 年升高 80 ～ 130mm，东部沿海地区面临海水淹没的危险（图 7.27）。海平面上升，特别是在出现极端气候事件时，会将淹没大部分的这类地区。海水会进入地表淡水和蓄水层，影响城市供水、改变向城市地区提供生态服务和自然资源的关键生态系统。

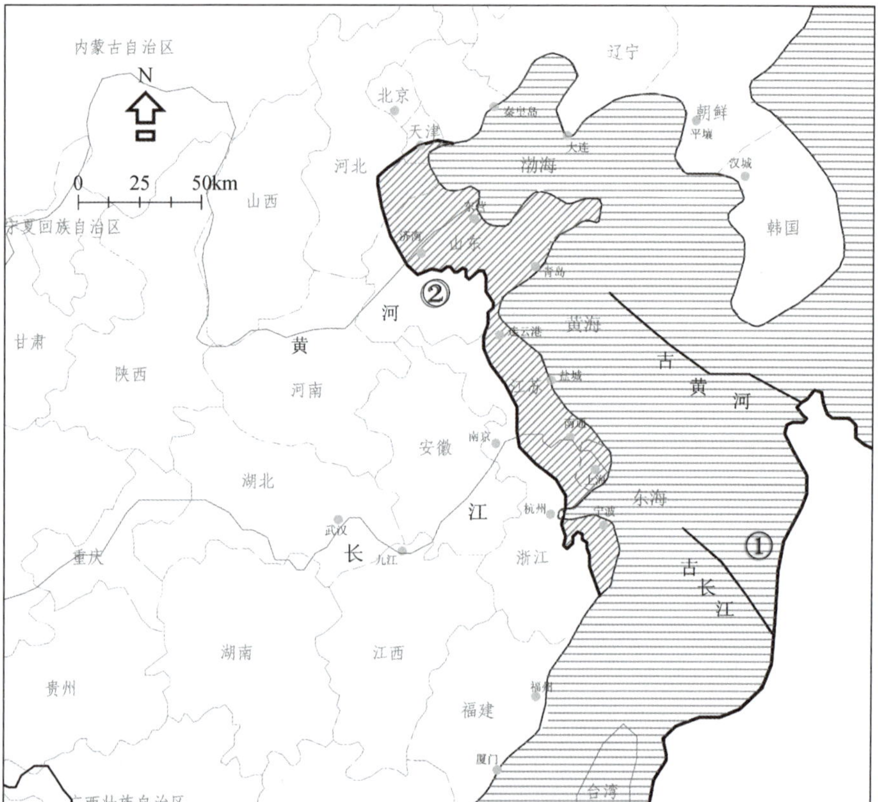

图 7.27　中国历史上海平面上升和海平面后退范围

第五节　土地和税收制度改革及其影响

世界银行在《2020 年的中国》中指出：当前的中国正经历两个转变，即从计划经济向市场经济转变；从农村、农业社会向城市、工业社会的转变。经济转型意味着市场正逐步在资源配置中发挥基础性作用，同时政府仍然在很大程度上直接影响到经济增长。中国城镇化快速发展，不仅是市场行为，也是政府政策推动的结果。中国政府一系列制度创新和政策实施，主要通过市场和政府的互动，进行劳动力、土地、资本和技术等生产要素，在农业和非农产业之间、城市和农村之间，进行重新配置，不仅促进了城镇化水平的迅速增长，而且还有助于城市化质量的提升。中国城镇化进程息息相关的制度创新，综合来看，主要集中在两个方面：土地制度和住房制度，本质上是敞开农村劳动力流入的大门，利用土地利用后的价值升值平摊城镇化的成本，尽力降低不发达经济条件下半城镇化的风险。

一、土地制度改革

土地，在计划经济条件下，只是生产资料。土地制度改革的要点就是如何实现“以地生财”，通过城镇化释出城市土地地租。中国地方政府对土地制度实施改革，从城市土地有偿使用到完全市场机制的城市土地市场建设，形成了一整套制度改革，实现在财政分权的背景下，无论是城市政府还是农村集体组织都具有获取“土地租金剩余”的动力，一方面增加政府财政收入进行基础设施建设，另一方面推动和促进城镇化的进程。

1. 城市土地有偿使用制度

改革开放以前，中国实行城市土地单一的国家所有制以及与此相适应的国有土地无偿使用制度。1979 年通过立法对国有土地使用制度进行改革，《中华人民共和国中外合资经营企业法》规定：“中国合营者的投资可以包括为合营企业经营期间提供的场地使用权。”

1980 年，国务院《关于中外合资经营企业建设用地的暂行规定》进一步明确：“中外合营企业用地，不论新征土地，还是利用原有企业场地，都应计收场地使用费。”这为城市政府开征城镇国有土地使用费扫清了法律障碍。

1990 年，国务院颁布并实施《中华人民共和国城镇国有土地使用权出让和转让暂行条例》规定：县级以上人民政府代表国家以所有者的身份，将一定年限内的土地使用权让与土地使用者，土地使用者按规定的标准向国家缴纳土地出让金。土地使用权出让的最高年限按用途确定：居住用地 70 年；工业、教育、科技、文化、卫生、体育、商业、旅游、娱乐以及综合及其他用地 50 年。毫无疑问，城镇国有土地出让金收取大大缓解了地方政府财政能力不足问题，但也出现了两个问题，它们是：①一次性收取50～70年的土地出让金，并在短期内用于城镇建设等开支花光这笔钱，是一种对未来土地收益的“透支行为”，不利于城市城府的长期财政收入的稳定，导致城市财政收入的不可持续问题；②刺激地方政府冲动卖地行为，并导致短期内城市政府“无地可卖”，开始通过空间规划大量征用农村的集体用地，城市土地规划有建设规划转向出让土地的规划。

2002年，国土资源部发布《招标拍卖挂牌出让国有土地使用权规定》，明确“商业、旅游、娱乐和商品住宅等各类经营性用地，必须以招标、拍卖、挂牌方式出让。”我国城镇国有土地的市场调节机制正式建立起来（表7.30）。在既有土地管理制度的基础上，通过城市土地有偿使用制度建立，在城市土地一级市场收取城镇国有土地出让金（urban land granting fee），一方面弥补地方政府财力不足，另一方面打开城市土地升值、增值的空间。

表7.30　中国土地出让方式变化（1999～2003年）

年份		1999	2000	2001	2002	2003
划拨	面积/hm^2	54163.44	80568.59	73979.54	88052.10	65258.16
	占比/%	40.63	33.33	41.40	37.40	22.78
出让	面积/hm^2	45390.68	48633.22	90394.12	124229.80	193603.90
	占比/%	34.05	20.12	50.59	52.77	67.56
租赁	面积/hm^2	28842.87	105438.20	10128.26	17555.82	10551.61
	占比/%	21.63	43.61	5.67	7.46	3.68
合计/hm^2		133317.97	241758.79	178678.27	235423.90	286436.63

资料来源：中国国土资源年鉴（2000～2004）。

2. 城市土地权出让制度

为了突破土地转让限制，深圳特区借鉴香港土地制度，率先探索将土地所有权和使用权分开，并于1987年拍出中国城市第一块土地使用权。同年12月全国人大常委会修改了《中华人民共和国土地法》，规定“国有土地和集体土地的使用权可以依法转让”，“国家依法实行国有土地有偿使用制度”，我国土地出让制度基本形成。1988年国务院发布《中华人民共和国城镇土地使用税暂行条例》，规定从1988年11月1日起，将土地使用费改为城镇土地使用税，正式开征国有土地使用税。据资料统计，1988～1991年，国家共征收土地使用税88.5亿元（朱玉明和黄然，2005）。由于土地使用的税负标准偏低；征收范围较小，土地的价值和市场调控机制并没有形成。

3. 城市土地权转让制度

1988 年，全国人大通过了《中华人民共和国宪法修正案（1988）》，在其中第十条第四款基础上，增加“土地的使用权可以依照法律的规定转让”。1990 年，国务院《中华人民共和国城镇国有土地使用权出让和转让暂行条例》第二条，“国家按照所有权与使用权分离的原则，实行城镇国有土地使用权出让、转让制度”。这一条例，成为政府垄断土地一级市场的制度的发端，地方政府开始用土地作为基础设施建设支付手段，土地的货币属性由此而生。尽管如此，1988 ～ 1991 年，全国征用土地使用税只有 88.5 亿元。预算外收入在 1994 年和 1995 年都以约 30% 的增速上涨，1996 年预算外收入增幅甚至高达约 60%。2000 年之前，预算外收入规模和地方预算内收支差额规模基本一致。2000 年后土地出让金规模迅速上升，逐渐替代预算外收入，成为弥补地方收支差额的最主要来源。在 1999 ～ 2002 年，土地出让收入增长了约 4 倍，占全国预算外收入和地方预算外收入的比重都超过了一半。

4. 城市出让土地招拍挂制度

2002 年，国土资源部发布《招标拍卖挂牌出让国有土地使用权规定》，此后招标、拍卖、挂牌等市场化的土地出让方式被逐步引入，全国行政划拨出让土地面积的比重从 1999 年的 40% 以上下降到了 2003 年的 20% 左右。2001 年和 2003 年，地方政府土地出让金增速都超过了 100%。到 2007 年，全国土地出让金总价款 9130 亿元，占当年地方财政收入 41677.5 亿元的 21.9% 左右。2015 年，全国重点城市净增土地抵押贷款总额是 17800 亿元，而 2015 年土地出让金规模是 33700 亿元。至此，“土地出让金”收入成为地方政府名副其实的“第二财政”。

5. 农地复垦和土地整理开发制度

2004 年，国土资源部出台新的《土地出让金收支管理办法》，办法指出从 2004 年 1 月 1 日起，将土地出让金总额的 15% 必须用于农地复垦和土地整理开发。此前的做法是，土地出让金增值部分的 15% 做此用途。

二、财政制度改革

财政分权，实质在于：中央政府将部分财政权限下放给地方政府，使各级政府都有相对独立的财权和事权，从而调动地方政府发展经济的积极性。在经济体制转型国家，通过财政分权，赋予地方政府独立的利益主体资格，激励政府行为与经济发展保持一致。

1. 财政包干

1980 年中央提出的“划分收支、分级包干”的体制变革。这一体制的特点主要在于改革中央与地方之间的财政收入划分关系。其基本做法是按照经济管理体制规定的隶属关系，明确划分中央和地方财政的收支范围。1985 年实行“划分税种、核定收支、分级包干”的财政管理体制。1988 年，为适应经济体制改革发展的需要，进一步稳定中央与地方之间财政关系，中央在某些省、市实行“大包干”的财政体制。“财政包干”，就是中央对地方放权让利，地方只要缴足中央规定的税收数额，剩下的财税收入都归地方使用。这调动了地方积极性，但中央财政也变得越来越拮据。从国家财政收入占 GDP 的比重来看，由 1980 年的 25.7% 下降到 1993 年的 12.6%；中央财政收入占国家财政收入的比重，更是从 1984 年的 40.5% 下降到 1993 年的 22.0%。

2. 分税制改革

税制的选择影响税收来源，进而影响政府行为以及对纳税主体的感知。在分税制的体制中，税收的地方所得和预算外收入是地方政府财政支出的重要来源，特别是预算外收入不需要上缴中央政府，使地方政府更加愿意扩大预算外收入的来源。早期，中国的全部税收的 90% 来自企业交纳，税收以间接税为主。在间接税制下，企业是纳税主体，企业对城市政府的话语权远大于市民，政府的资源配置、政策倾斜指向企业，企业经济活动的社会与资源环境外部性长期被忽视。

1994 年，推动“分税制”改革，旨在解决中央财政财力下降的问题。因此，无论是在划定税种归属、分成比例，还是支出责任上，都采取了有利于中央财政的原则。分税制改革基本做法：①根据中央和地方的事权，确定相应的财政支出范围；②根据财权与事权基本一致的原则，按税种划分中央和地方收入；③为了保持现有地方的既得利益格局；④是原有体制下中央对地方的补助继续按规定执行，地方上解仍按不同体制类型进行，原中央拨给地方的各项专款该下拨的继续下拨。也就是说，1994 年分税制改革所做的就是把关税、消费税这种税源稳定、税基广、容易征收的税种上划给了中央，作为中央固定收入；把营业税、地方企业所得税以及其他税基小、征收难度大的税种划给地方；还有就是增值税收入由中央和地方共享，中央 75%，地方 25%。通过分税制改革，中央财政收入占国家财政收入的比重从 1993 年的 22% 暴增至 1994 年的 55.7%，此后维持在 52% 左右。相应地，地方财政收入所占比重较上一年骤降 32%。然而，后来的城镇化推动城市开发，城市土地出让收入越来越多，甚至发展到地方政府就是“土地财政”的境地。

实行分税制改革后，间接税比例逐渐下降，从 2004 年超过 81.18% 下降至 2014 年 66.74%。到 2014 年，中国间接税总额约 80000 亿，占税收总额的 2/3，直接税约占 1/3。但是，通过分税，地方财权与事权不对称情况出现。直接结果就是，很多地方政府的财政收支经常出现不平衡。地方财政收入和支出差距越来越大，从 1993 年的收支平衡（收入比支出多 60 亿），到 1994 年分税制改革缺口 1726.6 亿，再到 2000 年的 3960.6 亿，2005 年的 10053.5 亿，2010 年的 33271.4 亿。到 2017 年，地方财政状况发生了很大变化，财政盈余的省市仅仅保留经济最发达的地区，大部分省市均为财政亏空（表 7.31）。

表 7.31 中国地方政府财政盈亏状况（2017 年 1 ～ 6 月）

地方政府	财政盈余 / 亿元	财政亏空 / 亿元
上海	5930	
北京	4776	
广东	3832	
浙江	3553	
江苏	2787	
深圳	1106	
福建	241	
海南		212
天津		258
宁夏		324
山东		387
山西		419
辽宁		560
青海		561
古林		738
西藏		740
重庆		788
陕西		962
湖北		1049
甘肃		1066
江西		1107
内蒙古		1156
河北		1260
黑龙江		1277
贵州		1289

续表

地方政府	财政盈余 / 亿元	财政亏空 / 亿元
安徽		1290
广西		1294
新疆		1333
四川		1348
云南		1572
湖南		1762
河南		2588
合计	17281	25349

注：①省数据不含 5 个计划单列城市（宁波、青岛、厦门、大连、深圳）；②各省数据含关税、非税收入（指除税收和政府债务收入以外的财政收入）。

资料来源：大猫财经。

3. 财政转移支付

到 2010 年，地方财政收入和支出差距达到了 30000 多亿的巨大收支差距，占地方财政支出的 45%。而且，政府级别越低，财权和事权不对称的问题越突出，例如乡镇政府承担了近 60% 的教育事业费，近 35% 的医疗卫生支出，以及大部分对农村的扶助支出，却没有财政收支权。

为了缓解地方政府的财政困难，同时也获得地方政府的支持，分税制改革同时设置了多种由中央向地方政府进行转移支付的项目。这些项目大体可分为三类，其中金额最大的一类是用于教育、科技、社会保障和就业、医疗卫生、环境保护以及农林水事务等领域的“专项转移支付”。2009 年，这一类转移支付在全部转移支付中占到 43.2%。由于这类资金的分配在很大程度上是由对应领域的国家主管部委来决定的，许多地方政府不得不采取“跑部钱进”等方法来最大限度地争取到这些资金的倾斜，尽管最终相当一部分的转移支付收益会被由此而耗费的行政成本所抵消。第二类转移支付包括为某项改革措施造成的地方财政支出所进行的补贴，以及对于某些特殊困难地区的补助，如调整工资转移支付、农村税费改革转移支付，以及对于一些民族地区、资源枯竭型城市和企事业单位划转的补助。尽管 2009 年这一类转移支付占到全部的 25.9%，但由于它们只能用于指定的对象和用途，且相对易于监管，因此对于提高地方政府的一般性财政收入收效不大。除以上两类转移支付外，还有目的在于缩小地区间财力差距的“一般性转移支付”。但这一部分转移支付的比例自 1994 年以来一直徘徊在 10% 左右，且存在与“专项转移支付”类似的分配问题，因此对于存在财政收支缺口的地方政府作用有限。相对于以上三类转移支付，对于绝大多数城市和地区而言，来自中央政府的最为可靠的财力支持还是“税收返还”。

由于“分税制”的实施必然会使地方收入锐减，其最初遭到了许多地方，尤其是那些从之前的财政体制中获益更多的富裕地区的强烈抵制。在这种情况下，中央向地方政府保证，其财政收入不低于1993年的水平，差额将由中央补足，并采取了“税收返还”这一措施，以鼓励地方政府扩大税收。尽管2009年这一部分收入只有“专项转移支付”的40%，但不同于“专项转移支付”或“财政补贴”，“税收返还”的额度完全取决于地方政府自身的税收征稽努力，而并非“跑部钱进”或国家政策调整等不可控因素。也就是说，“税收返还”为地方政府扩大税收收入提供了完全的激励，从而形成中央财政和地方财政的转移支付（fiscal transfers）分配方式（图7.28）。

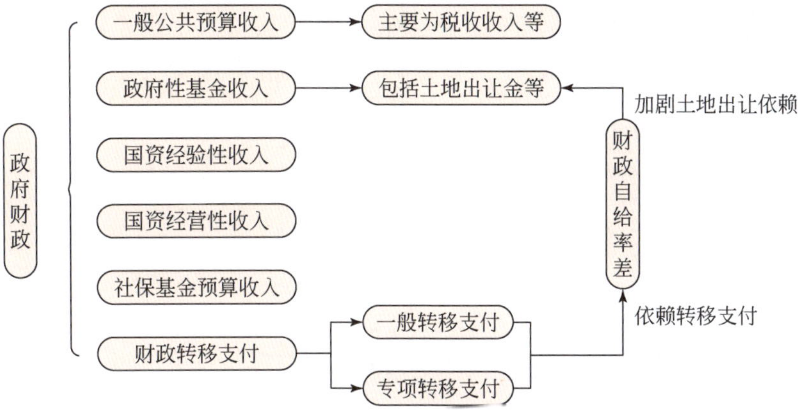

图7.28　财政转移支付

第八章　中国城镇化展望

毋庸置疑，到 2050 年，中国将完成从农业国家向城镇化国家的转型。2019 年中国人均 GDP 跨过了 10000 美元门槛，在未来 30 年，将进入中高收入的中等发达国家水平，中国城镇化也将从数量增长、非农化和景观城镇化向提升质量，改进文化和生活方式转型升级。

第一节　迈向中高收入国家行列

到 2050 年，中国将进入中等发达国家行列。只有经济社会的进一步发展，才能保证中国完成城镇化过程。

一、经济社会发展趋势

1. 经济发展持续向好的趋势

改革开放以来，中国经济步入腾飞阶段。中国在 2009 年成为全球最大的商品出口国，2013 年跃居全球第一大商品贸易国，在全球商品贸易总额中的占比从 2000 年的 1.9% 增长到 2017 年的 11.4%；世界主要 186 个国家和地区，其中 33 个国家的第一大出口目的地是中国，65 个国家的第一大进口来源地是中国。中国 2014 年已经成为全球第二大经济体（按购买力平价计算）；2018 年中国 GDP 总量突破 90 万亿元（按名义 GDP 总量来计算），达到美国 GDP 的 66%，约占全球总量的 16%（麦肯锡全球研究院，2019）。

中国制造业，占全球制造业的比例从 1% 激增到 25%，完成了 12.7 万 km 铁路、13 万 km 高速公路和 2.5 万 km 高速铁路建设，约 8 亿人口摆脱了贫困；2017 年移动支付交易超过 200 万亿元，规模稳居世界第一；无论作为外商直接投资（FDI）的目的国还是对外投资来源国均跻身全球前两位。

2. 中等收入群体消费需求形成

截至 2018 年，中国已有近 3 亿人口进入中等收入群体。预计到 2025 年，中等收入人口占总人口比重将达到 40%，人口规模约 5 亿～ 6 亿，可能成为世界上规模最大的中等收入群体（图 8.1）。

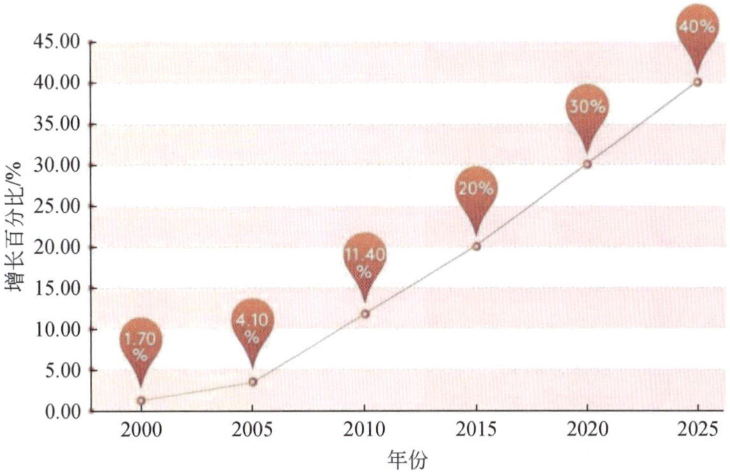

图 8.1　中国中等收入群体增长趋势（2000 ～ 2025 年）

数据来源：国务院发展研究中心

3. 深度融入世界经济体系

改革开放 40 年，中国遵循投资、消费、出口“三驾马车”路径推进经济增长和发展。由于资本和技术来自发达国家，中国外向型经济一直处在全球价值链的中低端，以劳动密集型的装配为主。根据 2017 年的统计，中国的手机销量占全球销量的 40%，电动车销量占到 64%，半导体消费占 46%。“摩根士丹利资本国际指数”（MSCI）也统计，美国信息技术领域有 14% 的营收来自中国。中国的技术创新步伐加快，尤其在光伏面板、高铁、数字支付系统、电动汽车、数字经济和人工智能技术领域有了重要突破，以集成电路和光学设备领域为例，中国的进口额高达国内产值的 5 倍。与此同时，世界自然资源富国也会更加依赖中国发展需求。例如，俄罗斯天然气和石油等能源开发，澳大利亚铁矿、煤炭和金属开采，智利铜矿，巴西大豆和畜产品等，对外出口自然资源的国家发展将越来越依赖中国的自然资源的消费需求。据此，中国经济深度融入世界经济体系和全球产业链已成事实。

二、推进经济社会和城镇化的高质量发展

1. 从黑色发展到绿色发展

自工业革命以来，人类社会经历了从黑色发展到绿色发展的过程，经济系统从增长最大化转向净福利最大化，自然系统从生态赤字转向生态盈余，社会系统从不公平发展转向公平发展（表 8.1）。自 2010 年以来，中国政府积极推进绿色发展，将生态文明建设融入经济、政治、文化、社会建设各方面，形成全社会的全新发展理念。

表 8.1 工业革命以来人类社会发展过程

项目	黑色发展	可持续发展	绿色发展
发展背景	人类从古典文明迈向现代文明	人类初步反思现代文明对于自然的巨大破坏	人类全面改变文明与自然的关系，进入绿色文明阶段
哲学渊源	人类中心主义	修正的人类中心主义	“天人合一”思想和马克思主义自然辩证法
主导国家	美国、英国、法国、德国	美国等西方发达国家	中国等新兴国家
发展阶段	高消耗、高排放、高消费	高消耗、高排放、高消费，有限控制生产环节	低消耗、低排放、生态资本不断增加，增长与排放脱钩
发展目标	经济增长	人类可持续发展	社会、经济、自然三大系统和谐、可持续发展
主要产业增长	工业	工业、服务业	

2. 从数量增长到高质量发展

中国经济自 1978 年改革开放以来进入快速增长阶段。2008 年世界金融危机后，全球经济进入衰退期。习近平同志于 2017 年 12 月 18 日在中央经济工作会议上的讲话指出：“中国特色社会主义进入了新时代，我国经济发展也进入了新时代”。进入新时代，推动高质量发展，是我国政府针对全球经济进入衰退、中国经济发展从高速度转向高质量的一种创新性提法，是保持经济持续健康发展的必然要求，是适应我国社会主要矛盾变化和全面建成小康社会、全面建设社会主义现代化国家的必然要求，是遵循经济规律发展的必然要求。

高质量发展，是在严格控制自然资源消耗规模的前提下，通过人力资本和技术的投资、制度创新，不断推动经济、社会、文化、生态文明、城市发展、政府治理的综合转型与协同发展。高质量发展，以中国特色社会主义经济思想、可持续发展理论、资源环境理论、城市建设理论为指导，以创新为根本动力，不断完善体制机制，建立健全资源型城市高质量绿色转型发展的长效机制，是一个包括经济、社会、文化、生态文明、城市发展、政府治理的综合转型发展系统。

高质量发展，就是基于“创新、协调、绿色、开放、共享”五大发展理念和社会主要矛盾，高质量发展，不仅包括经济质量和效率的提升，也包括制度、社会、生态等方面的要求。推动高质量发展，就要建设现代化经济体系（何立峰，2018）。高质量发展，就是能够很好地满足人民日益增长的美好生活需要的发展，就是体现新发展理念的发展，是创新成为第一动力、协调成为内生特点、绿色成为普遍形态、开放成为必由之路、共享成为根本目的的发展（杨伟民，2018）。高质量发展就是对发展重新认识，经历过从经济增长到经济发展、从经济增长质量到经济发展质量的过程。经济增长取决于生产要素的积累，而经济增长质量决定于生产要素使用效率的提高。经济发展在经济增长之外还包含了结构、社会、生态等因素。与之相对应，经济发展质量在经济增长质量的基础上，还要考虑经济结构协调、人民生活水平提升、资源环境改善（王一鸣，2018）。

三、中高收入国家发展水平

按世界银行公布的数据，2014 年的最新收入分组标准为人均国民总收入 1045 美元及以下为低收入国家，1046 ～ 4125 美元为中低等收入国家，4126 ～ 12735 美元为中高等收入国家，12735 美元以上为高收入国家。按世界银行公布的数据，2019 年，中国人均国民总收入首次超过 10000 美元，跨入中高收入国家行列。根据国内外多家机构和专家研究，2021 ～ 2025 年，中国人均 GDP 将进入 10000 ～ 20000 美元的准发达国家区间。根据光华思想力课题组测算，到 2035 年，按 2018 年的名义价格，中国 GDP 预计能达到 210 万亿元，届时中国总人口估计到达 14.5 亿人，人均 GDP 为 144827.58 元（人民币），相当于 20394.5165 美元，已经超过世界平均和中高收入国家人均 GDP 的水平，向高收入国家水平迈进（表 8.2）。

表 8.2　中高和高收入国家主要社会经济指标

社会经济指标	单位	高收入国家	中高收入国家	中国	世界平均
人均 GDP	美元	37755.82	8000.32	10000.00（2019）	10721.42
第一产业增加值占 GDP 比重	%	1.20	7.32	7.1（2019）	5.90
第二产业增加值占 GDP 比重	%	19.10	35.85	39.0（2019）	30.50
失业率（失业人数占劳动力总数的比例）	%	7.17	5.88	5.0（2019）	5.93
65 岁和 65 岁以上的人口占总人口的百分比	%	16.05	8.31	12.6（2019）	8.10
2013 出生时的预期寿命	岁	79.11	74.32	77.00（2019）	71.21
高等院校入学率（占总人数的百分比，2011）	%	74.78	30.50	45.70（2017）	31.04
人均医疗卫生支出（2013）	美元	4456.19	465.89	541.10（2017）	1041.93
高科技出口占制成品出口的百分比（2013）	%	16.41	21.20	26.97（2017）	17.05
每百万人拥有研究与开发研究人员（2010）	人	3559.60	812.01	1176.58（2017）	1268.32
研究与开发经费占 GDP 的比例（2010）	%	2.36	1.23	2.18（2019）	2.06
GDP 单位能耗（2012）	美元 /kg 石油当量	8.25	6.57	5.23	7.61

续表

社会经济指标	单位	高收入国家	中高收入国家	中国	世界平均
人均二氧化碳排放量（2011）	t	11.07	5.71	7.14（2018）	4.94
森林面积覆盖率（占土地面积的百分比；2013）	%	34.5	28.8	22.96（2019）	30.8
最大城市人口占总城市人口的百分比	%	18.87	12.32	2.93（2019）	16.33
100 万人口以上城市的人口占总人口的百分比	%		26.13	23.17（2017）	22.39
城镇化水平（城镇人口占总人口比例）	%	80.65	61.83	60.60（2019）	53.39
每 100 人互联网用户（2014）	人	80.61	47.72	59.2（2019）	40.69

数据来源：世界银行数据库。

第二节　走进城镇化国家

2010 年，中国城镇化水平达到 49.95%，也就意味着中国人口的一半进入城镇生活，尽管其中有流动人口 22143 万人处在城乡之间的流动过程中。到 2050 年，中国将完成从农业国家向工业化、城镇化和现代化国家的转型。

一、中国城镇化水平预测

从整体上看，在未来一段时间内，我国人口可能越过拐点进入下降通道，但是城镇化还处在加速期，并逐渐进入平台期。

1. 中国人口预测

根据世界银行（1984）年研究报告，预计中国人口 2040 年达到峰值 14.61 亿，然后进入下降通道，2050 年总人口约为 14.50 亿。1984 年世界银行经济考察团采用世界银行的标准方法，对中国 1980 ～ 2100 年总人口进行了三个方案的预测（表 8.3），其中 B 方案的推算同中国实际 2000 年所订的人口目标 12 亿相吻合。根据这一推测，2000 年中国总人口为 11.96 亿，2050 年为 14.50 亿，到 2100 年的趋势不变，稳定在 15 亿的水平。C 方案按照中国总和生育率 1.5 计算，一直维持到 2040 年，然后回到人口更替水平的总和生育率 2.1 计算，到 2000 年中国总人口约为 11.8 亿，2050 年约为 10.85 亿，至人口稳定时（2100 年）中国总人口有望下降到 8 亿左右，接近于中国的理想适度人口。

表 8.3 世界银行中国人口预测（1980 ～ 2100 年）

年份	中国实际人口 / 亿	预测 A			预测 B			预测 C		
		人口 / 亿	总和生育率	人口增长率 /%（10 年平均）	人口 / 亿	总和生育率	人口增长率 /%（10 年平均）	人口 / 亿	总和生育率	人口增长率 /%（10 年平均）
1980	9.8705	9.80	—	—	9.80	—	—	9.80	—	-1.1
1990	11.4333	11.2	2.3	1.3	10.94	1.1	2.1	10.94	2.0	0.8
2000	12.6743	12.73	2.2	1.4	11.96	0.9	1.7	11.80	1.5	0.4
2010	13.3972	13.92	2.2	0.9	13.12	0.9	2.2	12.33	1.5	0.1
2020	14.0005（2019）	14.95	2.2	0.7	13.79	0.5	2.2	12.46	1.5	−0.2
2030		15.83	2.1	0.6	14.37	0.4	2.1	12.25	1.5	−0.6
2040		16.26	2.1	0.3	14.61	0.2	2.1	11.58	1.5	−0.6
2050		16.47	2.1	0.1	14.50	−0.5	2.1	10.85	2.1	−0.8
2060		16.64	2.1	0.1	14.47	−0.0	2.1	10.03	2.1	−0.7
2100		16.88	2.1	0.0	14.62	0.0	2.1	8.43	2.1	−0.2

注：港澳台地区未列入计算。
资料来源：①顾朝林，1992；②林重庚等，1985。

2. 劳动力预测

根据中国人口发展中心和中泰证券研究所关于中国劳动年龄人口数预测，2019 ～ 2050 年劳动力数量呈现减少趋势，2020 ～ 2030 年每年将减少 600 万～ 800 万人；2030 ～ 2040 年每年将减少 200 万～ 300 万人；2040 ～ 2050 年由于人口老龄化，减少的劳动人口数量会进一步扩大到 1000 万以上（表 8.4）。

表 8.4 中国劳动年龄段人口及劳动力平均年变化预测（2020 ～ 2050 年）

年份	劳动年龄段（15 ～ 64 岁）人口 / 万人	劳动力平均年变化 / 万人
2019	97931	-2762
2020	91000①	-6931
2025	88000①	−600.0
2030	84000①	−800.0
2035	82000①	−400.0
2040	81000①	−200.0
2045	73000①	−1600.0
2050	71000①	−400.0
	79000②	+1200.0

注：①中国人口发展中心预测数；②中泰证券研究所。

3. 城镇人口预测

1986 年，顾朝林根据 2100 年人口上限 7.5 亿～ 11.5 亿和 1949 ～ 1985 年历年城镇人口统计数据（剔除 1959 ～ 1963 年非正常年份数据），采用逻辑斯蒂曲线模型应用于中国城镇化研究，获得了中国城镇人口的逻辑斯蒂回归方程

$$P_1 = 75000/(1 + e^{96.15915} - 0.048107t) \quad (8.1)$$

$$P_2 = 115000/(1 + e^{96.15915} - 0.048107t) \quad (8.2)$$

回归模型的相关系数 R=−0.94545223。

2006 年曾对中国城镇体系等级规模分布进行幂函数分布模型拟合（图 8.2），相关系数达 0. 94。根据 1986 年的预测数与中国城镇人口实际数据对照，1986 ～ 1995 年符合 P_1 模型，1995 ～ 2010 年，符合 P_1+P_2 的平均数；2010 年以后基本符合 P_2 模型预测值。2019 年国家统计局统计市镇人口 84843.0 万人，城镇化水平 60.60%；P_2 模型预测数为 83361.1 万人，城镇化水平 59.54%。据此，根据 P_2 模型预测中国市镇人口和世界银行预测的中国总人口，推算中国市镇人口和城镇化水平，2020 年市镇人口 84452.4 万人、城镇化水平 61.24%；2030 年市镇人口 93986.2 万人、城镇化水平 65.41%；2040 年市镇人口 101036.6 万人、城镇化水平 69.15%；2050 年分别是市镇人口 105949.2 万人、城镇化水平 73.08%（表 8.5）。

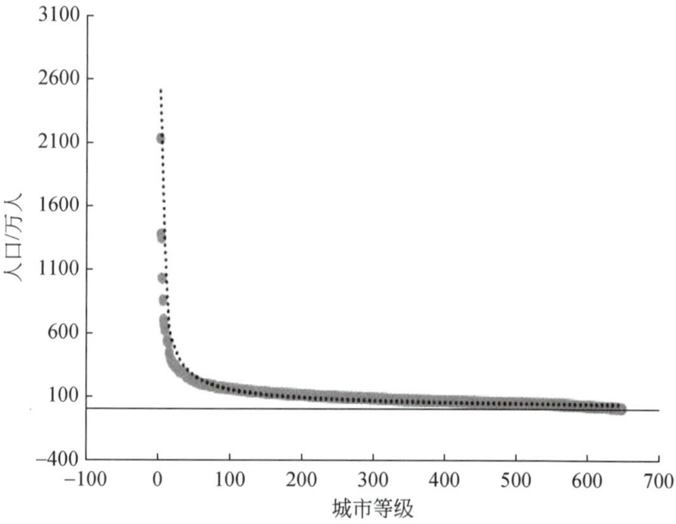

图 8.2　中国城镇体系等级规模分布进行幂函数分布模型（2006 年）

表 8.5　中国城镇化水平预测（顾朝林，1992）

年份	全国人口 / 万人	市镇人口 / 万人		城镇化水平 /%	
	国家统计局	国家统计局	顾朝林（1986）预测	国家统计局	顾朝林（1986）预测换算
1986	107507	26366	26255.2（P_1）	24.52	24.42
1990	114333	30191	29625.6（P_1）	26.41	25.91
1995	121121	35174	34026.8（P_1）	29.04	28.09
2000	126743	45906	48800.3[（P_1+P_2）/2]	36.22	38.50
2005	130756	56212	54462.8[（P_1+P_2）/2]	42.99	41.65

续表

年份	全国人口 / 万人	市镇人口 / 万人		城镇化水平 /%	
	国家统计局	国家统计局	顾朝林（1986）预测	国家统计局	顾朝林（1986）预测换算
2010	133972	66557	59930.1[（P_1+P_2）/2]	49.95	44.73
2015	137462	77116	78763.1（P_2）	56.10	57.29
2019	140005	84843.0	83361.1（P_2）	60.60	59.54
2020	137940①		84452.4（P_2）		61.24
2021			85519.4（P_2）		
2022			86561.6（P_2）		
2023			87578.8（P_2）		
2024			88570.7（P_2）		
2025			89537.2（P_2）		
2026			90478.1（P_2）		
2027			91393.5（P_2）		
2028			92283.2（P_2）		
2029			93147.4（P_2）		
2030	143680①		93986.2（P_2）		65.41
2031			94799.9（P_2）		
2032			95588.5（P_2）		
2033			96352.4（P_2）		
2034			97091.8（P_2）		
2035			97807.2（P_2）		
2036			98498.8（P_2）		
2037			99167.2（P_2）		
2038			99812.6（P_2）		
2039			100435.6（P_2）		
2040	146110①		101036.6（P_2）		69.15
2041			101616.1（P_2）		
2042			102174.6（P_2）		
2043			102712.6（P_2）		
2044			103230.7（P_2）		

续表

年份	全国人口 / 万人	市镇人口 / 万人		城镇化水平 /%	
	国家统计局	国家统计局	顾朝林（1986）预测	国家统计局	顾朝林（1986）预测换算
2045			103729.3（P_2）		
2046			104209.0（P_2）		
2047			104670.3（P_2）		
2048			105113.7（P_2）		
2049			105539.9（P_2）		
2050	144970①		105949.2（P_2）		73.08

注：①全国人口采自世界银行 1984 年预测方案（B）。

2019 年 10 月中国社会科学院城市发展与环境研究所与社会科学文献出版社共同发布的《城市蓝皮书：中国城市发展报告 No.12》预计，到 2030 年我国城镇化率将达到 70%。多家研究机构和专家预计 2035 年中国城镇化接近饱和状态，在 2045 ～ 2050 年将达到发达国家城市化水平，也就是城镇化水平将达到 80% 左右（表 8.6）。这些研究机构和专家预测可以相互佐证中国城镇化水平到 2045 ～ 2050 年达到饱和状态，城镇化水平在 73% ～ 75%。

表 8.6　中国城镇化水平预测

2020 年	2035 年	2045 年、2050 年	参考资料
		78.3%、80.0%	《2018 年联合国人口展望》（修订版）
	70.0% ～ 72.0%	75.0% ～ 80.0%	Gu et al.，2015
55.9%	70.12%（2030 年）		Sun et al.，2017
60.34%	68.38%（2030 年）	81.63%	高春亮，魏后凯，2013
55%	62%（2030 年）	68%	陆大道，樊杰，2009

二、完成城镇化过程时间表

到 2030 年，无论哪种人口政策和 GDP 增长率，中国城镇化水平都将达到 70% 以上，城镇化进入稳定增长阶段。城镇化水平年增长率处在 0.25% ～ 0.3%。日本经济平均增速在从 1946 ～ 1973 年的 9.4% 下降至 1974 ～ 1983 年的 3.7% 过程中，城镇化水平的年平均增速也从 1% 左右降至 0.32%；德国经济平均增速从 1950 ～ 1969 年的 7.9% 下降至 1970 ～ 1979 年的 3.1% 过程中，城镇化水平的年平均增速也从 1% 左右降至 0.16%；韩国经济平均增速从 1953 ～ 1995 年的 8% 下降至 1996 ～ 2008 年的 4.6% 过程中，城镇化水平的年平均增速也从 1.3% 降至 0.25%。中国过去 30 年 GDP 的平均增速在 10%，进入“新常态”保持 6.5% 左右的增长，城镇化水平的年均增长也将从 1% 左右下降到 0.25% ～ 0.3%。

到 2050 年，中国城镇化水平将达到 73% 甚至以上，并进入结束增长的临界点。中国的 GDP 将实现占世界的 30% 以上，重回到世界经济的区域制高点。一个生产空间集约高效、生活空间宜居适度、生态空间山清水秀，天蓝、地绿、水净、气爽的美丽中国建成。

根据上述预测，2020 ～ 2025 年新增城镇人口约 5084.8 万，年均增加市镇人口 1016.96 万人；2025 ～ 2030 年估计新增城镇人口 4449.0 万，年均增加市镇人口 889.80 万人；2030 ～ 2035 年估计新增城镇人口 3821.0 万，年均增加市镇人口 764.20 万人；2035 ～ 2040 年新增城镇人口 3229.4 万人，年均增加市镇人口 645.88 万人；2040 ～ 2045 年新增城镇人口 2692.7 万人，年均增加市镇人口 538.54 万人；2045 ～ 2050 年新增城镇人口 2219.9 万人，年均增加市镇人口 443.98 万人。中国城镇人口将持续增加，只是年增加数量逐年下降，可以认为到 2045 ～ 2050 年中国基本完成城镇化过程（表 8.7）。

表 8.7　中国城镇人口增长预测（2020 ～ 2050 年）

时段	新增城镇人口 / 万人	年均增加市镇人口 / 万人
2020 ～ 2025 年	5084.8	1016.96
2025 ～ 2030 年	4449.0	889.80
2030 ～ 2035 年	3821.0	764.20
2035 ～ 2040 年	3229.4	645.88
2040 ～ 2045 年	2692.7	538.54
2045 ～ 2050 年	2219.9	443.98

三、国家城市体系设想

1. 地域空间结构

1）全球—国家—区域三个层次

进入 21 世纪，国家经济实力强盛，外贸、科技、文化、外交等方面均取得非常瞩目的成就，国家城镇体系的建设也将进入到面向国际和国内发展需要的新阶段。面向国际发展需要，也就意味着形成以世界城市为先导，以全球城市为照应，以城市群和巨型区域为支撑，具有国际竞争力和国际影响力的城镇体系；面向国内发展需要，同时意味着国家城镇体系规划和建设要与国民经济和社会发展规划目标何路径相一致，通过国家城镇体系的整体研究，确定主要城市的功能定位和城市性质，它们是：①支撑国家在全球的地位和作用的世界城市和全球城市；②在地区发展中承担辐射和带动作用的国家中心城市及其引领的重要城市群；③为了国土安全、民族和谐与沿边开放开发的地方中心城市和先锋城市。国家城镇空间层次设想如表 8.8。

表 8.8 优化的城镇空间格局设想

空间构架	内容	城市化地区或城市
全球层次	世界城市	北京——世界城市
	全球城市区	上海——全球巨型城市区，省（广州）港澳——全球区域
国家层次	四纵五横城市发展轴	以沿长江通道、陆桥通道、浙赣—贵昆铁路走廊、银青高速公路通道、京深—京包银兰高速通道为五条横轴；以沿海—京哈、京福台（北）、京广、乌兰成渝南（宁）海（口）西部大通道为四条纵轴
区域层次	九大城市经济区	沈阳、京津、西安、上海、武汉、重庆、广州、乌鲁木齐、拉萨
边境城市	10 个	积极扶持辽宁丹东、黑龙江同江、吉林珲春、内蒙古满洲里、新疆霍尔果斯、新疆喀什、云南瑞丽、广西东兴、海南三沙等边境重要城市（镇）的发展

2）“四纵五横”空间轴线

中国未来可能形成“四纵五横”城镇体系发展轴（图 8.3），它们是：①东部纵向城市发展轴。珠江三角洲、长江三角洲、环渤海湾经济圈和福建东南沿海城镇群均分布在这一地区。以沿海高速公路和沿海快速客运铁路专线以及沿海港口集装箱干线为主体，由沿海、京沪、哈大—京沈铁路沿线城市发展轴组成。②中部纵向京福高铁沿线城市发展轴。③中部纵向京广铁路沿线城市发展轴。④西部纵向城市发展轴。该轴主要由包兰—宝成—成昆铁路沿线构成西部交通大动脉的沿线城市组成。⑤沿江横向城市发展轴。是指沿长江，东起上海，西至四川省攀枝花，其纵向可延伸 100 ～ 200km 范围的经济地带。一级城市节结点主要以成都、重庆、长沙、武汉、合肥、南京和上海等省会城市和直辖市为中心。⑥欧亚大陆桥沿江横向城市发展轴。主要是指沿欧亚大陆桥由东向西延伸的产业和城市聚集轴线，东起江苏连云港、西至新疆阿拉山口，其纵向延伸 100 ～ 150km 范围的经济地带，是一条贯穿东西、连接欧亚的重要地区。⑦上海—长沙—贵阳—昆明发展轴。⑧青岛—石家庄—太原—榆林—兰州发展轴。⑨天津—北京—呼和浩特—榆林—兰州发展轴。

3）“田字状”网状系统

在北京、天津、上海、广州、重庆国家中心城市的基础上，进一步壮大沈阳、西安、武汉、长沙、郑州等区域中心城市，带动京津冀、长江三角洲、珠江三角洲、武汉城市圈、长株潭城镇群、中原城镇群、成渝都市圈和关中城市群的发展，构筑东北大三角区、东南大三角、中部三角和西部三角城镇体系网状结构（图 8.4）。其中，①东南大三角：由上海全球城市、省港澳全球城市区和海峡西岸城市密集区组成。②中部三角：由中原城市群、武汉都市圈和长株潭城市群组成。③西部三角：由成都都市圈、重庆

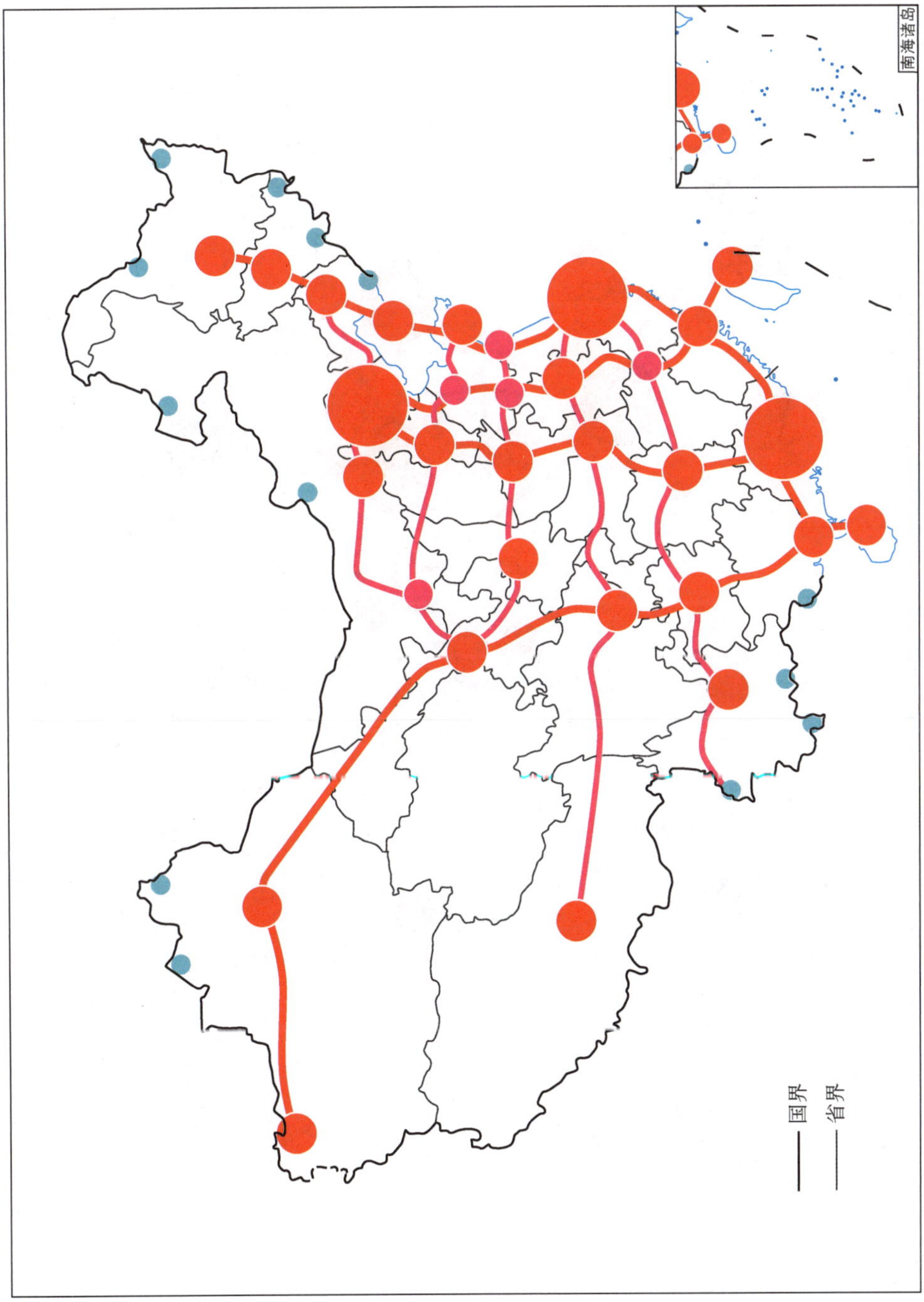

图 8.3　“四纵五横”城镇体系发展轴格局

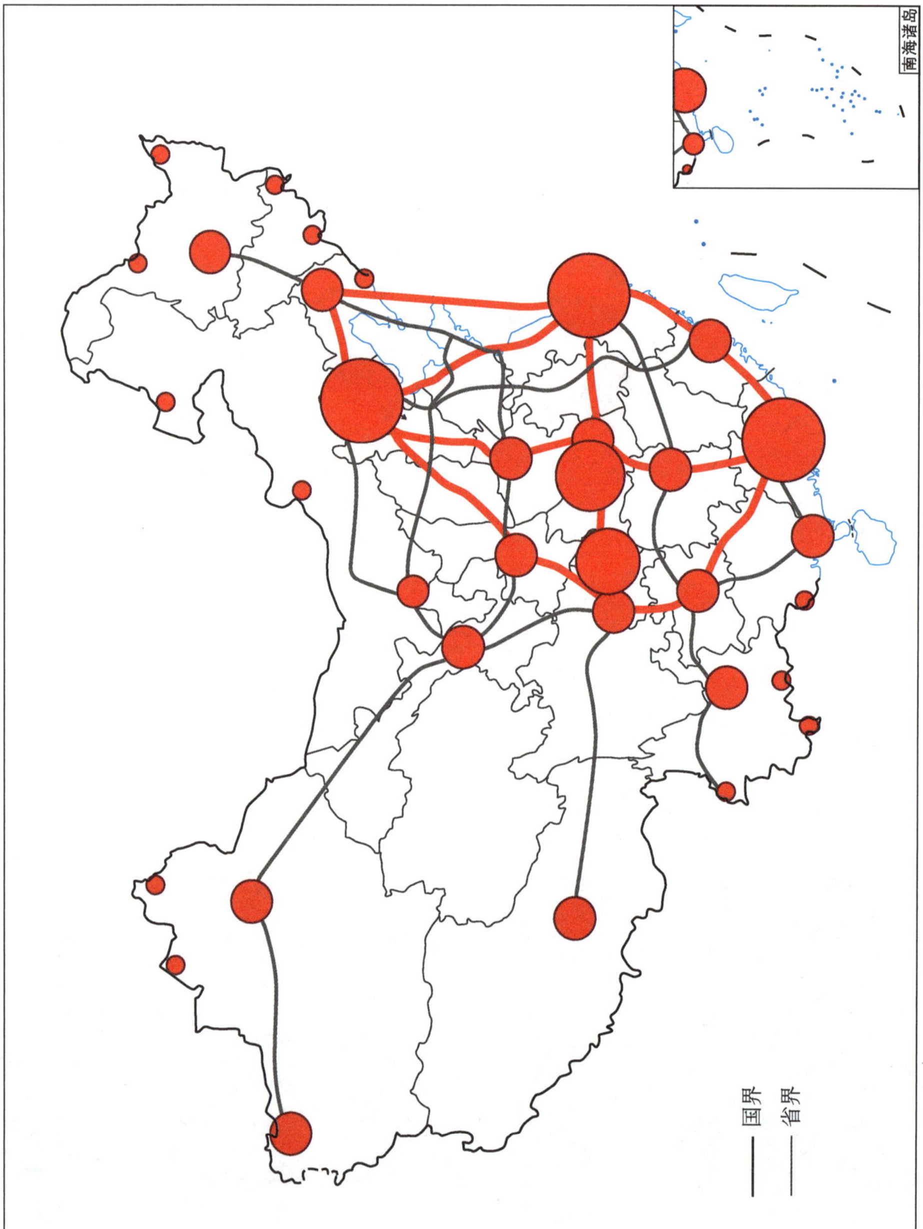

图 8.4　中国城镇体系网络体系

都市圈和关中城市群组成。④东北大三角区：由北京世界城市、上海全球城市和沈大城市密集带组成。

2. 等级规模结构

到 2017 年年底，中国超过 1000 万人口的城市有 6 个，超过 400 万人口的城市达到 21 个，100 万以上人口的城市已经达到 127 个。另外，中国还有数百个人口在 10 万级的城市。同时还有平均镇区人口在 1 万多人的小城镇近 2 万个。然而，与高收入国家的城市发展指标比较，中国的城镇化水平、城市首位度（最大城市人口占总城市人口的百分比）和 100 万人口以上城市的人口占总人口的百分比均低于高收入国家水平（表 8.9）。

表 8.9　中国和高收入国家城市发展指标比较

社会经济指标	城市首位度（最大城市人口占总城市人口的百分比 /%）	100 万人口以上城市的人口占总人口的百分比 /%	城镇化水平（城镇人口占总人口比例 /%）
高收入国家	18.87（2014 年）		80.65（2014 年）
中国	2.93（2019 年）	23.17（2017 年）	60.60（2019 年）
世界平均	16.33（2014 年）	22.39（2014 年）	53.39（2014 年）

随着中国经济发展和城市化集聚过程，人口在 1000 万～ 3000 万左右、市区建成面积超过 $500km^2$ 甚至 $1000km^2$ 或者更多的超大城市在中国未来可能会超过 10 个，甚至有可能会达到 20 个左右。战略性新区与旧的大都市区共同构建巨型城市，将会在城市的所有方面（功能分区、交通网络、水系、商业布局、族群结构、城市文化等）都出现二元结构。随着这些巨型城市主导中国的下一轮城市化进程，中国原来重点发展中小城镇的城市化策略将彻底被放弃，转而事实上采取了“巨型城市”化。未来的国家城镇等级规模结构，将由世界城市、全球城市、国家中心城市、区域中心城市、县、镇构成，可以简单地概括为：一、二、十、百、千、万，即：一个世界城市、两个全球城市、十个国家中心城市、百个区域中心城市、千个县城和万个小城镇（表 8.10）。

表 8.10　中国城市（镇）等级 - 规模序列规划

等级	城市（镇）类型	城市数量 / 个	2030 年		2050 年	
			人口规模 / 万人	城镇人口 / 万人	人口规模 / 万人	城镇人口 / 万人
1	世界城市	1	3500	3500	4000	4000
2	全球城市	2	1500	4500	2000	6000
3	国家中心城市	10	1000	10000	1200	12000
4	区域中心城市	100	200	20000	200	20000

续表

等级	城市（镇）类型	城市数量 / 个	2030 年		2050 年	
			人口规模 / 万人	城镇人口 / 万人	人口规模 / 万人	城镇人口 / 万人
5	中等城市	300	80	24000	60	18000
6	小城市	700	20	14000	20	14000
城市合计		1114	—	76000	—	74000
7	县城	1200	10	12000	10	12000
8	重点镇	6000	5	30000	5	30000
9	特色镇	4000	3	12000	3	12000
小城镇合计		11200	—	54000	—	54000
总计		12314	—	130000	—	128000

注：本表各等级城镇的平均人口规模为匡算，将高于实际水平 10% ～ 15%。

3. 国家城市密集区

1）城市群

根据国家长期发展目标和城市经济社会发展趋势，我国未来将会形成27个城市群，其中世界级城市群 3 个，国家级城市群 10 个、区域性城市群 7 个、地方性城市群 7 个（图 8.5）。

2）国家和地方中心城市

随着我国经济进入到转型升级新阶段，区域经济发展的空间结构正在发生深刻变化，中心城市和城市群正在成为承载发展要素的主要空间载体。在这个过程中，根据国家发展战略，调整部分城市定位与发展路径，设置地方中心城市分为省域中心城市和地区中心城市（图 8.6）。

（1）省域中心城市。省作为一级行政区域，其经济社会发展具有一定的独特性，省域中心城市是促进省级经济社会发展的辐射中心。省域中心城市主要是各省省会城市，包括长春、济南、呼和浩特、石家庄、太原、合肥、南昌、福州、海口、银川、西宁、南宁、贵阳等城市。

（2）地区中心城市。地区中心城市包括省内和省际两种类型。省域内发展条件的差异性，形成不同类型的经济区，地方中心城市一般都是地级市，经济辐射力强，成为省内经济区的经济社会发展中心，如大庆、包头、唐山、柳州和芜湖。各省相邻地区往往会出现具有跨省域影响力的城市，成为跨省域经济区的中心城市，如江苏省的徐州、湖北省的十堰和江西省的九江等。这类城市基本上都是由专业职能城市向综合性功能城市转变而成。

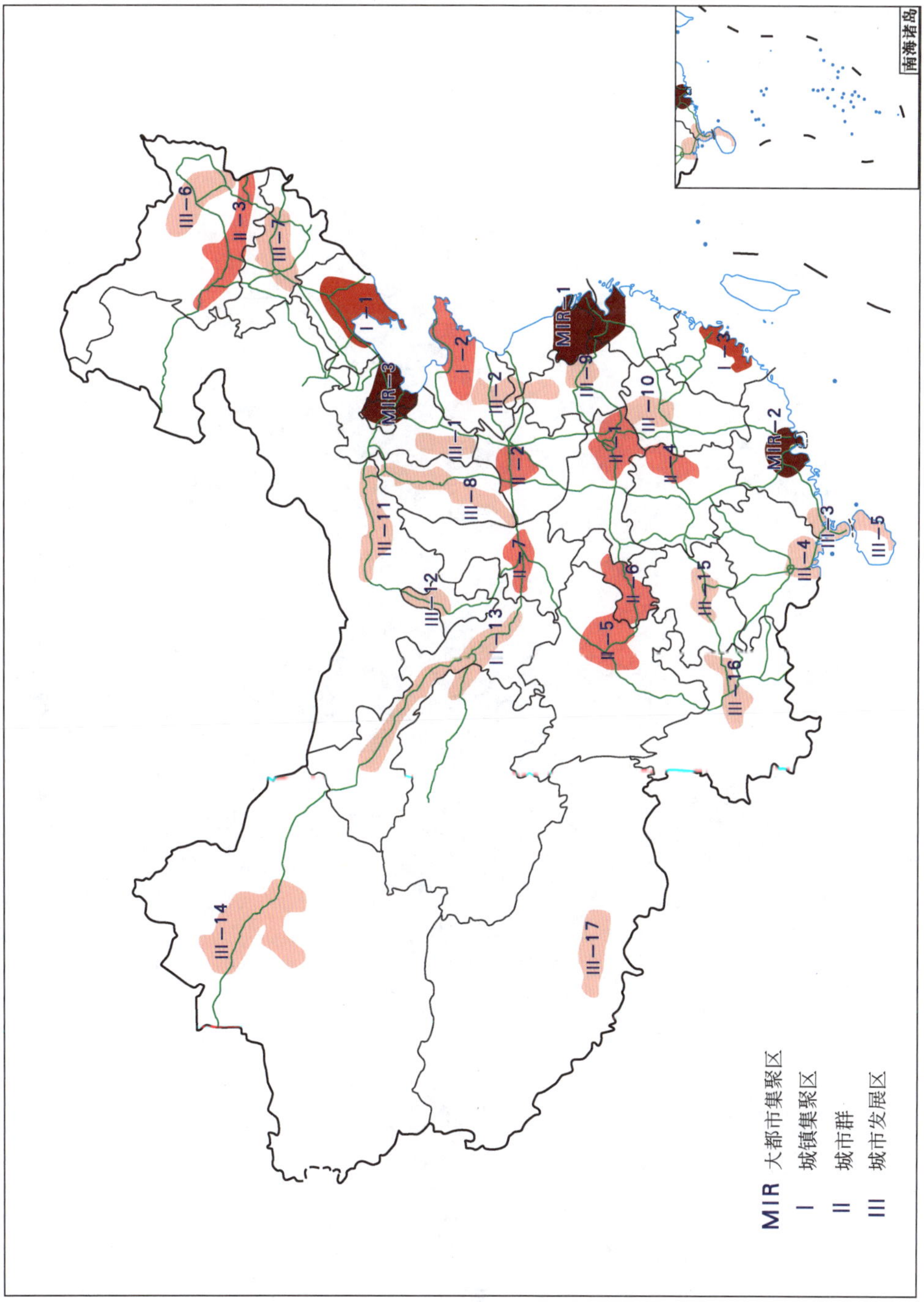

图 8.5　中国城市群空间概念图

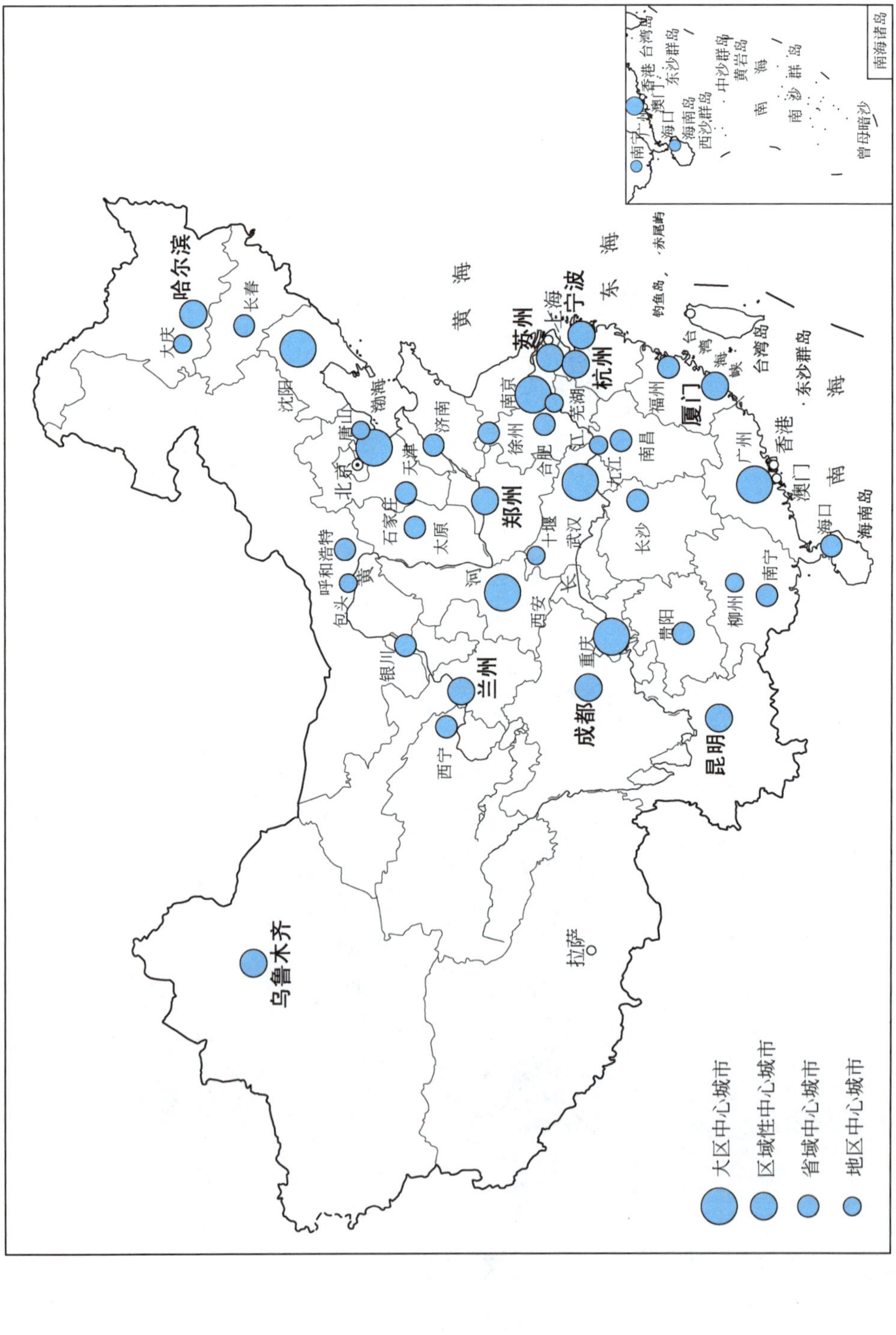

图 8.6 国家和地方中心城市分布图

第三节　创造高质量城市生活方式

如表 8.11 所示，2019 年中国主要经济社会指标都已经超过世界平均和中高收入国家水平，但与高收入国家的平均指标比较，在人均 GDP、第一产业增加值占 GDP 比重、第二产业增加值占 GDP 比重、人均医疗卫生支出、每百万人拥有研究与开发研究人员、森林覆盖率、城市首位度、城镇化水平、互联网用户普及率等方面还存在较大距离。中国城镇化将面临质量提升和创建高质量文化、生活方式的新时期。

表 8.11　高收入国家主要社会经济指标

社会经济指标	测算单位	高收入国家	中国
人均 GDP	美元	37755.82	10000.00（2019 年）
第一产业增加值占 GDP 比重	%	1.20	7.1（2019 年）
第二产业增加值占 GDP 比重	%	19.10	39.0（2019 年）
人均医疗卫生支出	美元	4456.19（2013 年）	541.10（2017 年）
每百万人拥有研究与开发研究人员	人	3559.60（2010 年）	1176.58（2017 年）
森林面积覆盖率	%	34.5（2013 年）	22.96（2019 年）
城市首位度	%	18.87	2.93（2019 年）
城镇化水平	%	80.65	60.60（2019 年）
每 100 人互联网用户	人	80.61（2014 年）	59.2（2019 年）

数据来源：世界银行数据库。

一、传统基础设施

在未来一段时间内，我国城镇化还处在加速期并逐步施进入平台阶段。但是，在国家战略地带和潜力增长区，以及由于新技术发展，还会让以大交通为主的基础设施建设异彩纷呈（顾朝林等，2019）。

1. 高速交流网

国家航空网（800km 以上）、高速铁路网（200 ～ 800km）快速交通网实现国家级城市群的互联互通，以城际铁路和高速公路（200km 以内）为主体推进“同城化”建立各城市群内部的“一日生活圈”，以轨道交通（含地铁）和巴士线网为重点构建公交都市“日常通勤圈”（50km 以内）。国家城镇体系规划主要关注国家高快速交通走廊建设，特别是航空网、高速铁路网络建设，实现与国家城市群空间的结构相适应。具体来说，就是：以世界城市、全球城市为节点建设航空大都市，强化与世界城市体系的联结；以国家级城市群的中心城市作为国家交通枢纽城市建设，发展与之配套的航空港、高铁站和线网；实现城市群之间的高速铁路、城际铁路和高速公路无缝衔接，加快构建大都市区、巨型城市区和全球城市区。以“一带一路”建设为契机，重视边疆地区、民族地区大中城市交通网建设，以互联互通构筑陆上“丝绸之路”通道网和海上“丝绸之路”港口群（图 8.7）。

1）国家高速铁路网

高速铁路成为新时代高质量发展基础设施。在国家级城市群间和“一带一路”倡议框架下，以 100 个大城市、35 个都市圈、20 个国家级城市群为极点，建设 350km 时速国家高速铁路网，加快拓展区域连接线，覆盖 80% 以上的 300 万人口以上的大城市，构建横贯东西、纵贯南北、内畅外通的综合运输大通道，加强进出疆、出入藏通道建设，构建西北、西南、东北对外交通走廊和海上丝绸之路走廊。

2）世界级航空枢纽和机场群

2016 年中国民用航空局推进的重大基础设施项目，包括北京、成都、青岛、厦门、大连等城市第二机场建设。因此，这五个城市第二机场建成后，将与上海一起进入我国新世纪的航空大都市行列。重点培育国际枢纽、区域中心和门户机场，构筑以北京、上海、广州为核心，以深圳、西安、武汉、昆明、沈阳、哈尔滨、乌鲁木齐等机场为重要节点的航空枢纽城市网。

3）世界一流枢纽港口

推动港航资源整合，优化港口布局，健全一体化发展机制，增强服务全国的能力，形成合理分工、相互协作的世界级港口群。到 2025 年，世界一流港口建设取得重要进展，主要港口绿色、智慧、安全发展实现重大突破，地区性重要港口和一般港口专业化、规模化水平明显提升。到 2035 年，全国港口发展水平整体跃升，主要港口总体达到世界一流水平，若干个枢纽港口建成世界一流港口，引领全球港口绿色发展、智慧发展。到 2050 年，全面建成世界一流港口，形成若干个世界级港口群，发展水平位居世界前列。建设基于 5G、北斗、物联网等技术的信息基础设施，推动港区内部集卡和特殊场景集疏运通道集卡自动驾驶示范，深化港区联动。到 2025 年，部分沿海集装箱枢纽港初步形成全面感知、泛在互联、港车协同的智能化系统。到 2035 年，集装箱枢纽港基本建成智能化系统。

4）城市群间高速通道网

我国未来城市化率将达到 80% 以上，主要城镇人口将分布在胡焕庸线以东 20 个左右的城市群和都市圈地区。依据国家京津冀城市群和长江经济带发展战略，以北京、上海、深圳、成都为核心，以《国家新型城镇化规划》“两横三纵”空间格局为骨干，进一步发挥京沪、京兰、京呼、沈大、沪昆、贵广、青（岛）太（原）、太（原）西（安）等交通走廊的作用，构建我国主要城市群间以及城市群内部的快速交通网，同时提升

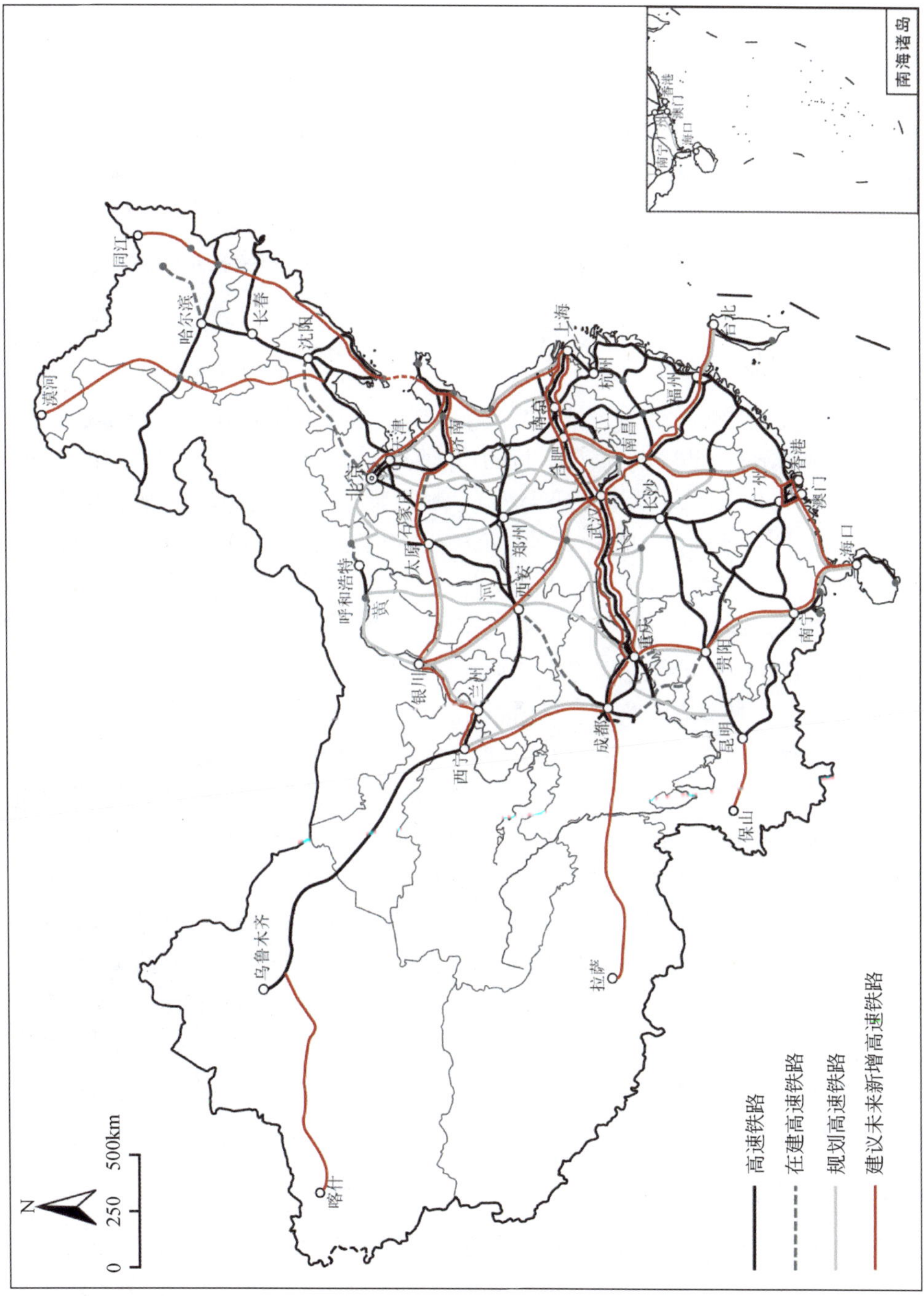

图 8.7　国家重大基础设施走廊布局设想图

交通站场设施的现代化水平。

2. 国家级物流基础设施

高质量发展的核心就是供给和需求的有效匹配，物流不仅应当和经济社会发展进行匹配，物流体系里面包括物流的网络，也包括物流的重要节点，物流园区、港口、码头、机场等重要的物流基础设施。随着数字化、智能化的推进，随着园区的逐渐发展，增值型的功能会逐渐地体现出来，例如物流金融、检验检疫、供应链管理等，还有一些配套的功能也不断地出现，如物业管理。中国从工业 3.0 向 4.0、5.0 的推进，从工业化早期、中期所需要的物流园区，向更加精细化、智能化的物流园区升级。数字化的赋能则使物流园区的连接进一步的增强，城市化推进、城乡一体使得城市的物流需求更加彰显。

3. 城市基础设施

近年来由于高速城镇化建设，城区品质不高的问题越来越突出，主要表现在标准不高、运行管理粗放，难以满足城市运行的功能需要。今后一段时间，需要重点加强城市道路交通（地铁、轻轨、大容量公交等）、城市管网（供水、污水、雨水、燃气、供热、通信、电网、排水防涝、防洪以及城市地下综合管廊试点等）、污水和垃圾处理、生态园林等四个方面的城市基础设施建设，提升已建成区的基础设施水平。

高效的现代设施将提高城乡服务设施使用的均好性。城镇化的高速发展期间，城乡差距和贫富差距的扩大导致了社会公平问题。广大市民对公共服务需求的快速增长与公共产品短缺、区域分布不均产生矛盾，成为当下城镇化进程中的阶段性特征。尤其是城市发展过程中的“新市民”和边远乡村地区居民，公共服务设施往往无法覆盖，使得其在城镇化过程中无法享受到城镇化红利，处于“边缘化”的不利位置。现代化的公共服务设施将提升市民的生活品质。通过信息技术等高新技术的投入与使用，促使城市公共服务设施进行现代化改革，使得现有的教育设施、医疗设施能够做到均等化分布、高质量使用，来保障社会整体得到公平的受教育机会、医疗机会；建设更加开放、多元、优质的公共开放空间和各类文体设施，满足人们日益增长的休闲需求；建立完善的社会保障设施体系，保障社会弱势群体的基本生活需求，提升社会公平性。同时建设完善的现代化城市水、电、能源供给系统，在保障城市正常运转的同时降低能耗水平，使用各类清洁能源。此外，我国城市老龄化加速到来，对既有的城市建筑和基础设施进行适当适老化更新改造具有紧迫性。

4. 基本社会服务设施

中国进入新时代，传统的基础设施需要在信息化基础上升级和现代化，也需要在面广量大的社会需求中兼顾公共服务的均等化，为“十四五”基础设施提供了足够大投资与需求层面的想象空间，其中主要内容包括科、教、文、卫、体等新的公共服务设施和与海外互联互通的基础设施。①教育和培训基础设施。中国将拥有超过 5 亿的“90

后”，2.5 亿～ 3 亿受过大学教育的劳动力人口，高质量的劳动力将为产业升级提供创新和人力资本的保障。②医疗和健康设施。健康服务包括一些公共服务的均等化、日常化成为未来消费的主动力，二胎经济、银发产业、养老医疗等都是未来有重大增长机会的产业。

二、数字基础设施

近年来，随着我国经济社会快速发展，以高速互联、泛在移动、天地一体、智能便捷、综合集成为特征的新一代信息基础设施正在加速形成并不断完善，为我国信息化进一步发展打下了坚实基础。中国拥有超过 8 亿网民，规模居全球之首。随着生产、生活的数字化和自动化，未来将出现由通信、能源和运输三大网络相互融合形成的“超级物联网”，人们能直接在物联网上生产、分享能源和实物，并运用大数据和算法来提高效率和生产力。

1. 5G 网等新信息基础设施

加快推进 5G 网络建设，推动信息基础设施达到世界先进水平，建设高速泛在信息网络，共同打造数字中国。大力发展基于物联网、大数据、人工智能的专业化服务，提升各领域融合发展、信息化协同和精细化管理水平。围绕城市公共管理、公共服务、公共安全等领域，支持有条件的城市建设基于人工智能和 5G 物联的城市大脑集群。推进一体化智能化交通管理，深化重要客货运输领域协同监管、信息交换共享、大数据分析等管理合作。积极开展车联网和车路协同技术创新，推进智慧高速公路建设。加强数字流域和智能水网建设。推动智慧广电建设，加快广播电视技术革新与体系重构。加强智慧邮政建设，支持快递服务数字化转型。

2. 专用工业互联网

积极推进以“互联网 + 先进制造业”为特色的工业互联网发展，打造国际领先、国内一流的跨行业跨领域跨区域工业互联网平台。统筹推进省际工业互联网建设，推动企业内外网改造升级，积极参与国家标识解析与标准体系构建。加快建设以跨行业跨领域跨区域平台为主体、企业级平台为支撑的工业互联网平台体系，推动企业上云和工业 APP 应用，促进制造业资源与互联网平台深度对接。全面建立工业互联网安全保障体系，着力推动安全技术手段研发应用，遴选推广一批创新实用的网络安全试点示范项目。

3. 物联网 + 产业的发展

中国既是世界互联网用户最多的国家，也是网上支付系统成功运用的国家，互联网 + 制造 + 物流正在催生世界最大的物联网。未来可以利用互联网 + 金融新经济业态，打造物联网 + 大物流体系，构建制造业 + 物联网 + 金融 + 物流网 + 物流配送 + 售后服务的全球生产链供应端体系；以互联网为基础，利用太阳能和风能装置进行绿色发电并当场存储的家庭和企业，将绿色能源接入全球生产链供应端体系，形成新型的绿色生产—销售—消费—服务一体化的绿色生产 - 生活网，从而产生一种深刻改变社会的“协同共有”经济模式，整个社会结构也将发生巨大的变化。运用工业互联网、云计算、大数据、3D 打印等关键技术使得整个工厂、生产、物流、服务智能化，全面提升制造业的竞争力，硬件自动化 + 软件信息化，推动纺织服装行业、高铁、核电、航空、航天产业尖端制造的现代化。

4. 加快智慧城市建设

基于 5G 通信、人工智能、物联网、无人驾驶、新能源、数字城市等新技术的智慧社区、智慧城市建设。依托信息物理系统 CPS，通过纵向、横向、端到端的三大集成打通企业内、全产业链上的信息流，建设现代化的高速信息系统，提升网络带宽和拓宽接入方式，在维护网络安全的同时积极打造无线城市。建立城市信息网络基础设施（诸如感知器等多层级设备）以实时收集、存储、监测、反馈海量数据，借助计算机系统及大数据技术强有力的分析手段，对城市的地形地貌、地质土壤、水气环境、日照风向、生物物种、植被群落等自然条件进行充分的动态研究和分析，同时对传统城市营造方式、功能组织形式、建筑建设策略进行研究分析与归纳，形成一系列的顺应山水格局、保持城市传统风貌、低碳节能高效的城市建设方式。

三、新消费设施

在今后一段时间内，将是我国中等收入群体人数急剧增长的时期。中等收入社会群体多才多艺，多业和双城居住模式，度假和旅游行为，消费热点频繁转移等特点，也对城市空间供给、出行供给提出了新的要求（图 8.8）。

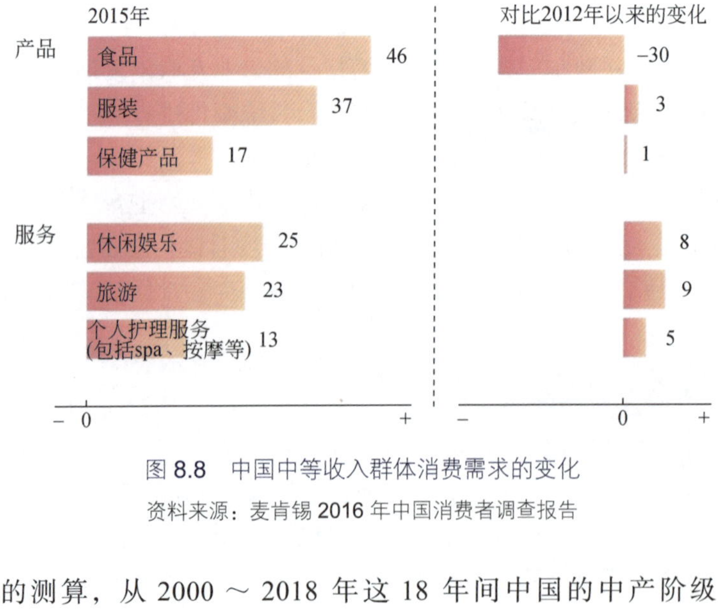

图 8.8　中国中等收入群体消费需求的变化

资料来源：麦肯锡 2016 年中国消费者调查报告

据瑞信的测算，从 2000 ～ 2018 年这 18 年间中国的中产阶级财富增长了

330%，增长的速度高居全球之首。根据 2018 年全球财富报告，中国进入全球最富裕 10% 人群的规模达到 8940 万，仅次于美国的 1.0247 亿，居全球第二位。2018 年中国财富管理市场的规模 124 万亿元，个人可投资的资产规模约 190 万亿元。2019 年我国中等收入群体超过 4 亿人，拥有全球规模最大、最具成长性的中等收入群体。中等收入群体拥有极强的消费能力，在我国经济持续平稳增长中占有强有力的地位。2019 年中国全年个人所得税新增减税带来超过 3000 亿元的新增消费，拉动社会消费品零售总额增长约 1%。根据各方的一致预测，中国从当下到 2030 年这段时间的消费增长可能将高达约 6 万亿美元，相当于美国与西欧的总和，大约是印度与整个东盟国家的两倍。到 2020 年，中国人均财富在 1 万～ 10 万美元的成年人口已经达到全国的成年人口的 50%。到 2035 年，中国人均 GDP 将趋近 2.2 万美元（按现在汇率）或是 3.5 万国际元（按购买力平价）。按后者计算，与现在韩国的水平大致相当。居民消费率将从现在的 38% 增加到 58%；服务消费占总消费的比例将从目前的 44.2% 增长到 60% 以上。毫无疑问，面向中等收入社会群体新消费需求基础设施将成为推动经济增长的重要动力。

所谓“新消费”，一方面包括传统消费升级与品牌化、文化体育和健康等公共服务类消费的普及化，以及信息消费等新型消费的科技化和互联网化，另一方面也伴随着个性化和定制化的需求出现的新类型消费基础设施。中国拥有 4 亿的中等收入群体，虽然规模大，但是其占全国总人口比重不到 30%，而发达国家中等收入群体比重占比一般达到 70% 左右，中国与发达经济体比重相差悬殊。中等收入群体拥有较高的消费倾向，尤其是买房、买车以及旅游消费等，能有效拉动内需，释放消费，中国应积极培育扩大中等收入群体比重，形成稳定的“橄榄型”社会收入分配形态。

1. 生活品质提升

首先，住房和社区品质变得越来越敏感。中国建造了足够多（在某些情况下是太多）的住房、城市基础设施等。但在住房单元、建筑物和社区层面的质量往往不足，例如，建筑物的质量（包括建筑物的能效）、城市设计、社区和城市级本地设施（学校、医院等）的选址、出行的便利性（包括步行的方便性）等方面都还存在欠缺，不能完全满足人们无障碍、高效出行的需求。良好的城市住宅小区设计包括改善建筑物的选址、间距、大小、高度和空间配置，以及建筑物周边地面的便民设施等。

2. 信息消费

根据艾瑞咨询的统计，2015～2017 年，中国的跨境电商零售进口额几乎翻了一番，达到 1110 亿元人民币（约合 170 亿美元）。信息消费科技化、互联网化，以及休闲化、娱乐化也是潮流，包括 O2O、移动支付、文化旅游以及娱乐休闲，还有体育产业都会有较好的发展机会。再如社交媒体的高质量也会影响社会群体对其居住地和生活与工作的城市环境类型偏好的改变。因为这些消费性基础设施会影响人们对住房市场、迁移行为以及就业地点的选择。例如，有些人会从“择业而城”转向“择城而业”选择自己的居住空间。甚至有人喜欢城市环境和新经济而主动选择在深圳、杭州或成都居住。

3. 满足舒适性迁移

第一，自由贸易和购物区。中国可以通过进口更多优质商品来满足中产阶级消费者日益增长的期望，同时刺激国内消费。第二，大型航空枢纽和商用航空机场建设。中国已经是全球最大的出境旅游客源地，中国公民在新加坡和泰国的出游消费分别相对于两国国内个人消费的 7% ～ 9%。中国留学生也对其他经济体产生了重要影响，例如澳大利亚 2017 年对华教育出口额高达 100 亿澳元（这还不包括中国留学生的日常生活开支）。还有出国体检、美容、看病需求量的不断增加。第三，第二居所。随着中国人变得越来越富裕，他们在选择工作或一年中度过部分时光的城市 / 地区或者是城市中的社区时，对城市 / 地区的舒适环境（本质上就是一个地方的吸引力）越来越敏感。气候对城市的舒适性迁移具有最大的吸引力，对景观、环境质量等也有很大的吸引力。近年来，中国也开始出现了这种势头，尤其是从东北迁移到三亚等温暖的城市，但通常是季节性的。在未来，青岛、昆明、上海、三亚、厦门和杭州等城市，对特定人群（寻求更适宜的气候和更高生活品质的人群）吸引力将逐步增加，这种舒适性迁移的趋势很可能会加速。

4. 金融体系国际化

中国进入新时代，也迎来从加工贸易到一般贸易的提档升级。“一带一路”倡议加快了中国企业“走出去”的步伐，面向亚太和其他新兴市场地区输入工程、服务、商品、资本和货币，分散贸易对手风险，更有效地进行外汇投资、积极参与全球货币竞争，最终实现人民币国际化，将成为未来一段时间中国服务贸易业发展的重要内容。然而，中国金融业的市场结构、经营理念、创新能力、服务水平远不适应经济高质量发展的要求，尤其中国的金融体系相对封闭，消费者在分配资产时的选择很有限，由此增加了房地产价格上涨、回报率承压等一系列风险。倘若中国的金融体系与全球市场进一步对接，中国的消费者、企业和投资者或可拥有更多选择，资源配置效率也将有所提升，仅仅开放金融服务业其经济价值就可达 50000 亿～ 80000 亿美元[①]。

5. 文化和审美情趣开发

随着中等收入人群的不断增加，人们的价值观念也会出现巨大的变化，文化与审美价值的提升。文化设施和文化活动也成为新型的国家基础设施。要推动文化产业高质量发展，健全现代文化产业体系和市场体系，推动各类文化市场主体发展壮大，培育新型文化业态和文化消费模式，以高质量文化供给增强人们的文化获得感、幸福感。在未来一段时间内，一些文化设施，例如，重要城市文化遗产、文化价值空

①麦肯锡全球研究院，2019，中国与世界：理解变化中的经济联系。

间的需求不断增长，潜力巨大、历史文化地区、工业遗产、乡村地区的吸引力持续增加、空间文化活动等，还有类似北京国际设计周等为特殊社会群体服务的活动也变成为社会时尚。

四、低碳生活方式

气候变化的响应，其内涵在城市转型发展中的应用引申为：通过在城市发展低碳经济，应用低碳技术，改变生活方式，最大限度减少城市温室气体的排放和城市对自然环境的破坏，彻底摆脱以往以高能耗、高污染、高消费为特征的社会经济运行模式，致力于形成能源输入低碳化、能源利用高效化的循环经济体系，倡导健康、节约、适度消费的生活方式和消费模式，最终实现经济发展以低碳为方向、市民生活以低碳为理念、政府管理以低碳为蓝图的复合发展目标。

1. 减排 CO_2 和增加碳汇

高质量发展和绿色发展是新时期经济发展的两个关键目标，并且两者之间存在紧密的关联性（钟茂初，2018）。根据中国对《巴黎协定》自主贡献承诺的“二氧化碳排放 2030 年左右达到峰值，单位 GDP 二氧化碳排放比 2005 年下降 60% ～ 65%”等目标测算，当全国人均 GDP 达到 14000 美元发展水平时，中国整体上应达到碳峰值而进入绝对量减排阶段。据此，人均 GDP 已经达到 14000 美元发展水平门槛的省区、城市，可率先达到碳峰值并进入绝对量减排阶段；人均 GDP 即将跨过 14000 美元发展水平门槛的省区、城市，应依次达到碳峰值而进入绝对量减排阶段。持续推进三北防护林、沿海防护林、长江流域防护林、退耕还林、国家储备林、速生丰产林建设等重点生态建设重大工程，全国森林覆盖率从现在的 22.96% 提高到高收入国家 34.5% 的水平。

2. 建设生态低碳城市

在推进城镇化进程中，将低碳城市建设、生态园林城市建设纳入城镇化建设的全过程。主要领域包括：①低碳交通。发展发达、便捷、高效的公共交通网络，减少私家车作为交通工具出现的频率，鼓励自行车出行以及步行交通。②低碳建筑。从目前城镇化过程中建筑竣工面积来看，已经大大超出了城镇化新增人口对建筑的需求。第一，应控制城镇建筑总体规模的目标，实行总量控制。第二，建筑材料中采用节能低碳材料，建筑格局与样式有助于降低碳排放，营造低碳社区。第三，抑制房屋的大拆大建。目前我国建筑平均使用寿命约为 30 年，由于城市基础设施建设，房地产开发等原因，许多并未达到使用寿命的建筑被提前拆除。房屋建设本身消耗大量的能源和资源，大量拆除未达到使用寿命的建筑，实际是对能源和资源的浪费。第四，建筑节能。从能源资源条件出发，发展适宜的节能技术。③低碳建筑技术。办公楼宇中的能源利用中的低碳考虑，城市供热或中央空调使用等领域的低排放技术运用。④低碳资源利用。城市土地、城市用水等领域的低碳考虑，城市垃圾处理中的低碳技术运用。⑤低碳生活方式。全社会倡导低碳的生活方式，提倡公众参与，使得低碳生活方式成为市民自觉、自愿、主动的选择。通过低碳城市建设，城市才能朝着生态城市的方向发展，成为绿色城市、宜居城市。

3. 适应气候变化的发展

气候变化已经形成一种趋势，人类社会需要采取趋势适应这种变化而取得进一步发展。尤其是改变生活方式提高适应能力。随着气候变暖，20 世纪降水量充足的中国华北等地，在进入 21 世纪后干旱频发，我国城镇化的过程需要关注京津冀城市群的发展需要适应降水量进一步下降的趋势，长江下游的粮仓地带因海平面上升而遭遇盐害。与此同时，全球气候变暖导致海平面上升和超强龙卷风等自然灾害，对我国经济发达的沿海城镇化地区影响较大。此外，连续酷暑可能给卫生保健、农业、供水、能源、交通、治安等整个社会造成重创，非常有必要系统地应对类似的复合型灾难。

在未来一段时间，中国基础设施除了关注满足生产发展基本需求外，更要关注生活和生态延展出来的福祉、增长质量和可持续性需求。在传统认识中，通常把绿色发展等同于污染治理、环境保护，理解为对传统工业化模式缺陷的修补或纠偏。这样看来，绿色发展确实没有多少增长动力，甚至被看成是经济增长的代价。如果换一个角度，把绿色发展看成与传统工业化模式相竞争并更具优越性的一种新发展模式，绿色发展就可以被重新定义为新的增长方式，可以以更低的成本、更优的资源配置提供更有利于人类全面发展的产品和服务。

传统的城市与区域规划，绿色和蓝色空间经常被浪费，不仅没有实现预期的积极、环保和气候适应性影响，甚至造成负面的环境影响。具体而言，绿色空间的常见形式是规模过大的矩形公园，并且通常与绿地系统脱节，因此利用率明显不足。随着中国人口增长放缓、农业生产力提高、城市变得更加密集以及可用于绿色用途的土地增加，都将增加环境服务的机会。为了实现这些机会，绿色基础设施建设变得越来越重要。习近平同志 2018 年 5 月在全国生态环境保护大会上的讲话时指出，加强生态环境保护建设是高质量发展的生态要求。绿色发展是构建高质量现代化经济体系的必然要求，是解决污染问题的根本之策。绿色基础设施的构建要重点关注如下三个方面：①绿地空间。城市生活质量的重要元素，尽可能采用廊道形式，它们与生态走廊相连时，绿地对城市质量的贡献最大。②线性绿色系统。尽量延伸到城市之外，与交通和娱乐、排水和生物多样性相关联。③巨型公园。应该通过低影响开发和综合智能城市水管理项目（如海绵城市）连接到绿色网络系统中。

第四节　再全球化城镇化策略

20 世纪 80 年代以来，社会经济领域的变革，尤其信息化和全球化倾向再一次推动和调整世界城市化的进程。世界某些城市的迅速发展与两个主要全球过程交叉相关。

第一过程是经济活动全球化的迅速增长；第二过程是产业结构中服务业的快速增长。最近 30 年来，世界城市体系发展的趋势是：特大城市的明显增长，而不是一般城市的均衡发展。在发展中国家，首位城市和超大城市明显促进了城市人口的增长。世界城市化发展趋势表明：大城市，尤其是世界城市（全球城市）发展迅速，全球化促进了生产要素的自由流动，新国际劳动地域分工形成，重塑了全球城市体系，全球城市、全球城市区、巨型城市区、巨型区域也迅速发展起来。

值此全球化时代，全球城市更突出了其对世界经济的掣肘作用和控制力。著名城市专家、地理学家弗里德曼曾提出过世界性城市的七个标准：①重要的金融中心；②跨国公司的总部所在地；③集中的国际机构的设置点；④具有高度发达第三产业、商业服务；⑤主要的制造业中心；⑥主要的交通枢纽；⑦人口的规模。他认为真正够得上“世界城市”标准的第一类城市是伦敦、东京、纽约，这些是“全球经济的枢纽”。第二类是法兰克福、新加坡、洛杉矶等的“多国经济的节点”。除此以外，还有巴黎、首尔、马德里、苏黎世、圣保罗、悉尼、墨西哥等也是重要的“国家级经济节点”。第三类可包括香港、西雅图、多伦多、大阪、神户以及许多国家级的区域经济的节点。中国北京正在建设世界城市，上海也在打造全球城市。

一、中国制造再全球化

工业化带动城镇化。中国改革开放 40 年，通过吸引外资和技术，利用廉价劳动力和土地，让出巨大的商品市场份额和环保代价，建成了出口导向的经济体系，制造业发挥了巨大的作用。中国现在已经是 120 多个国家和地区的第一大贸易伙伴，是 70 多个国家和地区的第二大贸易伙伴，与全球的经济联系联系紧密，而且除了玩具、成衣、电子产品外，大部分的生产嵌入到全球产业链。当今世界，维护这个系统运行，推动“再全球化”，是国家城镇化过程的必然选择。

1. 中国制造的世界地位

1）中国经济和制造业的全球地位

过去 30 年间，中国通过把大量的收入用于储蓄，进而转化成投资，建构了巨大的出口导向的外向型经济体系，让中国用最快的速度在最短的时间里实现了基本现代化。中国广东省 2014 年地区总产值突破了 1 万亿美元（6.78 万亿人民币），几乎与韩国的 GDP（约 1. 13 万亿美元）持平；2017 年广东省地区总产值达到了 8.99 万亿人民币（相当于 1.31 万亿美元），而同期香港 GDP 是 2730 亿美元，不及广东的 1/4。按照世界银行 2017 年全球经济数据比较，相当于全球第十大经济体，略低于加拿大（1.64 万亿美元）、韩国（1.53 万亿美元）、俄罗斯（1.46 万亿美元）和澳大利亚（1.39 万亿美元），高于西班牙（1.307 万亿美元）、墨西哥（1.14 万亿美元）、印度尼西亚（1.01 万亿美元）和土耳其（0.84 万亿美元）。紧随其后的江苏、山东、浙江等地也都超过了 1 万亿美元。2017 年中国钢铁产量约 8.08 亿 t，全球粗钢总产量为 16.3 亿 t，占全球 49.6%。河北省 2012 年产钢 1.82 亿 t、江苏省 1.12 亿 t，比全球钢产量第二的日本多 5000 万 t；山东省产钢 0.67 亿 t，河北、江苏和山东三省钢产量分别超过了德国（0.421 亿 t）、土耳其（0.332 亿 t）、巴西（0.313 亿 t）、乌克兰（0.242 亿 t）。

中国改革开放 40 年，经济、社会和城市等领域均取得巨大发展和成功。制度创新、容忍非均衡发展、人口红利巨国效应以及不断技术革新，是中国经济高速度持续发展的驱动因素。在 1978 年，中国的经济总量仅占全球 1.8%，人均 GDP 只有 384 美元，年产销汽车 10 万辆，没有超过 200m 的高楼，这是一个贫弱且微不足道的国家；2019 年，中国经济总量占全球 16% 以上，人均 GDP 跨过 10000 美元，全世界第一大汽车产销国、世界 10 幢最高的大楼中有 8 幢在中国，成为全球第二大经济体、第一大贸易国、第一大制造业国、第一大货物贸易出口国、170 多个国家的第一大贸易伙伴等。

2）中国出口导向型经济和制造业

历史上，中国长期是世界制造业的大国和制造中心，丝织品、瓷器、茶叶一直为主要对外贸易产品。18 世纪及以前，中国的国际贸易量约占全世界的 33.0%。18 世纪末以蒸汽机应用为标志的第一次工业革命和 19 世纪末以钢铁、电力、机械制造、石油化工为标志的第二次工业革命，中国没有抓住工业化在全球制造业中的垄断地位逐渐式微，落后了差不多 150 年。自改革开放以后，主要通过引进技术发展了以电子、信息和自动化技术为标志的第三次工业革命的产业（这一次工业革命主要来自日本），经过 30 年的追赶，在 2010 年重新成为世界头号制造业大国和第一国际贸易大国。

3）中国新技术产业发展水平

经过 40 年高速增长和发展，中国制造业领域的钢铁、电解铝、玻璃、水泥等重化工业为代表的传统产业部门的产能已严重过剩，在载人航天、探月工程、载人深潜、新支线飞机、大型液化天然气船（LNG）、高速轨道交通等领域技术取得突破性进展，特高压输变电设备、百万吨乙烯成套装备、风力发电设备、千万亿次超级计算机等装备产品技术水平已跃居世界前列，到 2025 年中国通信设备、轨道交通装备、电力装备三大产业将整体步入世界领先行列，高档数控机床、机器人、航天装备等大部分领域和优先发展方向步入世界先进行列，集成电路、民用航空、医疗器械等行业将快速追赶世界强国，通信、高铁、船舶、汽车、发电装备等工业基础雄厚。

2. 中国制造再全球化必要性

中国制造业处在劳动密集为主的阶段，新技术革命对中国制造业升级带来巨大的挑战。第一，现有的比较成本优势加速削弱。改革开放以来，我国制造业迅速崛起主要在廉价且数量巨大的劳动力资源、廉价的土地自然资源、对环境影响的宽容度以及巨大的国内消费市场等综合形成的国际比较成本优势。随着智能化制造、远程通信等大量新技术的运用以及绿色技术的发展，我国制造在全球生产链体系中的国际劳动分工成本优势被削弱。与此同时，我国的劳动力、土地和环境等要素成本已进入加速上升阶段。上述两方面共同作用，必然对我国低端要素比较成本优势的劳动密集型制造产生巨大的打击。第二，劳动力就业的压力将不断增大。近年来，机器人在生产中的大规模应用，以及随着机器人性能的改善和成本下降，机器人的单位产出成本有可能在越来越多的领域中比廉价劳动力的成本还要低廉，大量重复性劳动岗位将被机器人替代，目前日本的工业机器人应用比例已高达33%。同时，机器人和国民经济体系的智能化不仅在制造业，而且在流通、物流、社会服务、农业和家务劳动等所有领域排挤体力劳动者。随着我国产业的转型升级，特别是劳动密集型产业的减少，将直接减少制造业和劳力型服务业部门的劳动力需求。我国目前尚有2亿多农村剩余劳动力，工业化速度直接影响他们的城镇化过程。第三，产业升级遭遇与发达国家直接的激烈竞争。我国现有产业目前处于全球价值链的中低端，产业升级的目标就是从价值链的中低端向高端攀升，现有产业升级将面临与发达国家的直接竞争，尤其不可避免地与发达国家在价值链高端的产品、技术和市场等诸多方面产生直接竞争，导致在知识产权保护、国际贸易摩擦等方面的冲突不断加剧。

随着经济发展和人民生活水平提高，消费结构升级了，新兴消费和服务消费的比重提高了，只有发展新经济，才能满足消费者的各种新需求。所谓新经济，与传统经济不同，具有相对应的新经济形态，主要有：①新主体。具体表现为创新型企业、创客、电商、微商等；②新动力。包括适应新经济需要的新规则（法律、法规、标准等）、新理念（共享、普惠等）和新治理等；③新产业。包括信息产业、智能制造业、文化创意产业、创意农业等新兴产业和新产品，以及众创、众包、众筹等新业态；④新要素。包括互联网、物联网、大数据等新技术，以及C2B、O2O等新模式。

中国需要提高科技密集型产业和服务业，但不应以去低技能劳动密集型制造业为代价。这主要在于：中国生产技术和科技创新与发达国家相比还存在巨大差异，中国城镇化过程还处在快速发展时期，还有2.5亿～3.0亿农村劳动力需要向城市转移。与此同时，30年的出口导向型经济体系，生产过程已经被嵌入全球生产链之中，国际贸易争端是价格之争和盈利空间之争，没有形成全球生产的比较优势之争。中国制造业，一方面，适当保留低技能劳动密集型制造业岗位，有助于长期增长的结构性平衡和第一人口大国的就业；另一方面，推动绿色制造发展，遵循生态经济理念，采用循环经济模式，在“动脉产业”充分发展的前提下，重视“静脉产业”和“利基产业”发展。与此同时，在市场全球化和技术全球化的前提下，积极推进中国制造“走向世界”，嵌入全球生产链，在资源—生产—市场—服务—标准等方面融入全球生产体系。

当前中国制造业面临绿色发展的挑战和机遇，除了上述充分融入全球生产链分工体系、建设自由贸易区推动扩大出口，加快吸引外资和对外投资的传统机遇，也给中国制造业生产体系调整准备了条件，面向扩大内需调整产品结构，面向制造业体系升级提高创新能力，以绿色发展为导向促进制造业生产方式转型。

根据中国制造业技术水平和创新能力，逐步从“依赖进口”转向“进口替代”战略，对高铁、大飞机、造船、新能源汽车、海水淡化、垃圾处理、农业机械等部门和行业的关键设备和核心技术转向自主创造制造，为本土核心技术的创新提供强大平台，推进中国制造的全面绿色升级和发展。

二、制造再全球化空间响应

1. 加快建设全球城市区

2017 年，中国沿海三大城市群以超过 34 万亿的 GDP 占全国 GDP 比重超过 40%，其中，长江三角洲占全国 GDP 的比重高达 17.37%，珠江三角洲占 9.21%，京津唐占 7.62%，一直是中国经济发展的重要引擎，也具备建设世界级城市群的条件。按照全球城市、全球-地方联结的情况，中国正在形成北京世界城市区、上海全球城市区、香港-深圳全球城市区和成渝城市群，建立面向全球生产的供应链和外向型经济体系，人口规模分别达到 5000 万人以上。

1）北京世界城市区

该区人口超过 4700 万人，2000 ～ 2010 年人口增加了 1000 万人，也是中国第三大城市群。北京世界城市区，地处政治文化中心，集北京、天津两大直辖市，包括河北省的保定、唐山、石家庄、廊坊、秦皇岛、张家口、承德（图 8.9），面积约为 10

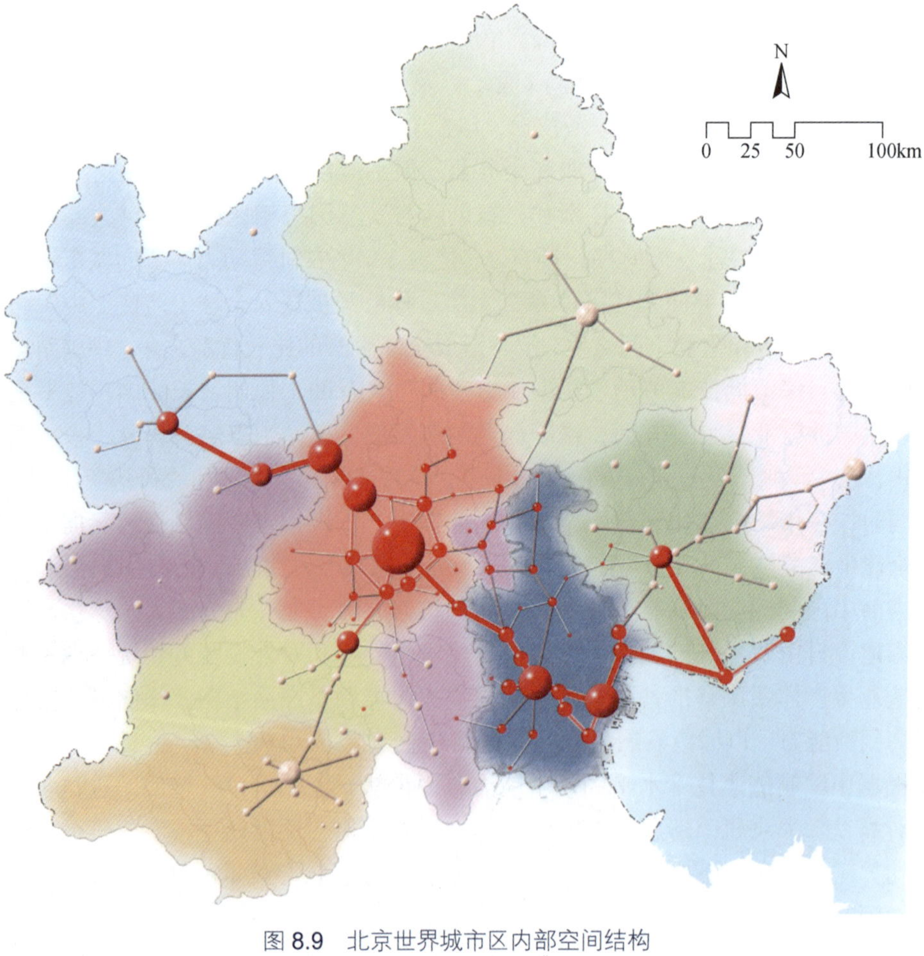

图 8.9　北京世界城市区内部空间结构

万 km^2，覆盖人口约 1 亿，GDP 尽管已达 90000 亿但远低于上海全球城市区与粤港澳大湾区全球城市区。

北京世界城市区问题主要在于：①北京和天津两大直辖市独大。北京集聚全国资源于一体自我发展意识强，天津利用直辖市承接了一系列国家战略项目和工程，而河北却在发展过程中由于资源（尤其水资源）、环境（如雾霾治理）、生态（如“三北防护林”）优先让位京津发展，基础设施的一体化也比较滞后，经济和社会发展相对落后。②城市群的内部差异和两极分化严重。在人口、经济、文化和整体结构上具有合理层级体系，在空间边界、资源配置、产业分工、人文交流等方面具有功能互补和良好协调机制的城市共同体，还有很大的差距。③北京功能过多。人口膨胀、交通拥堵、房价高涨、环境污染等大城市病，已无法在自身的行政区划空间内得到解决。北京世界城市区至关重要的是区域联动发展。④创新拉动经济发展不够。京津冀三地有望形成创新城市群。北京聚集了我国三分之一的国家重点实验室，三分之二以上的院士，也具备引领和服务全国科技创新发展的条件。但北京科技创新对周边区域的经济带动作用还有待提升。数据显示，小米 12 家配套公司中，有 9 家来自于珠三角，深圳就占了 7 家，剩下 3 家分别来自南京、厦门、洛阳；中关村 2014 年流向外省市的技术合同，流入广东省的数量就超过了天津和河北之和的 1.5 倍。目前，北京科技创新的辐射作用，大多贡献给了珠江三角洲、长江三角洲地区，但周边区域受益较少。在京津冀协同发展的大背景下，这一问题正在得到改善。建设北京世界城市区有利于疏解北京非首都功能，破解北京大城市病困局。建设以首都为核心的京津冀城市群，能给北京非首都功能疏解提供巨大的调整空间，使北京更好地发挥全国政治中心、文化中心、国际交往中心、科技创新中心的功能。

自 2014 年开始，北京世界城市区出台了一系列重要举措，一体化和协同发展的步伐进一步加快。2017 年国家推出雄安新区规划，有望帮助北京疏解压力，带动京津冀一体化发展，有利于优化京津冀城市布局和空间结构、补齐河北发展的短板。在北京，立足建设以首都为核心的世界级城市群，加强与津、冀规划对接，强化京津双城联动，打造现代化新型首都圈。未来 3 年将启动新一轮城南行动计划，逐步将城南地区打造为首都功能梯度转移的承接区、高质量发展的试验区、和谐宜居的示范区，成为首都发展的新高地。丰台、房山、大兴、北京经济技术开发区等北京南部地区是京津冀协同发展的重要战略门户，在北京新一轮城南行动计划中，打造京津发展走廊和京雄发展走廊也成为亮点。北京大兴国际机场配套交通路网建设中的轨道交通新机场线一期、新机场高速公路全面启动。京津冀协同发展、公共服务提升与民生保障、城市治理水平提升、高精尖经济结构构建等成为 4 大重点领域。2018 年安排年度重点工程 276 项，总投资约 13000 亿元。在天津，把握京津冀协同发展、自由贸易试验区建设、自主创新示范区建设、“一带一路”建设、滨海新区开发开放这五大国家战略机遇，把战略机遇期转化为调结构转方式的突破期、持续发展的黄金期。在河北，加快京沈高铁、京张铁路等 15 条铁路项目建设；推进太行山高速、津石高速、延崇高速等项目建设，基础设施项目共安排省、市重点项目323项，总投资15355.7亿元。其中雄安新区，总体投资规模在3000亿元左右，主要集中在铁路、公路、排水、生态修复、拆迁安置等基础设施建设和产业发展两大方面。

随着国家新发展战略的实施，长江经济带战略实施与“一带一路”倡议得到全球响应，中国最具建设世界城市的区域必然逐步聚焦到京津冀城市群，北京也成为最具发展潜力的世界城市。在不远的将来，将形成以首都北京为中心，依托京津唐城市群、山东半岛城市群、太原城市群、呼包鄂城市群，形成包括北京市、天津市、河北省、山东省、山西省除运城外的地市和内蒙古的呼和浩特、包头、乌兰察布等城市化地区，建设绿色技术发展基地、发达制造业基地为主的在全球具有影响力的北京世界城市地区。

2）长江三角洲全球城市区

长江三角洲全球城市区是中国最大的城市带，2010年的人口超过1亿人，2000～2010年间人口增加了2020万人。上海全球城市区的主要优势在于经济发达，无论是经济总量还是人均GDP均位于全国前列，是中国最大的经济核心区之一，其中，26个城市之间发展相对平衡，上海以超过30000亿GDP位居全国第一的同时，也有4个城市超过10000亿，7个城市超过5000亿，是世界最发达的制造业基地和六大世界城市连绵带。它以沪宁杭合世界大城市连绵带为核心，上海、南京、杭州、合肥、宁波、苏州、南昌等城市为中心，依托上海—苏州—宁波—南通全球城市区、江苏沿江城市群、湖杭绍城市群、江淮城市群、环鄱阳湖城市群等（图8.10），形成包括上海市、江苏省、浙江省、安徽省、江西省的南昌、九江、上饶、景德镇、吉安、萍乡、宜春、新余等城镇化地区，长江三角洲全球城市区也是中国外向经济实力最强的地区之一，积极建设上海全球城市功能，进一步提升长江三角洲南北两翼的长江河口和杭州湾地区城市的全球竞争力和影响力。

长江三角洲全球城市区，土地面积10万km^2，人口7534万人，也是世界上七大都市连绵带之一。该区位于大陆海岸线中部、长江入海口，自然条件优越，区位优势明显，经济基础良好，科技和文化教育事业发达，已经成为全国最具活力的地区之一。长江三角洲大都市带发展成功与否，关键在于世界级的超级巨大城市的发展。在2020年前后将上海建设成为国际经济、金融、贸易的中心，区域要素市场的集聚中心，区域综合交通体系的枢纽中心和区域经济一体化的综合服务中心。

长江三角洲全球城市区也存在一些问题，首先是环境和可持续发展问题，其工业废水、工业二氧化硫等的排放量在2012年仍明显高于其他城市群。生态退化和地面沉降也比较严重（图8.11）。

长江三角洲全球城市区将继续围绕上海全球城市为核心，全面提升上海全球城市功能，推动南京、苏州和杭州的全球化，建设合肥国家科技创新中心，持续深入打造长三角一体化发展，促进南京都市圈、杭州都市圈、合肥都市圈、苏锡常都市圈、宁波都市圈等五个都市圈同城化发展（表8.12）；促进沪宁合杭甬发展带、沿江发展带、

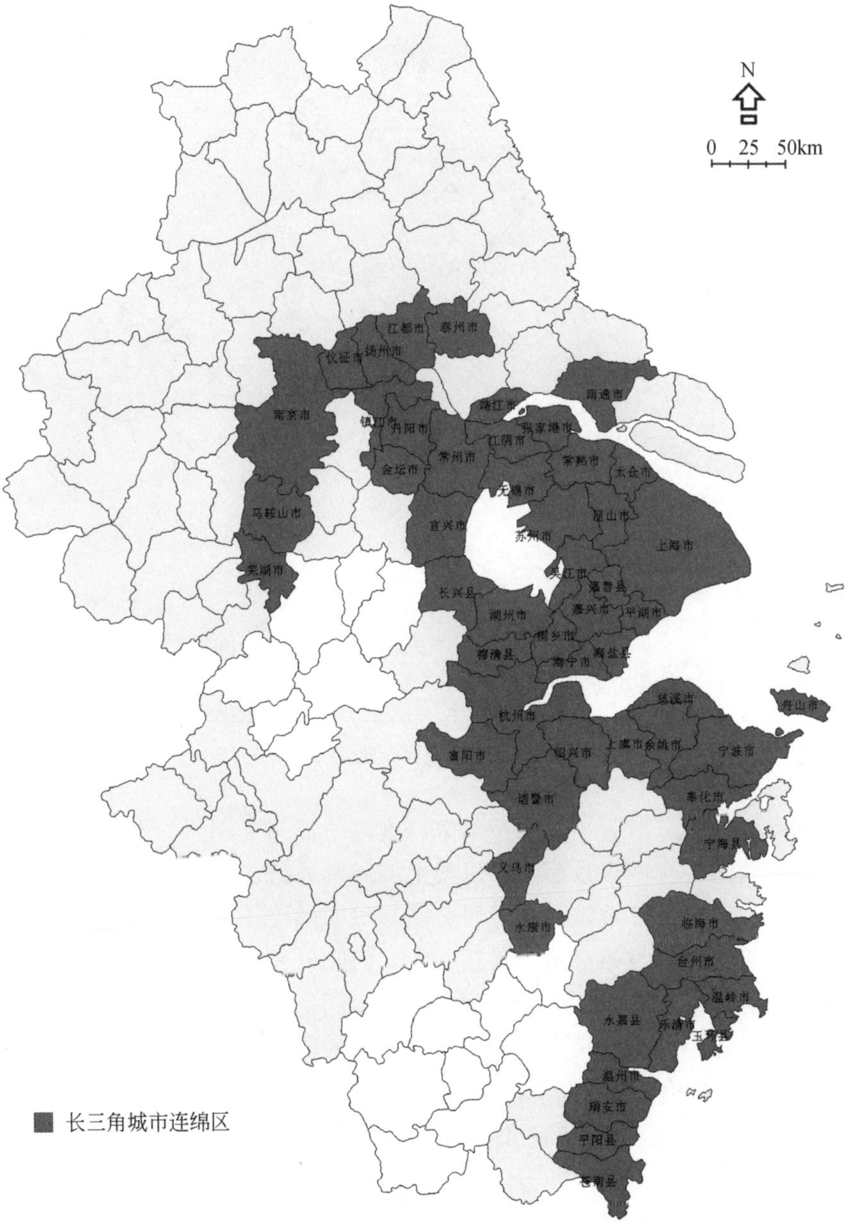

图 8.10　长江三角洲全球城市区

沿海发展带、沪杭金发展带四条发展带聚合发展。特别要以上海为中心，加快建设具有全球影响力的科技创新中心，主动呼应长江三角洲地区发展需求，积极促进长江三角洲地区北翼南通、南翼嘉兴规划对接、功能对接，共同打造具有全球影响力和竞争力的巨型城市区。此外，完善长江三角洲城际综合交通网络，形成以高速铁路、城际铁路、高速公路和长江黄金水道为主通道的多层次综合交通网络。将规划建设上海—

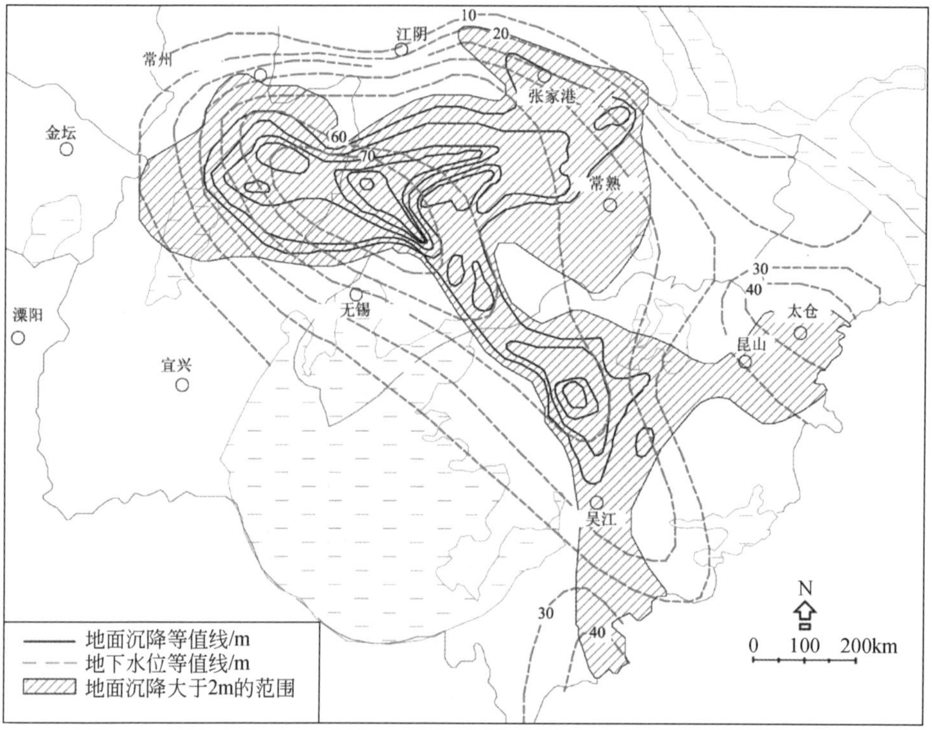

图 8.11　苏南地区地面沉降严重

南通—泰州—南京—合肥、南通—苏州—嘉兴、上海—苏州—湖州、上海—嘉兴—宁波、安庆—黄山等铁路（含城际铁路），以及上海—南通跨江通道等城际通道建设，提高城际铁路对 5 万以上人口城镇、高等级公路对城镇的覆盖水平（图 8.12）。加快建设覆盖区域、辐射周边、服务全国、联系亚太、面向世界的下一代信息基础设施。积极发挥上海亚太信息通信枢纽和南京等国家级互联网骨干直联点作用，实施新跨太平洋国际海底光缆工程，加快互联网国际出入口带宽扩容，全面提升流量转接能力。促进骨干网、城域网、数据中心和支撑系统 IPv6 升级改造。加快实现无线局域网在热点区域和重点线路全覆盖，率先实现城市固网宽带全部光纤接入。在旅游、能源、环保、科技、道路运输、质量技术监督、社会保障等方面展开双边或多边合作，加快生产要素流动，推进长江三角洲地区经济一体化。

表 8.12　长江三角洲大都市带内部组织

城市圈	范围	功能区
上海全球城市	包括上海、南通、苏州、嘉兴、宁波、舟山	建设金融、航运、交通、制造业管理中心的全球城市
南京都市圈	包括南京、镇江、扬州、马鞍山、芜湖	提升南京中心城市功能，加快建设南京江北新区，促进与合肥都市圈融合发展
杭州都市圈	包括杭州、湖州、绍兴	加快建设杭州国家自主创新示范区和跨境电子商务综合试验区、湖州国家生态文明先行示范区

续表

城市圈	范围	功能区
合肥都市圈	包括合肥、淮南、蚌埠	发挥在推进长江经济带建设中承东启西的区位优势和创新资源富集优势，提升合肥辐射带动功能
锡常泰都市圈	包括无锡、常州、泰州	全面强化与上海的功能对接与互动，加快推进锡常泰跨江融合发展
盐淮宿都市圈	包括盐城、淮安、宿迁	上海纺织等制造业扩散区和农副产品生产基地
台温衢丽都市圈	包括台州、温州、衢州、丽水	浙江小微企业金融服务改革创新试验区

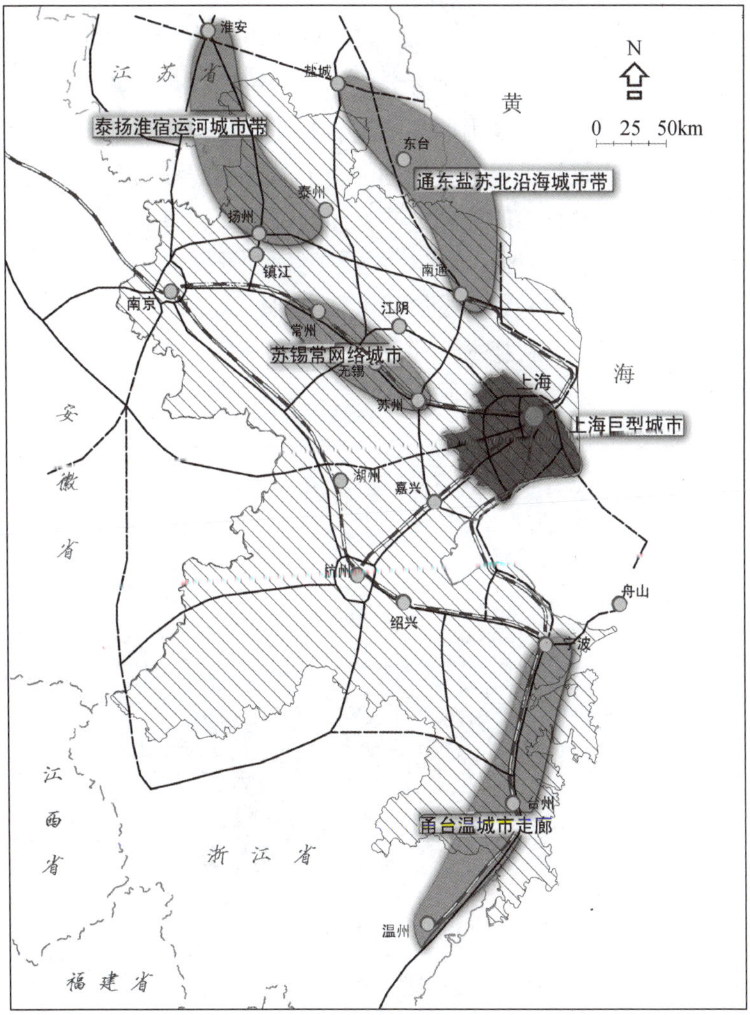

图 8.12　长江三角洲交通网

3）粤港澳全球城市巨型区

粤港澳全球城市巨型区若包括区域中心城市香港和澳门，人口规模也超过 6000 万人，2000 ～ 2010 年人口增加了 1000 万人，是中国第二大城市群。粤港澳全球城市巨型区，是中国经济最发达、增长最迅速的地区。2017 年 GDP 10.2 万亿元，成为全球第二大湾区。全区 11 个城市在全国经济总量上虽不及 26 个城市的长江三角洲城市群，但以城市平均 GDP 来看，以每市平均 9267 亿元远超长江三角洲的 6339 亿元，在城镇化水平也达到了 84.12%，成为全国城市化水平最高的地区，远超长江三角洲的 67.5%。它以珠江三角洲城市群为核心、包括广州等 9 市和香港、澳门两个特别行政区，粤北城市群、粤西城市群、北部湾城市群、赣南城市群、海南岛城市群等，形成包括香港、澳门、广东省除汕头市、梅州市、潮州市、揭阳市以外、海南省、广西壮族自治区和江西省的赣州等城镇化地区（图 8.13）。从经济方面看，珠江三角洲在工业化、市场化和国际化方面走在全国的前面。

粤港澳全球城市巨型区仍存在发展不均衡现象，湾区东西两岸发展存在严重差距，离核心区域较远的城市，发展水平较差。相比于长江三角洲城市群，粤港澳城市群规模虽小，但核心城市的辐射能力明显不足。珠江三角洲在公共文化服务设施投入、文化资源的社会和经济效益、科技文化创新能力、旅游资源的开发利用等方面均有很大的提升空间。未来如果香港的金融资本、深圳的创新和粤港澳的制造业进一步形成良性互动，粤港澳大湾区一体化发展将达到更高水平、发挥更大作用。本区的发展重点是：①构筑现代化基础设施体系；②发展亚太区主要城市集团；③强化珠江三角洲资源整合和协同发展；④打造高新技术产业基地；⑤建设高水平开放型经济密集区。广东要强化广州国家中心城市和深圳全国性经济中心城市的作用，提升珠江三角洲城市群发

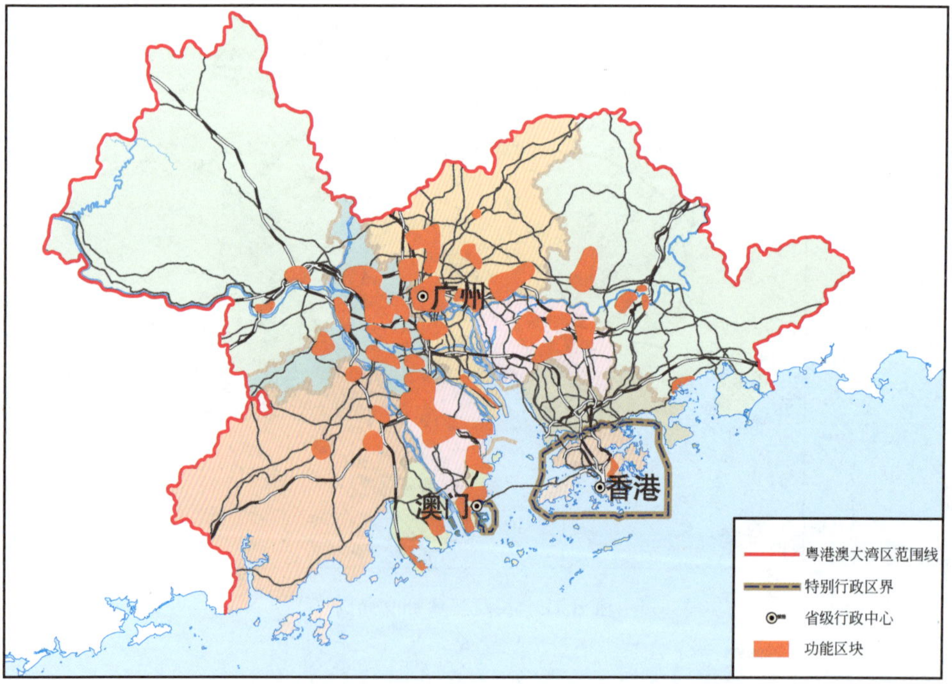

图 8.13　粤港澳全球城市巨型区

资料来源：李郇，2019，粤港澳大湾区：全球“巨型城市区域”

展质量，携手港澳打造珠江三角洲世界级城市群；深圳作为改革开放的最前沿地区，强化自主创新能力和民间创富能力，推动可持续发展。同时构建珠江三角洲城市群内外协同的基础设施支撑体系，加强区域对外基础设施的分工协作与一体化发展。

4）成渝全球城市区

成渝全球城市区位于成渝地区，是西部大开发的重要平台，是长江经济带的战略支撑，也是国家推进新型城镇化的重要示范区，其范围包括重庆市的29个区县，四川省的成都市、德阳市、绵阳市、眉山市、资阳市、遂宁市、乐山市、雅安市、自贡市、泸州市、内江市、南充市、宜宾市、达州市、广安市15个市，区域面积达20.6万km^2。2017年地区生产总值47600亿元，位居西部第一位，人均生产总值5300美元，位居西部第二位。成渝全球城市区也存在辐射能力弱、带动作用不强等问题。成渝城市群将重视区域中心城市建设，把绵阳、乐山打造为成都平原区域中心城市，把南充打造为川东北区域中心城市，把泸州、宜宾打造为川南的区域中心城市；把万州打造为渝东北区域中心，把黔江打造为渝东南区域中心。成渝城市群未来发展应以建设具有国际竞争力的国家级城市群为目标，全面融入“一带一路”和长江经济带建设，打造新的经济增长极，发挥重庆和成都双核带动功能，重点建设成渝发展主轴、沿长江和成德绵乐城市带，促进川南、南遂广、达万城镇密集区加快发展，构建“一轴两带、双核三区”空间发展格局。

2. 积极推进“带路”互联互通通道

近年来，随着中国对外直接投资和企业“走出去”，传统友谊国家巴基斯坦和非洲国家，以及尼泊尔、蒙古国、朝鲜和太平洋岛国都将逐步成为受中国发展深度影响的国家和地区。例如。在2013～2017年，埃及从中国获得的外商直接投资相当于其国内投资总额的13%。中国未来不仅仅视这些国家和地区为国际贸易伙伴国，也将是中国最大的基础设施融资输出和国外援助区。预计“十四五”期间，要改变这种信息制造业依赖美日韩供应链状态的可能性不大。然而，亚洲一些地区和国家对中国大陆经济的依存度持续上升。除了港澳台地区与内地（大陆）经济发展关系日益紧密外，日韩、东盟国家、上合组织国家、“一带一路”沿线的国家，有些是未来中国制造业的部件、半成品供应地，有些是原料和资源产地，更多的则是商品贸易国，尤其是新加坡、马来西亚、新加坡、菲律宾、哈萨克斯坦等国家将成为对华出口比重较大的国家或者是最大贸易伙伴国家。

1994年李鹏总理访问中亚四国时提出“共建现代丝绸之路，扩大亚欧经济文化交流”。2004年日本提出将中亚五国及外高加索三国定为“丝绸之路地区”。2005年，美国中亚问题专家斯塔尔提出新丝绸之路构想：建设一个连接南亚、中亚和西亚的交通运输与经济发展网络，以阿富汗为枢纽，将油气资源丰富的中亚、西亚国家与经济发展迅速的印度乃至东南亚连接起来。2008年，联合国开发计划署发起“丝绸之路复兴计划”。2011年7月美国国务卿希拉里在印度明确提出官方版本的新丝绸之路计划，同年伊朗开始启动将伊朗铁路线通过阿富汗、塔吉克斯坦和吉尔吉斯斯坦三国同中国铁路线连通的计划。2012 年哈萨克斯坦宣布开始实施新丝绸之路项目，提出哈萨克斯坦应成为中亚地区最大的过境中心，成为欧洲和亚洲间独特的桥梁。随着中国领导人和中亚多国领导人在 5 月签署一系列战略协议，“一带一路”构想正在迅速变为现实。依据“一带一路”倡议和国家经济发展战略，国家城镇体系与世界城市体系的互联互通，一是大中华地区和中华文化圈内的互联互通；二是陆上丝绸之路的中亚、俄罗斯；三是海上丝绸之路的东盟，再就是陆上丝绸之路和海上丝绸之路的延伸。

三、形成中的世界级巨型区

顾朝林（2009）根据 2008 年的资料，中国长江三角洲、珠江三角洲、京津唐、辽中南、山东半岛和海峡西岸六大巨型城市区（面积占国土面积的 12. 38 %，人口已占全国的 22 %，GDP 占全国的 50. 01 %，引进外国直接投资占 全 国 的 78. 86 %，进 出 口 总 额 占 全 国 的 87.33 %），已成为国家经济和社会发展的核心地区 。

到 2015 年，京津唐、长江三角洲、珠江三角洲三大巨型区，以 5.2% 的国土面积集聚了 23.0% 的人口，创造了 39.4% 的国内生产总值，成为带动中国经济快速增长和参与国际经济合作与竞争的主要平台（表 8.13）。

表 8.13　中国 6 大城市巨型区的基本情况（2007 年）

名称	总面积 /km^2	总人口 / 万人	GDP / 亿元	引进外国直接投资 / 万美元	进出口总额 / 亿美元	人口密度 /（人 /km^2）	人均 GDP / 元
长江三角洲	110821	9722. 8	43235	8219562	7787	877	44468
珠江三角洲	54743	4409. 4	26060. 01	2215019	6133	805	59101
京津唐	70729	4997. 6	19052. 02	1812400	2751	707	38123
辽中南	81673	2946. 3	10368	1975628	520	361	35190
山东半岛	73311	4235. 7	17068	979400	1066	578	40296
海峡西岸	54542	2755	7567	1437946	727	505	27466
合计	445819	29066. 8	123350	166399550	18984	652	42437
占全国 / %	12. 38	22. 00	50. 01	78. 86	87. 33	177. 66	227

资料来源：①中国统计信息网；②顾朝林，2009。

2019 年，国家发改委印发了《国家发展和改革委员会关于培育发展现代化都市圈的指导意见》，推动新一轮都市圈规划编制。毫无疑问，长江三角洲、粤港澳大湾区和京津冀城市群在不久的将来会发展成为世界级的巨型区。

1. 长江三角洲巨型区

2017 年，上海发布《上海市城市总体规划（2017-2035 年）》，提出上海主动融入长三角区域协同发展，构建上海大都市圈。①上海大都市圈。包括：上海、苏州、杭州、无锡、宁波、南通、常州、绍兴、嘉兴、湖州、舟山，打造具有全球影响力的世界级城市群为规划目标。2018 年 12 月，上海市政府专门向江苏、浙江两省政府发函，商请共同成立上海大都市圈空间协同规划编制领导小组，就加强区域协同、深化专题合作、统一市场建设、创新合作机制等方面进行磋商对接，从长江三角洲区域、上海大都市圈、邻沪地区三个层面来系统推进规划协同工作。②合肥都市圈。包括安徽省合肥市、淮南市、六安市、滁州市、芜湖市、马鞍山市、桐城市（县级市），合肥都市圈国土面积占全省的 40.6%，人口占全省的 43.2%，区域经济总量占全省的比重接近 59%。2016 年，合肥都市圈实现地区生产总值 14206.3 亿元，财政收入 2434.0 亿元，规模以上工业增加值 5887.5 亿元，全社会固定资产投资 15598.0 亿元，占全省比重分别为 58.9%、55.7%、58.4%、58.3%。合肥都市圈将以合肥为中心，打造合滁宁、合芜马、合淮、合六、合安宜产业发展带，推动创新链和产业链融合发展，逐步建立和完善产业链合作体系，推动圈内城市合作构建高水平、多功能、国际化的对外开放平台，建设具有较强影响力的国际化都市圈。③南京都市圈。包括南京、镇江、扬州、淮安、马鞍山、滁州、芜湖、宣城八市，包含 32 个市辖区、9 个县级市（句容、丹阳、扬中、仪征、高邮、天长、明光、宁国、溧阳）和 20 个县，总面积 6.46 万 km^2。截至 2017 年，常住人口 3674.7 万人，地区生产总值 32730.7 亿元。南京都市圈战略定位为：辐射中西部的国际性重要门户；国际先进制造业中心和现代服务业基地；泛长江三角洲转型与合作发展示范区；构建国际性的沿江先进制造业集群和以历史文化、山水城林为特色的城市带，是长江三角洲带动中西部地区发展的重要传导区域。④杭州都市圈。包括黄山、衢州纳入杭州都市圈，成为跨省域的协调发展重要平台。杭州都市圈位于长江三角洲经济圈的南翼，以杭州为中心联结湖州、嘉兴、绍兴、衢州、黄山五市为节点长三角打造的“金南翼”。建设世界级大湾区的核心增长极，全国科学发展和谐发展先行区和浙江创业创新核心区。发展成为具有国际影响力的科技创新高地、全国数字经济发展高地、亚太地区重要国际门户的战略枢纽、全国经济转型升级和改革创新的先行区、人与自然和谐共生的全国排头兵、世界一流的东方文化旅游目的地。具有较高国际知名度的大都市圈。⑤宁波都市圈。包括：宁波、舟山、台州三市。打造全球一流的现代化综合枢纽港、国际航运服务基地和国际贸易物流中心，加快发展台州汽车摩托车、医药、塑料、家电等产业集群，形成长江经济带龙头龙眼和“一带一路”倡议支点（图 8.14）。

2. 粤港澳大湾区

自 2019 年国家发布粤港澳大湾区规划以来，该区也正在努力建设世界级的巨型区，最近新变化包括：①深圳都市圈。明确提及将协调东莞、惠州、河源、汕尾四市共同参与，助力河源、汕尾融入大湾区建设。5 城 GDP 占广东全省的 40% 左右。②广州都市圈。在广佛肇都市圈的基础上，融入“广清经济特别合作区”概念，推动“广清一体化”。

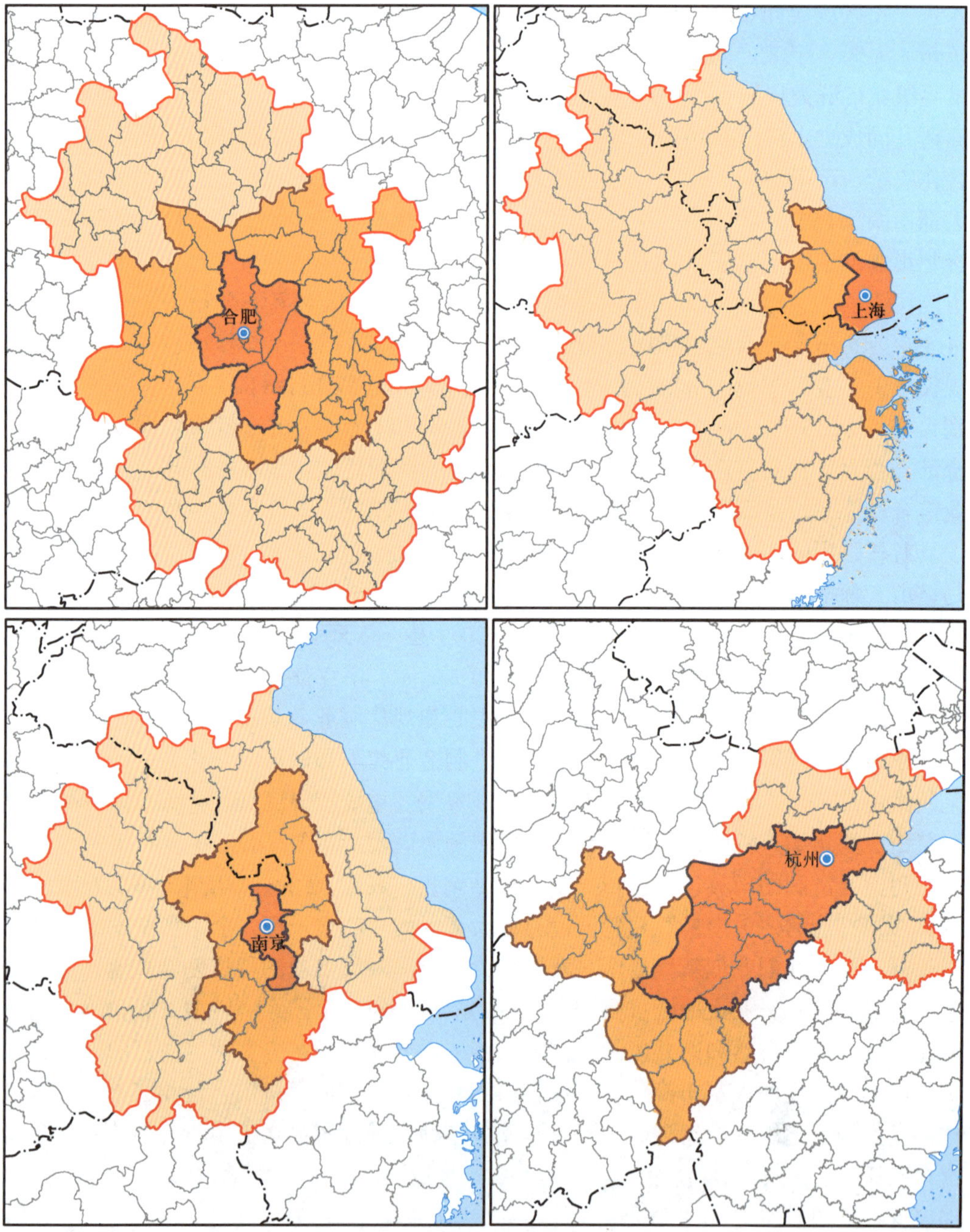

图 8.14　长江三角洲巨型区的都市圈

3. 京津冀巨型区

按照京津冀都市圈规划，以 1 小时通勤圈为标准，北京都市圈包含北京市大部分区域以及北京以东、以南方向的廊坊北三县、固安、廊坊市区、涿州、武清等地。以北京为中心，京津冀都市圈将加速发展，交通一体化、产业一体化、公共服务一体化成为京津冀都市圈建设的突破口和关键所在。

参考文献

埃比尼泽 • 霍华德 . 2000. 明日的田园城市 . 金经元 译 . 北京 : 商务印书馆 .

爱德华 • 格莱泽 . 2012. 城市的胜利 : 城市如何让我们变得更加富有、智慧、绿色、健康和幸福 . 刘润泉 译 . 上海 : 上海社会科学院出版社 .

安德鲁 • 多布森 . 2005. 绿色的政治思想 . 郇庆治 译 . 济南 : 山东大学出版社 .

安杰尔 • 什洛莫 . 2015. 城市星球 . 贺灿飞 , 陈天鸣 等 译 . 北京 : 科学出版社 .

白先春 , 李炳俊 . 2006. 基于新陈代谢 GM(1, 1) 模型的我国人口城市化水平分析 . 统计与决策 , (3): 40-41.

保罗 • 诺克斯 , 琳达 • 迈克卡西 . 2009. 城市化 . 顾朝林、汤培源、杨兴柱 等 译 . 北京 : 科学出版社 .

彼得 • 霍尔 . 2010. 多中心大都市 . 罗震东 译 . 北京 : 中国建筑工业出版社 .

彼得 • 霍尔 , 考蒂 • 佩因 . 罗震东 等 译 .2008. 从大都市到多中心城市 . 国际城市规划 , (1): 15-27.

彼得拉 • 托多罗维奇 , 罗伯特 • 亚罗 . 2009. 面向基础设施的美国 2050 远景规划 , 城市与区域规划研究 , (3): 18-38.

布赖恩 • 贝利 . 2008. 比较城市化 : 20 世纪的不同道路 . 顾朝林 , 汪侠 等 译 . 北京 : 商务印书馆 .

蔡来兴 , 张广生 , 王战 . 1995. 国际中心城市的崛起 . 上海 : 上海人民出版社 .

蔡伟丽 , 申立 . 2008. 新区实践与城市发展理念新动向 . 地域开发与研究 , 27(6): 11-14.

曹传新 . 2012. 欠发达地区城市新区的开发价值与发展方略——以南阳新区为例 . 城市发展研究 , 19(7): 118-122.

曹飞 . 2014. 基于灰色 Verhulst 模型的陕西省人口城镇化率预测 . 西安石油大学学报 (社会科学版), 23(3): 21-24.

曹洪涛 , 储传亨 . 1990. 当代中国的城市建设. 北京 : 中国社会科学出版社.

陈夫凯 , 夏乐天 . 2014. 运用 ARIMA 模型的我国城镇化水平预测 . 重庆理工大学学报 : 自然科学 , 28(4): 133-137.

陈嘉平 , 2013. 新马克思主义视角下中国新城空间演变研究 . 城市规划学刊 , (4): 18-26.

陈柳钦 . 2010. "知识城市" 的理论构建与发展 . 城市观察 , 1(1): 27-40.

陈铭 , 王乾晨 , 张晓海等 . 2011. "智慧城市" 评价指标体系研究 . 城市发展研究 , 18(5): 84-89.

陈田 , 1987. 中国城市经济影响区域系统的初步分析 . 地理学报 , 42(4): 308-318.

陈为邦 . 2004. 城市探索 . 北京 : 知识产权出版社 .

陈卫 , 段媛媛 .2019. 中国近 10 年的生育水平与趋势 . 人口研究 , 43(1): 5-19.

陈香 , 顾朝林 . 2007. 从常州看新 "苏南模式" 及其动力机制 . 城市发展研究 , (5): 75-83.

程承坪 . 2018. 高质量发展的根本要求如何落实 . 前沿观察 , (1): 29-33.

崔功豪 . 1982. 城市规划中区域分析的几个问题 . 经济地理 , (1): 56-61.

崔功豪 , 武进 . 1990. 中国城市边缘区空间结构特征及其发展——以南京等城市为例 . 地理学报 , (4): 17-29.

崔功豪 , 杜国庆 , 1992. 中国城镇发展研究 . 北京 : 中国建筑工业出版社 .

崔功豪，马润潮 .1999. 中国自下而上城市化的发展及其机制 . 地理学报 , 54(2): 106-115.
戴立然，张德山 . 2001. 谈城市文化与文化城市 . 奋斗 , (12): 46-48.
邓芳岩 .2009. 新城建设的引导策略——南京河西新城发展实例分析 . 现代城市研究 , (12): 81-85.
丁刚 . 2008. 城镇化水平预测方法新探：以神经网络模型的应用为例 . 哈尔滨工业大学学报：社会科学版 , 10(3): 128- 133.
董鉴泓 , 1991. 中国东部沿海城市的发展规律及经济技术开发区的规划 . 上海：同济大学出版社 .
樊纲 . 2009. 城市化是个系统工程 . 中国发展观察 , (2): 61-62.
范凌云，雷诚 .2008. 滨海新城的发展策略 . 城市问题 , (12): 39-44.
方创琳，刘晓丽，蔺雪芹 . 2008. 中国城市化发展阶段的修正及规律性分析 . 干旱区地理 , 31(4): 512-523.
方创琳，鲍超，马海涛 .2016. 2016 中国城市群发展报告 . 北京：科学出版社 .
方创琳，马海涛 .2013. 新型城镇化背景下中国的新区建设与土地集约利用 . 中国土地科学 , 27(7): 4-9,2.
方创琳，周成虎，顾朝林等 . 2016. 特大城市群地区城镇化与生态环境交互耦合效应解析的理论框架及技术路径 . 地理学报 , 71(4): 531-550.
方浩，李鹏，任小蔚 . 2009. 珠江新城规划和发展回顾 , 33(S2): 87-91.
费洪平，李玉江，任旺兵 .1996. 我国“九五”及 2010 年推进城市化的总体战略思考 . 中国技术经济科学 , (4): 1-13.
费孝通 .1984. 小城镇 大问题 . 南京：江苏人民出版社 .
冯维江 .2015. 日本“高质量基础设施”何解 . 当代金融家 , (10): 110-111.
佛罗里达 . 2003. 创意新贵：启动新新经济的菁英势力 . 邹应瑗 译 . 台北：宝鼎出版社 .
干春晖，余典范 .2003. 城市化与产业结构的战略性调整和升级 . 上海财经大学学报 , (4): 4.
高春亮，魏后凯 . 2013. 中国城镇化趋势预测研究 . 当代经济科学 , 35(4): 85-90.
葛竞天 . 2009. 论生态城市建设 . 大连：东北财经大学出版社 .
工业化与城市化协调发展研究课题组 .2002. 工业化与城市化关系的经济学分析 . 中国社会科学 , (2): 44-55.
辜胜阻 . 1991. 二元城镇化战略及对策 . 人口研究 , (5): 7-12.
辜胜阻，刘传江 . 2000. 人口流动与农村城镇化战略管理 . 武汉：武汉大学出版社 .
谷荣，顾朝林 . 2006. 城市化公共政策分析 . 城市规划 , (9): 48-51.
顾朝林 .1987. 地域城镇体系组织结构模式研究 . 城市规划学刊 , (2): 37-46.
顾朝林 .1991. 城市经济区理论与应用 . 长春：吉林科学技术出版社 .
顾朝林 .1991. 中国城市经济区划分的初步研究 . 地理学报 , 46(2): 3-15.
顾朝林 .1992. 中国城镇体系：历史・现状・展望 . 北京：商务印书馆 .
顾朝林 .2003. 城市化的国际研究 . 城市规划 , (6): 19-24.
顾朝林 .2005. 城镇体系规划——理论・方法・实例 . 北京：中国建筑工业出版社 .
顾朝林 .2006. 中国城市发展的新趋势 . 城市规划 , 30(3): 26-31.
顾朝林 .2008. 中国城市化研究历程、现状与展望 . 见：中国城市科学研究会编 . 城市科学学科发展报告 . 北京：中国科学技术出版社 .
顾朝林 .2009. 巨型城市区域研究的沿革和新进展 . 城市问题 , (8): 2-10.
顾朝林 .2011. 转型发展与未来城市思考 . 城市规划 , (11): 23-34.
顾朝林 .2011. 城市群研究进展与展望 . 地理研究 , 30(5): 771-784.
顾朝林 . 2019. 中国新型城镇化之路 . 北京：科学出版社 .

顾朝林，熊江波.1989.简论城市边缘区研究.地理研究，8(3): 95-101.
顾朝林，赵晓斌.1995.中国区域开发模式的选择.地理研究，(4): 8-22.
顾朝林，柴彦威，蔡建明.1999.中国城市地理.北京：商务印书馆.
顾朝林，陈璐.2005.全球化与重建国家城市体系的设想.地理科学，25(6): 641-654.
顾朝林，郭婧，刘宛.2011.论当代规划师的精神世界.城市与区域规划研究，4(3): 1-16.
顾朝林，胡秀红.1998.中国城市体系现状特征.经济地理，18(1): 21-26.
顾朝林，刘佳燕.2013.城市社会学.北京：清华大学出版社.
顾朝林，孙樱.1999.经济全球化与中国国际性城市建设.城市规划汇刊，(3): 1-6.
顾朝林，吴莉娅.2008.中国城市化研究历程、现状与展望.见：中国科学技术协会编.2007-2008城市科学学科发展报告.北京：中国科学技术出版社.
顾朝林，陈田，丁金宏，等.1993.中国大城市边缘区特性研究.地理学报，60(4): 317-328.
顾朝林，管卫华，刘合林.2017.中国城镇化2050: SD模型与过程模拟.中国科学：地球科学，47(7): 818-832.
顾朝林，于涛方，陈金永.2002.大都市伸展区：全球化时代中国大都市地区发展新特征. 规划师，(2): 16-20.
顾朝林，张勤，蔡建明.1999.经济全球化与中国城市发展——跨世纪城市发展战略研究.北京：商务印书馆.
顾朝林，陈振光.1994.中国大都市空间增长形态.城市规划，18(6): 45-50.
顾朝林，胡秀红.1999.新时期中国城市化与城市发展政策的思考.城市发展研究，(5): 6-13.
顾朝林，庞海峰.2009.建国以来国家城市化空间过程研究.地理科学，29(1): 10-14.
顾朝林，浦善新.2008.论县下设市.城市规划学刊，(1): 57-61.
顾朝林，盛明洁.2012.北京低收入大学毕业生聚居体研究——唐家岭现象及其延展分析.人文地理，27(5): 20-24.
顾朝林，谭纵波，韩春强等.2009.气候变化与低碳城市规划.南京：东南大学出版社.
顾朝林，谭纵波，刘宛等.2009.气候变化、碳排放与低碳城市规划研究进展.城市规划学刊，2009(3): 38-45.
顾朝林，吴莉娅.2008a.中国城市化问题研究综述（Ⅰ）.城市与区域规划研究，1(2): 104-147.
顾朝林，吴莉娅.2008b.中国城市化问题研究综述（Ⅱ）.城市与区域规划研究，1(3): 100-163.
顾朝林，徐海贤.1999.改革开放二十年来中国城市地理学研究进展.地理科学，19(4): 320-331.
顾朝林，于涛方.李王鸣等.2008.中国城市化：格局•过程•机理.北京：科学出版社.
顾朝林，俞滨洋等.2007.都市圈规划——理论•方法•实例.北京：中国建筑工业出版社.
顾朝林，张勤.1997.新时期城镇体系规划理论与方法.城市规划汇刊，(2): 14-26.
顾朝林，张勤，蔡建明等.2003.经济全球化与中国城市发展.北京：商务印书馆.
顾朝林，张悦，翟炜等.2016.城市与区域定量研究进展.地 理 科 学 进 展，35(12): 1433-1446.
顾朝林，赵令勋.1998.中国高新技术产业与园区.北京：中信出版社.
顾朝林，赵民，张京祥.2011.省域城镇化战略研究.南京：东南大学出版社.
顾朝林 等.1995.中国大城市边缘区研究.北京：科学出版社.
顾朝林 等.1999.经济全球化与中国城市发展.北京：商务印书馆.
顾朝林 等.2012.北京首都圈发展规划研究——建设世界城市的新视角.北京：科学出版社.
顾朝林 等.2019.基于城镇化发展趋势的中国交通网战略布局.地理科学，39(6): 865-873.
顾京涛，黄少宏.2010.新城规划的实践与探索——三门滨海新城概念规划.城市规划，34(2): 89-92.

顾军, 2011. 空间拓展和重构并举的转型发展规划——浦东新区总体规划修编工作的一些思考 . 城市规划, 35(S1): 132-136.
广东省建设委员会 .1996. 珠江三角洲经济区城市群规划 . 北京 : 中国建筑工业出版社 .
郭春丽, 王蕴, 易信, 等 . 正确认识和有效推动高质量发展 . 宏观经济管理, (4): 18-25.
郭研苓, 孙斌栋 .2010. 从交通视角谈以公交为导向推进新城建设——以上海松江新城为例 . 上海城市规划, (1): 42-45.
国务院研究室课题组 .1994. 小城镇发展政策与实践 . 北京 : 中国统计出版社 .
哈维 .2008. 作为增长机器的城市 : 地点的政治经济学 . 汪民安等译 . 北京 : 北京大学出版社 .
韩宇 .2009. 美国高技术城市研究 . 北京 : 清华大学出版社 .
郝娟 .1997. 西欧城市规划理论与实践 . 天津 : 天津大学出版社 .
何念如, 吴煜 . 2007. 中国当代城市化理论研究 . 上海 : 上海人民出版社 .
何兴刚 .1995. 城市开发区的理论和实践 . 西安 : 陕西人民出版社 .
亨利·列斐伏尔 .2018. 都市革命 . 刘怀玉, 等 译 . 北京 : 首都师范大学出版社 .
亨利·列斐伏尔 . 2016. 空间的生产 (节译). 刘怀玉 译 . 中外文化与文论, (3): 51-60.
洪世键, 张京祥 .2010. 土地使用制度改革背景下中国城市空间扩展 : 一个理论分析框架 . 城市规划学刊, (3): 89-94.
胡 滨, 邱建, 曾九利 等 .2013. 产城一体单元规划方法及其应用——以四川省成都天府新区为例 . 城市规划, 37(8): 80-83.
胡庆钢, 赵佩佩, 陈奕 . 2010. 东部滨海地区新城建设的生态化规划途径研究 . 城市规划, 34(s): 77-82.
胡序威 .1983. 对中国城镇化水平的剖析 . 城市规划, (2): 23-26.
胡序威 . 1984. 城市发展的区域研究 . 经济地理, (1): 30-35.
胡序威 .1998. 沿海城镇密集地区空间集聚与扩散研究 . 城市规划, (6): 22-28.
胡序威等 . 2000. 中国沿海城镇密集地区空间集聚与扩散研究 . 北京 : 科学出版社 .
胡兆量 .1997. 北京“浙江村”——温州模式的异地城市化 . 城市规划汇刊, (3): 28-30.
黄光宇 . 2002. 生态城市理论与规划设计方法 . 北京 : 科学出版社 .
黄胜利, 宁越敏 .2003. 国外新城建设及启示 . 现代城市研究, (4): 12-17.
黄叶芳, 梁怡, 沈建法 .2007. 全球化与城市国际化 : 国际城市的一项实证研究 . 世界地理研究, (2): 1-8.
吉尔伯特·罗兹曼 .2003. 中国的现代化 . 国家社会科学基金“比较现代化”课题组 译 . 南京 : 江苏人民出版社 .
简·雅各布斯 . 2005. 美国大城市的死与生 . 金衡山 译 . 南京 : 译林出版社 .
简博秀 .2004. 全球化观点的中国都市与区域研究 . 地理学报 . 59(S): 93-100.
简新华, 黄锟 . 2010. 中国城镇化水平和速度的实证分析与前景预测 . 经济研究, (3): 28-39.
蒋耒文, 考斯顿 . 2001. 中国区域城市化水平差异原因探析 . 中国人口科学, (1): 45-51.
金碚 . 2018. 关于“高质量发展”的经济学研究 . 中国工业经济, (4): 5-18.
金华林, 刘伟岩 . 2017. 城市化、人口红利与日本经济增长关系研究 . 人口学刊, 39(2): 37-46.
金乐琴 . 2018. 高质量绿色发展的新理念与实现路径——兼论改革开放 40 年绿色发展历程 . 河北经贸大学学报, 39(6): 28-36.
拉奎因 A, 刘健 . 1996. 面向可持续发展的城市未来 . 城市规划, (4): 28-31.
李百浩, 彭秀涛, 黄立 . 2006. 中国现代新兴工业城市规划的历史研究——以苏联援助的 156 项重点工程为中心. 城市规划学刊, (4): 84-92.
李百浩, 邹涵 . 2012. 艾伯克隆比与香港战后城市规划 . 城市规划学刊, (1): 108-113.

李蓓蓓，徐峰 . 2008. 中国近代城市化率及分期研究 . 华东师范大学学报 (哲学社会科学版), (3): 34-41.

李翊 . 2006. 走向理性之城——快速城市化进程中的城市新区发展与增长调控 . 北京 : 中国建筑工业出版社 .

李翊 . 2007. 城市新区发展的战略决策模式探讨 . 城市发展研究 , 14(5): 24-30.

李浩 . 2009. 生态学视角的城镇密集地区发展研究 . 北京 : 中国建筑工业出版社 .

李红 . 1998. 我国开发区布局及土地利用现状分析与研究. 中国土地科学 , (3): 10-13.

李纪宏 . 2019. 推动北京基础设施高质量发展的策略建议 . 中国工程咨询 , (6): 64-66.

李建平 . 2009. 广州新城规划发展的再思考——亚运村规划建设与新城开发 . 城市规划学刊 , (2): 105-109.

李健 . 2011. 世界城市研究的转型、反思与上海建设世界城市的探讨 . 城市规划学刊 , (3): 20-26.

李金亮，沈奎 .2010. 创新与政府 . 广州 : 广东省出版集团 .

李进才，吕明娟，崔笑天 .2013. 城市跨越式发展下的现代产业新区规划——以济南市东部新区发展规划为例 . 规划师 , (S2): 110-113.

李晶，车效梅 . 2013. 非洲城市化的现状、特点和发展趋势 . 非洲研究 , 4: 260-275.

李立勋 . 1994. 城市国际化与国际城市 . 城市问题 , (4): 37-41.

李立勋，许学强 . 1995. 广州建设国际城市的初步思考 . 经济地理 , (2): 23-26.

李娜，石敏俊，袁永娜 . 2010. 低碳经济政策对区域发展格局、演进的影响 : 基于动态多区域 CGE 模型的模拟分析 . 地理学报 , 65(12): 1569-1580.

李小建，张晓平，彭宝玉 . 2000. 经济活动全球化对中国区域经济发展的影响 . 地理研究 , 19(3): 225-233.

李晓文，方精云，朴世龙 . 2003. 上海及周边主要城镇城市用地扩张空间特征及其比较 . 地理研究 , (6): 769-779.

李郇 . 2014. 面临新型城镇化的三个规划转型问题 . 城市与区域规划研究 , 7(1): 5-12.

李郇，刘逸. 2010. 中国城市化模式的混合性解释 . 城市与区域规划研究 , (3): 70-85.

李雨桐，贺启滨，白明宇 等 .2014. 无锡太湖新城的生态规划和建设实践 . 城市规划 , 38(2): 31-36.

厉无畏 . 2009. 迈向创意城市 . 理论前沿 , (4): 5-7.

联合国人类居住中心 .1998. 城市化的世界 . 沈建国等 译 . 北京 : 中国建筑工业出版社 .

林涛 .2010. 郊区新城发展与大城市空间结构调整 : 松江案例 . 人文地理 , 25(5): 75-80.

林毅夫 .2012. 新结构经济学 : 反思经济发展与政策的理论框架 , 北京 : 北京大学出版社 .

刘畅，李新阳，杭小强 . 2012. 城市新区产城融合发展模式与实施路径 , 城市规划学刊 , (S1): 104-109.

刘承良 . 2009. 武汉都市圈——空间发展机理与调控战略 . 北京 : 科学出版社 .

刘传江 .1998. 中国自下而上城市化发展的制度潜力与创新 . 城市问题 , (3): 11-14.

刘贵利，顾朝林 . 2000. 城市社区与流动人口聚落的生态关系及其调控 . 人文地理 , 15(2): 24-26.

刘海泳，顾朝林 . 1999. 北京流动人口聚落的形态、结构与功能 . 地理科学 , 19(6): 497-503.

刘合林 .2010. 城市文化空间解读与利用 . 南京 : 东南大学出版社 .

刘健 .2002. 马恩拉瓦莱 : 从新城到欧洲中心——巴黎地区新城建设回顾 . 国外城市规划 , (1): 27-31.

刘培林 .2012. 世界城市化和城市发展的若干新趋势新理念 . 理论学刊 , (12): 54-57.

刘冉，刘盛和，杜红亮 等 .2009. 新区转型期的人口挑战与应对——以天津滨海新区核心区为例 . 地域开发与研究 , 28(3): 140-144.

刘荣增，王淑华 . 2013. 城市新区的产城融合 . 城市问题 , (6): 18-22.

刘士林 . 2016. 中国城市群发展报告 2016. 北京 : 光明日报出版社 .

刘世定，邱泽奇. 2004. "内卷化"概念辨析. 社会学研究，(5): 96-110.
刘涛，齐元静，曹广忠. 2015. 中国流动人口空间格局演变机制及城镇化效应——基于 2000 和 2010 年人口普查分县数据的分析. 地理学报，70(4): 567-581.
刘学勇. 2000. 大城市征地劳动力就业问题探讨——以上海市浦东新区为例. 城市问题，(3): 27-30,26.
刘焱，刘利东. 2010. 京津冀区域框架下的滨海新区发展研究. 城市发展研究，17(5): 18-21.
刘易斯•芒福德. 2005. 城市发展史：起源演变和前景. 宋俊岭，倪文彦 译. 北京：中国建筑工业出版社.
刘迎秋. 2018. 中小民营企业及其高质量发展的路径选择. 光彩，293(12): 23-25.
刘颖，邓伟，宋雪茜等. 2017. 基于综合城镇化视角的省际人口迁移格局空间分析. 地理科学，37(8): 1151-1158.
刘悦，李白，张博一等. 2014. 与非洲城镇化一路同行——论中非城镇化合作. 城市发展研究，21(11): 24-28.
刘志彪. 2018. 为高质量发展而竞争：地方政府竞争问题的新解析. 河海大学学报（哲学社会科学版），20(2): 1-6.
陆大道. 2007. 我国的城镇化进程与空间扩张. 城市规划学刊，(4): 47-52.
陆大道，樊杰. 2009. 2050: 中国的区域发展. 北京：科学出版社.
陆大道，薛凤旋. 1997. 中国区域发展报告. 北京：商务印书馆.
罗伯特•亚罗. 2010. 危机挑战区域发展. 蔡瀛 译. 北京：商务印书馆.
罗伯特•亚罗. 2017. 面向基础设施的美国 2050 远景规划. 彭翀，刘合林，等 译. 城市与区域规划研究，9(1): 18-38.
罗荣渠. 2004. 现代化新论：世界与中国的现代化进程. 北京：商务印书馆.
罗小龙，沈建法. 2006. 中国城市化进程中的增长联盟和反增长联盟——以江阴经济开发区靖江园区为例. 城市规划，30(3): 48-52.
罗小龙，郑焕友，殷洁. 2011. 开发区的"第三次创业"：从工业园走向新城——以苏州工业园转型为例. 长江流域资源与环境，20(7): 819-824.
吕江林. 2010. 我国城市住房市场泡沫水平的度量. 经济研究，(6): 28-41.
吕拉昌. 2007. 全球城市理论与中国的国际城市建设. 地理科学. 27(4): 449-456.
马长青，李倩. 2011. 西部欠发达山地城市生态宜居新城规划探索研究——以贵阳市北部新城规划为例. 城市发展研究，18(8): 20-24.
马清裕. 1983. 中国城镇化的特点及其发展趋势的初步研究. 经济地理，3(2): 126-131.
马清裕. 1990. 省域人口城镇化特点及其相关因素的分析. 地理研究，9(1): 1-9.
马士江. 2011. 高铁枢纽带动的新城综合交通发展战略思考——以上海市松江新城为例. 上海城市规划，(5): 45-51.
马晓河. 2011. 中国城镇化实践与未来战略构想. 北京：中国计划出版社.
买静，张京祥. 2013. 地方政府企业化主导下的新城空间开发研究——基于常州市武进新城区的实证. 城市规划学刊，(3): 54-60.
买静，张京祥，陈浩. 2011. 开发区向综合新城区转型的空间路径研究——以无锡新区为例. 规划师，(9): 20-25.
迈克尔•布鲁顿，希拉•布鲁顿，于立. 2003. 英国的新城发展与建设. 胡伶倩 译. 城市规划，(12): 77-80.
迈克尔•斯托珀尔. 2020. 城市发展的逻辑. 李丹莉，马春媛 译. 北京：中信出版集团.
孟广文，杜英杰. 2009. 天津滨海新区建设成就与发展前景. 经济地理，29(2): 193-199.
孟晓晨. 1990. 中国城市化的双轨归一道路. 城市问题，(1): 10-13.

倪鹏飞 .2011. 中国城市联系度 : 基于联锁网络模型的测度 . 经济社会体制比较 , (6): 102-109.
宁越敏 .1998. 新城市化进程——90 年代中国城市化动力机制和特点探讨 . 地理学报 , 53(5): 470-477.
宁越敏等 .1998. 长江三角洲都市连绵区形成机制与跨区域规划研究 . 城市规划 , 22(1): 16-20.
牛凤瑞 , 盛广耀 . 2006. 三大都市密集区 : 中国现代化的引擎 . 北京 : 社会科学文献出版社 .
欧阳杰 . 2005. 我国航空城规划建设刍议 . 规划师 , (4): 31-33.
潘海啸 . 2010. 面向低碳的城市空间结构——城市交通与土地使用的新模式 . 城市发展研究 , 17(1): 39-45.
庞效民 .1996. 关于中国世界城市发展条件与前景的初步分析 . 地理研究 , 15(2): 67-73.
齐康 , 夏宗玕 .1985. 城镇化与城镇体系 . 建筑学报 , (2): 17-23.
齐心 , 张佰瑞 , 赵继敏 .2011. 北京世界城市指标体系的构建与测评 . 城市发展研究 , (4): 1-7.
秦宪文 .2004. 城市化与产业发展 . 山东师范大学学报 (人文社会科学版), (1): 125-127.
邱婴芝 , 李志刚 . 2018. 21 世纪初"星球城市化"研究进展述评 . 国际城市规划 , 33(4): 53-59.
任保平 , 李梦欣 . 2018. 新时代中国特色社会主义绿色生产力研究 . 上海经济研究 , (3): 5-13.
萨森 . 2005. 全球城市 : 纽约、伦敦、东京 . 周振华译 . 上海 : 上海社会科学院出版社 .
上海市城市规划管理局 . 2007. 上海城市规划管理实践——科学发展观统领下的城市规划管理探索 . 北京 : 中国建筑工业出版社 .
尚升平 . 2018. 可持续基础设施——中国承包商海外可持续发展的方向 . 国际工程与劳务 , (1): 17-19.
沈宏婷 , 2007. 开发区向新城转型的策略研究——以扬州经济开发区为例 . 城市问题 , (12): 68-73.
沈金箴 .2010. 文化的世界城市 : 北京的优先路径 . 北京规划建设 , (4): 40-42.
沈奎 .2011. 创新引擎 : 第二代开发区的新图景 . 广州 : 广东人民出版社 .
沈汝生 .1937. 中国都市之分布 . 地理学报 , 4(1): 915-936.
沈体雁 . 2006. CGE 与 GIS 集成的中国城市增长情景模拟框架研究 . 地球科学进展 , 21(11): 1153-1163.
盛广耀 . 2011. 中国城市化发展的地区差异及趋势分析 . 学习与实践 , (4): 5-12.
盛朗 . 1988. 苏联的城市化 . 人口与经济 , (5): 57-62.
师博 , 张冰瑶 . 2018. 新时代、新动能、新经济——当前中国经济高质量发展解析 . 上海经济研究 , (5): 25-33.
石留杰 , 李艳军 , 臧雨亭 , 等 . 2010. 基于 GM(1, 1)-Markov 模型的我国人口城市化水平预测 . 四川理工学院学报 : 自然科学版 , 23(6): 648-650.
世界银行 1984 年经济考察团 . 1987. 中国 : 长期发展的问题和方案 . 北京 : 中国财政经济出版社 .
世界银行 .2009. 世界发展报告 : 重塑世界经济地理 . 胡光宇 译 . 北京 : 清华大学出版社 .
宋国臣 , 顾朝林 .1999. 北京女性流动人口的家庭类型及其形成因素 . 人文地理 , 14(2): 11-14.
宋家泰 . 1980. 城市 - 区域与城市区域调查研究——城市发展的区域经济基础调查研究 . 地理学报 , (4): 277-287.
宋家泰 , 顾朝林 .1988. 城镇体系规划的理论与方法初探 . 地理学报 , 43(2): 97-107.
宋美娜 , 杨永春 , 史坤博 , 等 .2015. 非洲城市二元社会空间结构模式 . 热带地理 , 35(6): 40-50.
宋学锋 , 刘耀彬 . 2006. 基于 SD 的江苏省城市化与生态环境耦合发展情景分析 . 系统工程理论与实践 , 26(3): 124-130.
孙娟 , 顾朝林 .2001. 市场经济条件下的城市体系发展——兼论时空城市体系规划编制理论与方法 . 城市规划汇刊 . (5): 30-32.
孙盘寿 .1984. 我国城市人口规模的变化 . 地理学报 , 23(4): 639-654.
孙盘寿 , 杨廷秀 .1983. 国外城镇职能分类法概述 . 地理科学进展 , 2(1): 32-37.

孙启明，陈雅雯 . 2013. 北京世界城市建设中的难点与对策 . 区域经济评论 , (6): 136-141.
孙胤社 .1992. 都市区的形成机制及其界定 ——以北京为例 . 地理学报 , 59(6): 552 - 560.
孙自铎 . 1989. 城乡一体化新析 . 经济地理 , 9(1): 26-29.
谈明洪，李秀彬，吕昌河 .2004. 20 世纪 90 年代中国大中城市建设用地扩张及其对耕地的占用 . 中国科学 : 地球科学 , 34(12): 1157-1165.
唐建荣，童隆俊，邓贤峰等 . 2011. 智慧南京 . 南京 : 南京师范大学出版社 .
唐志军，徐会军，巴曙松 . 2010. 中国房地产市场波动对宏观经济波动的影响研究 . 统计研究 , 27(2): 15-22.
唐子来 .2015. 迈向全球城市的战略思考 . 国际城市规划 , (4): 13-21.
田美玲，方世明 , 2015. 国家中心城市的内涵与判别 . 热带地理 .35(3): 372-378.
托达罗 M P.1988. 第三世界的经济发展（上下）. 于同申 等 译 . 北京 : 人民大学出版社 .
托多罗维奇，彼得・拉，罗伯特・亚罗 .2009. 面向基础设施的美国 2050 远景规划 . 城市与区域规划研究 , 2(3): 18-38.
汪光焘 . 2002. 关于中国特色的城镇化道路问题 . 城市规划 , 27(4): 11-19.
汪劲柏，赵民 . 2012. 我国大规模新城区开发及其影响研究 . 城市规划学刊 , (5): 21-29.
汪洋 . 2001. “十五”城镇化发展规划研究 , 北京 : 中国计划出版社 .
王春新 .2018. 中国经济转向高质量发展的内涵及目标 . 金融博览 , (5): 42-43.
王峰，李松凯，徐小磊 .2012. 滨河新区空间发展战略规划——以济南市滨河新区为例 . 规划师 , 2012(4): 52-57.
王峰玉，郑军 .1994. 基于产城融合理念的桐城双新经济开发区规划探索 . 小城镇建设 , 12(2): 90-93.
王桂新 . 2004. 改革开放以来中国人口迁移发展的几个特征 . 人口与经济 , (4): 1-8, 14.
王国恩，刘松龄 .2009. “亚运城”带动下的广州新城规划 . 城市规划 , 33(S): 46-51.
王慧 . 2003. 开发区与城市相互关系的内在肌理及空间效应 . 城市规划 , 27(3): 20-25.
王吉勇 .2013. 分权下的多规合一深圳新区发展历程与规划思考 . 城市发展研究 , 20(1): 23-29.
王建国 .1994. 世纪之交的中国城市化和城镇建设面临的挑战 . 城市规划汇刊 , (2): 17-21.
王建军，吴志强 . 2009. 城镇化发展阶段划分 . 地理学报 , 64(2): 177- 188.
王凯，陈明 . 2013. 中国城镇化的速度与质量 . 北京 : 中国建筑工业出版社 .
王青 , 2008. 以大型公共设施为导向的城市新区开发模式探讨 . 现代城市研究 , (11): 47-53.
王少剑，方创琳，王洋 . 2015. 京津冀地区城市化与生态环境交互耦合关系定量测度 . 生态学报 , 35(7): 2244-2254.
王欣，周伟，吴殿廷 .2006. 新区产业功能定位和城市发展战略的耦合关系——以北京市海淀新区为例 . 城市问题 , (6): 11-15.
王兴中等 .2000. 中国城市社会空间结构研究 . 北京 : 科学出版社 .
王洋，方创琳，王振波 . 2012. 中国县域城镇化水平的综合评价及类型区划分 . 地理研究 , 31(7): 1305-1316.
王一鸣 , 2018. 深化改革推动经济高质量发展 . 理论视野 , (11): 9-13.
王颖，潘鑫，但波 .2014. “全球城市”指标体系及上海实证研究 . 上海城市规划 , (6): 46-51.
王勇 .2006. 郑东新区洋规划之争 : 是“窝里斗”还是“争鸣与反思”. 中国经济周刊 , (36): 36-37.
王云才 .2007. 景观生态规划原理 . 北京 : 中国建筑工业出版社 .
王泽壮，李晶，车效梅 .2011. 中东过度城市化与社会稳定 . 史学集刊 , (4): 97-105.
魏心镇，王缉慈 .1993. 新的产业空间 : 高技术产业开发区的发展与布局 . 北京 : 北京大学出版社 .

文雯 . 2015. 后金融危机时代世界城市指标评价体系的设计与评估——以上海为例 . 上海经济研究 , (8): 117-128.
文余源 .2015. 中国巨型城市区的识别与格局 . 中州学刊 , (11): 32-38.
巫细波 , 杨再高 . 2010. 智慧城市理念与未来城市发展 . 城市发展研究 , 17(11): 56-60.
吴国培 , 吴伟 , 方晓炜 . 2015. 中国新型城镇化路径选择和成本测算 . 亚太经济 , (1): 124-128.
吴国平 , 武小琦 . 2014. 巴西城市化进程及其启示 . 拉丁美洲研究 , (2): 9-16.
吴国玺 , 潘春彩 , 申怀飞 .2011. 许昌新区建设的理念及可持续发展规划 . 地域开发与研究 , 30(3): 48-51.
吴敬琏 . 2017. 中国改革三部曲 . 北京 : 中信出版集团 .
吴莉娅 , 顾朝林 . 2005. 全球化、外资与发展中国家城市化——江苏个案研究 . 城市规划 , (7): 29-34.
吴良镛 . 1995. 城镇密集地区空间发展模式——以长江三角洲为例 . 城市发展研究 , (2): 8-14.
吴良镛 . 2001. 人居环境科学导论 . 北京 : 中国建筑工业出版社 .
吴良镛 . 2002. 营造 21 世纪“人间新天堂”——上海及其周边地区空间发展研究的启示 , 港口经济 , (6): 6.
吴良镛 . 2003. 城市地区理论与中国沿海城市密集地区发展 . 城市规划 , (2): 12 - 16.
吴良镛 . 2005. 关于”南通——中国近代第一城”的探索与随想 . 南通大学学报 (哲学社会科学版), 21(1): 51-55.
吴文鑫 , 杨永春 , 马交国 , 等 . 2005. 中国城市新城 (区) 发展研究——以兰州市榆中新区为例 . 城市问题 , (3): 20-25.
吴友仁 . 1980. 关于我国社会主义城市化问题 . 人口与经济 , (1): 19-26.
吴智刚 . 2010. 城市新区土地运营模式研究 . 广州 : 华南理工大学出版社 .
武廷海 , 杨保军 , 张城国 .2011. 中国新城 : 1979-2009. 城市与区域规划研究 , 4(2): 19-43.
西蒙 • 库兹涅茨 . 1989. 现代经济增长 : 发现与思考 . 戴睿 , 易诚 译 . 北京 : 北京经济学院出版社 .
肖扬 , 杜坤 , 张泽 . 2015. 全球城市视角下《香港 2030》城市发展战略解析 . 国际城市规划 , 30(4): 29-33.
谢健 , 任伯强 . 2000. 温州民营经济研究——透过民营经济看温州模式 . 北京 : 中华工商联合出版社 .
谢守红 , 宁越敏 . 2005. 中国大城市发展和都市区的形成 . 城市问题 , (1): 11-15.
谢守红 , 周驾易 . 2014. 中国县级市社会发展水平评价及空间差异分析 . 人口与发展 , (2): 19-24.
徐德莉 . 2010. 近代化视角下的中国农村人口流动 . 学术论坛 , 33(6): 172-179.
徐建华 . 1989. 人口城市化的动因机制再探讨 . 人文地理 , 4(4): 61-63.
徐巨洲 . 1993. 对我国发展国际性城市的思考 . 城市规划 , (3): 20-23.
徐巨洲 . 1995. 我国国际性城市的发展空间有多大 . 城市规划 , (3): 23-25.
徐匡迪 . 2013. 中国特色新型城镇化发展战略研究 (综合卷). 北京 : 中国建筑工业出版社 .
徐素 , 于涛 , 巫强 . 2011. 区域视角下中国县级市城市化质量评估体系研究——以长江三角地区为例 . 国际城市规划 , (1): 57-62.
徐颖 .2011. 北京建设世界城市战略定位与发展模式研究 . 城市发展研究 , 18(3): 72-77.
许学强 , 胡华颖等 .1983. 我国城镇分布及其演变的几个特征 . 经济地理 , (3): 47-54.
许学强 , 叶嘉安 . 1986. 我国城市化的省际差异 . 地理学报 , 41(1): 8- 22.
许学强 , 叶嘉安 , 张蓉 .1995. 我国经济的全球化及其对城镇体系的影响 . 地理研究 , 14(3): 1-13.
许学强 , 周一星 , 宁越敏 .1996. 城市地理学 . 北京 : 高等教育出版社 .
薛德升 , 孙丽萍 , 李志刚 .2006. 广东城市国际化发展的水平与过程研究 . 地理科学 , 26(5): 520-528.
薛德升 , 翁晓丽 , 黄耿志 , 等 . 2010. 改革开放以来中国城市国际化的发展过程 . 地理学报 , 65(10):

1155-1162.
薛凤旋，蔡建明 . 2003. 中国三大都会经济区的演变及其发展战略 . 地理研究 , 22(5): 531-540.
薛凤旋，杨春 . 1995. 外资影响下的城市化——以珠江三角洲为例 . 城市规划 , 19(6): 21-27.
薛凤旋，杨春 . 1997. 外资 : 发展中国城市化的新动力——珠江三角洲个案研究 . 地理学报 , 52(3): 193-206.
薛领，杨开忠 . 2003. 城市演化的多主体 (multi-agent) 模型研究 . 系统工程理论与实践 , (12): 1-9.
闫小培，毛蒋兴，普军 . 2006. 巨型城市区域土地利用变化的人文因素分析——以珠江三角洲地区为例 . 地理学报 , 61(6): 55- 65.
严重敏 . 1985. 区域开发中城镇体系的理论与实践 , 地理学与国土研究 , 1(2): 7-11.
阎小培 .1990. 关于西方国家逆城市化的思考 . 城市规划 , (03): 46-49.
燕月，陈爽等 . 2013: 城市紧凑性测度指标研究及典型城市分析 . 地理科学进展 , 32(5): 733-742.
杨丹辉 . 2018. 绿色发展 : 提升区域发展质量的"胜负手". 区域经济评论 , (1): 9-11.
杨东峰，熊国平，王静文 . 2007.1990 年以来国际新城建设趋势探讨 . 地域研究与开发 , (6): 18-22.
杨东峰，殷成志，史永亮 .2006. 从沿海开发区到外向型工业新城——1990 年代以来我国沿海大城市开发区到新城转型发展现象探讨 . 城市发展研究 , 13(6): 80-86.
杨帆，李宏谨，李勇 .2005. 泡沫经济理论与中国房地产市场 . 管理世界 , (6): 64-75.
杨上广 .2006. 浦东新区迁入人口的分异 . 城市问题 , (1): 94-99.
杨伟民 .2008. 中国特色城镇化道路的四个关键问题 , 城市与区域规划研究 , 1(2): 17-25.
杨伟民 . 2018. 贯彻中央经济工作会议精神推动高质量发展 . 宏观经济管理 , (2): 13-17.
杨吾扬，蔡渝平 .1985. 中地论及其在城市和区域规划中的应用 . 城市规划 , (5): 7-12.
杨吾扬，杨齐 .1986. 论城市的地域结构 . 地理研究 , 5(1): 1-10.
姚南 .2013. 智慧城市理念在新城规划中的应用探讨——以成都市天府新城规划为例 . 规划师 , (2): 20-25.
姚士谋 . 1995. 国际性城市建立的背景和机遇 . 城市规划 , (3): 25-27.
姚士谋 等 . 1992. 中国的城市群 . 合肥 : 中国科学技术大学出版社 .
叶嘉安，徐江，易虹 .2006. 中国城市化的第四波 . 城市规划 , (S1): 13-18.
叶裕民 . 2002. 中国城市化之路——经济支持与制度创新 . 北京 : 商务印书馆 .
叶裕民 . 2015. 特大城市包容性城中村改造理论架构与机制创新——来自北京和广州的考察与思考 . 城市规划 , (8): 9-23.
尹德挺，袁尚，张锋 . 2018. 改革开放四十年中国人口流动与分布格局变迁 . 人口与计划生育 , (12): 27-32.
於嘉，谢宇 . 2019. 中国的第二次人口转变 . 人口研究 , 43(5): 3-16.
于洪俊，宁越敏 . 1983. 城市地理概论 . 合肥 : 安徽科学技术出版社 .
于涛，张京祥，罗小龙 . 2010. 我国东部发达地区县级市城市化质量研究——以江苏常熟为例 . 城市发展研究 , (11): 7-12, 24.
于涛方，吴志强 . 2006. "Global Region" 结构与重构研究——以长三角地区为例 . 城市规划学刊 , (2): 8-15.
喻新安等 . 2010. 中国新城区建设研究 : 郑州新区建设的实践与探索 . 北京 : 社会科学文献出版社 .
袁奇峰，魏成 .2011. 从"大盘"到"新城"——广州"华南板块"的重构思考 . 城市与区域规划研究 , (2): 101-118.
查瑞传 . 1996. 中国第四次全国人口普查资料分析 (下). 北京 : 高等教育出版社 .
翟振武，王宇，石琦 . 2019. 中国流动人口走向何方 ? 人口研究 , 43(2): 8-13.
张捷. 2009. 新城规划与建设概论 . 天津 : 天津大学出版社 .

张捷，赵民．2002. 新城运动的演进及现实意义．国外城市规划，(5): 46-49.
张捷，赵民．2004. 新城规划的理论与实践：田园城市思想的世纪演绎．北京：中国建筑工业出版社．
张京祥．2000. 城市群体空间组合，南京：东南大学出版社．
张京祥 .2007. 体制转型与中国城市空间重构．南京：东南大学出版社．
张京祥，陈浩，胡嘉佩 .2014. 中国城市空间开发中的柔性尺度调整——南京河西新城区的实证研究．城市规划，38(1): 43-49.
张京祥，王莉莉，罗震东．2009. 全球化环境中城市巨型工程的多维审视．人文地理，(4): 7-11.
张京祥，殷洁，罗震东. 2007. 地域大事件营销效应的城市增长机制分析 ——以南京奥体新城为例. 经济地理，27(3): 453-457.
张京祥，于涛，殷洁 .2008. 试论营销型城市增长策略及其效应反思——基于城市增长机器理论的分析．人文地理．(3): 7-11.
张军扩．2018. 加快形成推动高质量发展的制度环境．中国发展观察，(1): 5-8.
张敏，顾朝林 .2002. 农村城市化："苏南模式"与"珠江模式"比较研究．经济地理．22(4): 482-486.
张敏，顾朝林，陈璐，等．2006. 长江三角洲全球城市区空间建构．长江流域资源与环境，15(6) 787.
张荣，梁保松，刘斌，等．2005. 城市可持续发展系统动力学模型及实证研究．河南农业大学学报，39(2): 229-234.
张善余．2007. 中国人口地理．北京：科学出版社．
张晓明 .2006. 长江三角洲巨型城市区特征分析．地理学报，61(10): 1025-1036.
张晓明，张成．2006. 长江三角洲巨型城市区初步研究．长江流域资源与环境，15(6): 781-786.
张学勇，李桂文，曾宇 .2011. 我国大城市地区新城发展模式及路径研究．规划师，(5): 93-98.
张伟，顾朝林．2000. 城市与区域规划模型系统．南京：东南大学出版社．
张伊娜，周双海 .2014. 上海郊区新城建设成效评估．城市问题．(2): 31-35.
张颖，赵民 .2003. 论城市化与经济发展的相关性：对钱纳里研究成果的辨析与延伸．城市规划汇刊，(4): 10-18.
张增玲，甄峰，刘慧．2007.20 世纪 90 年代以来非洲城市化的特点和动因．热带地理，27(5): 455-460.
曾芬钰．2002. 城市化与产业结构优化．当代经济研究，(9): 30-36.
曾现来，李金惠．2018. 城市矿山开发及其资源调控：特征、可持续性和开发机理．中国科学：地球科学，48(3): 288-298.
赵昌文．2017. 新兴产业发展应关注两大重点．中国工业评论，(4): 12-17.
赵刚，陈虎，谭秀成．2018. 岩石地层描述的数字方法与实现．西南石油大学学报：自然科学版，40(4): 73-82.
赵民，李峰清，徐素．2014. 新时期上海建设"全球城市"的态势辨析与战略选择．城市规划学刊，(4): 7-13.
赵民，王聿丽. 2011. 新城规划与建设实践的国际经验及启示. 城市与区域规划研究，4(2): 65-77.
赵庆伟，甄永红 .2004. 中国国际性大都市的功能定位．经济论坛，14: 6-7.
赵士修 .1993. 城市化问题：访美考察随笔．国外城市规划，(2): 2-6.
赵晓香 .2010. 新制度主义视角下开发区的新城（区）转变研究——以广州开发区为例．规划师，(S2): 84-87.
赵燕菁 .1999. 理论与假设——城市化过程中的市场窒息与资源短缺．城市规划，23(12): 13-16.
赵燕菁．2001. 高速发展条件下的城市增长模式．国外城市规划，(2): 27-33.
赵燕菁．2004. 国际战略格局中的中国城市化．城市规划汇刊，(1): 6-12.

赵玉宗 . 2006. 全球化、城市化与巨型工程 . 城市规划 , (3): 57-62.
赵作权 . 2013. 中国巨型区格局 . 城市发展研究 , (2): 68-76.
郑德高 , 陈勇 .2012. 后金融危机的浦东新区转型研究 . 城市规划学刊 , (S1): 6-10.
郑德高 , 陈勇 , 王婷婷 . 2012. 舟山群岛国家新区发展战略中的“央、地”利益权衡分析 . 城市规划学刊 , (S1): 1-5.
郑德高 , 孙娟 . 2011. 新时期上海新城发展与市域空间结构体系研究 . 城市与区域规划研究 , 4(2): 119-128.
郑国 .2010. 开发区发展与城市空间重构 . 北京 : 中国建筑工业出版社 .
郑宏毅 等 . 1998. 农村城市化 . 南京 : 南京大学出版社 .
中国城市科学研究会. 2009. 中国低碳生态城市发展战略 . 北京 : 中国城市出版社 .
中国发展研究基金会 . 2010. 中国发展报告 2010: 促进人的发展的中国新型城市化战略 . 北京 : 人民出版社 .
中华人民共和国国家经济贸易委员会 . 2000. 中国工业五十年 . 北京 : 中国经济出版社 .
中国市长协会 .2005. 中国城市发展报告 (2003-2004). 北京 : 电子工业出版社 .
钟茂初 . 2018. “人与自然和谐共生”的学理内涵与发展准则 . 学习与实践 , (3): 8-13.
周干峙 . 2003. 高密集连绵网络状大都市地区的新形态——珠江三角洲地区城市化的结构 . 城市发展研究 , (2): 10 - 11.
周岚. 2010. 低碳时代的生态城市规划与建设 . 北京 : 中国建筑工业出版社 .
周牧之 . 2004. 托起中国的大城市群 . 北京 : 世界知识出版社 .
周阳 . 2012. 国家中心城市 : 概念、特征、功能及其评价 . 城市观察 . (1): 132-142.
周一星 .1982. 城市化与国民生产总值关系的规律性探讨 . 人口与经济 , (1): 28-33.
周一星 . 1986. 关于明确我国城镇概念和城镇人口统计口径的建议 . 城市规划 , (3): 10-15.
周一星 . 1995. 城市地理学 . 北京 : 商务印书馆 .
周一星 .2000. 新世纪中国国际城市的展望 . 管理世界 , (3): 18-25.
周一星 , 胡大鹏 . 1991. 市带县体制对辖县经济影响的问卷调查分析 . 经济地理 , (1): 8-14.
周一星 , 胡智勇 .2003. 从航空运输看中国城市体系的空间网络结构 . 地理研究 , 21(3): 276-286.
周一星 , 杨焕彩 等 . 2004. 山东半岛城市群发展战略研究 . 北京 : 中国建筑工业出版社 .
周一星 , 于海波 . 2001. 对我国第五次人口普查城镇化水平的初步分析 . 管理世界 , (5): 193-194.
周一星 , 张莉 . 2003. 改革开放条件下的中国城市经济区 . 地理学报 , 58(2): 271-284.
周振华 .2006. 全球化、全球城市网络与全球城市的逻辑关系 . 社会科学 , (10): 17-26.
朱传耿 , 马荣华 , 甄峰等 . 2002. 中国城市流动人口的空间结构 . 人文地理 , 17(1): 65-68.
朱传耿 , 顾朝林 , 马荣华等 . 2001. 中国流动人口的影响要素与空间分布 . 地理学报 , 68(5): 549-560.
朱传耿 , 顾朝林 , 张伟 . 2001. 中国城市流动人口的特征分析 . 人口学刊 , (2): 3-7.
朱东风 , 吴明伟 .2004. 战后中西方新城研究回顾及对国内新城发展的启示 . 城市规划汇刊 , (5): 31-36.
朱孟珏 , 周春山 .2012. 改革开放以来我国城市新区开发的演变历程、特征及机制研究 . 现代城市研究 , (9): 80-85.
朱孟珏 , 周春山 .2013. 从连续式到跳跃式 : 转型期我国城市新区空间增长模式 . 规划师 , (7): 79-84.
朱一荣 , 田华 , 祁丽艳 .2010. 人口与产业分散视角下的北京新城开发成效探讨 . 规划师 , (8): 113-117.
朱英明 . 2003. 城市群经济空间分析 . 北京 : 科学出版社 .
朱郁郁 , 蔡震 , 袁海琴 , 等 .2012. 云龙生态新城的规划与实施路径探索 . 城市规划学刊 , (S1): 64-69.
诸大建 .2007. 中国城市第三波决策 .http: //news.tongji.edu.cn/classid-16-newsidl7081-t-show.html. [2007-

08-22].
诸大建，王世营. 2011. 上海城市空间重构与新城发展研究. 城市与区域规划研究,(1): 57-68.
邹德慈. 2011. 中国城镇化发展要求与挑战. 城市规划学刊, (4): 1-4.
邹小华.2008. 城市新区难聚人气原因探析——以南昌市为例. 城市问题, (11): 63-66.
左其亭，陈嘻. 2001. 社会经济—生态环境耦合系统动力学模型. 上海环境科学, 20(12): 592-594.
Friedmann J, 周珂. 2007. 中国的新型城市区域：城市间网络. 城市规划学刊, (1): 5-8.
John D, Jim M. 2003. 科技新城镇. 江淑琳，译. 台北：韦伯文化国际出版有限公司.
M. 卡斯特尔，P. 霍尔. 1998. 世界的高技术园区——21 世纪产业综合体的形成. 李鹏飞，范琼英 等译. 北京：北京理工大学出版社.
Abrahamson M. 2003. Global Cities. Oxford: Oxford University Press.
Ahlfeldt G, Wendland N. 2013. How polycentric is a monocentric city? Centers, spillovers and hysteresis. Journal of Economic Geography, 13(1): 53-83.
Alan G. 1996. The Mega-City in Latin America.Tokyo: United Nations University Press.
Albertsen N. 1988. Postmodernism, post–Fordism, and critical social theory. Environment and Planning D, (6): 339-365.
Alexander P, Eduardo M, Thiago Z F, et al. 2016. Smartness that matters: towards a comprehensive and human-centred characterisation of smart cities. Journal of Open Innovation: Technology, Market and Complexity, 2(8): 1-13.
Alonso W.1964. Location and Land Use. Toward a General Theory of Land Rent. Cambridge: Harvard University Press.
Alpkokin P, Cheung C, Black J, et al. 2008. Dynamics of clustered employment growth and its impacts on commuting patterns in rapidly developing cities. Transportation Research Part A, (42): 427-444.
American Census Bureau. 2000. Standards for defining metropolitan and micropolitan statistical areas. Federal Register Notices, 82227-82230.
Anas A, Arnott R, Small K A. 1998. Urban spatial structure. Journal of Economic Literature, 36(3): 1426-1464.
Anderson N B, Bogart W T. 2001. The structure of sprawl: Identifying and characterizing employment centers in polycentric metropolitan areas. American Journal of Economics and Sociology, 60(1): 147-169.
Andrew M M. 2002. China's Spatial Economic Development. Restless Landscapes in the Lower Yangzi Delta. Année, 70: 66-68.
Anita A S, Paul C C, Lanfranco S. 1999. Urban Change in the United States and Western Europe: Comparative Analysis and Policy.Washington D C: Urban Institute Press.
Arthur H. 2019. Ecological Civilization: Values, Action, and Future Needs, International Institute for Sustainable Development.
Aslam M. 1977. Statistical Methods in Geographical Studies. New Delhi: Rajesh Publications.
Azamat A. 2011. A Smart World: A Development Model for Intelligent Cities.11th IEEE Conference.
Bairoch P.1975. The Economic Development of the Third World since 1900. London: Methuen.
Baldwin R E, Martin P.2003. Agglomeration and Regional Growth. CEPR Discussion Paper No. 3960. Available at SSRN: http: //ssrn.com/abstract=436996.
Batten D F. 1995. Network Cities: Creative Urban Agglomerations for the 21st Century. Urban Studies,

32(2): 313-327.
Beaverstock J V, Taylor P J, Smith R G. 1999. A roster of world cities. Cities, 16: 445-458.
Berry B J L. 1964. Cities as systems within systems of cities. Pap Proc Reg Sci, 13(1): 147-163.
Berry B J L. 1968. Metropolitan Area Definition's Re-evaluation of Concept and Statistical Practise.London: Oxford University press.
Berry B J L. 1973. City size distributions and economic development. Economic Development and cultural Changes, (9): 573-587.
Berry B J L. 1973. Growth Centers in the American Urban System, Vols. I and II. Cambridge: Ballinger Publishing Co.
Berry B J L, Frank E H, Josephine O A. 1971. Geographic perspectives on urban systems: with integrated readings. Geoforum, 2(4): 65-66.
Birol F. 2010. World energy outlook 2010. International Energy Agency, 2010(1): 89-95.
Blake R B.1999 . Reconstructing urban regime theory: regulating urban politics in a global economy. Economic Geography, 75(4): 419-420.
Bloom D E, Williamson J G. 1998.Demographic transitions and economic miracles in emerging Asia. World Bank Economic Review, 1998(12): 419-455.
Bourne L S, Simmons J W.1978. Systems of Cities: Reading, on Structure, Growth and Policy.New York: Oxford University Press.
Bourne L S .1980. Urban and regional systems. Prog Hum Geogr, 4(3): 399-405.
Bourne L S.1982. Urban Spatial Structure: An Introduction Essay on Concepts and Criteria. Internal Structure of the City. New York: OUP .
Bourne L S. 1991.Recycling urban systems and metropolitan areas: a geographical agenda for the 1990s and beyond. Economic Geography, 67(3): 185-209.
Brenner N. 2014. Implosions/explosions: towards a study of planetary urbanization. Berlin: Jovis.
Brenner N. 2004. Urban governance and the production of new state spaces in Western Europe, 1960–2000. Review of International Political Economy, 11(3): 447-488.
Brenner N, Christian S. 2012. Planetary urbanization. In: Matthew Gandy ed. Urban Constellations. Berlin: Jovis.
Bristow G. 2010. Resilient regions: re-placing regional competitiveness. Cambridge Journal of Regions, Economy and Society, 3(1): 153-167.
Bristow G. 2013. Critical reflections on regional competitiveness. Progress in Human Geography, 37(3): 461-462.
Brown M A, Southworth F, Sarzynski A. 2008. Shrinking the carbon footprint of metropolitan America. Washington DC: Brookings Institution.
Brunner P H. 2007. Reshaping urban metabolism. Journal of Industrial Ecology, 11(2): 11-13.
Brunner P H. 2012. Metabolism of the Anthroposphere: Analysis, Evaluation, Design. New York: MIT Press.
Burak G, Karen C S. 2008. Environmental impacts of urban growth from an integrated dynamic perspective: a case study of Shenzhen, South China. Global Environmental Change, (18): 720-735.
Cai L X, Zhang G S, Wang Z. 1995. The Rising of International Central City. Shanghai: Shanghai People's Press.
Carole R. 1997. The Urban Challenge in Africa: Growth and Management of its Large Cities. New York: The

United Nations University Press.
Carter H.1981. The Study of Urban Geography. London: Edward Arnold.
Castells M. 1977. The Urban Question: A Marxist Approach.London: Edward Arnold.
Castells M. 1989. The Informational City: Informational Technology, Economic Restructuring and the Urban - Regional Process. Oxford: Blackwell.
Castells M. 1994. European cities, the informational society and the global economy. New Left Review, (3): 18 -32.
Castells M. 1996. The Rise of the Network Society: Economy, Society and Culture. Oxford: Blackwell.
Cervero R, Wu K L. 1997. Polycentrism, commuting and residential location in the San Francisco Bay Area. Environment and Planning A, 29(5): 865-886.
Cervero R, Komada Y, Krueger A. 2010. Suburban Transformations: From Employment Centers to Mixed-Use Activity Centers. University of California Transportation Center.
Champion A G. 1989. Counterurbanization: The Changing Pace and the Nature of Population Deconcentration. London: Edward Arnold.
Chang S. 1981. Modernization and China's urban development. Annals of the Association of American Geographers, 71(2): 202-219.
Chaplin S. 2011. Indian cities, sanitation and the state: the politics of the failure to provide. Environment and Urbanization, 23(1): 57-70.
Chapple K. 2008. Defining the Green Economy: A Primer on Green Economic Development. Berkeley CA: UC Berkeley Center for Community Innovation.
Charles L. 2000.The Creative City: A Toolkit for Urban Innovators. London: Earthscan Publications.
Chase-Dunn, Christopher K. 1984. Urbanization in the world system: new directions for research. In: M P Smith, ed. Cities in Transformation. Newburg Park: Sage Publication.
Chase-Dunn, Christopher K. 1989. Global Formation. Structures of the World Economy. Oxford: Blackwell.
Chen M X, Liu W D, Tao X L. 2013. Evolution and assessment on China's urbanization 1960-2010: Under-urbanization or over-urbanization. Habitat International, 38(4): 25-33.
Cheung S. 1983.The Contractual nature of the firm. Journal of Law and Economics, 26(1): 1-21.
Chris J B. 2000. Cities in Competition: Equity Issues. Urban Studies, 36(5/6): 865-891.
Chubarov I, Brooker D. 2013. Multiple pathways to global city formation: A functional approach and review of recent evidence in China. Cities, 35: 181-189.
Chung H. 2007. The change in China's state governance and its effects upon urban scale. Environment and Planning A, 39(4): 789-809.
Chung J H. Lam T. 2004. China's 'city system' in flux: Explaining post-Mao administrative changes. China Quarterly,180: 945-964.
City of Los Angeles Department of Water and Power. 2008. Securing L.A.'s Water Supply. City of Los Angeles Water Supply Action Plan.
Clinard M, Abbott D. 1973. Crime in Developing Countries. New York: Wiley.
Cohen R B. 2015. The new international division of labor, multinational corporations and urban hierarchy. In: Neil B, Roger K. The Global Cities Reader. New York: Routledge.
Cook I G. 2008. 21st Century Issues and Challenges in Chinese Urbanization. In: Wagner L N. Urbanization: 21st Century Issues and Challenges. New York: Nova Science Press.

Cook I G, Murray G. 2001. China's Third Revolution: Tensions in the Transition to Post-Communism. London: Curzon.

Cooke P.1988. Flexible integration, scope economies, and strategic alliances: Social and spatial mediations. Environment and Planning D, 6(3): 281-300.

Cossu R, Williams I D. 2015. Urban mining: Concepts, terminology, challenges. Waste Management, 45: 1-3.

Cressie N. 1991. Statistics for Spatial Data. NewYork: Wiley.

Davis K. 1965, The Urbanization of the Human Population. Scientific American. In: LeGates R T, Stout F. City Reader. London: Routledge.

De Landa M. 2006. A new philosophy of society. Assemblage theory and social complexity. London: Continuum.

De Landa M. 2015. Assemblage Theory. Edinburgh: Edinburgh University Press.

Deleuze G, Guattari F. 1987. A Thousand Plateaus, Capitalism and Schizophrenia. London: Continuum.

Delia D, 1999. Internal Migration in Contemporary China. London: Macmillan Press.

Dematteis G. 2000. Spatial Images of European Urbanization. Cambridge: Cambridge University Press.

Derudder B, Taylor P. 2016. Change in the world city network, 2000-2012. Professional Geographer, 2016: 1-14.

Derudder B, Taylor P J, Hoyler M, et al. 2013. Measurement and interpretation of connectivity of Chinese cities in world city network. Chinese Geographical Science, 23(3): 261-273.

Dhakal S.2009. Urban energy use and carbon emissions from cities in China and policy implications. Energy Policy, 37(11): 4208-4219.

Diana F, Ulrich A G, Elizabeth S. 2006. The value of China's emerging middle class. Mckinsey Quarterly, 60-69.

Diggle P J. 1985. A kernel method for smoothing point process data. Applied Statistics, 34: 138-147.

Ding C, Bingham R D. 2000. Beyond edge cities: job decentralization and urban sprawl. Urban Affairs Review, 35(6), 837-855.

Douglass M. 2000. Mega-urban regions and world city dormation, the economic crisis and urban policy issues in Pacific Asia. Urban Studies, (12): 2315-2335.

Douglas S W, Hubert J. 2019. Urban Development: An Early Look at Midterm Policy Issues. Asian Development Bank.

Doxiadis C A. 1975. Building Entopia. New York: Norton.

Du Guoqing. 2001. Using GIS For Analysis of Urban System. Geo Journal, 52: 213-221.

Dunford M.2006. Industrial districts, magic circles and the restructuring of the Italian textiles and clothing chain. Economic Geography, 82(1), 27-59.

Eng I. 1997. The rise of manufacturing towns: externally driven industrialization and urban development in the pearl river delta, China .Urban Studies, 34(4): 647-677.

Faber B. 2014. Trade integration, market size, and industrialization: evidence from China's national trunk highway system. Review of Economic Studies, 81(3): 1046-1070.

Fang C L, Ren Y F. 2017. Analysis of emergy-based metabolic efficiency and environmental pressure on the local coupling and telecoupling between urbanization and the eco-environment in the Beijing-Tianjin-Hebei urban agglomeration. Science China Earth Sciences, (6): 73-87.

Feng J, Wang F, Zhou Y. 2009. The spatial restructuring of population in metropolitan Beijing: toward polycentricity in the post-reform ERA. Urban Geography, 30(7): 779-802.

Finnie G. 1998. Wired cities. Communications Week International, 18, 19-22.

Flusty S. 2006. Culturing the world city: an exhibition of the global present. In: Neil Brenner, Roger Keil. The global cities reader. London: Routledge.

Flyvbjerg B, Bruzelius N, Rothengatter W, 2003. Mega-projects and Risk: An Anatomy of Ambition. Cambridge: Cambridge University Press.

Flyvbjerg B . Machiavellian mega-projects. Antipode, 2005, 37(1): 18-22.

Forrester J W. 1971. World Dynamics. Cambridge: Wright-Allen Press.

Frank A G. 1966.The Development of Underdevelopment. New York: Monthly Review Press.

Frank A G. 1967. Capitalism and Underdevelopment in Latin America. New York: Monthly Review Press.

French R A, Hamilton F E I. 1979. Is there a socialist city? In: Hamilton F E I. The Socialist City: Spatial Structure and Urban Policy. Chichester: Wiley.

Friedmann J. 1965. The urban field. Journal of the American Institute of Planners, 31(4): 312 - 320.

Friedmann J. 1966. Regional Development Policy: A Case Study of Venezuela. Cambridge: MIT Press.

Friedmann J. 1966. Two concepts of urbanization: a comment. Urban Affairs Review, 1(4): 78-84.

Friedmann J. 1973. Urbanization, Planning and National development. London: Sage Publication.

Friedmann J. 1986. The world city hypothesis. Development and Change, 17(1): 69-83.

Friedmann J. 1997. World city futures: the role of urban and regional policies in the Asia-Pacific region, Hong Kong Institute of Asia-Pacific Studies, Occasional Paper No. 56, Pp: 1-35. Hong Kong: The Chinese University of Hong Kong.

Friedmann J. 2001. Intercity Networks in a Globalizing Era. In:Scott A , Global City-Regions: Trends, Theory, Policy. Oxford: Oxford University Press.

Friedmann J. 2002. The Prospect of Cities. Minneapolis: University of Minnesota Press.

Friedmann J. 2005. China's Urban Transition. Minneapolis: University of Minnesota Press.

Friedmann J. 2006. Four theses in the study of China's urbanization. International Journal of Urban and Regional Research, 30(2): 440-451.

Friedmann J. Weaver W. 1979. Territory and Function: the Evolution of Regional Planning. London: Arnold.

Friedmann J, Wolff G. 1982. World city formation: An agenda for research and action. International Journal of Urban and Regional Research, 6(3): 309-343.

Fuchs R J, Pernia E M. 1987. External Economic Forces and National Spatial Development: Japanese Direct Investment in Pacific Asia. In: Fuchs R J, et al. Urbanization and Urban Policies in Pacific Asia. London: Westview Press.

Fujita M, Thisse J F, Zenou Y. 1997. On the endogeneous formation of secondary employment centers in a city. Journal of Urban Economics, 41(3): 337-357.

Ganbatz P. 1995. Changing Beijing. Geographical Review, 85(1): 79-96.

Ganbatz P. 1999. China's urban transformation: patterns and processes of morphological change in Beijing, Shanghai and Guangzhou. Urban Studies, 36(9): 1495-1521.

Garcia-López M À, Muñiz I. 2010. Employment decentralisation: polycentricity or scatteration? the case of Barcelona. Urban Studies, 47(14), 3035-3056.

Garreau J. 1991. Edge City: Life on the New Frontier. New York: Doubleday.

Gatrell A C, Bailey T C, Diggle P J, et al. 1996. Spatial point pattern analysis and its application in geographical epidemiology. Transactions of the Institute of British Geographers, 21: 256-274.

Gaubatz P R. 1995. Urban Transformation in Post-Man China: Impacts of the Reform Era on China's Urban Form In: Davis D. Urban Spaces in Contemporary China, the Potential for Autonomy and Community in Post-Mao China.Washington D C: Woodrow Wilson Center Press.

Geddes P. 1915. Cities in Evolution: an Introduction to the Town-Planning Movement and the Study of Cities. London: Williams and Norgate.

Geo W R. 1990. Producer services trade and the social division of labor. Regional Studies, 24(4): 327-342.

Georgiadis P, Besiou M. 2008. Sustainability in electrical and electronic equipment closed- loop supply chains: A system dynamics approach. Journal of Cleaner Production, 16(15): 1665-1678.

Gert-Jan H. 2003. Creative cities in europe: urban competitiveness in the knowledge economy. Intereconomic, 38(5): 260-269.

Gertler M S. 1988. The limits to flexibility: comments on the post–Fordist vision of production and its geography. Transactions of the Institute of British Geographers, 13: 419-432.

Gertler M S. 1992. Flexibility revisited: districts, nation–states, and the forces of production. Transactions of the Institute of British Geographers, 17: 259-278.

Gilbert A G, Gugler J. 1992. Cities, Poverty and Development: Urbanization in Third World. Oxford: Oxford University Press.

Gill S J, Kharas D B. 2007. An East Asian Renaissance.International Bank for Reconstruction and Development. World Bank.

Gilles D, Felix G. 1987. A Thousand Plateaus. London: Continuum.

Giuliano G, Redfearn C, Agarwal A, et al. 2007. Employment concentrations in Los Angeles, 1980-2000. Environment and Planning A, 39(12): 2935-2957.

Giuliano G, Small K A. 1991. Subcenters in the Los Angeles Region. Regional Science and Urban Economics, 21(2): 163-182.

Giuliano G, Small K A. 1993. Is the journey to work explained by urban structure? Urban Studies, 30(9): 1485-1500.

Gong P, Liang S, Carlton E J, et al. 2012. Urbanization and health in China. Lancet, 379: 843-852.

Goodchild M F, Haining R P. 2004. GIS and spatial data analysis: converging perspectives. Papers Regional Science, 83: 363-385.

Gordon P, Richardson H W. 1996. Beyond Polycentricity: The Dispersed Metropolis, Los Angeles, 1970-1990. Journal of the American Planning Association, 62(3): 289-295.

Gordon P, Richardson H W, Yu G. 1998. Metropolitan and non-metropolitan employment trends in the US: recent evidence and implications. Urban Studies, 35(7): 1037-1057.

Gordon P, Wong H L. 1985. The costs of urban sprawl: some new evidence. Environment and Planning A, 17(5): 661-666.

Gottmann J. 1957. Megalopolis: or the urbanization of the northeastern seaboard. Economic Geography, 1957(3): 189-200.

Gottmann J. 1961. Magalopolis: the urbanized Northern seaboard of the United States. New York: The Twentieth Century Fund.

Gould P R. 1970. Tanzania 1920-63: the spatial impress of the modernization process. World Politics, 22: 149-170.

Graedel T. 2011. The prospects for urban mining. Bridge, 41(1): 43-50.

Grossman M.1972. On the concept of health capital and the demand for health. Journal of Political Economy, 80: 223-255.

Gu C. 2019.Urbanization: positive and negative effects.Science Bulletin, 64(5): 281-283.

Gu C. 2019.Urbanization: Processes and driving forces. Science China Earth Sciences, 62(9): 1351-1360.

Gu C. 2020. Urbanization. In: Kobayashi A. International Encyclopedia of Human Geography, 2nd edition. vol. 14, Elsevier, Pp. 141–153. https: //dx.doi.org/10.1016/B978-0-08-102295-5.10355-5.

Gu C, Chan R C K, Liu J, et al. 2006. Beijing's socio-spatial restructuring: immigration and social transformation in the epoch of national economic reformation. Progress in Planning, 66(4): 242-310.

Gu C, Chen L, Jiang H, et al. 2004. China's Urbanization and Economic and Social Development Since the Reform and Opening Up. In: Michael P. Changing Cities: International Perspectives, IGU Urban Commission and Strathclyde University Publishing.

Gu C, Christian K, Ian G C. 2014. Theorising Chinese urbanization: a multi-layered perspective. Urban Studies, (9): 1-17.

Gu C, Cook I G. 2011. Beijing: Socialist Chinese Capital and New World City. In: Hamnett S, Forbes D. Planning Asian Cities: Risks and Resilience. London: Routledge.

Gu C, Wu F L. 2010. Urbanization in China: processes and policies. The China Review, 10(1): 1-10.

Gu C, Guan W, Liu H. 2017. Chinese urbanization 2050: SD modeling and process simulation. Science China Earth Sciences, 60(6): 1067-1082.

Gu C, Han S. 2010. Climate change and China's Mega urban region. Frontiers Architecture and Civil Engineering in China, 4(3): 1-13.

Gu C, He D, Yuan X. 2013.Transformation of the urban spatial structure under a service economy: the case of Beijing. In: Yeh A G O, Yang F F . Producer Services in China: Economic and Urban Development. New York: Routledge.

Gu C, Hu L Q, Cook I. 2017. China's urbanization in 1949-2015: processes and driving forces. Chinese Geographical Science, 27(6): 847-859.

Gu C, Hu L, Zhang X. 2011. Climate change and urbanization in the Yangtze River Delta. Habitat International, 35(4): 544-552.

Gu C, Kesteloot C, Cook I. 2015. Theorising Chinese urbanization: a multi-layered perspective. Urban Studies, 52(14): 2564-2580.

Gu C, Sheng M, Hu L. 2013. Study on gregarious low-income college graduates in Beijing: Tangjialing Phenomenon and its aftereffect. China City Planning Review, 22(2): 15-23.

Gu C, Wu Liya, Cook I . 2012.Progress in research on Chinese urbanization. Frontiers of Architectural Research, 1(2): 101-149.

Guldin G E. 2001. What's a Peasant to Do? Village Becoming Town in Southern China. Boulder: Westview Press.

Habitat UN. 2013. State of the World's Cities 2012/2013: Prosperity of Cities. London: Routledge.

Hall P. 1966. The World Cities. New York: McGraw-Hill.

Hall P. 1999. Planning for the mega-city: A new Eastern Asian urban form?. Hunt: Ashgate.

Hall P. 2001.Global city-region in the 21st century. In Scott, A. Global City-Regions: Trends, Theory, Policy. London: Oxford University Press.

Hall P. 2002. Ulrich Preiffer. Urban Future 21: A Global Agenda for Twenty First Century Cities. London: Spon Press.

Hall P. 2009. Looking backward, looking forward: The city region of the mid- 21st century. Regional Studies, 43(6): 803-817.

Hall P, Pain K. 2006. The Polycentric Metropolis: Learning from Mega-City Regions in Europe. London: Earthscan.

Halsall J, Cook I G. 2013.Globalization Impacts on Chinese Politics and Urbanization. Chinese Studies, 2(2): 84-88.

Harris C D. 1982. The urban and industrial transformation of Japan. Geographical Review, 72(1): 50-89.

Harvey D. 1973. Social Justice and the City. London: Arnod.

Harvey D. 1989. The Condition of Postmodernity. Oxford: Blackwell.

Haynes R. 1986. Cancer mortality and urbanization in China. International Journal of Epidemiology, 15(2): 268-271.

Henderson J V, Mitra A.1996. The new urban landscape developers and edge cities. Regional Science and Urban Economics, 26: 613-643.

Hettne B. 1994. Development Theory and the Three Worlds. Harlow: Longman.

Hirschman A O. 1958. The Strategy of Economic Development. New Haven: Yale University Press.

Hobbs F, Nicole S. 2002. Europe: Large-Scale Urban Development Projects and the New Urban Policy. Antipode, 34(3): 542-577.

Hollier G P.1988. Regional development. In: Pacione M. The Geography of the third World: Progress and Prospects. London: Routledge.

Hudson J C. 1969. Diffusion in a central place system. Geographical Analysis, 1(1): 45-58.

James B, Edgar B. 1997. Mexico Megacity Boulder. Boulder: Westview Press.

Jedwab R, Vollrath D. 2015. Urbanization without growth, in historical perspective. Explorations in Economic History, 58: 1-21.

Jervis B. 2018 Assemblage urbanism. Becoming urban in late medieval Southampton. Archaeological Dialogues, 25(2): 135-160.

Joan M, Galletto V, Domene E, et al. 2013. Emerging megaregions: A new spatial scale to explore urban sustainability. Land Use Policy, 34: 353-366.

Johansen L. 1960. A multisectoral study of economic growth. Amsterdam: North-Holland.

Johnston R J. 1994. Urbanization. The dictionary of Human Geography. Cambridge: Blackwell.

Johnston R J. 1980. City and Society: An Outline for Urban Geography. Harmondsworth: Penguin.

Jones M R.1997. Spatial selectivity of the state? The regulationist enigma and local struggles over economic governance. Environment and Planning A, 29(5): 831-864.

Karima K, Peter N. 2012. Smart cities in the innovation age, Innovation. The European Journal of Social Science Research, 25(2): 93-95.

Keeling D J.1995. Transport and the World City Paradigm. In: Knox P L, Taylor P J.1995. World cities in a world system. Cambridge: Cambridge University Press.

Kesteloot C. 2004. Urban Socio-spatial Configurations and the Future of European Cities. In: Kazepov Y. 2004. Cities of Europe. Changing contexts, local arrangements and the challenge to urban cohesion. Oxford: Blackwell.

Kesteloot C. 2005. The Chinese City as a Geological Metaphor: a Framework for Analysis. In: Tomatsuri Y. International Symposium on Comparative studies on urban settlements in the frontier zones under the Chinese civilization. Nara: Nara Women's University.

Kharas H, Gertz G. 2010. The new global middle class: a cross-over from west to east. Washington.

Kloosterman R C, Musterd S. 2001. The polycentric urban region: towards a research agenda. Urban Studies, 38(4), 623-633.

Knox P, Taylor P J. 1997. World Cities in a World-System. New York: Cambridge University Press.

Krassimira A P. 2009. Enabling the smart city: the progress of city e-governance in Europe. Int. J. Innovation and Regional Development, 1(4): 405-422.

Kuang W H, Yang T R, Liu A L, et al. 2017. An Eco-City model for regulating urban land cover structure and thermal environment: Taking Beijing as an example. Science China Earth Sciences, 60: 1098-1109.

Lampard E E. 1955. The history of cities in the economically advanced areas. Economic Development and Cultural Change, 3(2): 81-136.

Lang R E, Dhavale D. 2005. Beyond megalopolis: Exploring America's new "Megapolitan" geography. Metropolitan Institute Census Report.

Lang R E, LeFurgy J. 2003. Edgeless cities: examining the noncentered metropolis. Housing Policy Debate, 14(3), 427-460.

Lash S, Urry J. 1994. Economies of Signs and Space. London: Sage Publication.

Lauria M. 1997. Reconstructing Urban Regime Theory: Regulating Urban Politics in a Global Economy. Tousand Oaks: Sage Publications.

Le Corbusier. 1987. The City of Tomorrow and Its Planning. New York: Dover Publications.

Lee B. 2007. "Edge" or "Edgeless" cities? urban spatial structure in US metropolitan areas, 1980 to 2000. Journal of Regional Science, 47(3): 479-515.

Lefebvre H. 1991. The Production of Space. Oxford: Blackwell.

Leonard I R. 2007. Cities in the Third Wave: The Technological Transformation of Urban America. New York: Rowman & Littlefield Publishers Inc.

Lewis M. 1938. The Culture of Cities. New York: Harcourt, Brace and Company.

Lewis W A. 1954. Economic development with unlimited supplies of labor. The Manchester School of Economic and Social Studies, 22(2): 139-191.

Li J. 2015. Wastes could be resources and cities could be mines. Waste Manage Res, 33(4): 301-302.

Li Z, Lyons M, Brown A. 2012. China's chocolate city: an ethnic enclave in a changing landscape. African Diaspora, 5(1): 51-72.

Li Z, Ma L J, Xue D. 2009. An African enclave in China: the making of a new transnational urban space. Eurasian Geography and Economics, 50(6): 699-719.

Limin W, Ehtisham A, Ben B, et al. 2019. Financing High-Quality Development, London School of Economics and Asian Development Bank.

Lin G C S. 2004. The Chinese globalizing cities: national centers of globalization and urban transformation. Progress in Planning, 61(3): 143-157.

Lin G C S. 2002. The growth and structural change of Chinese cities: a contextual and geographical analysis. Cities, 19: 299-316.

Liu A P L. 1992.The "Wenzhou Model" of development and China's modernization. Asian Survey, 32: 696-

711.

Liu G G, Wu X, Peng C. 2003. Urbanization and health care in rural China. Contemporary Economic Policy, 21: 11-24.

Liu H, Zhou G, Wennersten R, et al, 2014. Analysis of sustainable urban development approaches in China. Habitat International, 41: 24-32.

Liu M, Liu X, Huang Y, et al. 2017. Epidemic transition of environmental health risk during China's urbanization. Science Bulletin, 62: 92-98.

Lo F C, Yeung Y M. 1998. Globalization and the World of Large Cities. Tokyo: United Nations University Press.

Logan J R. 2002. The New Chinese City: Globalization and Market Reform. Oxford: Blackwell.

Logan J R. 2008. Urban China in Transition. Malden: Blackwell.

Louis W. 1938. Urbanism as a way of life. American Journal of Sociology, 44(1): 1-24.

Luke T. 2003. 'Global cities' vs. 'global cites': rethinking contemporary urbanism as public ecology. Studies in Political Economy, 70(1): 11-33.

Lv L C .2007. Global city theory and building international city in China. Scientia Geographica Sinica. 27(4): 449-456.

Ma L J C, Fan M.1994.Urbanization from below: the growth of towns in Jiangsu, China. Urban Studies, 31(10): 1625-1645.

Ma L J C, Hanten E W. 1981. Urban Development in Modern China. Boulder: Westview Press.

Ma R, Gu C, Pu Y, et al. 2008. Mining the urban sprawl pattern: a case study on Sunan, China. Sensors, 8(10): 6371-6395.

Ma L J C, Noble A G. 1986. Chinese cities: a research agenda. Urban Geography, 7(4): 279-290.

Ma L J C, Wu F. 2005. Restructuring the Chinese City: Changing Society, Economy and Space. London: Routledge.

Maddison A. 2007. Chinese Economic Performance in the Long Run. Second Edition, Revised and Updated: 960-2030 A.D. Organization for Economic Cooperation and Development(OECD).

Mansell R P, Murray C.1985. Circulation in Third World Countries.London: Routledge.

Manski C F, McFadden D. 1981. Structural Analysis and Discrete Data with Econo-metric Applications. Cambridge: MIT Press.

Marcotullio P J. 2003. Globalization, urban form and environmental conditions in Asia-Pacific cities. Urban Studies, 40(2): 219 - 247.

Marshall A. 1890. Principles of Economics. London: Macmillan.

Marshall A. 1920. Principles of Economics: An Introductory Volume. London: Macmillan.

Marshall M. 1965.Understanding Media: The Extensions of Man. New York: McGraw-Hill.

Marull J, Galletto V, Domene E, et al. 2013. Emerging megaregions: A new spatial scale to explore urban sustainability. Land Use Policy, 34: 353-366.

McDonald J F, Prather P J.1994. Suburban Employment Centres: The Case of Chicago. Urban Studies, 31(2), 201-218.

McGee T .1971. Catalysts or Cancers? The Role of Cities in Asian Society. In: Jakobson L, Prakash V. Urbanization and National Development. Beverly Hills: Sage Publication.

McGee T G. 1991. The emergence of Desakota region in Aisa: Expanding a Hypothesis. In: Ginburg N,

Koppel B, McGee T G. The Extended Metropolis: Settlement Transition in Aisa. Hunolulu: University of Hawaii Press.

McGee T. 1999. Urbanization in an Era of Volatile Globalization: Policy Problematiques for the 21st Century. In: Brotchie J, Newton P, Hall P, et al. East West Perspectives on 21st Century Urban Development: Sustainable Eastern and Western Cities in the New Millenium. Burlington VT: Ashgate Publishing Company.

McGee T. 2008. Conservation and dissolution in the third world city: the "Shanty town" as anelement of conservation. Development and Change, 10(1): 1-22.

Mckay H, Song L. 2010. China as a global manufacturing powerhouse: strategic considerations and structural adjustment. China & World Economy, 18(1): 1-32.

McMillen D P, McDonald J F.1997. A nonparametric analysis of employment density in a polycentric city. Journal of Regional Science, 37(4): 591-612.

McMillen D P. 1996. One hundred fifty years of land values in Chicago: a nonparametric approach. Journal of Urban Economics, 41(1): 100-124.

Meadows D H, Meadows D L, Randers J, et al. 1972. The Limits to Growth. New York: Universe Books.

Michael S, Allen J S. 2016. Current debates in urban theory: A critical assessment, Urban Studies, 53(6): 1114-1136.

Mikelbank B A.2004. Spatial analysis of the relationship between housing values and investments in transportation infrastructure. Annals of Regional Science, 38(4): 705-726.

Mukhopadhyay, Chandrima. 2016. Megaregions: globalization's new urban form? European Planning Studies, 24(2): 420-422.

Murray P, Szelenyi I. 1984. The city in the transition to socialism. International Journal of Urban and Regional Research, 8(8): 90-107.

Myrdal G. 1957. Economic Theory and Underdeveloped Areas. London: Duckworth.

Nancy C, Paolo V, Hania Z. 1996. What Do We Know About Recent Trends in Urbanization? In: Richard E B. Migration, Urbanization, and Development: New Directions and Issues. New York: United Nations Population Fund and Kluwer Academic Publishers.

Naveh Z, Lieberman A S. 1983. Landscape ecology: theory and application. New York: Springer-Verlag.

Ng M K, Hills P. 2003. World cities or great cities? A comparative study of five Asian metropolises. Cities, 20(3): 151-165.

Niu Y, Ding C, Knaap G J. 2015. Employment centers and agglomeration economies foundations of a spatial economic development strategy. Economic Development Quarterly, 29(1): 14-22.

Northam R M. 1975. Urban geography. New York: John Wiley & Sons.

Noyelle T J, Stanback T M. 1984. The economic transformation of American cities. New York: Rowman and Allenheld.

Nyambod E M. 2010. Environmental consequences of rapid urbanisation: Bamenda City, Cameroon. Journal of Environmental Protection, 1(1): 15-23.

OECD.1996. Employment and Growth in the Knowledge-based Economy. New York: Permission of the OECD.

O' Huallachain B, Reid N.1991.The location and growth of business and professional services in American metropolitan areas, 1976-1986. Annals of the Association of American Geographers, 81(2): 254-270.

Olds K.1995. Globalization and the protection of new urban space: Pacific Rim mega-projects in the late 20th century. Environment and Planning A, 27(11): 1713-1743.

Ominde S H, Ejiogu C N. 1972.Population growth and economic development in Africa. New York: Heinemann Educational for the Population Council.

Pacione M. 2014. Urban Geography: A Global Perspective. London: Routledge.

Pahl R E. 1975. Whose City? And Further Essays on Urban Society. Harmondsworth: Penguin.

Palmer-R A. 2004. Report on European Cities and Capitals of Culture Part I. Brussels: European Commission.

Park R E, Burgess E W, Mckenzie R D. 1925. The City: Suggestions for the study of human nature in the urban environment. Chicago: University of Chicago Press.

Parr J. 2004. The polycentric urban region: a closer inspection. Regional studies, 38(3): 231-240.

Perroux F. 1950. Economic space: theory and application. Quarterly Journal of Economics, 64(1): 89-104.

Phdungsilp A. 2010. Integrated energy and carbon modeling with a decision support system: Policy scenarios for low-carbon city development in Bangkok. Energy Policy, 38(9): 4808-4817.

PLaNYC. 2007. A greener greater New York. New York: The City of New York. Politics of Urban Public Investment. New York: Brooking Institute Press.

Pomeranz K. 2000. The Great Divergence: China, Europe, and the Making of the Modern World Economy. Princeton: Princeton University Press.

Portes A, Castells M, Benton L. 1989. The Informal Economy: Studies in Advanced and Less Developed Countries. Baltimore: The Johns Hopkins University Press.

Portnov B A. 2005. Development similarities in urban clusters evidence from a spatial analysis of Israel's urban system. Socio-Economic Planning Sciences, 39(4): 287-306.

Potter R B, Unwin T. 1995. Urban-rural interaction: physical form and political process in the Third World. Cities, 12(1): 67-73.

Prebish R. 1950. The Economic Development of Latin America. New York: United Nations.

Prit S, Barbara A. 2010. Making urban water management more sustainable: Achievements in Berlin: A case study investigating the background of and the drivers for sustainable urban water management in Berlin. ICLEI European Secretariat.

Qin B, Han S S, 2013. Emerging polycentricity in Beijing: Evidence from housing price variations, 2001-2015. Urban Studies, 50(10): 2006-2023.

Richard F. 2003. The Rise of Creative Class. New York: Basic Books.

Richard F. 2003. Cities and the creative class. City & Community, 2(3): 3-20.

Richardson H W. 1980. Polarization reversal in developing countrise. Papers of the Regional Sciences Association, 45(1): 67-85.

Riddell J B. 1970. The Spatial Dynamics of Modernization in Sierra Leone: Structure, Diffusion and Response. Illinois: Evanston.

Robinson J. 2002. Global and world cities: a view from off the map. International Journal of Urban and Regional Research, 26(3): 531-554.

Rojas E. 1989. Human settlements of the Eastern Caribbean: development problems and policy options. Cities, 6: 243-258.

Ross C L. 2011. Megaregions: Literature Review of Organizational Structures and Finance of Multijurisdictional Initiatives and the Implications for Megaregion Transportation Planning in the U.S. finance. http: //xueshu.baidu.com/usercenter/paper/show?paperid=8034a549d436757b0e112f9b91b68929&site=xueshu_se.

Rostow W W. 1971. The Stages of Economic Growth: A Non-Communist Manifesto. London: Cambridge University Press.

Russwurm L H. 1975. Urban Fringe and Urban Shadow. In: Bryfogle R C, Krueger R R. Urban Problems. Toronto: Holt, Rinehart and Winston.

Saito A, Thornley A. 2003. Shifts in Tokyo's world city status and the urban planning response. Urban Studies, 40: 665-685.

Santos M. 1979. The Shared Space: The Two Circuits of the Urban Economy in Underdeveloped Countries. London: Routledge.

Saskia S. 1991. The Global City: New York, London, Tokyo. Princeton: Princeton University Press.

Sassen S. 2007. Mega-Regions: Benefits beyond Sharing Trains and Parking Lots. In: Goldfeld K S. The Economic Geography of Mega-Regions. Princeton: Princeton University.

Sassen S. 1994. Cities in a World Economy. Thousand Oaks: Pine Forge Press.

Sassen S. 2001. Global Cities and Global City-Region: A Comparison, In: Scott A. Global City-Regions: Trends, Theory, Policy. Oxford: Oxford University Press.

Schreiber K F. 1990. This history of landscape ecology in Europe. In: Zonneveld I S, Forman T T. Changing Landscapes: An Ecological Perspectives. New York: Springer-Verlag.

Schwanen T, Dieleman F M, Dijst M. 2004. The Impact of Metropolitan Structure on Commute Behavior in the Netherlands: A Multilevel Approach. Growth and Change, 35(3): 304-333.

Scott A J, Storper M. 2003. Regions, globalization, and development.Regional Studies, 37(6/7): 579-593.

Scott A J. 2001. Global City-Regions: Trends, Theory, Policy. Oxford: Oxford University Press.

Scott A J, Storper M. 2014. The nature of cities: the scope and limits of urban theory. International Journal of Urban and Regional Research, 39(1): 1-15.

Scott A J. 1980. The Urban Land Nexus and the State. London: Routledge.

Scott A J, Agnew J, Soja E W, et al. 2001. Global city-regions. In: Scott A J. Global City-Regions: Trends, Theory, Policy. Oxford: Oxford University Press.

Shearmur R, Coffey W J. 2002. A Tale of four cities: Intra-metropolitan employment distribution in Toronto, Montreal, Vancouver, and Ottawa-Hull, 1981-1996. Environment and Planning A, 32: 575-598.

Shen D, Varis O. 2011. Climate change in China. AMBIO A Journal of the Human Environment, 30(6): 381-383.

Simmon R, Hack G. 2001. Global City Regions: Their Emerging Forms. New York: Spon Press.

Simmons J. 2005. The Urban System and Linkages. Building, Connecting and Sharing Knowledge: A Dialogue on Linkages Between Communities. Ryerson University.

Sit V F S, Yang C. 1997. Foreign investment induced exour-banization in the pearl river delta, China. Urban Studies, 34(4): 647-677.

Smith D A, Timberlake M F. 2001. World city networks and Hierarchies, 1977-1997. The American Behavioral Scientist, 44(10): 1656-1678.

Stohr W B, Taylor D R F.1981. Development from above or below? The dialectics of regional planning in developing countries. Chichester: Wiley.

Sullivan A M. 1986. A general equilibrium model with agglomerative economies and decentralized employment. Journal of Urban Economics, 20(1): 55-74.

Sun D, Zhou L, Li Y, et al. 2017 . New-type urbanization in China: predicted trends and investment demand for 2015-2030. Journal of Geographical Sciences, 27(8): 943-966.

Susan E C, Gary L G. 1998. The Fourth Wave: Global-local Links and Human Capital In the Work of Cities. Minneapolis: the University of Minnesota Press.

Swyngedouw E, Moulaert F, Rodriguez A. 2002 . Neoliberal urbanization in europe: large-scale urban development projects and the new urban policy. Antipode, 34(3): 542-577.

Tarik A F. 1991. Telecity: Information Technology and Its Impact on City Form. New York: Praeger.

Taylor P J. 1995. World Cities and Territorial States: The Rise and Fall of the Mutuality. In: Knox P L, Taylor P J .1995. World Cities in a World-System. Cambridge: Cambridge University Press.

Taylor P J. 2000, World cities and territorial states under conditions of contemporary globalization. Political Geography, 52(2): 157-162.

Taylor P J. 2001. Specification of the world city network. Geographical Analysis, 33(2): 181-194.

Taylor P J. 2004. World city network: a global urban analysis. London: Routledge.

Taylor P J, Walker D R F. 2001. World cities: a first multivariate analysis of their service complexes. Urban Studies, 38(1): 23-47.

Terrell G R, Scott D W. 1992. Variable kernel density estimation. The Annals of Statistics, 20: 236-265.

Terrence G M, Ira M R. 1995. The Mega Urban Regions of Southeast Asia.Vancouver: University of British Columbia Press.

Thomas S.1997. Floating Population and Migration in China: The Impact of Economic Reforms. Hamburg: Institut of Asienkunde.

Thrift N, Amin A. 1997. Globalization, Socio-economics, Territoriality. In: Lee R, Wills J. Geographies of Economics. London: Arnold.

Thrift N. 1989. The geography of international economic disorder. Oxford: Blackwell.

TMG. 2007. Tokyo's GHG inventory 2006. Tokyo: Tokyo Metropolitan Government.

Toffier A, Heidi T. 1994. Creating a New Civilization: The Politics of the Third Wave. Atlanta: Turner.

Tonathan W, Lenny M. 2009. Preparing for China's urban billion. The McKingsey Global Institute: 6.

Turok I, Bailey N.2004. The theory of poly-nuclear urban regions and its application to central Scotland. European Planning Studies, 12(3): 371-389.

UN. 1986. Population Growth and Policies in Mega-Cities: Calcutta, Population Policy. New York: United Nations.

UN. 2002. World Urbanization Prospects. New York: United Nations.

UN. 2010. World Urbanization Prospects: the 2009 Revision. New York: United Nations.

UN. 2014. Population Division. World urbanization prospects: the 2014 revision. New York: United Nations.

UNCHS. 1996. An Urbanizing World: Global Report on Human Settlements. Oxford: Oxford University Press.

UNCTAD. 2002. Trade and development report. New York: United Nations.

UNDESA, Population Division. 2014. Revision of the World Urbanization Prospects. New York: Litho in United Nations.

UN-Habitat, 2004. The State of the World's Cities 2004/2005: Globalization and Urban Culture. London:

Earthscan.

Urry J. 1990. The Tourist Gaze. London: Sage Publication.

US HUD, 1999. The State of the Cities Report 1999 .Washington D C: HUD.

USARPA, 2014. Megaregions: America2050. Retrieved October 1, 2014, https: //en.wikipedia.org/wiki/Megaregions_of_the_United_States.

USCB, 2002. Census 2000 Special Reports, Series CENSR-4, Demographic Trends in the 20th Century. Washington DC: US Government Printing Office.

Vance J. 1970. The Merchant's world: The Geography of wholesaling. Englewood Cliffs New Jersey: Prentice-Hall.

Vance J.1990. The Continuing City: Urban Morphology in Western Civilization. Baltimore: Hopkins University Press.

Vasanen A. 2012. Functional polycentricity: examining metropolitan spatial structure through the connectivity of urban sub-centres. Urban Studies, 49(16): 3627-3644.

Veneri P. 2010. Urban polycentricity and the costs of commuting: Evidence from Italian metropolitan areas. Growth and Change, 41(3): 403-429.

Wallerstein I. 1974. The Modern World-system. New York: Academic Press.

Wallerstein I. 1980. The Modern World System II: Mercantilism and the Consolidation of the European World Economy, 1600-1750. New York: Academic Press.

Wallis A D.1994. Evolving structures and challenges of metropolitan regions. National Civic Review, 83(1): 14-40.

Wang S J, Ma H T, Zhao Y B. 2014. Exploring the relationship between urbanization and the eco-environment: A case study of Beijing-Tianjin-Hebei region. Ecological Indicators, 45: 171-183.

West M.1991. Kernel density estimation and marginalization consistency. Biometrika, 78(2): 421-425.

Wieand K F.1987. An extension of the monocentric urban spatial equilibrium model to a multicenter setting: the case of the two-center city. Journal of Urban Economics, 21(3): 259-271.

William H F. 1978. Population movement and city-suburb redistribution: an analytic framework. Demography, 15(4): 571-588.

William H F, Alden S J. 1988. Regional and Metropolitan Growth and Decline in the United States. New York: Russell Sage Foundation.

Willis R J. 1974. Economic theory of fertility behavior. In: Schultz T W. The Economics of the Family. Chicago: University of Chicago Press.

Woetzel J, Mendonca L, Devan J, et al. 2009. Preparing for China's urban billion. New York: McKinsey Global Institute.

World Bank, 2013. Africa Development Indicators 2012/2013. World Bank Publications, 8(4): 37-42.

Wright F L.1932. The Disappearing City. New York: William Farquhar Payson.

Wright F L. 1996. Broadacre City: A New Community Plan. In: Richard T, et al. The City Reader .London: Routledge.

Wu F. 1997. Urban restructuring in China's emerging market economy: toward a framework for analysis. International Journal of Urban and Regional Research, 21(4): 640-676.

Wu F.1998. Polycentric urban development and land-use change in a transitional economy: the case of Guangzhou. Environment and Planning A, 30: 1077-1100.

Wu F. 2007. Globalization and the Chinese City. London: Routledge.

Xue D S, Sun L P, Li Z G. 2006. Level and process of urban internationalization in Guangdong Province, China. Scientia Geographica Sinica, 26(5): 520-528.

Yang J, French S, Holt J, et al. 2012. Measuring the structure of US metropolitan areas, 1970-2000: spatial statistical metrics and an application to commuting behavior. Journal of the American Planning Association, 78(2): 197-209.

Yeh A G, Yang F F, Wang J J. 2015. Producer service linkages and city connectivity in the mega-city region of China: a case study of the pearl river delta. Urban Studies, 52(13): 2458-2482.

Yeung Y. 1996. An Asian perspective on the global city. International Social Science Journal, 48: 25-31.

Yeung Y. 1997. Geography in the age of mega-cities. International Social Science Journal, 49: 91-104.

Yokohari M, Takeuchi K, Watanabe T, et al. 2000. Beyond greenbelts and zoning: a new planning concept for the environment of Asia mega-cities. Landscape and Urban Planning, 47(3-4): 159-171.

Yu C, Xiao Y, Ni S. 2017. Changing patterns of urban-rural nutrient flows in China: driving forces and options. Science Bulletin, 62(2): 83-91.

Yue W, Liu Y, Fan P. 2010. Polycentric urban development: the case of Hangzhou. Environment and Planning A, 42(3): 563-577.

Zhang L, Han S S. 2009. Regional disparities in China's urbanization: an examination of trends 1982-2007. International Development and Planning Review, 31(4): 355-376.

Zhang L, Richard L, Zhao M. 2016. Understanding Chinese Urbanization: Demographic, Spatial, Economic and Social Policies. Cheltenham: Edward Elgar Press.

Zhang L, Zhao S X. 2007. Geographical changes in foreign direct investment and impacts on regional integration in China: The case study of the Pan-PRD regionalization. The China Review, 7(2): 191-219.

Zhao C.2007. Socio-spatial transformation in Mao's China: settlement planning and dwelling architecture revisited(1950s-1970s). Belgium: Katholieke Universite Leuven.

Zhao S X, Zhang L. 2007. Foreign direct investment and the formation of global city-regions in China. Regional Studies, 41: 979-994.

Zhong F. 2000. Urbanization. In: Xizhe P, Guo Z. 2000. The Changing Population of China. Oxford: Blackwell.

Zou Y, Mason R, Zhong R. 2015. Modeling the polycentric evolution of post-Olympic Beijing: an empirical analysis of land prices and development intensity. Urban Geography, 36(5): 735-756.

索　引

D

X

Y

Z